《王维研究》编委会

王维研究

高　萍　梁瑜霞　主编

（第九辑）

上海三联书店

CONTENTS 目录

中国王维研究会第九届年会暨王维国际学术研讨会开幕式致辞

中国王维研究会副会长　毕宝魁

尊敬的与会代表、各位同仁、先生们、女士们：

大家上午好！在致开幕词前，请大家脱帽，向我们的前会长，在今年4月2日英年早逝的吴相洲先生致以深切的哀悼，默哀一分钟。

各位代表，同仁们，首先让我代表王维研究会本次会议组委会、理事会向各位光临视频会议表示最热烈的欢迎。是王维让我们相识相知，这种缘分的起点就是特殊的、高雅的。曾子云："以文会友，以友辅仁"，我们可谓是因王维而结缘相识，因为相识而产生友谊，在切磋共勉中共同提高。一千多年前的伟大诗人王维使我们走到一起，很多人结成终身的友谊。我们学会的成立，要诚挚感谢师长泰先生，是他对王维发自肺腑的热爱，几度奔波才创立了王维研究会，这是一切活动和发展的基础。因此，我们将永远铭记师长泰先生创建王维研究会的功绩。

我们的学会从建立开始便具有很浓的学术氛围，名副其实，集中了国内外王维研究的专家和学者。北京大学陈贻焮教授、中国社会科学院陈铁民教授、复旦大学陈允吉教授都是我们学会的开创者，日本王维专家入谷仙介先生以及其高足内田诚一先生，韩国学者柳晟俊、朴三洙、金昌庆先生，都积极参与学术活动。众多学者，如张清华教授、杨军教授、姜光斗教授、乔力教授、王辉斌教授等都是颇有影响的专家。再如吾辈王志清教授、张进教授、高建新教授、崔际银教授、李亮伟教授、徐伯鸿教授等也都各有建树。青年后劲如高萍女士、谭庄先生、袁晓薇女士、陈丽萍女士、香港学者董就雄先生等都表现出强劲的发展势头，还有一些青年学者正大踏步走来，王维研究会的前景非常美好，我们充满信心和期待。

我们学会的会风非常好，和谐团结、相互尊重。没有钩心斗角之事，只有切磋商讨之习，会上讨论是畅所欲言，会下交流是开诚布公，其乐也融融，其情也真真。王维是中国盛世文化中的代表文人，因此越是盛世他的地位就越崇高，而我们这代人又欣逢中华民族伟大复兴时代的来临，复兴后便是中国五千年历史的新的高峰，新的盛世,王维研究的意义和价值当更加突出,因此,我们学会的前途一片光明。

今年是我们学会成立三十周年的喜庆之年。这次会议,也是对我们学会建立三十周年的庆祝和纪念。由于疫情的原因,我们被迫取消线下开会,大家失去了直接见面,济济一堂相互切磋问候的机会和美好情景,虽然感觉有些遗憾,但用这种方式并不减少会议的意义。

希望我们的学会越办越好,希望所有的理事、会员以及一切爱好王维的同仁们关心爱护我们的学会,将其作为我们以文会友,进行学术交流的一个最好、最便捷、最亲切的场所和平台。行文至此,忽有一首敬佩赞叹王维的七绝涌出,曰:"千古高人王右丞,诗情禅意两充盈。几多秀句传寰宇,九日相思唱渭城。"以此作为开幕式致辞的结尾吧!

最后预祝大会圆满成功,祝各位亲爱的同仁身体健康,万事遂顺!

（作者单位:辽宁大学文学院）

中国王维研究会第九届年会暨王维国际学术研讨会开幕式致辞

——唐代文学研究的创获、瓶颈以及新的突破口兼及王维研究

中国唐代文学学会会长　李　浩

各位王维研究的专家：

大家早上好！

热烈祝贺中国王维研究会第九届年会暨王维国际学术研讨会盛大开幕。因为疫情的缘故，由我代表中国唐代文学学会向会议的召开表示祝贺，向承办此次会议的西安文理学院和西安文理学院文学院的各位表示感谢！

我发言的题目是《唐代文学研究的创获、瓶颈以及新的突破口兼及王维研究》，回顾近四十多年来的中国古代文学学术史，特别是唐代文学研究，在古代文学研究的断代研究中，这一段研究取得了长足的进步，我之所以下这个断语，是从以下几个方面看出来的：

首先，就以总集的整理而言，大家如果关注当代学术的一些进展和新成果的话，会注意到，由周勋初先生担任第一主编的《全唐五代诗》正由陕西人民出版社陆续推出，前年是出了前十册。前段时间我到南京大学，南大的老师告诉我已经出了十六册，估计在今年年底全部能够出齐。另外由陈尚君先生独立完成的《唐五代诗全编》也即将付印。这两项工作，应该是继清人编全唐诗以来的最重要、创获最多的两项重大学术工程。

其次，就别集的整理而言，应该说起步早，成果更多。唐代一流作家的作品都有新的整理的本子，有些还不止一种整理本。比如说与王维同时代的重要作家，像李白集子的整理，在近几十年，先有安旗先生等所撰的《李白全集编年注释》，这是巴蜀书社 1990 年出版的，后来在 2015 年由中华书局修改名字后出了修订版，叫《李白全集编年笺注》。后来詹锳先生主编的《李白全集校注汇释集评》也是 1996

年由百花文艺出版社出版。最近还有郁贤皓先生主编的《李太白全集校注》是凤凰出版社 2016 年出版的。杜甫集的整理,先后也有两个非常重要的整理本出现,即萧涤非先生主编的《杜甫全集校注》是人民文学出版社 2014 年出版的;后又有谢思炜先生撰《杜甫集校注》,是由上海古籍出版社 2016 年出版的,此外围绕着王维的一批盛唐作家,像张九龄的集子、孟浩然的集子、储光羲的集子、王昌龄的集子、高适的集子、岑参的集子也有较好的整理本,还有一些不止有一种整理本,像孟浩然的整理本,像高适、岑参的整理本都有多种的整理本。另外中唐的几个大的作家,像韩愈集子的整理,柳宗元集子的整理,白居易集子的整理,也有一些好的本子。晚唐的作家,像李商隐、杜牧这些作家也都有比较好的本子。这样我们看唐代重要的作家都有好的本子,当然其中首先我们提起的就是陈铁民先生整理的《王维集校注》就是这些整理本中比较重要的成果。

其三是在新文献的发布研究方面也出现了一些井喷式的成果。我们不用放大到整个唐五代的这个新文献,就是集中到和唐代文学相关的一些成果来看,比如说陈尚君先生曾经推出《贞石诠唐》,就是把和唐诗、唐代文学相关的一些文献进行了一系列的研究,胡可先生最近推出了《唐代诗人墓志汇编》。此外包括周边一些国家、民族,即所谓的异族人、外族人的新文献也有集中发布。像韩国学者最近推出了一本书,叫做《在唐韩人墓志铭研究的资料编》,把在唐代高句丽的移民的墓志整理出来有十几方,百济移民墓志整理有十几方,还有新罗移民墓志有十几方。我自己也注意到了,像关于唐代当时的回纥贵族新出土墓志有五六方,这些又和我们如何评价安史之乱回纥入唐平叛的重要历史事件有密切关系。所以新文献的出土是近四十年来非常突出的事件。

其次就是海外汉文文献的整理和海外唐研究的成果也是非常可观。以我比较熟悉的老师和朋友而言,我们大陆学者,像南京大学的张伯伟先生,山东大学的郑杰文先生,武汉大学的尚永亮先生,现在广州任职的蒋寅先生,南大的程章灿,北大的杜晓勤,复旦的查屏球,上海师大的查清华,他们都有持续的新成果。我自己也曾与日本友人松原朗先生合作主编了《日本学人唐代文史研究八人集》,明年是《八人集》的续集,也要推出来。海外的汉文献和海外的唐代文学研究成果也是比较突出。包括海外几部新编的文学史,像北美的文学史和欧洲版的文学史对唐代文学研究都有新的突破。这些成果很多,我们就不一一赘述。所以一开始说,无论是与古代文学的其他断代研究相比,还是与其他历史时期的文学相比,这个成绩单都是非常突出的、很骄人的。简单地说,我个人觉得经过几代学人的共同努力,必将唐代文学的基础研究推向一个学术高原。当然,我们对任何问题要辩证地看待。这样的高原状态既是一件好事,但也会对持续的研究形成一个瓶颈,产生一些困境。因为天然的自然资源是有限的,文献的原始资源也是有限的。包括地下出土的新文献,它之所以会出现井喷现象,与近百年来,特别是近几十年来的农田水利与铁路、公路、机场建设有关,进入后开发时期,或者另外的叫法是新的发展时期,继续依赖资源的发展理念可能要升级换代。同样的道理,在三十年代、四十年代、五十年代的三个年龄的老一辈学者的成就面前,我们六七十、八十年代的中青年学人如何面对困境、面对这些问题,如何接受挑战,如何形成自己的学术制高点,这是对中青年同道提出的一个问题,也是大家应该思考的问题。

我觉得这既是整个唐代文学研究界所面临的问题,也是专门侧重王维研究的朋友们所要面对的困境,那么如何突破这种困境呢? 我觉得以下六个方面值得注意:

第一,要对传统文献和新出文献进行综合研究和精细化研究。因为文献大规模的出土总是有限的,第一次接触文献,把文献公布出来,也是少数人能够做到的。大多数学者可能要把新出土的文献和传统文献进行更细致地比勘,做更多的综合研究。像陈尚君先生,胡可先先生所做的工作,其实他们的重要性,不是公布、发布文献,而是对文献进行综合研究、比较研究,这样的做法也是出成果的。

第二,应该虚心地、主动地向考古学界、历史学界、向文学理论界的同道学习,注意吸收相关学科的新知。比如说大遗址问题的关注,历史学的全球史、大历史这样的一些理念,口述史的成果,文艺理论界如生态美学、阐释学的一些理念,都值得我们学习。

第三,要注意在两个或者多个学科的边缘地带寻找突破口。以王维的研究来说,如果我们满足于自然美、第二自然这样的一些说法,或者说传统的山水田园诗这样一些概念的话,那么对于王维研究的突破是比较有限的。但是其实我们注意,除了山水诗、田园诗之外,在王维的作品里,乃至整个唐代诗人的作品里面还有一个特别的类型,就是园林诗。在散文中,除了游记散文之外,还有园林散文,所以在园林学界以及古代文学研究界已经明确地提出园林文学这个概念。那么之后我们做王维研究,我们做辋川研究,应该注意吸收这些新的成果,包括在文学和地理学界、文献和空间叙事方面,这样一些交叉地带也有很多新成果。我觉得这对于我们从事王维研究、从事唐代文学研究的中青年学者来说都是值得关注的。

第四,要注意将小众的学术界的新成果及时传播,转化到教学领域和大众的认知领域。无论是王维研究界还是整个唐代文学研究界、古代文学研究界,在学者小众研究领域的新成果发布、交流还是很常态化的,但是这些新成果在本科生教材里面能够看到、能够及时吸收新成果进行教学的还是比较少的。至于将古典文学的新成果在大众传播,比如说百家讲坛,各类举办的文化普及活动中也比较少。我们可以看出主讲者以及听众,他们对古代文学研究、唐代文学研究,包括对王维研究的理解,仍然停留在五六十年代、六七十年代这样一个认知水平,所以我们作为专门的学者也有义务、有责任做这样一些学术普及的工作。

第五，要探索诗歌经典的现代传播和海外传播。我们注意唐代诗人王维的作品，白居易的作品，早在唐代就走出去，传播出去了，那是在古代的中国。那么在今天，特别的一个历史时期，如何赓续这样的一个优良传统，把中国文化的经典利用现代媒体向海外传播，我觉得这个工作我们仍然任重道远。

第六，中青年学者的培养、接续，是一件非常迫切的任务。应该说我们古代文学研究界、唐代文学研究界，包括王维研究，老中青几代学人都取得了很大的成绩。但比较而言，在四十年前断代的情况下，目前又会出现一个新的断代。就是随着四零后、五零后的学者陆续逐渐淡出学术界的时候，六零后、七零后的学者能不能把学术的火炬接续下来，让它的光焰更加盛大，我觉得这是一件非常迫切的任务。可能是在各个学校，包括专门的研究会，包括王维研究会、唐代文学学会，乃至整个古代文学研究的一些机构中，我们可以看出有一些比较迫切的任务和工作，这些工作都需要我们老中青几代学人共同努力，来使得中华文化的阐释和研究在新时期做出更多的成果来。

以上是我的汇报，最后祝大会圆满成功，谢谢！

（作者单位：西北大学中国文化研究中心）

中国王维研究会第九届年会暨王维国际学术研讨会闭幕词

中国王维研究会会长　陈才智

各位王维研究的专家和同道：

大家好！谨代表中国王维研究会作闭幕词。

今天，我们有缘且有幸，以高人王右丞为主题，召开了一场云端之上的学术会议——中国王维研究会第九届年会暨王维国际学术研讨会，从早上九点，一直到下午六点。这是在殷切的期盼中，在漫长的等待之后，才终于迎来的第九届年会。这种等待，还要包括云端偶尔出现的音画延迟匹配。无论哪种等待，我觉得对一千多年前的伟大诗人王维来说，都是值得的，毕竟千年等一回。"万里山河唐土地，千年魂魄晋英雄"，与千年英雄苏轼一样，高人王右丞也是我心目中的千年英雄，一位从山西走向世界的、中国第一流的伟大诗人。作为距离王维一千二百七十年的后人，我今天发言的题目是：《历史选择了王维》。

在盛唐的天空之下，功多承先的李白，开拓出高远之美的方向；功多启后的杜甫，展现出深远之美的可能，而王维则以其静与清，舒展着平远之美的维度。王维独具的平远之美，使人宁静、使人平和、使人灵慧。在当今数字化浪潮滚滚而来，经济、科技迅猛进步之际，王维诗中"心与广川闲"那种令人身世两忘的宁静，分外令人稀罕；王维笔下"落花啼鸟纷纷乱，涧户山窗寂寂闲"那种悠然林下的平和，格外令人向往。诗意地栖居，正是王维的最佳写照！

近代以来的文学史书写，李白、杜甫始终高居王维之上，虽偶有"三分诗坛李杜王"之议，但以独立成章而论，上世纪为白居易，新世纪是李商隐，真正足以与李杜三分诗坛的王维，却有意无意地被冷落了，被忽视了。以至于近年来中国王维研究会的重要主题之一，即为王维争得独立成章的文学史地位。毕竟文学史体现着重要的书写权力，象征着重要的意志指向，一旦成为教材流行开来，影响自然比文章和选本要有效得多，也深远得多。

那么什么时候，王维这个真正的高人可以与李杜相衡呢？这个问题，吴相洲老师曾经提及。在南通召开的中国王维研究会第七届年会上,他说:怎样能像李商隐那样,将王维在历史上的高度还原到一个真正的原貌呢?如今这个问题依旧摆在我们面前。既然历史曾经选择了王维,那么就应该还原历史的本来面目。步入学界,硕士阶段我研究苏轼,博士阶段则研究元白诗派,还写过《重勘李杜之争及其垂范意义》,在我的研究视野里,唐风宋韵,六百多载,高人林立,王维依旧是那个王维,无可替代。如果站在历史的角度回观王维,更加深感其地位之重要、境界之不凡。王渔洋说:"读摩诘诗,多少自在……此盛唐所以高不可及。"可谓妙论绝评。言外之意,无论"工"与"奇",还是"秀"和"雄",或可稍及,惟"多少自在",出自天性,来自性灵,成于才气,兴来神来,天然入妙,不可凑泊,故高不可及。

宋人所谓"如秋水芙蕖,倚风自笑",秋水芙蕖,本自清丽绝俗、一派天然,而迎风自笑,其风姿神韵,愈令人心醉神往;贴切而迷人的赞扬,堪为名高希代的王维写真。眼下正是秋水芙蕖的季节,今天正是深秋的最后一天。回想起今年春天开始,我们几番商讨、数次斟酌、反复沟通,从春天到秋天,几次更改会议时间,最后终于得以在云端上相聚,就在深秋的最后一天——立冬节令之前,圆满完成了关于高人王右丞的国际学术研讨会。尽管早九晚六,大家都十分辛苦,但心情很是愉快而激动。

大唐天宝三载(744)腊月末,王维在辋川给他的好友裴迪写了一封书信,约他来年春天到山中游玩。这封《山中与裴秀才迪书》,有着诗一般的美感和韵律,寥寥数语,就勾勒出一幅万象更新的动人图景。其中"草木蔓发,春山可望"一句,习近平总书记曾引用,表达对春天的祈盼,对人民幸福生活和祖国美好未来的热切期望。从眼下的秋天,遥望来年的春天,我想就像王维在历史上的地位和影响一样,王维研究,以及王维研究的发展,也是春山可望。因为春天不仅代表一份希冀,还寓意生机勃发、不畏险阻的向上力量。

现在我们没有办法脚踏辋川,像主会场的朋友那样亲临其境,但是借助现代技术,一样可以跨越所有的障碍,步入空山,感受山居秋暝,可以追忆辋川。所以,在闭幕致辞之际,首先要感谢王维,是他以千古不朽的诗文,将我们吸引在了一起。其次,最要感谢的就是这次会议主要承办方:西安文理学院,以张进老师、高萍老师为代表的办会团队,还有最早参与创会的师长泰老师。作为教育部批准的全国性专业学术组织,1991年春天成立的中国王维研究会,到今年2021年,已经走过了三十年不平凡的岁月,先后在西安、鞍山、北京、南通、广州等地成功举办了八届全国性或国际性学术研讨会,编辑出版八辑《王维研究》,为海内外王维研究者提供了高水平的学术交流平台。三十年河东,三十年河西。抚今追昔,在感动于前辈老师学术功业之余,自然就会萌生传承前辈精神的一份责任感。

据我所知,今天有四五个学术会议都在同时召开,在座的各位学者选择了王维，这也正应和了"历史选择了王维"。"靡不有初，鲜克有终"，正是因为高人王右丞——王摩诘的凝聚力，让我们一直坚持到闭幕式的此刻。王维在给我们留下安闲自得的诗情禅意的同时，也以其特有的坚持与执着，成为一个真正高人的样板。这一点，也是欣赏王摩诘的太原白居易，在倡导省分知足、心安保和的"中隐"之道时，所取径和吸纳的重要思想源泉。

经过一天的研讨与切磋，我们对于王维的研究，又向前进了一步。在世界渐小而诗意渐远的今天，即使只是一小步的前进，一点一滴、一丝一毫、一枝一节、一鳞一爪，也都弥足珍贵，都是添砖加瓦，薪火相传。今古相承、推陈出新的生命力，才不会随着历史埋到尘埃中。而历史正是在这种新陈代谢中得以延承和发展，恰如树发枝干，水溯源流。就我自己而言，在王维研究领域虽有涉足，但还远未深入。今后，王维研究一定会成为工作的重点。希望年长的同志支持我，年轻的同志来帮助我，在未来王维研究的道路上，携手同行，共同进步，坚持一步一步走下去。从山西到陕西，从临猗到辋川，从"明月松间照"的终南，到"大漠孤烟直"的塞外，沿着王维走过的路，从田野到文本，从文化到文学，在文学地理、文学图像、文本细读等方面，且深入且拓展，且学习且欣赏。

可以说王维研究的路很宽，未来的发展空间很广，无论时间之遥，还是空间之隔，都无法阻断我们对王维的热爱。在深秋季节，回望盛唐，重新理解盛世中的王维，就可以生发出诸多新意。最后，我要转达陈铁民先生对大家的问候，陈老师让我告诉大家：王维让我们走到了一起，希望未来的王维研究之路，我们可以携手同行，共赏春山美景！现在我宣布，中国王维研究会第九届年会暨王维国际学术研讨会闭幕！

谢谢大家！

（作者单位：中国社会科学院大学文学院、中国社会科学院文学研究所）

中国王维研究会理事会决议

中国王维研究会第九届年会暨王维国际学术研讨会召开之前,鉴于疫情原因,分别于2021年10月31日、11月4日以线上征求理事意见的方式,增补理事七名,并推选出新一届王维研究会会长。经理事会研究决定,并经理事会全体理事一致同意,中国王维研究会第三届理事会组成人员如下:

名誉会长:

陈铁民(中国社会科学院文学研究所研究员)

陈允吉(复旦大学中文系教授)

学术顾问:

陶文鹏(中国社会科学院文学研究所研究员)

杨　军(苏州科技学院教授)

会　长:

陈才智(中国社会科学院大学文学院教授,中国社会科学院文学研究所研究员)

副会长:

毕宝魁(辽宁大学文学院教授)

张　进(西安文理学院文学院教授)

王志清(南通大学文学院教授)

高　萍(西安文理学院文学院教授)

秘书长:

高　萍(兼)

理　事(按姓氏笔画为序,共二十二名):

王志清、王作良(陕西师范大学教授),方丽萍(青海师范大学教授),毕宝魁、李亮伟(宁波大学教授),吴振华(安徽师范大学教授),吴怀东(安徽大学教授),沈文凡(吉林大学教授),张中宇(重庆师范大学教授),张进、陈才智、陈丽平(辽宁大学教授),赵永建(广东海洋大学教授),袁晓薇(合肥师范学院教授),高萍、高玉海(浙江师范大学教授),高建新(内蒙古大学教授),曹丽芳(辽宁师范大学教授),崔际银

（天津财经大学教授），康震（北京师范大学教授），董就雄（香港珠海学院教授），曾智安（河北师范大学教授）。

今年正值中国王维研究会成立三十周年，相信在新一届理事会的带领下，中国王维研究会的工作与王维研究事业，必将不断取得更大的发展和进步，必将迈上一个新台阶。

中国王维研究会

2021 年 11 月 6 日

王维诗的家国情怀主题与表现

王志清

一般而言,王维的诗没有什么思想深度,也看不到有什么家国情怀。确实也是,他的诗中真看不到什么辅弼之雄心,匡济之大志,甚至也没有致君尧舜、海县清一的豪言。但是,如果因此而否定他诗的思想深度,说其诗中没有家国情怀,那不是没有读懂王维,就是跟风起哄,甚至是被肤廓之见"洗脑"而有了偏见。

可以非常肯定地说,王维是个很有情怀的高人,他的诗中有着强烈的家国情怀,而他对家国情怀的表现也感人至深。

一、"单车曾出塞"的爱国热肠

家国情怀或家国精神,源于中国人的生命观,源自祖宗与家族的崇拜,源自民族的血脉文化,是一种大爱大义而激生大担当的美好情感。"家国情怀"将人之个体对于社会价值共同体的高度认同,上升到对国家与民族的深爱与担当,由私而公,由家而国,由己而人,从孝亲敬老、兴家乐业的义务,而转化为济世救民、匡扶天下的社会责任。因此,"家国情怀"也成为中国人特有的社会价值逻辑,成为传统文化所倡导的价值理念。王维一生极重内外兼修,具有以德善为先、以家国为重的思想情怀,而其诗中怎么可能没有以家国为怀的表现呢?

王维有着很强的家国情怀,他将个人情感与爱国情感融为一体,将个体价值的实现与国家民族的命运联结在一起,不仅自己奋不顾身,曾几次临危受命出使边塞,也鼓励人以国家为重,热情投入保家卫国的战争中去,他的这些情怀在他的边塞诗中有着真实的反映与突出的表现。他的五律《送张判官赴河西》诗云:

> 单车曾出塞,报国敢邀勋? 见逐张征虏,今思霍冠军。
> 沙平连白雪,蓬卷入黄云。慷慨倚长剑,高歌一送君。

这首送别诗,构思很特别,思想性很强,思想教育的意味也很强。他在开篇就非常豪迈地提起"单车曾出塞"的经历,这也是他人生历史中很是辉煌的一页,成为他引以为骄傲的经历与资本。诗接着写道:"报国敢邀勋?"报国是一种崇高的义务与责任,爱国是一种不讲回报的担当与奉献,怎么能够因此而邀功请赏呢?中间二联,既是自写,又是写对方,诗人结合自身赴边出塞的经历现身说法,鼓励年轻人沙场厮杀,边疆立功。诗人把赴边之举描绘得具有很强的诱惑力,他认为这对于具有凌云壮志而准备赴边的张判官来说,出塞赴边简直就是一种千载难逢的立功报国的机会。尾联才点"送"题,不是"悲莫悲兮"的离别伤感,无论是送人者还是被送者,都是"雄赳赳气昂昂"的慷慨轩昂,豪迈之极,激越之极。"慷慨倚长剑,高歌一送君",至今读来仍有豪气荡胸、雄风扑面的感觉。

"单车曾出塞",是王维值得炫耀的一段人生经历,成为王维心中永远抹不去的记忆,我们不妨以他的《使至塞上》来做一点分析吧。王维"尽一时之选"而成为大唐问边的使者,这对于原本就有边塞情结的王维来说,无疑是无比幸运、也无比幸福的。作为"钦差大臣"的王维,奉皇命出使劳军,心情大好,自有一种特别的荣耀与非常的骄傲,加之唐军大获全胜的大好形势的鼓舞,也愈加情绪高昂,那大漠就不是一味地荒凉了,那"征蓬""归雁"也就不会让人心生荒凉和落寞,而是为大唐疆域的广阔无比而心生骄傲,为边塞的平静安宁而深感自豪。自古以来,几乎所有的读者,注意力全集中在"大漠孤烟直,长河落日圆"上。王国维说其"千古壮观"。诗人置身大漠,举目苍凉,长河蜿蜒,落日浑圆静穆,烽烟如竖,拔地升腾而起①。其诗笔化苍凉为豪放,化肃杀为壮丽,气象清雄,场景壮丽,精神浪漫而崇高。此二句精彩之至,无可置疑,也毋庸赘言。我们以为,此二句只是烘托,尾联则更是妙不可言。"萧关逢候骑,都护在燕然"二句含三典②,关键是诗人信手拈来,宛如己出,自然仿写,于形式上呼应开篇,关合全诗,再次点题,极大地扩大了诗的容量,升华了诗旨,让读者对虞世南、何逊的诗自然联想与类比,不仅形象化了唐军将士为报效国家而拼死疆场的英雄主义精神,颂扬了大获全胜而声威远震的此战意义,盛赞了都护堪比汉之窦宪、应该"刻石作铭"的征战功勋,而且也让人感受到诗人义无反顾而不负使命的家国情怀。

王维诗不可句摘,读他的诗,要有"象"思维,要有"境"意识。譬如读《使至塞上》,读罢全诗,让人对其极其精妙的构思,不由得击节叫绝。王夫之《使至塞上》评语:"右丞每于后四句入妙,前以平语养之,遂成完作。一结平好蕴藉,遂已迥异。

---

① 《坤雅》:"古之烟火,用狼烟,取其直而聚,虽风吹之不斜。"清人赵殿成说:"亲见其景者,始知'直'字之佳。"(《王右丞集笺注》)

② 典一,虞世南《拟饮马长城窟》开篇:"前逢锦车使,都护在楼兰";典二,何逊《见征人分别诗》曰:"凄凄日暮时,亲宾俱伫立。征人拔剑起,儿女牵衣泣。候骑出萧关,追兵赴马邑。且当横行去,谁论裹尸入。"典三,《后汉书·窦宪传》曰,窦宪大破单于军,"遂登燕然山,去塞三千余里,刻石勒功,纪汉威德,令班固作铭"。

盖用景写意,景显意微,作者之极致也。"(《唐诗评选》卷三)"前以平语养之"而"后四句入妙",是什么意思呢？所谓"养",类似"蓄势"的写法,其实这就是在讲"意境"创设之法。而所谓"景显意微",就是诗人之意,含蓄其中而不外露。也就是说,王维诗中的爱国情怀,要我们自己去读去悟,因为他是不会直截了当地告诉你的。

王维的《送崔三往密州觐省》,写于《使至塞上》同时,也是一首送别诗,表现出来的是很典型的忠孝两全的家国情怀。诗曰：

> 南陌去悠悠,东郊不少留。同怀扇枕恋,独解倚门愁。
> 路绕天山雪,家临海树秋。鲁连功未报,且莫蹈沧洲。

王维送人回家探亲,把自己也放进去写,颔联"同怀扇枕恋,独解倚门愁",用"扇枕恋"典,《晋书·王延传》："事亲色养,夏则扇枕席,冬则以身温被。"我与你同,都希望能够像古人那样"扇枕恋"事奉母亲,以至于能够消释母盼子归的"倚门"之愁。意思是说,我们都有还家行孝终养的想法。尾联"鲁连功未报,且莫蹈沧洲"二句,则用"鲁仲连赠书"典,齐国策士鲁仲连,协助田单攻下聊城,功高封爵,而他却悄悄地隐于海上了。意思是说,我们也要有这种境界,我们从军戍边,不是为了封侯取爵,而是爱国的热肠,是报国的义务与担当。王维以鲁连激励崔三,希望他摆正小家与大家的位置,齐家与治国同样重要,勉励他先国后家,忠孝两全,先要报效祖国,立功边地,然后再考虑退隐,回家尽孝。

王维有一批送别诗,是很能够反映其家国情怀的,如《送平澹然判官》《送刘司直赴安西》《送赵都督赴代州得青字》《送宇文三赴河西充行军司马》《送韦评事》《送张判官赴河西》以及《送魏郡李太守赴任》《送陆员外》等,这些诗基本上作于诗人问边归来而官居长安时,也即在王维四十到五十岁之间。诗以送别为由,诗中多边地意象,多塞外场面的描写,甚至有其中年时期问边河西的记忆反刍,每一首诗都涉及国事、形势、战争、胜负等深度问题,我们不妨也"摘句"以观：

> 无为费中国,更欲邀奇功。(《送陆员外》)
> 忘身辞凤阙,报国取龙庭。(《送赵都督赴代州得青字》)
> 当令外国惧,不敢觅和亲。(《送刘司直赴安西》)
> 须令外国使,知饮月支头。(《送平澹然判官》)
> 当令犬戎国,朝聘学昆邪。(《送宇文三赴河西充行军司马》)
> 尽系名王颈,归来献天子。(《从军行》)

从题目上看,王维所送别的这些离人,多为中下层官员。干戈未息、家国不安,而同僚出征,每每让王维心动不已,故而凡有所送,皆执手话别、直言相告、叮嘱再三,且都往家国战事上说,表明自己的观点,勉励同僚以国家为重,奋不顾身,杀敌疆场,马上建功。这些诗都写得气吞万里如虎,兴象饱满而气骨高峻,充满了强烈的爱国主义、英雄主义与乐观主义精神,充分体现了以效命疆场而赢得功名的价值取向与荣誉感,表现出为国家而战、为功名而战的爱国热情与社会责任感,表现出政治家所特有的政治远见与政治风度,也反映了特定历史条件下的阶级、民族的真实情绪和历史意志,折射出时代气象与社会面影,是我们获取王维爱国报国的家国情怀的生动资料。而王维中年之后三次出使,也是一种"忘身辞凤阙"的报国践行。

即便是在山水田园诗中,我们也能够真切感受到王维的爱国热肠。王维《新晴野望》诗开篇二句:"新晴原野旷,极目无氛垢。"此"极目无氛垢",是王维的审美观。这种审美观,与他深受佛禅理念影响也有关。佛法云:心有所念,必有所现。因此,一切善都是内心的善,一切美都是内心的美。置身盛世的王维,"极目无氛垢",笔下无恶俗,不写苦难,不写对立,不写仇恨,不写奔竞冒进,诗中反映出来的自然也就多是"雨后山川光正发,云端花柳意无穷"(《奉和圣制雨中春望》)的海晏河清的政治气象,表现出宁靖静穆的生态环境与和谐的人际关系。王维的《和贾至舍人早朝大明宫之作》,描绘了一幅万国来朝的"大明宫早朝图",光明璀璨而气象万千,写得"如日月五星,光华灿烂"(《唐诗观澜集》)。虽然诗作于安史之乱后,国家处于中兴阶段,然国势还没有一蹶不振,王维表现的是家国和谐的主旋律,反映的是大唐社会的正能量,折射出的是蓬勃的时代精神,表现的是一个民族的高度自信,洋溢着活在盛世当下的强烈的家国自豪感。"九天阊阖开宫殿,万国衣冠拜冕旒"联,则成为盛唐气象的最典型的形象概括。

恩格斯《反杜林论》说:"一切存在的基本形式是时间和空间,时间以外的存在和空间以外的存在,同样是非常荒诞的事情。"①诗歌的发生,有其自身的历史时空,只有将其放到特定的时空中加以演绎,才能走近诗人的真实情感,还原诗歌发生的历史面貌,从而有比较切实合理的美学阐释。杜甫比王维虽然只小十一岁,却属于两代人,他们所处的时代和环境大相径庭。杜甫的创作高峰,出现在安史之乱后,在其"致君尧舜上,再使风俗淳"的崇高理想彻底破灭后。蒋寅先生说,杜甫很幸运,那些感时悯乱、忧国忧民之作为他挣了分。岂止是挣分,安史之乱让杜甫成了一流诗人,成了伟大诗人。

因为历史的时空不同,我们不能要求王维也像杜甫那样写,或者写成杜甫的那个样子。即便同样是批判现实主义的诗歌,杜甫与白居易的作品就不尽相同。白居易侧重于对社会腐败现象的抨击,杜甫侧重于对社会灾难的记录。而无论是杜

---

① [德]恩格斯:《反杜林论》,人民出版社 1970 年版,第 49 页。

甫或白居易，还是王维，他们的个人情感基点都是爱国的，都是想要报国的，也都具有与国家民族休戚与共的思想，只是各自诗歌的取材与表现不同而已。王维的诗无论边塞还是山水或其他什么，为什么都写得这么和谐恬静、诗意十足呢？这是"极目无氛垢"的审美价值取向所决定的。而王维的这种审美意识，则主要源自其强烈的国家荣誉感与时代自豪感，也是其忠孝同本而家国同构的思想之自觉反映。因此，王维为什么写这些，为什么这样写，取决于他的家国认知，也反映了他对时代、对民族、对家国的深爱与热情。

二、"忘己爱苍生"的悯民善心

王维的家国情怀，表现在他对社会价值共同体的高度认同，表现出对国家与民族的深爱与担当，他在修齐治平精神的感召下，以个人修养为中心，以家庭伦理和仁爱伦理为基础，以报效家国为目标，追求"忘己爱苍生"的人格理想，也践行他"上报圣恩，下酬慈爱"的悯情善愿。

王维有一首《赠房卢氏琯》的诗，诗意浑厚，思想深刻，开篇就以"达人无不可，忘己爱苍生"来赞美儒家仁政。房琯时任虢州卢氏县令，"政多惠爱，人称美之"（《旧唐书·房琯传》）。房琯管辖的虽然只是个"千室之邑"的小县，然以礼乐教化治理，弦歌声高，政绩斐然。辖区内百姓安居乐业，相安无事，没有争斗，也没有争讼，简直就是个世间桃源。这种仁政之治，也是王维自小追求的社会理想。王维在十九岁时写的《桃源行》里，就将这种理想和盘托出，而且也奠定了他一生的追求，成为他的社会价值观，成为他一生诗歌的永恒主题。王维的田园诗，如《新晴野望》《淇上即事田园》《春中田园作》《渭川田家》等，写的就是这种现实中的"桃花源"，都是些耕者有其田、居者有其屋的富庶和谐的场景。王维生在开元全盛期，一生为官，弱冠解褐，三十五岁之后，被"征为殿御臣"，出任侍从之臣，一直是京官。他不仅没有杜甫、李白的流浪经历，也没有白居易大部分时间任职地方的经历，没有外放州郡担任过"父母官"。但是，这不等于说他就不关心民生疾苦，也不等于说他就没有关心民生疾苦的诗。他的诗把物景写得太好太美了，让读者的注意力被那些美轮美奂的景物描写所吸引了过去，而没有过多关注其诗家国情怀的题旨，没有觉出诗人的仁政理想与悯民愿心。譬如《送梓州李使君》诗：

> 万壑树参天，千山响杜鹃。山中一夜雨，树杪百重泉。
> 汉女输橦布，巴人讼芋田。文翁翻教授，敢不倚先贤。

此诗"落笔神妙，炼意最深"，古来好评如潮。此诗写送别，然其却不在惜别与劝勉上着力，别开生面，"欲避近熟，故于梓州山境说起。"（吴乔《围炉诗话》）王维撇开送别现场不写,或者说存心避开现场不写,而去着力描绘蜀地梓州的奇秀以及与之相关的民情和史典,诗人在以欣羡的笔调描绘蜀地山水景物之后,后半部分转写蜀中民情和使君政事,即蜀地妇女以橦布向朝廷交税,巴人常为农田事发生讼案。王夫之评曰:"明明两截,幸其不作折合,五六一似景语故也。意至则事自恰合,与求事切题者雅俗冰炭。右丞工于用意,尤工于达意,景亦意,事亦意,前无古人,后无嗣者,文外独绝,不许有两。"(《唐诗评选》卷三)诗的前、后四句,乍看似为"两截",因为颈联的作用,合二为一,汉女输布、巴人讼田之二典事,既是写风俗,又是写使君,写李使君就任梓州刺史以后的政务职事,并自然引出尾联的治蜀之事与勉励之意。王维希望李使君追随先贤文翁,恪尽职事,善政勤政,重在教化蜀民,做个善辨冤案、体察民情而恩泽百姓、造福一方的清官。

顾可久的注本里说王维的《赠刘蓝田》诗,"急征繁苦之意,见于言外"。也就是说,这位顾姓明代官员学者,于诗中看到了批评杂税繁重的意思,也就是说,此诗也具有了社会"批判性"。诗写村人交税夜归的情景,"前六句极写村人之淳朴安乐,所以美其政也"。(黄培芳《唐贤三昧集笺注》)诗写村民将"输井税"作为应尽义务的自觉性,并写出了乡民交完税后衣食无忧的满足感,颈联"晚田始家食,余布成我衣"二句,以乡民的口吻说:晚熟的粮可供自家食用,多下来的布可为自己做衣。诗的尾联"讵肯无公事,烦君问是非"二句,则比较难理解,主要是角度问题,是乡民口吻,还是诗人口吻?如果仍是乡民口吻,所谓"公事",为服公田劳役,即交租税,二句理解为:我们并不是想要不尽交税之责任,只是想烦您问问(蓝田令)还有什么没做到位的地方。这是对乡民自觉为国家尽义务的赞美。如果按诗人的"赠"语来解,即对话刘蓝田,所谓的"公事",则为蓝田令的公务,二句意谓:阁下哪里是无公务可做("无为而治"),只是麻烦您还要深入其中把工作做到位。如果这么理解,就是赞美刘蓝田的政绩,激励他勤政爱民。也可以说,此诗是王维悯民思想的反映。王维自己没有外放而做地方官的机会,他却为民请命,总是寄希望于外放为官的朋友,要将百姓民生问题解决好,恩到黎民百姓。然而,王维诗却不是民生疾苦的写实性直录。他的《送李判官赴江东》诗,也是为民请命性质的题旨。诗写送同僚离京去完成置办玉璧、采购珍珠的使命,希望这个"辨璧吏"能够"恩到泣珠人"。尾联云:"遥知辨璧吏,恩到泣珠人。"《搜神记》典曰:南海之外有鲛人,水居如鱼,鲛人之泪凝冻成珠。此典也用于蛮夷之民受恩施报。二句说:我知道你这次远去负有置办玉璧的使命,(肯定不会仗势欺压那些以玉璧谋生的当地百姓)而会把朝廷的恩泽带给边远南方的人。王维是希望"恩到"那些以捕鱼采珠为业的土著居民,恩到东南沿海。

王维身在朝廷,心系苍生,体恤百姓,他的诗中,时有这种悯民思想,为百姓能够安居乐业过上好日子而感到非常欣慰。可以想见,假如王维也能够去做个"父母官"的话,应该是有仁人爱物的自觉,而能够体恤苍生、"恩到"黎民的。因此,他也希望多一些体恤民瘼的清官。王维的《与魏居士书》,奉劝魏征之后,希望他出隐为官。他在这封信里说:"君子以布仁施义,活国济人为适意。"意思是,所谓君子,就是要有家国情怀,就是要有修齐治平的政治担当,就是要有以"布仁施义,活国济人"为快乐的境界。也就是说,做官不是为了满足一己私欲,作威作福,而是为了更好地为国分忧,为民服务。有学者罔顾事实,说王维只是要官做,也是个做官能手,因此品质很恶劣。其实,王维真是个"偶寄一微官"的淡泊之人,无可无不可的随缘任运,人家主动送官上门,他都不要。晚年时的王维,更是以维护国家利益、维护唐廷权威为己任,每有新的升迁,他都要自审再三,多次诚恳希望朝廷收回成命,不要因为让他"尚沐官荣"而赏罚失准,而有悖"政化"之风。唐玄宗开元十三年(725)始置集贤殿书院学士,以授宰相及其他侍从文官,属于核心文臣,非"待诏翰林"也。皇帝又让王维"充集贤殿学士"。王维上《谢集贤学士表》,开篇就说这个任命不合适,并详说自己如何不够"集贤"的资格,说是"谓之集贤,非贤莫集,固当宣其五德,列在四科,逊听众推,方纡圣鉴"。意思是说,既然是集贤,我乃非贤。他认为,应该坚持标准,严格考察,倾听诸方面意见后再予以任命。言下之意是,任命我,有失考虑也。所谓"五德":智、信、仁、勇、严;所谓"四科":一曰德行高妙,志节清白;二曰学通行修,经中博士;三曰明达法令,足以决疑,能案章复问;四曰刚毅多略,遭事不惑,明足以决。王维在表里自谦说:"臣抽毫作赋,非古诗之流;挟策读书,无专经之业。"因此也恳望朝廷另选贤才。王维《责躬荐弟表》里甚至将自己说得一无是处,归纳为"五短",将自己骂得个狗血喷头。他在此表中曰:"臣又闻用不才之士,才臣不来;赏无功之人,功臣不劝。有国大体,为政本源。"意思是说,朝廷用人不当,像我这样的"不才之士"都能为用,这不是坏了国家的规矩吗? 他真心希望朝廷能够真正地使贤任能。

最让人不可思议的是,王维还向皇帝上表,要献出自己最为钟爱的辋川山庄。他在《请施庄为寺表》里说自己无力助上中兴,献此别业,用作清源佛寺,保佑大唐风调雨顺,海晏河清,祈福天下群生,实现其"效微尘于天地,固先国而后家"的意愿,完成其"上报圣恩,下酬慈爱"的人生理想。他的《请回前任一司职田粟施贫人粥状》,表现出他为国分忧而周济天下的悯民善心。因为"两任职田,并合交纳",朝廷"不许并请",王维便再上表"请施"一职田。按:王维曾有中书舍人、给事中二职,按照唐朝禄制,此二职均为五品上,五品官六顷田。也就是说,王维一次性欲请献十二顷田。王维为何执意要作职田之献呢? 王维素有悲悯之情,心系灾民疾苦,"臣比见道路之上,冻馁之人,朝尚呻吟,暮填沟壑"。因此,"望将一司职田,回与施粥之所。于国家不减数粒,在穷窘或得再生"。皇帝终于准予单献,为其悲悯之诚心所感动。今人梁实秋也感动不已地说:"千载而下,读后犹感仁者之用心。"

王维忧国之深,忧民之切,真不是一般人能够做到的。梁启超《呵旁观者文》里说:"知责任者,大丈夫之始也;行责任者,大丈夫之终也。"①王维不仅是个"知责任者",他更是个"行责任者"。他也不仅有知责任者之始,更有行责任者之终,是个真正的很有家国情怀的"大丈夫"。王维家国情怀的形成,主要是由于儒家三纲五常、道德伦理的思想滋养,与其佛老庄禅的修养也密切相关,与其陷贼伤痛经历有关,他的仁政理想似也表现更加突出,凡事皆从国家利益考虑,处处想着报效国家与感恩社会,仁人爱物而乐善好施,在布仁施义上表现出超乎寻常的热情。

三、"乃眷家肥"的孝悌懿性

家国情怀的逻辑起点是"家","家"是中国文明构成的总体性范畴。以天下为己任的报国观念,来自人生开始的"家"。"家"是建构社会制度和伦理的基石,儒家文明对社会伦理、政治以及经济关系的建构,始终是从"家"出发,形塑家国一体的秩序体系,构成了"忠孝同本"的社会伦理和意识形态。"家"也是影响社会与政治构成和变动的主体,而同"国"以及信仰、伦理、社会等纽带连接。而"孝"则是维系"家"观念的情感基础。《论语·学而》:"孝悌也者,其为仁之本与。"《孝经》:"夫孝,德之本也。"在儒家伦理体系中占有根本性奠基地位的"孝",也就成了维系宗法家族关系的强大的精神纽带。《孝经》传为孔子作,儒家经典,十三经之一。《孝经》首次将"忠孝"联系起来,认为忠是孝的扩展。唐玄宗作为一国之君,亲自为儒家经典《孝经》作注,以孝德来教化天下。

王维深谙孝道,自觉把忠孝联系起来。他的《为相国王公紫芝木瓜赞》,是为相国王玙写的一篇赞文,赞前以序来详解祥瑞出现的原因,首句即言:"孝悌之至,通于神明,天为之降和,地为之嘉植。"《孝经》曰:"孝悌之至,通于神明,光于四海,无所不通。"意谓真正能将孝道做得尽善尽美,就会感动天地神明,也会光耀四海,没有什么不能为之而感化融通的。王维的赞,将"紫芝三秀,则生于梁。木瓜一实,其大盈筐"的自然界的自然出现,解释为"盖至诚所感"的原因。也就是说,这种祥瑞现象,是精神的感化,是天意的昭示,也是国家太平的反映。序中间有一段话说得很艺术:

> 有识君子曰:"至孝所感,物为人之祥;大贤佐时,人为国之瑞。二物者,虽感曩时之纯至,亦符今日之崇高也。"公尤不敢当,归美于今上,以为震位先兆,孝备动天。

---

① 梁启超:《为学与做人》,古吴轩出版社 2016 年版,第 53 页。

意思是，"大贤佐时"也是一种值得盛赞的祥瑞，而王相国却"尤不敢当"，而将祥瑞现象"归美于今上"。此赞的思路，由臣之"孝"举，而引起紫芝、木瓜之神奇的嘉应，进而"归美于今上"，亦即"依仁据德，移孝为忠"的赞语，凸显了颂君主之圣德而弘扬孝道之文旨。王维的诗也一样，自觉对应天意，太平征兆，把山川风物与花月云露的自然现象，归美于天意，归美于圣上，归美于时代，这是王维的社会盛世逻辑，也是他的政治理想。

中国古代的家国情怀，建立在"孝道"之上，推己及人，由家及国，从父慈子孝、兄友弟恭到心怀天下、报效国家，把以血缘关系为纽带的天然亲情，拓展和上升为关心社会、积极济世的责任意识和伦理要求，而治国安民则是对血缘亲情之"孝"的放大。《旧唐书》特别说到王维"以孝闻"。史料载曰，王维是个有名的大孝子，从做人的最根本处孝顺父母、敬爱兄弟做起，将行"孝"而尽"忠"自然结合在一起。因为父亲早亡，王维十五岁便离家去京城寻找生计，虽然在京城里如鱼得水，风光无限，"凡诸王、驸马豪右贵势之门，无不拂席迎之，宁王、薛王待之如师友"（《旧唐书》）。然而，独身在外的王维，心念家中老母与兄弟，"每逢佳节倍思亲"，平日里思，节日思之尤甚，《九月九日忆山东兄弟》诗即是他这种感情的记录。诗写自己思乡怀亲，反而说是兄弟忆念自己，好像遗憾的不是自己，反倒是兄弟，是兄弟欢会因为没有自己的参加而遗憾，这种表现曲婉深至，比直接写自己思念家人还要让自己所不堪，而思念中还夹入了一种深深的愧疚感。儿行千里母担忧，自己小小年龄，孤身一人独处异乡，家人肯定特别放心不下，而他特别不忍心的则是让家人担心，为此而深感愧疚，深感不安，非常过意不去。

王维长期在外为官，公职在身，愧不能在家事母尽孝，因此而有"同怀扇枕恋，独解倚门愁"（《送崔三往密州觐省》）之愧疚，《观别者》也写的是这种情感，其诗曰：

> 青青杨柳陌，陌上别离人。爱子游燕赵，高堂有老亲。不行无可养，行去百忧新。切切委兄弟，依依向四邻。都门帐饮毕，从此谢宾亲。挥泪逐前侣，含凄动征轮。车从望不见，时时起行尘。余亦辞家久，看之泪满巾。

吴乔《围炉诗话》卷三曰："王右丞五古，尽善尽美矣。《观别者》……当置《三百篇》中与《蓼莪》比美。"《诗经》中《蓼莪》所抒发的是不能孝养父母的痛极之情，对后世影响深远。周振甫《诗词例话》里则说其中以景写情处可比"瞻望弗及，泣涕如雨"（《诗经·邶风·燕燕》）。这也是与《诗经》比的，《燕燕》被王士祯推举为"万古送别之祖"，临歧惜别，情深意长，令人怅然欲涕。古今诗话，皆将其与《诗经》里的名篇相比，这是非常崇高的评价，故而，《唐诗归》里说《观别者》"非深情人不暇如此题"。王维作为一个旁观者，见贫士临行恋母情状，竟然动情以至于泪满衣襟，心善而言慈,定然是因为感同身受的结果。"不行无所养,行去百忧新","行"抑或是"不行"很矛盾,处于二难之中,也正是王维之自写,以不孝自责也。因此,古人说王维"说他人,其切乃尔,己怀可知,《阳关》所以绝句"(唐汝询《汇编唐诗十集》)。

王维"事母崔氏以孝闻"(《旧唐书》),为了让其母潜心修佛,专门购置辋川别业修作佛堂。其《请施庄为寺表》中曰:"臣亡母博陵县君崔氏,师事大照禅师三十余岁。褐衣蔬食,持戒安禅。乐住山林,志求寂静。臣遂于蓝田县筑山居一所。草堂精舍,竹林果园,并是亡亲宴坐之余,经行之所。"其"居母丧,柴毁骨立,殆不胜丧"。丁忧时的王维已到知天命年,三年的守制丁忧,他饱受丧母悲痛的折磨,沉浸于"殆不胜丧"的极度哀伤之中,而以至于"柴毁骨立"不能自持。从王维对其母的感情里,可见其至孝的天性。

《旧唐书·王维传》还说王维"闺门友悌,多士推之"。从王维诗中看,他无意于仕宦,如果不是考虑到寡母在堂、兄妹尚幼的话,他早就弃世隐居去了。《偶然作六首》其三曰:

> 日夕见太行,沉吟未能去。问君何以然?世网婴我故。小妹日长成,兄弟未有娶。家贫禄既薄,储蓄非有素。几回欲奋飞,踟蹰复相顾。

诗中说得明明白白,他之所以不能潇洒而"奋飞",是因为"家"的原因,长兄为父的责任感,诸多家计义务如"世网"羁绊。诗人由于强烈的家庭责任感,滋生出一种负罪意识,转化为一种深刻的不安,一种进退两难的犹豫,一种力不从心而苦苦支撑的忏悔,这也是王维一直以来最微妙的隐痛。

王维与其大弟王缙的关系特别密切,二人既为骨肉,又是挚友,还是诗侣。史有"朝廷左相笔,天下右丞诗"的说法,王维兄弟二人皆一代名士。王缙自小跟随王维出来闯荡京师。据说,王维陷贼构罪,王缙不惜自降以赎保。如今王缙外放,王维则以辞职为交换来要求朝廷召回其弟。王维上《责躬荐弟表》,为其弟请命,乞望尽削己官而让弟归京。皇帝不仅很快就满足了王维的请愿,还给予王维"乃眷家肥,无忘国事"的高度评价,《肃宗皇帝答诏》曰:

> 敕:幸求献替,久择勋贤,具寮咸推,令弟有裕。既膺赞相之任,俯观规谏之能。建礼朝升,鹓行并列;承明晚下,雁序同归。乃眷家肥,无忘国事。所谢知。

意思是说,满足你的请求,让你弟回京任职,你们兄弟早晚有伴,一起上朝下朝。《礼记·礼运》曰:"四体既正,肤革充盈,人之肥也。父子笃,兄弟睦,夫妇和,家之肥也。"以血缘关系为基础的宗法制度，对中国的社会结构和意识形态产生了很大影响，由家而国、家国一体，与之相适应的思想观念和社会规范，符合统治阶级以孝来教化天下的政治理想。肃宗皇帝认为王维极重兄弟情谊，有自贬之愿，是一种难得的家国情怀，是一种很值得倡导的孝悌之道。王维荐弟上表不久，其弟便得以还京任职，官授左散骑常侍，所谓"孝悌之至，通于神明"也。王维之"乃眷家肥"，建筑在"无忘国事"之上，他的这种处世行事，主要是源自儒家修身、齐家、治国、平天下的精神，是他儒释道思想交融而生成的人生价值取向与家国情怀。

概言之，家国情怀是王维诗的重要主题，而这家国情怀主题的诗，也正是王维其人"家国同构"思想意识的形象注释，是其"忠孝同本"而"行孝尽忠"德行的生动彰扬。李因培《唐诗观澜集》曰："右丞诗荣光外映，秀色内含，端凝而不露骨，超逸而不使气，神味绵渺，为诗之极则，故当时号为'诗圣'。"因为王维诗"荣光外映，秀色内含"的特点，含蓄蕴藉而不言言之，不擅高调豪言，且写的多是深潜山水、心随物动的自然场景，多是澹泊无欲、进退容与的生活态度，多是忘怀虚物、见素抱朴的天乐人和，再加上经历代文人曲解与误导，让人误认为他不食人间烟火，是个只顾自己而不顾家国的世外高人。

（作者单位：南通大学文学院）

"鸣笳瀚海曲,按节阳关外"①
——王维笔下的盛唐"丝绸之路"

高建新

王维(约701—761)属于典型的盛唐诗人,一生与唐玄宗(685—762)相随,其青壮年生活的开元(713—741),天宝(742—756)年间,是史家所称的盛世:国家开放,社会安定,经济繁荣,文化发达,民族平等,对外交流频繁,社会充满自信,人人热情地生活、热烈地追求,强大与繁盛达到了顶峰,同时赢得了世界的尊重。杜甫《忆昔二首》其二:"忆昔开元全盛日,小邑犹藏万家室。稻米流脂粟米白,公私仓廪俱丰实。"白居易《法曲》:"政和世理音洋洋,开元之人乐且康。"李肱《省试霓裳羽衣曲》:"开元太平时,万国贺丰岁。"呈现在王维诗中,便有了关于"丝绸之路"及中西文化交流的丰富记述与多角度描写。

一、欣逢盛世

美国学者陆威仪教授说:"传统上中国历史学者把唐玄宗统治的最初10年视为唐朝统治的一个高峰,一个可与太宗时期相提并论的新的黄金时代。""这也是中国历史上最伟大的诗人创作诗篇的年代。"②唐无名氏《象胥氏译四夷之歌》:"炜炜煌煌,天子之祥。唐有神圣,莫敢不来王。"(元稹《郊天日五色祥云赋》引)③象胥,接待四方使者的官员,亦指翻译人员。海外之国使者纷至沓来,负责外交事务的鸿胪寺的官员接待任务繁重,忙得不可开交。王维《和贾舍人早朝大明宫之作》:

绛帻鸡人送晓筹,尚衣方进翠云裘。九天阊阖开宫殿,万国衣冠拜冕旒。

---

① 本文为笔者主持的2020年度教育部哲学社会科学研究重大课题攻关项目"唐代丝绸之路文学文献整理与研究"阶段性成果,项目号:20JZD047。
② 〔美〕陆威仪:《世界性帝国:唐朝》,张晓东、冯世明译,北京:中信出版社2016年版,第34—35页。
③ 周相录:《元稹集校注》(中),上海:上海古籍出版社2011年版,第812页。

日色才临仙掌动,香烟欲傍衮龙浮。朝罢须裁五色诏,佩声归向凤池头。

绛帻(zé),红色头巾。汉代宿卫之士着绛帻,传鸡唱(鸡鸣)。鸡人,报时、警夜之官。罗邺《岁仗》:"玉帛朝元万国来,鸡人晓唱五门开。"岁仗,谓每年元旦朝会时所用的仪仗。晓筹,更筹,夜间计时用的竹签,指报晓。尚衣,职官名,掌管帝王衣服。阊阖,宫门的正门。衮(gǔn)龙,龙袍。凤池,凤凰池,禁苑中池沼,为中书省所在地。佩声,玉佩叮当之声。《魏书·高祖孝文帝纪》:"给尚书五等品爵已上朱衣、玉佩、大小组绶。"①诗说,向往东方古老的文明,仰慕唐王朝的繁华,各国使臣通过"丝绸之路"争相进入长安。天刚拂晓,天子已在大明宫接受万国百官的朝觐,日色映照着仙人承露盘,天子礼服上的绣龙在缭绕的香烟中浮动。早朝后,把圣旨写在五色纸上,朱服玉佩的中书省官员此刻正忙碌不休,穿梭往来于中书省。整个早朝场面庄严肃穆,气势恢宏,令人叹为观止。白敏中《至日上公献寿酒》:"候晓天门辟,朝天万国同。瑞云升观阙,香气映华宫。"和凝《宫词百首》其六十九:"五色卿云覆九重,香烟高舞御炉中。含元殿里行仁德,四海车书已混同。"描绘的也都是万国来朝的盛世景象。

《韵语阳秋》卷二:"应制诗非他诗比,自是一家句法,大抵不出于典实富艳尔。"②

因为奉诏而作,应制诗一般风格富艳,难以避免谀词,不免受人诟病,但王维的应制诗却能一脱窠臼,风格沉雄,令人耳目一新,得到了诗评家的一致好评。吴乔《围炉诗话》卷三:"应制诗,右丞胜于诸公。"③《诗法家数》评贾舍人(贾至)及王维的和作:"气格雄深,句意严整,如宫商迭奏,音韵铿锵,真麟游灵沼,凤鸣朝阳也。学者熟之,可以一洗寒陋。"《批点唐音》:"右丞此篇真与老杜颉颃,后惟岑参及之,它皆不及,盖气象阔大,音律雄浑,句法典重,用字清新,无所不备故也。"《唐诗选脉会通评林》:"周珽曰:庙廊声响,自然庄重。"《唐诗选胜直解》:"应制诗庄重典雅,斯为绝唱。"④典雅庄重,气格不凡,是与唐王朝的大国气象紧密关联的。清人黄立世《论诗绝句》其一:

衣冠万国向彤墀,摩诘才华冠一时。

---

① (北齐)魏收:《魏书》(一),北京:中华书局1975年版,第161页。

② (清)何文焕辑:《历代诗话》(下),上海:上海古籍出版社1981年版,第498页。

③ 郭绍虞:《清诗话续编》(一),富寿荪校点,上海:上海古籍出版社1983年版,第559页。

④ 陈伯海主编:《唐诗汇评》(上),杭州:浙江教育出版社1995年版,第330页。

却怪髯翁心折处,诗中有画画中诗。①

王维深厚的艺术修养、非凡的才情,不只是体现在山水田园诗中,也体现在颂扬大国气象的这一类诗作上。②敦煌莫高窟 194 窟《维摩诘经变》是盛唐晚期作品,南壁出现了各族统治者的形象,中国皇帝位在文殊师利座下听法,"皇帝形象气度雍容,深衣充服,冕旒大带,前后有羽翠、障扇,仪仗队威严。武弁、文臣、中官、宫女、扈从整肃,表现出一派中国帝王出巡时豪华森严的气氛",③可以与王维此诗参看。

二、惜别晁衡

"丝绸之路"的繁盛,促进了中外文化的交流,时任文部郎中的王维写下了《送秘书晁监还日本国》一诗,记述唐朝与"海上丝路"东方终点的日本国的友好往来。④晁监,晁衡(698—770),一作朝衡,原名阿倍仲麻吕,亦作安陪仲麻吕。开元五年(717),19 岁的晁衡随遣唐使来华,从此爱上了中国文化,与盛唐诗人王维、李白、储光羲、赵骅、包佶等友善。

天宝十二年(753),已入唐 37 年的晁衡回国时在琉球遭遇大风,漂流至安南,同船者多有死者,有传言说晁衡遇难,李白写《哭晁卿衡》诗痛悼:"明月不归沉碧海,白云愁色满苍梧。"以"明月"作比,足见晁衡在长安友人心目中的地位,《李太白诗醇》评此诗说:"是闻安陪仲麻吕覆没讹传时之诗也,而诗词绝调,惨然之情,溢于楮表。"⑤幸免于难的晁衡辗转回到长安,仍在朝廷任职,后官至安南节度使,终老于唐朝,享年 72 岁,葬在长安。⑥王维此诗之序最能见出唐王朝的强盛及王维身处盛世的自豪:

我开元天地大宝圣文神武应道皇帝,大道之行,先天布化,乾元广运,涵育无垠。若华为东道之标,戴胜为西门之候,岂甘心于邛杖? 非徼贡于苞茅。亦由呼韩来朝,舍于蒲陶之馆;卑弥遣使,报以蛟龙之锦。牺牲玉帛,以将厚

① 张进、侯雅文等主编:《王维资料汇编》(四),北京:中华书局 2014 年版,第 1348 页。
② 高萍:《王维应制诗与盛唐帝都文化》,梁瑜霞、师长泰主编:《王维研究》(第五辑),镇江:江苏大学出版社 2011 年版,第 83—93 页。
③ 段文杰、樊锦诗主编:《中国敦煌壁画全集·敦煌盛唐》(六),天津:天津人民美术出版社 2006 年版,第 58 页。
④ 高建新:《跨越茫茫海洋的对话——唐朝中日文化及诗人交往述论》,《文学地理学》第 5 辑,广州:中山大学出版社 2016 年版,第 361—386 页。
⑤ 陈伯海主编:《唐诗汇评》(上),杭州:浙江教育出版社 1995 年版,第 736 页。
⑥ 王晓秋:《中日文化交流史话》,北京:商务印书馆 1996 年版,第 44—51 页。

意;服食器用,不宝远物。百神受职,五老告期,况乎戴发含齿,得不稽颡屈膝?海东国日本为大,服圣人之训,有君子之风。正朔本乎夏时,衣裳同乎汉制。历岁方达,继旧好于行人;滔天无涯,贡方物于天子。司仪加等,位在王侯之先;掌次改观,不居蛮夷之邸。我无尔诈,尔无我虞。彼以好来,废关弛禁。上敷文教,虚至实归。故人民杂居,往来如市。①

诗序说唐玄宗先天而行,涵育教化,功德无量。中日彼此尊重,友好往来,建立了良好的关系。储光羲写给晁衡的诗说"万国朝天中,东隅道最长"(《洛中贻朝校书衡,朝即日本人也》)。同来朝贡,与同在一块陆地上的西方诸国不同,海上的日本前来中国的路途最为艰辛和遥远。即便如此,从贞观四年(630)开始,日本就不断遣使入唐,俯下身来从文字、制度、风俗向唐王朝全面学习,最终强大了自己,所以诗人夸赞说:"海东国日本为大,服圣人之训,有君子之风。"诗曰:

积水不可极,安知沧海东。九州何处远,万里若乘空。
向国惟看日,归帆但信风。鳌身映天黑,鱼眼射波红。
乡树扶桑外,主人孤岛中。别离方异域,音信若为通。

通过对海上险恶景象的描绘,诗人对晁衡的惜别牵挂之情溢于言表。此诗一出,受到后世广泛好评。《唐诗选注》:"神境具到,送日本诗无有过之者。"《唐诗选脉会通评林》:"句字蒩流,直与蜃楼龙藏争奇。"《五七言今体诗钞》:"奇警称题。"《唐风怀》:"四句雄绝古今,五六亦工妙。"《唐贤三昧集笺注》:"正大雄浑。"②晁衡启程回国之时,有《衔命还国作》一诗答长安友人:

衔命将辞国,非才忝侍臣。天中恋明主,海外忆慈亲。
伏奏违金阙,骈骖去玉津。蓬莱乡路远,若木故园邻。
西望怀恩日,东归感义辰。平生一宝剑,留赠结交人。③

对于晁衡来说,一头是恩重如山的唐朝廷,一头是养育自己的年迈父母,两头都放不下,归与不归,思心徘徊。全诗感情真挚,读罢令人动容。1979年,西安市人民政府在西安兴庆公园建成"阿倍仲麻吕纪念碑",以纪念晁衡为中日友好做出的可贵贡献。纪念碑的左侧刻着晁衡的《望乡》诗:"翘首望东天,神驰奈良边。三

---

① 陈铁民:《王维集校注》(二),北京:中华书局1997年版,第318页。
② 陈伯海主编:《唐诗汇评》(上),杭州:浙江教育出版社1995年版,第324页。
③ (清)彭定求等编:《全唐诗》(十一),中华书局编辑部点校,北京:中华书局1999年版,第8456页。

笠山顶上,想又皎月圆",①右侧刻着李白的《哭晁卿衡》诗,背面是晁衡的生平介绍。

三、情系丝路

王维不仅描绘长安城万国来朝的雄伟景象,也描绘"丝绸之路"上的重镇如凉州、居延、阳关的遥远、辽阔和苍凉。开元二十五年(737)秋,王维由长安赴河西节度使幕为监察御史兼节度判官,在河西四郡之一的凉州生活了不到一年的时间,第二年五月便回到了长安。②凉州是"丝绸之路"的咽喉要地,山河险固,战略地位异常重要。其间,王维有多首雄浑之作,如《凉州赛神》:

> 凉州城外少行人,百尺烽头望虏尘。健儿击鼓吹羌笛,共赛城东越骑神。

烽头,烽火台,一作"峰头"。凉州地处边远,行人寂寥,战士们守望在百尺高的烽燧上,警惕着敌人来犯。城中的战士击鼓、吹羌笛,参加赛神活动。赛神,指赛神会,用仪仗、箫鼓、杂戏迎神,集会酬祭。张籍《江村行》说:"一年耕种长苦辛,田熟家家将赛神。"越骑神,指主射骑之神。《资治通鉴·唐纪十》:贞观十年(636),"年二十为兵,六十而免。其能骑射者为越骑,其余为步兵",胡三省注曰:"越骑者,言其劲勇能超越也。"③"百尺烽头望虏尘"一句,在寥廓的空间呈现出只有"丝绸之路"上才有的雄伟景象。同时所作《凉州郊外游望》一诗,记述的则是当地的风俗:

> 野老才三户,边村少四邻。婆娑依里社,箫鼓赛田神。
> 洒酒浇刍狗,焚香拜木人。女巫纷屡舞,罗袜自生尘。

诗题下注:"时为节度判官,在凉州作。"诗描述了边地居民神社祭祀的情景。舞姿婆娑,在箫鼓声中,为数不多的边地居民正在乡里的土地祠里祭祀田神("赛田神")。把酒洒在用刍草编成的狗上,焚香拜谒木神;巫祝、巫婆由于长时间的跳舞,脚上的罗袜落满了尘土。从凉州向西北越过合黎山口,就可以抵达巴丹吉林沙漠北缘的古居延,也是"丝绸之路"的孔道,《出塞》描写的即是居延一带壮阔的自然风光及唐军的骁勇:

① 陈尚君教授不认为此诗为晁衡原作:"晁衡《望乡》,原出《古今和歌集》卷九,原为和文,录文为今人所译,故删去。"陈尚君辑校:《全唐诗补编》(上),北京:中华书局1992年版,第635页。
② 陈铁民:《王维新论》,北京:北京师范学院出版社1990年版,第11页。
③ (宋)司马光:《资治通鉴》(十三),北京:中华书局2011年版,第6237页。

居延城外猎天骄，白草连天野火烧。暮云空碛时驱马，秋日平原好射雕。
护羌校尉朝乘障，破虏将军夜渡辽。玉靶角弓珠勒马，汉家将赐霍嫖姚。

《全唐诗》卷一八二："题下一有'作'字，时为御史监察塞上作。"①居延，汉武帝时置县，属张掖郡，故址在今内蒙古额济纳旗北境，是古代西北地区的军事重镇，北接大漠，东南邻巴丹吉林沙漠北缘，南面直通河西走廊，地形平坦开阔，戈壁、沙漠广布无际，居延泽与其周围的群山构成北部的天然屏障，是通往河西、西域的交通要冲，在唐代国防中有不可替代的重要地位。全诗借汉喻唐，境界壮阔，充满了英雄主义气概。王夫子说："意写张皇边事，吟之不觉。"②浩瀚的大漠、辽阔的平原正是战马驰骋、将士用武的绝佳之地。《诗薮·内编》卷五："'居延城外'，甚有古意。"③《唐诗镜》评说此诗"三四妙得景色，极其雄浑，而不见雄浑之迹。诗至雄浑而不肥，清瘦而不削，斯为至矣"。④"古意"的产生，与居延悠久深厚的历史文化及作为古"丝绸之路"上的重镇分不开；而"雄浑"风格的呈现，也与居延所处特殊的自然环境分不开。《诗源辨体》卷十六也说："摩诘七言律亦有三种：有一种宏赡雄丽者，有一种华藻秀雅者，有一种淘洗澄净者。如'欲笑周文''居延城外''绛帻鸡人'等篇，皆宏赡雄丽者也。"⑤同是描绘自然景色，后日辋川之作的秀深雅丽，在居延先呈现的却是"宏赡雄丽"的风格。又如《送韦评事》：

欲逐将军取右贤，沙场走马向居延。遥知汉使萧关外，愁见孤城落日边。

右贤，右贤王，汉时匈奴贵族有左贤王、右贤王之号，诗中代指敌人。居延虽是英雄用武之地，却也让人愁绪满怀，汉代的苏武、李陵均是从居延的遮虏塞进入漠北匈奴领地的，王维曾有《李陵咏》诗，感叹李陵的悲剧遭遇：

长驱塞上儿，深入单于垒。旌旗列相向，箫鼓悲何已。
日暮沙漠陲，战声烟尘里。将令骄虏灭，岂独名王侍。
既失大军援，遂婴穿庐耻。

《诗式》评《送韦评事》诗说："四句纯系用事，盖送韦而用汉将军事也。首句二

① （清）彭定求等编：《全唐诗》（二），北京：中华书局编辑部点校，中华书局1999年版，第1297页。
② （明）王夫子：《唐诗评选》，陈书良校点，上海：上海古籍出版社2011年版，第181页。
③ （明）胡应麟：《诗薮》，北京：中华书局1962年版，第84页。
④ 陈伯海主编：《唐诗汇评》（上），杭州：浙江教育出版社1995年版，第333页。
⑤ （明）许学夷：《诗源辨体》，杜维沫校点，北京：人民文学出版社1987年版，第161页。

句，言欲立功于外，故向塞上去。三句忽转，言出关远适，满目皆愁，孤城落日，写出十分愁思，却从对面看出。"①王维描写居延一带绝美风光的作品中，最著名的当属《使至塞上》：

> 单车欲问边，属国过居延。征蓬出汉塞，归雁入胡天。
> 大漠孤烟直，长河落日圆。萧关逢候骑，都护在燕然。

这是诗人在赴河西节度幕慰问戍边将士途经居延一带时所作。"居延"之称，首次出现在《史记·李将军列传》：李陵"尝深入匈奴二千余里，过居延，视地形"。居延，汉唐以来一直是北部边防重镇，是守护河西四郡及"丝绸之路"的屏障和桥头堡。《旧唐书·玄宗本纪下》：开元二十五年(737)，"三月乙卯，河西节度使崔希逸自凉州南率众入吐蕃界二千余里。己亥，希逸至青海西郎佐素文子觜，与贼相遇，大破之，斩首二千余级"，②唐玄宗命王维以监察御史身份出塞宣慰。因为身份特殊，王维自然会到居延塞。③诗中的"大漠"，指的是巴丹吉林沙漠；"长河"指的是弱水即今内蒙古阿拉善盟的额济纳河；"孤烟直"，清人赵殿成注曰："《埤雅》：'古之烽火，用狼粪，取其烟直而聚，虽风吹之，不斜。'或谓塞外多回风，其风迅急，袅烟沙而直上。亲见其景者，始知'直'字之佳。"④还有一种解释："内蒙接近河套一带，从秋初到春末，经常为高气压中心盘踞之地，晴朗无风，近地面温度特高，向上则急剧下降。烟在由高温到低温的空气中愈飘愈轻，又无风力搅乱，故凝聚不散，直上如缕。"⑤笔者认为，"孤烟"指的是平安火，对此有专文论述。⑥金色的巴丹吉林沙漠浩瀚无际，一炷燧火青烟悠悠直上；远去的弱水(今额济纳河)与天相连之处处，是冉冉落下的一轮浑圆艳丽的落日。诗人以如椽之笔勾勒出一幅立体的、充满动感的边塞风光图，融豪逸之气于"大漠""胡天"的景物描写之中，形成雄浑壮美的诗境，强烈的叹赏之情溢于言表。诗人选取了西北最壮阔的自然意象入诗，展示的不只是风光，更是诗人浩荡的胸襟。

四、关注西北

王维关注西北、关注唐代边防，因为他知道那是国家命脉之所在、安危之所系。

---

① 陈伯海主编：《唐诗汇评》(上)，杭州：浙江教育出版社1995年版，第353页。
② (后晋)刘昫等：《旧唐书》(一)，北京：中华书局1975年版，第208页。
③ 高建新：《居延及唐诗中的居延》，《唐代文学研究》第15辑，桂林：广西师范大学出版社2014年版，第195—224页。
④ (清)赵殿成：《王右丞集笺注》(上)，北京：中华书局1962年版，第156页。
⑤ 朱东润主编：《中国历代文学作品选》(中编，第一册)，上海：上海古籍出版社2002年版，第41页。
⑥ 高建新：《"大漠孤烟直，长河落日圆"新解》，《内蒙古大学学报》(社会科学版)2017年第1期。

王维在 21 岁时就写出了《燕支行》，通篇洋溢着充沛的爱国热情和坚定的立功
壮志：

> 画戟雕戈白日寒，连旗大旆黄尘没。叠鼓遥翻瀚海波，鸣笳乱动天山月。
> 麒麟锦带佩吴钩，飒沓青骊跃紫骝。拔剑已断天骄臂，归鞍共饮月支头。

燕支，焉支山，绵延于龙首山与祁连山之间。西汉元狩二年（前 121 年）春，霍
去病抗击匈奴："转战六日，过焉支山千有余里，合短兵，杀折兰王，斩庐胡王。"（《史
记·卫将军骠骑列传》）①王维后来在河西任职期间，身处交通要塞和边防前线，更
有自己的关注和思考，写下了一系列与"丝绸之路"有关的诗作。《陇西行》："十里
一走马，五里一扬鞭。都护军书至，匈奴围酒泉。关山正飞雪，烽戍断无烟。"《陇头
吟》："陇头明月迥临关，陇上行人夜吹笛。关西老将不胜愁，驻马听之双泪流。"《老
将行》："誓令疏勒出飞泉，不似颍川空使酒。贺兰山下阵如云，羽檄交驰日夕闻。"
诗中提到的酒泉、陇头（陇山），陇上（陇上诸郡县），疏勒、贺兰山，皆为"丝绸之路"
上的要地，有重要的边防意义。这些诗作内容厚重，感情深长，从中传递出将士守
护"丝绸之路"的勇敢和艰辛。

作于天宝六载（747）前的《送李补阙充河西支度营田判官序》一文，在勉励李补
阙有所作为的同时，表达了对西北地理、军事的深刻认识：

> 汉张右掖，以备左衽，西遮空道，北护居延，然犬戎夜猎于山外，匈奴射雕
> 于塞下，岁或有之。我散骑常侍曰王公，勇能尽敌，礼可用兵，读黄石书，杀白
> 马将。入备顾问，载以乘舆副车；出命专征，赐以内栈文马。将军幕府，请命介
> 于本朝；天子琐闱，辍谏官以从士。补阙李公，家世龙门，词场虎步。五经在
> 笥，一言蔽《诗》。广屯田之蓄，度长府之羡，以赡边人，以弱敌国。然后驰檄
> 识匿，略地昆仑。使麾下骑，刃楼兰之腹；发外国兵，系郅支之颈。五单于遁
> 逃于漠北，杂种羌不近于陇上。子之行也，不谓是乎？拜首汉庭，驱传而出。
> 穷塞砂碛以西极，黄河混沌而东注。胡风动地，朔雁成行，拔剑登车，慷慨
> 而别！②

河西，唐方镇名，景云二年（711）置河西节度使，为唐玄宗时边防十节度经略使
之一，治凉州（今甘肃武威），另设副使治甘州（今甘肃张掖），主要管辖河西走廊，包

---

① （汉）司马迁：《史记》（九），北京：中华书局 1959 年版，第 2929 页。
② 陈铁民：《王维集校注》（三），北京：中华书局 1997 年版，第 845 页。

括肃州(今甘肃酒泉)，瓜州(今甘肃瓜州)，沙州(今甘肃敦煌)，①皆为"丝绸之路"上的重镇。张右掖，即张掖，河西四郡之一，战略地位重要。张掖北向过合黎山、巴丹吉林沙漠即为居延，发源于祁连山的张掖河(今称黑河)流经居延大漠一段称弱水(今称额济纳河)，最后汇入居延泽(今称噶顺淖尔)。空道，即孔道，交通大道。文章结尾"胡风动地，朔雁成行，拔剑登车，慷慨而别"四句，写边地景、写赴命之人，皆真切生动，可思可见。又如《送张判官赴河西》：

> 单车曾出塞，报国敢邀勋。见逐张征虏，今思霍冠军。
> 沙平连白雪，蓬卷入黄云。慷慨倚长剑，高歌一送君。

诗表达了建功立业的理想。"单车曾出塞"与《使至塞上》首句"单车欲问边"义同。张征虏，三国时张飞，曾为征虏将，诗中借指猛将。霍冠军，霍去病，西汉名将，被汉武帝封为冠军侯，是一位罕见的少年军事天才。《史记·汉兴以来将相名臣年表》："元狩二年(前121年)，冠军侯霍去病为骠骑将军，击胡至祁连。合骑侯敖为将军，出北地。"②"沙平连白雪，蓬卷入黄云"两句，寥廓荒凉，是"丝绸之路"沿线入目所见景色。结尾两句描绘的英雄姿态，只有盛唐人才能如此潇洒地呈现出来。手握长剑，慷慨高歌，背景是白雪覆盖的沙海、呼啸的北风将蓬草卷入黄云漂浮的空中。作于"安史之乱"前的《送元二使安西》(一题作《渭城曲》)，是写"丝绸之路"的经典之作：③

> 渭城朝雨浥轻尘，客舍青青柳色新。劝君更尽一杯酒，西出阳关无故人。

诗题中的安西，在今新疆库车附近，是唐代安西都护府治所所在。《元和郡县图志·陇右道下·沙州》(卷四十)："阳关，在(敦煌)县西六里。以居玉门关之南，故曰阳关。本汉置也，谓之南道，西趣鄯善、莎车。"④一出阳关，就进入了茫茫的西域。阳关之西是库木塔格沙漠和罗布泊，道路危险艰难。《唐诗别裁》卷十九："阳关在中国外，安西更在阳关外。言阳关已无故人矣，况安西乎？此意须微参。"⑤一程远于一程，一程难于一程。

---

① 谭其骧主编：《中国历史大辞典·历史地理》，上海：上海辞书出版社1996年版，第565页。
② (汉)司马迁：《史记》(三)，北京：中华书局1959年版，第1138页。
③ 高建新：《诗与音乐绘画的会通——从王维〈送元二使安西〉到〈阳关三叠〉〈阳关图〉》(上、下)，《文史知识》2018年第3—4期。
④ (唐)李吉甫：《元和郡县图志》(下)，北京：中华书局1983年版，第1026页。
⑤ (清)沈德潜：《唐诗别裁》，北京：中华书局1964年版，第111页。

无论西出还是东归,阳关都是一个牵扯人心的地方。杨柳青青,骤雨初停,友人就要启程了,王维在有"西出长安第一渡"之称的渭水边上的"咸阳古渡"与友人元二饯别。①武宗时,日本僧人圆仁从五台山下来,一路南下至长安,"南行卅五里,到高陵县(今西安市高陵区)渭桥。渭水阔一里许,桥阔亦尔"。②王维的目光从水路移至陆路,由眼前之景一程一程地向前推移,直至河西走廊的尽头——阳关与遥远的西域。诗的打动人心之处,在于以口语一般的诗句暗示了西出阳关潜藏的巨大危险,从而表达了对故人的深切担忧和无限牵挂。《瓯北诗话》卷十一:

> 人人意中所有,却未有人道过;一经说出,便人人如其意之所欲出,而易于流播,遂足传当时而名后世。如李太白"今人不见古时月,今月曾经照古人",王摩诘"劝君更尽一杯酒,西出阳关无故人",至今犹脍炙人口,皆是先得人心之所同然也。③

人心的柔软处一经触碰,就会有诗情汩汩流淌,再以平常语出之,便是一等好诗。《杂曲歌辞·渭城曲》(《全唐诗》卷二七):"《渭城》,一曰《阳关》,本送人使安西诗,后遂被于歌。"④崔仲容《赠歌姬》:"渭城朝雨休重唱,满眼阳关客未归。"谭用之《江馆秋夕》:"谁人更唱阳关曲,牢落烟霞梦不成。"⑤牢落,犹寥落,孤单寂寞。寻常的离别,因《阳关曲》的响起而夜不能寐。

五、"不敢觅和亲"

王维出仕之后,主要生活在首都长安。长安是多民族汇聚的繁华之地,所以有机会见到通过"丝绸之路"进入长安的胡人、胡姬。《过崔驸马山池》:"画楼吹笛妓,金椀酒家胡。""脱貂贳桂醑,射雁与山厨。"贳(shì),赊。"酒家胡",即侍酒的胡姬,在长安胡人开的酒店中侍酒的胡族女子,多来自西域。诗说,酒席中有歌姬吹笛,胡姬侍酒,客人不惜金貂换酒,以图一醉。《晋书·阮孚传》:"迁黄门侍郎、散骑常侍。尝以金貂换酒,复为所司弹劾,帝宥之。"⑥后因以"脱貂"形容放任不羁。胡姬

---

① 据咸阳古渡遗址博物馆介绍,王维是在咸阳的渭河渡口(西渭桥)送别友人元二的,这里是唐代"丝绸之路"西出长安的第一渡口,明人称之为"咸阳古渡",是"关中八景"之一,具体地址在今陕西咸阳市渭城区渭阳东路的渭水北岸。2013 年,咸阳市人民政府斥资二千万元在古渡原址上兴建,2016 年落成,笔者于2018 年 4 月 17 日前往参观。

② [日]圆仁著、白化文等校注:《入唐求法巡礼记校注》,北京:中华书局 2019 年版,第 329 页。

③ (清)赵翼:《瓯北诗话》,霍松林、胡主佑校点,北京:人民文学出版社 1963 年版,第 171 页。

④ (清)彭定求等编:《全唐诗》(一),中华书局编辑部点校,北京:中华书局 1999 年版,第 393 页。

⑤ 北京大学古籍文献研究所:《全宋诗》(一),北京:北京大学出版社 1991 年版,第 45 页。

⑥ (唐)房玄龄:《晋书》(五),北京:中华书局 1974 年版,第 1364 页。

侍酒，这在当时也是一种时尚，李白诗中多有描写。王维诗中多次出现"胡"字，有"胡天""胡地""胡马""胡床""胡麻"等，表明他对北方游牧文化及西域文化的关注。

更多的时候，王维是从"丝绸之路"带给国家的开放与繁盛之中获得启悟：维持足够强大的国力，是应对一切挑战的法宝。如作于开元二十六年(738)—天宝六年(747)期间的《奉和圣制送不蒙都护兼鸿胪卿归安西应制》：

> 上卿增命服，都护扬归斾。杂虏尽朝周，诸胡皆自郐。
> 鸣笳瀚海曲，按节阳关外。落日下河源，寒山静秋塞。
> 万方氛祲息，六合乾坤大。无战是天心，天心同覆载。①

不(fōu)蒙，蕃将之姓，指夫蒙灵詧(chá)，时任安西节度使兼鸿胪卿。夫蒙，古代西羌族之姓，疑夫蒙灵詧为羌人。安西节度使，亦称安西四镇节度使，玄宗时十节度使之一。开元六年(718)，升安西都护兼四镇经略大使置，治龟兹(今新疆库车)，领龟兹、疏勒、于阗、焉耆四镇及诸军、守捉等，负责西域的军事防守及保证"丝绸之路"的畅通，责任重大。上卿，朝中大臣，指不蒙兼任鸿胪卿。命服，天子按等级赐予的制服。归斾，犹回师。朝周，指朝觐唐天子。自郐(kuài)，自小，指来自边鄙之地。郐，周代诸侯国名，在今河南省密县东北。按节，停挥马鞭，表示徐行或停留。河源，黄河的发源地，是古人认为的建功之地。《三国志·魏书·乌丸鲜卑东夷传》："汉氏遣张骞使西域，穷河源，经历诸国。"②江淹《杂体诗三十首·左记室思咏史》："当学卫霍将，建功在河源。"③氛祲(jìn)，雾气，指预示灾祸的云气，比喻战乱、叛乱。天心，天意。诗写夫蒙灵詧返归安西的豪壮场面。夫蒙灵詧受命于朝廷，以羌人身担要职，体现了唐王朝的强大，诸胡尽来朝贡，不再自以为大，虚心接受王化，归附于大唐。夫蒙灵詧一行浩浩荡荡，鸣笳大漠之上，行进在阳关之西，在帅旗飘扬中向七千里外的治所龟兹进发，一路宣扬国威，落日映照下的黄河、高耸于秋山之巅的塞垒更显壮观。去除战乱，让天下重归于和平与安宁，正合当今天子的心愿。"瀚海""阳关""落日""河源""寒山""秋塞"，是"丝绸之路"沿线所见之景。全诗境界开阔，气魄雄伟，属于典型的盛唐之作。又如作于"安史之乱"前的《送刘司直赴安西》：

> 绝域阳关道，胡沙与塞尘。三春时有雁，万里少行人。
> 苜蓿随天马，葡萄逐汉臣。当令外国惧，不敢觅和亲。

---

① 陈铁民：《王维集校注》(一)，北京：中华书局1997年版，第247页。
② (晋)陈寿：《三国志》(三)，北京：中华书局1959年版，第840页。
③ (明)胡之骥：《江文通集汇注》，北京：中华书局1984年版，第148页。

阳关是通向西域的门户，"阳关道"就等同于"丝绸之路"。在漫长遥远的阳关道上，入目的惟有胡沙与塞尘。三春时分不时有大雁飞过，万里长的路程绝少见到行人。《唐诗直解》评说此诗："起便酸楚，中俱实境实事。"①虽说酸楚，但酸楚中却有着悲壮和坚定的信念。"苜蓿""葡萄"句说，随着"丝绸之路"的开通，西域的物产也源源不断地进入了内地。结尾两句气概不凡，令人振奋。诗人说，因为国家强大了，历史上一再重演的和亲之事也该就此断绝了吧，这也是唐人一再表达的思想。宋之问《赠严侍御》："当闻汉雪耻，羞共虏和亲。"王之涣《凉州词二首》其二："汉家天子今神武，不肯和亲归去来。"孙逖《送李补阙摄御史充河西节度判官》："西戎虽献款，上策耻和亲。"献款，归顺，投诚。唐朝建国之初，由于国力还不够强大，曾向东突厥称臣，岁送金帛子女，饱受欺凌。东突厥启民可汗第三子颉利可汗，"初嗣立，承父兄之资，兵马强盛，有凭陵中国之志。高祖以中原初定，不遑外略，每优容之，赐与不可胜计，颉利言辞悖傲，求请无厌"。(《旧唐书·突厥传上》)②太宗励精图治，最终打败了东突厥，擒获了颉利可汗，一雪昔日之耻。《唐诗选脉会通评林》评王维此诗：

> 陆时雍曰："三、四清警自在。"周敬曰："结语壮。与《送平澹然》诗同调。"黄家鼎曰："惨淡。"周珽曰："唐时吐蕃强盛，每争安西。中国常与之和亲，以公主嫁吐蕃，大损国威。故此诗结励刘司直，当别建远谟，俾夷人畏服，勿敢希蹈前图，致重国耻，通篇典雅醇正，音合大调。"③

盛唐人有对国家前途的自信，所以敢说硬气的话，而且掷地有声，不容置疑。同作于"安史之乱"前的《送平澹然判官》，表达的也是这样的思考：

> 不识阳关路，新从定远侯。黄云断春色，画角起边愁。
> 瀚海经年到，交河出塞流。须令外国使，知饮月氏头。

定远侯，指班超，东汉明帝时奉命出使西域长达 30 年。交河，在今新疆吐鲁番西北，唐贞观十四年(640)置交河县，今存交河故城遗址，2014 年成为《世界遗产名录》"丝绸之路：长安—天山廊道的路网"中的一处遗址。古阳关路途遥远漫长，难以识别，姑且追随先行者的足迹向前吧。漫天黄云遮断了春色，画角撩起了无尽的愁绪。浩瀚沙漠须经年才能穿越，蜿蜒的交河一直流出塞外。即使遥远艰难如此，

---

① 陈伯海主编：《唐诗汇评》(上)，杭州：浙江教育出版社 1995 年版，第 305 页。

② (后晋)刘昫等：《旧唐书》(十六)，北京：中华书局 1975 年版，第 5155 页。

③ 张进、侯雅文等主编：《王维资料汇编》(二)，北京：中华书局 2014 年版，第 832 页。

唐王朝也决计像汉朝一样,打通"丝绸之路",继续治理西域。那些觊觎唐王朝、企图犯边者,就此可以打住了。月氏,大月氏。《史记·大宛列传》:

> 大月氏在大宛西可二三千里,居妫水北。其南则大夏,西则安息,北则康居。行国也,随畜移徙,与匈奴同俗。控弦者可一二十万,故时强,轻匈奴。及冒顿立,攻破月氏,至匈奴老上单于,杀月氏王,以其头为饮器。始月氏居敦煌、祁连间,及为匈奴所败,乃远去。①

行国,游牧之国。匈奴一直是汉王朝的心腹之患,张骞最初出使西域的目的,就是要和大月氏联合起来夹击匈奴,后未果。诗的结句"须令外国使,知饮月氏头",意涵丰富,豪气干云,提振了全诗的气脉。《唐诗直解》:"壮怀磊落,尾联略见振作",《唐贤三昧集笺注》:"收亦最重,此极神旺。顾云:筹边意雄浑",②与"当令外国惧,不敢觅和亲"表达是同样的意思。唐文化是一种"有脊梁"的文化,唐王朝强大的国力,足以震慑、压制敌国,使其不再敢恣意妄为,提出无理要求。王维通过阳关、黄云、画角、瀚海、交河与发生在西域的前代典实叠加映衬,连缀成一条独属于"丝绸之路"上的悠长风景线。再如《送宇文三赴河西充行军司马》:

> 《横吹》杂繁笳,边风卷塞沙。还闻田司马,更逐李轻车。
> 蒲类成秦地,莎车属汉家。当令犬戎国,朝聘学昆邪。

《古今注·音乐第三》(卷中):"《横吹》,胡乐也。张博望入西域,传其法于西京,唯得《摩诃》《兜勒》二曲。李延年因胡曲更造新声二十八解,乘舆以为武乐。后汉以给边将军。和帝时,万人将军得用之。"③田司马,指汉武帝时的田广明,曾以郎官身份担任天水郡(治所在今甘肃通渭西北)司马。《汉书·田广明传》:"田广明,字子公,郑人也。以郎为天水司马,功次迁河南都尉,以杀伐为治。"④李轻车,李广从弟李蔡,为轻车将军,击匈奴有功,事迹见《史记·李将军列传》。蒲类,西域古国名,地在今新疆东部的巴里坤附近。莎车,西域古国名,今新疆莎车县。犬戎,古部落名,戎人的一支,殷周时主要分布于今陕西泾渭流域一带,为周朝西边强大的外患,这里泛指西部的少数民族。朝聘,诸侯定期朝拜天子。昆邪(hún yé),汉朝时匈奴部落之一,分布于今甘肃省武威、张掖一带,后降汉。诗一开始就描绘出

① (汉)司马迁:《史记》(十),北京:中华书局1975年版,第3161—3162页。
② 陈伯海主编:《唐诗汇评》(上),杭州:浙江教育出版社1995年版,第305页。
③ 上海古籍出版社编:《汉魏六朝笔记小说大观》,上海:上海古籍出版社1999年版,第239页。
④ (汉)班固:《汉书》(十一),北京:中华书局1962年版,第3663页。

一幅胡乐声声、西风卷黄沙的边塞图景,接着说宇文三如任天水司马的田广明一样,前往河西节度使幕任行军司马。在强大唐军的进击中,西域之国如蒲类、莎车尽归唐朝,最终使周边的国家像当年的昆邪朝贡汉王朝一样朝贡唐王朝。许学夷认为,王维的"横吹杂繁笳""不识阳关路"等篇,"皆整栗雄厚者也";"风劲角弓鸣""绝域阳关道"等篇,"皆一气浑成者也"。①王维的这一类诗再次证明了王国维先生的论断:"自来西域之地,凡征伐者自东往,贸易者自西来,此事实也。"(《西胡考下》)②东往西来,是为了讨伐还是贸易,这是我们研究"丝绸之路"必须注意的。一般而言,自东往的多为守边将士及赴任边疆的官员,如唐诗中多有以"送……赴安西"为题的诗作;自西来的多为朝贡的使节和商胡,或负有使命,或为了赚取商业利润。

王维是在"安史之乱"爆发五年多之后的上元二年(761)七月去世的,一生经历主要在开元、天宝时代,所以对"丝绸之路"的兴盛有强烈的个人感受。明人王鏊《震泽长语》卷下评王维诗说:"摩诘以淳古澹泊之音,写山林闲适之趣,如辋川诸诗,真一片水墨不着色画。及其铺张国家之盛,如'九天阊阖开宫殿,万国衣冠拜冕旒''云里帝城双凤阙,雨中春树万人家',又何其伟丽也!"③《唐诗摘钞》评"云里帝城"诗说:"风格秀整,气象清明。一脱初唐板滞之习。盛唐何尝不应制?应制诗何尝不妙?"④王维诗是从"盛世"角度记述和描写"丝绸之路"的,内容宏富,气调高扬,境界开阔,有盛唐气象,⑤所谓"草木蔓发,春山可望"(《山中与裴秀才迪书》),与其水墨画般的辋川之作形成了鲜明对照,是我们了解中国封建社会鼎盛时期的社会政治状况及身处其中的士人文化心态的宝贵资料,值得认真梳理和深入研究。

(作者单位:内蒙古大学中文系)

---

① (明)许学夷:《诗源辨体》,杜维沫校点,北京:人民文学出版社 1987 年版,第 161 页。
② 王国维:《观堂集林》(上),石家庄:河北教育出版社 2001 年版,第 386 页。
③ 张进、侯雅文等主编:《王维资料汇编》(一),北京:中华书局 2014 年版,第 367 页。
④ 陈伯海主编:《唐诗汇评》(上),杭州:浙江教育出版社 1995 年版,第 327 页。
⑤ 高建新:《五十年来"盛唐气象"研究述评》,《文学遗产》2010 年第 3 期。

王维诗学倾向及其影响论略

张中宇

就现有资料来看，王维没有留下专门论其诗学主张或倾向的文献。王维今传的制文、序表、碑志、书信等，多为职官公文，或其与僚属等之间的交集，几乎不论及文学或诗学主张。且王维也没有如杜甫《戏为六绝句》《偶题》或元好问《论诗三十首》等，以诗来阐释他的诗学主张。王维与诗人之间的赠别、酬唱诗同样罕见涉及诗评。因而，基本上不见学者较系统地专论王维诗学或其倾向。王维作为与李白、杜甫并列的盛唐三大家之一，盛唐时期的苑咸就在其《酬王维》诗中称王维"为文已变当时体"①。清赵殿成也指出："唐时诗家称正宗者，必推王右丞。"②今如孙明君等进一步论证王维何以"被视为诗坛正宗"③，可知王维在盛唐的影响不亚于李白、杜甫。关于王维及其诗的地位，元辛文房评"维诗入妙品上上"④，明许学夷指"王摩诘……造诣实深，兴趣实远，故其古诗虽不足，律诗体多浑圆，语多活泼，而气象风格自在，多入于圣矣"。⑤清李因培选注《唐诗观澜集》评王维："右丞诗荣光外映，秀色内含，端凝而不露骨，超逸而不使气，神味绵渺，为诗之极则，故当时号为'诗圣'。"⑥"多入于圣""号为'诗圣'"等都是很高的评价。因而王维在开创盛唐气象、形成"盛唐之音"中的贡献，他的诗学倾向与李、杜等主张产生的"共振"，是难以忽略的。

既然王维直接论其诗学主张几乎阙如，本文所可依赖的文献来源，首先是王维约 400 首诗——这其实是最为宝贵的诗学材料，因为有什么诗学主张，他的诗必然呈现出何种风采。所以虽然他没有直接论述其诗学主张，仍然可以"沿波讨源"，通过诗作探讨他的思想倾向。其次是历代对王维及其诗的评价，它提供了考察王维

---

① (唐)苑咸：《酬王维》，见彭定求等编《全唐诗》卷一百二十九，北京：中华书局 2008 年版，第 1317 页。

② (清)赵殿成：《王右丞集笺注·序》，北京：中华书局 1961 年版，第 1 页。

③ 孙明君：《天下文宗，名高希代——唐代宗"期待视野"中的王维诗歌》，《陕西师范大学学报》(社科版)2007年第 5 期，第 98—103 页。

④ (元)辛文房：《唐才子传·王维》，见周绍良《唐才子传笺证》，北京：中华书局 2010 年版，第 239 页。

⑤ (明)许学夷：《诗源辩体》，北京：人民文学出版社 1987 年版，第 160 页。

⑥ (清)李因培：《唐诗观澜集》，见陈伯海主编：《唐诗汇评》，杭州：浙江教育出版社 1995 年版，第 279 页。

诗学倾向的佐证。这些评价虽然侧重点有异,却有不少重要论见,亦有不少已上升到理论层面的讨论,只是需要进一步辨析和总结。由于王维诗学倾向是一个理论问题,所以他的诗当然是出发点、起点或最为可靠的证据,但也需依据历代王维诗评互相参照。本文以这样两个方面为基本依据,主要从王维诗学源头、创作倾向、诗艺等层面,尝试对王维诗学作一些初步探讨。

一、王维诗学倾向溯源

王维诗学的本源,是需要先厘清的问题。明胡应麟认为:"王、李二家,和平而不累气,深厚而不伤格,浓丽而不乏情,几于色相俱空,风雅备极。"①历代以中和、风流、风雅评王诗者不计其数。明徐献忠亦指出:"右丞诗发秀自天,感言成韵,词华新朗,意象幽闲。……于《三百篇》求之,盖《小雅》之流也。"②徐献忠仅以"小雅"为王维诗之渊源,当过于褊狭。清赵殿成《王右丞集笺注·序》论:"右丞崛起开元、天宝之间,才华炳焕……故其为诗,真趣洋溢,脱弃凡近,丽而不失之浮,乐而不流于荡,即有送人远适之篇,怀古悲歌之作,亦复浑厚大雅,怨尤不露,苟非实有得于古者诗教之旨,焉能至是乎?"③与一般诗评家不同,为王集作笺注的赵殿成是基于对王维诗整体的系统考察,甚为可信。赵殿成评价王维大致采用孔子评价《诗三百》风、雅之诗的方式。这些评价表明,其一,王诗本质上与《诗三百》同源;其二,风诗的中和、雅诗的浑厚,为王维的基本追求。总体来看,认为王维取自风、雅之诗为基本评价。其实,除了赵殿成所论的中和、浑厚,源自颂诗的典重,实际上也是王维诗篇或隐或显的特征。

王维在《暮春太师左右丞相诸公于韦氏逍遥谷燕集序》中说:"相与察天地之和,人神之泰,听于朝则雅颂矣,问于野则赓歌矣。"④这样透露其诗学追求的文字在王维诗文中并不多见,无疑提供了其诗学来源的内证。王维撰写碑志也有不少引《诗三百》的诗句⑤,也可证《诗经》在王维诗学中的分量。不过王维之文也有模拟楚辞写法的⑥,诗集中也略有模拟楚辞形式的诗篇,表明他的艺术来源并不单

① (明)胡应麟:《诗薮》,上海:上海古籍出版社 1958 年版,第 83 页。
② (明)徐献忠:《唐诗品》"尚书右丞王维"条,周维德校集:《全明诗话》第 2 册,济南:齐鲁书社 2005 年版,第 1283 页。
③ (清)赵殿成:《王右丞集笺注·序》,北京:中华书局 1961 年版,第 1 页。
④ (唐)王维:《暮春太师左右丞相诸公于韦氏逍遥谷燕集序》,见《王维集校注》,陈铁民校注,北京:中华书局 1997 年版,第 702 页。
⑤ (唐)王维:《沂阳郡太守王公夫人安喜县君成氏墓志铭》,见《王维集校注》,陈铁民校注,北京:中华书局 1997 年版,第 920 页。
⑥ (唐)王维:《大唐吴兴郡别驾前荆州大都督府长史山南东道采访使京兆尹韩公墓志铭》,见《王维集校注》,陈铁民校注,北京:中华书局 1997 年版,第 883—904 页。

一,具有博采众长的特点。①苏轼《王维吴道子画》评"摩诘本诗老,佩芷袭芳荪"②,这是典型的楚辞表达方式,注意到王维与楚辞的渊源。但这类作品多为拟用楚辞形式,如《赠徐中书望终南山歌》:"晚下兮紫微。怅尘事兮多违。驻马兮双树。望青山兮不归。"《鱼山神女祠歌·送神曲》:"纷进舞兮堂前,目眷眷兮琼筵。来不言兮意不传,作暮雨兮愁空山。悲急管兮思繁弦,神之驾兮俨欲旋。倏云收兮雨歇,山青青兮水潺潺。"尽管偶尔带一点巫风,但几乎都是表层模拟,楚辞的浪漫、幻想、浓郁的巫风并没有在王维诗中扎根,占的分量也很少。

究其缘由,王维成长于北方,其经历也以北方为主,北方的环境以及主要在黄河流域诞生的《诗三百》精神是融入其血液、灵魂的。王维在南方的经历不多,对南方环境、楚国巫风原本就缺乏深切的体验。所以他模拟楚辞形式,要么沿袭前人无所创新,要么流于表层和生硬,远未达到圆融境界,不像生于南方的屈原,楚风深入骨髓,其诗纵横驰骋,上天入地,运用裕如。所以王维明显以《诗三百》的现实主义传统为其基调及主要追求。《诗》《骚》两大诗学体系原本存在很大差异。《诗》学体系主张乐而不淫、哀而不伤,中和、浑厚。骚体抒情淋漓尽致、跌宕起伏,具有某种情绪的"极端性",这似乎也影响到汉乐府的抒情风格。纵观王维诗抒情方式,感情抒写张弛有度,即便送别、怀人这样让人情绪剧烈起伏的题材,也主要表现为温厚、蕴藉的风格,更多承袭了《诗三百》的审美追求。《诗》《骚》两大诗学体系另一个差异是现实主义与浪漫主义的不同。王维诗虽极少描写非现实的幻想境界,却不乏强烈的夸张。例如《老将行》:"少年十五二十时,步行夺取胡马骑。射杀山中白额虎,肯数邺下黄须儿。一身转战三千里,一剑曾当百万师。汉兵奋迅如霹雳,虏骑崩腾畏蒺藜。"《老将行》述李广事迹大致写实,但如"一剑曾当百万师""汉兵奋迅如霹雳"则显然带有源自楚骚的浪漫与夸张。由此来看,源自《诗》学的写实、雅正无疑是王维诗的主调。明胡应麟称:"盛唐高适之浑,岑参之丽,王维之雅,李颀之俊,皆铁中之铮铮者。"③胡应麟还以"风神""风华"评价王诗(《诗薮》内篇卷二、卷四、卷三)。盛唐殷璠称其"调雅"④,杜甫称其"风流"⑤,明胡震亨称"风调"⑥,这些术语的含义固因人有所差异,不过细究起来,基本上都与《诗三百》的"风雅"传统密切相关。

---

① 刘青海:《论王维诗歌与诗骚传统的渊源关系》,《文学遗产》2015年第6期,第69—78页。

② (宋)苏轼:《王维吴道子画》,见《苏轼文集编年笺注》第11册,李之亮笺注,成都:巴蜀书社2011年版,第12页。

③ (明)胡应麟:《诗薮》,上海:上海古籍出版社1958年版,第47页。

④ (唐)殷璠:《河岳英灵集》,成都:巴蜀书社2006年版,第66页。

⑤ (唐)杜甫:《解闷十二首》,仇兆鳌:《杜诗详注》,北京:中华书局2015年版,第1827页。

⑥ (明)胡震亨:《唐音癸签》,上海:上海古籍出版社1981年版,第94页。

一般认为《别綦毋潜》是王维透露其诗歌美学主张的罕见重要文本:"端笏明光宫,历稔朝云陛。诏刊延阁书,高议平津邸。适意偶轻人,虚心削繁礼。盛得江左风,弥工建安体。高张多绝弦,截河有清济。严冬爽群木,伊洛方清沚。渭水冰下流,潼关雪中启。荷蕖几时还,尘缨待君洗。"诗中真正值得注意的是"盛得江左风,弥工建安体","盛得江左风"重在写人物风流,阐述诗学主张的是"弥工建安体"。王维称之为"建安体",核心就是其中的"风骨"。而"建安风骨"是在承袭《诗经》现实主义传统基础上,由于特定时代风云,作者多有军旅经历且怀有恢复天下一统理想,由此形成的慷慨激昂、劲健质实的风格。

二、"宏赡雄丽"与"清远"

晚明许学夷在其《诗源辩体》中指出:"摩诘七言律亦有三种:有一种宏赡雄丽者,有一种华藻秀雅者,有一种淘洗澄净者。"①许学夷论"华藻秀雅"应出自盛唐人殷璠《河岳英灵集》最早论王维诗"词秀调雅","淘洗澄净"即"清澈""清纯"。清沈德潜《唐诗别裁》指出:"右丞五言律有二种,一种以清远胜,……一种以雄浑胜。"②所谓"清远"与"淘洗澄净""华藻秀雅"比较接近,"雄浑"则与"宏赡雄丽"接近。这些评价原本分别针对王维的七言律诗、五言律诗,不过学者多以"宏赡雄丽""雄浑"或"秀雅""清远"等评价王维诗不同时期的风格。大致而言,开元年间王维较多"宏赡雄丽""雄浑"之作,天宝以后渐多"秀雅""清远"之作,晚年更趋于幽静、禅意。王维《济上四贤咏崔录事》诗载:"少年曾任侠,晚节更为儒。"虽然咏的是"崔录事","少年曾任侠"显然有早年王维的影子,"任侠"抱负让他前期诗的"宏赡雄丽""雄浑"颇为引人注目。晚年由于笃信佛禅,则多"秀雅""清远"或幽静、禅意。

若以数量而论,王维诗的"清远"或幽静、禅意等,占了他流传于今诗篇的最大部分,这部分讨论亦多,这里从略。本文主要讨论王维的"宏赡雄丽"或"雄浑"。"宏赡雄丽""雄浑"原本指境界开阔,气象博大,气势磅礴,风格硬朗或豪迈,文辞雅丽。例如《使至塞上》:"单车欲问边,属国过居延。征蓬出汉塞,归雁入胡天。大漠孤烟直,长河落日圆。萧关逢候骑,都护在燕然。"再如《汉江临眺》:"楚塞三湘接,荆门九派通。江流天地外,山色有无中。郡邑浮前浦,波澜动远空。襄阳好风日,留醉与山翁。"他的《从军行》《出塞作》《少年行》等,虽然没有描写宏大场面,但风格硬朗、气势不凡,其如:"新丰美酒斗十千,咸阳游侠多少年。相逢意气为君饮,系马高楼垂柳边。"(《少年行》其一)"一身能擘两雕弧,虏骑千重只似无。偏坐金鞍调白羽,纷纷射杀五单于。"(《少年行》其三)王维诗还有一种强烈的动态感,如《陇西

---

① (明)许学夷:《诗源辩体》,北京:人民文学出版社 1987 年版,第 161 页。
② (清)沈德潜:《唐诗别裁集》,上海:上海古籍出版社 1979 年版,第 310 页。

行》："十里一走马,五里一扬鞭。都护军书至,匈奴围酒泉。关山正飞雪,烽戍断无烟。"再如《老将行》："少年十五二十时,步行夺取胡马骑。射杀山中白额虎,肯数邺下黄须儿。一身转战三千里,一剑曾当百万师。汉兵奋迅如霹雳,虏骑崩腾畏蒺藜。"《观猎》："风劲角弓鸣,将军猎渭城。草枯鹰眼疾,雪尽马蹄轻。忽过新丰市,还归细柳营。回看射雕处,千里暮云平。"时间、速度、空间、规模,构成令人震撼的艺术效果,似乎扑面而来、呼啸而去、奔腾不息,都显示出他的雄浑或"宏赡雄丽"特点。王维的送别诗也很多,虽然离别不免令人伤感,但他的《送张判官赴河西》却极具特色:"单车曾出塞,报国敢邀勋。见逐张征虏,今思霍冠军。沙平连白雪,蓬卷入黄云。慷慨倚长剑,高歌一送君。"与王勃《送杜少府之任蜀川》中"海内存知己,天涯若比邻。无为在歧路,儿女共沾巾"以及高适《别董大》的"莫愁前路无知己,天下谁人不识君"等仍写"沾巾""愁"相比,"慷慨倚长剑,高歌一送君"可为盛唐更为豪迈的送别诗。

清王寿昌指出:"近体则沈、宋、燕、许、右丞辈,亦时有宏壮之观。"[1]王寿昌以"时有"表明王维等的"宏壮"或"宏赡雄丽""雄浑"这一类诗占比有限。王维诗可称"宏壮"或"宏赡雄丽""雄浑"者,数量约在三四十首,还不到他的传诗总量的十分之一。但数量只是一方面。首先,王维的"宏赡雄丽"最可表现盛世的国家情怀及声威,诗艺高超、文辞雅丽也是盛世文学的必然追求。因而"宏赡雄丽"实为盛世艺术的典型特征。有唐一代,"宏赡雄丽""雄浑"可与王维比肩或超越王维者,大概只有李白、岑参。比王维年长约 13 岁的王之涣的《凉州词》可作比较:"黄河远上白云间,一片孤城万仞山。羌笛何须怨杨柳,春风不度玉门关。"《凉州词》境界博大,颇有气势,但也流露出"怨杨柳"的愁绪。直到王维、李白,才奏响了无往不前、无所畏惧的最强"盛唐之音"。以王维、李白在盛唐的地位,在很大程度上已奠定了盛唐诗的基调。但李白直到天宝元年(742)才到长安翰林院"供奉",此前李白诗主要在民间流传,所产生的影响相对有限。王维开元九年(721 年)进士及第的经历使他比李白早 20 年受到朝野关注,更早以京师的资源及强大辐射力形成巨大影响,所以王维早期诗的"宏赡雄丽"对盛唐诗走向产生的引领作用是值得注意的。

自初唐陈子昂在《修竹篇序》中提出"风骨""兴寄""风雅"以来,"风骨""骨力"一直是盛唐诗的"标志性"追求。李白在《泽畔吟序》中评价崔成辅诗集:"逸气顿挫,英风激扬,横波遗流,腾薄万古。"[2]这无疑也阐释了李白的诗学主张。杜甫强调"才力",主张"力能掣鲸,气可凌云",他的《戏为六绝句》其一称"庾信文章老更成,凌云健笔意纵横",其四称"或看翡翠兰苕上,未掣鲸鱼碧海中"。从陈子昂到王

---

① (清)王寿昌:《小清华园诗谈》卷上,郭绍虞编选:《清诗话续编(上册)》,上海:上海古籍出版社 1983 年版,第 1864 页。

② (唐)李白:《泽畔吟序》,见《李太白全集》,北京:中华书局 2015 年版,第 1505 页。

维、李白、杜甫等，完成了"风骨"从理论倡导到创作实践的转化，彻底改变了齐梁以来柔弱娇巧的诗风。在这一过程中，王维处在一个更早的关键转折点，且其非凡的"宏赡雄丽"具有极强的震撼力，才可产生引领一代风气的作用。因而盛唐时期苑咸的《酬王维》诗称其"为文已变当时体"，显然是苑咸身在盛唐真切感受的"实录"。明徐献忠也指出："右丞诗……言其风骨，固尽扫微波；采其流调，亦高跨来代。"①同样认为王维诗具有继往开来的影响。

其次，王维"宏赡雄丽"诗篇在相当程度上展示了王维的胸怀、抱负。陆游《观大散关图有感》："上马击狂胡，下马草军书。二十抱此志，五十犹癯儒。"这首诗当然是宋代陆游自身抱负和经历的写照，也颇似在陆游之前唐代王维一生抱负和经历的写照。当然，王维多在台阁任职，又历经波折，他并没有真正实现"上马击狂胡，下马草军书"的志向。在王维诗集中，应制、酬唱诗占比不小，作为知名度很高的诗人、画家，他很多时候成为皇帝和王公贵族的"近臣"，交游亦多，应制、酬唱诗正是这种经历的存留。王维从前期奔腾激越、雄丽，转为后期幽深闲适的"清远"，从早期的极"动"，到后期的极"静"，和他的抱负、经历、内心的变化，构成了一个清晰的发展轨迹。这里要指出的是，尽管少年状元并没有实现他的抱负，王维的理想却成为支撑王诗的基石。即便后期禅意甚浓的"清远"、幽静代替了前期的"宏赡雄丽""雄浑"，但这些山水田园诗非但没有退回齐梁直到初唐宫体的柔弱娇巧，也不同于陶渊明、谢灵运的隐逸，其幽深宁静的背后，还是隐约可见"任侠"王维的身影和抱负。也就是说，王维后期的诗中，直接的"宏赡雄丽"或"雄浑"已至为罕见，但是却转化为以更博大、超远的胸怀观照山水田园、佛禅乃至世界。

这和孟浩然的山水田园诗形成鲜明对照。孟浩然固然不乏"气蒸云梦泽，波撼岳阳城"这样的局部描写，却难以找到整篇可称"雄丽"的诗。北宋陈师道《后山诗话》载："子瞻谓孟浩然之诗，韵高而才短，如造内法酒手，而无材料尔。"②陈师道为"苏门六学士"之一，他记录的苏轼这段评论一般认为可信，南宋张戒《岁寒堂诗话》也引了这条记载。其实若单以诗艺而论，孟浩然未必输李白、杜甫、王维，堪称盛唐诗人一流水平，所以苏轼才评他"韵高"。苏轼所称的"才"并非仅指才华，包括他说的造酒"材料"，都是指视野、胸怀、抱负或追求、思想等构成的境界，"才短""无材料"即题材较狭窄、缺乏丰厚的内涵、思想的必要深度、宽广的胸怀与境界，这些的确是孟浩然的缺欠。虽未必至于"无材料"，但境界不够高倒是学术界对孟浩然比较一致的评价。《过故人庄》止于"把酒话桑麻"与叙旧，《夏日南亭怀辛大》仅有闲散和怀念，《春晓》即便在莺飞草长的季节也聚焦于带着伤感的落花，《与诸子登岘

___

① （明）徐献忠：《唐诗品》，周维德集校：《全明诗话》第2册，济南：齐鲁书社2005年版，第1283页。
② （宋）陈师道：《后山诗话》，见《历代诗话》，何文焕辑，北京：中华书局1981年版，第308页。

山》颇有气魄,却止笔于"羊公碑尚在,读罢泪沾襟"。孟浩然以一流的诗艺抒写相对褊狭的胸怀和境界而不能超越,山川花鸟都可以描摹入神,却未更进一步达到极致的提升。

王维的山水田园诗则不仅仅只有山水田园,在幽静禅意中,还是可以感觉到王维非凡的抱负。例如《渭川田家》:"斜光照墟落,穷巷牛羊归。野老念牧童,倚杖候荆扉。雉雊麦苗秀,蚕眠桑叶稀。田父荷锄至,相见语依依。即此羡闲逸,怅然吟式微。"清贺贻孙指出:"王右丞诗境虽极幽静,而气象每自雄伟。"①即在至为"幽静"的背后,却仍然有着博大的气象和"任侠"王维的抱负。故而"宏赡雄丽""雄浑"与"清远"、幽静不但构成王维诗两种鲜明的景观,而且它们的碰撞、互动尤其让王维诗创造了与众不同的境界。明陆时雍评王维诗:"离象得神,披情著性,后之作者谁能之?"②若王维诗与孟浩然诗比较,孟浩然极善于描"象",王维却更能"得神",因为王维心中有"神"。孟浩然诗"情"令人心动,王维所著之"性"境界更高。盖王维的"宏赡雄丽""雄浑",乃是他深层的本性。"清远"、幽静则是历经挫折之后的沉寂,沉寂的表象之下,还是跳动着一颗极具抱负的心,这才达到贺贻孙所说的"虽极幽静,而气象每自雄伟"。

三、所谓"格"

晚唐司空图指出:"王右丞、韦苏州澄澹精致,格在其中。"③宋张戒也指出:"韦苏州诗,韵高而气清。王右丞诗,格老而味长。"④晚清施补华说:"摩诘七古,格整而气敛,虽纵横变化,不及李、杜,然使事典雅,属对工稳,极可为后人学步。"⑤历代多评王诗之"格",分别有"格在其中""格老""格整"等。这些"格"所指不尽相同,但都不直接指向具体思想或内涵,是更偏重于样式或诗艺的概念。

盛唐之后以"格"讨论诗之样式或诗艺似已成习惯,这和盛唐以来所传《诗格》有关。据郭绍虞的《中国文学批评史》,见于记载的有唐王维《诗格》一卷、元兢《诗格》一卷,均已佚;⑥今可见《诗格》也称《王少伯诗格》。《王少伯诗格》是否为盛唐王昌龄所作目前存在争议,《四库全书》的编撰们不相信为王昌龄所撰,《四库总目提要》卷一九五评司空图《诗品》时说:"唐人诗格传于世者,王昌龄、杜甫、贾岛诸书,率皆依托。即皎然《杼山诗式》,亦在疑似之间。"⑦郭绍虞也认为《诗格》诸书多

---

① (清)贺贻孙:《诗筏》,见郭绍虞编选《清诗话续编》,上海:上海古籍出版社1983年版,第172页。
② (明)陆时雍:《诗镜总论》,丁福保辑:《历代诗话续编》,北京中华书局,1983年版,第1412页。
③ (唐)司空图:《与李生论诗书》,见《全唐文》卷八〇七,北京中华书局,1983年版,第8485页。
④ (宋)张戒:《岁寒堂诗话》卷上,见《历代诗话续编》,丁福保辑,北京:中华书局1983年版,第459页。
⑤ (清)施补华:《岘佣说诗》,见王夫之等编《清诗话》,上海:上海古籍出版社1978年版,第985页。
⑥ 郭绍虞:《中国文学批评史(上)》,北京:商务印书馆2010年版,第301页。
⑦ (清)永瑢等:《四库全书总目提要·集部》,北京:中华书局1965年版,第1780页。

为"依托之作"①，"罗宗强等同样不相信《诗格》为王昌龄所著②。但也有支持为王昌龄所作之说。《文镜秘府论》提供了新的证据，其编撰者日本高僧遍照金刚，唐德宗贞元二十年（804）入长安，唐宪宗元和元年（806）年回日本，作《献书表》中有王昌龄《诗格》，《文镜秘府论》还引述王昌龄论诗意、诗境。从遍照金刚在唐的时间来看，他只能根据盛、中唐人的认知和当时的文献进行描述，可证《诗格》出自中唐以前。罗根泽的《中国文学批评史》③，张伯伟④、傅璇琮⑤等的考证，都注意到了《文镜秘府论》所记载的材料，均以为《文镜秘府论》所记为王昌龄所作为可信，虽然《诗格》掺杂了少量其他人的文字。张海明详考诸家之说，结论还是认为王昌龄有可能作《诗格》⑥。罗宗强虽认为《诗格》并非王昌龄所作，但他鉴于皎然《诗式》引述王昌龄语与《文镜秘府论》所记文异而义同，推测很有可能是王昌龄去世后，皎然撰《诗式》前约三十年间的人伪托。⑦所以罗宗强仍肯定《诗格》为盛唐人所作。

因而《诗格》无论出自何人，都可据以考察盛唐以降"格"或"诗格"所指。《诗格》论及调声、诗律、十七势、六义、常用体等，提出诗有"三境"："一曰物境，二曰情境，三曰意境。"诗有"三思"："一曰生思，二曰感思，三曰取思。"诗有"三宗旨"："一曰立意，二曰有以，三曰兴寄。"《诗格》更多提及"格"，例如："诗有二格。诗意高谓之格高，意下谓之格下。古诗'耕田而食，凿井而饮。'此高格也。沈休文诗：'平生少年日，分手易前期。'此下格也。""诗有九格。一曰重叠用事格。……七曰句中比物成意格。八曰句中叠语格。九曰句中轻重错谬格。"⑧还有"犯病八格"等。由此来看，"格"并非仅指风格、格调等，涉及诗的文体特征以及诗的技法、格式、体例、构思等，在唐代是关于诗歌艺术的综合性概念。

只要略加对照就可发现，历代评价王维诗"格老""格整"，几乎都是依据《诗格》而发，《诗格》的影响可见一斑。例如明何良俊说，"格调既高，而寄兴复远。……五言绝句，当以王右丞为绝唱。"⑨清沈德潜评王维等人的诗："品格既高，复饶远韵，故为正声。"⑩二者显然都直接取法自《诗格》中所论"诗有二格"。明高棅评价说："右丞之精致……此皆宇宙山川英灵间气萃于时以钟乎人矣。"⑪由此来看，王维关

---

① 郭绍虞：《中国文学批评史（上）》，北京：商务印书馆 2010 年版，第 301—304 页。

② 罗宗强：《隋唐五代文学思想史》，北京：中华书局 1999 年版，第 150—151 页。

③ 罗根泽：《中国文学批评史》，上海：上海书店出版社 2003 年版，第 313—314 页。

④ 张伯伟：《全唐五代诗格校考》，西安：陕西人民教育出版社 1996 年版，第 123—176 页。

⑤ 傅璇琮：《唐诗论学丛稿·谈王昌龄的〈诗格〉》，北京：京华出版社 1999 年版，第 151—180 页。

⑥ 张海明：《皎然〈诗式〉与盛唐诗学思想》，《文学评论》2005 年第 2 期，第 26—34 页。

⑦ 罗宗强：《隋唐五代文学思想史》，北京：中华书局 1999 年版，第 150—151 页。

⑧ 张伯伟：《全唐五代诗格校考》，西安：陕西人民教育出版社 1996 年版，第 123—176 页。

⑨ （明）何良俊：《四友斋丛说》，北京：中华书局 1959 年版，第 225 页。

⑩ （清）沈德潜：《说诗晬语》，王夫之等撰：《清诗话（下）》，上海：上海古籍出版社 1978 年版，第 540 页。

⑪ （明）高棅：《唐诗品汇·五言古诗叙目》，上海：上海古籍出版社 1988 年版，第 48—49 页。

于诗体、诗艺的理念，与比他小十多岁的杜甫提出的主张较为接近。杜甫追求"清词丽句必为邻"（《戏为六绝句》其五），更不遗余力追求"佳句"："叹惜高生老，新诗日又多。美名人不及，佳句法如何?"（《寄高三十五书记》），且老杜严守诗的"法"度、"遣词必中律"（《桥陵诗三十韵因呈县内诸官》），"晚节渐于诗律细"（《遣闷戏呈路十九曹长》），用韵谨严、平仄顿挫、属对工稳，"为人性僻耽佳句，语不惊人死不休"（《江上值水如海势聊短述》），"新诗改罢自长吟"（《解闷十二首》其七），这是杜甫对诗艺的追求。从王维诗的特征和成就来看，王维、杜甫诗艺追求的相似度甚高。

关于王维诗艺与杜甫的相似性，这里至少可以列出四点。其一，极重视诗艺。例如五代刘昫等指出："王维、杜甫之雕虫，并非肄业使然，自是天机秀绝。"①把王维与杜甫艺术的精雕细琢并提，乃是距唐最近的史家基于文献汇集所作的判断。其二，艺术成就都达到极高境界。如宋张戒称："世以王摩诘律诗配子美……律诗至佳丽而老成。"②"佳丽而老成"与张戒评"王右丞诗格老而味长"相映成趣，其实以"老成"评价杜诗艺术境界更为常见。再如明王世贞亦指出："凡为摩诘体者，必以意兴发端，神情传合，浑融疏秀，不见穿凿之迹，顿挫抑扬，自出宫商之表可耳。"③明吕燮认为："论近体者，必称盛唐，若蓝田王右丞维，亦其一也。其为律绝句，无问五、七言，皆庄重闲雅，浑然天成。"④其三，格律臻于化境。如清王夫之指出："右丞于五言自其胜场，乃律已臻化。"⑤晚清施补华说："摩诘七古，格整而气敛，虽纵横变化不及李、杜，然使事典雅，属对工稳，极可为后人学步。"⑥也在一定程度上注意到王维与杜甫、李白等的关系以及王维诗的典范性与影响。其四，文备众体。如元稹评价杜甫："尽得古今之体势，而兼今人之所独专矣。"⑦清贺贻孙指出："王所以独称大家者，王之诸体悉妙。"⑧若从王维比杜甫长 10 余岁，以王维在盛唐诗坛的地位、影响来考察，杜甫诗学倾向的形成，必然受到王维的启发。杜甫多首诗提到王维，如《奉赠王中允维》《解闷》等，强烈的关注意味着接受，则王维的主张和追求，必然影响青年杜甫。他们艺术的相似性可坐实二者的影响关系。反过来说，从杜甫明确表达的诗学思想，也可以反观王维的诗学追求。

---

① （后晋）刘昫等：《旧唐书·文苑上》，北京：中华书局 1975 年版，第 4982 页。
② （宋）张戒：《岁寒堂诗话》卷上，见《历代诗话续编》，丁福保辑，北京：中华书局 1983 年版，第 460 页。
③ （明）王世贞：《艺苑卮言》卷四，见《历代诗话续编》，丁福保辑，北京：中华书局 1983 年版，第 1009 页。
④ 吕燮：《王右丞集序》，见（清）赵殿成：《王右丞集笺注》，北京：中华书局 1961 年版，第 515 页。
⑤ （清）王夫之：《唐诗评选》，上海：上海古籍出版社 2017 年版，第 47 页。
⑥ （清）施补华：《岘佣说诗》，见王夫之等著：《清诗话》，上海：上海古籍出版社 1978 年版，第 985 页。
⑦ （唐）元稹：《唐故工部员外郎杜君墓系铭并序》，见《元稹集》，北京：中华书局 1982 年版，第 601 页。
⑧ （清）贺贻孙：《诗筏》，郭绍虞编选：《清诗话续编（下）》，上海：上海古籍出版社 1983 年版，第 184 页。

四、结　语

王维固然未以专文或以诗阐述其诗学思想，但他的创作必然显示他的主张或倾向，历代相关诗评也从不同侧面揭示了王维的诗学特性或追求。王维诗学来源以《诗三百》为主，历代多以"风调""风神""调雅"等评价王维诗。王维诗的"宏赡雄丽"代表盛唐的家国情怀及声威，产生了引领一代风气的作用，因而盛唐时期苑咸的《酬王维》诗称其"为文已变当时体"。王维的山水田园诗数量更多，"诗境虽极幽静，而气象每自雄伟"。从王维的创作来考察，家国情怀以及现实主义倾向为王维诗学的主要追求。此外，历代都高度肯定王维诗精工、严整，构思与技法老练、高超，境界奇异非凡，"格老而味长"。

评价王维及其诗特征的历代文献不计其数。例如苏轼指出："味摩诘之诗，诗中有画；观摩诘之画，画中有诗。诗曰：'蓝溪白石出，玉川红叶稀。山路元无雨，空翠湿人衣。'此摩诘之诗。或曰非也，好事者以补摩诘之遗。"[1]清方东树："辋川叙题细密不漏，又能设色取景，虚实布置，一一如画，如今科举作墨卷相似，诚万选之技也。"[2]进一步肯定王维诗艺与画艺的互通互补。又苏轼《王维吴道子画》诗谓"摩诘得之于象外，有如仙翮谢笼樊"[3]；明陆时雍称王维："离象得神，披情著性，后之作者谁能之？"[4]清方东树也肯定王维"兴象超远，浑然元气，为后人所莫及；高华精警，极声色之宗，而不落人间声色，所以可贵"[5]。"得之于像外""离象得神""兴象超远"等，可能与艺术的"陌生化"理论存在关联。这些可以深度展开的研究尚存不少。

要全面梳理王维诗学主张并不容易，本文只是从有限的几个角度做了一些讨论。王维及其诗研究，从文献考证到他的内在诗学追求，是一个必然的历程。对王维诗学特征的现代考察或许才起步，惟待大家精深、圆融的梳理、追踪与高屋建瓴的创造性研究，则可有惊世进展与发现。

（作者单位：重庆师范大学文学院）

---

① （宋）苏轼：《书摩诘蓝田烟雨图》，见《苏轼文集编年笺注》第9册，李之亮笺注，成都：巴蜀书社2011年版，第593—594页。

② （清）方东树：《昭昧詹言》，北京：人民文学出版社1961年版，第387页。

③ （宋）苏轼：《王维吴道子画》，见《苏轼文集编年笺注》第11册，李之亮笺注，成都：巴蜀书社2011年版，第12页。

④ （明）陆时雍：《诗镜总论》，北京：中华书局2014年版，第122页。

⑤ （清）方东树：《昭昧詹言》，北京：人民文学出版社1961年版，第387页。

王维早年长安生活与诗歌创作

柏俊才

王维是唐代著名诗人,时人就有"天下文宗……名高希代"①之誉。王维研究成果丰硕,今人杜晓勤《隋唐五代文学研究》②、蒋寅《中国古代文学通论·隋唐五代卷》③、黄霖《20 世纪中国古代文学研究史·诗学卷》④、潘鸣《白云回望合　青霭入看无——新时期王维碑铭文研究之综述》⑤、黄蓉《王维生年研究综述》⑥、郑蓓培《21 世纪以来王维乐府诗研究综述(2000—2016)》⑦等已有较为详尽的概括,故不复赘述。《新唐书》王维本传云:"开元初,擢进士,调太乐丞,坐累为济州司仓参军。"⑧据赵殿成《右丞年谱》、陈铁民《王维年谱》,王维贬济州司仓参军在开元九年(721)。王维初入长安至贬济州司仓参军的生活,是王维研究之空白,今试撰文以求教方家,试补王维研究之空缺。

一、王维初入长安的时间考

王维初入长安的时间史无确载,然可考知。

清人赵殿成《右丞年谱》在"开元三年乙卯"条下注云:"年十五,《题友人云母障子诗》《过秦王墓诗》。"⑨《过秦王墓诗》,赵殿成笺注云:"时年十五。《文苑英华》作时年二十。"⑩《题友人云母障子诗》,赵殿成笺注云:"原注,时年十五。"⑪赵殿成以

---

① 唐代宗《答王缙进王维集表诏》,见董诰:《全唐文》,北京:中华书局 1983 年版,第 510 页。

② 张燕瑾、吕薇芬主编,杜晓勤撰:《20 世纪中国文学研究·隋唐五代文学研究》,北京:北京出版社 2001 年版,第 318—324 页。

③ 蒋寅:《中国古代文学通论·隋唐五代卷》,沈阳:辽宁人民出版社 2004 年版。

④ 黄霖:《20 世纪中国古代文学研究史》,上海:东方出版中心 2006 年版。

⑤ 潘鸣:《白云回望合　青霭入看无——新时期王维碑铭文研究之综述》,《学理论》2011 年第 5 期。

⑥ 黄蓉:《王维生年研究综述》,《邢台学院学报》2015 年第 6 期。

⑦ 郑蓓培:《21 世纪以来王维乐府诗研究综述(2000—2016)》,《乐府学》2016 年第 2 辑。

⑧ 《新唐书》卷二百零二《文艺传中》,北京:中华书局 1975 年版,第 5765 页。

⑨ 赵殿成:《右丞年谱》,见赵殿成笺注:《王右丞集笺注》,上海:上海古籍出版社 1961 年版,第 550 页。

⑩ 王维撰,赵殿成笺注:《王右丞集笺注》,上海:上海古籍出版社 1961 年版,第 160 页。

⑪ 王维撰,赵殿成笺注:《王右丞集笺注》,上海:上海古籍出版社 1961 年版,第 253 页。

王维生于长安元年(701),十五岁即开元三年(715),并根据《题友人云母障子诗》《过秦王墓诗》题下注,确定二诗均作于此年。秦王墓,即秦始皇嬴政之墓,在今陕西省西安市临潼区城东骊山北麓。这是开元三年(715)王维入长安之滥觞。陈铁民先生一如赵殿成之说,依据《过秦王墓诗》注"时年十五",明确地说"玄宗开元三年乙卯(715),十五岁,离家赴长安"①。张清华《王维年谱》据《过秦王墓诗》注"时年十五"确定此诗作于开元二年(714),并说"十五岁,约在是年离家,经潼关,过骊山,游长安,开始与友交游,步入社交场"②。张清华先生确定王维十五岁与赵殿成、陈铁民差一年,原因是其确定王维生年差一年所致。事实上,赵殿成、陈铁民、张清华之说均值得商榷。

首先,《过秦王墓诗》"时年十五"的题下注本就难以为据。王维死后,其诗文集就非全本,"(王)缙曰:'臣兄开元中诗百千余篇,天宝事后,十不存一。比于中外亲故间相与编缀,都得四百余篇。'"③四、五百年后的陈振孙看到的亦如此,他的《直斋书录解题》在"《王右丞集》十卷"下云"唐尚书右丞河中王维摩诘撰,建昌本与蜀本次序皆不同,大抵蜀刻唐六十家多异于他处本,而此集编次尤无伦"。④这说明《王维集》在宋代就出现杂乱不堪的情形。我们有理由相信,五百年后的赵殿成看到的《王维集》更为零乱。那么,《过秦王墓诗》题下"时年十五"的注,是王维原注,还是后人增衍?均难以考索。故而以来源不明的《过秦王墓诗》题下注来确定其作年,为学人所不取。

其次,王维之卒年难以确定,则其十五岁更不好下断语。《旧唐书》王维本传云"乾元二年七月卒"⑤,未著享年。《新唐书》王维本传云"上元初卒,年六十一。"⑥乾元、上元均是唐肃宗李亨的年号,乾元仅二年,758—759 年;上元亦仅二年,760—761 年。王维《谢弟缙新授左散骑常侍》文末署云:"上元二年五月四日,通议大夫守尚书右丞王维状进。"⑦后人合并此文献与两《唐书》所载,确定为王维卒于上元二年(761),享年 61 岁,则其生年为长安元年(701)。这种推理本来就有问题,然学术界影响很大的赵殿成《右丞年谱》、陈铁民《王维年谱》均采用其说,各种文学史亦从其说,似乎遂成定论。学术界有部分学者发现,《旧唐书》王缙本传载其卒于建中二年(781)十二月,享年 82 岁,《新唐书》本传与此同,则王缙生于久视元年(700)。王缙是王维的弟弟,其生年竟然比哥哥王维还早! 王缙是宰相,官方修撰的两《唐

① 陈铁民:《王维年谱》,王维撰,陈铁民校注:《王维集校注》,北京:中华书局 1997 年版,第 1325 页。
② 张清华:《王维年谱》,上海:学林出版社 1988 年版,第 20 页。
③⑤《旧唐书》卷一百九十下《文苑传下》,北京:中华书局 1975 年版,第 5053 页。
④ 陈振孙:《直斋书录解题》,上海:上海古籍出版社 1987 年版,第 468 页。
⑥《新唐书》卷二百零二《文艺传中》,北京:中华书局 1975 年版,第 5765 页。
⑦ 王维撰,陈铁民校注:《王维集校注》,北京:中华书局 1997 年版,第 1134 页。

书》记载是可信的。王维生年开始遭到质疑,新说频出:毕宝魁先生认为生于圣历二年(699)①,张清华《王维年谱》认为生于久视元年(700),王从仁先生认为生于如意元年(692)②,姜光斗先生认为生于延载元年(694)、证圣元年(695)③,王辉斌先生认为生于长寿二年(693)④等。这些研究都为学人开阔了视野,因缺乏新材料,难以为学术界所接受。王维生年众说纷纭,则其十五岁亦难以确定。

再次,《过秦王墓诗》难以确切系年。诗题中的"过"即"经过",王维东出长安或西入长安都有可能经过秦始皇墓,目前我们无法考索这首诗是王维首次西入长安所作。诗云:

> 古墓成苍岭,幽宫象紫台。星辰七曜隔,河汉九泉开。
> 有海人宁渡,无春雁不回。更闻松韵切,疑是大夫哀。⑤

诗中仅有一个典故即五大夫松:"(始皇)乃遂上泰山,立石,封,祠祀。下,风雨暴至,休于树下,因封其树为五大夫。"⑥其余则语言质朴、格律谨严、详略得当、含蓄蕴藉、极易读懂。尤为中间两联,言秦始皇陵墓地宫里有明珠做的日月星辰,水银做的江海,黄金制成的大雁,极度铺陈渲染墓穴之豪华,借以讽刺秦始皇厚葬之风,以及其穷奢极欲、搜刮民脂民膏的劣迹。这首咏史怀古诗,无任何暗示写作时间的线索,故很难确定作于王维多少岁。

因此,由《过秦王墓诗》"时年十五"之注,不能确定王维初入长安的时间。而且《文苑英华》、"全唐诗"录此诗,在题下注云"一作二十岁"。此诗作于王维十五岁抑或二十岁,无从考索。故而王维初入长安的时间需重新考察。

《旧唐书·韦陟》云:"开元初,丁父忧,居丧过礼。自此杜门不出八年,与弟斌相劝励,探讨典坟,不舍昼夜,文华当代,俱有盛名。于时才名之士王维、崔颢、卢象等,常与陟唱和游处。"⑦韦陟开元初年丁父忧八年,与王维交游,则王维开元初年已至长安。若韦陟之父韦安石之卒年能确定的话,则"开元初"就具体可知。韦安石之卒年,史书未载,然《旧唐书·韦安石传》云:"安石既至沔州,(姜)晦又奏云:'安石尝检校定陵造作,隐官物入己。'敕符下州征赃。安石叹曰:'此只应须我死

① 毕宝魁:《王维生年考辨》,《文献》1996年第3期。
② 王从仁:《王维生卒年考辨》,《文学评论丛刊》第十六辑,北京:中国社会科学出版社1982年版,第142页。
③ 姜光斗、顾启:《王维生卒年新证》,《学术月刊》1983年第8期。
④ 王辉斌:《王维生卒年考实》,《山西师范大学学报》2018年第1期。
⑤ 王维撰,陈铁民校注:《王维集校注》,北京:中华书局1997年版,第1页。
⑥ 《史记》卷六《秦始皇本纪》,北京:中华书局1959年版,第242页。
⑦ 《旧唐书》卷九十二《韦安石传》附《韦陟传》,北京:中华书局1975年版,第2958页。

耳!'愤激而卒,年六十四。"①御史中丞姜晦弹劾沔州别驾韦安石贪赃枉法,韦安石忧愤而卒。姜晦任御史中丞的时间史书阙载,然亦可推知。《旧唐书·突厥传上》云:"俄而降户阿悉烂、妒跌思泰等复自河曲叛归。初,降户南至单于,左卫大将军单于副都护张知运尽收其器杖,令渡河而南,蕃人怨怒。御史中丞姜晦为巡边使,蕃人诉无弓矢,不得射猎,晦悉给还之。故有抗敌之具。张知运既不设备,与降户战于青刚岭,为降户所败,临阵生擒知运,拟送与突厥。朔方总管薛纳率兵追讨之。"②又"(开元)四年冬,突厥降户阿悉烂、妒跌思泰等率众反叛,单于副都护张知运为贼所执,诏薛讷领兵讨之。"③据此,开元四年(716)姜晦在御史中丞任上。韦安石卒于本年,韦陟此年丁父忧,始与王维交游。换句话说,开元四年(716)王维已入长安。

综上所考,王维初入长安的时间大约在开元四年(716)左右。今日学者"16岁时,他背上行囊,奔赴长安,之后便与长安结下了情缘"④"开元三年(715)在长安城恩威并重的目光注视下,长途跋涉之后的王维应当是从长安外郭城东面的中门——春明门入城"⑤的说法均有以讹传讹之嫌疑。

二、逆袭的高贵朋友圈

王维出身于魏晋南北朝时期的豪门大姓——太原王氏,然其祖上官位并不显赫,仅东晋时王述袭封蓝田侯,其余都是司马一类的小官。唐代太原王氏名列最为高贵的"五姓七望"家族之一,然王维的父亲王处廉也仅是汾州司马。从乡下步入京城的王维举目无亲,如何温卷,怎样干谒文坛巨擘,并于"开元九年进士擢第"⑥,授太乐丞?

王维唯一依靠者乃是其母亲,"臣亡母故博陵县君崔氏,师事大照禅师三十余岁,褐衣蔬食,持戒安禅,乐住山林,志求寂静"⑦。王维母亲今无资料可凭,然其博陵县君的封号与大照禅师弟子的身份却不容小觑。博陵崔氏是唐代最为著名的豪门大姓——"五姓七望"之一,在王维进入长安之前已有崔仁师、崔湜、崔日用、崔玄晖等担任宰相,地位极为显耀。王维母亲崔氏被封为博陵县君,地位亦颇高。大照禅师,即普寂,神秀的大弟子。神秀在长安地位极为尊崇,被尊为"两京(长安、洛

---

① 《旧唐书》卷九十二《韦安石传》,中华书局1975年版,第2958页。
② 《旧唐书》卷一百九十四上《突厥传上》,北京:中华书局1975年版,第5173页。
③ 《旧唐书》卷一百零三《郭知运传》,北京:中华书局1975年版,第3190页。
④ 雒莉、高萍:《论王维长安诗及其文化意蕴》,《唐都学刊》2018年第9期。
⑤ 陆平:《对话与抉择:诗人王维之与长安》,《河南教育学院学报》2007年第5期。
⑥ 《旧唐书》卷一百九十下《文苑传下》,北京:中华书局1975年版,第5051页。
⑦ 王维:《请施庄为寺表》,王维撰,陈铁民校注:《王维集校注》,北京:中华书局1997年版,第1085页。

阳)法主,三帝(武则天、唐中宗、唐睿宗)国师"。神秀卒后,唐中宗特下制令普寂代本师统其法众。师事大照禅师三十多年的博陵崔氏,与长安政治文化圈有千丝万缕的联系。

王维母亲崔氏犹如开元年间长安政治文化圈的名片,引导王维进入上层社会,与岐王李范、宁王李宪、玉真公主、韦陟等唐代社会上层人士交游,进士及第并授太乐丞。

岐王李范,本名李隆范,唐睿宗李旦第四子,唐玄宗李隆基四弟,初封郑王,继改封卫王,又改封巴陵郡王,景云元年(710)进封岐王。岐王礼贤下士,喜好与文士交接,史载其"好学工书,雅爱文章之士,士无贵贱,皆尽礼接待,与阎朝隐、刘庭琦、张谔、郑繇篇题唱和,又多聚书画古迹,为时所称"。①今存唐诗中张谔、袁瓘、崔颢、王维、杜甫均有酬赠岐王之诗。玄宗与岐王诸弟关系极为友善:"(玄宗)尝与宪及岐王范等书曰:'昔魏文帝诗云:"西山一何高,高处殊无极。上有两仙童,不饮亦不食。赐我一丸药,光耀有五色。服药四五日,身轻生羽翼。"朕每思服药而求羽翼,何如骨肉兄弟天生之羽翼乎!陈思有超代之才,堪佐经纶之务,绝其朝谒,卒令忧死。魏祚未终,遭司马宣王之夺,岂神丸之效也!虞舜至圣,舍象傲之愆以亲九族,九族既睦,平章百姓,此为帝王之轨则,于今数千岁,天下归善焉,朕未尝不废寝忘食钦叹者也。顷因余暇,妙选仙经,得此神方,古老云"服之必验"。今分此药,愿与兄弟等同保长龄,永无限极。'"②文士接近岐王李范,无非是借助其与玄宗之亲情以谋取仕宦之途畅通无阻。

王维与岐王李范之交往,史无明文,仅《集异记》有云:"王维右丞,年未弱冠,文章得名。性娴音律,妙能琵琶,游历诸贵之间,尤为岐王之所眷重。时进士张九皋,声称籍甚。"③张九皋进士及第的时间史书无载,然《旧唐书·张九龄传》云:"(开元十三年)上又以其弟九章、九皋为岭南道刺史,令岁时伏腊,皆得宁觐。"④则王维与岐王李范交往于开元十三年(725)之前,此时王维未及第。《集异记》属小说,其说未必可信,王维与岐王李范之交往,属于温卷,在开元九年(721)前当属可信。王维集中今存《从岐王过杨氏别业应教》《从岐王夜宴卫家山池应教》《敕借岐王九成宫避暑应教》三首诗与岐王李范有关。"应教",赵殿成注云:"魏晋以来,人臣于文字间,有属和于天子,曰应诏;于太子,曰应令;于诸王,曰应教。"⑤故此三诗均是王维

① 《旧唐书》卷九十五《睿宗诸子传》,北京:中华书局1975年版,第3016页。
② 《旧唐书》卷九十五《睿宗诸子传》,北京:中华书局1975年版,第3011—3012页。
③ 薛用弱:《集异记》,北京:中华书局1980年版,第9页。
④ 《旧唐书》卷九十九《张九龄传》,北京:中华书局1975年版,第3098—3099页。
⑤ 王维撰,赵殿成笺注:《王右丞集笺注》,上海:上海古籍出版社1961年版,第115页。

应岐王李范之命所作。"帝子远辞丹凤阙，天书遥借翠微宫"①之"帝子"是对岐王身份之书写，岐王乃皇室贵胄。"杨子谈经所，淮王载酒过。"②淮南王刘安礼接文士，曾招致宾客方术之士苏非、李尚、左吴、陈由、雷被、毛周、伍被、晋昌及大山、小山等数千人编撰《淮南鸿烈》。王维将岐王李范比作淮南王刘安，是对其礼贤下士的颂扬。"严城时未启，前路拥笙歌"③写岐王李范的车骑笙歌之盛，凸显其仪仗之美。

王维与岐王李范交游时，尚与宁王李宪过从甚密。李宪本名李成器，为唐睿宗李旦的长子，唐玄宗李隆基长兄。文明元年(684)，李成器被册立为皇太子，后改封寿春郡王、宋王。景云元年(710)李旦登基，李成器被确立为皇位继承人。因李隆基有讨平韦氏大功，故而李成器坚决辞让，要将太子之位让给弟弟李隆基。开元四年(716)李成器改名李宪，改封宁王。李隆基即位之后，因感于李宪辞让帝位之德，对其极为照顾。李宪卒后，李隆基追封其为让皇帝，并说："大哥孝友，近古莫俦，尝号五王，同开邸第。远自童幼，洎乎长成。出则同游，学则同业，事均形影，无不相随……大哥嫡长，合当储贰，以功见让，爰在薄躬。既嗣守紫宸，万机事总，听朝之暇，得展于怀。十数年间，棣华凋落，谓之手足，唯有大哥。"④王维与宁王交游，其目的亦是借李宪影响玄宗，为其官宦做准备。王维与宁王交往最初时间已不可考，疑为初入长安时。孟棨《本事诗》云："宁王曼贵盛，宠妓数十人，皆绝艺上色。宅左有卖饼者妻，纤白明晰，王一见瞩目，厚遗其夫取之，宠惜逾等。环岁，因问之：'汝复忆饼师否？'默然不对。王召饼师，使见之。其妻注视，双泪垂颊，若不胜情。时王座客十余人，皆当时文士，无不凄异。王命赋诗，王右丞维诗先成……王乃归饼师，使终其志。"⑤王维作诗为《息夫人》："莫以今时宠，难忘旧日恩。看花满眼泪，不共楚王言。"⑥

息夫人是陈国君主陈庄公之女，姓妫，因嫁给息国国君，故亦称息妫。息妫省亲时(一说出嫁时)，借道蔡国，却被姐夫蔡侯纠缠戏弄。息侯闻知后与楚国设计报仇。楚文王借机俘获蔡侯，又知息夫人美貌，趁机发兵息国，索要息妫。息妫为了保全息国百姓免遭涂炭，便只身前往楚国，成了楚夫人。息妫进入楚宫三年，为楚文王生下两个儿子，却从不说话。楚文王问其故，称她作为女人嫁了两个丈夫，即使不能死，又有何话可说？王维以息夫人的史事设喻，来描写卖饼人的妻子不忘旧爱，委婉含蓄，而又情理俱到。王维本是干谒宁王李宪，却毫无顾忌，写出这样颇具

---

① 王维：《敕借岐王九成宫避暑应教》，陈铁民校注：《王维集校注》，北京：中华书局1997年版，第25页。
②③ 王维：《从岐王过杨氏别业应教》，陈铁民校注：《王维集校注》，北京：中华书局1997年版，第22页。
④ 《旧唐书》卷九十五《睿宗诸子传》，北京：中华书局1975年版，第3013页。
⑤ 孟棨：《本事诗》，上海：古典文学出版社1957年版，第1页。
⑥ 王维撰，陈铁民校注：《王维集校注》，北京：中华书局1997年版，第21页。

讽刺意味的诗篇,足见其少年豪情。

王维与岐王李范、宁王李宪等诸王交游,初衷是为了能够得到他们举荐,顺利入仕。然岐王李范说其能力不足,需要求助于玉真公主。玉真公主,字玄玄(一说元元),唐睿宗李旦之女,唐玄宗李隆基的妹妹,后入道,道号无上真、持盈。玉真公主虽为女道士,然得到睿宗、玄宗二代帝王照拂,锦衣玉食,生活极为奢侈淫靡。玉真公主又喜好交接文士,今存唐诗中有张说、王维、李白、储光羲、高适等人与之酬唱的诗篇。王维与玉真公主初见,《集异记》所载颇具传奇性:

> 岐王则出锦绣衣服,鲜华奇异,遣维衣之,仍令赍琵琶,同至公主之第。岐王入曰:"承贵主出内,故携酒乐奉宴。"即令张筵。诸伶旅进。维妙年洁白,风姿都美,立于前行。公主顾之,谓岐王曰:"斯何人哉?"答曰:"知音者也。"即令独奏新曲,声调哀切,满座动容。公主自询曰:"此曲何名?"维起曰:"号《郁轮袍》。"公主大奇之。岐王曰:"此生非止音律,至于词学,无出其右。"公主尤异之,则曰:"子有所为文乎?"维即出献怀中诗卷。公主览读,惊骇曰:"皆我素所诵习者。常谓古人佳作,乃子之为乎?"因令更衣,升之客右。维风流蕴藉,语言谐戏,大为诸贵之所钦瞩。岐王因曰:"若使京兆今年得此生为解头,诚为国华矣。"公主乃曰:"何不遣其应举?"岐王曰:"此生不得首荐,义不就试。然已承贵主论托张九皋矣。"公主笑曰:"何预儿事,本为他人所托。"顾谓维曰:"子诚取解,当为子力。"维起谦谢。公主则召试官至第,遣宫婢传教。维遂作解头,而一举登第。[①]

这段文字中的"公主",有些学者主张是太平公主[②],实误。开元九年(721)王维进士及第时,太平公主已卒多年。故而"公主"当为玉真公主。经其举荐,王维顺利进士及第。《集异记》为小说家言,其说未必可信。然王维集中有《奉和圣制幸玉真公主山庄因题石壁十韵之作应制》一诗,题云:"奉和圣制",显系奉玄宗之命而作,惜玄宗诗之不存。《全唐诗》中载玄宗《同玉真公主过大哥山池》:"地有招贤处,人传乐善名。鹢池临九达,龙岫对层城。桂月先秋冷,蘋风向晚清。凤楼遥可见,仿佛玉箫声。"[③]"凤楼""玉箫声"典故的运用,已类似仙家生活。玄宗出行,自然有众多侍从与文人随驾,王维很可能就是其中之一,惜无从考索。王维《奉和圣制幸玉真公主山庄因题石壁十韵之作应制》诗云:

① 薛用弱:《集异记》,北京:中华书局 1980 年版,第 10—11 页。

② 王辉斌:《王维若干交游考辨》,《南都学刊》2008 年第 2 期。

③ 彭定求等:《全唐诗》,北京:中华书局 1960 年版,第 30 页。

碧落风烟外,瑶台道路赊。如何连帝苑,别自有仙家。
此地回鸾驾,缘溪转翠华。洞中开日月,窗里发云霞。
庭养冲天鹤,溪留上汉查。种田生白玉,泥灶化丹砂。
谷静泉逾响,山深日易斜。御羹和石髓,香饭进胡麻。
大道今无外,长生讵有涯。还瞻九霄上,来往五云车。①

　　玉真公主别馆,在终南山楼观南山之麓,即今延生观。这首诗用王乔乘鹤升天、浮槎入天河、阳公伯雍种石生白玉的故事,以及"石髓""胡麻"等与道教有关的词汇,使得玉真公主所居之处充满仙气。"碧落""瑶台"均指玉真公主山庄,称其地非凡间,好似仙界,需要走很远的路才可以到达。仙界与帝苑相连,既指地理上的,又喻血缘上的,一语双关。庭院中有随时骑着升天的仙鹤,溪涧暂停着能进入天河的仙槎,服饵白玉、丹砂。"御羹"是玄宗亲自为其调羹,以示眷顾之深。"香饭进胡麻"既是其日常生活的如实描绘,又使人想起刘晨、阮肇入天台遇仙故事。"九霄""五云车"是写玉真公主乘坐仙家之五云车冲入云霄,又含蓄地表达了自己的仰慕之情。这首诗用典贴切,形象鲜明,表现了玉真公主山庄谷静山深之美,以及公主的修道生活。由此诗来看,王维对玉真公主生活极为熟悉,很可能屡次是山庄座上客,以此反衬王维与玉真公主交往的可信性。

　　韦陟是王维初入长安后交往的贵族公子。韦陟,是韦安石之子。韦安石在武后、中宗、睿宗朝先后四次拜相,身份极为高贵。韦安石去世后,韦陟丁父忧期间王维始与之交游,"于时才名之士王维、崔颢、卢象等,常与陟唱和游处"②。韦陟丁忧后,官运亨通,历仕吏部郎中、中书令、礼部侍郎、吏部侍郎等职,史载"陟好接后辈,尤鉴于文,虽辞人后生,靡不谙练。曩者主司取与,皆以一场之善,登其科目,不尽其才。陟先责旧文,仍令举人自通所工诗笔,先试一日,知其所长,然后依常式考核,片善无遗,美声盈路"③,故而王维与之交往,为其仕宦铺平了道路。

　　岐王李范、宁王李宪、玉真公主、韦陟等这些长安政治文化圈的社会名流,他们提供给了来自蒲州的王维难以企及的机会,使其顺利考取进士并授官。

三、王维早年长安诗歌创作

　　王维集中可考知创作于开元四年至九年(716—721)的诗歌并不多,然这些诗是其当时心理的集中写照,又是其诗歌风格的初步形成。

　　首先,初入长安的王维结识了游侠少年,为其精神所感动,萌生了报效国家之

---

① 王维撰,陈铁民校注:《王维集校注》,北京:中华书局1997年版,第240页。
② 《旧唐书》卷九十二《韦安石传》附《韦陟传》,北京:中华书局1975年版,第2958页。
③ 《旧唐书》卷九十二《韦安石传》附《韦陟传》,北京:中华书局1975年版,第2958—2959页。

热望。汉代在渭河以北修建了汉高祖长陵、汉惠帝安陵、汉景帝阳陵、汉武帝茂陵、汉昭帝平陵,并迁徙关东地区的二千石大官、高訾富人以及豪杰,并兼之家在五陵周围居住。于是五陵就成为了五座小型的繁华都会,这里既有世家大族,又有富商大贾,亦有游侠豪杰,其子弟大多是攻剽椎埋、劫人作奸、掘冢铸币的纨绔子弟。于是,"五陵年少"就成为唐诗意象之一,如"五陵年少金市东,银鞍白马度春风。落花踏尽游何处,笑入胡姬酒肆中"①"贵里豪家白马骄,五陵年少不相饶。双双挟弹来金市,两两鸣鞭上渭桥"②"曲罢曾教善才伏,妆成每被秋娘妒。五陵年少争缠头,一曲红绡不知数"③等。王维也认识到这些膏粱子弟游手好闲、无所事事的一面,但也意识到唐人笔下这些少年可贵的另一面,"相逢意气为君饮,系马高楼垂柳边""孰知不向边庭苦,纵死犹闻侠骨香""偏坐金鞍调白羽,纷纷射杀五单于""天子临轩赐侯印,将军佩出明光宫"④,重义气,好武艺,驰骋疆场,杀敌如探囊取物,纵横不可一世。受这些少年豪侠精神之熏染,王维报国之情被激发。如《燕支行》:

> 汉家天将才且雄,来时谒帝明光宫。万乘亲推双阙下,千官出饯五陵东。
> 誓辞甲第金门里,身作长城玉塞中。卫霍才堪一骑将,朝廷不数贰师功。
> 赵魏燕韩多劲卒,关西侠少何咆勃。报仇只是闻尝胆,饮酒不曾妨刮骨。
> 画戟雕戈白日寒,连旗大旆黄尘没。叠鼓遥翻瀚海波,鸣笳乱动天山月。
> 麒麟锦带佩吴钩,飒沓青骊跃紫骝。拔剑已断天骄臂,归鞍共饮月支头。
> 汉兵大呼一当百,虏骑相看哭且愁。教战须令赴汤火,终知上将先伐谋。⑤

燕支,即胭脂山,又名焉支山,本匈奴地,绵延于祁连山和龙首山之间。《史记·匈奴列传》"焉支山"条下张守节《史记正义》引《西河故事》云:"匈奴失祁连、焉支二山,乃歌曰:'亡我祁连山,使我六畜不蕃息;失我焉支山,使我妇女无颜色。'"⑥足见焉支山在匈奴生活中的重要意义。王维此时未到过焉支山,故此诗纯属想象,描写将军出征、行军、战斗、获胜的全过程,高扬其爱国精神。前四句写将军出征,君臣欢送的盛况。中间八句写将军的英勇超群和为国杀敌的决心,特别是

---

① 李白:《少年行三首》之二,彭定求等:《全唐诗》,北京:中华书局1960年版,第323页。
② 崔颢:《渭城少年行》,彭定求等:《全唐诗》,北京:中华书局1960年版,第329页。
③ 白居易:《琵琶行》,彭定求等:《全唐诗》,北京:中华书局1960年版,第4821页。
④ 王维:《少年行四首》,陈铁民校注:《王维集校注》,北京:中华书局1997年版,第33—36页。
⑤ 王维撰,陈铁民校注:《王维集校注》,北京:中华书局1997年版,第29页。
⑥《史记》卷一百一十《匈奴列传》,北京:中华书局1959年版,第2909页。

"身作长城玉塞中"一句,以坚不可摧的万里长城为喻,形象地刻画了将军杀敌的理想与决心。最后十二句以夸张的手法,奇丽的想象,急促的节奏,具体、生动地描绘了将军率领部下艰苦行军,英勇作战从而取得辉煌胜利的情景。诗中所刻画的善于用兵、智勇双全、不怕艰险、不惧风沙、视死如归的将军,就是王维自身写照。由游侠少年到报国将军,王维丰富了"五陵年少"的内涵,也是自我的期盼。

其次,初入长安的王维四处干谒,寻求举荐,不如意之时难免感慨悲伤。"独在异乡为异客,每逢佳节倍思亲。遥知兄弟登高处,遍插茱萸少一人"①就是其身处繁华帝都孤独凄然生活的形象化描写。而《洛阳女儿行》则是对其处境的诗话写照:

> 洛阳女儿对门居,才可颜容十五余。良人玉勒乘骢马,侍女金盘鲙鲤鱼。
> 画阁朱楼尽相望,红桃绿柳垂檐向。罗帏送上七香车,宝扇迎归九华帐。
> 狂夫富贵在青春,意气骄奢剧季伦。自怜碧玉亲教舞,不惜珊瑚持与人。
> 春窗曙灭九微火,九微片片飞花璅。戏罢曾无理曲时,妆成只是薰香坐。
> 城中相识尽繁华,日夜经过赵李家。谁怜越女颜如玉,贫贱江头自浣纱。②

这首诗,赵殿成《王右丞集笺注》未注明创作地点;陈铁民《王维集校注》云"疑作者时在洛阳"③,陈铁民《王维年谱》"开元六年"条下云:"考玄宗于开元五年二月至六年十月居洛阳,因此维游洛阳之具体时间,大抵亦当在此期限之内。"④陈先生之说值得商榷。笔者斗胆推测,大概陈先生看到"洛阳女儿行"诗题,又联想到王维有洛阳之行,玄宗又有行幸洛阳之举,故而称此诗作于洛阳。王维《哭祖六自虚》回忆其与祖自虚友谊时云"花时金谷饮,月夜竹林眠"⑤,因金谷在今河南省洛阳市西,故称王维有洛阳之游。《哭祖六自虚》题下有注"时年十八",陈铁民先生认为开元六年(718)王维十八岁,在洛阳;张清华《王维年谱》认为开元五年(717)王维十八岁,在洛阳。二说均误。王维《哭祖六自虚》明言"本家清渭曲,归葬旧茔边"⑥,祖自虚卒、葬均在长安,即就是二人以前同游洛阳,不一定在本年。尤为注意的是此诗中的"金谷"是用典,是指如石崇金谷园一样富庶的豪华园林,唐诗中诸如"日斜

---

① 王维:《九月九日忆山东兄弟》,陈铁民校注:《王维集校注》,北京:中华书局1997年版,第3页。

② 王维撰,陈铁民校注:《王维集校注》,北京:中华书局1997年版,第4—5页。

③ 王维撰,陈铁民校注:《王维集校注》,北京:中华书局1997年版,第4页。

④ 陈铁民:《王维年谱》,陈铁民校注《王维集校注》,北京:中华书局1997年版,第1326页。

⑤ 王维撰,陈铁民校注:《王维集校注》,北京:中华书局1997年版,第8页。

⑥ 王维撰,陈铁民校注:《王维集校注》,北京:中华书局1997年版,第7页。

青琐第,尘飞金谷苑"①"瑶轩金谷上春时,玉童仙女无见期"②"金谷园中莺乱飞,铜驼陌上好风吹"③等均如是观,而非实指其地。玄宗巡幸洛阳,《资治通鉴》有载,然此时王维尚未入仕,没有资格扈从,而且目前未发现有王维至洛阳的文献记载。因此,王维《洛阳女儿行》作于洛阳之说恐难令人信服。

王维《洛阳女儿行》是拟古之作,其诗本身没有提供任何有关创作地点的线索。细绎王维诗意,实是模仿萧衍《河中之水歌》:

> 河中之水向东流,洛阳女儿名莫愁。莫愁十三能织绮,十四采桑南陌头。
> 十五嫁为卢郎妇,十六生儿字阿侯。卢家兰室桂为梁,中有郁金苏合香。
> 头上金钗十二行,足下丝履五文章。珊瑚挂镜烂生光,平头奴子擎履箱。
> 人生富贵何所望,恨不早嫁东家王。④

萧衍这首诗综合了《孔雀东南飞》"十三能织素,十四学裁衣,十五弹箜篌,十六诵诗书,十七为君妇"⑤以及《相逢行》《长安有狭斜行》等乐府诗极力铺叙豪贵之状的手法,借助于汉魏六朝诗歌中频频出现的"莫愁"这一美女姓名,着力渲染了一位"人生富贵何所望"的洛阳佳丽。全诗十四句,前十二句铺叙其生活环境之无比优裕,感叹人生富贵,至此无以复加。然而就在读者可能产生错觉误解之时,诗笔突然急转,一句"恨不嫁与东家王"点明题旨。萧衍生活的时期,洛阳是北朝领地,故此诗与地名洛阳无涉。萧衍之后,"洛阳女儿"成为诗歌中的一个意象,唐人多有创作,如"洛阳女儿惜颜色,行逢落花长叹息"⑥"洛阳芳树向春开,洛阳女儿平旦来"⑦"洛阳女儿面似花,河南大尹头如雪"⑧"洛阳女儿在青阁,二月罗衣轻更薄"⑨等,王维《洛阳女儿行》亦是如此。

王维《洛阳女儿行》作于长安,是对其早年入长安生活的形象化反映。全诗二十句,前十八句极力铺陈洛阳女儿出身骄贵和衣食住行的豪富奢侈,丈夫行为之骄奢放荡,以及他们交往尽是贵戚。最后二句描绘美颜如玉的越国女子西施,在她未遇之时,身处贫贱地位,只好在江边漂洗罗纱。全诗描写了两种人物形象,一

---

① 虞世南:《门有车马客行》,彭定求等:《全唐诗》,北京:中华书局 1960 年版,第 245 页。
② 王勃:《江南弄》,彭定求等:《全唐诗》,北京:中华书局 1960 年版,第 276 页。
③ 刘禹锡:《杨柳枝》,彭定求等:《全唐诗》,北京:中华书局 1960 年版,第 398 页。
④ 萧衍:《河中之水歌》,郭茂倩:《乐府诗集》,北京:中华书局 1979 年版,第 1024 页。
⑤ 郭茂倩:《乐府诗集》,北京:中华书局 1979 年版,第 1034 页。
⑥ 刘希夷:《白头吟》,彭定求等:《全唐诗》,北京:中华书局 1960 年版,第 247 页。
⑦ 吴少微:《古意》,彭定求等:《全唐诗》,北京:中华书局 1960 年版,第 1013 页。
⑧ 白居易:《劝我酒》,彭定求等:《全唐诗》,北京:中华书局 1960 年版,第 4981 页。
⑨ 李德裕:《鸳鸯篇》,彭定求等:《全唐诗》,北京:中华书局 1960 年版,第 5398 页。

贵一贱,一奢靡一穷困,各成独立的画面,却又相反相成地统一于全诗中。前一部分以繁笔铺张扬厉,穷形尽相;后一部分以简笔淡然点染,意到即止。"洛阳女儿"是长安达官贵人的缩影,越女西施是作者自况,抒写了自己怀才不遇,充满感愤不平之气。

再次,王维为了寻求达官贵人的举荐,经常出入亲王府邸,写下了许多反映长安上层社会生活的诗篇,《从岐王过杨氏别业应教》《从岐王夜宴卫家山池应教》《敕借岐王九成宫避暑应教》《息夫人》等就是此类作品。《息夫人》因使事用典,叙事与抒情结合,表达委婉含蓄,颇具味外之旨而受学人赞誉外,其他三篇很少受人关注。今试以《从岐王夜宴卫家山池应教》为例,探究这类诗歌的价值:

> 座客香貂满,宫娃绮幔张。涧花轻粉色,山月少灯光。
> 积翠纱窗暗,飞泉绣户凉。还将歌舞出,归路莫愁长。①

这是王维侍奉岐王李范参加一次盛大宴会而创作的诗篇。卫家山池,不明所指,以诗意忖度之,应为达官显贵之庄园。首二句写宴会之盛。香貂,指金蝉貂尾冠饰,唐代中书令、侍中、散骑常侍均着金蝉貂尾冠。"香貂满"言参加宴会者均为高官显贵。宫娃,指侍宴之宫女。这二句通过"香貂满""绮幔张"二个细节,凸显宴会规格之高、场面之宏大;中间四句写卫家山池景色之幽。粉色的花,素月流天,积翠如云,飞泉落于檐间,一切是那么的幽静美好;后二句写与宴者心情之美。珠歌翠舞,迤逦旖旎,使人乐而忘忧,不用担心归途之遥远。全诗虽为应教之作,然"涧花轻粉色,山月少灯光。积翠纱窗暗,飞泉绣户凉"四句写景如画,并暗示其心情,颇有"热闹是他们的,我什么也没有"的韵味。此外,《从岐王过杨氏别业应教》"兴阑啼鸟换,坐久落花多。径转回银烛,林开散玉珂"②四句,以"啼鸟换""落花多"二个细节写时间之久,用"回银烛""散玉珂"来写夜游行程,自然入妙,令人叹为观止。《敕借岐王九成宫避暑应教》"隔窗云雾生衣上,卷幔山泉入镜中。林下水声喧语笑,岩间树色隐房栊"③四句写宫殿之高,风景之秀,岁不言人,而人似在画中,颇受后人赞誉,"右丞诗中有画,如此一诗,更不道李将军仙山楼阁也。'衣上'字、'镜中'字、'喧笑'字,更画出景中人来,犹非俗笔所办"④。

第四,初入长安的王维结识了许多新朋友,有多篇抒写友谊之篇什。《题友人

---

① 王维撰、陈铁民校注:《王维集校注》,北京:中华书局1997年版,第24页。
② 王维撰、陈铁民校注:《王维集校注》,北京:中华书局1997年版,第22页。
③ 王维撰、陈铁民校注:《王维集校注》,北京:中华书局1997年版,第25页。
④ 黄生、朱之荆:《增订唐诗摘抄》,乾隆十五年南屏草堂刊。

云母障子》赞叹屏风上的山泉画栩栩如生,"自有山泉入,非因采画来"①,言在此而意在彼,以此来拉近朋友间的距离。《送綦毋潜落第还乡》以"既至君门远,孰云吾道非"安慰落第者,以"圣代无隐者,英灵尽来归""吾谋适不用,勿谓知音稀"②鼓励友人綦毋潜来年再考,反复曲折,使落第者无怨悔之意,可谓善劝解人意者。这类诗歌中,尤以《哭祖六自虚》写得最好:

> 否极当闻泰,嗟君独不然。悯凶才稚齿,赢疾主中年。余力文章秀,生知礼乐全。翰留天帐览,词入帝宫传。国讶终军少,人知贾谊贤。公卿尽虚左,朋识共推先。不恨依穷辙,终期济巨川。才雄望羔雁,寿促背貂蝉。福善闻前录,歼良昧上玄。何辜铩鸾翮,底事碎龙泉。鹏起长沙赋,麟终曲阜编。域中君道广,海内我情偏。乍失疑犹见,沉思悟绝缘。生前不忍别,死后向谁宣?为此情难尽,弥令忆更缠。本家清渭曲,归葬旧茔边。永去长安道,徒闻京兆阡。旌车出郊甸,乡国隐云天。定作无期别,宁同旧日旋?候门家属苦,行路国人怜。送客哀难进,征途泥复前。赠言为挽曲,莫席是离筵。念昔同携手,风期不暂捐。南山俱隐逸,东洛类神仙。未省音容间,那堪生死迁!花时金谷饮,月夜竹林眠。满地传都赋,倾朝看药船。群公咸属目,微物敢齐肩?谬合同人旨,而将玉树连。不期先挂剑,长恐后施鞭。为善吾无矣,知音子绝焉。琴声纵不没,终亦继悲弦!③

祖自虚,不知何许人,生平事迹不详,是王维赴长安后结识的好朋友。"念昔同携手,风期不暂捐。南山俱隐逸,东洛类神仙""花时金谷饮,月夜竹林眠"几句写二人交往:二人一同出游,一起隐居,一道参与名公巨卿的宴会,一起月夜竹林夜话,友谊可谓深厚之至。祖自虚才华横溢,像终军、贾谊那样年少超群,"公卿尽虚左,朋识共推先""群公咸属目,微物敢齐肩"四句极度渲染其才华盖世。对于祖自虚之卒,王维用了孔子西狩获麟的典故,足见二人友谊之深挚。对于祖自虚之逝,作者悲痛万分,"乍失疑犹见,沉思悟绝缘。生前不忍别,死后向谁宣?为此情难尽,弥令忆更缠",思念之切,以至于精神恍惚,仿佛挚友死而复生。祖自虚何人?为何王维评判如此之高?对于其殒命如此之悲痛?"才雄望羔雁,寿促背貂蝉"二句诗为我们揭晓谜底,大约祖自虚才高八斗,然却命运不济,英年早夭。王维博览群书,满腹经纶,诗才清婉,却难以谋取仕宦。伤祖自虚,实为自伤,大抵此诗作于王维进士

---

① 王维撰,陈铁民校注:《王维集校注》,北京:中华书局1997年版,第2页。
② 王维撰,陈铁民校注:《王维集校注》,北京:中华书局1997年版,第27页。
③ 王维撰,陈铁民校注:《王维集校注》,北京:中华书局1997年版,第7—8页。

及第之前。

第五，凭吊历史遗迹，抒发怀古之幽情。关中历史悠久，可以追溯至 6000 多年前的半坡氏族文明、炎黄二帝远古文明、夏商文明。自西周定都镐京之后，秦、汉均定都长安，可谓是人文之渊薮。初入长安的王维利用闲暇之机，四处游玩，借此抒怀。《过秦皇墓》讽刺秦王嬴政厚葬之风，前已述及。《李陵咏》则是另一首优秀篇什，惋惜李陵忍辱负重。

关于《李陵咏》写作背景，赵殿成《王右丞集笺注》、陈铁民校注《王维集校注》均未言明。或谓读史有感而发，十九岁的王维始读《汉书》，似与其学问广博不相类。即就是王维此时读《汉书》，是什么诱因促使他写下与李陵有关的诗歌？笔者揣测，王维经过苏武墓而创作此诗。苏武墓，在今陕西省武功县，唐代开元年间为雍州所辖，距离长安不足一百公里。苏武出使匈奴为其所扣留，在北海杖汉节牧羊，十九年后返回汉朝，为后世所敬仰。李陵兵败投降匈奴，曾受单于之命到北海劝降苏武。在中国人的传统观念中，苏武与李陵，一个义士，一个叛将；一个受后人敬慕，一个受后世唾骂，唐人往往将其二人对举书写，如"轻猛李陵心，摧残苏武节"[1]"李陵没胡沙，苏武还汉家"[2]等。到达苏武墓的王维，自然而然会想起李陵。或许有人会质疑，在苏武墓前，理应创作《苏武咏》，为何却写下了《李陵咏》？个中缘由极为简单，苏武形象已为后人所认可，而李陵评价却聚讼难决，只有写《李陵咏》，方能显现王维的才气、识见、胆识。

《李陵咏》是一首五言古体诗：

> 汉家李将军，三代将门子。结发有奇策，少年成壮士。
> 长驱塞上儿，深入单于垒。旌旗列相向，箫鼓悲何已！
> 日暮沙漠陲，战声烟尘里。将令骄虏灭，岂独名王侍？
> 既失大军援，遂婴穿庐耻。少小蒙汉恩，何堪坐思此！
> 深衷欲有报，投躯未能死。引领望子卿，非君谁相理？[3]

李陵投降匈奴，在西汉引起轩然大波，唯有司马迁为之辩解，"彼观其意，且欲得其当而报于汉"[4]。王维《李陵咏》就是依照司马迁之意替李陵辩诬。全诗二十句，前四句写李陵"三代将门子"的出身，军事谋略，以及为人意气豪壮而勇敢，为下文张目；中间十句写李陵出征匈奴的过程，着重描写他对敌作战的勇敢精神，表现

---

① 贯休：《战城南二首》之二，彭定求等：《全唐诗》，北京：中华书局 1960 年版，第 167 页。

② 李白：《千里思》，彭定求等：《全唐诗》，北京：中华书局 1960 年版，第 341 页。

③ 王维撰，陈铁民校注：《王维集校注》，北京：中华书局 1997 年版，第 14 页。

④ 司马迁：《报任安书》，严可均：《全上古三代秦汉三国六朝文》，北京：中华书局 1958 年版，第 272 页。

他对汉室的忠心。"遂婴穿庐耻"写出了一代名将无奈与内心深处灵魂的呐喊！后六句写李陵不愿意降敌的深衷——"蒙汉恩"，以及内心的冤屈与无助。从整体上看，这首诗主要抒写李陵忍辱负重，惟盼有人知情，为之申辩。笔者以为，这种情绪是王维第一次遭贬时内心的写照。

王维进士及第后任太乐丞，不久被贬济州司仓参军。个中原因，两《唐书》未载，《集异记》云："及为太乐丞，为伶人舞黄师子，坐出官。黄师子者，非一人不舞也。"①后人在《旧唐书·刘子玄传》发现了条线索："(开元)九年，长子贶为太乐令，犯事配流。"②进而得出开元九年(721)，王维与刘贶一起因"舞黄师子"而被贬，陈铁民《王维年谱》、张清华《王维年谱》均持这种观点。陈贻焮先生进而补充道："五方师子舞……五方色系东方青色、南方赤色、中央黄色、西方白色、北方黑色，五方师子即配以此五色。伶人所舞黄师子，只是其中之一。王维或以为不逾制，不冀竟以此获罪。"③以上诸说均值得商榷。刘贶开元九年(721)被贬于史有载，王维同时被贬于史无证；太乐署的长官是太乐令，排练乐舞均由其主持，史书中就有"使太乐令刘瑶教习(估客乐)"④"使太乐令彭隽贲曲项琵琶就帝饮"⑤的记载。太乐丞王维仅是太乐署的副官，无权决定排练舞蹈。事实上，唐代太乐丞是闲职，"时太乐署史焦革家善酿，(王)绩求为丞……自是太乐丞为清职。追述革酒法为经，又采杜康、仪狄以来善酒者为谱"⑥。由此可知，太乐丞是清闲、体面的官职，无有实权，故王维不可能因"舞黄师子"而被贬。尤为重要的是刘贶也不是因"舞黄师子"而被贬，"开元初，(刘子玄)迁左散骑常侍。尝议《孝经》郑氏学非康成注，举十二条佐证其谬，当以古文为正；《易》无子夏传，《老子》书无河上公注，请存王弼学。宰相宋璟等不然其论，奏与诸儒质辩。博士司马贞等阿意，共黜其言，请二家兼行，惟子夏《易传》请罢。诏可。会子贶为太乐令，抵罪，子玄请于执政，玄宗怒，贬安州别驾"⑦。刘子玄即刘知几，是唐代著名的史学家，他继承了孔子、司马迁以来的优良史学传统和扬雄、桓谭、王充以来的批判哲学的战斗风格，反对经学笺注，主张不假师训，惹怒了当权派。宰相宋璟指使博士司马贞等批判刘子玄思想，并将其子刘贶从太乐令贬谪以抵父罪。刘子玄不服，上诉至玄宗，玄宗怒贬其为安州别驾，死于任所。原来刘贶之贬竟是文字狱！因此，学术界一直以来所持王维与刘贶一同因"舞黄师子"而被贬竟是乌龙！

---

① 薛用弱：《集异记》，北京：中华书局1980年版，第11页。
② 《旧唐书》卷一百零二《刘子玄传》，北京：中华书局1975年版，第3173页。
③ 陈贻焮：《王维生平事迹初探》，《文学遗产增刊》第六辑，北京：作家出版社1958年版，第120页。
④ 《旧唐书》卷二十九《音乐志二》，北京：中华书局1975年版，第1067页。
⑤ 《旧唐书》卷二十九《音乐志二》，北京：中华书局1975年版，第1077页。
⑥ 《新唐书》卷一百九十六《隐逸传》，北京：中华书局1975年版，第5595页。
⑦ 《新唐书》卷一百三十二《刘子玄传》，北京：中华书局1975年版，第4522页。

不管何种原因,王维确实是被贬济州司仓参军,其内心是极为痛苦的。《被出济州》就是此时心理写照:"微官易得罪,谪去济川阴。执政方持法,明君照此心。闾阎河润上,井邑海云深。纵有归来日,多愁年鬓侵。"①这首诗一题为《初出济州别城中故人》,显系王维获罪离开长安之时所写,"微官易得罪,谪去济川阴"二句就表现了作者被贬谪的怨愤之情。故而在《李陵咏》中借李陵忍辱负重来宣泄自己年少被贬的悲愤之情。

王维的诗歌,特别以后期所创作的宁静幽洁、清新秀美的田园诗而为后人所称道。王维初入长安时间较短,所写作的诗歌数量不丰,但也极具风格特征。

隶事用典是此时期王维诗歌最主要的艺术特点。王维诗以用典见长,据不完全统计,王维现存 376 首诗中用了 700 多个典故。王维后期诗歌做到了使用典故而让读者不觉的境地,典故与诗意融合一体,浑化无迹。王维初入长安的诗歌用典颇多,使其风格极为典雅。如《哭祖六自虚》一诗用典超过了 10 个,"国讶终军少,人知贾谊贤""不恨依穷辙,终期济巨川""鹏起长沙赋,麟终曲阜编""花时金谷饮,月夜竹林眠""满地传都赋,倾朝看药船""不期先挂剑,长恐后施鞭"②几句基本上是句句用典,使诗歌语言精练,增加内容的丰富性,增强表达的生动性和含蓄性,收到言简意丰、耐人寻味的效果,显示了少年王维的学问广博精深。王维也有诗歌用典不成功的范例,如《赋得清如玉壶冰》:

藏冰玉壶里,冰水类方诸。未共销丹日,还同照绮疏。
抱明中不隐,含净外疑虚。气似庭霜积,光言砌月余。
晓凌飞鹊镜,宵映聚萤书。若向夫君比,清心尚不如。③

此诗是王维应京兆府试所作,试题所用典故源于鲍照"直如青丝绳,清如玉壶冰"④,言人品行之高洁。王维此诗描绘玉壶之冰,并引申出对素冰清高坚贞气节的倾慕,可谓是对鲍照诗意的延伸,显得局促,境界不够开阔。王维此诗与《全唐诗》中所收录的王季友《玉壶冰》、潘炎《清如玉壶冰》、卢纶《清如玉壶冰》、李程《玉壶冰》、钱众仲《玉壶冰》等诗似乎无高下之别,与"离心何以赠,自有玉壶冰"⑤"洛阳亲友如相问,一片冰心在玉壶"⑥等诗以玉壶冰喻友谊略逊一筹。

① 王维撰、陈铁民校注:《王维集校注》,北京:中华书局 1997 年版,第 37 页。
② 王维撰、陈铁民校注:《王维集校注》,北京:中华书局 1997 年版,第 7—8 页。
③ 王维撰、陈铁民校注:《王维集校注》,北京:中华书局 1997 年版,第 19 页。
④ 鲍照著、钱仲联增补集校《鲍参军集注》,上海:上海古籍出版社 1980 年版,第 156 页。
⑤ 骆宾王:《别李峤得胜字》,彭定求等:《全唐诗》,北京:中华书局 1960 年版,第 845 页。
⑥ 王昌龄:《芙蓉楼送辛渐二首》之一,彭定求等:《全唐诗》,北京:中华书局 1960 年版,第 1448 页。

王维诗歌以写景见长,特别是后期诗歌描写自然景色,我即是景,景即是我,达到人境合一的境界,创造出一种空灵、冲淡的意境美,颇受学人赞誉,"观摩诘之画,画中有诗。味摩诘之诗,诗中有画"(苏轼《题蓝田烟雨图》)就是最好的评价。王维初入长安的诗歌在写景方面也颇有特色,如"画阁朱楼尽相望,红桃绿柳垂檐向"①"涧花轻粉色,山月少灯光"②"林下水声喧语笑,岩间树色隐房栊"③"远树带行客,孤村当落晖"④"闾阎河润上,井邑海云深"⑤等诗句色彩绚丽,绘景如画,展现了王维较高的写景技巧。尤其是《桃源行》更是体现了王维较高的写景艺术:

> 渔舟逐水爱山春,两岸桃花夹去津。坐看红树不知远,行尽青溪不见人。山口潜行始隈隩,山开旷望旋平陆。遥看一处攒云树,近入千家散花竹。樵客初传汉姓名,居人未改秦衣服。居人共住武陵源,还从物外起田园。月明松下房栊静,日出云中鸡犬喧。惊闻俗客争来集,竞引还家问都邑。平明闾巷扫花开,薄暮渔樵乘水入。初因避地去人间,及至成仙遂不还。峡里谁知有人事,世中遥望空云山。不疑灵境难闻见,尘心未尽思乡县。出洞无论隔山水,辞家终拟长游衍。自谓经过旧不迷,安知峰壑今来变。当时只记入山深,青溪几度到云林。春来遍是桃花水,不辨仙源何处寻。⑥

这首诗是王维根据陶渊明《桃花源记》创作的一首诗歌,集中展现王维较高的绘景艺术。北宋韩拙曾云"郭氏曰:'山有三远:自山下而仰山上,背后有淡山者,谓之高远。自山前而窥山后者,谓之深远。自近山边低坦之山,谓之平远。'愚又论三远者:有近岸广水,旷阔遥山者,谓之阔远。有烟雾暝漠,野水隔而仿佛不见者,谓之迷远。景物至绝而微茫缥缈者,谓之幽远。"⑦郭熙《林泉高致》在山水取景构图上提出"高远""深远""平远",韩拙《山水纯全集》在此基础上再提出"阔远""迷远""幽远",合称"六远"。王维这首诗正是从"六远"来绘景。远处高大的树木像是攒聚在蓝天白云里,近处满眼则是遍生于千家的繁花、茂竹。月光,松影,房栊沉寂,桃源之夜一片静谧;太阳,云彩,鸡鸣犬吠,桃源之晨一片喧闹。两幅画面,各具情趣。夜景全是静物,晨景全取动态,充满着诗情画意,表现出王维独特的

① 王维:《洛阳女儿行》,陈铁民校注:《王维集校注》,北京:中华书局1997年版,第4页。
② 王维:《从岐王夜宴卫家山池应教》,陈铁民校注:《王维集校注》,北京:中华书局1997年版,第24页。
③ 王维:《敕借岐王九成宫避暑应教》,陈铁民校注:《王维集校注》,北京:中华书局1997年版,第25页。
④ 王维:《送綦毋潜落第还乡》,陈铁民校注:《王维集校注》,北京:中华书局1997年版,第27页。
⑤ 王维:《初出济州》,陈铁民校注:《王维集校注》,北京:中华书局1997年版,第37页。
⑥ 王维撰,陈铁民校注:《王维集校注》,北京:中华书局1997年版,第16—17页。
⑦ 韩拙:《山水纯全集》,北京:商务印书馆2014年版,第52页。

艺术风格。

　　王维以清新淡远,自然脱俗的风格,创造出一种"诗中有画,画中有诗""诗中有禅"的意境,在盛唐诗坛独树一帜。相比于晚年空灵隽永的诗风而言,王维早年长安诗作显得生涩许多,特别是隶事用典显示了少年王维的博学多识,符合年轻人的性格特征。

　　　　　　　　　　　　　　　　　　　(作者单位:陕西师范大学文学院)

王维的地方经历与诗歌新变

高雪莉　曾智安

　　王维作为盛唐京城诗人的代表,他一生居住在长安近四十年,在长安城中亦以才学闻名,《旧唐书》载:"维以诗名盛于开元、天宝间,昆仲宦游两都,凡诸王驸马豪右贵势之门,无不拂席迎之,宁王、薛王待之如师友。"①但是,通过考察王维一生的行迹,除了主要活动的两京地区,还包括四次宦游。即东贬济州,西使河西,南下岭南,北上榆林,几经游转,就度过大半生的时光。②

　　值得注意的是,这些经历的地域跨度极大,而且全部集中在他的前半生,总共近十年左右。地方经历给他带来了新的视野和感知,从而影响了他的思想观念以及诗歌创作。从强势文化区的京城贬谪到弱势文化区的济州,带来了社交群体的重构和内心情感的治愈与叛逆,诗歌转向个人化抒写。两次出使边塞,他用乐府歌诗唱出现实的边塞图景。南下岭南,送别诗高度模式化的写作,展现出对官场的麻木,与禅宗的交往是他建构精神世界、求解人生困惑的一条出路。如此丰富的经历,在他的诗歌中,都可以找到踪迹,并且对他全能型知识结构的建构具有重要影响。

一、内心的求索:从京城到济州、淇上地区

　　从京城贬到济州是王维仕途生涯一次大的挫折。王维进士及第不久,就以出色的音乐才能担任太乐丞,留在了京城,可刚上任,就因业务纰漏,被贬为济州司仓参军。《太平广记》记载:"(王维)及为太乐丞,为伶人舞黄狮子,坐出官。黄狮子者,非一人不舞也。"③虽然两官职同为从八品下,但是司仓参军的职责是"掌公廨、

---

① (后晋)刘昫等撰:《旧唐书》,北京:中华书局1975年版,第5052页。
② 这四条线路是:京城—济州、淇上地区,京城—河西武威地区,京城—黔中—润州地区,京城—榆林、新秦郡地区。此外,王维还有一次闲居时入蜀的经历,陈铁民《王维年谱》中认为他游蜀的具体时间由于材料缺乏,已经难以考证,只能推测大致是在开元二十一年以前闲居长安的数年内。学界亦普遍采用此观点。
③ (宋)李昉编:《太平广记》,北京:中华书局1961年版,第1332页。

度量、庖厨、仓库、租赋、征收、田园、市肆之事"①。总体来说就是和计算收纳有关，并且这个官职的升迁前景也并不乐观，曾有"入判司为饿鬼道"②的说法。后来玄宗东封泰山下令大赦，王维恰好秩满，可离开济州又分到了淇上任职，这依然是一个地方官职。青年的王维，对仕途满怀着憧憬，在梦刚要开始的时候，就被贬远走他乡。

从京城到济州和淇上任职的近八年时间，正处于二十至三十岁这一阶段，理应是最年轻气盛的黄金时期，可王维的生活圈子、心情和诗歌创作都发生了新变，有些甚至影响了他的一生。

(一) 社交群体的重构

王维十五岁就去两都谋求仕进，他在诸王驸马豪右贵势之门中交游往来，以其自身的诗歌才华受到贵族的青睐，是当时京城的红人。这一时期的创作受到宫廷文化的熏染，多为宴饮和歌诗。可好景不长，身份的巨大转变，导致圈子也随之变换。王维在贬谪之所接触的人群多是下层官员、底层百姓、隐者道士和自己的友人。在他的诗歌中，交往的人物有田父、村童、渔商、丁三寓、崔录事、成文学、郑霍二山人、济州刺史五郎、赵叟、崇梵僧、东岳焦炼师、友人祖三、游子、老翁、赵仙舟、严秀才。随着交往对象阶层的变化，交往方式也随之改变。王维的诗歌不再是精雕细琢、侍从应教，而是真正回归生活、面向心灵，与友人把酒话桑麻。他把自己置身于大自然中，这广阔的天地充满烟火的气息，可以让他袒露内心的曲折。

在底层百姓身上，王维感受到鲁地的地方风情。首先是"因人见风俗，入境问方言"③他乡之音笼罩而来；还有"田父草际归，村童雨中牧"④田野上劳作的农夫和牧童；"渔商波上客，鸡犬岸旁村"⑤贩卖海鲜的商人络绎不绝。在这里，他还根据地方神女成公知琼的传说创作了《鱼山神女祠歌二首》认同当地百姓对神灵的敬仰。齐鲁大地，孔子之乡，这里的民众好学、懂礼仪、重廉耻。《济州过赵叟家宴》中描写了鲁地一户人家家宴的场景"荷锄修药圃，散帙曝农书。上客摇芳翰，中厨馈野蔬"⑥。鲁地百姓热情好客，爱好不俗，让他感受到朴实的幸福。官居淇上之时，诗中提到"田舍有老翁，垂白衡门里。有时农事闲，斗酒呼邻里。喧聒茅檐下，或坐或复起"⑦。诗人已经不再是令人敬畏的官员，他在和老翁交往的过程中，俨然化为一个乡野村夫的形象，没有任何的阶级属性，可以随意地谈天说地。

---

① （唐）李林甫撰，陈仲夫点校：《唐六典》，北京：中华书局1992年版，第748页。
② （宋）李昉编：《太平广记》，北京：中华书局1961年版，第1939页。
③⑤ 陈铁民：《王维集校注》，北京：中华书局2018年版，第42页。
④ 陈铁民：《王维集校注》，北京：中华书局2018年版，第40页。
⑥ 陈铁民：《王维集校注》，北京：中华书局2018年版，第56页。
⑦ 陈铁民：《王维集校注》，北京：中华书局2018年版，第74页。

与道士和隐者的交往始于这一时期。如果说十九岁时创作的《桃源行》是他对陶渊明建构的桃源隐逸世界的回应,那么这一时期,他与隐逸有了实际意义的接触。吸引王维的主要是隐者的高尚品格、生活的逍遥自在和道士的奇门遁术。在仕途不顺,内心矛盾无法排解之时,隐者对待生命的潇洒态度,他们那种从容不迫,恬淡甚至有些狂狷的风姿都令王维痴迷。通过对他们的认同,来实现自己痛苦的救赎,仿佛自己也有了某种"形而上"的追求。在诗歌中,王维还表现出对道士们特异功能的新奇。他们可以玉管来凤,铜盘钓鱼,还能知千里之事,掌握着跳壶、遁地等奇门招数。这极大地拓宽了诗人的眼界和想象力。

日常生活中不再是和贵族交游往来,常常是闭门独处。他形容自己的处境是"高馆阒无人,离居不可道。闲门寂已闭,落日照秋草。虽有近音信,千里阻河关"①,可谓是地处偏乡,离群索居。在寂寞的生活中,旧朋友祖三的到访,勾起了曾经美好的记忆,令他看到的积雪都带有"余辉"。这感情是温馨的,却又难掩惆怅的底色。

可见,因为人具有社会属性,王维从都城强势文化区转到济州弱势文化区这一过程中,最重要的是人际关系、社交群体的变化。京城的繁华和复杂的人际都与自己渐行渐远,在这里他接触的多是底层人民和僧道,无需为了仕进游走逢迎,故时常闭门独居,转向个人内心世界的探索。

(二) 心情的叛逆与治愈

在济州、淇上的近八年间,王维都在消化心中的不得志。他经历了伤心、逃避、积极探寻还有叛逆迷茫的心理历程,并逐渐显露出自己亦官亦隐的人生考量。许多诗人都是在被贬的过程中,迎来了自己的创作高潮。这一过程中形成的诗歌在内容、风格、情感上的变化,有的是影响一时的,随着宦游的再次变动会改变。但有的影响却是长久的,它潜藏在诗人的人格底色中。在济州时期,王维触摸着自己的内心,他把个人化的抒写与诗歌技巧结合起来,他的诗歌不再是昂扬高歌,而是具有了内心细腻的体验。

起初,在贬谪的路上他感受到的都是失意与伤心,由此产生了逃离的思想。此次一行,王维就已经预想到未来是"纵有归来日,多愁年鬓侵"②。他在路上看到黄河"间阎河润上,井邑海云深"③"宛洛望不见,秋霖晦平陆"④,都是云雾笼罩,朦胧又昏暗。岸上的万家灯火市井喧闹,虽然近在眼前,却让自己觉得那么陌生又格格不入。孤独是最强烈的心理感受,孤舟、孤帆甚至连山峰也都是孤峰。一叶小舟在寂寥宽广的黄河上漂泊,为的是去偏僻边远的地方寻求微薄的俸禄。于是他产生

---

① 陈铁民:《王维集校注》,北京:中华书局 2018 年版,第 65 页。
②③ 陈铁民:《王维集校注》,北京:中华书局 2018 年版,第 38 页。
④ 陈铁民:《王维集校注》,北京:中华书局 2018 年版,第 40 页。

了"解印归田里"的想法,想效仿贤者"谢病客游梁"。

与隐者和道士的接触,使王维打破窘境,积极探索。唐代隐逸风尚盛行,统治者对隐者的推崇与嘉奖更是推动了唐代的隐逸风尚。盛唐更是注重以隐求士,隐者数量庞大,无论是朝野官员还是庶族布衣,都对隐逸心向往之。李红霞《唐代隐逸风尚与诗歌研究》一文中指出,盛唐士人大都有"置身青山,俯饮白水,饱于道义,然后渴王公大人以希大遇"的经历。他们大多以隐求仕,标榜清高,激扬名节,"但得天子知"以便曲线入仕,这样的隐往往有求"显"的一面。①王维这一阶段的与隐者和道士交往,就带有求"显"的意图。《赠东岳焦炼师》一诗中可以看到王维对隐逸的疑问:

> 先生千岁余,五岳遍曾居。遥识齐侯鼎,新过王母庐。不能师孔墨,何事问长沮?玉管时来凤,铜盘即钓鱼。涑身空里语,明目夜中书。自有还丹术,时论太素初。频蒙露版诏,时降软轮车。山静泉逾响,松高枝转疏。支颐问樵客,世上复何如?②

诗中这两个问句值得注意。这位焦炼士道行很深,在五岳都曾居住过,但是王维认为,炼师不能效法孔墨,热心从政,那为什么还要四处奔走问路?炼师本应循迹山中,不问世事,为何又向樵客打听呢?王维在问炼师的同时也是在询问自己,隐是为了什么。在咏济上四贤时,王维提到四贤的隐有的是因为不得志,有的是不想饮盗泉、息恶阴,这反而体现了他们想要有所作为,以及对高洁品格的追求。此时,王维对隐的向往,一方面是为了消解自己的失意,向隐者寻求人生的经验;另一方面也是在追求自身价值的提升,等待时机,以求赏识和征召。这是一种积极的探索。

长期的苦闷,使得王维的内心又产生一种叛逆心理,尤其是在移官淇上之后,格外明显。如果说贬谪济州,根据秩满制度,他内心对时间还有所预估、有所期盼,但是接下来的铨选,他本以为随从济州刺史裴耀卿抗洪之事能改变仕途现状,但大失所望,他依旧分到了地方任职,这令他对自己的仕宦生涯产生了深深的无助感,陷入了迷茫,甚至叛逆。他把自己划归到布衣与苦寒士之列,对朝野富贵之家给予斥责,曾经他也常出入于这些高门大户,如今就是一个旁观者的角色,"奈何轩冕贵,不与布衣言"③。《偶然作》其五、《寓言二首》都描写了富贵子们过着车乘骊驹,

---

① 李红霞:《唐代隐逸风尚与诗歌研究》,山西师范大学博士学位论文,2002 年。
② 陈铁民:《王维集校注》,北京:中华书局 2018 年版,第 58 页。
③ 陈铁民:《王维集校注》,北京:中华书局 2018 年版,第 48 页。

出入铜龙门,过着斗鸡、射猎、歌舞、宴饮的奢靡生活。"问尔何功德,多承明主恩"①,若要问他们何德何能有什么功绩,恐怕也只是仗着皇帝的宠爱罢了。诗歌中对他们带有了批判和"酸葡萄"的意味。

在理想与现实的迷茫与挣扎中,他在诗歌中设想着自己的多重出路,在这一过程中,渐渐找到了亦官亦隐的人生方向。在官场中,他固然怀有济世鸿业的理想,可他出身低微,"读书三十年,腰下无尺素"②,仕途也不顺利,向皇帝献书却"不报",向贵族干谒又不肯,并且"今人作人多自私"③,官场复杂的交际也让他心有不悦,再加上官供不应求的现状,让他更加认清现实,浇灭着对仕途腾达的期望。长久的失意与官居下僚,也影响了他,在日后求官时也都表现出极谦虚甚至卑微的姿态。可若考虑现实,作为家中长子,上有孤母,"不行无可养,行去百忧新"④,下有兄妹,"小妹日成长,兄弟未有娶。家贫禄既薄,储蓄非有素"⑤,家庭责任感驱使他必须为了生计而奔波。外在与内在的双重压力,让他常有归园田居或隐逸山林卸下这些枷锁,追求"本我"的冲动,可在诗中畅想完自己田舍老翁的生活或是陶渊明式的逍遥时,他又流露出一些负罪感。但无依无助的他只能自己救赎自己。所以,在几种思想的拉扯中,在苦闷地设想了各种情况后,他找到了一种平衡,即"济人然后拂衣去"⑥,既追求薄宦,又要享受自由。不仅如此,他渐渐走出迷茫,还用这种思想劝告友人,如《送权二》中所述"明时当薄宦""河岳共幽寻"⑦。随着心绪的明朗,笔下的景色也从"淼漫连云霞"⑧"天寒远山净,日暮长河急"⑨这种氤氲、寂乱的氛围中转向"白云余故岑"⑩的悠然平和。至此,他的一生都在亦官亦隐⑪中寻找平衡。

综合上述,王维在鲁地为官的这些年,内心经历了苦楚、逃离、积极求索还有叛逆怨愤又明晰的几个过程。纵观其一生,他创作了大量的侍从应和、离别赠答类型的诗歌作品,而真正如此袒露地表达自己内心复杂情感的也大多集中在这一时期。

---

① 陈铁民:《王维集校注》,北京:中华书局 2018 年版,第 48 页。

② 陈铁民:《王维集校注》,北京:中华书局 2018 年版,第 79 页。

③⑥ 陈铁民:《王维集校注》,北京:中华书局 2018 年版,第 83 页。

④ 陈铁民:《王维集校注》,北京:中华书局 2018 年版,第 70 页。

⑤ 陈铁民:《王维集校注》,北京:中华书局 2018 年版,第 75 页。此外,在开元十五年(727),他的二弟王缙才进士及第,当时,王维亦在淇上,他的家里还有几个半大不小的弟弟妹妹。

⑦⑩ 陈铁民:《王维集校注》,北京:中华书局 2018 年版,第 89 页。

⑧ 陈铁民:《王维集校注》,北京:中华书局 2018 年版,第 52 页。

⑨ 陈铁民:《王维集校注》,北京:中华书局 2018 年版,第 81 页。

⑪ 王维的"亦官亦隐"思想,大抵包含两层意思:一是从思想和人生态度方面看,诗人无心仕进,对政治持消极态度;二是从生活方式上说,诗人追求山林隐逸之乐。他经常利用公余闲暇或休假期间游息于辋川,过优游山水、啸傲林泉的生活。(参看陈铁民:《也谈王维与唐人之"亦官亦隐"》,《东南大学学报》,2006 年第 2 期)

如果把这一段经历放到盛唐"吏治与文学之争"的大背景下,贬谪的阅历对他的知识结构的重建产生了积极影响,他可以接触到下层政治的运转,有利于增强政事才能,也更加认清自己的追求。他的诗歌亦摆脱宫廷风气的影响,向着抒发性灵、有所兴寄的方向发展。此外,他还可以潜心读书,寻隐访道解决心中疑惑,这一段时间的蛰伏,都为日后人生的选择与发展打下了基础。

二、纵情长歌:两次出使边塞

边塞是盛唐知识分子们向往和热烈追求的地方。一方面,他们渴望建立奇功,让自己功名传之不朽;另一方面,他们被边塞雄奇壮伟的景色所吸引,被远方豪壮的情调所笼罩。不论是否如愿,边塞总有一种魔力,驱使他们去强烈地追求。王维亦是如此,他一生有两次出使边塞的经历。第一次是开元二十五年(736)夏,奉命出使河西,历时一年。第二次是天宝四载(745),迁侍御史,受制出使新秦、榆林二郡。关于第一次出使河西的原因,孙昌武《佛教与中国文学》中指出:"王维出朝到河西节度使崔希逸处作判官,这是他受到的另一次打击。"①开元二十五年(736),张九龄遭李林甫谗言,罢相被贬,王维亦受此牵连。同年,王维以崔希逸大破吐蕃之事,出使河西,慰劳将士、访查军情。此次离开朝廷虽然有被排挤的不悦,但是前往当时实力最强的边塞节度使幕下,对他来说更是一个机遇。届已中年的王维,经历过仕途坎坷,来到了少年时期向往的边塞。

对边塞的向往和真切的经历,虽然时间不长,却促使王维留下了许多边塞名篇。王维创作与边塞有关的诗歌共29首②,有6首作于出塞前,有13首作于塞上,有10首作于回朝后,均为送友人出塞的送别诗。他的边塞诗内容丰富,情感格调在出塞前和出塞后既有相同也有不同。其中,拟乐府与新题乐府都努力实现歌诗创作的音乐化,这也促进了他诗歌的流传。

(一)"虚拟边塞诗"转变为"现实边塞诗"

曾经对边地的想象,随着脚步的移动,落实到了真实的边地沃土之上,在视觉上拓宽了他的眼界,丰富着诗歌的空间内容。年少时期,由于没有边地经验,王维对边塞的想象是以历史人物为依托,表现出一种英雄情结。他歌咏像李陵、霍去病这样文武双全的战将还有年轻无畏的游侠少年。对于边地的景色描写只有"日暮

---

① 孙昌武:《佛教与中国文学》,上海:上海人民出版社1988年版,第95页。
② 29首分别是:《李陵咏》《燕支行》《少年行四首》《使至塞上》《出塞作》《凉州郊外游望》《凉州赛神》《双黄鹄歌送别》《从军行》《陇西行》《陇头吟》《老将行》《送崔三往密州觐省》《灵云池送从弟》《奉和圣制送不蒙都护兼鸿胪卿归安西应制》《送张判官赴河西》《送赵都督赴代州》《送刘司直赴安西》《送平淡然判官》《送宇文三赴河西充行军司马》《送陆员外》《赠裴旻将军》《送韦评事》《送元二使安西》《榆林郡歌》《新秦郡歌》。

沙漠陲,战声烟尘里"①这样简单的印象。当他踏上征途,跨越关隘,开阔广袤的边地震撼他的感官,印象中的景物以新的方式重新组合,"大漠孤烟直,长河落日圆"②,自然的生动画卷才是最好的取材,他用画家敏锐的艺术感觉,将这美景描绘下来,成为了千古名句。之后他的诗歌还记录下了边塞"笳悲马嘶乱,争渡金河水"③战时的紧张与慌乱;"关山正飞雪,烽戍断无烟"④冬季飞雪时的肃寂;"陇头明月迥临关,陇上行人夜吹笛"⑤浩瀚月夜下的塞外楼关。即使之后再回想起边地,落日、河源、寒山、秋塞、蓬草、飞雁、黄沙、白雪等景象仿佛依然在眼前。王维第二次出使边塞是前往朔方军所在的新秦郡(今陕西神木)和榆林郡,仅存的两首诗全部都提及了松树这一意象,"青青山上松,数里不见今更逢"⑥"山头松柏林,山下泉声伤客心"⑦,新秦郡和榆林郡的大部分都在黄河几字湾内,而且榆林现在有目前世界探明储量最大的煤矿,说明在以前植被茂密,自然生态良好。清道光《神木县志》卷二记载:"县东北杨家城,即古麟州城,相传城外东南约四十步,有松树三株,大可两三人合抱,为唐代旧物,人称神木。"⑧可以看出神木即为松树。这典型景物,自然就进入了王维第二次出使边塞的视野中,并在诗歌中记录下。

"千里不同风,百里不同俗",除了边塞美景,人文风俗也是他第一次出塞经历新的收获。自开元二十五年(737)三月至开元二十六年(738)三月,崔希逸所治理的凉州地区史书上没有记载大的战事,所以这里相对安定,王维也有机会接触边地人民。《凉州郊外游望》就描绘了他所看到的一次"秋社"祭祀:

> 野老才三户,边村少四邻。婆娑依里社,箫鼓赛田神。洒酒浇刍狗,焚香拜木人。女巫纷屡舞,罗袜自生尘。⑨

尽管边地人烟稀少,但是以农为本的百姓依然很重视对土地的祭祀,箫鼓奏乐、凌波起舞、酬神享宴、焚香礼拜一整套仪式井然有序,人民对丰收的企盼和喜悦是那样真挚认真,吸引了王维驻足观看。若站在城楼,眺望塞外,有时可以看到"白

---

① 陈铁民:《王维集校注》,北京:中华书局 2018 年版,第 10 页。
② 陈铁民:《王维集校注》,北京:中华书局 2018 年版,第 146 页。
③ 陈铁民:《王维集校注》,北京:中华书局 2018 年版,第 156 页。
④ 陈铁民:《王维集校注》,北京:中华书局 2018 年版,第 157 页。
⑤ 陈铁民:《王维集校注》,北京:中华书局 2018 年版,第 159 页。
⑥ 陈铁民:《王维集校注》,北京:中华书局 2018 年版,第 270 页。
⑦ 陈铁民:《王维集校注》,北京:中华书局 2018 年版,第 271 页。
⑧ (清)王致云修,朱壎纂,张琛增补:《神木县志》,清道光十一年刻本。
⑨ 陈铁民:《王维集校注》,北京:中华书局 2018 年版,第 152 页。

草连天野火烧"①,匈奴等少数民族在广漠的沙漠上纵横驰骋,在秋日辽阔的平原上弯弓狩猎。而在军队内部,将士们守卫关塞之余,也会举行比武盛会,骑射是他们认为技艺最高超的一项赛事,往往"健儿击鼓吹羌笛"②,擂鼓宣鸣,羌笛高亢,骑射手们争先恐后地去拔得头筹,一派热闹非凡欢快刺激的场面。从边塞风俗诗的发展史来看,自汉代的《乌孙公主歌》《胡笳十八拍》,还有北朝的《敕勒川》之后,唐代高适的《营州歌》、崔颢的《雁门胡人歌》先开描写东北边塞的风俗诗,而王维就是亲临边塞描写西北风俗诗的唐代第一人。可见此次地方经历不仅对王维的诗歌创作产生影响,也对唐代边塞诗发展具有一定意义。此外,结合王维被贬济州时所作的《鱼山神女祠歌二首》《济州过赵叟家宴》等诗,还有塞上时创作的《凉州郊外游望》《出塞作》《凉州赛神》,可以看出,无论是失意还是顺意,他对人民的生活有着天然的亲近感,他总是怀着温情的眼光去关注那带有烟火气的大众,或许这正体现了他内在对真情与自由的难以割舍和向往。

如果说边塞壮阔的景观和人文风俗给王维的诗歌提供了鲜活素材,那么在边塞安稳的大环境下,崔希逸对他才能的认可,保护了他的文化自信,使得他的边塞诗在情感意蕴上呈现雄浑昂扬的风貌。青年时期,他所创作的虚拟边塞诗就是豪迈激昂、意气风发的,如《少年行》就高歌"孰知不向边庭苦,纵死犹闻侠骨香"③的理想,以组诗的形式畅想着游侠少年们集解赴边、杀敌立功、最终云台赐侯的快意人生。随着阅历的增长,他对边塞的情感更加内敛和沉稳,但是依然不变向上的底色。根据诗题下注可知(表1),王维在来到凉州后不久,就受到了崔希逸的赏识,从监察御史征辟为节度判官。节度判官是仅次于副使、司马行军之下的官职。至于何时担任此职,根据宋本中《双黄鹄歌送别》一诗中所提供的信息较难以断定,但参考他这一时期所作的《为崔常侍谢赐物表》《送怀州杜参军赴京选集序》《为崔常侍祭牙门姜将军文》几篇与政治相关的文章,都集中创作于九月至十一月,可以推测在此时王维就已经受到了重用,发挥着他在文学上的才干。仕途上的起色也感染着整个人的心绪。《出塞》为横吹曲题,刘咏《堂阳亭子诗序》载:"李尚书镇山南,夜间长笛之音,……发龙吟之韵,奏出塞之悲,闺思乡情,莫不凄切。"④其音乐悲凉,历代拟作中既有言边战苦辛,亦有发豪言壮语者,而王维此篇在末尾写到"护羌校尉朝乘障,破虏将军夜渡辽。玉勒角弓珠勒马,汉家将赐霍嫖姚"⑤,夸耀了守边将士恪守疆场、驰骋边塞的英勇并极言他们功成归来的奖赏。同样,在《陇西行》中只渲染了作战紧张的氛围,并未描写残酷的一面;《老将行》虽提及老将并未得到相

---

① ⑤ 陈铁民:《王维集校注》,北京:中华书局 2018 年版,第 149 页。

② 陈铁民:《王维集校注》,北京:中华书局 2018 年版,第 153 页。

③ 陈铁民:《王维集校注》,北京:中华书局 2018 年版,第 35 页。

④ 李时人编校,何满子审定,詹绪左覆校:《全唐五代小说·舞娥异》,北京:中华书局 2014 年版,第 4133 页。

应封赏,但是在大敌面前亦表现的老当益壮、气概凌然;在送别崔三省亲时,还叮嘱他"鲁连功未报,且莫蹈沧州"①,《从军行》末尾"尽系名王颈,归来报天子"②等,多处都表现了他追求功名的心志。当然,情感细腻的他也会在月夜下对长久戍边的老将感到同情,也会在看到别人回家探亲时心生乡愁,但是这都属于私人情感的感触,并不影响他对戍边效力这整件事的看法。

表 1　重要版本的题下注

版本 诗题	宋蜀本	元刊须溪先生校本 (以南宋麻沙本 为底本)	明顾起经编 奇字齐本	清赵殿成校注本 (同陈铁民校注本)
《凉州赛神》	无	无	刘校本注:时为节度判官。在凉州作	时为节度判官。在凉州作
《双黄鹄歌送别》	时为节度判官。在凉州作	时为节度判官。在凉州作	刘校本注:时为节度判官。在凉州作	时为节度判官。在凉州作
《出塞作》	时为监察塞上作	时为监察塞上作	《文苑英华》、刘校本并题云:出塞时为监察,使塞上作	时为御史。监察塞上作

(二) 音乐、政治的交融与乐府歌诗的创作

边镇独特的政治环境以及使主的赏识,既为王维音乐才华的展现提供了自由舞台,也增加了他乐府诗创作的主动性。王维对音乐可以说是很精通,如《旧唐书·王维传》载:"人有得奏乐图,不知其名,维视之曰:'霓裳第三叠第一拍也。'好事者集乐工按之,一无差,咸服其精思。"③并且,他的诗歌也有很多可以配乐演唱,胡震亨《唐音癸签》云:

> 唐人诗谱入乐者,初、盛王维为多,中、晚李益、白居易为多。④

唐代宗也提及"卿之伯氏,天宝中诗名冠代,朕尝于诸王座闻其乐章"⑤,尽管王维在开元中作的百千余篇诗歌大都散失了,但是仅从现存诗歌的比例中可以看出,他的乐府歌诗创作主要集中在两个时期,一是进士及第前,他以音乐文学才华

---

① 陈铁民:《王维集校注》,北京:中华书局 2018 年版,第 168 页。
② 陈铁民:《王维集校注》,北京:中华书局 2018 年版,第 156 页。
③ (后晋)刘昫等撰:《旧唐书》,北京:中华书局 1975 年版,第 5052 页。
④ (明)胡震亨:《唐音癸签》,上海:上海古籍出版社 1981 年版,第 275 页。
⑤ (后晋)刘昫等撰:《旧唐书》,北京:中华书局 1975 年版,第 5053 页。

成为王公贵族的座上宾；二是出使边塞期间。①这背后体现着王维对仕途的争取。陈铁民据《新唐书·李林甫传》的记载还有当时官员的经历指出，自边帅入相者，十三人中有九人都是科举出身，并且边帅一旦入相，其僚属高迁的机会也会大增。②河西节度使是当时实力最强的节度使，前不久还取得了大胜，所以成为其麾下僚佐升迁的概率也很大。而对于入幕后的文士进身的门径主要有二，一是立军功，二是受到边帅的赏识、提拔和举荐。对于王维来讲，如此绝妙的机遇为何不抓住呢？况且崔希逸和王维都曾在裴耀卿手下工作过，崔希逸之前也担任过监察御史这一职务，两人之间有着一些人情关联，心理上也会拉近距离。崔希逸也确实认可王维，于公让王维写作呈递皇帝的赐物表、祭祀牙门姜将军的悼文；于私让他给自己的女儿、妻子的亡父写赞佛文、变画赞，多方面都有交往。在塞外军中的生活想必多是艰苦枯燥的，而官员们的迎来送往、交际应酬也是生活中不可缺少的，还稍许带有欢愉的一部分，军队也常配备相应的营妓来供官僚公私享乐。乐府诗因其具有音乐性，会用于宴饮集会等公开场合，使得它具有一定社会交际性质，文人亦可通过乐工传唱自己的歌诗而扩大影响力。边塞与爱情和盛唐人的浪漫情怀紧紧相关，既能彰显作者自己的志趣，又符合观众的喜好。所以，刺激王维创作了大量乐府体边塞诗。

不仅如此，他还采用近体拟作旧题或用歌行创制新题，推动了乐府诗诗体的革新。乐府的律化始于南朝，发展于沈宋、四杰，直到王维、李白，他们在形式和内容上的变革更为成熟。明彭大翼《山堂肆号》载："开元中，李龟年制《胡渭州》曲云：'杨柳千寻色，桃花一苑春。风吹入帘里，惟有惹衣香。'王维笑其不工，自是龟年制曲，必请维为之。"③可以看出王维在格律上的精研。近体诗的最大特点就是讲究平仄对仗，重视声律技巧，使得歌诗创作更具有音乐美。出塞前创作的《少年行》就是首用七绝形式进行的拟作，少年的昂扬与绝句的短促相结合，再通过四首联排，保持了这种欢快的节奏，展现了盛唐蓬勃之气。出塞后的《从军行》一诗则采用五律，语句简短，但是又将发兵、作战、环境和乘胜归来——道出，形成一种紧张又连贯的叙事风格。七言歌行也是乐府诗的一种特殊形式，但王维又力求创新，用歌行创制新题。《燕支行》就是他在年少时的一次创作尝试。到了边塞，他接续曾经的创作经验，将塞外新的体悟注入《老将行》这一新题，以七言歌行慢慢蓄势，写出了老将人老心不老的那种遒劲之感。可谓是形式与内容的完美结合。这也是他旧的写作经验和新的地方经历相碰撞激发出的文学产物。

---

① 近代曲辞中还收录了他的一些诗歌，多为乐工选诗入乐。

② 陈铁民：《关于文人出塞与盛唐边塞诗的繁荣》，《文学遗产》2002 年第 3 期。

③ 邓子勉编：《明词话全编·彭大翼辑词话》，凤凰出版社 2012 年版，第 3226 页。

　　再次,边塞经历和乐府传统的双重影响,又促进了王维新歌诗的创作。关于王维乐府诗数量的判定学界尚没有定论,争论主要集中在以"歌行吟谣"为题的歌诗上。如果以和朝廷音乐机构是否有关来判定,那么《双黄鹄歌送别》《榆林郡歌》《新秦郡歌》就不能算做乐府诗。但是,这三首与边塞相关的歌诗,很明显是受到了乐府传统的影响。《双黄鹄歌送别》沿用了乐府中黄鹄所代表的高飞、离别之意。黄鹄俗称天鹅,在古代黄鹄、黄鹤常混用。《黄鹄》本汉横吹曲,魏晋尚传。相和、清商、舞曲、琴曲歌辞中都有对黄鹄的抒写。《乐府诗集》中"黄鹄参天飞,半道郁徘徊"①是陶婴与丈夫的离别之词;"黄鹄去千里,垂涕为报君"②是江淹出塞报军之语。琴曲歌辞录有陵牧子《别鹤操》,其为琴曲四大曲,采用骚体形式抒写别离之情。《双黄鹄歌送别》借黄鹄别离的乐府经典意象,采用骚体形式,使感情更加荡气回肠。

　　第二次出使边塞创作的《榆林郡歌》和《新秦郡松树歌》是用地名入乐,也是沿袭了乐府传统,并具有强烈的政治隐喻。《新唐书·五行志》云:"天宝后……乐曲亦多以边地为名,有《伊州》《甘州》《凉州》等,至其曲遍繁声,皆谓之'入破'……破者,盖破碎云。"③由此可以推测,二诗是在这一潮流下创作的新歌诗。对于王维此次出使的缘由并没有详细记载,但是通过解读《新秦郡松树歌》可以一探究竟:

　　　　青青山上松,数里不见今更逢。不见君,心相忆,此心向君君应识。为君颜色高且闲,亭亭迥出浮云间。④

　　这首诗常被人们认为是赞扬松树的坚贞品格,若结合当时朔方的军事形式,"今更逢"不仅是指松树,更是代指当时的河东节度采访使王忠嗣。王忠嗣自幼作为功臣遗孤,就在宫廷长大,也深受玄宗喜爱,长大后亦骁勇善战,多次立下战功,《旧唐书》记载:"(天宝)四载,又兼河东节度采访使。自朔方至云中,缘边数千里,当要害地开拓旧城,或自创制,斥地各数百里。自张仁亶之后四十余年,忠嗣继之,北塞之人,复罢战矣。"⑤到了王维出使的那一年,王忠嗣已经控制边地数万里,成为开国有史以来佩四将印的将帅,正可谓功高震主。而此诗中描写的松树,就如同王维替王忠嗣写的深情宣言书,表明了他虽身处异地,但是内心却与皇帝相连,自己也会像松树一般保持高洁。或许这时,玄宗就已经有所忌惮王忠嗣了。而王维

---

①　(宋)郭茂倩编:《乐府诗集》,北京:中华书局 1979 年版,第 663 页。

②　(宋)郭茂倩编:《乐府诗集》,北京:中华书局 1979 年版,第 480 页。

③　(宋)欧阳修、宋祁撰:《新唐书》,北京:中华书局 1975 年版,第 921 页。

④　陈铁民:《王维集校注》,北京:中华书局 2018 年版,第 270 页。

⑤　(后晋)刘昫等撰:《旧唐书》,北京:中华书局 1975 年版,第 3199 页。

作为使臣,就通过乐府歌诗的形式,将所考察的情形隐含地呈递给皇帝。如果再结合他在天宝六年(747)的被害,这一切似乎就顺理成章了。当然,面对玄宗好大喜功,广开边地的行为,时至中年的王维也是有所反对,所以他在《榆林郡歌》中通过"山头松柏林,山下泉声伤客心""黄龙戍上游侠儿,愁逢汉使不相识"①含蓄的笔调写出久戍边地游侠儿的苦辛与思家,试图以乐章的形式便于传播、委婉劝诫。

综合上述,虽然王维第一次出塞是心怀不悦地离开了朝廷,但是前往的边塞却是他心念已久给他带来希望的地方,恰好他的才华也得到了节度使的赏识②,正是这种双向奔赴,给予了他自信与动力,让他由内而外地认可这里,使他以更加开阔健朗的眼光去审视边塞战争、体察风情人物,也激发了他用音乐才华表现自己的欲望,进而影响了诗歌在内容、情调和形式上的一系列变化。即使离开了边塞,在和友人提起的时候,他也怀念那像孟尝君一样的节度使,在送友人出塞的时候,也多怀勉励之意。而第二次出塞,他带着政治使命,将所见所闻通过乐府新歌的形式呈递向上。我们也通过王维的诗歌,看到了一个"现实"的盛唐边塞。

当然,由于王维出使时边塞相对和平,唐廷正处于实力强大的时期,将军也相对圣明,而且他待在边塞的时间也有限。所以,他的诗歌并没有展现如高适所看到的军队中荒淫、残酷的一面,也没有像岑参深入异域看到更多险奇的景观,也并非像李白一样长期在地方游走,有更多的信息来源,能对战争局势有自己的预判。可见,经历丰富对诗歌多样性有直接影响。

三、游走于官场与佛门:南下江南

时隔出塞一年后,王维在开元二十八年(740)冬,知南选。途经襄阳、郧州、夏口至岭南。第二年春,自岭南北归,过润州江宁访北宗禅璿上人,再逆长江而上,途经九江和庐山,最后北归长安。南下江南的这一时期,诗歌可以分为三类,一是沿途见闻,二是送别诗,三是与佛道相关。虽然数量不多,但却极具特色。

南下途中,王维领略了汉江的广阔浩渺,也听闻了友人离世的巨大噩耗,笔势大开大合。江南的美景,历来有人歌唱。汉乐府《江南》,还有清商曲辞中的绿荑、丹椒、芙蓉、青荷、杜鹃、新燕、含桃、绿水、山林等景象所构成的江南水乡的明媚图景,早已经烙印在士人心中。王维此行临流泛舟,路过汉江,看到浩渺的烟波,身心都感到格外的开阔。他使用简笔勾勒线条,选用淡雅的水墨色调,还有远近结合的空间结构写下了著名的山水诗《汉江临眺》。这一山水诗不同于他后期那种空灵又带有禅意的诗作,其格调是宏大与活泼,正可谓是得"江山之助"。紧接着,沉醉于

---

① 陈铁民:《王维集校注》,北京:中华书局 2018 年版,第 271 页。

② 崔希逸或许并非如史书所载因失信吐蕃愧恨而死。参考景凯东:《开元二十五年崔希逸袭击吐蕃事件探析——以王言为中心》,《吐鲁番学研究》2021 年第 1 期。

江南美景中的王维就听闻孟浩然已离世的消息。情感的极速落差,仿佛当头一棒,把他打入痛苦的深渊。王维一生创作过《哭孟浩然》《哭祖六自虚》《哭殷遥》三首诗,尽管后人常揣测王维与孟浩然之间的亲疏关系与性情差异,但能让一个"文儒"如此痛哭的一定是在他心中有地位的友人。孟浩然比王维大十岁左右,去世时仅五十多。他一生漫游求仕,却终而不得,他的离去一定会引发王维对生命的反思,对未来的迷茫。

其次,送别诗呈现高度模式化的特点。南下过程中创作的《送封太守》《送康太守》《送宇文太守赴宣城》《送邢桂州》四首送别诗,套路如出一辙。全部使用五言八句或十句,体制上不长不短。诗歌结构主要包括三个部分:赠别对象此次出行从哪里出发到哪里去,路上景色描写,结尾部分是对友人到目的地的祝福与期许。在写从哪里去哪这一部分时,几首诗用词都相同,这是很值得注意的一点。例如"铙吹发夏口,使君居上头"①"铙吹发西江,秋空多清响"②"铙吹喧京口,风波下洞庭"③"扬舲发夏口,按节向吴门"④三首诗都用了"铙吹"一词,虽然"扬舲"句并没有用同样的词,但是句子模式和前者相同。再看他在写景色部分,"帆映丹阳郭,枫攒赤岸村"⑤,"朱阑将粉堞,江水映悠悠"⑥,"地迥古城芜,月明寒潮广",⑦"日落江湖白,潮来天地青",⑧全部都与水路有关,既应此地此景,也是王维擅长的山水描绘。

如此相同的模式,让我们不禁思考作者为何如此抒写?王维一生创作了七十多首送别诗,占全部作品的六分之一,面对不同的人他常有不同的情感流露。南下的过程中,要接触大量地方官员,人情交际也难以避免,何况他作为京官又富有诗名,更是人们追捧寒暄的对象。《送封太守》《送康太守》《送宇文太守赴宣城》《送邢桂州》就是这种情形下的产物,面对这些官职高于他,但又不熟悉的对象,采取这种表面化内容的抒写是一种保险又客气的做法,模式化的创作思路也是他中年对官场交际疲惫和麻木的一种体现。

再次,与南下行役的舟车劳顿相比,长期在官场周旋的身心俱疲让他更需要一处心灵的栖居之所,与禅宗的交往,是王维求解人生困惑的一条出路。时至中年,在仕途上曾经对自己有知遇之恩的张九龄、崔希逸都葬身于政治漩涡中,而溃腐小人却在朝堂肆意妄为,自己还得曲意逢迎;在生活上,长期的精神供养普寂和道光禅师也都入般涅槃,现实和精神上的支柱在南下前的短短两年间全部轰塌。佛教对于他来说,就是《登辨觉寺》中提到的"化城","化城"出自《法华经·化城喻品》,大致指的是众生欲到达彼岸世界,但路途艰难遥远,佛祖遂途中化一城郭,使得其

---

①⑥ 陈铁民:《王维集校注》,北京:中华书局 2018 年版,第 188 页。

②⑦ 陈铁民:《王维集校注》,北京:中华书局 2018 年版,第 189 页。

③⑧ 陈铁民:《王维集校注》,北京:中华书局 2018 年版,第 200 页。

④⑤ 陈铁民:《王维集校注》,北京:中华书局 2018 年版,第 185 页。

暂时休息,待精力恢复后,佛即灭去。①

曾经在京城因北宗禅影响最大,所以他与北宗禅僧交往颇多,此次南下,他来到南宗禅兴盛的地方,所以他既接触北宗禅,又访求南宗禅。②敦煌写本《菏泽神会禅师语录》记载了他在南阳郡听神会和惠澄禅师讲经数日:"于时王侍御问和上言:'若为修道得解脱?'答曰:'众生本自心净,若更欲起心有修,即是妄心,不可得解脱。'王侍御惊愕云:'大奇!曾闻大德,皆未有作此说。'"③南宗禅神会的意思是说众生的心中本来就有真如佛性,如果生起了修道解脱的念想,就是虚妄之心的表现,不可能得到解脱。并且南宗禅还弘扬"参禅",认为"劈柴担水,尽是坐禅;行住坐卧,皆在道场"。④到了润州,他又去拜谒北宗禅璿禅师,《谒璿上人》一诗就记载了他当时的禅学思想:

> 少年不足言,识道年已长。事往安可悔,余生幸能养。誓从断荤血,不复婴世网。浮名寄缨珮,空性无羁鞅。夙承大导师,焚香此瞻仰。颓然居一室,覆载纷万象。高柳早莺啼,长廊春雨响。床下阮家屐,窗前筇竹杖。方将见身云,陋彼示天壤。一心在法要,愿以无生奖。⑤

焚香独居、坐禅入定是典型的北宗禅所推崇的"坐禅"理论,而淡然地感受万物生长、春雨莺啼,不为俗物所累的简居生活又是南宗禅所推崇的"参禅"理论。《登辨觉寺》和《千塔主人》二诗还记录了他南游途中拜访的其他两处佛门圣地。可见,正是他在交游过程中,通过了解各家思想,将适合自己的理念融会贯通,采取了"不执一端,脱离二边"的"中道观",进而达到对自己心灵的救赎。姜光斗在《论王维的禅宗思想》一文中具体分析了王维所崇尚的几大禅宗思想,指出王维不仅吸收北宗禅、南宗禅的理论,还信仰净土宗所提出的"无情物"和"积善消灾"的思想。⑥而这些思想的汲取也都有赖于他在地方的游走访道。

综合上述,王维在知南选的过程中,看到了长江的壮阔又听闻了友人的离世,

---

① 陈铁民:《王维集校注》,北京:中华书局 2018 年版,第 192 页。

② 王维与当时的各派僧侣,有广泛的交往。具体可见陈铁民:《王维与僧人的交往》,《文献》1989 年第 3 期。

③ 杨曾文编校:《神会和尚禅话录》,北京:中华书局 1996 年版,第 85 页。

④ 关于王维与神会禅师在南阳郡临湍驿语经的时间,陈铁民《王维集校注》认为是在天宝四载(745),其所依据为二,一是当时王维官职为侍御史;二是同行的寇太守是指寇洋,依据是郁贤浩:《唐刺史考》卷一九〇,寇洋官南阳太守的时间为"天宝初"。笔者通过查看郁贤浩所依据的两篇墓志,寇洋是于天宝七载(748)去世,但其担任南阳郡太守的时间并未有详细说明,只能说是在天宝初期及以前。而南阳郡所属的邓州是古代豫陕、秦鄂古道,此次南下,王维极有可能是从此路出发到达襄阳。并且,王维此时官职为殿中侍御史。所以,王维与神会禅师语经可能是在开元二十八年(740)。

⑤ 陈铁民:《王维集校注》,北京:中华书局 2018 年版,第 194 页。

⑥ 姜光斗:《论王维的禅宗思想》,《唐都学刊》1994 年第 5 期。

一喜一悲,给中年人的内心增添了不知所措。在送别诗的高度模式化中,我们感受到他对官场的麻木。心中久积的困惑无处排解,只能栖居于佛教,南方多元的佛教理论,又带给他新的启悟,进一步构建了自己的精神世界,并影响了他之后对自然与世事的体悟,也使得他的诗歌呈现出别具一格的风味。

四、结　语

历来文人都对京城有着别样的向往情结,而当从京城走向地方的时候,往往是带有一份不舍甚至是落寞。然而这些地方经历,对于文人来说能够对他们的知识结构起到建构与扩充的作用,虽然有的影响是长久的,有的是一时的,但都刺激了他们诗歌的新变,进而又推动文学的发展。王维常被人们认为是京城诗人的代表,但是他前半生东贬济州、西使河西、南下岭南、北上榆林。他脚下走过的路,在他的生命中留下痕迹,在诗歌中闪烁出光芒。他的诗歌不仅只有空灵带有禅意的山水诗,他还描写了鲁地的朦胧昏暗,歌唱了塞上的大漠孤烟,赞美了楚水的三湘九派,这些景色也都一样迷人。他并不是宛如神人,心中空明,他还在诗歌中道出他的伤心忧愁、叛逆困惑还有豪言壮语,这些人格结合在一起才构成了一个丰富的个体、一个发展变化的王维。

（作者单位:河北师范大学文学院）

李白与王维关系疏离探因

崔际银

盛唐时期,是唐诗创作的盛世。当时的诗坛群星璀璨、争奇斗艳,其中最为著名的诗人,首推李白、杜甫、王维、孟浩然、高适、岑参。李与杜,分别是浪漫主义与现实主义诗歌创作的高峰;王与孟,是盛唐山水田园诗派的代表;高与岑,是盛唐边塞诗派的代表。李白与杜甫、孟浩然、高适等人皆有较多交往或深厚情感,唯独与年龄相同(出生于701年)且多次有机会相识的王维却并无往来①。这种情况,初想令人诧异、细思则确有所本。在此拟对二人关系疏离之原因,略作探究分析。

一、自身秉赋不同

一个人自身所拥有的秉赋,首先是先天赋予的品性才情。李白的天赋,在少年时代就明显地与众不同。他"少有逸才,志气宏放,飘然有超世之心"②;成年之后,更是被人们称为"天才绝":"唐人谓李白为天才绝、白居易为人才绝、李贺为鬼才绝。"③他的才情,鲜明地表现在思维敏捷、快速成篇:"曹子建七步成诗,李太白自言倚马可待。世称敏捷者,无如二子。"④曹植是公认的"才高八斗"之人,李白与之并列合称,可见其天资聪颖之程度。对于自己的天赋才情,李白也很自负:"五岁诵六甲,十岁观百家。轩辕以来,颇得闻矣。常横经籍书,制作不倦,迄于今三十春

---

① 李白曾三次入长安:第一次是开元十八年(730)春夏间,自安陆取道安阳,西入长安;第二次,天宝元年(742)秋天,奉诏自东鲁南陵启程入长安,至天宝三载(744)春季离京,经商州、之洛阳与杜甫相会,秋天与杜甫、高适同游于梁宋;第三次,天宝十二载(753),53岁的李白再入长安,欲陈济世之策而未果,因预感祸乱将起,不久离去,秋天到达宣城。这三个时段,王维均在长安任职或闲居,然而双方并无交往的任何可靠记录。请见:安旗《李白全集编年笺注》第1973、1982、1993页,中华书局,2015年10月;陈铁民:《王维集校注》第1335、1349、1359页,中华书局,1997年8月。又:李白与岑参年龄相差较大(李:701年出生,岑:约715年前后出生),二人有可能的交集机会是在天宝三年(744)的长安。但此年春季李白离京,岑参则专注于科举(同年中进士),未能相互交往情有可原。

② 五代·刘昫:《旧唐书·李白传》,上海:上海古籍出版社1986年版,第607页。

③ (宋)吴垧:《五总录》,文渊阁四库全书。

④ (明)周祈:《名义考》,裴斐:《李白资料汇编》(金元明清之部),北京:中华书局1994年版,第338页。

矣。"①李白性格直率、感情外露，他"喜纵横术，击剑，为任侠，轻财重施。更客任城，与孔巢父、韩准、裴政、张叔明、陶沔居徂徕山，日沈饮，号'竹溪六逸'。天宝初，南入会稽，与吴筠善，筠被召，故白亦至长安。往见贺知章，知章见其文，叹曰：'子，谪仙人也！'言于玄宗，召见金銮殿，论当世事，奏颂一篇。帝赐食，亲为调羹，有诏供奉翰林。白犹与饮徒醉于市。帝坐沈香亭子，意有所感，欲得白为乐章；召入，而白已醉，左右以水𬳵面，稍解，援笔成文，婉丽精切无留思。帝爱其才，数宴见。白尝侍帝，醉，使高力士脱靴。力士素贵，耻之，摘其诗以激杨贵妃，帝欲官白，妃辄沮止。白自知不为亲近所容，益骜放不自修，与贺知章、李适之、汝阳王琎、崔宗之、苏晋、张旭、焦遂为'酒八仙人'。恳求还山，帝赐金放还。白浮游四方，尝乘舟与崔宗之自采石至金陵，著宫锦袍坐舟中，旁若无人"。②通过这段载于《新唐书》的文字可知（《旧唐书》所录近似），李白张扬放纵的个性，是贯穿其一生的。

王维的天赋不亚于李白："与弟缙俱有俊才，博学多艺亦齐名。"但是，王维的性格却表现为静穆内敛、为人处世更是以守制循礼著称，他"事母崔氏以孝闻。……闺门友悌，多士推之"。（《旧唐书·王维传》卷190下）王维非常热爱宁静的田园生活："得宋之问蓝田别墅，在辋口；辋水周于舍下，别涨竹洲花坞，与道友裴迪浮舟往来，弹琴赋诗，啸咏终日。尝聚其田园所为诗，号《辋川集》。"（《旧唐书·王维传》卷190下）他的活动，大多限于自己的"辋川别墅"之内，所谓"浮舟往来，弹琴赋诗，啸咏终日"，也是小幅度、低频率、封闭式的。这与李白外向开放、刻意装饰（醉酒狂呼）、带有表演性的行为，是完全不同的。王维的性格较为软弱，这从他"安史之乱"中被俘之后的表现可以看出："禄山陷两都，玄宗出幸，维扈从不及，为贼所得。维服药取痢，伪称喑病。禄山素怜之，遣人迎置洛阳，拘于普施寺，迫以伪署。禄山宴其徒于凝碧宫，其乐工皆梨园弟子、教坊工人。维闻之悲恻，潜为诗曰：'万户伤心生野烟，百官何日再朝天？秋槐花落空宫里，凝碧池头奏管弦。'"③我们无法预测李白面对同样情况的表现，但从后来王维因被俘而降职、李白因"李璘之祸"而被流放的态度，可知二人性格的区别：王维终生以被俘事件为耻；李白则在流放夜郎途中遇赦后，马上就变得兴致如常（《早发白帝城》诗可证）。这种不同的秉赋性格，成为李白、王维各自人生的基础底色。

二、生活环境不同

生活环境，主要指出生的家庭环境、与他人交往的社会环境。家庭对人格形成

---

① 李白：《上安州裴长史书》，见安旗：《李白全集编年笺注》，北京：中华书局2015年版，第1761页。
② （宋）欧阳修：《新唐书·李白传》，上海：上海古籍出版社1986年版，第615页。
③ 此节文字中的引文，皆见（五代）刘昫：《旧唐书·王维传》，上海：上海古籍出版社1986年版，第607页。

的影响是很大的,特别是在每个人的未成年阶段。关于李白的家庭情况,史料记载并不清晰。范传正《唐左拾遗翰林学士李公新墓碑》说:"隋末多难,一房被窜于碎叶,流离散落,隐易姓名,故自国朝(唐)已来,编于属籍,神龙初,潜还广汉,因侨为郡人。父客以逋邑,遂以客为名。高卧云林,不求禄仕。"①(条支、碎叶都是现在吉尔吉斯斯坦境内)李白在《与韩荆州书》里说自己是"陇西布衣"。通过这些记述可以推知,至晚自其祖、父辈之时,李白的家庭已是"布衣"阶层,而且历经艰辛、迁徙侨居于蜀地。有关李白的父亲李客,几乎没有更多质实的资料记载,但他的商人身份,得到多数人的认可。父亲"高卧云林,不求禄仕"的人生取向,对李白应当是有影响的。宋人沈作喆,曾经列举李白的忆旧话语,批评李白父亲对其施教不正:"李太白云:'予小时,大人令诵《子虚赋》,私心慕之。及长,南游云梦,览七泽之壮观,酒隐安陆者十余年。'夫人之教其子,必先之以诗礼,所以防闲其邪心,使之可以言,可以立,动遵于法训,乃可责以成人之事耳。白方幼稚,而其父首诲以靡丽放旷之词,然则白之狂逸不羁,盖亦过庭之所致也。"②其实,李客让年幼的李白诵读《子虚赋》之类的文学作品,正是其不拘泥于诵经通史的正统教育、显示出通达宽松的教育观念,使李白未曾陷入读经书、应科举的刻板路途。青年时期的李白,热衷于读书(多非儒家经典)任侠、访道求仙;出蜀之后,则是观览名山大川、结交酒朋诗友;到了京城,他仍然以诗酒为尚,无论面对皇帝还是文士。李白是渴望建功立业的,但他决不愿通过科举考试,而是利用"终南捷径",企图一举成名。李白的确成了名,但不是他心念的"功名",而是他不大看重的"文名"(诗名)。持平而论,李白的经历与其生活的环境,也只能获得"文名"。

王维的生活环境,与李白大有不同。他的家庭出身、个人履历及社会生活状况都是清楚的:"王维,字摩诘,太原祁人。父处廉,终汾州司马,徙家于蒲,遂为河东人。维开元九年(721)进士擢第。……历右拾遗、监察御史、左补阙、库部郎中。居母丧,柴毁骨立,殆不胜丧。服阕,拜吏部郎中。天宝末,为给事中。……贼平,陷贼官三等定罪。维以《凝碧诗》闻于行在,肃宗嘉之。会缙请削己刑部侍郎以赎兄罪,特宥之,责授太子中允。乾元中,迁太子中庶子、中书舍人,复拜给事中,转尚书右丞。维以诗名盛于开元、天宝间,昆仲宦游两都,凡诸王驸马豪右贵势之门,无不拂席迎之,宁王、薛王待之如师友。"③王维出身于中原地区的知名世族,父亲任职州郡。这种官宦之家的子弟,必然自幼读经书、应科举、循礼法、守规范。王维正是依照这条道路,在20岁时便高中进士,顺理成章地进入官场。王维的社会活动,是以京城为中心、以皇亲国戚及达官贵人为重要对象的。

---

① 詹瑛:《李白全集校注汇释集评》,天津:百花文艺出版社1996年版,第10页。

② (宋)沈作喆:《寓简》卷四,吴文治:《宋诗话全编》,南京:凤凰出版社1998年版,第5697页。

③ 引文皆见(后晋)刘昫:《旧唐书·王维传》,上海:上海古籍出版社1986年版,第607页。

当然,李白与王维也有共同的友人,其中最著名的是孟浩然。史称孟浩然"少好节义,喜振人患难,隐鹿门山。年四十,乃游京师。尝于太学赋诗,一座嗟伏,无敢抗。张九龄、王维雅称道之"。以至于出现王维私邀孟浩然入内署而被玄宗发现的事件①。但二人对孟浩然的好感并不相同:王与孟更多的是诗友,共同的爱好是山水田园诗歌;而李白对孟浩然的好感,更多的是其崇尚"节义"的人品。李白与王维的这些不同,与他们各自所处生活环境有着密切的关系。

三、思想意识不同

在中国封建时代,占据政治思想统治地位的是儒家学说,李白和王维作为文人士子,毫无疑问地受到儒家思想的影响。作为较为开明的王朝,唐代实行"三教并重"政策:儒家学说是直接为统治者服务的,重视儒教是最高统治者必然的选择;道教在唐代获得崇高地位,被定为"国教",与李唐统治者以道家的老子(李耳)为祖宗有关,也与道家崇尚"自然无为"的理念有关;唐代延续了南北朝崇奉佛教之风习,历任皇帝基本上都是信奉佛教的,唐代还是佛教实现了"中国化"(本土化)的时期,佛教已不再是上流社会的专利,而是普及天下大众、从心理上释困救难的法门。当时的文士,在以儒为本的同时,不免或偏于道或偏于佛,李白和王维正是这方面的代表。

李白的好"道"是颇为有名的。他年轻时隐居于徂徕山,中年与道士吴筠结交并得其引荐而入京面君,都表现为与道教的不解之缘。这种缘分,直到他的晚年:"白晚好黄老,度牛渚矶至姑孰,悦谢家青山,欲终焉。及卒,葬东麓。"②李白深受道教的影响,在其诗歌中得到了体现:《古朗月行》(小时不识月),《春日行》(深宫高楼入紫清),《怀仙歌》(一鹤东飞过沧海),《赠嵩山焦炼师》(二室凌青天),《访道安陵遇盖还为余造真箓临别留赠》(清水见白石),《梦游天姥吟留别》(海客谈瀛洲),《送王屋山人魏万还王屋》(仙人东方生)等,均属于表达其仙道思想的"游仙体"诗歌。李白甚至将自己直接称为仙人:"青莲居士谪仙人,酒肆藏名三十春。湖州司马何须问,金粟如来是后身。"③而且是跨越"道"(谪仙)与"佛"(如来)两家的大仙。

王维接受佛教思想的影响,是超过李白所受道教思想的。如果说李白接受道教,主要是为了展示;那么王维接受佛教则是真正随身入心的。他自幼受到笃信佛教的母亲影响,奉佛甚谨:"居常蔬食,不茹荤血;晚年长斋,不衣文彩。……在京师日饭十数名僧,以玄谈为乐。斋中无所有,唯茶铛、药臼、经案、绳床而已。退朝之后,焚香独坐,以禅诵为事。妻亡不再娶,三十年孤居一室,屏绝尘累。……临终之

---

① (宋)欧阳修:《新唐书·孟浩然传》,上海:上海古籍出版社 1986 年版,第 617 页。

② (宋)欧阳修:《新唐书·李白传》,上海:上海古籍出版社 1986 年版,第 615 页。

③ 李白:《答湖州迦叶司马问白是何人》,安旗《李白全集编年笺注》,北京:中华书局 2015 年版,第 769 页。

际,以缙在凤翔,忽索笔作别缙书,又与平生亲故作别书数幅,多敦励朋友奉佛修心之旨,舍笔而绝。"①从中可知,王维一生都是笃信佛教,是虔诚的佛教徒,也是"在家出家"的典范。在他的诗歌之中,禅思佛理更是比比皆是。不仅表现在《夏日过青龙寺谒操禅师》(龙钟一老翁)、《山中示弟》(山林吾丧我)等专论"空无"的作品,也蕴含于《鹿柴》《辛夷坞》等诸多山水田园诗歌。他是将佛教作为自己生命的依托与归宿:"宿昔朱颜成暮齿,须臾白发变垂髫。一生几许伤心事,不向空门何处销。"②因此,在思想意识上,王维与李白是很不相同的。

四、人生定位不同

每个人在成年之后、走向社会之时,都要确立自己的名分地位,设计并争取实现自己的人生目标。李白的人生目标是:"申管、晏之谈,谋帝王之术。奋其智能,愿为辅弼,使寰区大定,海县清一。事君之道成,荣亲之义毕,然后与陶朱、留侯,浮五湖、戏沧州,"成为"林下之所隐客"。③可见,他的人生定位是"使寰区大定,海县清一"的政治家,其目标是"功成身退"之后归隐山林。为了实现这种目标,他也的确非常努力。他的四处漫游结交友朋,是为了扩大声名、以达天听;他应召入京后创作《清平调词三首》之类的颂誉诗歌,是为了赢得君王的好感。这些行为,全都是为了能够实现自己的政治理想。即使遭到朝廷的弃逐之后,也未曾磨灭他的进取之心。他嘴巴上整天挂着"安能摧眉折腰事权贵,使我不得开心颜"(《梦游天姥吟留别》),"人生在世不称意,明朝散发弄扁舟"(《宣州谢朓楼饯别校书叔云》),内心却是坚信"天生我材必有用"(《将进酒》),时刻不忘东山再起。"安史之乱"爆发后,李白怀着"但用东山谢安石,为君谈笑静胡沙"(《永王东巡歌十一首》其二)的自信,加入永王李璘的幕府。与其说李白此举缺乏政治头脑,不如说李白是朝廷政治斗争的间接牺牲品,他的"从璘"归根结底也是为了实现政治抱负。即使到了生命的最后阶段,他仍然"中夜四五叹,常为大国忧"(《经乱离后天恩流夜郎忆旧游书怀赠江夏韦太守良宰》),保持着高度的政治热情。可以说,李白的一生,就是矢志追求理想的一生。为了实现理想,他屡遭挫败而始终不肯退缩。这种积极进取的人生定位与行动,是值得肯定的。

王维的人生目标,应当是成为艺术家。史称其"尤长五言诗。书画特臻其妙,笔踪措思,参于造化;而创意经图,即有所缺,如山水平远,云峰石色,绝迹天机,非绘者之所及也。人有得《奏乐图》,不知其名,维视之曰:'《霓裳》第三叠第一拍也。'

---

① (后晋)刘昫:《旧唐书·王维传》,上海:上海古籍出版社1986年版,第607页。
② 王维:《叹白发》,陈铁民:《王维集校注》,北京:中华书局1997年版,第390页。
③ 李白:《代寿山答孟少府移文书》,安旗:《李白全集编年笺注》,北京:中华书局2015年版,第1744页。

好事者集乐工按之,一无差,咸服其精思。……(在辋川别墅)弹琴赋诗,啸咏终日"①是一位精通诗、画、乐的艺术家。身为杰出艺术家,他能够将不同的艺术门类融会贯通。赏读"大漠孤烟直,长河落日圆""明月松间,清泉石上流""松风吹解带,山月照弹琴。君问穷通理,渔歌入浦深"等诗句②,可以感知其"诗中有画"且有"乐"的特征。通过现存《雪溪图》等绘画作品,可以领略王维作为"文人山水画"创始人的风采;而他自称"宿世谬词客,前身应画师"③亦非虚言。崇尚艺术的王维,虽然年少成名、高中进士并进入官场,但他对加官晋爵、成就丰功伟业,似乎并不十分执着。当他因故被贬之后,很快过起了"半官半隐"的生活;遭受"被俘"的屈辱之后,更是万念俱灰、一心向佛了。大致说来,王维的处世态度是随遇而安、遇挫则退。形成这种状况,除了其本人性格较为软弱,与其人生定位也有绝大的关系。

五、创作风格不同

李白和王维是盛唐著名诗人,但二人的创作风格是明显不同的。

从诗歌体式上讲,李白使用频次高、取得成就最大的是七言古诗,《蜀道难》《梦游天姥吟留别》《将进酒》《宣州谢朓楼饯别校书叔云》等脍炙人口的名作,皆属此类。对于李白七言诗的成就,前人多有赞誉:"太白七古,想落意外,局自变生,真所谓'驱走风云,鞭挞海岳'。其殆天授,非人力也"(《诗镜总论》);"李太白之歌行,祖述骚雅,下迄梁、陈七言,无所不包,奇中又奇,而字字有本,讽刺沉切,自古未有也"(《钝吟杂录》);"太白歌行曰神、曰化,天仙口语,不可思议。其意气豪迈,固是本调,而转折顿挫,极抑扬起伏之妙"(《唐音审体》);"太白七古不独取法汉魏,上而楚骚,下而六朝,俱归镕冶,而一种飘逸之气,高迈之神,自超然于六合之表,非浅学所能问津也"(《诗法易简录》)④。如此评价李白的七言古诗,是切合实际的。

王维固然不乏七言体的诗歌佳作,但其用功最深、成就最高的是五言诗。他的五言古近体诗歌,多有上佳之作,例如:五律《山居秋暝》《过香积寺》《终南山》;五古《渭川田家》《青溪》《西施咏》;五绝《竹时馆》《鹿柴》《相思》等等。历代论者,对其诗多有好评:"摩诘才力虽不逮高、岑,而五七言律风体不一。五言律有一种整栗雄丽者,有一种一气浑成者,有一种澄淡精致者,有一种闲远自在者。……若高、岑才力虽大,终不免一律耳"(《诗源辩体》),"摩诘五言绝,意趣幽玄,妙在文字之外。摩诘

① (后晋)刘昫:《旧唐书·王维传》,上海:上海古籍出版社 1986 年版,第 607 页。
② 见《使至塞上》《山居秋暝》《酬张少府》,陈铁民:《王维集校注》,北京:中华书局 1997 年版,第 133、451、476 页。
③ 王维:《题辋川图》(原题:《偶然作六首》其六),陈铁民:《王维集校注》,北京:中华书局 1997 年版,第 477 页。
④ 以上引文,见陈伯海:《唐诗汇评》,杭州:浙江教育出版社 1996 年版,第 553、554 页。

《与裴迪书》略云:'夜登华子冈,辋水沦涟,与月上下;……每思曩昔携手赋诗,倘能从我游乎?'摩诘胸中滓秽净尽,而境与趣合,故其诗妙至此耳"(《诗源辩体》);"摩诘五言古,雅淡之中,别饶华气,故其人清贵;盖山泽间仪态,非山泽间性情也"(《岘佣说诗》)。还有的论者将李白与王维诗歌进行对比:"太白七言独步,五言其稍次也。味淡声稀,言的指远,乍观不觉其奇,按之非复人间笔墨,唯右丞也"(《唐音审体》),"太白五言绝是天仙口语,右丞却入禅宗。如'人闲桂花落,夜静深山空。月出惊山鸟,时鸣春涧中。'……读之身世两忘,万念皆寂,不谓声律之中,有此妙诠"(《唐音癸签》)①。以五言诗创作见长的王维,的确堪称盛唐诗坛之翘楚。

　　此外,李白性格外向洒脱,其诗风以豪放飘逸为主、以动态为尚;王维个性相对内向沉稳,诗风则表现为清淡自然、以静态见长。他们都有不少描写山水田园的诗歌,但李白喜爱奇险、开阔、动感强烈的山水风景,如:"飞流直下三千尺,疑是银河落九天"(《望庐山瀑布》),"两岸青山相对出,孤帆一片日边来"(《望天门山》)。而王维则钟情于安详宁静的环境,他写的"动",都是常态自然,甚至是需要细心体察的,如:"松风吹解带,山月照弹琴"(《酬张少府》),"竹喧归浣女,莲动下渔舟"(《山居秋暝》)。凡此,都反映出二人诗歌创作形式及内容等方面的不同。

　　李白与王维之间形成"相望""相闻"而"老死不相往来"的主因②,可借孔子所言"道不同,不相为谋"而概之③。这里的"道",包括先天秉性、后天生存环境、接受思想教育、自我人生坐标定位、创作风格特征等。对于极其维护个性、强调自尊的人而言,在上述任何点位上存异,就很难成为同道;更何况李白、王维之间有着如此多的不同之处。他们如此疏离弃绝,对于盛唐诗坛堪称遗憾,但这种疏离对其诗歌独特风格的形成,或许不无裨益;即使仅仅考虑上述论及的双方的不同之处,他们之间的淡漠疏离,也是合乎人之常情的。

(作者单位:天津财经大学珠江学院)

① 以上引文,见陈伯海:《唐诗汇评》,杭州:浙江教育出版社1996年版,第278、279页。
② 《老子》80章,黄朴民:《道德经讲解》,长沙:岳麓书社2005年版,第167页。
③ 《论语·卫灵公》,杨伯峻:《论语译注》,北京:中华书局1980年版,第170页。

王维《终南山》诗的政治倾向与道教文化

吴怀东

"太乙近天都,连山接海隅。白云回望合,青霭入看无。分野中峰变,阴晴众壑殊。欲投人处宿,隔水问樵夫。"(《终南山》)这首诗是盛唐优秀诗人王维的名作,在唐代众多以终南山为表现对象的诗作中首屈一指,其山水风景描写的艺术性历来备受赞誉。清代著名学者王夫之赞美曰:"工苦安排备尽矣,人力参天,与天为一矣"(《姜斋诗话》卷下),而黄培芳叹为"神境"(《唐贤三昧集笺注》卷上),但是,对此诗内涵的理解却从宋代开始就出现争议。有学者认为,此诗采用了比兴手法,有现实政治影射,北宋李颀曰:"说者谓王右丞《终南》诗皆议时宰。'太乙近天都,连山到海隅',谓势位盘踞朝野也。'白云回望合,青霭入看无',言徒有外而无内也。'分野中峰变,阴晴众壑殊',言恩泽偏也。'欲投人处宿,隔水问樵夫',言畏祸深也。"(《古今诗话》)清代王维研究名家赵殿成对此已辨其非,当代著名学者莫砺锋教授续有讨论①,此说可视为定论。目前流行的解读认为此诗乃刻画山水风景的名作②,有学者赞曰:"右丞性爱山水,故于山水之胜游必探奇,诗必入妙,通首总见终南之高深。前写其大概,后写其幽胜。"(清·王尧衢《古唐诗合解》卷八)"描写终南山云烟变幻、干扰阴阳的雄姿,以大气包举的笔势,展现了诗人坦荡的襟怀和宽广的眼界。"③还有学者赞誉说,此诗再现了终南山高大巍峨、气象万千的风景特点,不仅体现出盛唐人追求崇高美的审美趣味,而且突出地体现了王维重要的"诗中有画"(苏轼《东坡题跋·书摩诘〈蓝田烟雨图〉》)创作技法特点④,因为王维对自

---

① 莫砺锋:《王维的〈终南山〉是讽刺诗吗?》,见《古典文学知识》2016 年第 2 期,第 94—97 页。

② 最新的研究如王志清:《盛世读王维》(第 80—81 页。河北人民出版社 2018 年版),蒋寅《说王维〈终南山〉(外一篇)》(载《名作欣赏》2019 年第 11 期)仍持此说。

③ 葛晓音:《山水有清音——古代山水田园诗鉴要》,北京:北京出版社 2019 年版,第 126 页。

④ 中国社会科学院文学研究所乔象钟、董乃斌、陈铁民主编《唐代文学史》(上)(人民文学出版社 1995 年版,第 221 页)有精彩分析:《终南山》一诗,更是王维创造性运用中国画特有的透视法,用诗的语言同时表现'三远'(即高远、平远、深远)景色的范例。……这里运用了中国山水画独特的移动点透视法,从仰视、俯瞰、回望、入看等不同的视角,分别描绘了终南山山峰的高峻、山势的绵延、山域的阔大深远,以及山间岚霭变化的景象。结尾二句,更以人的活动,衬托出山的辽廓荒远。整首诗,是一幅多角度、多(转下页)

已的绘画能力十分自信，他说过，"宿世谬词客，前身应画师"（《偶然作六首》之六）。但是，如果联系此诗的创作过程与盛唐思想环境进行考察，显然现有流行的解读侧重关注诗歌描写对象的特点与客观性内容，而忽略了诗人的主体性和主观性内容，忽略了王维思想与人生经验的复杂性、丰富性，因此，此诗的内涵还有进一步阐释的空间。

一、开元末政局与王维思想的转变

从总体上说，终南山是唐代士人享受个人自由的好去处。终南山地处帝都近郊，巍峨雄伟，风景如画，自古就是文人读书游览、山林隐居的好去处，也是佛、道修行之佳处①，"一座仙山，就是一个文学的传播场域"②，唐人诗歌创作多有涉及，甚至与唐代文人政治出路也有关联。

东汉初班固《终南山赋》（《初学记》卷五引）就记载："荣期、绮季，此焉怡心"，说终南山是隐居之地。唐太宗《望终南山》诗云："重峦俯渭水，碧嶂插遥天。出红扶岭日，入翠贮岩烟。叠松朝如夜，复岫阙疑全。对此恬千虑，无劳访九仙。"孟浩然《宿终南翠微寺》诗亦云："儒道虽异门，云林颇同调。""原天地之美而达万物之理"（《庄子·知北游》），本来就有通过山水而体悟哲理的传统，从汉末魏晋时期开始，山水自然审美成为自觉的文化思潮③，宗白华说"晋人向外发现了自然，向内发现了深情"④，远方的山水就是精神的桃花源、心灵的栖息地⑤，"山水就是大地超越性

（接上页）层次，富于空间感和动态美的山水长卷，显示了王维'诗中有画'的独到之处。"中唐朱景玄《唐朝名画记》记载，王维曾在蓝田辋川清源寺壁上绘《辋川图》，到了唐武宗时代，因庙毁壁颓，此画亦毁坏消失，王维其他绘画作品经过唐宋之交社会动荡也基本失传（拙文《王维诗画禅意相通论》对此有所论列，文载《文史哲》1998年第4期），宋代以来的画家却根据王维《辋川集》诗创作不少以辋川自然山水风景为题材、以隐逸为主题的绘画佳作，其中最出名的就是传为明代文人画家仇英所画青绿山水画《辋川十景图》（辋川诗意图一直是绘画史研究的热点，详论参见北京印刷学院2021年度硕士学位论文晏斯宇《传仇英〈辋川十景图〉研究》），然而，尽管《终南山》被诗论家视作王维"诗中有画"的代表作，宋人《宣和画谱》（卷十）说到王维的诗句"落花寂寂啼山鸟，杨柳青青渡水人"（《寒食汜上作》），"行到水穷处，坐看云起时"（《终南别业》）与"白云回望合，青霭入看无""以其句法皆所画也"，可是，在古代绘画史上很难找到对应的诗意图，可见此诗没有得到专业画家的关注，这是颇有意思的社会文化现象。最近刘宁进一步从山水风景诗角度研究王维山水诗（包括《终南山》诗）的内在结构方式及其理念对后来山水画的影响，她认为王维的山水诗继承并发扬光大谢灵运"于行游之间领略山水景象的表现传统"从而对后来的山水诗、画产生了深刻影响，所见深刻（说见其《王维与文人山水画的"居游"理念》，收入渠敬东、孙向晨主编《中国文明与山水世界》，三联书店2021年版）。

① 相关论点参见严耕望《唐人习业山林寺院之风尚》，收入其著《严耕望史学论文选集》（中华书局2006年版）。此外，关于终南山与道教的密切关系，参见樊光春《长安·终南山道教史略》（陕西人民出版社1998年版）。

② 吴真：《唐代道教文学史刍议》，见《哈尔滨工业大学学报》（社会科学版），2012年第14卷第3期，第86—89页。

③ 详论参见徐复观《中国艺术精神》，沈阳：春风文艺出版社1988年版。

④ 宗白华：《美学散步》，上海：上海人民出版社1981年版，第125页。

⑤ 类似研究成果很多，参见陶文鹏、韦凤娟主编《灵境诗心——中国古代山水诗史》（凤凰出版社2004年版）。

的最后保留地"①,"'天地与我并生,万物与我为一',这才是山水的情怀和理想"②。明代释传灯说:"山水清幽,林木深邃,人烟僻绝,仙圣幽栖。以故遁世无闷之士,不事王侯之宾,或梯山航海以孤征,或挈家携朋而止。饮啄林泉,栖迟人外,污言本所不闻,何须洗耳烟霞? 终日属目,故自陶情。"(《天台山方外志序》)盛唐人喜爱山水,这既是六朝流传下来的文化传统和诗歌题材,也代表着追求高洁、自由的人格精神以及享受盛世安逸生活态度的传承,而且,在安闲、宁静、优美、超越世俗的自然山水中清修还成为佛、道共同的崇尚,尽管二者还有差异,质言之,佛教隐居山林是看破红尘,强调"心空"——"高处敞招提,虚空讵有倪。坐看南陌骑,下听秦城鸡。渺渺孤烟起,芊芊远树齐。青山万井外,落日五陵西。眼界今无染,心空安可迷"(王维《青龙寺昙璧上人兄院集》),而道士隐居山林是要避开俗务的搅扰,养生修炼以求长生,终极目的是长生不老乃至成仙。终南山既是唐代隐居之士的胜地,是唐代佛、道共同推尊的清修场所,寺庙的钟声与道观的清音响彻于终南山。在盛唐诗人的山水歌咏之中贯穿着崇尚自由、推崇隐逸的精神,最富有隐逸自由精神的就是天才诗人李白,李白以及唐代很多诗人创作了大量以终南山为题材的诗歌作品,如中唐诗人孟郊《游终南山》诗云:"南山塞天地,日月石上生。高峰夜留景,深谷昼未明。山中人自正,路险心亦平。长风驱松柏,声拂万壑清。即此悔读书,朝朝近浮名。"因为唐朝推崇隐逸的政策,终南山隐逸甚至演变为一种间接从政的道路或"捷径",距离政治中心长安最近的终南山是很多士人隐居的最佳场所,很多人通过终南山隐逸引起帝王高层的关注和欣赏而获得入仕乃至提拔的捷径,即所谓"终南捷径"(《新唐书·卢藏用传》)③。总体而言,《终南山》表现了王维和唐代其他士人一样,喜爱终南山的清幽、壮美,喜爱自由、清静的隐居生活,然而,仔细考察王维隐居的背景和过程,除了享受个人自由的功用外,显然还具有特定的现实政治针对性;即使是流行的宗教信仰,此诗也体现出王维思想感受的独特性。

王维年轻时积极进取,从艺术才华的全面性和人生经历的丰富性而言,多才多艺、少年成名的王维是最能反映开元时期政治清明、文化繁荣、思想多元的代表性

---

① 赵汀阳:《历史·山水·渔樵》,北京:生活·读书·新知三联书店 2019 年版,第 69 页。

② 渠敬东:《山水天地间:郭熙〈早春图〉中的世界观》,北京:生活·读书·新知三联书店 2022 年版,第 159 页。

③ 按,盛唐时期山林隐逸是一时风尚,从目的来说,有人是信佛、修道,也有人纯是享受清静生活,还有则是因唐玄宗崇道推崇隐逸而于山林中埋头苦读并自标人格高峻以邀名,实为出仕做准备,王维《戏赠张五弟諲三首》提到的张諲隐居山林就属于第三种情形:"张弟五车书,读书仍隐居。染翰过草圣,赋诗轻子虚。闭门二室下,隐居十年余。宛是野人野,时从渔父渔。秋风自萧索,五柳高且疏。望此去人世,渡水向吾庐。岁晏同携手,只应君与予。"孟浩然之隐居亦应属于此类,详论参见陈贻焮《谈孟浩然的"隐逸"》《唐代某些知识分子隐逸求仙的政治目的——兼论李白的政治理想与从政途径》(收入其著《唐诗论丛》,湖南人民出版社 1980 年版)、齐涛《唐代隐士略论》(载《山东大学学报》1992 年第 1 期)。

人物。随着开元末期政局的演变，王维的人生观发生了巨大变化。从政治生态说，唐玄宗受李林甫谗言蛊惑，于开元二十四年迁张九龄为尚书右丞，免去知政事，丧失宰相之权位；次年，贬张九龄为荆州长史，从此李林甫以右相之尊把持朝政，为非作歹，当代著名历史学家汪籛将唐玄宗开元时期朝廷中这场激烈政争归纳为"吏治与文学之争"①，"口蜜腹剑""不学而有术"的李林甫千方百计打压正直的"文学"之士。其时王维敏锐地觉察政局的剧烈变化，对政治彻底失望，自此才开始了思想与人生道路的重大转折，告别此前的意气风发而急流勇退，转向消极，归隐终南山②，淡泊自守：开元二十八年，王维迁殿中侍御史，年末知南选，自长安经襄阳、郢州、夏口至岭南，开元二十九年北归，即开始在终南山的山林隐居生活。隐居近一年后，王维回归官场，再次出任左补阙并逐渐官位通显（由从七品上的左补阙升至正五品上的给事中），直到天宝三载，王维最终选定终南山东北麓蓝田辋川宋之问旧宅作为长居地——辋川不仅风景秀丽而且因地处"次驿道"商於道旁往来京城交通极其便利，开始亦官亦隐的生活③。他和亲戚、朋友在辋川流连忘返，并创作了大量充满佛教禅意的绝句佳作（《辋川集》），显示出此时他深受出世之佛教的深刻影响。王维的隐居，是盛唐政局演变的重要结果或标志，也与他的信仰有关：自小从母亲那里就耳濡目染的佛教信仰开始深刻影响王维。值得注意的是，后来安史叛军侵入长安，王维因扈从不及而为叛军所俘获，被押解到洛阳并逼授伪职，安史叛军被逐出长安后受到朝廷追究清算，虽最终因《菩提寺禁，裴迪来相看，说逆贼等凝碧池

---

① 详论参见汪籛《唐玄宗时期吏治与文学之争——玄宗朝政治史发微之二》，收入其著《汪籛隋唐史论稿》，北京：中国社会科学出版社 1981 年版。

② 按，开元二十三年春被擢为右拾遗之前，王维曾先后短暂隐居于淇上、嵩山，其《归嵩山作》诗云："清川带长薄，车马去闲闲。流水如有意，暮禽相与还。荒城临古渡，落日满秋山。迢递嵩高下，归来且闭关"。王维隐居嵩山，与官场挫折遭遇有关，但也有以退为进的现实考量。嵩山近在东都洛阳眼前，在此既可避居读书，也与政坛互通声气（参见肖妮妮《嵩山为唐人隐逸第一山论析》，载《兰州学刊》2008 年第 1 期）。次年，官拜右拾遗，王维即离开嵩山至东都任职。王维隐居终南山，显然不同于其数年前的嵩山隐居。

③ 关于王维生平经历，本文从陈铁民说，见其著《王维年谱》（《王维集校注》附，中华书局 1997 年版）。陈贻焮根据《终南别业》一诗推定诗人在开元末年到天宝三载之间应在"终南别业"隐居，此后始隐居于蓝田之"辋川别业"（《王维生平事迹初探》，载光明日报《文学遗产》增刊第 6 辑，1958 年）。陈允吉认为王维诗歌中两处"别业"实乃一处，即蓝田辋川（《王维"终南别业"即"辋川别业"考》，载《文学遗产》1985 年第 1 期），而陈铁民不同意陈允吉的观点，坚持陈贻焮的观点（参见《王维集校注》第 1347 页，中华书局 1997 年版）。关于王维隐居地，学界争论甚大，李亮伟《涵泳大雅——王维与中国文化》（中华书局 2003 年版）第二编第四章第一节"王维辋川之外的居所"有论述。近年简锦松实地考察辋川自然地理，又有新说（《现地研究下之〈辋川图〉：〈辋川集〉与辋川王维别业传说新论》，载《台大文史哲学报》第 77 期，2012 年 11 月；《王维、裴迪〈辋川集〉诗现地研究》，载《中国文哲研究集刊》第 40 期，2012 年 3 月；《王维"辋川庄"与"终南别业"现地研究》，载《中正汉学研究》2012 年第 2 期），萧驰与其有讨论（参见萧驰《诗与它的山河——中古山水美感的生长》第四章之论述，三联书店，2018 年）。按，此诗中"隔水问樵夫"，一问一答，表明王维不熟悉终南山的峰峦与深谷，因此，本文认为，王维此行除了游赏目的，也可能是在寻觅更加合适的隐居地，或者此时所居如陈贻焮所言，并非"辋川别业"。

上作音乐,供奉人等举声便一时泪下,私成口号,诵示裴迪》以及弟弟王缙的救助而未被定罪,王维却深怀愧疚,"一生几许伤心事,不向空门何处销"(《叹白发》)——对人生彻底失望,从此便在长安家中焚香独坐,几乎成为出家僧人,完全从佛经唱诵中寻觅精神的抚慰与身心的安顿。

《终南山》诗创作于王维开元二十九年初次隐逸终南山之时,再现了王维人生道路与人生理念的重大调整与转折:因为政治生态的恶化,王维由早年的积极进取、追求享乐转变为政治逃避、退隐山林。《终南山》诗突出地表现了山水之审美,尤其是表现了盛唐人享受山水自然的生活立场与追求壮美的审美观,但是,我们却不能不注意到王维此时归隐以躲避黑暗政治的实际动机。其他诗人的山水诗大多也有隐逸的倾向,甚至王维之前写的山水诗也表现了享受盛世安逸、追求个体精神自由的倾向,然而,就王维此时此诗而言,则具有清高避世、不与李林甫同流合污沆瀣一气的现实政治针对性①。

二、《终南山》诗与道教文化

从客观性和写实性来说,《终南山》诗确实展示了终南山山高林密、巍峨壮观的峥嵘气象,不过,这种描写之中也包含诗人强烈、鲜明的主体意识,王维醉心于风景之美,表现出隐逸之思和消极抵抗、退隐避世的人生理念。退隐思想是佛教和道教共有的一种世界观。王维归隐山林,反映了王维的性格"是软弱的","自性内照"(《坛经》)的禅宗人生理念为王维提供了任遇随缘、是处适意的"忍"的生存方式,但是,仔细考察本诗,其思想资源还不止于此,除了众所周知的佛教出世思想给王维提供思想资源之外,从本诗意象之使用看还体现身为佛教居士的王维受道教思想、道教文化的深刻影响。

章尚正研究指出:"儒道佛三大文化主流之中,山水诗与道(道家、道教)文化渊源最早、也最深刻,山水诗的主要源头是玄言诗,玄言诗以三玄(《老子》《庄子》《周易》)为宗,主要阐发道家之玄悟……;山水诗的另一源头为道教色彩浓郁的魏晋游仙诗……,山水诗以道为本源,强调道之审美方式、生命精神、超越意识、浪漫作风对山水诗的根本性影响。"②历来被视作山水风景诗的《终南山》,貌似写景并述怀③,

---

① 与《终南山》创作时间大致同时的《终南别业》,孙尚勇《〈终南别业〉诗意重绎》即认为其貌似洒脱的心态背后其实表现了王维清狂及其内心悲苦(载《杜甫研究学刊》2017 年第 1 期)。

② 章尚正:《中国山水文学研究》,上海:学林出版社 1997 年版,第 11 页。

③ 从根本上说,山水景物描写与佛、道都存在密切联系,王维自不例外,对此学术界已有充分研究,如孙昌武《王维的佛教信仰与诗歌创作》(载《文学遗产》1981 年第 2 期)、袁行霈《王维诗歌的禅意与画意》(收入《中国诗歌艺术研究》第三版,北京大学出版社 2009 年版)以及葛兆光《道教与唐代诗歌语言》(《清华大学学报》1995 年第 4 期)等,兹不暇论。

其遣词造句和意象使用却带有浓厚的道教"神仙与仙境"①文化色彩②——这些词语或意象在唐前或唐代道教典籍、与道教相关诗歌中经常出现或被使用③,这些道教词汇或意象的使用,不仅生动刻画了终南山环境之清幽,而且流露出道教徒所追求的清虚之韵味。

首句"天都""太乙"等概念都来自道教。"天都",语出《淮南子·泰族训》:"又况登泰山,履石封,以望八荒,视天都若盖,江河若带",后用来代指帝都长安,其实,用"天都"称京城长安是因唐朝李氏皇族尊之为祖先的老子是道教创始人,因此也崇信仙道,就如唐代诗人戏称长安宫殿为"仙阁"一样。秦岭绵亘在中国南北之间,其中长安之南这一段就是终南山。清代学者赵殿成《王右丞集注》于《赠徐中书望终南山歌》"终南山"一条下引宋人程大昌《雍录》注云:"终南山,横亘关中南面,西起秦陇,东彻蓝田,凡雍岐郿鄠,长安万年,相去六百里,而连绵峙据其南者,皆此之一山也。"终南山主要山峰有翠华山、南五台、紫阁峰、圭峰等,汉武帝时在太乙峪口修建了太乙宫,其近旁之翠华山又被称作太乙峰④。先秦、秦汉时期形成的天人感应理论以及继承此种说法而形成的道教宇宙观认为,天上至尊是北极大帝,即太乙天尊,《易纬·乾凿度》郑玄注云:"太一者,北辰之神名也",而在天上星宿中,以北极星为核心、集合周围其他各星合为一区,是紫微垣,北极大帝即太乙天尊就住在紫微宫,"太微者太一之庭,紫微宫者太一之居"(《淮南子·天文训》)。终南山是道

---

① 葛兆光将道教给中国文学提供的意象资源分为三组,分别是"有关神仙与仙境的意象""有关鬼魅精怪的意象""有关道士与各种法术的意象",参见其著《道教与中国文化》下编"三、想象力的世界:道教与中国古典文学"(上海人民出版社 1987 年版)。

② 按,詹石窗《道教文学史》论《终南山》诗与道教之关联只注意到"太乙"概念,见该书第 255—256 页(上海文艺出版社 1992 年版)。杨建波《道教文学史论稿》(武汉出版社 2001 年版)亦提及《终南山》诗,却无具体论证,不过,在我们看来,杨书认为王维《终南别业》诗句"中岁颇好道"中之"道"指道教——这是严重误解(按,葛晓音在中华书局 2021 年出版的《赵昌平文存·序》中,提到她与赵昌平讨论过此诗句中"道"之所指,惜乎尚未见到两位先生具体论述文字),所指实为佛教,前引孟浩然《宿终南翠微寺》诗句"儒道虽异门,云林颇同调"之"道"亦同指佛教。另,石飞飞《王维与道家思想研究》(青岛大学文学院 2013 年度硕士学位论文)强调王维山水诗(包括《终南山》诗)尚静、空灵等意境上的特点受到道家思想的影响,其实,如同陈铁民指出,王维信仰佛教,也不排斥道教,两种思想在诗歌空灵意境塑造方面完全趋同,不分彼此。本文则认同陈铁民的观点,同时强调这种心空的思想与空灵的意境正是通过相关的词汇和环境描写实现的。

③ 按,因为盛唐时期佛、道二教在某些观念上的重叠或一致,更因为王维佛教居士的身份,王维《终南山》诗的意象、意境被纳入后来的佛教典籍中而获得明确的佛教内涵。《汾阳无德禅师语录》(《大正藏》收入)有"安睡高枕翠萝间,青霭白云伴贤德"句。宋契嵩《镡津文集》(《大正藏》收入)句云:"山郁郁以春意,然代谢相夺乍阴乍晴。朝则白云青霭绚如也,晚则余冰残雪莹如也。飞泉泠泠若出金石,幽林梅香或凝或散,树有啼鸟涧有游鱼。"南宋宗鉴《释门正统》(《续藏经》收入)语云:"人作辞世颂,我无世可辞。白云四望合,青霭入看无。"径用王维诗句。

④ 按,陈铁民以为"太乙近天都"之"太乙"泛指终南山。此说见其《王维集校注》第 193 页(中华书局 1997 年版)。

教圣地,传说道家始祖老子在该山楼观台为关令尹喜讲道,留下最早的道教经典《道德经》。从汉代起,终南山就萦绕着浓厚的仙气,汉武帝在终南山建太乙宫就是为祭祀太乙天尊,而终南山亦是隐居者、修炼成仙者流连忘返之地。东汉班固在《终南山赋》中说,终南山"概青宫,触紫宸,欻窑郁律,萃于霞芬。暖对晻霭,若鬼若神。旁吐飞濑,上挺修林。玄泉落落,密阴沉沉。荣期绮季,此焉恬心。……彭祖宅以蝉蜕,安期飨以延年。唯至德之为美,我皇应福以来臻。埻神坛以告诚,荐珍馨以祈仙。嗟兹介福,永钟亿年"。唐人常泛称终南山为太乙山。中唐李吉甫《元和郡县志》记载:"终南山在县(京兆万年县)南五十里。按经传所说,终南山一名太一,亦名中南。"汉、唐政治中心都在长安,所以长安附近的终南山中自然有大量的佛、道宗教活动场所,除了道教,佛教传入后也在这里安营扎寨——终南山的佛、道活动空前兴盛。"一望俗虑醒,再登仙愿崇。"(孟郊《登华岩寺楼望终南山赠林校书兄弟》)入世极深的孟郊如此,王维更不例外。日本学者川合康三解读云:"'太乙'既是终南山主峰的名字,也是意味着北极星的星座之名;'天都'指天上的都城,同时又可指天子居住的都城。"①可见他完全从道教角度理解这个名称。

"白云回望合,青霭入看无",这两句诗所描写的景象洋溢着脱俗出世的宗教意味,突出了佛教色相俱空、有无相生的迷离倘恍——如王维另外诗歌中的名句"山色有无中"(《汉江临泛》),"行到水穷处,坐看云起时"(《终南别业》)之意蕴,但"白云""青霭"两词常常连用,与道教乃至终南山则关系更为密切②。晚唐道教徒杜光庭《天坛王屋山圣迹记》引"林仙人"诗句:"几瞻青嶂上,时有白云飘。"张乔《华山》写隐士的诗句:"鹤归青霭合,仙去白云孤。瀑漏斜飞冻,松长倒挂枯。每来寻洞穴,不拟返江湖。倘有芝田种,岩间老一夫。"喻坦之《寄华阴姚少府》诗句:"砚和青霭冻,帘对白云垂。"最典型的是元代道士张三丰诗句:"白云青霭望中无,已到仙人碧玉壶。"(《终南呈火龙先生》)"白云"意象尤为道教隐士所喜爱,因为天上白云走、

---

① 按,川合康三特别关注到盛唐与中唐诗人对终南山描写的变化与差异。引文部分详论参见《终南山的变容》第74页,(上海古籍出版社2007年版)。

② 葛晓音注意到王维诗歌偏好"白""青"二色,认为这体现了王维作为画家对环境进行审美观察、把握的主体特点(《山水田园诗派研究》第235页,辽宁大学出版社1993年版),而石飞飞进一步强调这"体现了道家'重素贵朴'的审美追求"(见《王维与道家思想研究》,青岛大学文学院2013年度硕士学位论文)。当然,佛教徒往往也在山林僻野之处建寺修庙以修行,"天下名山僧占多",对其环境描写也往往涉及高山、白云等意象,如寒山隐居于天台上所作《千云万水间》诗云:"千云万水间,中有一闲士。白日游青山,夜归岩下睡。倏尔过春秋,寂然无尘累。快哉何所依,静若秋江水",刘长卿《自道林寺西入石路至麓山寺,过法崇禅师故居》诗:"山僧候谷口,石路拂莓苔。深入泉源去,遥从树杪回。香随青霭散,钟过白云来。野雪空斋掩,山风古殿开。桂寒知自发,松老问谁栽。惆怅湘江水,何人更渡杯",唐释道宣《续高僧传·终南山紫盖沙释法藏》记载法藏于"独立禅房于(终南山紫阁峰)高岩之上,衣以百衲,餐以木松,面青天而沃心,吸白云而填志",但是,总体而言,"青霭""白云"尤其是二词连用多用以描写道教徒隐居之特有环境。

高山白云驻,白云意象为诗人所习用,而尤为隐居于深山老林的隐士所好,"满目望云山"(王维《登裴秀才迪小台》),因为这一自然现象引发古人对天上神仙生活环境的美丽想象,甚至被视为人间某些活动出现的征兆,最早为道家、修炼的神仙家所发明。《庄子·外篇·天地》:"千岁厌世,去而上仙。乘彼白云,至于帝乡。"帝乡,就是天帝所居清雅之地,《列子·周穆王》:"清都、紫微、钧天、广乐,帝之所居。"在道教观念中,乘"白云"可达帝乡,所以又有"白云乡"之称,旧本题汉伶元撰《飞燕外传》记载:"吾老是乡矣,不能效武皇帝求白云乡也。"汉代纬书《尚书中候》云:"尧沉璧于河,白云起,回风摇落。"《春秋演孔图》云:"舜之将兴,黄云升于堂。""汤将兴,白云入房。"东晋王嘉《拾遗记》记载:"晋太康元年,白云起于灞水,三日而灭。有司奏云:'天下应太平。'帝问其故,曰:'昔舜时黄云兴于郊野,夏代白云蔽于都邑,殷代玄云覆于林薮,斯皆应世之休征,殊乡绝域应有贡其方物也。'果有羽山之民献火浣布万匹。"西晋陆机《白云赋》赞美白云聚散变化之魅力:"览太极之初化,判玄黄于乾坤。考天壤之灵变,莫娭美乎庆云。绕蓬莱以结曜,薄昆仑而增辉。摅神景于八幽,合洪化乎烟煴。充宇宙以播象,协元气而齐勖。"后来道教尤其重视白云神秘的象征意味。南朝著名隐士陶弘景的名作《诏问山中何所有赋诗以答》云:"山中何所有,岭上多白云。只可自怡悦,不堪持赠君。"西晋傅玄《云歌》:"白云翩翩翔天庭,流影仿佛非君形。"南朝沈约《和王中书德充咏白云诗》:"白云自帝乡,氛氲屡回设。""白云"与山林隐居者,尤其是道士清修相关联。董思恭《咏云》诗句:"帝乡白云起,飞盖上天衢。"陈子昂《感遇》(其十)诗句:"我爱鬼谷子,青溪无垢氛。囊括经世道,遗身在白云。"深受武则天、唐睿宗、唐玄宗青睐、堪称为一时代偶像并得到李白终身崇奉的道教上清派大师司马承祯,就自号"白云子"或"白云道士"(《茅山贞白先生碑阴记》)。刘昫《旧唐书·李适传》还记载:睿宗时,司马承祯被征至京师,及还,李适赠诗,序其高尚之致,其词甚美,当时朝廷之士无不属和,凡三百余人,徐彦伯编而叙之,谓之《白云记》。司马承祯《答宋之问》:"时既暮兮节欲春,山林寂兮怀幽人。登奇峰兮望白云,怅缅邈兮象欲纷。白云悠悠去不返,寒风飕飕吹日晚。不见其人谁与言,归坐弹琴思逾远。"盛唐著名道士吴筠《翰林院望终南山》诗云:"窃慕隐沦道,所欢岩穴居。谁言忝休命,遂入承明庐。物情不可易,幽中未尝摅。幸见终南山,岧峣凌太虚。青霭长不灭,白云闲卷舒。悠然相探讨,延望空踌躅。迹系心无极,神超兴有余。何当解维絷,永托逍遥墟。"终身布衣孟浩然涉及白云意象诗最多,《秋登万山寄张五》诗句说得最明白:"北山白云里,隐者自怡悦。"《登鹿门山怀古》诗句:"隐迹今尚存,高风邈已远。白云何时去,丹桂空偃蹇。"《越中逢天台太一子》诗句:"上逼青天高,俯临沧海大。鸡鸣见日出,每与仙人会。来去赤城中,逍遥白云外。"孟浩然好友王迥亦号"白云先生",孟浩然《白云先生王迥见访》诗云:"归闲日无事,云卧昼不起。有客款柴扉,自云巢居子。"道教徒的李白也不少,如《望终南山寄紫阁隐者》诗云："出门见南山,引领意无限。秀色难为名,苍翠日在眼。有时白云起,天际自舒卷。心中与之然,托兴每不浅。"《白云歌送刘十六归山》诗云："楚山秦山皆白云,白云处处长随君。长随君,君入楚山里,云亦随君渡湘水。湘水上,女萝衣,白云堪卧君早归。"还有王昌龄《山中别庞十》、刘长卿《寻南溪常山道人隐居》、皇甫冉《寄振上人无碍寺所居》、黄滔《襄州试白云归帝乡》等,韦执中还创作了《白云无心赋》,皎然《白云歌寄陆中丞使君长源》刻画得最为生动,最后曰:"逸民对云效高致,禅子逢云增道意。白云遇物无偏颇,自是人心见同异。阊阖天门宜曙看,为缨作盖拥千官。……贞白先生那得知,只向空山自怡悦。"甚至唐代来自安南(今越南)的姜公辅创作了《白云照春海赋》。丘为《留别王维》诗句:"归鞍白云外,缭绕出前山。"王维另外一首诗《答裴迪辋口遇雨忆南山之作》使用白云意象描述终南山隐居之环境:"森森寒流广,苍苍秋雨晦。君问终南山,心知白云外。"《送张道士归山》:"先生何处去,王屋访茅君。别妇留丹诀,驱鸡入白云。人间若剩住,天上复离群。当作辽城鹤,仙歌使尔闻。"可见,白云意象与道教思想文化的关系十分密切。

"青霭",为诗人所习用,其意思一般注释为山上云气,却往往忽略了其与道教的关系。道教尚青,如青山、青龙、青鸟、青牛、青宫、青帝等词语,"青霭"常被用来突出仙人隐居地高山林密云雾笼罩的神秘氛围,其语出唐人极为崇拜的南朝文学家鲍照《登大雷岸与妹书》:"西南望庐山,又特惊异。基压江潮,峰与辰汉相接。上常积云霞,雕锦缛。若华夕曜,岩泽气通,传明散彩,赫似绛天。左右青霭,表里紫霄。从岭而上,气尽金光。半山以下,纯为黛色。信可以神居帝郊,镇控湘汉者也。"鲍照用"青霭"一词,不仅表现庐山风光之特点,而且还暗示庐山乃道教徒向往的"洞天福地"。南朝晋末宋初,高僧慧远驻锡庐山,佛教庐山蓬勃兴盛,而此时著名道士陆修静与刘宋大明五年也来到庐山开辟道场,"爱匡阜之胜",构筑精庐居处修道,是为太虚观,以太虚观为大本营研经传道授徒长达七年之久,并编纂了古代第一部道教经书总目《三洞经书目录》,奠定后来《道藏》的基础,庐山道教由此也迅速发展,并成为道教传说中的福地洞天,"仙人洞"就是道教影响的实证。鲍照另一首诗《从登香炉峰》所写,也反映了庐山与道教的关联:"旋渊抱星汉,乳窦通海碧。谷馆驾鸿人,岩栖咀丹客。殊物藏珍怪,奇心隐仙籍。"一生"五岳寻仙不辞远"(《庐山谣寄卢侍御虚舟》)的李白,痴迷于庐山香炉峰与飞瀑,就与他的道教信仰、修仙体验以及庐山的道教修仙氛围相关[1],李白诗句多次使用"青霭"意象以彰显隐居氛围:"多君相门女,学道爱神仙。素手掬青霭,罗衣曳紫烟。一往屏风叠,乘鸾着

---

[1] 详论参见吴怀东文《李白的秘密——〈望庐山瀑布水二首〉其二与道教文化》,载《名作欣赏》2021年第1期。

玉鞭。"(《送内寻庐山女道士李腾空二首》之二)"云窗拂青霭,石壁横翠色。"(《商山四皓》)"犬吠水声中,桃花带雨浓。树深时见鹿,溪午不闻钟。野竹分青霭,飞泉挂碧峰。无人知所去,愁倚两三松。"(《访戴天山道士不遇》)唐代其他诗人亦多以"青霭"描述隐居修道的氛围,如王邕《嵩山望幸》、刘长卿《陪元侍御游支硎山寺》、独孤及《酬皇甫侍御望天潜山见示之作》等诗。王维《暮春太师左右丞相诸公于韦氏逍遥谷宴集序》也将"青霭"与神仙所居关联:"山有姑射,人盖方外;海有蓬瀛,地非宇下。逍遥谷天都近者,王官有之。不废大伦,存乎小隐。迹崆峒而身拖朱绂,朝承明而暮宿青霭,故可尚也。"

"分野":先秦就产生的基于天人感应的天文学认识,把天象中十二星辰二十八宿与地上人间区域对应,天上星辰区分为分星,地上区域为分野,占星家藉星象来观察地面州国的吉凶。《周礼·春官·保章氏》:"以星土辨九州之地所封,封域皆有分星,以观妖祥。"《论衡·变虚篇》说:"荧惑守心。荧惑,天罚也;心,宋分野也,祸当君。"东汉王延寿《鲁灵光殿赋》:"承明堂于少阳,昭列显于奎之分野。"太乙峰之南北分属不同的区域,北为雍州,属东井、舆鬼分野;南为梁州,属翼、轸分野。这种思想不被主流的儒家、佛教所看重,但在东汉以后,为道教尤其是为民间象数派道士全面继承并加以发展。

对最后两句"欲投人处宿,隔水问樵夫",诗论家从诗歌章法的角度有争论,这个讨论实涉及对王维写作意图的不同理解。有的学者认为其没有承接前几句的内容继续描写山水,属于赘余。王夫之为王维辩护云:"'欲投人处宿,隔水问樵夫',则山之辽廓荒远可知,与上六句初无异辞,且得宾主分明非独头意识悬相描摹也。"(《姜斋诗话》卷下)沈德潜也说:"'近天都'言其高,'到海隅'言其远。'分野'二句言其大。四十字无所不包,手笔不在少陵下。或曰末二句似与通体不配,今玩其语意,见山远而人寡,非寻常写景可比。"(《重订唐诗别裁集》卷九)两位学者的辩护是合理的。其实,王维如此写符合律诗的结构规则:前面切题写景,最后必须落脚于个人反应与行动。此诗虽然不以游览作题①,实贯穿着游览的线索,按照刘学锴的解读,前六句写景都是诗人站在峰顶所见,结尾两句"太乙近天都"乃是一天游览结束后顺乎自然的安排——投宿,同时也强调终南山山高壑深、人迹罕至。对最后两句的内涵及其在全诗中的作用,刘宁和葛晓音有比较一致的解读,刘宁说"正是灵光一现的妙笔","写出了高山大壑所带给人心的荒远幽深之意"②,而葛晓音解释说是"烘托出终南山的雄伟气势,而且使这幅山水画增添了高雅的隐逸之趣,不至

---

① 按,宋蜀本王维集,本诗题作《终南山行》,《文苑英华》作《终山行》,因为本诗体式属于近体律诗,此"行"显然不是诗体的指称(如白居易《琵琶行》之"行"),而是行走之意,这说明本诗贯穿着行走、游览的线索。
② 刘宁:《王维孟浩然诗选评》,上海:上海古籍出版社2019年版,第132页。

于变成一幅'终南山地图'"①,诗人使用的意象、所营造的氛围正表明他欲归隐此处——王维喜欢终南山清静自然的环境。两位学者的讨论实已涉及王维写作意图和思想倾向——隐逸,而我们要进一步思考的问题是:这种隐逸是什么性质? 在如此山高坡陡、壑深林密的终南山里面打柴,看来并不符合现实常理——并非写实,这个"樵夫"显然不是一般打柴的山民,而是王维根据自己特定的思想立场刻意安排出场的人物,"樵夫"透露出其深刻的思想渊源。早在先秦,"樵夫"与垂钓的"渔父"及一般的独立体力劳作行为被思想家们赋予反对社会异化、保存个体本性自由的特定文化内涵——这正是陶渊明田园诗的思想渊源,他们都属于避世的隐士。然而,这种隐士从六朝以来与兴盛的道教发生联系,在唐诗中基本上都指代隐居修炼的道教徒。王维在终南山隐逸时就与山中道士有所过从,其《过太乙观贾生房》云:"昔余栖遁日,之子烟霞邻。共携松叶酒,俱簪竹皮巾。攀林遍岩洞,采药无冬春。谬以道门子,征为骖御臣。常恐丹液就,先我紫阳宾。夭促万途尽,哀伤百虑新。迹峻不容俗,才多反累真。泣对双泉水,还山无主人。"王维回忆、怀念的就是当年与他一起隐逸于终南山的贾生,从诗歌内容看,贾生其实是一位采药、炼丹求长生的道教信仰者。《终南山》诗中的僻居于高山密林里的这位"樵夫",也可能是类似贾生这样的隐士。《终南山》中诗句"欲投人处宿,隔水问樵夫",写在终南山人迹罕至的山高谷深林密之中一问一答,空谷传响,所以清代诗论家李因培的解读深得王维诗之三昧,"屈注天潢,倒连沧海,而俯视一气,尽化云烟。一结杳渺寥沈,更有凭虚御风之态"(《唐诗观澜集》)——所谓"凭虚御风之态"正是一种仙家"仙气",表明了"樵夫"的独特身份,可以说,《终南山》诗出现"樵夫"这个人物,是终南山遍布道士、隐士的真实写照②。

从目前掌握的资料来看,身为佛教居士的王维,与道教的关联显然不如李白与道教关系密切③——李白是正式受过道箓的道教徒,《终南山》诗所采用的道教语汇、意象可能更多来自大众化的接受与理解,佛、道这些相同或相似的观念表现为王维和同时代诗人作品中某些意象或词语的共享与通用,比如"白云"这个意象,除隐逸文学之习用外,佛教禅宗也喜欢使用。但是,在此要强调的是,考虑到隐居早就在佛教进入中国之前在士人中就颇为流行,语源分析表明这个概念来源于道家、道教,可以说隐居与道家、道教的关系更为密切。尽管王维是虔诚的佛教信徒,但来到终南山下,盛唐时期浓厚的崇道氛围,尤其是终南山浓厚的道教氛围,深深地

---

① 葛晓音:《山水有清音——古代山水田园诗鉴要》,北京:北京出版社 2019 年版,第 127 页。

② 关于"欲投人处宿,隔水问樵夫"的道教意蕴,吴怀东文《"樵夫"何为者?》(载《文史知识》2022 年第 12 期)对此进行了专门讨论。

③ 按,由于最高统治者之提倡,道教在唐代发展昌盛,实现了体系性和制度化,且门派远比佛教复杂,但王维介入不深,故难以指实王维更接近哪个道教流派,学术界对此还缺乏足够研究。

影响了王维的思想和诗歌创作①,《终南山》诗感染了道教思想与道教文化。《终南山》诗中与道教有关的特定词汇、意象的选用和细节的安排,揭示了王维眼里心中终南山的独特风景及其独特的道教文化精神、韵味、情调:终南山不仅高耸巍峨,壮观雄伟,而且崇高神秘,沟通天人,流露出隐逸之韵和神仙之气,甚至如赵昌平所揭示,"诗中终南山给人的并非是二谢那种写生式的具体图景,而是一种超越形象之外的清虚气韵"②——"清虚气韵"正是道教赋予此诗以独特的道教韵味。追求心空的佛教禅宗给王维山水诗提供了空明、澄静、"色相俱空"的境界,而道教则赋予王维及其诗歌以丰富的想象力,其诗"呈现出绚丽繁复的色调,更升华于浪漫的想象世界"③,"有了神奇缥缈的意境"④。可以说,与王维早年抒写政治抱负、写实性较突出的《使至塞上》的崇高美、后来隐居辋川所写深受禅宗思想影响的辋川诗之空灵美⑤迥然不同,道教的想象使此诗获得了独特的"清虚"魅力。

三、王维思想感受的复杂性与盛唐的佛、道兴盛

《终南山》既体现了盛唐诗人及其终南山诗的一般特点——展示了终南山的壮美,也体现了特定的主观内涵:既反映了时代共性——表达了追求自由的精神,也体现了王维的个人特色:第一,对黑暗政局的逃避或消极抵抗;第二,道教思想、道教文化对其思想感受的微妙影响。

---

① 终南山是佛、道共同推尊的清修场所。王维《终南别业》(按,《终南别业》,诗题有不同记载,在《河岳英灵集》中作《入山寄城中故人》,而《国秀集》引作《初至山中》,这两个诗集都是盛唐时期所编纂,《入山寄城中故人》《初至山中》或是王维原来不断修改、未定的题目,从诗题可知《终南别业》《终南山》应该创作于同时)诗云:"中岁颇好道,晚家南山陲。兴来每独往,胜事空自知。行到水穷处,坐看云起时。偶然值林叟,谈笑无还期。"宋人魏庆之《诗人玉屑》云:"此诗造意之妙,至与造物相表里,岂直诗中有画哉! 观其诗,知其蝉蜕尘埃之中,浮游万物之表者也。"《终南别业》诗中所谓"道",正是佛理。同样是面对高耸入云的终南山,《终南别业》诗却和《终南山》诗明显不同,王维从中参悟的却是佛理,这也表明,佛、道二者对隐居于终南山存在共识,可以说,终南山是佛、道共同推尊的修养、修炼之所,二者间并非存在绝然排他性的明确界限,这也是在盛唐时代普遍的社会文化风气。

② 详论参见《王维与山水诗由主玄趣向主禅趣的转变》(收入《赵昌平自选集》第124页,广西师范大学出版社1997年版)。如果从更宏观的角度看,此诗表现出王维宗教思想的丰富性、复杂性和兼容性,王维从小受母亲影响以维摩诘居士为精神偶像却仍然喜好安逸的隐居和养生的道教,或者说将入世养生的道教某些理念嫁接到佛教之中,其实反映了佛教在中国化过程中的阶段性特点,值得注意的是王维时代正是佛教吸收中国本土文化包括老庄,道家思想而形成禅宗并向士大夫传播的关键时期,现有的研究就发现王维和北宗禅关系十分密切,详论参见萧驰《佛法与诗境》(中华书局2005年版)第82—93页所论。

③ 葛兆光:《想象力的世界——道教与唐代文学》,北京:现代出版社1990年版,第154页。

④ 葛兆光:《道教与唐代诗歌语言》,见清华大学学报(哲学社会科学版),1995年第10卷第4期,第10—13、66页。

⑤ 叶朗将"空灵"美视作"文化大范畴"和审美形态、审美范畴,并以王维的辋川山水绝句作为空灵美的典型,并认为王维的这类诗"呈现出一个色彩明丽而又幽深深情的意象世界,而在这个意象世界中,又传达了诗人对于无限和永恒的本体体验。这是'寂而常照,照而常寂',这就是'空灵'"(《美学原理》第391页,北京大学出版社,2009年)。

从第一个方面说，王维并非出世的佛徒，他的一味退让其实也是一种顽强的精神坚守；即使做不到勇敢反抗，也决不会沆瀣一气，助纣为虐。在对终南山气象万千壮观景象的描绘中，其实寄托了一种高洁甚至崇高的审美精神，这种精神是从先秦道家就逐渐积淀、生成，这是中国人山水观的本质，也是中国古代文人士大夫最高贵的品质。

第二个方面，更值得我们关注。孙昌武指出："唐王朝创立，在社会阶级关系和思想文化领域都发生巨大变化的形势下，三教的关系也出现了新的局面，即三教间经过南北朝数百年的斗争和交流，矛盾的方面进一步缩小，而互补的方面更形突出。结果三者间的关系由主要是相互攻击、冲突演变为更加主动地相互摄取和包容，从而三教的融合也成了主导的时代潮流。……结果他们普遍地依据个人的理解和需要来接受和运用佛、道二教，'周流三教'从而形成为一时风气。在文学领域，这一潮流对作家的思想和生活都产生了相当巨大的影响，并或隐或显地表现在他们的创作之中。"[1]盛唐时期的儒、释、道不再像六朝时期那样彼此冲突，而是平行发展、彼此尊重相安无事。佛教、道教思想在引导士人追求山林隐逸、退隐这一客观目标上完全一致，可以说，佛、道思想，尤其是重视个体精神自由的道家、重视养生以实现肉体长生并享受人间感性欢乐的道教思想是士人山林隐居的思想根源和本质——这也是终南山对唐代诗人而言魅力之所在。王维退隐终南山，是遭遇政治挫折和失望导致的结果，也是追求超越、自由的宗教召唤之结果。值得注意的是，大唐王朝统治者基于特定的目的而大力推崇道教，崇道之风极盛，盛唐政坛和文化领域极为活跃并最早发现王维的天才、提携王维的玉真公主，就是虔诚的道教徒，信仰道教的李白也是通过道士吴筠才获得她的帮助，最终被唐玄宗破格提拔进入宫廷担任翰林供奉，王维与玉真公主的密切交往，反映出盛唐时期思想环境的宽松与多元。在盛唐崇道之风甚至烈于尚佛，作为盛唐时代多元思想环境培育的诗人，王维和道教的关系虽不如与佛教那么密切，但也有着不可分割的接触，唐玄宗时期浓厚的道教思想、道教文化如阳光、空气一样给王维及其同时代广大诗人如李白、杜甫等以无可拒绝的、丰富的"话语"或思想资源，王维思想及其诗歌自然也或多或少受到老庄道家、道教思想影响，《终南山》诗和王维现存作品《赠焦道士》《赠东岳焦炼师》《送张道士归山》《送方尊师归嵩山》等，明确显示王维与道教徒有着密切往来，显示出道教对王维的影响[2]。陈铁民先生说："王维在开元三十五（按，应为"二十五"）年张九龄遭贬以后，对佛教的信仰越来越深。他接受道教思想和融合佛、道，主要也即发生在这同一期间"，"王维在学佛的同时，也学道，往往把这二者

---

① 孙昌武：《道教与唐代文学》，北京：人民文学出版社 2001 年版，第 471—472 页。

② 详述参见刘怀荣、石飞飞《二十世纪以来王维与道家思想研究述略》（载《古籍整理研究学刊》2013 年第 3 期）和高萍、仰宗尧《道教视阈下的王维研究》（《唐都学刊》2018 年第 3 期）。

结合起来","不是说,王维学仙不成,道教对他的思想就失去了影响","道教对王维的影响,主要表现在它的思想、理论方面。王维所接受的道教的思想、理论,往往具有与佛教的思想、理论接近或可以相通的特点"①。《终南山》诗所表达的隐逸出世之思也是佛、道一致的追求,而全诗"绚丽繁复"的意象以及某种"仙气"韵味则明显源自道教文化。显然,用"诗佛"来概称王维思想与诗歌的文化特点,虽然突出了王维思想的突出特点,却难免忽视王维日常思想感受的丰富性、复杂性。事实证明,现实生活与作家的经验总是丰富的,某种单一的抽象、概括总是"蹩脚的",因为"理论是灰色的,而生活之树常青"(歌德《浮士德》)。在后代人看来,信仰那么虔诚、坚定的"诗佛"王维,在日常生活感受和诗歌创作中,却仍然受到道教的或明或暗、或深或浅的影响,这既表明道教作为大唐王朝"国教"之影响弥漫在社会生活的各个层面,也生动地诠释了大唐的开明、开放与儒、释、道的互渗。

(作者单位:安徽大学文学院)

---

① 参见陈铁民:《王维与道教》,载《文学遗产》1989 年第 5 期。孙昌武《道教与唐代文学》(人民文学出版社 2001 年版)、李乃龙《道教与唐诗》(陕西师范大学文学院 2001 年度博士学位论文)没有讨论王维与道教之关系。

桃源母题的千秋绝调

——重读王维《桃源行》

陈才智

　　王维《桃源行》取材于陶渊明的《桃花源记并诗》，但在接受之后加以改塑，承传之中给予创新，可谓脱胎换骨、推陈出新矣。尽管两诗皆为十六联，但不仅情韵迥异，还"叙致了别"①。而若对照《桃花源记》和《桃源行》，则可见出二者仍具有彼此对应性质的内容关联。《桃源行》诗题原注："时年十九"，时当唐玄宗开元七年（719）。②就在这年，王维赴京兆府试，少年中第，可谓春风得意。桃源，即陶渊明《桃花源记》中所写之桃花源，这是目前所知唐诗中最早以此为题者——开创之功，自应高标。

　　在某种程度上，由桃源而辋川的转化和嬗变，可以视为这位"天下文宗"一生的诗谶，或诗化寓言。"桃花源具有浓郁的诗人自我的田园生活色彩，桃花源的境界代表着诗人的生活理想和社会理想，具有深厚的哲学底蕴。《桃花源记》是关于人类理想生活的极富有理性的沉思录。"③而王维笔下的桃源仙境，也是充满惊喜和意外的桃源梦境，与词秀调雅、声韵清朗的诗境，含蕴着文学之外兼涉哲学、历史及政治学、社会学的丰富内涵。可以说，《桃源行》即仙即隐，即虚即实，即道即佛，即真即幻，既承传着传统诗学的兼葭意境，也有道教洞天福地的影子，以及佛教净土思想的影响，同时折射出少年王维对超尘出世的隐逸生活和山水田园的向往，反映着开元时代世人希求和平、宁静生活的愿望，闪耀着理想主义的光芒，对后代产生深远的影响。

---

① （清）毛先舒：《诗辩坻》卷二，《清诗话续编》，上海：上海古籍出版社1983年版，第35页。

② 陈铁民：《王维集校注》，北京：中华书局2019年版，第10页。高林广《唐人的陶渊明批评》论及《桃源行》，谓："王维的诗增加了慕仙和思乡的新内容。而这一改变恰恰最真实地体现了王维的仕隐观，反映出他之所以在出世与入世问题上徘徊顾瞻的真正原因。"（《内蒙古师范大学学报》2002年第4期）这一评说忽略了《桃源行》的写作时间。

③ 范子烨：《〈桃花源记〉的文学密码与艺术建构》，《文学评论》2011年第4期；又见其《王维对陶渊明的理解与接受：兼论〈桃花源记〉的文学密码与艺术建构》，《王维研究》第6辑，北京：学苑出版社2013年6月版。

作为一首歌行诗，《类笺唐王右丞诗集》卷三（明嘉靖三十五年锡山顾氏奇字斋刊十卷本）就将《桃源行》归入"歌行"类。诗题"桃源行"是乐府新题名，《乐府诗集》收入"新乐府辞"之乐府杂题，《唐诗三百首》置于七言古诗之下的乐府诗，这种以"行"为题的诗歌，都是从古题乐府中衍生的新题，内容颇同古义，上承此前李峤《汾阴行》、孙逖《丹阳行》、袁瓘《鸿门行》、刘希夷《将军行》《春女行》《公子行》等，多以古迹或历史为题，抒写兴亡盛衰之慨。才情并擅的年轻诗人王维，在《桃源行》里将一个政治理想涂上一抹神仙的色彩，转化为了理想仙境；诗歌内涵融合着自然与社会、山水与神仙，风格兼具流利与婉转、清奇与简淡，尤其是其中闪耀着理想主义的光芒，值得入乎其内再出乎其外，通过文本细读寻绎诗意，重绎其思想内涵与艺术风范。

一、《桃源行》诗意细读

从《桃花源记》的散文，到《桃源行》的诗歌，是一番夺胎换骨的艺术提升。这个艺术再创造的过程，可谓由米而酒的一次提炼。吴乔《围炉诗话》："问曰：'诗文之界如何？'答曰：'意岂有二？意同而所以用之者不同，是以诗文体裁有异耳。……意喻之米，饭与酒所同出。文喻之炊而为饭，诗喻之酿而为酒。文之措词必副乎意，犹饭之不变米形，啖之则饱也。诗之措词不必副乎意，犹酒之变尽米形，饮之则醉也。'"①此意正可用来解释《桃花源记》与《桃源行》诗的源与流之别。但是，吴乔《围炉诗话》又谓："右丞《桃源行》是赋义，只作记读。"②这个看法，笔者无法苟同。《桃源行》虽有较强的叙事内容，但赋义之外，颇含比兴，绝非可以"记"视之。沈德潜《唐诗别裁集》也评论说："顺文叙事，不须自出意见，而夷犹容与，令人味之不尽。"③其实，《桃源行》还是有其"自出意见"的。

《桃源行》开篇即显出与"记"迥别的诗意，这是一幅渔舟逐水的生动画卷：远山近水，红树青溪，一叶渔舟，在夹岸的桃花林中悠悠前行。红树，一般多言枫柏，而这里则指桃花树。"青溪"二字，全诗两见，前后呼应。④"不见"二字，《文苑英华》《唐文粹》《方舆胜览》《乐府诗集》俱作"忽值"。《唐诗归》："钟（惺）云：逐水爱山，佳

① （清）吴乔：《围炉诗话》卷一，《清诗话续编》，上海古籍出版社1983年版，第479页。其《答万季野诗问》："又问：'诗与文之辨？'。答曰：'二者意岂有异？唯是体制辞语不同耳。意喻之米，文喻之炊而为饭，诗喻之酿而为酒；饭不变米形，酒形质尽变。'"（《清诗话》，上海古籍出版社1978年版，第27页）
② （清）吴乔：《围炉诗话》卷二，《清诗话续编》，上海古籍出版社1983年版，第529页。
③ （清）沈德潜：《唐诗别裁集》卷五，上海古籍出版社1983年版，第176页。
④ 王维后撰有《青溪》诗："言入黄花川，每逐青溪水。随山将万转，趣途无百里。声喧乱石中，色静深松里。漾漾泛菱荇，澄澄映葭苇。我心素已闲，清川澹如此。请留盘石上，垂钓将已矣。"偏爱可见一斑。值得留意的是，《青溪》是一首颇有世外桃源色彩的准桃源行，开篇与《桃源行》开篇十分相似。

景佳事（'渔舟逐水'句下）。'不知远'，远近俱说不得矣。写景幻甚（'坐看红树'句下）。"①康熙间范大士辑评《历代诗发》谓"坐看"两句"有声色"。宋宗元《网师园唐诗笺》："初入景光，写来便妙（'行尽'句下）。"所言极是。开篇"渔舟逐水爱山春"四句，意本《桃花源记》："晋太元中，武陵人捕鱼为业，缘溪行，忘路之远近。忽逢桃花林，夹岸数百步，中无杂树，芳草鲜美，落英缤纷。"其中王诗"渔舟逐水"之"逐水"，二字可括陶文之八个字——"缘溪行，忘路之远近"，诗文之别，可见一斑。②

诗中接下来的"山口潜行始隈隩"四句，用概括性的描叙，将读者引入桃源，写渔人弃舟登岸，进入幽曲的山口，蹑足潜行，到眼前豁然开朗、发现桃源的经过。"山口潜行始隈隩"，隈隩，是指山口之内的道路弯弯曲曲，《桃花源记》所谓"初极狭，才通"者。"山开旷望旋平陆"，旷者，远也，《桃花源记》所谓"复行数十步，豁然开朗，土地平旷"者。《历代诗发》评"山开旷望旋平陆"云："好。较胜靖节诗，其叙事转卸处圆活入神。""遥看一处攒云树"，攒者，聚也。"近入千家散花竹"，散花竹，是说花竹散布各处。这两句虽是工整对偶，却是顺叙访客入洞过程，以散句之序，一句一意，自然构成行云流水般的节奏之美，无怪明人顾璘评价说："序得绝妙。"③王闿运评云："亦平叙，随宜著色。"④均道出《桃源行》作为叙事诗的特点。至于具体字句的分析，《唐诗归》："钟（惺）云：'散'字写景细（'近入千家'句下）。"⑤近人王文濡《唐诗评注读本》卷二分析："姑无论其全首之格律谨严，风神澹古，意境超脱也，即如'遥看一处攒云树，近入千家散花竹'两句，惟'一处'故曰'攒'，又的是'遥看'；惟'千家'故曰'散'，又的是'近入'。用字俱经千锤百炼，且确是渔人初入桃源，由远而近。一路所见之景，可以入画。此等处，读者切勿轻轻放过。"⑥这四句的意思本自《桃花源记》："山有小口，仿佛若有光，便舍船，从口入。初极狭，才通人；复行数十步，豁然开朗。土地平旷，屋舍俨然，有良田、美池、桑竹之属。"可以说，在由文而诗的艺术改塑过程中，这一部分的提炼和浓缩度是最高的。值得留意的是，经济植物"桑竹"在王维诗里转为了观赏植物"花竹"。至此，桃源全景呈现：远处高大的树木，就像攒聚在蓝天白云里，近处满眼则是遍生于千家的繁花、茂竹。这两句由远及近，云、树、花、竹，相映成趣，美不胜收。画面从容雅致，透出恬静和

① 张国光等点校：《唐诗归》，武汉：湖北人民出版社 1985 年版，下册，第 164 页。
② 王叔岷《陶渊明诗笺证稿》卷四："王维《桃源行》脍炙人口，然其首句'渔舟逐水爱山春'，先君耀卿公谓逐当作溯。盖此记明言'欲穷其林，林尽水源'，作逐则离源益远矣。先君论诗之谨严如此！"（北京：中华书局 2007 年版，第 509 页）固为一家之"谨严"，此处未敢从之。
③ （元）杨士弘编选《唐音评注》卷二，（明）张震辑注，顾璘评点，陶文鹏、魏祖钦整理校点，石家庄：河北大学出版社 2006 年版，第 189 页。明末吴兴凌濛初朱墨套印本《王摩诘诗评》卷二眉批引作"叙得绝妙"。
④ 《王闿运手批唐诗选》，上海古籍出版社 1989 年版，第 792 页。
⑤ 张国光等点校：《唐诗归》，武汉：湖北人民出版社 1985 年版，下册，第 164 页。
⑥ 王文濡：《历代诗评注读本》，北京：中国书店影印上海文明书局铅印本 1983 年版，第 218 页。

平的气氛、欣欣向荣的生机。

下面，由幽美的景色，转为恬适的人物，写桃源中人发现外来客的惊奇，渔人乍见"居人"所感到服饰上的不同，意本《桃花源诗》"俎豆独古法，衣裳无新制"，同时囊栝《桃花源记》"不知有汉，无论魏晋"的意思。"樵客初传汉姓名"二句，汉、秦互文，是说桃源中人仍使用秦汉时的姓名，所穿衣服也还是秦汉时的式样。意本《桃花源记》："自云先世避秦时乱，率妻子邑人，来此绝境，不复出焉，遂与外人间隔。"后附诗曰："俎豆犹古法，衣裳无新制。"樵客，这里指的是桃源中的打柴人，也可以理解为渔舟中人。①"樵客初传"一句，《网师园唐诗笺》评云："叙述简尽。"

"居人共住武陵源"以下十二句，是全诗主体，连续展现桃源中一幅幅景物画面和生活场景。武陵源，即桃源，武陵在今湖南常德西。王维诗友裴迪《崔九欲往南山马上口号与别》："莫学武陵人，暂游桃源里。"武陵后来和桃源一样，也成为世外乐土或避世隐居之地的代名词。"还从物外起田园"，物外即世外。起者，所由始也，张籍《节妇吟》"妾家高楼连苑起"，亦此义。"居人共住武陵源"两句，意本《桃花源记》"其中往来种作，男女衣着，悉如外人"，承上启下，写人承上，写景启下。"月明松下房栊静"，栊的本意是窗户，这里借指房舍。静，《全唐诗》注："一作净"，不妥，盖"静"字与下句对照之"喧"字彼此呼应。"日出云中鸡犬喧"，鸡犬喧，意本《桃花源记》"阡陌交通，鸡犬相闻"。月光，松影，房栊沉寂，桃源之夜一片静谧；太阳，云彩，鸡鸣犬吠，桃源之晨一片喧闹。两幅画面，各具情趣。夜景全是静物，晨景全取动态，表现出独特的艺术风格。潘德舆批点《唐贤三昧集》卷上谓："'月明松下'二语，无一个仙家字样，而仙气满纸。"②方东树《昭昧詹言》评说："《桃源行》'月明松下'二句，浮声切响。"③确实读来声调清朗，且选景颇具匠心，一夜景之静，一日景之动，相映成趣，充满诗情画意。

"惊闻俗客争来集"二句，又一幅形象的画面，不过画的不是景物而是人物，意本《桃花源记》："见渔人，乃大惊。问所从来，具答之。便要还家，为设酒杀鸡作食。村中闻有此人，咸来问讯。……余人各复延至其家，皆出酒食。"俗客，指武陵渔人。"惊"，《文苑英华》作"忽"。渔人，这位不速之客的闯入，自然使桃源中人感到意外。《唐诗归》："谭（元春）云：世外人不知世事，光景如见。"④确实，"惊""争""集""竞""问"等一连串动词，把神色动态和感情心理刻画得活灵活现，表现出桃源中人淳朴

---

① 明人顾可久：《唐王右丞诗集》卷一（明正德四年刊本）注云："渔舟中人"，金性尧《唐诗三百首新注释》亦云："樵客句，意谓居民初次听到樵客告的汉以来各朝名字。樵客，本指打柴人，这里指渔人，古常渔樵并称，下也云'薄暮渔樵乘水入'。"（上海古籍出版社 1998 年版，第 146 页）
② 朱德慈辑校：《养一斋诗话》，北京：中华书局 2010 年版，第 469 页。
③ （清）方东树：《昭昧詹言》卷十二，北京：人民文学出版社 1984 年版，第 244 页。
④ 张国光等点校：《唐诗归》，武汉：湖北人民出版社 1985 年版，下册，第 164 页。

热情的性格，及对故土的关心。

"平明闾巷扫花开"二句，一朝一夕，进一步描写桃源的环境、生活之美好。平明即黎明，"扫花开"，"乘水入"，紧扣桃花源景色特点；乘水即趁水。此句暗示渔人感到出入很方便，为下面"不疑"句作伏线。"薄暮渔樵乘水入"句下，明人顾可久《唐王右丞诗集》卷一（明正德四年刊本）注云："居人中渔樵者"，明人顾璘评云："不是摩诘道不得。"①《唐诗归》："谭（元春）云：（'乘水入'）三字有景。"②"初因避地去人间"两句，"避地"，是说因避乱而寄居他乡。"及至"，是《文苑英华》《唐文粹》《全唐诗》的文字，宋蜀刻《王摩诘文集》作"更问"，顾可久《唐王右丞诗集注说》、凌濛初刊《王摩诘诗集》、赵殿成《王右丞集笺注》作"更闻"。更问，即更向，杜甫《移居公安山馆》"鸡鸣问前馆，世乱敢求安"，"问"犹"向"也，不当作常义解，正如杜诗《过宋员外之问旧庄》"淹留问耆老，寂寞向山河"，刘长卿《逢郴州使因寄郑协律》"衡阳问人远，湘水向君深"，皆"问""向"互文。潘德舆批点《王摩诘诗》卷一谓：《桃源行》'更问成仙遂不还'，一本作'及至成仙'，似更了然。"③确实，从朗读的角度考量也是如此。"初因避地去人间，及至成仙遂不还"这两句叙事，追述桃源的来历，意本《桃花源记》："自云先世避秦时乱，率妻子邑人来此绝境，不复出焉；遂与外人间隔。问今是何世，乃不知有汉，无论魏晋。"但自从《桃源行》被《文苑英华》列入仙道类，于是"涂上了一层神仙色彩"④，成仙的转变，使其与《桃花源记》有了质的提升。正如欧丽娟所云："由整体诗境以观之，所谓的'仙'字，其实质的含义便是一种遗世独立、与尘俗不杂不染而展现空灵韵致的质性。"⑤这种空灵韵致的质性，拉开了超凡脱俗的仙境与人间的距离。由避地去人间的偶然，在经历了成仙升仙的转变之后，便曾经仙境难为俗了。

"峡里谁知有人事，世间遥望空云山"二句，写桃源里谁知有世间之事？而世间遥望桃源，只见云山，又哪知其中别有仙境。叙事中，夹入情韵悠长的咏叹，文势于是变得活跃多姿。朱孟震《续玉笥诗谈》称赞这两句"妙在有意无意之间"。《唐诗归》："钟（惺）云：此处已是绝妙结句，因后一结更妙，故添一段不厌其多（'世中遥望'句下）。"⑥潘德舆批点《王摩诘诗》卷一谓："'世上遥望空云山'，'世上'，一本作'世中'，当从。此等诗只是以气味胜，不可以字句求之。"⑦虽看似前后矛盾，但也可两全其美。这两句诗，又见王维居济州时所作《寄崇梵僧》一诗结尾，不过，"世

① （元）杨士弘编选：《唐音评注》卷二，（明）张震辑注，顾璘评点，陶文鹏、魏祖钦整理校点，石家庄：河北大学出版社2006年版，第189页。

② 张国光等点校：《唐诗归》，武汉：湖北人民出版社1985年版，下册，第164页。

③⑦ 朱德慈辑校：《养一斋诗话》，北京：中华书局2010年版，第527页。

④ 马茂元：《唐诗选》，上海古籍出版社1999年版，第91页。

⑤ 欧丽娟：《唐诗的乐园意识》，北京：北京大学出版社2020年版，第268页。

⑥ 张国光等点校：《唐诗归》，武汉：湖北人民出版社1985年版，下册，第165页。

间"（或"世中"）改为了"郡中"。①意思是说，崇梵僧在山中，也就是崇梵寺所在地，不知道有世间之事，而自己由济州遥望崇梵寺，也只能看到云山而已。顾可久《唐王右丞诗集注说》卷一评说"郡中遥望空云山"："流丽复古。"张谦宜称："《寄崇梵僧》结云：'峡里谁知有人事，郡中遥望空云山'，是之谓冷。"②为什么说"冷"呢？因为人事是指人世间事，陶潜《归园田居》所谓"野外罕人事"。钱钟书《管锥编》论马第伯《封禅仪记》"有青气上与天属，遥望不见山岭，山岭人在气中，不知也"，谓："后世写景惯用此法，如王维《桃源行》'峡里安知有人事，世中遥望空云山'，又《山中寄诸弟妹》'山中多法侣，禅诵自为群。城郭遥相望，惟应见白云'；岑参《太白胡僧歌》'山中有僧人不知，城里看山空黛色'；苏轼《腊日游孤山》'出山回望云木合，但见野鹘盘浮图'，又《题西林壁》'不识庐山真面目，只缘身在此山中'。"③其《谈艺录》论《黄山谷诗补注》，引黄庭坚《宁子与迫和岳阳楼诗复次韵》二首之一"个里宛然多事在，世间遥望但云山"，驳天社注引蔡文姬"云山万重"语不妥，认为此诗源自王摩诘"峡里安知有人事，世间遥望空云山"。④凡此，皆可供博参。

"不疑灵境难闻见"二句以下，是全诗的结束部分，写武陵渔人并不怀疑仙境难逢，但俗虑难断，凡心未绝，还是思念家乡。灵境，指有神妙气氛的境地，即仙境。江淹《杂体诗三十首·谢临川灵运游山》："灵境信淹留，赏心非徒设。"白居易《严十八郎中在郡日，改制东南楼，因名清辉，未立标榜，征归郎署。予既到郡，性爱楼居，宴游其间，颇有幽致聊成十韵，兼戏寄严》"始知天地间，灵境有所归"也是此意。尘心，即尘俗之心，或曰凡心，这里主要是指渔人的思乡之心。乡县，即故乡。如隋代孙万寿《远戍江南寄京邑亲友》诗："数载辞乡县，三秋别亲友。"亲友，正是思念乡县的原因所在。《桃源行》对《桃花源记》的改塑，除了涂上仙境色彩之外，另一个重要关节即增加了思乡的内容，这是陶渊明《桃花源记》所没有的，是在"停数日，辞去"之外新增的艺术加工。

"出洞无论隔山水"二句，意本《桃花源记》"停数日，辞去"，承上启下，写渔人走出仙洞后又考虑，无论山水远隔，最终还是打算辞家，长游桃源。《说文·水部》："洞，疾流也。"道教称神仙的居处为洞天，意谓洞中别有天地。"洞天"来源于人们对洞穴拥有至高无上的时空天地幻想，况且洞穴中有水，适合居住，正是修仙得道

① （清）赵殿成：《王右丞集笺注》卷六，上海古籍出版社 1984 年版，第 101 页。济州治所在卢县，即今山东茌平西南，时间是在开元九年（721）至十三年（725）。诗题之崇梵，寺名，在济州东阿县（今山东阳谷县东北阿城镇）。

② （清）张谦宜：《絸斋诗谈》卷五，《清诗话续编》，上海古籍出版社 1999 年版，第 844 页。

③ 钱钟书：《管锥编》"全上古三代秦汉三国六朝文·四四《全后汉文》卷二九"，北京：生活·读书·新知三联书店 2007 年版，第 1578 页。

④ 钱钟书：《谈艺录》，北京：商务印书馆 2016 年版，第 18 页。

的好居所,道教采纳了这一思想。又,洞者,通也,洞天即"通天"之意,人能够与天相通,这一观点对道士修炼是一个关键内容。"辞家终拟长游衍",游衍,即游乐。"自谓经过旧不迷",旧者,久也。以下四句,意本《桃花源记》"既出,得其船,便扶向路,处处志之。乃郡下,诣太守说如此。太守即遣人随其往,寻向所志,遂迷不复得路"。诗作依托《桃花源记》,同时扣住人物的心理活动,将渔人离开桃源、怀念桃源、再寻桃源以及峰壑变幻、遍寻不得、怅惘无限这许多内容,一口气抒写下来,情、景、事融合在一起。在叙述过程中,对渔人轻易离开"灵境"流露出惋惜之意,对云山路杳的"仙源"则充满了向往之情。然而,时过境迁,旧地难寻,桃源何处? 这时,只剩下一片迷惘。

最后四句,作为全诗的尾声,与开头遥相照应。开头是无意迷路而偶从迷中得之,结尾则是有意不迷而反从迷中失之,令人感喟不已。"青溪几度到云林",几度,谓溪水经几番曲折。云林,指幽隐之处,隐居之所,如张九龄《别乡人南还》"闻君去水宿,结思渺云林",储光羲《巩城南河作寄徐三景晖》"清露洗云林,轻波戏鱼鸟",孟浩然《题终南翠微寺空上人房》"儒道虽异门,云林颇同调",拾得《云林最幽栖》"云林最幽栖,傍涧枕月溪",而在这里特指桃花源,即前面所说的"一处攒云树",也正是刘知几《史通》所谓"武陵隐士,遁迹桃源"。①"春来遍是桃花水",桃花水,春日桃花开时"众流猥集,波澜盛长,故谓之桃花水耳"(《汉书·沟洫志》颜师古注),又称桃花汛。《唐诗归》:"钟(惺)云:依然就'桃花水'上加'遍是'二字,写出仙凡之隔,又是一世界,一光景,下'不辨'句即从此二字生出。妙,妙('春来遍是'句下)。"又评论《桃源行》全诗"将幽事寂境,长篇大幅,滔滔写来。只如唐人作《帝京》《长安》富贵气象,彼安得有如此流便不羁"。②顾可久评云:"叙事展拓,段段血脉,段段景象,亲切如画,殊非人境,令人忘世,流丽醇雅。"③结尾所写,如今春天来到,到处都是桃花汛,已分辨不清桃源仙境何处可寻,路失来踪,人迷津渡,桃源望断无寻处矣,与陶渊明《桃花源诗》所谓"奇踪隐五百,一朝敞神界。淳薄既异源,旋复还幽蔽",彼此互文。王维《和宋中丞夏日游福贤观天长寺之作》结尾所谓"桃源勿遽返,再访恐君迷",则意境远不及此。至此,诗笔由实入虚,转为飘忽,以篇终迷茫的意境,留给读者无穷的想象和回味,难辨是梦境,还是仙境。观看过《黑客帝国》第一部的读者,想必于这部著名影片的片尾会有相似的观感,而此剧主旨也正可理解为寻找乐园。

① (清)浦起龙:《史通通释》卷十八,上海古籍出版社 1978 年版,第 526 页。
② 张国光等点校:《唐诗归》,武汉:湖北人民出版社 1985 年版,下册,第 165 页。
③ (明)顾可久:《唐王右丞诗集》卷一,明正德四年刊本。叙事展拓,黄培芳:《唐贤三昧集笺注》引作"叙事展怀"。

二、何以无愧千秋绝调

纵观《桃源行》全诗,笔力舒健,词秀调雅,既精于锤炼,又游刃有余,写来从容不迫,如清泉自在流出,风格天真自然,而兴象超迈,明人邢昉《唐风定》卷七评论此诗:"质素天然,风流嫣秀,开千古无穷妙境。"清人焦袁熹《此木轩论诗汇编》更赞云:"真千秋绝调。此诗亦作三停看。中三章是正面。'不疑'三韵,与'山口'一章相准,'当时'二韵对首章。结二句老僧只管看,观之不足,赞之不尽。所以只如此写,如此住,此言外意也,若曰'吾老是乡耳'。七言古诗,此为第一。"张文荪《唐贤清雅集》评云:"长篇提缀铺叙,不板不浮,气体入妙。'空论'两句作纽,顾盼前后成章法。回环往复,去路杳然。"①所析所评,均很有见地,千秋绝调的定位,也颇中肯綮。不过,与其说七言古诗第一,不如说是七言歌行之冠。以下详论之。

诗人王维同时也是著名画家,以"诗中有画,画中有诗"闻名,这首少作《桃源行》不仅结构紧凑而又超脱,在灵境的描摹上,也颇讲究点染之功,略似南宗山水,使人读来恍若身临其境,心向往之。清人张谦宜《絸斋诗谈》卷五称:"比靖节作,此为设色山水,骨格少降,不得不爱其渲染之工。"②朱麟《注释作法唐诗三百首》卷二谓:"叙幽境则曲而深,写幽人则高而古,的是诗中有画。"③可谓定评。全篇三十二句,平仄相间,转换有致,共换韵七次,有两段是六句一换,其余皆为四句一换,律句多达二十三句,不仅工整流丽,而且情韵悠长,承继着《春江花月夜》的风范,"张若虚《春江花月》……缥缈悠逸,王维《桃源行》从此滥觞"④。黄培芳《唐贤三昧集笺注》云:"多参律句,尚沿初唐体。"确实,其叙事展怀宛曲,气机血脉流畅,声调和谐婉转,在这些方面,已开后世元白长庆体之先声。

作者正在少年,时代正是盛唐,二者可谓相映成趣,所以颇为后人称道。与同处盛唐,与之齐名的孟浩然少作《题鹿门山》并观,王维《桃源行》是运虚之笔,《题鹿门山》则是写实之作,二者虽然有五言与七言之别,但都已充分展示出各自具有本真气质的诗歌才华。在山水胜迹的刻画,一路探幽寻胜的描写,游踪布局的安排上,二诗也有异曲同工之妙,无怪后来被并称为盛唐山水诗的代表。值得留意的是,孟浩然笔下屡见桃源意象,如《山中逢道士云公》"忽闻荆山子,时出桃花源",《上巳日涧南园期王山人、陈七诸公不至》"摇艇候明发,花源弄晚春",《南还舟中寄袁太祝》"桃源何处是,游子正迷津",《游精思,题观主山房》"误入桃源里,初怜竹径

---

① 陈伯海主编:《唐诗汇评》增订本,上海古籍出版社2015年版,第450—451页。

② (清)张谦宜:《絸斋诗谈》卷五,《清诗话续编》,上海古籍出版社1999年版,第844页。

③ 朱麟:《注释作法唐诗三百首》,世界书局1947年版,第50页。

④ (清)王闿运:《论唐诗诸家源流(答陈完夫问)》夹注,出自《王志》记录整理者王闿运弟子陈兆奎之手,见《王志》卷二,马积高主编《湘绮楼诗文集》,长沙:岳麓书社1996年版,第一册,第533页。

深",《高阳池送朱二》"殷勤为访桃源路,予亦归来松子家"。这也是二人共同接受陶渊明影响的一个渠道。

《桃花源记》是陶渊明影响极大的代表作,历代文人学士深受这一主题的影响和启发,唱出众多以桃花源为题材的名篇佳句。而王维本人,在《桃源行》外,也有多首直接描写桃花源意象的诗作,如《蓝田山石门精舍》《和宋中丞夏日游福贤观天长寺之作》《田园乐(其三)》《酬比部杨员外暮宿琴台朝跻书阁率尔见赠之作》《春日与裴迪过新昌里访吕逸人不遇》《送钱少府还蓝田》《口号又示裴迪》,这些桃源主题的诗作,标示着王维不同时期的心路历程,其中既有属于结庐在人间的桃源,也有属于白云深处的仙境,背后指向神仙眷属,或佛门高僧。比如《蓝田山石门精舍》云:

> 落日山水好,漾舟信归风。玩奇不觉远,因以缘源穷。遥爱云木秀,初疑
> 路不同。安知清流转,偶与前山通。舍舟理轻策,果然惬所适。老僧四五人,
> 逍遥荫松柏。朝梵林未曙,夜禅山更寂。道心及牧童,世事问樵客。暝宿长林
> 下,焚香卧瑶席。涧芳袭人衣,山月映石壁。再寻畏迷误,明发更登历。笑谢
> 桃源人,花红复来觌。①

这是王维居辋川时,往游蓝田山所作。作于天宝十二载(753)之前。钟惺评云:"妙在说得变化,似有步骤而无端倪,作记之法亦然。"②全诗一反顺时铺写之序,以一天游览结束作为开端,将归途贪恋两岸景色而误入石门精舍的过程,既视为一次脱胎换骨的佛教洗礼,同时也比作误入桃源的奇遇,堪称是五言蓝田版的《桃源行》。在叙述游览石门精舍后,表达对佛教净土的向往和留恋,将《桃源行》结尾的入虚之笔,转为写实之笔,但同时也是一气浑成,极掩映合沓之妙,巧妙地创造出山回路转、别有洞天的奇境。"为了发挥桃源世界的母题,或运用《桃源行》的诗歌结构,王维除了特别注意山水景物,而且每写一个景物,都以游记形式出击",这些诗作中的"无心之旅,是王维用来写山水的秘密工具;而有心之旅,则给他带来大量田园生活的诗篇"③。除此之外,王维还有很多诗歌,或隐或显地用到桃源的词汇或意象。

三、垂范后世桃源母题

王维《桃源行》具有承前启后的双重意义。就承前而言,作为一首歌行诗,《类笺唐王右丞诗集》卷三(明嘉靖顾氏奇字斋刊本)就将《桃源行》归入"歌行"类。诗

---

① 陈铁民:《王维集校注》,北京:中华书局 2019 年版,第 437 页。
② 《唐诗归》卷八,《续修四库全书》第 1589 册,第 619 页。
③ 王润华:《桃源勿遽返,再访恐君迷——王维八次桃源行试探》,《唐代文学研究》第五辑,桂林:广西师范大学出版社 1994 年版,第 151 页。

题"桃源行"是乐府新题名,《乐府诗集》收入"新乐府辞"之乐府杂题,《唐诗三百首》置于七言古诗之下的乐府诗,这种以"行"为题的诗歌,都是从古题乐府中衍生的新题,内容颇同古义,上承此前李峤《汾阴行》、孙逖《丹阳行》、袁瓘《鸿门行》、刘希夷《将军行》《春女行》《公子行》等,多以古迹或历史为题,抒写兴亡盛衰之慨。就启后而言,《桃源行》垂范后世桃源母题的意义更为重要,其后武元衡《桃源行送友》、权德舆《桃源篇》、刘禹锡《桃源行》《游桃源一百韵》、韩愈《桃源图》等桃源主题的诗歌相继问世,在题咏之中各擅其能。放眼《全唐诗》及其补编,用到桃源/桃花源、武陵字眼的诗作有 187 首＋246 首,在诗题者 23 首＋92 首。①宋辽金时代,王安石、王令、汪藻、胡宏、元德明、姚勉、王景月、赵汝淳有《桃源行》,苏轼有《和陶桃花源》,冯信可、楼钥、元好问、胡仲弓有《桃源图》。《桃花源集》也应运而生,还不止一种。②至元代,方回、刘因有《桃源行》,舒頔有《续桃源行》,王恽有《题桃源图后并序》《桃源图三首》《跋武陵图》,赵孟頫有《题桃源图》。玉山草堂的主人顾瑛,家富资财,风流文雅,尤好于诗,号桃源主人,定期举办觞咏之会,张渥绘有《桃源雅集图》,留下众多歌咏。至明代,文徵明有《桃花源》,何景明有《过桃源洞》,王士性有《桃源行》,钟惺有《桃源洞》,相承一脉,绵延未绝。

文人竞相推毂,桃源故事日益深入人心,成为诗歌的经典母题。清代袁枚曾感慨:"咏桃源诗,古来最多,意义俱被说过,作者往往有叠床架屋之病,最难出色。"③对于这些咏桃源诗的高下评骘,也因此成为历代诗话中未息的热点。有的只是并提,不予臧否,如宋人陈岩肖《庚溪诗话》卷下云:"武陵桃源,秦人避世于此,至东晋始闻于人间。陶渊明作记,且为之诗,详矣。其后作者相继,如王摩诘、韩退之、刘禹锡,本朝王介甫皆有歌诗,争出新意,各相雄长。"④清人施补华《岘佣说诗》曰:"《桃源行》,摩诘一副笔墨,退之一副笔墨。"⑤有的认为韩诗后来居上,如《初白庵诗评》称韩诗:"通畅流丽,较胜右丞。"但多数更认可这一题材的始创诗作——王维《桃源行》,如王士禛《池北偶谈》说:"唐宋以来,作《桃源行》最佳者,王摩诘(维)、韩退之(愈)、王介甫(安石)三篇。观退之、介甫二诗,笔力意思甚可喜。及读摩诘诗,

① 参见李红霞《论唐代桃源意象的新变》,《西南民族学院学报》2002 年第 1 期。

② 《宋史·艺文志》载,道士龚元正编有《桃花源集》二卷,陈振孙《直斋书录解题》载田孳《桃花源集》二卷,赵彦琇重编合为一卷。晁公武《郡斋读书志》载《桃花源集》,"绍圣丙子四明姚孳序,淳熙庚子邑宰赵彦琇俾新澧阳簿张柅重修,备载晋唐本朝诸公诗文"。姚孳,熙宁进士,元祐六年(1091)补武陵县令,当即《直斋书录解题》所载田孳。所编《桃花源集》收录嘉祐以前之桃源诗文,编为一卷。明隆庆间湖广按察使冯子京也辑有《桃花源集》三卷,取旧集补其阙逸,更为诠次,又增以明人之作。

③ 顾学颉校点《随园诗话》补遗卷六,北京:人民文学出版社 1998 年版,第 731 页。

④ 《历代诗话续编》,北京:中华书局 1983 年版,第 177 页。

⑤ 《清诗话》,上海古籍出版社 1978 年版,第 989 页。张谦宜《絸斋诗谈》卷四谓"咏桃源一诗,摩诘之绮丽,昌黎之雄奇",皆不若陶渊明之浑朴。

多少自在！二公便如努力挽强，不免面红耳热，此盛唐所以高不可及。"①其中"多少自在"四字，是极高的评价。翁方纲《石洲诗话》也极推崇王维的《桃源行》这首诗，说"古今咏桃源事者，至右丞而造极"②。黄钺《增补证讹》亦云："右丞作后，乃为绝唱。"③乔亿《剑溪说诗》曰："诗与题称乃佳。……《桃源行》四篇，摩诘为合作，昌黎、半山大费气力，梦得亦澄汰未精。"④晏善澄《述园遗稿·归田笔记》亦云："王右丞《桃源行》设想灵幻，用笔缥缈，与显然以隐为仙者不同。宋人名作如林，终莫及也。"⑤程千帆则称赞说："在陶渊明以后，以桃源传说为题材进行创作而提出新主题的，首先是王维的《桃源行》。"⑥新主题增添了慕仙和思乡的新元素，既起到垂范后世桃源母题诗歌的作用，也引起后世不同的意见。

苏轼堪称王维的异代知音，他在惠州作《和陶桃花源并引》说："世传桃源事，多过其实。考渊明所记，止言先世避秦乱来此，则渔人所见，似是其子孙，非秦人不死者也。又云'杀鸡作食'，岂有仙而杀者乎？旧说南阳有菊水，水甘而芳，民居三十余家，饮其水，皆寿，或至百二三十岁。蜀青城山老人村，有见五世孙者，道极险远，生不识盐醯，而溪中多枸杞，根如龙蛇，饮其水，故寿。近岁道稍通，渐能致五味，而寿益衰，桃源盖此比也欤。使武陵太守得而至焉，则已化为争夺之场久矣。尝意天壤间，若此者甚众，不独桃源。予在颍州，梦至一官府，人物与俗间无异，而山川清远，有足乐者。顾视堂上，榜曰仇池。觉而念之，仇池武都氏故地，杨难当所保，余何为居之。明日，以问客。客有赵令畤德麟者，曰：'公何为问此，此乃福地，小有洞天之附庸也。杜子美盖云：万古仇池穴，潜通小有天。'他日工部侍郎王钦臣仲至谓余曰：'吾尝奉使过仇池，有九十九泉，万山环之，可以避世，如桃源也。'"这是宋哲宗绍圣三年(1096)所作，与之相应的《和陶桃花源》诗云："凡圣无异居，清浊共此世。心闲偶自见，念起忽已逝。欲知真一处，要使六用废。桃源信不远，杖藜可小憩。躬耕任地力，绝学抱天艺。臂鸡有时鸣，尻驾无可税。苓龟亦晨吸，杞狗或夜吠。耘樵得甘芳，齕啮谢炮制。子骥虽形隔，渊明已心诣。高山不难越，浅水何足厉。不知我仇池，高举复几岁。从来一生死，近又等痴慧。蒲涧安期境，罗浮稚川界。梦往从之游，神交发吾蔽。桃花满庭下，流水在户外。却笑逃秦人，有畏非真契。"⑦可见，

---

① (清)王士禛：《池北偶谈》卷十四，靳斯仁点校本，北京：中华书局1984年版，第322页。
② (清)翁方纲：《石洲诗话》卷一，《清诗话续编》下册，第1368页。
③ 陈克明：《韩愈年谱及诗文系年》，成都：巴蜀书社1999年版，第399页。
④ (清)乔亿：《剑溪说诗》卷上，《清诗话续编》，上海古籍出版社1999年版，第1085页。
⑤ (清)晏善澄：《述园遗稿》卷五，《清代诗文集汇编》，上海古籍出版社2012年版，第398册，第470页。
⑥ 程千帆：《相同的题材与不相同的主题、形象、风格——四首桃源诗的比较研究》，收入其《古诗考索》，上海古籍出版社1984年版，第32页。
⑦ 孔凡礼点校：《苏轼诗集》，北京：中华书局，1982年版，第2196—2198页。"蒲涧安期境"，作者自注："在广州"，一作在广川。"桃花满庭下，流水在户外"，堪比李白"桃花流水窅然去"。

苏轼尽管倾心于诗中有画、画中有诗的摩诘诗境，但对其将《桃花源记》转化为仙境的改塑似乎不以为然，认为凡、圣皆可安居于桃花源。对此，赵殿成《王右集丞笺注》引述东坡之语后，谓："其说甚正。乃后之诗人文士，往往以为神踪仙境，如韩退之诗云：'神仙有无何渺茫，桃源之说诚荒唐'，刘禹锡云：'仙家一出寻无踪，至今流水山重重'，皆失之矣。右丞此诗，亦未能免俗。"①胡仔谓："东坡此论，盖辨证唐人以桃源为神仙，如王摩诘、刘梦得、韩退之作《桃源行》是也。惟王介甫作《桃源行》，与东坡之论暗合。"②吴子良比较王维、韩愈与宋人王令、苏轼、王安石同题之作云：

> 渊明《桃花源记》，初无仙语，盖缘诗中有"奇踪隐五百，一朝敞神界"之句，后人不审，遂多以为仙。如韩退之诗云："神仙有无何渺茫，桃源之说尤荒唐。"刘禹锡云："仙家一出寻无踪，至今流水山重重。"王维云："初因避地去人间，及至成仙遂不还。"又云："重来遍是桃花水，不下仙源何处寻。"王逢原亦云："惟天地之茫茫兮，故神仙之或容。惟昔王之制治兮，恶魅魑之人逢。逮后世之陵夷兮，因神鬼之争雄。"此皆求之过也。惟王荆公诗与东坡《和桃源诗》所言最为得实，可以破千载之惑矣。③

其说可解东坡之惑，因为《桃花源记》虽无仙语，但《桃花源诗》有"神界"之句，可见王维《桃源行》绝非臆造。④然在桃源非仙境这一点上，吴子良认为，荆公与东坡所言最为得实。翁方纲也认为："苏文忠之论，则以为是其子孙，非即避秦之人至晋尚在也。此说似近理。盖唐人之诗，但取兴象超妙，至后人乃益研核情事耳。不必以此为分别也。"⑤但高步瀛则认为："宋人所载苏子瞻之说不尽可信。说诗不当如此。桃花源本渊明寓言，《容斋三笔》（卷十）之说最是。后人各就所见，或以为仙，或以为避秦人后，皆无不可。纷纷致辩，转无味矣。"⑥可见致辩纷纷，而言人人异。⑦在引起诗家的审美疲劳之际，评论者应当做一论断。其实，陶渊明笔下的桃花源，本就与一般仙界故事不同，其中之人并非不死之神仙，亦无特异之处，而是普通人，因避秦时乱而来此绝境，遂与世人隔绝者。这一点，也是王维所认可的，因此

---

① （清）赵殿成：《王右丞集笺注》卷六，上海古籍出版社 1984 年版，第 99 页。

② （宋）胡仔：《苕溪渔隐丛话前集》卷三，北京：人民文学出版社 1962 年版，第 13 页。

③ （宋）吴子良：《荆溪林下偶谈》卷二，《文渊阁四库全书》本。

④ 王叔岷《陶渊明诗笺证稿》卷四："陶公所谓'神界'，犹言'奇境'，非仙源也。"（北京：中华书局，2007 年版，第 523 页）固为一家之说，但此处未敢从之。

⑤ （清）翁方纲：《石洲诗话》卷一，《清诗话续编》下册，第 1368 页。

⑥ 高步瀛选注：《唐宋诗举要》，上海古籍出版社 1978 年版，第 148—149 页。洪迈《容斋随笔·三笔》卷十："予窃意桃源之事，以避秦为言，至云'无论魏晋'，乃寓意于刘裕，托之于秦，借以为喻耳。"

⑦ 后代评述可参《古典文学研究资料汇编·陶渊明卷》，北京：中华书局 1962 年版，下编，第 340—362 页。

《桃源行》桃源中人的衣着、习俗、耕作,亦与桃源外无异,其淳厚古朴又远胜于世俗,盖欲借此以寄托理想也。故胶柱鼓瑟者,未免梦中所梦两重虚。清人金德瑛评价韩愈《桃花源图》诗时,与王维、王安石同题之作比较,也是在持平之论的基础上,强调其创新之胜意:

> 凡古人与后人共赋一题者,最可观其用意关键。如《桃源》,陶公五言,尔雅从容,"草荣""木衰"四句,略加形容便足。摩诘不得不变七言,然犹皆用本色语,不露斧凿痕也。昌黎则加以雄健壮丽,犹一一依故事铺陈也。至后来,王荆公则单刀直入,不复层次叙述,此承前人之后,故以变化争胜。使拘拘陈迹,则古有名篇,后可搁笔,何庸多赘!诗格固尔,用意亦然。前人皆于实境点染,昌黎云:"当时万事皆眼见,不知几许犹流传?"则从情景虚中摹拟矣。荆公云:"虽有父子无君臣,天下纷纷经几秦?"皆前所未道。大抵后人须精刻过前人,然后可以争胜,试取古人同题者参观,无不皆然。苟无新意,不必重作。世有议后人之透露,不如前人之含蓄者,此执一而不知变也。①

这位乾隆元年(1736)的状元,以变通的眼光来看待后世的继承和拓新,值得称许。同样是评价韩愈《桃源图》,稍后者方东树《昭昧詹言》也比较过王维、王安石的同题之作,他说:"自李、杜外,自成一大宗,后来人无不被其凌罩。此其所独开格,意句创造己出,安可不知。欧、王章法本此,山谷句法本此。此与鲁公书法,同为空前绝后,后来岂容易忽(乎)! 先叙画作案,次叙本事,中夹写一二,收入议,作归宿,抵一篇游记。'接屋连墙'用子云。'大蛇中断'用《水经》。凡一题数首,观各人命意归宿,下笔章法。辋川只叙本事,层层逐叙夹写,此只是衍题。介甫纯以议论驾空而行,绝不写。"②认为辋川之描写、介甫之议论,各擅其艺,这也是一种变通的眼光,立意持平,较为公允。

结　语

恰如《楚辞》离骚之境,《高唐赋》巫山之境,《洛神赋》洛川之境,《长恨歌》之海上仙山,《红楼梦》之太虚幻境,每个诗人、每位作家心中都有一个桃源,或桃源这样熔铸着仙境与梦境的诗意的远方,只是各自寻觅桃源的途径有别而已,"如渊明之柴桑,无功之东皋,六逸之竹溪,贺监之鉴湖,摩诘之辋川,次山之浯溪,乐天之庐山,子瞻之雪堂,君复之孤山,所谓今之人不得而有之者也。如渔父之桃源,则所谓

---

① (清)陆以湉《冷庐杂识》卷七引其语,崔凡芝点校本,北京:中华书局1984年版,第399页。原文标点"尔雅、从容,草荣、木衰四句",未从。
② (清)方东树:《昭昧詹言》卷十二,北京:人民文学出版社1984年版,第270—271页。

人亦不得而有之者也"。①桃源可谓华夏版的乌托邦,看似空幻的诺言,却能"使我们的思想跃跃欲动,好像长着翅膀一样",使"我们的心灵的飞跃,向着无限,永恒,向着知识与无尽的爱"。②在我们的有限人生中,创造另一种无限的人生,一种虽不能至而心向往之的理想人生,一种立足现实而又超越现实的理想人生。而理想没有也不应有止境,其意义和价值就在于保持"此在"与"彼在"之间的一种张力,引导我们不断走向自我超越。可以说,若以桃源追梦为线索,足以串连起一部丰富多彩的专题中国诗歌史,而王维在陶渊明之后,重觅桃源的《桃源行》正是这部诗歌史的重要节点,因为它完美地熔铸了仙境、梦境与诗境。

最后,我将自己的理解,用散文形式将王维《桃源行》试译如下:

> 武陵渔人喜爱山中的春色,驾着渔船随水流而行,在流驶着的溪水的两岸,开满了桃花。因贪看红艳艳的桃花,忘记了路的远近;直到青溪的尽头,也未见到一人。没想到发现一个山口,悄悄进入其内,暗中摸索着行走。开始时,觉得山路狭窄,深暗而曲折;但没走多远,就感到豁然开朗,遥望有一片开阔的平原呈现眼前。远远看去,有个地方,云树攒集在一起;近入其中,才知道,原来有千户人家散布各处;在房前屋后,各家种着香花翠竹。有个砍柴者报出姓名,仍然是他在秦汉时登记的;细看这里的住户所穿衣服,也都还是秦汉时的式样。居民们共同住在武陵桃源,还在这世外之地建起了田园。田园的夜晚明月高照,松树下房舍幽静;清晨太阳升起,云山中鸡犬喧闹。桃源居民惊讶地听说,世间来了一个客人,就争着聚拢到一起,竞相延请客人回家,询问原先各自居地的消息。黎明时,桃源居民扫去里巷中的落花,傍晚时,各自干完打鱼砍柴的活儿后,走水路乘船归家。他们起初是因避世乱,离开了人间;等到成了仙,便不愿再回人间。桃源里谁知有世间之事?而世间遥望桃源,也只见云山缥缈,哪知其中别有仙境。武陵渔人并不怀疑仙境难逢,但是俗虑难断,凡心未泯,所以还惦念着家乡。他走出仙洞后又考虑,无论山水远隔,最终还是打算辞家,以便尽情长游桃源。他自以为是亲身经过之地,即使时间长了,也不会迷路,哪知山峰山谷如今已经改变!当时只记得入山很深,青溪之中,几经曲折,就到了那片世外山林。如今春天来了,遍地都是桃花水汛,可是那桃花仙源,却早已分辨不清,不知何处可寻。

译者,意在阐述与诠释也。而绎者,抽绎也,寻绎也,意在理出事物的端绪,也

---

① （明）李流芳:《题画册为同年陈维立》,《文渊阁四库全书》本《檀园集》卷十二。
② 罗丹口述,葛赛尔记录,沈琪译:《罗丹艺术论》,北京:人民美术出版社1978年版,第96—97页。

可引申为解析大旨。尽管在某种程度上,诗是不可译的,甚至从跨语种的翻译角度上讲,诗即意味着在被翻译的路上所遗失的内容,不过若希望"昔树发今花"(李世民《过旧宅》),其实不妨以沟通古今、诗文互鉴的心态,加以大胆尝试,毕竟译也是绎的一种途径。流畅婉转的《桃源行》,本就主要源自散文;这里的结尾,在更为徐缓的节奏中,以散文的形式加以重绎,也算是归去来兮,重回王维笔下融仙入凡、亦仙亦凡的桃源起点的一种途径吧。

(作者单位:中国社会科学院大学文学院、中国社会科学院文学研究所)

论王维对桃源世界的形塑与建构①

高　萍

　　王维一生都有追梦"桃源"的情结。它隐藏在诗人的内心深处,是一种强烈而无意识的冲动,牵引着诗人追求心灵更美好的境界。从少时隐居南山,到中晚年隐居辋川,桃源的追寻一直贯穿在他的生命历程中,并且成为诗歌中反复吟咏的重要母题。王维直接用"桃源"创作的有 8 首诗,使用"武陵""五柳""渔人"等"桃源"意象的有 20 余首,未使用意象但诗意表达出"桃源"情结的诗更多。年少时王维渴望"灵境"的仙化桃源,到中年晚年,这种桃源追求佛教化、人间化。王维开始是以漂泊的外人视角寻找桃源世界,发现的桃源往往是神仙乐土,佛门圣地,这是一个他人的世界;中晚年时诗人有心追寻,经营了辋川别业,从此止泊于这个幽静的山谷之中,以桃源中人建构属于自己的桃源世界。

一、仙境佛国——桃源外人的寻找

　　情结(Complex)是隐藏在人心理状态中一种强烈而无意识的冲动,是对某一事物的迷恋而被反复不断强化而形成的心理癖。自陶渊明《桃花源记并诗》出现之后,"桃花源"成为与政治生活相对立的理想王国,吸引着文人,在中国文人心中形成了追求和谐自由、恬淡闲适生活的"桃源"情结。这是一种对自给自足、平淡质朴、自由安定、和谐美好、风景如画的远古农耕生活的向往之情,也是对远离尘世、和谐安乐的彼岸世界的永恒追求。历朝文人都融合时代精神、自我意识,参与了"桃花源"的形塑。翁方纲曾云:"古今咏桃源事者,至右丞而造极。"②王维 19 岁时就写了《桃源行》,建构了一个静谧奇妙的仙人乐土,随着人生经历的不断变化,王维的"桃源"情结也呈现出不同的文化内涵。

(一) 及至成仙遂不还——仙化的"桃源"

　　程千帆认为"在陶渊明之后,以桃源传说为题材进行创作而提出新主题的首先

---

①　基金项目:教育部人文社会科学研究规划基金项目:王维诗歌与长安文化的双向建构(15YJA751007);西安市 2022 年度社会科学规划基金项目:百年学术史视野下的王维接受研究(22ZL05)。

②　翁方纲:《石洲诗话》,北京:人民文学出版社 1985 年版,第 4 页。

是王维的《桃源行》"①,其中的新主题就是创造了仙化的"桃源"世界。这首诗创作于开元七年(719),诗人正在长安谋求仕进,但一首《桃源行》开启了诗人人生追求的别调。

> 渔舟逐水爱山春,两岸桃花夹去津。坐看红树不知远,行尽青溪不见人。
> 山口潜行始隈隩,山开旷望旋平陆。遥看一处攒云树,近入千家散花竹。
> 樵客初传汉姓名,居人未改秦衣服。居人共住武陵源,还从物外起田园。
> 月明松下房栊静,日出云中鸡犬喧。惊闻俗客争来集,竞引还家问都邑。
> 平明闾巷扫花开,薄暮渔樵乘水入。初因避地去人间,及至成仙遂不还。
> 峡里谁知有人事,世中遥望空云山。不疑灵境难闻见,尘心未尽思乡县。
> 出洞无论隔山水,辞家终拟长游衍。自谓经过旧不迷,安知峰壑今来变!
> 当时只记入山深,青溪几度到云林。春来遍是桃花水,不辨仙源何处寻。

这首诗接受了陶渊明《桃花源记》的故事情节,依陶诗结构所写,渔人弃舟登岸,经过幽深的山口,豁然开朗,发现桃源。但王维对"桃源"世界进行了重塑。陶渊明认为居住"桃源"的原因是为了躲避乱世,"自云先世避秦时乱,率妻子邑人来此绝境,不复出焉,遂与外人间隔",具有政治色彩;而王维认为居住"桃源"的原因是修炼成仙,"初因避地去人间,及至神仙遂不还",具有宗教色彩。桃源中人不仅身份由凡人变成了仙人,而且由原先的被动避世变成了主动的不还。陶渊明笔下的桃源是逃避乱世的理想乐园,是一个政治乌托邦;而王维的桃源则是"灵境""仙源"般静谧奇妙的神仙境界,是仙人乐土,属于宗教乌托邦。

王维重塑了一个仙境桃源,同时又增加了慕仙和思乡的双重内容。作为桃源外的"渔人"一方面羡慕"月明松下房栊静,日出云中鸡犬喧"的神仙生活,另一方面又"不疑灵境难闻见,尘心未尽思乡县",难以割舍俗世的牵连,走出了虚幻的"桃源"。这是诗人追求仕进,未能放下俗世的情感写照。无意发现桃源可遇见,而有意再觅难追寻,这种稍纵即逝的神秘的仙境却深深地吸引着诗人,成为他人生中的重要情结。

正当盛世,正值青春的王维,为何对仙境桃源如此迷恋呢? 吴子良《荆溪林下偶谈》卷二:"渊明《桃花源记》初无仙语,盖缘诗中有'奇踪隐五百,一朝敞神界'之句,后人不审,遂多以为仙",认为是后人误解了陶诗,其实是忽略了后人在桃源建构中的自我意识。王维早期经历和道教神仙信仰使他对"桃花源"进行了第一次形塑。

---

① 程千帆:《相同的题材与不同的主题、形象、风格》,见《文学遗产》1981 年第 1 期,第 59 页。

王维 15 岁远赴长安，初张羽翼就体验了人生冷暖和历史沧桑。最早的诗作《过秦皇墓》，15 岁少年在进长安京城伊始却面对着长满野草的大墓，"古墓成苍岭，幽宫象紫台。更闻松韵切，疑是大夫哀"，感喟深重。此诗立意不在批判始皇暴虐，而在慨叹世事变幻，包含对历史对荣华的思考。17 岁作《九月九日忆山东兄弟》写出独在京城的孤寂，"每逢佳节倍思亲"，诗情流淌，悲情共载。而 18 岁作《哭祖六自虚》，"念昔同携手，风期不暂捐。南山俱隐逸，东洛类神仙"，年少之时就在南山隐逸，但面对友人的仙逝，"未省音容间，那堪生死迁"，充满了人生的哀叹。而这一时期的两首咏史诗《洛阳女儿行》《李陵咏》则写出了不遇之叹。"谁怜越女颜如玉，贫贱江头自浣纱"，纵然西施天生丽质，然尤江头浣纱，沈德潜云"结意况君子不遇也"。王维"深衷欲有报，投躯未能死。引领望子卿，非君谁相理"，对李陵的遭际充满了同情，同时也表达了一种渴望理解而终被误解的无奈。

初入长安，王维感受最深的不是帝都的宏伟，而是盛衰之变、别离之悲、不遇之叹、生死之别，这是生命中的悲伤与无奈。童庆炳先生曾云："决定一个人心理世界的因素很多，而他的缺失性体验则是其中一个重要因素。他的缺失、痛苦、焦虑、忧伤等是如此刻骨铭心，以至于构成一种'情结'，无论他感知什么对象，想象什么图景，都不能不受这一'情结'的影响和支配。"[1]人生初期的这种忧伤、焦虑的体验，使王维内心深处更向往无拘无束，自由永恒的平静生活，更渴望寻找心灵的家园，而道教的神仙乐土正契合了他桃源梦想的构筑。

唐代道教盛行，玄宗朝尤盛。道教信仰中的长生久视、自由飞升对文人具有巨大的吸引力，满足了文人消解生命短暂、生死悲哀的内心需求，同时也为文人提供了追求有生无限、人生自由的可能与路径。王维在十八岁前有过求仙的经历，神仙世界的高蹈绝尘、自由自在的人生方式对他有着吸引力。《桃源行》中与世隔绝，没有冲突，自由逍遥的灵境，折射着王维对自由长生和心灵平静的向往。正如葛兆光先生所论："这批文人对于生命短暂感到深深的忧患，对于社会的喧嚣感到深深烦恼，……（他们）只是希望在这里找到一种超越凡尘的生活情趣和超越现实的生存希望，使自己的肉体和精神都摆脱桎梏，驰骋在自由的天地之中。"[2]

"峡里谁知有人事，世中遥望空云山"，仙化桃源虽然遥不可及，但是一个远比眼前的盛世更为美好的自由、和谐的尘外世界，人可以免除世间之烦忧与生命之无常，获致丰盈完美的理想境界。王维对仙境的描绘成为他精神生活中潜伏的暗流，预叙了诗人的生命走向，表现出他在年少之时除了"建功立业"之外，心中还并存着"追慕自由"的价值观念。

---

① 童庆炳：《中国古代心理诗学与美学》，北京：中华书局 1992 年版，第 33—34 页。
② 葛兆光：《想象力的世界——道教与唐代文学》，北京：现代出版社 1990 年版，第 44 页。

(二)墨点三千界——佛教化的"桃源"

进退出处是中国文人内心最大的纠结,王维亦不例外。在他进入社会之初,内心已并行两条道路,一条沿着人生—社会—政治之路,谋求社会价值的实现,另一条是沿着人生—自然—宗教之路,渴望获得心性的自由。虽然年少时渴慕桃源仙境,但最终还是进入到主流文化中。王维在长安干谒求宦、交结王族,进入到以岐王为核心的王府文学群体中。擢进士第,解褐太乐丞,又因黄狮子案被贬济州,经历了人生的第一次大起大落。与诸王的交往,让王维在人生初期即获豪右青睐、盛名广传,获得高端生活体验,瞬间的贬逐让二十多岁的诗人产生了深度的失意之悲,心灵投下了苦闷灰暗的阴影,五年的贬谪经历使他认清都市,在边缘的位置重新审视人生,寻找精神的归宿。而对自由的迷恋逐渐强化为一种无意识,反复出现在他的生命历程中。当他再次回到长安时,刻骨铭心的痛苦、焦虑、忧伤,让他爱染日薄,禅寂日固,再次寻找"桃花源"。

王维与佛教的渊源颇深,其母笃信佛教,"师事大照禅师三十余年,褐衣蔬食,持戒安禅,乐住山林,志求寂静"。(《请施庄为寺表》)虽少小即闻佛经,但王维真正学佛则在开元十七年(729),服膺荐福寺道光禅师门下,学习顿教十年。道光是华严宗僧人,属于大乘有宗,主张"法界真有"。王维在《大荐福寺大德道光禅师塔铭》中云:"故道俗之烦而息化城,指尽谓穷性海而已,焉足知恒沙德用,法界真有哉!"僧俗多入渐门,长期修习,其事烦劳,尚未修成佛果。怎知真如之理性具有恒沙功德,于微尘中间能见"真有法界"。认为彼岸世界就在众生所居住的现实世界里,舍弃俗念,即见净土,缩短了佛境与现实的距离。

在北禅宗盛行之时,王维选择了华严宗道光禅师,正是道光禅师的理论与王维企慕的理想境界相符。"道无不在,物何足忘",只要守道修心,诸法皆空,无论处在什么境地都会惬意,都是桃花源。随着宗教重心的转移,王维再次对桃源世界形塑,将"桃源"佛教化。如《蓝田山石门精舍》云:

> 落日山水好,漾舟信归风。探奇不觉远,因以缘源穷。
> 遥爱云木秀,初疑路不同。安知清流转,偶与前山通。
> 舍舟理轻策,果然惬所适。老僧四五人,逍遥荫松柏。
> 朝梵林未曙,夜禅山更寂。道心及牧童,世事问樵客。
> 暝宿长林下,焚香卧瑶席。涧芳袭人衣,山月映石壁。
> 再寻畏迷误,明发更登历。笑谢桃源人,花红复来觌。

这首诗与青年时期所写的《桃源行》结构相似,都是乘舟游于山水间时意外发现"桃源",但"桃源"境界却大不相同。《桃源行》中桃源是缥缈的世外仙境,不辨仙源何处寻。而此诗中的桃源就在人间,是偶与前山通的佛国。"老僧四五人,逍遥荫松柏。朝梵林未曙,夜禅山更寂",僧人们在松柏荫下参禅念经,在朝晖夕阴、花开花落中领悟禅机,充实而不枯燥,清静却不枯寂。桃源成为超脱尘俗、了悟参禅、守道修心的人间佛国。正如皮述民先生所说:"如果说陶公的桃花源是'人间乐土',那么王维的《桃源行》中的桃源则是'人间仙境',而《蓝田山石门精舍》所展现的佛国桃源,应可说是'人间净土'才对。"①

在王维佛教化的桃源世界中,一个有意味的改变是以"寻访—发现—渴望回归"替代了陶渊明《桃花源记》中的"寻访—发现—再难寻觅"的叙事框架,诗歌结尾"笑谢桃源人,花红复来觌",肯定地表达了诗人一定再来的强烈意愿。这种回归的渴求在《和宋中丞夏日游福贤观天长寺即陈左相宅所施之作》再次表述:"桃源勿遽返,再访恐君迷",唯恐再难寻觅,最好不要从桃源中走出来。在华严宗"法界真有"和南禅宗"菩提自性本来清净,但用此心,直了成佛"②的思想影响下,王维认为桃源不再神秘渺茫,而是可以追寻,只要远离名利,方便之门大开,幽静的人间佛国即是桃源。

从道教仙境到佛教净土,王维的桃源追求由世外移到世间。但诗人都是桃源外人,以漂泊的外人视角寻找桃源世界,往往是神仙乐土,佛门圣地,这是一个他人的世界,可以远观和向往,却无法安顿诗人的内心。

二、栖居辋川——桃源中人的有心建构

对于佛教而言,心净则佛土净,消弭尘世俗念,随处可见桃源;对于道教而言,山乃遇仙之处,得道之归宿,是一个充满神圣感和依恋感的家园。佛教给了王维信念上的支持,犹如一束光;道教给了王维方法上的指引,指明了一条路。在佛道思想的影响下,桃源已不再是神秘难以实现的乌托邦,而是人人可以寻求的家园。天宝三载(744),对政治的热情渐已消歇的王维,开始营建辋川别业,有心追寻并建构属于自己的桃花源,力图将陶渊明的"彼岸世界"变为"现实世界"。与陶渊明追求和谐的理想社会不同,王维追求的是人生的自由和心灵的归宿。他在地理空间、文化空间、诗意空间上建构了存在的桃源世界,使之成为了具有现实性的人间乐土和心灵家园。

(一)辋川桃源的地理空间建构

辋川位于陕西省蓝田县城南约四公里处的峣山、箦山之间,是秦岭北麓东段一条风光秀丽的川道。因两岸山间诸多河水汇流入川,水纹旋转像车辋环辏,因此将

---

① 皮述民:《王维探论》,台北:联经出版事业公司 1999 年版,第 74 页。

② 弘学编:《六祖坛经浅析·坐禅品》,成都:巴蜀书社 2008 年版,第 17 页。

其称为辋水,此川也由此被命名为辋川。这里秀峰林立,溪水潺潺,自古"终南之秀钟蓝田,茁其英者为辋川"。

《陕西省蓝田县志》卷六载:"旧志:辋川口即峣山之口,去县南八里,两山对峙,川水从此流入灞。其路则随山麓凿石为之,约五里,甚险狭,即所谓'扁路'也。过此则豁然开朗,此第一区也。团转而南凡十三区,其胜渐加,约三十里(笔者按:从辋谷口起计应为二十里)至鹿苑寺,则王维别墅。"①

明人李东对由谷外进入谷内的描写:"由口而南,凿山为路,初甚狭且险,计三里许。忽豁然开朗,团转周匝约十数里,如车辋然。岩光水色,晃耀目睫。良田美景,鸡犬相闻在水之两涯。"②

明代陈文烛《游辋川记》云:"出县南门行八里,饶佳山水。至川口,两山壁立,下即辋峪河也。蓝水东南发源,北合灞水,达于渭河,蜿蜒数十里而下,如车辋然。其路则凿山麓为之,有甚险者,俗号'三里匾'。徒步依匾而行,过此则豁然开朗,山峦掩映,似若无路。良田美地,鸡犬相闻,可渔可樵,可耕可牧,此第一区也。沿岸而南,有茅屋数家,黄发垂髫,携酒以迎。"③

辋川初入则谷口狭窄,是三里长的险岩弯曲谷道,俗称"三里扁"。两岸奇峰突兀,怪石嶙峋,无有耕地与民居。进入山谷之后豁然开朗,别有洞天,平畴秀野,良田美池,村落民居,鸡犬相闻。王维辋川别业的二十处景观,就分布在进入辋口南行约五里至鹿苑寺计约十五里的"豁然开朗"的山谷川道中。在地形学上,辋川与陶渊明的"桃花源"完全契合。这不正是王维一直苦苦寻觅的现实版的桃花源吗?

王维将辋川这一相对隔绝的天地视作安放心灵的存在的空间。在这里不仅地理形貌上犹如桃源,在生态上也是如同桃源。"雨中草色绿堪染,水上桃花红欲然"(《辋川别业》),"桃红复含宿雨,柳绿更带朝烟"。(《田园乐》)"开畦分白水,间柳发红桃。"(《春园即事》)"春风动百草,兰蕙生我篱。暖暖日暖闺。田家来致词。欣欣春还皋,澹澹水生陂。桃李虽未开,荑萼满其枝。"(《赠裴十迪》)"新晴原野旷,极目无氛垢。郭门临渡头,村树连溪口。白水明田外,碧峰出山后。农月无闲人,倾家事南亩。"(《新晴晚望》)正如李俊标先生所云:"诗佛于寺观之篇章再是恬静悠然,亦无法抹尽内心深处那一丝不安与惶恐。禅乐实非其归心之地,其归处,正在此桃红柳绿之红尘!"④

这里不再是只存在于文本中的乌有乡,而是一个真实的地方,一个诗人可以栖

---

① 吕懋勋等修,袁廷俊等纂:《陕西省蓝田县志》,台北:台湾成文出版社 1969 年版,第 338 页。
② 《光绪蓝田县志辋川志》:《中国地方志集成陕西府县志辑》第 16 册,南京:凤凰出版社 2011 年版,第349 页。
③ 吕懋勋等修,袁廷俊等纂:《陕西省蓝田县志》,台北:台湾成文出版社 1969 年版,第 844 页。
④ 李俊标:《王维诗选》,郑州:中州古籍出版社 2012 年版,第 248 页。

居的真实存在的归所,是重构自我,安顿心灵的场所。王维以归来人,以桃源中人的眼睛去谛视一个相对逼仄的山谷,将与世俗隔绝的辋川地理空间与人的精神性活动沟通起来,从而使辋川具有了地理的空间性和审美意义。

(二) 辋川桃源的文化空间建构

盛唐时期,人的"心性"问题成为关注的重心。牟宗三曾云:"唐朝完全是靠自然生命健旺开展出来的,所以唐朝三百年乃是服从生命原则。"陶渊明力图消融理想与现实的对峙,建构理想社会图式;而王维力图消融个体生命的自由与束缚之间的对峙,追求恬淡无争、和谐快乐的理想生存方式。和陶渊明相比较,王维对桃源的寻找从更深层的文化意蕴上是关注人的生存问题。

王维将自我生命注入到辋川这个地理空间。开元九年(721)王维第一次受挫贬官,《被出济州》诗云:"微官易得罪,谪去济州阴",此微官带着委屈和怨言。天宝三年(744)《漆园》再次提到"微官","古人非傲吏,自阙经世务。偶寄一微官,婆娑数株树"。这首诗借庄子自况,言说自己并非傲吏,既然缺少治理世事的才干,那就做一微官,偃息于林下吧。二十年来的仕宦经历使他在对自我的清晰体认下不再纠结于仕隐的二难选择,而是选择消融二者之间的矛盾。"不废大伦,存乎小隐。迹崆峒而身托朱绂,朝承明而暮宿青霭。"(《暮春太师左右丞相诸公于韦氏逍遥谷宴集序》)"身心相离、理事具如",将立身与安心分开。身守君臣之义,心求精神自由,让心灵止泊在辋川,正如萧驰先生所云"辋川乃其生命栖居存在中的桃花源"。①王维赋予了辋川桃源新的蕴涵,使它成为诗意栖居、自由生存之地,回归本真、心灵皈依之所。

王维接受了陶诗提供的田园农耕模式,同时又将文人的高雅情怀、悠游闲适融入其中,构建出契合文人士大夫的诗意栖居的生存模式。辋川成为诗人的活动中心,既有村墟、牛羊、牧童、桑麻、烟火的田园牧歌生活,如《酬诸公见过》云:"屏居蓝田,薄地躬耕。岁宴输税,以奉粢盛。晨往东皋,草露未晞。暮看烟火,负担来归";也有酌酒抱琴、闲暇赋诗的文人闲适生活,《田园乐》是王维居辋川时的生活写照:

> 采菱渡头风急,策杖村西日斜。杏树坛边渔父,桃花源里人家。
> 萋萋芳草春绿,落落长松夏寒。牛羊自归村巷,童稚不识衣冠。
> 桃红复含宿雨,柳绿更带春烟。花落家童未扫,莺啼山客犹眠。
> 酌酒会临泉水,抱琴好倚长松。南园露葵朝折,东谷黄粱夜舂。

这里没有陶渊明"晨兴理荒秽,带月荷锄归""开荒南野际,守拙归园田"辛苦农

---

① 萧驰:《诗与他的山河》,北京:三联书店 2018 年版,第 272 页。

作的痕迹。只有文人的高卧东窗、闲听落花、酌酒临泉、倚松抱琴的悠游自在。王维带着空灵明彻之心境,追寻无尘累之生活,使日常生活处在审美观照之下,使现实当下的生活审美化,从而构成诗意栖居。"明月松间照,清泉石上流。竹喧归浣女,莲动下渔舟"(《山居秋暝》);"倚杖柴门外,临风听暮蝉。渡头余落日,墟里上孤烟"(《辋川闲居赠裴秀才迪》);"时倚檐前树,远看原上村"(《辋川闲居》);"松风吹解带,山月照弹琴。"这种闲适生存忘却俗世,没有形役,没有物累,体现出人的"本真状态"和"自由存在"。"诗意"不是一种轻松浪漫的姿态,而是人本真生存的光华。①王维所追求的正是回归自我,追求本真的诗性生存,这正切合了文人士大夫的生存理想。葛晓音先生曾论到王维"将田园生活中最有诗意的生活片段加以剪辑,活画出士大夫兀立世外桃源中的风采","这类高雅脱俗的人物和环境遂成为后世文人写意画表现隐士的范本"②。王维所构建的高雅脱俗、回归本真的诗意生存方式,为后世的文人士大夫提供了生存范本。

辋川是诗人的心灵回归之所。王维诗中一再出现归、还、返、守等字,"渡头灯火起,处处采菱归"(《山居即事》);"春草明年绿,王孙归不归?"(《山中送别》)"自顾无长策,空知返旧林。"(《酬张少府》)"不到东山向一年,归来才及种春田。"(《辋川别业》)"悠然远山暮,独向白云归"(《归辋川作》);"一从归白社,不复到青门"(《辋川闲居》);"暮看烟火,负担来归"(《酬诸公见过》)。辋川成为诗人生命的止泊之地,成为真正的故乡和生命的归宿。"山中习静观朝槿,松下清斋折露葵。野老与人争席罢,海鸥何事更相疑?"(《积雨辋川庄作》),诗人幽栖林下,参悟人生。在清斋习静中去除机心,与世无争。安史乱后,王维扈从不及而身陷伪职,内心充满着自责和忏悔,"安得舍尘网,拂衣辞世喧。悠然策藜杖,归向桃花源"。(《口号又示裴迪》)辋川仿佛内心的修复地,每次在俗世中遭遇痛苦,回到辋川便修复如初。辋川成为他有处可逃的心灵家园。"此际,没了法侣、没了梵呗、没了枯守、没了静观……此时此刻,此情此景方是'诗佛'摩诘内心真正之归地,唯于此际,摩诘始得心安。"③

王维在辋川静默寂照中洞见自我,在自我缺席之所回到了自我本身,以闲适生存重构自我。辋川成为他逃离现实、摆脱忧愁、诗意生存的精神家园。都市生存的焦虑在此得到纾解,诗人获得内心的平静与安宁。王维将桃源世界人间化,文人化,辋川成为人间桃源的象征,成为中国士大夫能够安顿心灵的精神家园。

(三) 辋川桃源的诗性空间建构

宇文所安先生曾云:"对自己青年时期文学世界的记忆可以成为更强有力的

---

① 余虹:《思与诗的对话——海德格尔诗学引论》,北京:中国社会科学出版社1991年版。

② 葛晓音:《诗国高潮与盛唐文化》,北京:北京大学出版社1998年版,第105页。

③ 李俊标:《王维诗选》,郑州:中州古籍出版社2012年版,第248页。

语境。"①青年时期的追梦桃源成为王维内心深处长久弥漫的情结,贯穿诗人一生,同时也成为他诗歌中的一个重要语境。王维的山水田园诗体现出一种桃源的发现,将桃源的追寻化为诗歌的表达范式,建构诗性空间。

第一种是显性范式,诗作沿着"随性远游—发现桃源—回归桃源"的模式结构诗篇。如《青溪》:

> 言入黄花川,每逐青溪水。随山将万转,趣途无百里。
> 声喧乱石中,色静深松里。漾漾泛菱荇,澄澄映葭苇。
> 我心素已闲,清川澹如此。请留磐石上,垂钓将已矣。

诗的开头四句写了缘溪而行的远游,"随山将万转",在千回万转之后豁然开朗。中间四句描写了偶然发现之景,青溪在嶙峋乱石中穿行之后,流入平缓的松林,微波荡漾,芦苇倒映。清静幽深,宛如桃源世界。后四句"我心素已闲,清川澹如此",清川的淡泊正是诗人的内心写照。这是一次桃源之旅,偶然发现的悠然山水,与诗人淡泊闲适的情致相契合。

《过香积寺》《自大散关以往深林竹磴道盘曲四五十里至黄牛岭见黄花川》《终南别业》等诗篇结构皆是如此。"不知香积寺,数里入云峰。古木无人径,深山何处钟""危径几万转,数里将三休。回环见徒侣,隐映隔林丘"写了诗人的远游与发现,在桃源的世界中诗人留恋"曾是厌蒙密,旷然销人忧","偶然值林叟,谈笑无还期"。以无意远游,偶然发现开始,以不愿离去,渴望回归做结,每一首诗都是一次桃源之旅。

这种模式还有一种变体,即隐去了随性远游,直接写"发现桃源—回归桃源"。《渭川田家》描写了傍晚时分田家的生活场景,夕阳斜照村落,牛羊徐徐归来,野老等候牧童,田夫荷锄攀谈。这是一幅怡然自乐、和谐美好的桃源图景。最后两句"即此羡闲逸,怅然吟式微",表达出诗人渴望回归桃源的愿景。《山居秋暝》亦是如此结构。"空山"阻绝了外界,阻绝了尘心,犹如世外桃源。明月青松、流泉,竹喧浣女,渔舟青莲,一切都是洁净淳朴、无忧无虑。结尾"随意春芳歇,王孙自可留"反用楚辞《招隐士》之典:"王孙兮归来,山中兮不可以久留",表达了诗人对理想境界的追求与回归。正如王志清先生所云:"诗是理想化的,充满了浪漫气息,是王维的'桃花源记'。"②桃源之行成为王维山水田园诗的最重要的结构模式,这也为后人诗作提供了可资仿效的范本。

---

① 宇文所安:《学会惊讶:对王维〈辋川集〉的重新思考》,见《中国中古文学研究》,第 732 页。

② 王志清:《王维诗传》,石家庄:河北人民出版社 2016 年版,第 158 页。

第二种是隐性范式。这种诗歌几乎找不到桃源结构和桃源意象。王维剪裁了寻找、发现的过程，只留下桃源中的自由适意，占据了诗歌的中心位置。作为桃源中人，诗人无需寻找发现，无需离去再觅。只需要静心、归心，在闲静冥思中体验自然，体味那"不知有汉，无论魏晋"的自在境界。他的辋川诗歌聚焦在这种小空间的感受上，将对桃源的诗性感知浓缩在"不为人知而自适"的诗语表达中，对自然山水进行精神的营造。

叶维廉在比较王维和英国诗人华兹华斯的诗歌时认为："王维的诗，景物自然兴发与演进，作者不以主观的情绪或知性的逻辑介入去扰乱眼前景物内在生命的生长与变化的姿态；景物直观读者眼前。"①《辋川集》中很多诗作体现的是诗人净化过的心境。《木兰柴》："秋山敛余照，飞鸟逐前侣。彩翠时分明，夕岚无处所。"秋山落日，飞鸟返回。一切都顺其自然，没有外界的干扰，物遂其性。《白石滩》："清浅白石滩，绿蒲向堪把。家住水东西，浣纱明月下。"这是桃源母题下形成的书写图式，没有纷争，没有冲突，只有美好和静谧。

施补华《岘佣说诗》"辋川五绝清幽绝俗"。《鹿柴》《竹里馆》《辛夷坞》《鸟鸣涧》四首堪称山水诗的极品。

> 空山不见人，但闻人语响。返景入深林，复照青苔上。
> 独坐幽篁里，弹琴复长啸。深林人不知，明月来相照。
> 木末芙蓉花，山中发红萼。涧户寂无人，纷纷开且落。
> 人闲桂花落，夜静春山空。月出惊山鸟，时鸣春涧中。

这些作品都呈现出共同的叙述方式：营造一个远离尘嚣的无人之境，进而以特写的方式展示静谧中潜隐的大自然的生命律动。"空山不见人""涧户寂无人""深林人不知""人闲桂花落"，无人的幽谷空山，既无入也无出，花开花落，一任自然，心随境寂，与世无争。这里阻断了一切功利体系，不容异质介入，只有桃花源般美好，生命在此从容不迫，自在自足。袁行霈先生云："在常人看来，该是何等的孤独寂寞！而王维则不然，因他所欣赏的正是人在寂寞时方能细察到的隐含自然生机的空静之美。那空山青苔上的一缕夕阳、静夜深林里的月光、自开自落的芙蓉花，所展示的无一不是自然造物生生不息的原生状态，不受人为因素的干扰，没有孤独，也没有惆怅，只有一片空灵的寂静。"②诗中所展示的是"自然造物生生不息的原生状态"，诗人所持的是"没有孤独，也没有惆怅"的明静心境。这些诗作呈现出中国

---

① 叶维廉：《中国诗学》，北京：三联书店1992年版，第98页。
② 袁行霈：《中国文学史》（第二卷），北京：高等教育出版社2000年版，第243页。

诗歌从未有过的体验,生命瞬刻,须臾之物却又自足自在,最完美地体现了诗人关于存在和生命的理想。

王维笔下的山水大多是为人所不知,但在不为世俗所知中透露出一种自在自为的和谐与静谧。如勃兰兑斯所描写的泛神论境界"凝神眺望时,他的整个生命都从自我狭窄的天地中涌出来,随着溪流流走。他活跃的意识扩展开来,他把无知无觉的自然吸入自我之中,自己又消融在景物里……并同无形的宇宙合二为一"。①明代吴宽《书画鉴影》云:"右丞胸次洒脱,中无障碍,如冰壶澄澈,水镜渊停,洞鉴肌理,细现豪发,故落笔无尘俗气。"面对自然,诗人融入其中,淡化自我,避免"不平静"的情感因素,在宁静的自然山水中感悟自在永恒,对一切境遇不生忧乐,不起粘著,自给自足的和谐圆满,创造出空灵的意境,由此为中国诗歌开拓了从未有过的山水美感。

李从军《唐代文学演变史》中说:"在诗国清澹世界里,王维是个集大成者,在王维的诗歌里,存在着双重意境,画面的和谐与美感构成了他诗歌的'第一意境';而在'第一意境'后面,是更为高级的,充满空灵和神韵的'第二意境'。"②没有山水的对峙与冲突,更多的是和谐与宁静。王维的山水诗呈现的是诗人内心所渴望的桃花源,没有主观性、没有目的性,没有外物的束缚,只有生命中最美好的时刻,生命回归自然,心灵回归自由。这与《坛经》所描述的"无动无静,无生无灭,无去无来,无是无非,无住无往"的境界相契合。瑞士思想家阿米尔说:"一片自然风景是一个心灵的境界",山水成为诗人的心理意象,情感符号,心灵境界,成为诗人无为而自适、无形役而自由的生命意识的象征。王维在山水诗中用诗美话语建构了哲理性的桃源世界,使山水诗空灵蕴藉,成为中国山水诗歌的典范。

追梦桃源是王维内心深处长久弥漫的情结,贯穿诗人一生,同时也是他诗歌中的一个重要母题。年少时王维描写了"灵境"的仙化桃源,预叙了他的生命走向。王维开始以漂泊的外人视角寻找桃源世界,发现的桃源往往是神仙乐土,佛门圣地,这是一个他人的世界;中晚年时经营辋川别业,在地理空间、文化空间、诗性空间上建构了现实而存在的桃源世界。王维对桃源的建构在于人间化、文人化、诗意化。将彼岸世界变为现实的人间桃源;以高雅脱俗的闲适生存为桃源的生存提供了范本;空灵的山水诗境建构了哲理性的桃源世界,为后代文人提供了精神上的诗意栖居和文学上的诗美话语。

(作者单位:西安文理学院文学院)

① 勃兰兑斯:《十九世纪文学主流》第一分册,人民文学出版社 1980 年版,第 175 页。
② 李从军:《唐代文学演变史》,北京:人民文学出版社 1993 年版,第 165 页。

王维《山居秋暝》的"隐"与"显"及其审美价值思考

陈丽平

王维晚年隐居于蓝田辋川,生活无忧,心境悠然,在安静、美丽的山水间悠闲度日,创作了大量的山水诗,《辋川集》描写了辋川著名的"景点","余别业在辋川山谷,其游止有孟城坳、华子冈、文杏馆、斤竹岭、鹿柴、木兰柴、茱萸沜、宫槐陌、临湖亭、南垞、欹湖、柳浪、栾家濑、金屑泉、白石滩、北垞、竹里馆、辛夷坞、漆园、椒园等,与裴迪闲暇,各赋绝句云尔"。(《辋川集序》)同时,还创作了《赠裴十迪》等七首与裴迪交往的诗作。《春园即事》等十余首田园诗,《山中》《山中即事》等写山中游历、闲居等题材的山中生活诗歌,以"辋川"为题的《辋川闲居》《归辋川作》《别辋川别业》诗歌六首。蓝田辋川的这段岁月,是王维诗歌与生活环境、心境关系最为密切的时期。在王维看来,他走过的每个地点、看到的每一生活场景都是艺术的,都是诗化的。幸运的是,作为语言艺术的能手,王维成功地把他感受到的诗意写了出来,这些由王维特殊的日常生活诗化的诗歌,在历经千年的流传中,有的时代忽略了它们,有的时代接受了它们,同样的一部作品,其流传中或"隐"或"显"的原因何在? 而其真正的审美价值是什么? 下面就以《山居秋暝》为例探索这些问题。

一、王维《山居秋暝》在文学总集中的选录情况

唐宋时期编选盛唐诗人的文学总集中,王维是具有代表性的盛唐诗人,几乎每部总集都会选录王维的诗作,然而这些选录作品偏于应制、送别等人际往来的题材。山水诗当然也是这些总集聚焦题材之一,只不过,在山水诗中被选录频率最高的诗歌是《终南别业》,如唐代总集《河岳英灵集》《国秀集》,宋代总集《文苑英华》《唐文粹》,甚至到了元方回《瀛奎律髓》、杨士弘《唐音》,都选录了这首《终南别业》,此外,《终南山》《竹里馆》《鹿柴》《过香积寺》也是被这些唐宋总集选录较多的山水作品。而在这些唐宋及元代的总集中,均没有选录《山居秋暝》,即使是选录盛唐诗歌的《河岳英灵集》《国秀集》也不例外。

到了明清时期,《终南别业》仍然是选录频率最高的王维山水诗,而《山居秋暝》也开始引起一些选家的注目,明代选录唐诗的总集中开始出现对此诗的选录,如曹学佺《石仓历代诗选》、高棅《唐诗品汇》、陆时雍《唐诗镜》,也开始出现一些简单评价,如高棅《唐诗品汇》在五言律诗正宗部分引用刘辰翁评价,"刘云总无可点,自是好"。陆时雍《唐诗镜》"三四冷然"。这些明人的总集对于王维山水诗选择数量较前代更多。清初康熙主持了两部与唐代诗歌相关的文学总集,即《御选唐诗》和《御定佩文斋咏物诗选》,这两部总集均选录了《山居秋暝》,其中《御选唐诗》还有对《山居秋暝》的详细注释,从诗句语言来源角度罗列相关的文学作品。另外,清代私人选录的诗歌总集中也开始重视这首诗,如王士禛《唐贤三昧集》、蘅塘退士《唐诗三百首》等,清末民国初年高步瀛《唐宋诗举要》也有对《山居秋暝》选录。

新中国成立之后出版了一批有影响的唐诗选本,如马茂元《唐诗选》、社科院《唐诗选》,之后,又有一些唐代诗歌的选本陆续问世,如陈贻焮先生的唐诗选本、陈铁民先生的唐诗选本,在这些有影响力的唐诗选本中,均选录了《山居秋暝》,该诗成为王维山水诗歌的代表作。而在沪教版等各地区中学语文课本中,《山居秋暝》一般是必背的选文。在新中国成立以来的大学本科"中国古代文学"配套的教材中(例如朱东润主编的《中国古代文学作品选》)《山居秋暝》也成了必选篇目。

这些都表明了《山居秋暝》在流传过程中,其审美价值的接受具有鲜明的时代性,在唐宋元代,这篇作品被其他的山水诗遮蔽了"光芒",而从明清时期开始,这部作品渐渐受到重视,并且雅俗共赏,不仅有专业的唐诗总集选录,更有面向大众、以普及为目的的选本的选录,还在中学、大学的课本中得到了充分的重视。

二、王维《山居秋暝》在不同时代的审美接受

正如唐宋两代的诗歌总集忽视《山居秋暝》一样,此期的诗人、学者对于这首诗关注度很低,《山居秋暝》在唐宋时期,除了宋元之际的刘辰翁若有若无地评了一句"总无可点,自是好"(刘辰翁《王孟诗评》)之外,几乎没有一点回响。

进入明代,各类唐诗选本对《山居秋暝》普遍收录并重视起来。钟惺、谭元春《唐诗归》收录此诗,钟惺留意到此诗的细节之妙,评价"竹喧归浣女,莲动下渔舟"两句:"细极! 静极!"唐汝询《唐诗解》认为《山居秋暝》"雅淡中有雅趣"的特点。周珽《唐诗选脉会通评林》中对该诗的景物刻画分析更为细致,分析了诗歌的"雅淡""极清极淡"色调,《增订评注唐诗正声》中以"色韵清绝"赞叹此诗的艺术效果。明人的这些评价大体着眼于该诗歌宏观呈现的艺术效果,也开始从诗歌技法的角度进行分析,对于诗歌炼字、细节的功夫进行肯定,这开启了清代对此诗进行更深入的接受。

清代诗人对《山居秋暝》的分析更为微观、细致。他们大多从五律"写法"的眼

光观察这首诗：

> 凡使皆新，此右丞之似储者。颔联同用，力求切押。（王夫之《唐诗评选》）
>
> 尾联见意格。右丞本从工丽入，晚岁加以平淡，遂到天成，如"明月松间照，清泉石上流"，此非复食烟火人能道者。今人不察其渐老渐熟乃造平淡之故，一落笔便想作此等语，以为吾以王、孟为宗，其流弊可胜道哉！（黄生《唐诗矩》）
>
> "空山"两句，起法高洁，带得通篇俱好。（张谦宜《茧斋诗谈》）
>
> 陈德公曰：三四极直置，而清寒欲溢，遂使起二句顿增生致，不见为率。五六加婉琢矣。（卢麰《闻鹤轩初盛唐近体读本》）
>
> 语气若不经意，看其结体下字何等老洁，切勿顺口读过。（张文荪《唐贤清雅集》）

这些评论发现了《山居秋暝》看似平淡、实则老道巧妙，对这首诗的评价是很高的。同时，从写诗的角度细致琢磨了此诗的妙处，并试着去模仿。然而，清人的评论中也不乏批评的意见，由王士祯原选、吴煊、胡棠笺注的《唐贤三昧集笺注》就认为此诗景物描写有缺失，认为写景太多，而沈德潜《说诗晬语》也认为写景为败笔，中间二联不宜纯乎写景，这些评论仍然是从诗歌创作技法的角度观察诗歌。

进入二十世纪，评论者不再把评论重心放在五律写作的章法上，更多分析诗歌传达的美感效果，高步瀛赞叹王维此诗的高妙之处在于"随意挥写，得大自在"。（《唐宋诗举要》）发现了王维对诗歌技巧的运用极为自由，获得大道至简的艺术效果。而林东海在《历代诗法》中感叹"天光工影，无复人工"也是极高的评价。在中国期刊网上，仅仅从 1980 年至 2019 年的 39 年间，以《山居秋暝》为篇名的分析文章就有 120 篇。这些文章的分析角度集中在以下几个方面："诗中有画"的意象特点；与教学相关的作品分析；诗歌的意境美；诗歌与佛教的关系；诗歌的英译问题；诗歌的语言技巧艺术；西方文化背景下的《山居秋暝》解读。这些文章的写作都有一个前提，《山居秋暝》是一首完美的诗歌艺术作品，作为山水诗代表了王维的最高诗歌艺术的水准，对这首诗这样高的评价，是前所未有的。

三、对王维《山居秋暝》审美价值的思考

《山居秋暝》的审美特征，现有的研究成果已经讨论得非常多了，其讨论主要集中在"诗中有画"、动静结合、诗境富有禅意与哲理等等方面。蒋寅在概述此诗的写景、抒情特点时，强调了该诗浑然一体的美感，"具有内在的灵动与和谐圆满并透出

某种哲理意味的境界"。①王维山水诗中的写景,偏于清新幽隽,较多的学者把《山居秋暝》的成功归于王维的佛教信仰,"王维的确能达到禅的静境,所以万物在他的无我的关照中呈现出天然的和谐圆满,……一切都是自在自为的,像日月的升落一样自然,……人只会在其中得到满足的闲趣,得到一种沉醉的和谐"②。佛教信仰确实给王维观察周遭景物一种特殊的视角,然而,在《山居秋暝》山水景物的描写与抒情中,作者并没有在刻意说理。

《山居秋暝》景色描写摄取眼前景,动静结合。这里借用叶嘉莹先生强调古典诗词的"兴发感动"概念,《山居秋暝》具有多层次的"兴发"作用,引起读者丰富的想象。

"空山新雨后,天气晚来秋"开篇给人一种强烈的时间空间想象,大雨过后的"空山"并不"空",是有着特定季节与雨后的特殊气味、光影的,这句诗王维着意刻画视觉、听觉所感知的静态美。之后诗歌写动态美,"明月松间照,清泉石上流。竹喧归浣女,莲动下渔舟"。与开篇两句形成碰撞与对比,是对前两句视觉与听觉效果的突破,视觉上由"空"转向"月松""泉石",转向"竹莲"与"浣女、渔舟",更巧妙的是,视觉上的"兴发"作用与听觉上的"兴发"作用是交织在一起的,读者似乎与作者共同捕捉到了月光穿透松枝的瞬间动态,捕捉到清泉流过石头的声音与动感,具有动感的"兴发"作用,而五六两句,则引领读者听到、看到水上莲叶徐动、打鱼人一天劳作之后划船归来,竹林那边一片喧闹、洗衣女说笑着结伴回家。这些描写,从静物写起,巧妙引入动态,鲜活灵动。这一系列的描写,显示王维对周围他物有强烈、敏锐的感应能力,能瞬间被光影、动静等因素所吸引。

此处,"空山"不仅不空,还格外丰富、饱满,色调的清幽雅致,气质的明净悦然,同时,山中秋天傍晚的烟火气,也吸引自己,甚至带有被惊艳到的欢喜和愕然,心灵被震撼和净化的感受。在这样的"兴发"指引下,诗歌末两句"随意春芳歇,王孙自可留"转入抒情写志,是非常自然的,表现出来积极隐逸的生活态度。

"随意春芳歇,王孙自可留",是王维回应了《招隐士》中作者对游居山中"王孙"的呼唤劝告。《招隐士》作者渲染了山中的险恶,并以人间"春草生兮萋萋"与之对比,主旨落在"山中兮不可以久留"。而王维反其意而用之,在大量描写了山居美好之后,回答《招隐士》中的劝告者,看,山中如此美好,"王孙"会欣然留在山中。《山居秋暝》难道是对《招隐士》作者的应答?诗歌的内容结构,前面一直在写山中的美好,结尾处因此景而告答《招隐士》作者,山中并不险恶,山中美景自可以让王孙久留于此。这种内容结构的巧思,似乎王维在诗歌结尾抖了包袱,让读者有新奇感。

---

① 蒋寅:《论大历山水诗的美学趣味》,见《安徽大学学报》(社会科学版)1990年第1期,第75页。
② 蒋寅:《论大历山水诗的美学趣味》,见《安徽大学学报》(社会科学版)1990年第1期,第79—80页。

　　《山居秋暝》没有点出居住于哪座山,因而读者可以想象此山是有名的终南山,也可以是不知名的辋川的一座小山。王维特定时刻特定地点所引起触动写就的这首五律,具有一种超越时空的永恒意义,更容易让读者产生共鸣。当读者曾经处在任何一个相似的环境中,即有山水、有月泉,这句"明月松间照,清泉石上流"就会自然跳入脑海中,与此时此景叠映。

　　回顾《山居秋暝》的流传轨迹,从唐宋的"默默无闻",到明清时期的"声名渐起",再到民国、建国后山水诗代表地位的"无可争议",呈渐进上升的状态。这期间对其认识的不同,自然和不同时期的文学风尚有关,"穷通显晦总是在一定的历史社会条件下发生的……当明珠美玉被人偶然发现,发出夺目的光彩之后,他就不容易再被埋没了"①。《山居秋暝》中的"山水"并非名山秀水,王维把凡人眼中寻常的景物与生活诗意化。王维信佛确实使其诗歌带有"禅意",然而,《山居秋暝》中的写景抒情作者是处于"无心"状态下的,并非执着于某一种道理的植入,不带有任何功利目的。因而,诗中高妙意境中,融入了鲜活、生动的人间烟火气,兼具物色与人情美,容易让读者产生代入感,产生共鸣。

(作者单位:辽宁大学文学院)

---

① 张伯伟编:《程千帆诗论选集》,太原:山西人民出版社 1990 年版,第 120—128 页。

《山中与裴秀才迪书》新解

朱永林

有唐一代,乃我中华文明发展史上又一鼎盛时期。其时文化繁荣,名家辈出,若星汉璀璨,辉耀千古。

王维(701?—761),无疑是其中最为闪亮华美的星辰之一。

王维今存诗文四百余首(篇),其中一篇以信札体写就的山水散文——《山中与裴秀才迪书》(以下简称《山》文)因其文字清新、意境隽永,而广为后人传诵,现又被收录、选编于多种古典文学选集和大、中学教科书中。相关文化学者对该文的析赏、诠释也屡见不鲜,然细究之下,仍有诸多疑惑萦于心间。

笔者家居蓝田,时常徜徉辋、灞河畔,远眺嵯峨终南,感念盛唐气象,习吟摩诘诗篇,兼之参阅多方典籍资料,遂对《山》文中的疑惑处有了一些拙见并述诸笔端。

本文诠解部分共为七节,为方便理解,我们先来一览《山》文原文:

> 近腊月下,景气和畅,故山殊可过。足下方温经,猥不敢相烦。辄便往山中,憩感配寺,与山僧饭讫而去。北涉玄灞,清月映郭。夜登华子冈,辋水沦涟,与月上下。寒山远火,明灭林外。深巷寒犬,吠声如豹。村墟夜舂,复与疏钟相间。此时独坐,僮仆静默。多思曩昔,携手赋诗,步仄径、临清流也。当待春中,草木蔓发,春山可望,轻鲦出水,白鸥矫翼,露湿青皋,麦陇朝雊,斯之不远,倘能从我游乎? 非子天机清妙者,岂能以此不急之务相邀? 然是中有深趣矣! 无忽。因驮黄檗人往,不一。山中人王维白。①

一、"故山"与"秀才"

从文题可知,此信札作于"山中",然此"山中"居于何处? 诸多史料已经告知了答案。《新唐书·王维传》载:"别墅在辋川,地奇胜,有华子冈、欹湖、竹里馆……与

---

① (清)赵殿成:《王右丞集笺注》卷十八,上海:上海古籍出版社1998年版,第332页。

裴迪游其中,赋诗相酬为乐"①;《辋川集·序》曰:"余别业在辋川山谷"②;清道光《蓝田县志》载:"辋川分华岳之支,据峣峰之胜,名齐栗里,境等桃源。宋学士诛茅于前,王右丞筑墅于后"③;王维在《山》文中也提及归山途中,"夜登华子冈,辋水沦涟",落款自称"山中人"。故知"山中"即文中所说的"故山",也即天宝初年后王维休沐隐居之地——蓝田辋川。

这封信札的收信人是被王维称作"天机清妙"的"道友"裴迪。关于裴迪,因史料匮缺,对其生平所知寥寥,大体知道他是"关中人,开元末年曾居张九龄荆州幕府,后返长安,与维往还"④,安史之乱后大概还做过蜀州刺史或尚书郎之类的官,今存诗二十余首,因与王维同咏辋川二十景录于《辋川集》而留名于世。有趣的是,在王维的诗文中,言及裴迪时多次冠之以"秀才",如《辋川闲居赠裴秀才迪》《登裴迪秀才小台作》《闻裴秀才迪吟诗因戏赠》等。那么,王维口中的"秀才"和后世把科举初获功名、但尚未入仕仍属士大夫阶层最低等级的读书人称作"秀才"是一回事吗?答案是否定的。

"秀才"一词,始见于《管子·小匡》,本指才能优异之士。至西汉武帝时,国家选拔人才实行察举制,"秀才"与"孝廉"等并为举士的科目名。魏晋南北朝时期,察举制被九品中正制所取代凡300余年。至隋时初创科举制度,设秀才等科。唐沿隋制,开科取士并不断完善,科制有贡举、制举之分,"贡举每年一次,最著者有秀才、明经、进士……秀才须高才博学杰出者始可应"⑤。由于秀才科要求严苛,及第难度太大,中"秀才"者年不过三二人而已,实属凤毛麟角,且"(秀才)举而不第者,坐其州长"⑥,因此逐渐丧失了科举选士的价值和意义。《新唐书·选举志》就明确记载:"高宗永徽二年,始停秀才科。"⑦

由此可知,到唐玄宗时期,秀才科已废日久。王维屡屡以"秀才"誉之裴迪,既表明裴迪其时尚未考取功名进而步入仕途,体现更多的,还是王维对裴迪才华的赞赏和精神上的勖励。

厘清这一点,对接下来的分析具有一定的必要性。

二、"近腊月下"的诠释

《山》文作于"天宝之后,安史之乱以前"⑧某一年的"近腊月下"。在通常的诠

---

① (宋)欧阳修、宋祁等:《新唐书》列传第一百二十七,上海:中华书局1975年版,第5765页。

② (清)赵殿成:《王右丞集笺注》卷十三,上海:上海古籍出版社1998年版,第241页。

③ (清)胡元煐:《重修辋川志》卷一,复印本。

④⑥ 陈铁民:《王维集校注》卷五,北京:中华书局1997年版,第414页。

⑤ 钱穆:《国史大纲》第五编《隋唐五代》,北京:商务印书馆1996年版,第404页。

⑦ (宋)欧阳修、宋祁等:《新唐书》卷四十四《选举志》,上海:中华书局1975年版,第1163页。

⑧ 陈铁民:《王维集校注》卷十,北京:中华书局1997年版,第929页。

释文本中，"近腊月下"被解释为"临近腊月底"，这种解释看似通畅，实乃望文生义之解。因为如果把"近腊月下"之"下"解读为"月末"，也就是说王维归辋川的日期距腊月底剩不了几日，那么按照这种解释出现了一个极大的问题——即这种解释完全违背了天文学中日月星辰的运行规律，王维在这个时间点也根本不可能看到"清月映郭"的景象。

做出这个判断的玄机其实正是来自《山》文。且看正文："北涉玄灞，清月映郭。夜登华子冈，辋水沦涟，与月上下……村墟夜舂，复与疏钟相间。"由文中可以确定，王维渡过灞水时，正是月光初照、银辉洒地，待到登上华子冈，不仅能借着已至中天的月光欣赏沦涟辋水，还能听到"疏钟"的鸣响。

在唐宋诗文中，"疏钟"鸣处多指佛寺。如唐李贺《南园十三首之十三》诗云"古刹疏钟度，遥岚破月悬"；裴迪《青龙寺昙壁上人院集》诗云"林端远堞见，风末疏钟闻"；宋洪炎《四月二十三晚同太冲、表之、公实野步》诗云"鸟外疏钟灵隐寺，花边流水武陵源"等。辋川地处终南一隅，既非重镇大邑，故无"晨钟暮鼓"之例，况复钟响时辰不合，故知"疏钟"必为佛寺钟声。

那么这月夜里的"疏钟"鸣于何时？还是在唐代诗文里寻找答案吧。白居易《宿蓝溪对月》诗云"新秋松影下，半夜钟声后"；陈羽《梓州与温商夜别》诗云"迎风骚屑千家竹，隔水悠扬午夜钟"；皇甫冉《秋夜宿严维宅》诗云"秋深临水月，夜半隔山钟"；以及大家耳熟能详的张继名作《枫桥夜泊》，诗云："姑苏城外寒山寺，夜半钟声到客船。"以上这些诗中所描述的都是唐代诗人在大唐各地听到的夜半钟声，由此可以得出一个结论：唐时佛寺有午夜鸣钟以示夜半的常例[1]，王维"夜登华子冈"听到"疏钟相间"的时间点正好是午夜时分，也即今半夜 0 点左右。

以此为时间坐标，我们再来倒推王维"北涉玄灞"的大致时间。

《山》文云："北涉玄灞，清月映郭。"郭，即城郭，即蓝田县城。史载早在"秦献公六年（前 379），秦初置蓝田县，治于今县城西"[2]，"北周建德二年（573）自县西三十里故城移治于此"[3]，由此可知，蓝田县城所在至今已有 1400 余年历史未有大的改变。而"辋谷在县西南（案：《宋志》县南）二十里"[4]，考虑到从峣山、箕山之间的辋峪口至华子冈，虽仅有数里之遥，但须翻山越岭曲折盘桓（详见第七节），兼之月下夜行，纵然骑马也难以轻松快捷，故从县城至辋川至少以 2 小时行程计，那么可以推算出王维"北涉玄灞"时的大致时间应在晚上 9—10 点左右。

---

① （宋）陆游《老学庵笔记》卷十曰："恐唐时僧寺，自有夜半钟也"；（明）郎瑛《七修续稿》卷四曰："古有分夜钟，盖半夜打也。"可知此例唐以后已无。

② 《蓝田县志》第一编，蓝田县地方志编纂委员会，西安：陕西人民出版社 1994 年版，第 30 页。

③ （民国）郝兆先（等修），牛兆濂（主纂）《续修蓝田县志》，1941 年版，餐雪斋铅印本。

④ （元）骆天骧《类编长安志》卷六《川谷》，西安：三秦出版社 2006 年版，第 173 页。

遗憾的是，每月下旬晚上的这个时间段，蓝田地区并不能见到月亮，更遑论可以看到"清月映郭"的景致。而要看到月光只能等到下半夜，且所能看到的几为惨淡微茫的"下弦月"和"残月"了，但这却又和"夜半疏钟"相抵牾。

那么"近腊月下"究竟何指？笔者认为，"下"即指"下旬"，此句只能解读为"临近腊月下旬"，也就是腊月十五已过腊月二十之前这几天之内，且可以推算出大致的时间。

现代天文学知识告诉我们，月亮绕地球一周约 29.5 天，月亮亮的一面对着地球的时候称作望月（农历十五或十六），背着地球的时候称作朔月（农历初一），若望月月出在晚上 8 点，则以后每天迟出 48 分 48 秒（以 50 分钟计）。而华夏先民经过长期观察测算，总结出许多关于日月星辰运转的规律，并以农谚的形式口耳相传。关中平原则有农谚云："十五、十六，月亮太阳两头露"，意思就是说每逢农历十五日的傍晚，太阳西落时可见一盘明月缓缓升起，到了十六日的清晨，月亮西坠时又可见太阳冉冉东升。

自汉武帝时期修正《颛顼历》而颁布《太初历》后，虽然中国历法历代多有修订，但大的框架并没有根本的改变。蓝田县城地处灞河河谷，受秦岭和白鹿原隔阻而不能看到"十五、十六，月亮太阳两头露"这种景象。然笔者经过多次观察，注意到每月农历十五日蓝田县城的月出时间比可查询到的西安日落时间延后数十分钟不等，考虑到月亮初出光线暗淡而增加少许变量，我们权且以 1 小时计；查询并参照西安地区多年来农历腊月十五的日落时间为晚上 6 点左右，先确定蓝田县城腊月十五的月出时间为晚上 7 点，逐日延迟 50 分钟，继而测算出农历腊月十七、十八两日的月出时间分别为晚上 8 点 40 分和 9 点 30 分左右；考虑到王维自蓝田县城出发时间或有延后，再加上县城至华子冈所需的时间，故认定此两日时间上"近腊月下"，月相稍亏却依然清亮，和"疏钟"夜半也甚为连贯，最为契合《山》文中所记述的时间轴和实际景象。

此节文末有必要提及一点，华夏民族上古时期的天文学、历法学就遥遥领先于世界诸地，"旬"的观念也出现久远。考古发现早在商周时期的甲骨卜辞中，"旬"的使用频率就比较高，《尚书》有载"三旬，有苗民逆命"[1]，《管子》更载"岁有春秋冬夏，月有上下中旬"[2]。研读王维文本追索到这些记载，不能不让人叹服华夏先民的睿智和伟大！

三、裴迪所温何"经"？

在《山》文中，触发王维归辋川的缘由是"景气和畅，故山殊可过"。这里顺带提

① （唐）魏徵、虞世南等撰《群书治要》卷二《尚书》，北京：团结出版社 2012 年版，第 17 页。
② 谢浩范、朱迎平：《管子全译》，贵阳：贵州人民出版社 1996 年版，第 159 页。

一下，"中国隋至盛唐时期（6世纪中叶至8世纪初），气候持续温暖"①，"公元650、669和678年的冬季，国都长安无雪、无冰。第八世纪初期，梅树生长于皇宫……与此同时，柑橘也种植于长安"②，故知，这一年冬天大抵是个十足的暖冬，即便是"近腊月下"的隆冬时节，"景气和畅"也诚为可信。

但这次王维并没有与裴迪一同回辋川，"携手赋诗，步仄径、临清流"，给出的理由是"足下方温经，猥不敢相烦"。

温，即温习、复习，"故学之熟矣，复时习之"③；经，即经籍、经书。唐时主流文化为儒、释、道三家，然三家皆有浩瀚之经籍，那么裴迪所"温"究竟是何家经籍呢？

或曰：佛经。其实认为裴迪所温习的不论是佛经还是道家经籍，都经不住细推。唐人崇佛信道为一大风尚，王、裴二人也概莫能外。依情理论，两人若一路同行，既可"憩感配寺"与山僧交流，归山后又可一同寻幽揽胜、谈佛论道，岂不是快事一桩？依事理论，王维以"不敢相烦"言之，说明裴迪"温经"之重要，将两人同游视作"不急之务"，说明裴迪"温经"之紧迫，而裴迪仅为一介书生，非僧非道又无公务羁縻，那么又有什么理由让人相信他所温习的是佛家或者道家经籍呢？

言及于此，就必然涉及唐时读书人心目中至关紧要的一件大事——春闱。我们知道，科举制萌芽于隋，确立完备于唐，"以考试为核心的科举制打破了血缘世袭和世族的垄断，使得底层也能够有上升到金字塔顶端的可能"④，从而吸引天下读书人莫不头悬梁、锥刺股，寒窗苦读，以及第登科步入仕途作为人生的成功标志和奋斗目标。

每年秋冬季，经过层层筛选的举子们汇集京城长安，最终将迎来决定人生命运的国家级大考——春闱。

闱，即考场，举子们"春天参加考试，时间一般在正月"⑤。新旧《唐书》及《太平广记》《唐文拾遗》《唐摭言》等古籍就有诸多关于"春闱"的记载，如"求试春闱""春闱取士"等。唐人诗文中涉及"春闱"的也屡见不鲜，如徐夤《长安即事之三》诗云"高眠亦是前贤事，争报春闱莫大恩"；沈佺期《和常州崔使君寒食夜》诗云"闻道清明近，春闱向夕阑"；广为人知的更有孟郊的名句"春风得意马蹄疾，一日看尽长安花"，"春风得意"即指春闱及第也。

言归正传，前文已经略述裴迪其时尚未考取功名，王维给其写信时也已"近腊月下"，距"春闱"大考时日无多，在那样一个"缙绅虽位极人臣，不由进士者，终

① 张文木：《气候变迁与中华国运》，北京：海洋出版社2017年版，第177页。
② 《竺可桢全集》，北京：科技出版社1979年版，第495页。
③ 《康熙字典》标点整理本，上海：上海辞书出版社2007年版，第582页。
④ 师永涛：《唐人时代》，北京：中央编译出版社2019年版，第190页。
⑤ 吴宗国：《唐代科举制度研究》，沈阳：辽宁大学出版社1992年版，第52页。

不为美"①的盛大时代,对于一个具有正常进取之心的读书人来说,还有什么事情能比抓紧时间温习必考之儒家经籍更加重要和紧迫的呢?

至于唐代科举所涉儒家经籍计有大经、中经、小经兼《孝经》《论语》,考试形式又分经义、策问、诗赋等,已与本节关联不大,恕不赘言。

四、感配寺非化感寺

长期以来,学界对于化感寺、感化寺、感配寺的诠解一直聚讼纷纭,或曰三寺实为一寺,或曰三寺实为化感、感配两寺,且对其所在位置看法混沌错乱。究其原因,无非有三:首先在于历代传录刊印版本相互抵牾,如"《《过感化寺昙兴上人山院》诗中)感化寺,宋蜀本作感配寺,《文苑英华》作化感。(王)维另有《游感化寺》诗,《文苑英华》、宋蜀本、明十卷本、张本俱作《游化感寺》"②;二、对涉及三寺诗文的字句、文意的参悟理解不尽相同;三、对蓝田水文地貌特点不熟所致。本节从史籍、存世文本和地胜等方面着手,试图一探其中的奥秘。

先说化感寺,在现存史料中,已可寻得它的踪迹:一、现存于西安碑林博物馆的唐隶碑刻《大唐故大智禅师碑铭并序》载:"神龙岁,自嵩山岳寺为群公所请,邀至京师,游于终南化感寺"③;二、《旧唐书·义福传》载:"初止蓝田化感寺,处方丈之室凡二十余年"④;三、最为明确的记载出自唐释道宣(596—667)所撰的《续高僧传》,其卷十三《道岳传》中载:"武德初年,从业蓝谷化感寺。"⑤

《大唐故大智禅师碑铭并序》碑刻于唐开元二十四年(736),由时任中书侍郎的严挺之(673—742)撰文,碑文所纪的大智禅师(658—736),乃禅宗北宗祖师神秀座下弟子、开元时名僧义福圆寂后的赐号;道岳寂于贞观十年(636),《续高僧传》成于贞观十九年(645),时间相隔也不远,故所撰、所记皆为可信。与《旧唐书》所载三者互为印证,足以判定化感寺为隋、唐时的大刹名寺,地处终南山系东端的蓝田蓝谷之中。而王维《游感化寺》诗云:"翡翠香烟合,琉璃宝地平。龙宫连栋宇,虎穴傍檐楹",可知诗中所述寺院香火旺盛,规制等级较高,气势甚为弘大,故而对"疑此诗原作化感寺,误倒而为感化寺"⑥的观点,笔者是赞同的。

至于感化寺,可检索到的唐人诗文另有王维《过感化寺昙兴上人山院》、裴迪《游感化寺昙兴上人山院》及白居易(772—841)《感化寺见元九、刘三十二题名处》

---

① (五代)王定保:《唐摭言》卷一,上海:上海古籍出版社 2012 年版,第 3 页。
② 陈铁民:《王维集校注》卷五,北京:中华书局 1997 年版,第 437 页。
③ (清)王昶:《金石萃编》卷八十一,北京:中国书店 1985 年影印本,第 7 页。
④ 《旧唐书》列传第一百四十一《方伎》,上海:中华书局 1975 年版,第 5111 页。
⑤ (唐)释道宣:《续高僧传》卷十三《道岳传》,台北:文殊出版社 1988 年版,第 383 页。
⑥ 陈铁民:《王维集校注》卷五,北京:中华书局 1997 年版,第 438 页。

三首。白诗信息量不大,从"今日见名如见面,尘埃壁上破窗前"句中仅可知其时寺院已呈残破衰败之相,而从王、裴的诗题、诗句中则能读出明显的山林景象,如"野花丛发好,谷鸟一声幽""入门穿竹径,留客听山泉"。

然有学人据裴迪"不远灞陵边,安居向十年"句断定感化寺位于今西安灞桥区的灞陵附近。此论可疑之处首先在于对"安居"者究指昙兴上人还是裴迪难以作出准确判断,这也是今人以诗解史常常遇到的尴尬之一;其次灞陵位于白鹿原北端,与诗中所描绘的山林景象迥然不同;更兼之唐时佛教兴盛,寺院林立,"凡天下寺总五千三百五十八所"①,民间私立的小型佛寺如招提、兰若等尚未统计在内。因而,后面这三首诗所言的感化寺即是位于蓝田蓝谷的化感寺,还是位于距蓝谷有数十里之遥的"灞陵边"的一座寺院,抑或不拘囿于这两地而另有它寺? 因史料所限,笔者委实不敢妄下定论。

下来我们着重辨析一下纠缠不清的第三座寺院——感配寺。在今存唐代诗文中,感配寺仅在《山》文中出现过一次,且是寥寥两句:"憩感配寺,与山僧饭讫而去。"而正是这看似简单的两句话,却成为解开感配寺谜团的一把密钥。

众所周知,佛教于汉代从西域传入中国,历经两晋、南北朝的发展,"到隋唐以后,佛教已渐浸为大流,形成了具有中国特色的一种有哲理、有伦理、有体系的伟大宗教"②。其时佛义广泽天下,上至帝王贵胄下至黎民百姓,信奉者不知凡几,高僧大德迭出不穷,佛教确立的"不非时食"则成为佛门弟子必须持守的戒律之一。

"不非时食"也叫"过午不食"③。佛教认为:清晨是天食时,午时(日中)是佛食时,日暮是畜生食时,昏夜是鬼神食时,持守"不非时食"的戒律,不与畜生、鬼神争食,彰显佛门慈悲,可得诸多福报。

由此,王维"与山僧饭"只能是午时吃饭。这一点,恰恰为诠释《山》文者所忽视。

以午时"与山僧饭"为时间坐标,联系上下文,我们可以勾勒出一个完整的时间链,为了更加清晰明了,笔者妄自添加几字以示之:"辄便(晨)往山中,(小)憩感配寺,与山僧(午)饭讫而去。北涉玄灞,清月映郭。夜登华子冈……"这个时间链,反映的正是王维自都城长安返回辋川的所用时间,清清楚楚、明明白白。

曾有论者没有勘破这层时间关系而臆断"感配寺"的大致方位,既给人造成时空错乱之感,也让人不知王维书信里忽剌剌冒出一句"憩感配寺,与山僧饭讫而去"

---

① (唐)李林甫等《唐六典》卷四《祠部》,北京:中华书局 2014 年版,第 125 页。
② 何新:《〈心经〉新诠》,北京:同心出版社 2013 年版,第 107 页。
③ 周叔迦、苏晋仁:《〈法苑珠林〉校注》卷四十二《食时部第五》曰:"食有四种:旦天食时,午法食时,暮畜生食时,夜鬼神食时。佛断六趣,因令同三世佛故,日午时是法食时也。过此已后,同于下趣,非上食时,故曰非时。"北京:中华书局 2003 年版,第 1307 页。

用意何在? 是王维有意炫耀于裴迪乎,还是欺王维不会作文?

厘清了这条时间链,我们再来追索王维归山的路线。或曰所走白鹿原,对此说笔者难以苟同。白鹿原起于终南山系篑山北麓,位于灞河河谷西南侧,长近30公里,宽约10公里,为"中更新世时期以土状堆积形成的黄土台原,海拔高为690—791米,原面高出灞河水面300—320米"①。唐时即使有便道由长安通于辋口,但须一上一下白鹿原,且中途还须翻越一条东西横亘的荆峪沟。这几处俱是长坡峻坂,巉峭难行,即便今日也不是西安至蓝田的交通干线,最紧要的是若走此线,只渡辋水而不必"北涉玄灞"(下节详谈),故此说甚谬。或曰不过灞桥而走白鹿原北端灞陵之下以图近捷,此论首先于史无据,问题更在于须两渡"玄灞",与《山》文时间不符、文意不合,故而也属臆测之论,难以成立。

排除以上两论,那么王维归山的路线仅余一条,那就是唐时大名鼎鼎的国家级驿路——商山道。

商山道即为秦汉时期的武关道。其初辟于何时难以考证,相传"楚人受封""周公奔楚"即由此路而至东南;战国时期,秦、楚等国多次兵出武关道进行征伐;秦始皇一统六合,五次出巡两次经过武关道;秦末刘邦率军自宛西进,破武关,战蓝田,兵至灞上,秦王子婴降于轵道,所经也为此路;后历经两汉、三国、两晋、南北朝,武关道一直是历代兵家必争之地,演绎出一幕接一幕的历史大剧。

至唐时天下初定,武关道的军事地位有所下降,政治、经济、文化地位却达到了新的高度,成为关中连接荆汉、江淮以至岭南的国家第二大交通动脉,唐德宗贞元二年(786)即明令规定:"上都至汴州为大路驿,从上都至荆南为次路驿。"②因此路径大部在商州,故唐时称之为商山道、商州道;诸多官吏、商贾、文士经由此路或赴任述职、或行商贩运、或赶考游学,故又有"名利路"之谓。

商山道由长安通化门东出,经长乐坡,过灞桥("最为长安冲要,凡自西、东两方而入出嶢、潼两关者,路必由之"③;"盖汉唐自长安东出,或之函谷关,或之武关,必于霸桥分别。唐有南北霸桥,北桥东趋则函谷关,南桥而东南趋则蓝田武关路"④),沿灞河右岸溯灞河河谷南行,经蓝田县城,渡灞河至今营上村(古青泥关),折而东南至今坡底村,上七盘山,沿嶢山南侧山梁到达蓝桥,再顺秦岭山谷一路迤逦辗转,经武关而趋东南地区,大凡600余里。

从今营上村向南仅直行数里,便是嶢、篑两山夹峙,辋水北出的辋峪口。辋峪口旧称辋口,为王维回辋川的必经之地。由此可以断定:无论从里程长短、平坦易

---

① 《蓝田县志·第二编》,蓝田县地方志编纂委员会,西安:陕西人民出版社1994年版,第59页。

② (唐)王溥《唐会要》卷六十一,上海:中华书局1955年版,第1061页。

③ (宋)程大昌《雍录》卷七,北京:中华书局2002年版,第142页。

④ (元)方回《续古今考》卷五,复印本。

行计，还是对照《山》文分析，从长安走商山道过今蓝田营上村继而进入辋川，方是最为切合《山》文的实际路线。

这里还有必要阐述一下王维归山的交通工具。唐时一扫魏晋阴柔玄虚之风，整个社会豪放、尚武、进取，出行乘坐牛车、马车已渐遭舍弃，轿子尚处于雏形阶段，无论文武官员，出行皆以骑马为主，"贵贱所通，鞍马而已"[1]。王维诗文也屡有提及，如《送别》诗云"下马饮君酒，问君何所之"；《陇西行》诗云"十里一走马，五里一扬鞭"。

而据《唐六典》载："凡陆行之程，马日七十里，步及驴五十里，车三十里。"[2]唐时一里约合今540米，70唐里约合今76里，唐长安城东门通化门至蓝田县城约今80余里，蓝田县城至辋川20里，共计100里开外。故而王维一日之内回到辋川，纵然骑马也得乘着月色，"夜登华子冈"；文中的"僮仆静默"也就很好理解——困乏至极、昏昏欲睡而已。这从另一个方面说明王维若要回辋川一趟，需起早贪黑，中途并无闲暇时间，也是非常辛苦的。

厘清了时间、路线和距离，王维一日的行程就完全清晰地呈现在我们眼前——清晨自长安出发，中午在感配寺吃饭，傍晚或天黑时分到达蓝田县城，然后月出后乘着月色"北涉玄灞"，"夜登华子冈"。华子冈为王维"辋川别业"二十景之一，可以说到了华子冈，也就到了王维的家门口。

由此，笼在感配寺上的神秘面纱也可拨去——它和位于蓝田县城东南方蓝谷中的化感寺并非同一寺院，其所在应该具备以下三个特征：一、长安至蓝田驿路的中途；二、距离驿路不能过远以避免耗费时间；三、有山谷的地貌。

对照地图和实际地形特点分析，今蓝田华胥镇新街村至刁旗寨村（也称青云寺）一带最为符合上述特征。这里为北接骊山的横岭（古称绣岭）向灞河河谷突出的边缘地带，唐商山道、今312国道都从这里经过，与西安、蓝田两处的距离也大体相当，兼之古人概念里山与岭并无太大区别，此地林木葱郁谷壑纵横，与《山》文中称寺僧为"山僧"也甚为切合。

斗转星移千年过隙，而今此地片瓦难寻，默坐书斋，徒令人生发出些许世事沧桑、如梦如幻的感慨。

五、背道而驰的"北涉玄灞"

《王右丞集笺注》辑录《山》文时曰"北涉玄灞，清月映郭"，《王维集校注》则改"北"为"比"，并注曰："比，等到；底本原作'北'，据宋蜀本、述古堂本改。"[3]此改

---

[1]《旧唐书》卷四十五《舆服志》，上海：中华书局1975年版，第1950页。

[2]《唐六典》卷三《尚书户部》，北京：中华书局2014年版，第80页。

[3] 陈铁民：《王维集校注》卷十，北京：中华书局1997年版，第929页。

文意虽可通,然细加品味,终觉文采寡淡,这大概也是现今流行版本仍多采用"北涉玄灞"的缘故吧。但通常将"北"简单解释为"向北,往北",却是一处莫大的失误。

这里不得不简述一下灞河的概况:灞河为渭水支流,初名滋水,秦穆公时更名为灞水。其发源于蓝田灞源镇,北出秦岭后汇集清峪、流峪、同峪等河水一路奔腾向西,流经蓝田县城南侧至西南不远处再汇入辋谷之辋水,旋折向西北,至西安灞桥区汇集浐水后北流入渭。因其似一条玉带环绕于县城西、南两侧,古时岸堤杨柳吐翠、垂条依依、婀娜多姿,故而成为蓝田八景之一——灞水环青;又因其水深色重,故西晋潘岳《西征赋》中又有"玄灞素浐"之谓。

前节述及辋川在蓝田县城正南方,王维须沿商山道经县城向南渡过灞水方可抵达,若将"北涉玄灞"解释成向北渡过灞水,岂不是会出现南辕北辙、背道而驰的场景?

是王维搞错了方向,还是后人传抄时的失误?依笔者看来,其实前人的底本并没有错,错的恰恰是我们今人对"北"的粗浅理解。

北,汉语常用字,最早见于甲骨文,本义是背离、违背,后随着汉字演变,成为代表北方、北部的方位名词之一。方位名词又可引申为几种用法,其中用在动词(谓语)前,活用为作修饰限定的状语,表示动作行为的趋势,通常翻译为"向(往)+方位名词"。但方位名词的这种用法还有一层比较少见的含义,就是从何方、自何方,《说文解字》即曰:"北,从二人相背。凡北之属皆从北。"[1]

仅以唐代诗文为例,唐许浑《登洛阳故城》诗云"水声东去市朝变,山势北来宫殿高","东去",往东而去,"北来",自北而来也;杜甫《观公孙大娘弟子舞剑器行》诗云"玳宴急管曲复终,乐极哀来月东出","东出",自东升出也。

最典型的莫过于李白(701—762)的两首诗。其一,《别韦少府》诗云:"西出苍龙门,南登白鹿原。"唐长安城并无"苍龙门",其典出自《史记·高祖本纪》:"萧丞相营作未央宫,立东阙、北阙、前殿、武库、太仓。"[2]古代五行学说中五行配五方、五色、四象,故《雍录》引《关中记》曰:"未央宫东有苍龙阙,北有玄武阙。"[3]此诗李白借"苍龙门"实指长安城东门,"西出"只能是自西向东而出;白鹿原位于长安城东南方,"南登"则是向南攀登。

其二便是大家耳熟能详的《黄鹤楼送孟浩然之广陵》,其诗云:"故人西辞黄鹤楼,烟花三月下扬州。"众所周知,黄鹤楼位于湖北武汉市长江南岸的蛇山之巅,扬州位于武汉以东的江苏省中部。孟浩然要去扬州,自是从西向东顺江而下,哪有往

① 臧克和、王平:《说文解字全文检索》,广州:南方日版出版社 2004 年版,第 288 页。
② 韩兆琦:《史记》评注本之《高祖本纪第八》,长沙:岳麓书社 2012 年版,第 213 页。
③ 《雍录》卷第二,北京:中华书局 2002 年版,第 27 页。

西而行的道理？真往西行，还须做环球旅行方能到达目的地，这岂不更是匪夷所思、荒诞绝伦？

回过头来分析《山》文，王维写就这封信札时已身在辋川。由山中观之，灞水横流于山北，"北涉玄灞"正是描述其从县城自北而南渡过灞水的场景，所述皆顺理成章、毫无违和。今人不察实情，仅以古汉语惯常用义而释之，旋而对王维的行路轨迹做出混沌错乱之解，一字之差，谬之千里，岂不惜哉！

这也提醒我们，在阅读古诗文遇到类似句式时，还需结合实际地理状况加以分析，方能避免胶柱鼓瑟、泥古不化之弊端。

六、"寒山"的困惑

《辋川闲居赠裴秀才迪》是广为后世喜爱的王维名作，全诗曰：

> 寒山转苍翠，秋水日潺湲。倚杖柴门外，临风听暮蝉。
> 渡头余落日，墟里上孤烟。复值接舆醉，狂歌五柳前。①

诗人选择富有季节特征和乡村气息的诸多景象，以五柳先生陶渊明自况，以春秋楚国狂士接舆相比于醉酒狂歌的挚友裴迪，勾勒出一幅声色交融、动静结合、情景相洽、闲舒安逸而又不失豪放旷达的唯美画卷。

然在系列赏读文章中，或对"寒山"一词不置可否、一笔带过，或因"寒山""秋水"两词将诗作时间解释为萧瑟深秋季节，就此笔者拟做一番解析。

何以如此？盖因诗中一句"临风听暮蝉"。蝉为半翅目蝉科动物，每年6月末幼虫始破土羽化为成虫，寿命约60—70天，8月上、中旬为其交配盛期，雄蝉鸣叫以求偶，过后不久便死亡。《礼记·月令》记载："(孟秋之月)凉风至，白露降，寒蝉鸣。"②孟秋为农历秋季第一个月，白露为二十四节气第十五个节气，公历9月7—9日交节，代表暑热结束、天气转凉，秋果成熟，万物日趋萧落；"寒蝉鸣"则表明此时蝉的生命周期已近尾声。实际上，陕西关中地区每年进入9月份后，就已很难听到蝉鸣。

既如此，这首诗只能作于初秋，"寒山"并不能作为季节判断的依据，那么其到底所指为何呢？这种困惑直到数年前在网文上读到一段注解，方有豁然之感。其注曰："王维《山中与裴秀才迪书》：'夜登华子冈，辋水沦涟，与月上下。寒山远火，

---

① 《王右丞集笺注》卷七，上海：上海古籍出版社1998年版，第122页。
② 吕友仁、吕咏梅：《〈礼记〉全译》，贵阳：贵州人民出版社2009年版，第331页。

明灭林外。'可知寒山乃唐代长安附近名山,在蓝田辋川一带,属于终南山脉也。"①
依此注,寒山为唐时山名,则诗意全然贯通,《山》文中的"寒山远火"也必为一特定
山上的火光。

那么能不能再找到旁的论据并判断寒山的大致位置?笔者从裴迪《鹿柴》同咏
中发现了踪迹。其诗曰:

> 日夕见寒山,便为独往客。不知松林事,但有麏麚迹。②

裴迪的诗作大都浅显直白。分析此诗,作为"独往客"的裴迪,所往之地自是寒
山无疑,而诗题为《鹿柴》,当知鹿柴所处之山即为寒山。

这仅是从诗文描述角度分析的结果,古人也不会无缘由地随意为一座山取
名。"寒山"一词最早见于《楚辞·大招》:"魂乎无北,北有寒山。"③东汉王逸注
曰:"言北方有常寒之山,阴不见日",后引申为寒天的山、冷清寂静的山。从王维
诗已可排除由天气、季节因素而所指,那么鹿柴所处之山另有冷清寂静的实际特
征吗?

鹿柴今址尚在。在辋川辋河左岸有一条东西走向、山势不高但却陡峭的山峦,
此山峦与华子冈隔辋水(唐有欹湖)南北相望,中部有一条纵深2千米的山沟,石崖
壁立、逼仄峻崎、阴幽深邃,此即为鹿柴旧址。鹿柴尽头的山峦凹处,为一数亩大的
土质平台,视野开阔,可北眺峣山、南望风雪诸山。由辋川观察,此山峦处于辋水南
侧,背阳朝阴,人烟稀少,倒也符合寒山一名。

作此解释会引出另一个问题:辋川二十景为何有鹿柴而不提寒山?就此笔者
试谈一下个人浅见:

一、除欹湖、华子冈外,辋川二十景都是局部精致小景,如"文杏馆""临湖亭"
"白石滩"等,鹿柴为辋川独有风韵的一处景致,王维特意采撷之。

二、虽然现有相关资料并无王维在鹿柴养鹿的确凿记述,从裴迪同咏和旧址
实际地形分析,鹿柴更像是野生鹿群采食饮水的通道,但不容忽视的,是鹿在华夏
民族中所蕴含的丰富的象征寓意和文化内涵:在儒家眼里,作为四灵(麟凤龟龙)之
一麒麟的原型,鹿是"'信而应礼''恳诚发乎中'的'仁兽'"④,也是纯真爱情和权力
地位的象征;在道教中,鹿常常是仙人蓄养乘坐的仙兽,具有逐食良草、幽居山林、
安于自然的性格特征;而据佛典记载,佛陀于过去世曾为鹿王,为救群鹿失去生命,

① 何新:《何新谈诗词之美》,北京:现代出版社2020年版,第31页。
② 《王右丞集笺注》卷十三,上海:上海古籍出版社1998年版,第244页。
③ 《历代赋鉴赏辞典》,上海:上海辞书出版社2017年版,第27页。
④ 吴崇明:《〈诗经〉中鹿的文化寓意及其演变》,《古典文学知识》2008年第6期。

临终时发下"愿我当来得成无上正等觉时,令彼得渡生死罗网"①的宏愿,《大唐西域记》也载:"鹿野伽蓝……是如来成正觉已初转法轮处也。"②

王维以儒入仕,又和佛、道两家皆有渊源,故看重此鹿群出没之地,遂作为二十景之选而不执着于"寒山"也就在情理之中了。

综上所述,虽然基于史料所限,"寒山"是否是唐时名山难以判定,但在王、裴这几首(篇)诗文里的"寒山"为一特定山名是无疑的。结合《楚辞》《辋川集》及前人诗文对王维创作的影响来分析③,笔者更倾向于认为这是王维晏居辋川后,借用典故、因景取名的一个范例。

品读《山》文并依据"寒山"实际地貌,笔者又有了一个大胆的设想:此地唐时或建有招提、兰若一类的小型佛寺,其理由如下:

一、《山》文中,"寒山远火,明灭林外"为王维所见,"远"言寒山与华子冈的距离,"火"非山中野火,"明灭"处或为村落或为佛寺或为道观;"深巷寒犬,吠声如豹"为王维耳闻,夜深人静万籁俱寂之时听到犬吠如豹吼,可知"深巷"必在近处。此两句由远及近、由视觉到听觉相转换,句式甚为对应。同理,接下来的"村墟夜舂,复与疏钟相间","夜舂"之声近,"疏钟"之声远,听觉由近及远交错回荡,句式也相互对应。由此推断,"深巷"与"村墟"俱指华子冈近旁的一处村落,而夜半"疏钟"则很自然地会与"寒山远火"联系在一起。

二、王维的辋川诗里有两首涉及僧人。一为《宫槐陌》,诗云:"仄径荫宫槐,幽阴多绿苔。应门但迎扫,畏有山僧来";一为《辋川别业》,诗云:"……优娄比丘经论学,伛偻丈人乡里贤。披衣倒屣且相见,相欢语笑衡门前。"从这两首诗可读出王维在辋川所来往的僧人大都是不约而至、不请自来。因唐时僧人多静居寺院,持守戒律精进禅修,非有一定成就者不可外出云游,故而诗中僧人所居必距王维辋川别业不远。还有一点需要注意,和王维别的诗文中尊称一些高僧大德为"禅师、上人、和尚"不同,在这两首诗中,王维仅以"山僧、优娄比丘"称呼之,这倒不是王维不知礼数或有轻慢之意,而是对佛学修为不深的普通僧人作此称呼方为妥帖。这种对僧人称谓的差异,也是笔者辨析化感、感化、感配三寺时所考虑的重要因素之一。

三、临水而居、向阳而栖是人类自古以来生存的自然选择,佛寺却常选在远离凡尘、幽静偏僻的深山。辋水北岸,依傍峣山,背风向阳,地势较为平缓,村庄错落有致,辋川二十景大部及王维墓、王维母崔氏墓、裴迪小台等也都散布于其间;再观

---

① (唐)释义净《根本说一切有部毗奈耶杂事》卷三十八,复印本。

② 季羡林:《〈大唐西域记〉校注》,北京:中华书局1985年版,第561页。

③ (南北朝)谢灵运《入华子冈是麻源第三谷》诗中云:"南州实炎德,桂树凌寒山。"

辋水南岸鹿柴一带的山峦，幽深陡峻，唐有欹湖、今有辋水相阻隔，出行、耕作俱不方便。虽然鹿柴尽头有数亩大平台，尚不足以形成较大的村落，就是当代也不过区区十数户人家，且今日已基本迁完，这种独特的山形地貌却反而比较符合小型佛寺选址的要求。

当然，这个设想仅能算是一种难以考证的肤浅认知。陵谷沧桑光阴荏苒，历史的变迁常常让人喟然兴叹，或许有朝一日，随着考古工作的深入，新的发现能给我们带来一份惊喜、一份慰藉。

七、从“华子冈”到《辋川集》

“华子冈”一词最早见于南北朝诗人谢灵运《入华子冈是麻源第三谷》诗题中：“唐李善注引谢灵运《山居图》曰：‘华子冈，麻源第三谷。故老相传，华子期者，禄里弟子，翔集此顶，故华子为称也。’”①

谢灵运(385—433)，东晋陈郡阳夏县人，东晋名将谢玄之孙。其主要创作活动在南朝刘宋时代，是中国文学史上山水诗派的开创者；同时，他兼通史学，工于书法，研究佛经，还是见诸史册的大旅行家。他的这些特征，无疑会对后世包括王维在内喜好山水的诗人产生莫大的启迪和影响，作为辋川二十景之一的“华子冈”一名或许与此也有一定的关联。

辋川二十景的起名本是一个有趣的话题，但笔者的着重点并不在此。本节的论述试图通过解析“华子冈”之所在，一窥其在辋川二十景中的作用，进而探究隐藏在王维《辋川集》深层的奥妙。

华子冈今址尚在，它是位于辋口东侧的峣山靠南的一座小山岗；对于整个辋川而言，它又位于辋川最接近辋口的西北端。

现今进入辋川的道路是依辋水右岸、群山脚下开凿而成的一条三五里长的山路，旧时因其危崖耸立、狭窄险峻，行走其间常有不测事件发生，故当地人称之为“阎王碥”。此段山路的记载最早可追溯到明清时期文人的辋川游记中，在他们的笔下是作如此描述的：“其路则凿山麓为之，有甚险者俗号三里匾(碥)。徒步依匾而行，过此则豁然开朗，山峦掩映”②；“循匾而行，湍激淙淙，崖石奇诡。斗折处，几不受趾。扳萝猿引，神为之悸”③；“深崖阴谷，无路可通，就山凿石，栈栈碑碑，宽不过尺，必须振衣怯步。”④如此“盘折崎岖，怵心骇目”⑤的险要路径，

---

① 王友怀、魏全瑞：《〈昭明文选〉注析》，西安：三秦出版社 2000 年版，第 319 页。

② (明)陈文烛《游辋川记》，《重修辋川志》卷六《文徵录》，复印本。

③ (清)胡元煐《游辋川记》，《重修辋川志》卷六《文徵录》，复印本。

④ (明)王邦才《〈辋川图〉赋》，《重修辋川志》卷四《金石志》，复印本。

⑤ (清)周焕寓《游辋川记》，《重修辋川志》卷六《文徵录》，复印本。

本值得大书特书一番，但在王维的诗文中对此险径却无迹可寻。结合《辋川集》中裴迪同咏《华子冈》诗句"日落松风起，还家草露晞"的描述，我们大可以判定唐时并无此险径，王维所走必是从辋口循峣山山坡盘桓至辋川西北端的华子冈，华子冈即是王维进入辋川的首站。非如此，我们对《山》文中"夜登华子冈"这句话就难以有一个清晰的认知，更会对王维《辋川集》中的相关诗句缺乏深层次的理解。

《辋川集》无疑是中国文学史上一颗熠熠生辉的明珠，对它的赏赞也代不乏人，其序曰：

> 余别业在辋川山谷。其游止有孟城坳、华子冈、文杏馆、斤竹岭、鹿柴、木兰柴、茱萸沜、宫槐陌、临湖亭、南垞、欹湖、柳浪、栾家濑、金屑泉、白石滩、北垞、竹里馆、辛夷坞、漆园、椒园等。与裴迪闲暇，各赋绝句云尔。①

序言所罗列的二十景与《辋川集》王、裴所咏诗的排序相同。前人曾把这种排序认作是王、裴游止的先后顺序，但从现在可以确定的二十景遗址看，这种观点很难成立。那么，这种排序是王维一时兴起、率性而为，还是深思熟虑后的有意为之？要解答这个疑问，还须从《辋川集》中去寻找。

我们先读《辋川集》第一首《孟城坳》，诗曰：

> 新家孟城口，古木余衰柳。来者复为谁？空悲昔人有。②

现有研究成果表明，王维在辋川有两处居所，第一处即是其购置的位于孟城（今辋川官上村）的宋之问（656—712）故宅，因此《孟城坳》应是王维天宝初年甫居辋川时所作的一首感怀诗。

此诗首句点明"新家"，这本是一件让人喜悦的事，然而次句笔锋低转，喜悦未得，仅见"衰柳"，令人顿生压抑滞涩。由此引发出自问自答的后两句诗，诗人的思维跨越浩瀚的时空，抚今忆昔感古伤今，生发出一种深沉凝重的世事沧桑、人生无常的喟叹。

前人云："景物无自生，惟情所化，情哀则景衰，情乐则景乐。"③一首诗，我们难以脱离诗人当时所处的社会环境及其心路历程，简单地套用其一贯风格剖析之。王维天宝初年隐居辋川，孝奉其母固是一个重要理由，更深层次的原因，还是李林

---

① 《王右丞集笺注》卷十三，上海：上海古籍出版社1998年版，第241页。
② 《王右丞集笺注》卷十三，上海：上海古籍出版社1998年版，第242页。
③ （清）吴乔《围炉诗话》卷一，据清嘉庆十三年刻本，复印本。

甫为相擅权后,王维对朝政日益昏暗生发出的心灰意冷和避浊自清。简而言之,一个"衰"字,反映出了诗人其时黯然沉闷的心理状态。

下来我们再读《辋川集》第二首《华子冈》,诗曰:

> 飞鸟去不穷,连山复秋色。上下华子冈,惆怅情何极![1]

这是王维诗中又一借景抒情的典范。秋天本是一个容易触发愁绪的季节,南飞不穷的候鸟和日渐萧瑟的群山又会加重这种思绪。然而不尽如此,我们更须注意第三句"上下华子冈",此句不光是通常解释的登上华子冈游赏那么浅显。上文已述,华子冈乃王维进入辋川的首站,其由别业登上华子冈意味着他不得不离开令人陶醉的辋川而面对烦浊的现实社会,等到再次回到辋川走下华子冈的时候,诗人又已衣满世俗的垢尘,迫切需要一方世外净土来涤荡尽身心的倦怠,如此方能深刻地理解唯独由华子冈才能触动诗人发出"惆怅情何极"这种思绪交织复杂难言的感叹。

以上两首诗,王维以初居辋川之处作为起首,以辋川首站华子冈承接之,诗意俱萧然低落,由此可探知王维当时之心境。

然从第三首《文杏馆》开始,这种消沉落寞之情悄然不见。无论是《文杏馆》《鹿柴》,还是《竹里馆》《辛夷坞》等诸诗,诗人或赏云蒸霞蔚,或悟花开花落,或弹琴复长啸,或泛舟以寄情,其"以过人之笔,表现那一霎那的自然现象,无论一块石,一溪水,一枝花,一只鸟,都显现着各自的生命,同作者的生活心境,完全调和融洽"[2],尤其是不太为常人道的最末两首,更能表露出诗人心境深处的升腾:

其一,《漆园》,诗曰:

> 古人非傲吏,自阙经世务。偶寄一微官,婆娑数株树。[3]

"'仕'与'隐'是唐代诗人的一个情结,这些极为复杂的入世之情与出世之意,更多时候是体现在对于自然景物的描写之中。"[4]诗以言志,这首诗由辋川二十景之一的漆园联想到战国时期的先哲庄子,借庄子乐于林泉甘为漆园小吏之典以自况,通过对"仕"与"隐"的取舍,把诗人高洁的情操和崇尚自然追求隐逸的情趣表现

---

[1] 《王右丞集笺注》卷十三,上海:上海古籍出版社1998年版,第242页。
[2] 刘大杰:《中国文学发展史(中)》,上海:复旦大学出版社2011年版,第57页。
[3] 《王右丞集笺注》卷十三,上海:上海古籍出版社1998年版,第250页。
[4] 叶嘉莹:《古诗词课》,北京:三联书店2018年版,第140页。

得淋漓尽致。

其二,《椒园》,诗曰:

桂尊迎帝子,杜若赠佳人。椒浆奠瑶席,欲下云中君。①

《诗经》和《楚辞》一向被认为是中国文学之源。一首《椒园》句句有典,皆出自于《楚辞·九歌》,所涉乃华夏上古先民崇拜的五方十神之四位——湘君、湘夫人、东皇太一、云中君②。在此诗中,诗人展开奇瑰伟丽、浪漫华美的想象,冀望上天诸神降临到辋川这方人间仙境,邀众神同饮与众神同欢,反映出的,正是诗人对中华文化里最核心最深厚的"天人合一"思想的向往和追求!

至此,我们已可触摸到王维编录《辋川集》时思想深处的脉络:以初入辋川时的消沉低落为始,诗人的思想渐入空灵、静寂、闲适的"物我两忘"之佳境,继而不断升华净化,最后臻于天地间和合相生、万物相应的"天人合一"的至高境界。

由此我们可以这样认为:正是由华子冈进入桃源般的辋川,开启了王维诗文创作的又一个灵感之源,而《华子冈》这首诗在《辋川集》中无疑起到了一种承上启下,继而展现诗人思想深处变化升华的纽带作用。

八、结 语

以上诸节,即是笔者对《山》文疑惑处的思考和诠解,第六、第七节在此基础上又有适度的拓展和延伸。

对于喜爱《山》文的读者而言,它是"一首优美的散文诗,文字清丽,意境高远,是山水小品中的佳作"③,它里面的佳句"草木蔓发,春山可望"也为国家领导人在对全国人民的新春致辞中欣然引用;对于当今的王维研究者而言,"必须注意他的生活、思想变化的过程和他创作道路的重要联系"④。笔者由王维诗歌的爱好者初涉王维文化研究这一领域,不揣冒昧提出自己一些尚欠成熟的观点,倘能以一孔之见做引玉之砖,则倍感荣幸焉。

本文虽力求匡误纠谬、还原本真,然因学识浅陋,难免盲人摸象、班门弄斧,恳请方家予以批评指正;同时本文得以完成,除参阅现存相关古籍文献外,也参阅、借

① 《王右丞集笺注》卷十三,上海:上海古籍出版社1998年版,第250页。
② 何新:《诸神的世界》,北京:现代出版社2019年版,第80—90页;何新:《〈楚辞〉新解——圣灵之歌》,北京:时事出版社2007年版,第146—175页。
③ 刘大杰:《中国文学发展史(中)》,上海:复旦大学出版社2011年版,第54页。
④ 刘大杰:《中国文学发展史(中)》,上海:复旦大学出版社2011年版,第55页。

鉴了当代多位前辈学人的研究成果——正是他们的孜孜探索和精深研究给了笔者莫大的启迪和指引,在此谨表以诚挚的感谢!

(作者单位:蓝田县王维文化研究会)

王维诗歌中雨意象的审美观照

黄玥明　金昌庆

绪　论

中国古代文人对世界的观照一般遵循两种方式,一为"管窥",一为"流观"。"管窥"是以小见大,见微知著,以近推远,以瞬间感知永恒;"流观"则是一种全方位的观察方式,是一种从上到下,从左到右的观察、审视和思考。这既是其认识世界也是其改造世界的方式,是古人的世界观和哲学观。"意象是中国古代文艺理论固有的概念和词语,并不是外来的东西。"①中国古典的意象论是一个不断发展变化的过程,起源于《周易·系辞》中的记载:"圣人立象以尽意,设卦以尽情伪,系辞焉以尽其言。"②随着哲学与美学的发展,意象的外延被扩大和延伸,由"象"而生"意","象"是以具体事物为主要构成的象征符号的集合,是基础是前提,而"意"则慢慢地被赋予了越来越深刻的美学意义。

黑格尔在他的著作《美学》中说:"人一方面把自然和客观世界看作与自己对立的,自己所赖以生存的基础,把它作为一种威力来崇拜;另一方面人又要满足自己的要求,把主体方面所感觉到的较高的真实而普遍的东西化成外在的,使它成为观照的对象。在这两方面的统一中就出现了这样情况:个别自然事物,特别是河海山岳星辰之类基元事物,不是以它们零散的直接存在的面貌而为人所认识,而是上升为观念,观念的功能就获得一种绝对普遍存在的形式。"③这里所说的上升为观念(Vorstellung)指意象,指的是对于一类事物所获得的一种总的印象,但还不是抽象的概念。虽然这里所说的"观念""意象"还与中国古典诗歌中所说的意象理论并不完全一致,但其在创造美的过程中作用是一致的。

意象是中国古典诗歌的"钥匙",是诗歌构成的骨架,也是诗人创设意境传达情

---

① 袁行霈:《中国诗歌艺术研究》,北京:北京大学出版社 2009 年版,第 51 页。

② (清)阮元校刻:《十三经注疏》(上册),北京:中华书局 1980 年版,第 82 页。

③ (德)黑格尔著,朱光潜译:《美学》(第二卷),北京:商务印书馆 1996 年版,第 23 页。

感的途径和方式。意象也是在唐代开始进入到美学范畴,具有了明显的情感特质,诗人的情感大都以意象为媒介进行传达。每个诗人对于意象的选择和使用都有很明显的偏爱和个性特征,进而形成各自不同的诗歌风格,产生不同的审美效果。王维的诗清新而又宁静,在语言简洁平实易于理解的同时,又能引人深思,余味袅袅。探其缘由,王维诗歌中所选取的意象大多以自然景物为主,且其诗歌中所出现的大部分意象都与其生活经历相关联。

"雨"作为意象在诗歌中被广泛使用,从《诗经》《楚辞》到唐代诗歌,在漫漫的诗歌长河中自是数不胜数。雨意象的使用,从最基本的本意的使用到引申义的使用,主要有以下几个大类:

1. 本意,自然中的雨,分不同的季节,不同的形态,展现出不同的组合方式:

1) 不同的季节:春雨、夏雨、秋雨、冬雨;

2) 不同的时间段:朝雨、暮雨、昼雨、夜雨等;

3) 不同的地点:山中雨、林中雨、松上雨、荷上雨等;

4) 不同的形态:宿雨(久雨)、零雨(小雨),飞雨、跳雨、微雨、细雨、骤雨、风雨、雨雪、狂雨、阴雨等;

2. 引申义:

1) 形容"多",如雨、花雨、沙雨等,"瞻望弗及,泣涕如雨"(《诗经·燕燕》);

2) 与动词连用,表"洗涤"义,如"渭城朝雨浥轻尘,客舍青青柳色青"(王维《送元二使安西》);

3. 比喻义:

1) 由雨从天空垂落,形容人与人之间的分别,分开如雨落而无法再见:"风流云散,一别如雨"(汉·王粲《赠蔡子笃》);

2) 苦雨,比喻凄苦的样子:淫雨、残雨、霖雨等,如"湫兮如风,凄兮如雨"(战国楚·宋玉《高唐赋》);

3) 形容极端的天气及恶劣的环境:雨雪、风雨如晦等,如"风雨如晦,鸡鸣不已"(《诗·郑风·风雨》);

4) 喜雨:好雨、甘雨、灵雨等,如"灵雨既零,命彼倌人,星言夙驾,说于桑田"(《诗·鄘风·定之方中》);

5) 盼雨:期待中的雨,如:"欲知一雨惬群情,听取溪流动地声"(杨万里《喜雨》)

4. "赋比兴"的媒介,《诗经》《楚辞》中使用较多。

"雨"意象在魏晋六朝时期得到了进一步的发展和完善,不仅仅表现在使用数量增多,创作者对雨的观察和描写都更加细腻,内涵和外延都有所扩大和延伸。文学自觉意识的思潮使文人们更加注重艺术方面的追求和审美价值的创设。唐代诗人在创作"雨"意象的时候不仅仅继承了前代在艺术表现上的手法,更加看重"情境相融"的境界,有观察,有描摹,更多的是形神兼备,寄托深远,情景合一。白居易说"楚雨含情皆有托",也指出了"象"与"意"之间的关联,由景及情,以景写意。通过统计,王维每十首诗歌中就有一首中使用了"雨"这一意象,且"雨"这一意象常与其他自然意象同时使用。这与其诗歌题材多关注自然景色相关,与其画家的身份有关,也与其居于山野林间的田园生活方式、及其禅学思想有关。王维诗歌中的雨,首先是属于大自然山林间、田野里的,也是属于诗人现实生活及其精神世界的。

一、王维诗歌中"雨"意象的存在方式

(一) 唐代诗人诗歌中"雨"的类型

"雨"意象在其原型意义的基础上,在不同时代,不同创作者手里构建了不同的模式类型,如喜雨模式、伤雨模式、听雨模式、赏雨模式等不同的类型,不同的类型所表达的情感内涵及思想意蕴也大不相同。唐代诗人众多,所创作的诗歌作品无论是数量还是质量都是诗歌发展历程中无法企及的高峰。《全唐诗》共 900 多卷,49000 多首,收入作者 2800 多人。[①]通过检索,有关雨的诗句多达 6000 多处。对唐代诗歌创作最多的几位诗人的诗歌进行梳理,作为传世诗歌 2800 多首的白居易,其"雨"意象相关的诗歌有 270 多首。白居易笔下的"雨"大部分取其本意,即以自然景物为对象,他笔下的"雨"以不同季节、不同时间段以及不同的形态为主,借以表达各种的情绪。如春雨的喜悦、秋雨的丰收、久雨的盼望等;他还擅长使用细腻的笔法描摹"雨"的各种形态,如雨的绵密、雨的细微、雨的飘散等;他的诗中还有"雨"的声响和动态的变化,如听雨、雨鸣、雨滴、疏雨、雨打等。除了对自然景物的描摹创设出或清新和谐,或浪漫唯美的意境以外,其对贫苦百姓雨中的艰难生活的描写,也是一个值得关注的重点,借残雨、苦雨写现实世界中贫苦人家的生活,用"雨客"等写雨中劳作的农民等,体现出其民生多艰的最朴素的情感和观照。

杜甫,唐代卓越的现实主义诗人,在他留世现存的约 1500 首诗歌中,"雨"意象相关的诗句也有 230 多首。相对而言,杜甫诗歌中的"雨"意象具有强大的力量感和气势。对社会现实关注较多,如"骤雨""风雨""急雨""塞雨"等;与王维诗歌中的"雨"非常明显的不同点在于:杜甫诗歌中的雨意象有着非常鲜明的情感特征和明确的态度,不论是悲伤的"苦雨""雨泣",还是喜悦的"新雨""喜雨""好雨"等。当然,杜甫的诗歌中也有很多对自然景物的描绘,不论是季节的变化,还是形态的描摹都非常的细致生动,如"窗雨""细雨""疏雨""垂雨"等。但杜甫终究是杜甫,伟大的现实主义诗人,其诗歌中的"雨"意象更加偏重对百姓现实生活的观察和反映,这

---

① (日)平冈武夫,市原亨吉编:《唐代的诗人》,上海:上海古籍出版社 1991 年版。

些情感的源头都来自他那颗对农事、对戍边、对战争关注的心,是他社会责任感和使命感的体现。

作为诗仙的李白,其涉雨的诗歌并不多,仅有 67 首。他写自然界中的云雨、雨色;恰到好处的"甘雨""时雨";用"江村秋雨歇"写雨后的辽阔和洒脱。也有用雨来写愁苦战争,但在他的笔下则使用了比拟和夸张,如"雨泪下孤舟""哀哀泪如雨"的句子。另外一个突出的特征则是李白诗歌中的雨大多具有神话母题的色彩,如"汉水波浪远,巫山云雨飞","朝云暮雨成古墟"等,这是李白与其他几位诗人涉雨诗最大的不同。但值得一提的是,李白诗歌中的雨意象也有对景物的细致描摹,也集中使用了声音的反衬和色彩的对比来营造幽深宁静的意境,他的《访戴天山道士不遇》一诗:"犬吠水声中,桃花带露浓。树深时见鹿,溪午不闻钟。野竹分青霭,飞泉挂碧峰。无人知所去,愁倚两三松。"无论是从意象的选取还是意境的创设都具有轻松闲适之风,故有"自然深秀,似王维集中高作"①的评价。但仔细品来,李白的诗更透漏出一种轻松、自由和洒脱的意味,这也是李白个人性格特征的一种体现。

从对唐代几位代表性诗人所创作的"雨"意象诗歌进行梳理和分析,白居易和杜甫创作的诗歌数量多,涉及的类型也较为丰富。白居易作为唐代诗人中传世作品数量最多的诗人,他把雨当成对象来观察和描绘,进而传情达意。这两位诗人笔下的"雨"除了对自然界中的雨进行观察和描摹之外,对现实生活都有很深入的体察和观照。

王维诗歌中涉及"雨"这一意象的一共有 37 首,包括写无雨似雨的一首。主要涉及以下几个方面:有 9 首诗写不同的季节、不同时间里的雨色,如"渭城朝雨"中的清晨的雨、"江连暮雨愁"中的暮色中的雨、"风凄凄兮夜雨"中的夜雨、"雨中春树"中的春天的雨、"袅袅秋风动,凄凄烟雨繁。"中的秋雨等;有 6 首诗写山中林间的雨,有春天的"宿雨"、秋天的"新雨"、林间的"松上雨"等;田园生活相关的有 7 首,写田园中的生活场景,如"雨中草色绿堪染,水上桃花红欲然""田父草际归,村童雨中牧"等,有写田园生活中的闲适,如"轻阴阁小雨,深院昼慵开"等;有 8 首诗写雨中禅思静想的,如"促织鸣已急,轻衣行向重。寒灯坐高馆,秋雨闻疏钟"。既有现实中的雨,在雨的滴答声中禅坐静思;也有引申意义的雨,如"梵流诸壑遍,花雨一峰偏"中的"梵流"与"花雨"相对,营造出一种梵音袅袅、花落如雨的意境,这里用"雨"是言其多而美的状态;除此之外,还有 7 首具有引申意义的雨,从现实中的雨创设的大背景联想到过去和未来的,如"素怀在青山,若值白云屯。回风城西雨,返景原上村"用过去与现在、繁华与宁静的对比,表达个人的理想和追求,表达"犹

① 詹瑛:《李白全集校注汇释集评》(第一卷),天津:百花文艺出版社 1996 年版,第 2 页。

羡松下客,石上闻清猿"的意愿。还有结合历史典故,用"雨露"来隐喻恩泽的,如"草木尽能酬雨露,荣枯安敢问乾坤"等。

综上,"雨"意象不是一个在唐代新出现的意象,其带有历代传承和固定化的意境特征,但其在唐代这个诗歌超级繁盛的时代,得到了充分的重视和发展。不仅仅是意义范围得到了发展和扩大,而且其审美内核也得以扩宽,成长为涵义更为丰厚的意象。在这个过程中,王维诗歌中的"雨"意象,不论是意义类型,还是所营造的意境,都有其鲜明的个性特点。

(二) 王维诗歌中雨的意象群

王维以画家、诗人、哲学家的视角观察大自然,他的诗歌历来被人评价为"诗中有画,画中有诗",其中一个重要的因素就在于王维的诗歌中总是有非常多的"景色物象",自然景色在他的诗中不是点缀,而是主角。如他写的"雨",从不是单独的雨,常与山林、溪水、亭台楼阁、花草树木等一同使用。如"雨中草色绿堪染,水上桃花红欲然"等,王维特别偏爱山中林间的雨,如"山中一夜雨,树杪百重泉""空山新雨后,天气晚来秋""雨中山果落,灯下草虫鸣"等。"雨"在王维的笔下,作为一种自然景象与周边的环境相结合,创造出清新而又宁静的画面。这种多意象的组合方式,赋予了他的诗歌独特的风采。"一首诗从字面上看是词语的连缀,从艺术构思的角度看则是意象的组合。"①比如著名的《春园即事》,写春天山里雨中景象:

> 宿雨乘轻屐,春寒著弊袍。开畦分白水,间柳发红桃。
> 草际成棋局,林端举桔槔。还持鹿皮几,日暮隐蓬蒿。

首句开篇即是一幅大的背景图,点明了时间及人物和大环境,目光所及非常开阔。"宿雨"即久雨,下了整整一夜的雨。穿上了轻便的鞋子出门,虽然是春天了,但是因为下了一夜的雨还是很冷,所以又穿了厚厚的衣服。在这样的季节和春雨中,人们出来春耕劳动。近处人们把田地用水分隔成小块,用来蓄水种田。远处是翠绿的柳树,间或已经能看到粉红的桃花。一片片开好的水田延展开来好像是一个巨大的棋盘,在田间浇水劳作的人们也好像是在下棋一般。"棋盘"外,田地边还有一些拿着鹿皮做的小茶几喝茶聊天观景的人。日暮时分,忙碌的人们逐渐散去,如同夕阳落入草丛一般,都隐没在了田边地头,回到了各自的家中。王维在这首诗中运用了"宿雨""春寒"二个意象构建了大背景,随之用"开畦""白水"点明了人们的活动。"间柳""红桃"是这幅田间图画的色彩和点缀,而用"草际"联想到"棋

---

① 袁行霈:《中国诗歌艺术研究(增订本)》,北京:北京大学出版社 1996 年版,第 67 页。

局",隐现出诗人的旁观者视角,整首诗则又添了些哲思的色彩,人在景物中,又在景物外的感受。诗歌的结尾,王维用一个动词"隐"字,带出了"日暮"这一时间背景和大幕般的底色,傍晚时分人们结束一天的劳作,消失在"蓬蒿"中,回到各自的归处。

二、雨意象中的意境与表达

(一) 雨的空灵与"盛境"

王维的山水田园诗具有明显的个人特色。首先,他的诗都是他的生活。是他所见,所经历、所感受之后的创作。王维写山中雨的名作《山居秋暝》,其中意象的选取更为精妙,开篇"空山"给出大背景,"新雨"点名环境状态。"明月""松间""清泉""石上""竹林""莲花""渔舟"这些意象再用动词"来""照""流""归""下"加以串联,一幅"雨后山中图"应之而出,静与动、景与人,互相映衬,创造出生动异常的情境,最后的"随意"更是说出诗人的心声,一个"歇"又附和了前面所营造出的空、灵、静的意境。

王维的诗歌,以空灵宁静之美为主体特征。其借雨的纯洁和干净,以及雨自身的声响反衬出周边环境的寂静,借以表达了内心深沉的情感。他诗中的雨,既是"前景",也是大环境、大背景,他将雨及雨中景与人及人中事相结合,赋予了诗歌更加深沉的内涵。王维擅长以自然景物创设意境,作为优秀画家的他,也非常善于选取材料,并进行结构布局,再加上他深厚的文字能力的加持,其诗歌意境空灵清新,宁静而又致远。透过"雨"这一意象,延展了其"纯净""洗涤"之意,不仅仅表达出作者对人生的思考、感悟,也能引发读者的深思和共鸣。在他的诗歌中,在空灵的意境中,在宁静清新的氛围中放空,才得内心世界的安宁。

王维与杜甫以及后来的李商隐相比,其雨相关诗歌的主体风格是清新灵动的,自有一种雨后清爽的味道,充满了清新空灵之美。他写雨后的空山,雨中的庭院,一切都是那么的干净,一切都那么明亮。即使是面对生活中的压抑与不顺畅,他的诗歌都能饱含一种轻缓的节奏。这与他所看到的景象,心之所想,眼之所及的世界及其这个视角下的物象选择有很大的关系。见山见水,见之眼底,形之心间。

王维诗歌中的雨,不仅仅是春日喜雨,秋日静雨,也有写雨中盛世之景的颂歌《奉和圣制从蓬莱向兴庆阁道中留春雨中春望之作应制》,写尽了春雨中唐之"帝城"长安的繁华"盛境":

渭水自萦秦塞曲,黄山旧绕汉宫斜。銮舆迥出千门柳,阁道回看上苑花。
云里帝城双凤阙,雨中春树万人家。为乘阳气行时令,不是宸游玩物华。

155

这是一首应制的颂歌，是歌功颂德之作，但我们也从中感受到了诗人在雨中所望之景时的满心欢喜，表达了诗人对生活的热爱和对盛世的赞颂。整首诗的风格，充满了春雨暖人间，满眼物华的自豪之情。春夏秋冬四季皆有雨，唯"春雨"最珍贵，也最能表达出人们对它的盼望期待之心，以及春雨到来之际的那种感恩之心。王维首句用"渭水""黄山"开篇，既写出了登高远望所看到的景色，也指出了唐代帝国的众星捧月、众望所归。回首望去，天子的车驾行走在半空中的阁道上，凌驾于宫门的柳树之上，宫内繁花似锦，宫门前的双凤阙楼高耸入云，仿佛要凌空飞起一般。这几句都是在说王权的崇高与功勋的卓著。之后，王维笔锋一转，写雨中的春树，写春暖花开下的"国泰民安"的万家百姓。最后一句则指出此次帝王的出行，是春耕时分的体察民情，并非赏玩美景。赞颂其关心民情，体恤黎民，进而再次对其赞颂。

王维的这首应制诗，被沈德潜评为"应制诗以此篇为第一"，其诗眼或者说这首诗的关键点，在于"春雨"。有了"春雨"这一意象的典型意义，加以铺陈和渲染，"春雨贵如油"，春雨是春耕的条件，是一年农事顺利的好兆头。王维借春雨、春树渲染大唐帝国的繁盛，以皇帝为尊，又以万民为辅，既完成了应制的任务，也恰当地表达了自己的思想和态度。

（二）雨的寂静与力量

与一些唐代诗人喜欢在诗歌中直接表露个人情感相比，王维的诗歌更加低调和内敛。他倾向于将自己的情感嵌入自然景观之中，而不是直接表达个人的情感和经历。他诗歌中所展现出来的常常是一幅幅自然的画卷，或雨后山间缭绕的云雾青烟，或林间的雨滴、鸟鸣，山涧的流动，或是山村中潺潺的溪水，诗人的形象常常是第三者旁观的视角和形象，就如同在画外诗歌外欣赏画卷的我们，我们借了他的眼睛去观照和欣赏这个世界。这种低调的表达方式既是他创作的视角选取，也是其低调的人格个性的自然选择，增加了诗歌的神秘感和抽象性。欣赏王维的诗，你也能从他的诗中安静下来，进入到那个美丽宁静的景致中，心境也会随之变得和缓而又平静。

"静"是王维的"好"，也是王维的特征，在各种的环境中，王维都能体味到静的美和静给他带来的力量和滋养。《积雨辋川庄作》是王维晚年的作品，整首诗歌描绘的是一幅雨后青雾缭绕的山林，以及山林近处村庄里的袅袅升腾的炊烟。山林间因为下雨的时间久了，云雾升腾满山萦绕。一组组意象组合之下，清新而又美好的田居画卷一点点展开。神仙生活与人间烟火气互相映照，还有什么是要苦苦追寻，求而不得的呢。

积雨空林烟火迟，蒸藜炊黍饷东菑。漠漠水田飞白鹭，阴阴夏木啭黄鹂。

山中习静观朝槿,松下清斋折露葵。野老与人争席罢,海鸥何事更相疑。

如前所述,王维诗歌中的雨,擅长与周边的大环境中的其他意象相结合,共同营造构建出新的意境。开篇用"积雨""空林""烟火"几个意象,勾勒出一幅雾气缭绕的远山图。诗人的视角从山上远观到视野所及,从自然景致到人间生活,用一个动词"迟",诗人那悠然的心态展现无遗,再配以"蒸藜""炊黍"观照到的农家生活和劳作,不仅诗人是悠然的,田间劳作的人们也是怡然自得的。在这种大的背景烘托下,在怡然的心境下静静地欣赏着这一片天地中的美。"白鹭""黄鹂"从色彩上一清雅、一浓艳,二者相互映衬。"雨带来了洁净清爽的艺术空间,也带来了闪耀生命亮色的审美形式。"①这组色彩的对比,王维又用动词"飞"与"啭",把动态和声态相呼应,创造出一种生机勃勃的动态美和生命美。又用形容词"漠漠""阴阴"写水田的宽广,夏日林木的繁盛,营造出广袤而又幽深宁静的境界。久雨之后山中空濛而又深邃的境界中,诗人山中"习静",吹着柔和的风,幽栖在"松下",观"朝槿"、采"露葵"、思人生、悟禅道。诗歌结尾处,使用了《庄子·寓言》和《列子·黄帝》中的典故,明确地指出:幽居山林,观自然之象、听自然之音、赏自然之色、体平民之乐而获得的。经历了曾经的"经历"之后,王维逐渐做到随缘任运,从自然山川之间,体自然万物之变化才得澹泊平和的心境。

雨是流动的,雨是有声响的,不停的喧嚣和不便是会让人心生烦躁之气的。但王维笔下的雨,却总是那么宁静舒缓,在各种各样的雨声中,他总是能找到让他"平静"的东西。意象作为诗歌中的审美范畴,其美学的内涵是通过"象"背后所隐含的"意"来表达的。"雨"作为一种自然现象,它本身所具有的形态,或朦胧、飘逸、或稀疏或浓密、或从容或急促、或温柔或狂暴,当其进入到诗歌美学的范畴,就融入了个人的情感及审美选择,被打上了"情感"的烙印,虽然诗人所创作出的审美意象不能脱离"象"这一本体,但是诗歌的美不仅仅在于写了什么,更重要的是创设出了什么样的情境,表达了什么样的情感。

三、雨意象所蕴含的禅思

(一) 雨意象引发的想象

王维诗歌中的雨,有对大自然的体悟和感受,有清新宁静与美好,也有透过雨传达出来的对人生的感悟,对世事人情、人生相遇和离别的感悟和思考。唐代殷璠的《河岳英灵集》收录了 209 首唐代诗歌,其评价唐代的诗人和诗歌的审美标准是喜新奇而厌"常境""常情""常体"和"常言"。他评价王维"维诗词秀调雅,意新理

---

① 傅道彬:《中国文化的精神原型:晚唐钟声》,北京:东方出版社 1996 年版,第 170 页。

恬,在泉为珠,着壁成绘,一句一字,皆出常境"。①王维的诗,高妙之处在于其选用日常生活中常见的事物作为意象,文字也平实易懂,但就是这些"平常"总是能构建出让人意料之外的意境和思想来,进而引发人们的深思。

山水诗有一个逐渐发展的过程,到唐代有一个明显的特征就是诗歌中有了更多的诗人主体观照,除了对自然景色的描写,开始侧重表现创作主体的内心世界。"雨"意象在与其他一些意象组合构建空灵缥缈等意境之外,也被王维用来表现自己淡泊闲适、超越凡尘的一种精神追求。王维把自己的心情和情绪都转化成了一个个平凡而又细小的意象上,然后就是这些微小而又常见的意象,在王维的组织构建下总是能引发你的体悟,感受到不一样的东西。王维有一首小诗《书事》:

轻阴阁小雨,深院昼慵开。坐看苍苔色,欲上人衣来。

这是一首简单到都没有题目的小诗,就是看到眼前的景物进而来抒发一下此时此刻个人"顷刻间"的那一种感受。濛濛细雨暂停,天还是阴的,虽然还是白天,但也懒得走出这深院再出门了,就在庭院中坐坐。简简单单的十个字,就勾勒出这样一幅画面:深深的庭院,好静又慵懒的主人公,坐在深院里观景,发现院子中一片片的青苔在雨水的浇灌下绿茸茸的,清新可爱,充满生机,在雨滴的滋润下,那绿色仿佛都跳跃了起来,好像要跳到诗人的怀中一样。在这样的一个天气里,诗人所见的是如此的平常物,却能感受到雨后青苔在尘土洗净后的青翠,这清新明亮的色泽,在诗人的眼中仿佛变成了一缕绿的光,让人心生欣喜之情。在阴雨的天气,一天无法出门,如果不是王维,大概是要写出消沉愁闷的句子来吧。但是王维好静的个性,澄净而闲适的内心,都使其能心平气和地观察自然,并能发现自然中的美和情趣,其诗歌也传达出一种人与景的互动,物我和谐的境界。读者不能创造出的禅意,也已经深深地隐藏在其间了。

(二) 雨意象的象征与引申

"雨"不仅仅是风景,也是一种可以让人思考和安宁的存在。王维不是一个喜欢讲道理的人,他的诗就是一幅幅的画卷,用他画家的视角,内在的思想来挑选各种物象,加以组织和布局,而诗人则站在画卷之外,让你用自己的眼睛去看,用自己的心去感受。他用自然中的雨的变幻,来象征和引申人生的变化。王维的《谒璿上人》一诗,就在这么一个下雨的日子里,在早莺啼鸣的春雨中,站在长廊中思考自己的人生:

① 陈良运:《中国诗歌专题史丛书 中国诗学批评史》,南昌:江西教育出版社 2021 年版,第 283 页。

少年不足言,识道年已长。事往安可悔,余生幸能养。誓从断臂血,不复婴世网。浮名寄缨珮,空性无羁鞅。夙承大导师,焚香此瞻仰。颓然居一室,覆载纷万象。高柳早莺啼,长廊春雨响。床下阮家屐,窗前筇竹杖。方将见身云,陋彼示天壤。一心在法要,愿以无生奖。

这首诗不是从景色起,而是以回忆自我的人生经历开始。年少的时候不明白,当知道人生的道理的时候已经不再年少了。往事已经成为过去,无可追寻,所幸还有未来可待。现在回想起来以前的很多追求都是浮名,没有欲望羁绊才能真的轻松。身居一室,也能体验世间万象。中间一句"高柳早莺鸣,长廊春雨响。"既点明了所思所想的缘由,也起到了承上启下作用。"高柳"与"长廊"应对,"莺鸣"和"雨响"相和,既引发了诗人的深思,进而得出了"一心在法要"的结论。

雨,常在离别时。不论是在现实生活中,还是在诗歌中,离别总是与雨相伴。王维的诗歌中的雨,也写离别的伤感,但更多的则是其温润的劝勉和对友人的安慰和鼓励。如他写与朋友对酌的《酌酒与裴迪》:

酌酒与君君自宽,人情翻覆似波澜。白首相知犹按剑,朱门先达笑弹冠。草色全经细雨湿,花枝欲动春风寒。世事浮云何足问,不如高卧且加餐。

这首诗以叙事开篇,写与朋友酌酒,讲人情讲世态变化,重要的是我们能白首相知,能笑看过往。之后叙事结束,从室内到室外,中间二句"草色全经细雨湿,花枝欲动春风寒。"王维也有"抱怨"和"牢骚",如这句"人情翻覆似波澜",心中也是惊涛骇浪般的翻腾的。但依然能笑谈过往,豁然开朗。如何做到的呢,诗人中间的这两句景物描写就大有用处了。愤懑的心情如同沾染尘土的草地一样,在雨后被冲洗得干干净净。"草色""花枝"一出,亮色即现,整首诗呈现一新境界。我们说王维是具有强大的思想力量的,他能从沉郁和黑暗中看到光,发现生命中微小的亮色。他用"流光"写被雨淋湿的树叶,"春风"让花枝"欲动",禅宗中有关于"心动"和"物动"的论述。佛家思想主张"虚静",崇尚"自然",讲求"静观"与"达观"的处世态度,最后结尾句中的"世事浮云"与"高卧加餐"更是充盈着满满的禅学境界。

结　论

以王维诗歌中所使用的意象为研究对象的成果很多,相对来说也比较成熟。大抵按着类型诗来进行分类。研究者韦爱萍在《王维诗歌意象初探》中根据诗歌的类型与诗人创作的时间轨迹分成了三类,认为每一种类型表达了不同的情感和心理特征。比如她认为"大漠、烽烟、落日类意象,主要表现边塞风光,具有博大壮观、意境恢弘之美。";另有一类的意象皆"小巧精致",如"红豆、红梅、茱萸等",日常所见,写尽人情之美;此外还有一类充满佛学的禅机的意象,以"云、月、鸟"等为代表,王维诗歌中的云意象有三十多处,王维写了不同类型的云。①前朝隐者陶弘景有"山中何所有,岭上多白云。只可自怡悦,不堪持赠君"句,后"云"也被赋予了相对固定的意义,这与王维中晚期的现实境遇及心境相合,被其赋予了新的佛学禅机,更易引发哲思,也更赋有宁静致远的意味。对于王维诗歌中自然意象的研究大多集中在以上几种类型上,研究者的关注点也大抵如此。也有研究者对"雨"意象进行的分析和探讨,但大多集中在类型分析上,没有将其放在纵向和横向的对比上进行分析和探讨。

王维诗歌中的"雨"意象与其诗歌的整体风格相和,充满着一种清新宁静、浅淡平和之美之外,又增添了一种空灵且置身事外的味道。他所选取的物象都展现出独特的画家视角,有广阔的大背景,"空山新雨""秋雨疏钟",也有小处入手的细节"雨花石床""夕雨红榴""桃红宿雨""流绿朝烟",他在婉约清新之美之中创造出幽深静婉的意境。最为难能可贵的是,他的这种宁静致远,是毫不费力的,仿佛就是轻轻松松的眼前所见的山林景象,那种雨后的清新明亮,色彩与动态,雨雾与朦胧都是在一种平和中体现出来的,这种创作风格在美学之上又为其诗歌中的"雨"增添了些许的哲思和禅学的意味,这也是王维与同时期的其他诗人的不同,具有非常独特的个性特征,不张扬,不急躁,平和而又充满力量。他个人的情绪大多以平和自然的方式在对自然山色的书写中缓缓道来,读他的诗,不仅仅是读诗,还是"见诗",一句句勾勒出的仿佛都是一幅幅的山水画,在你面前徐徐打开。他的诗也特别容易感染读者,使读者在品读的过程中不知不觉地被其引导,逐渐慢下来,平心静气,观察眼见的景,照见自己内心的感受。

(作者单位:黄玥明,珠海科技学院文学院;

金昌庆,韩国国立釜庆大学人文社会科学大学中国学科)

---

① 韦爱萍:《王维诗歌意象初探》,见《渭南师专学报》1997年第4期,第55页。

略论《乐府诗集》中王维诗的取舍

刘茜倩

在讨论王维的乐府诗之前,我们首先要阐明什么是乐府,什么样的作品才是乐府诗。在秦汉时期,"乐府"主要指朝廷的音乐机构或者音乐机构中的官员,在《汉书·百官公卿表》和《通典·职官典》等书籍中均有记载。六朝以来乐府逐渐演化成为一种文体,刘勰在《文心雕龙·乐府第七》中提到:"乐府者,声依永,律和声也。"①,由此观之,乐府在六朝时是一种和乐而作的歌诗。而到了唐代,乐府按照写作内容可分为"新题乐府"与"古题乐府"两类,而宋人常以是否可入乐而歌,作为乐府诗歌的标准,故《乐府诗集》中称"新题乐府"为:"以其辞实乐府,而未常被于声,故曰新乐府也。"②所以乐府诗应当是一种可以和乐而歌的诗,在"即事名篇,无复倚傍"的新题乐府之前,乐府诗的创作应当是充分考虑题名、内容以及体制的。

乐府可以和乐而歌,是一项重要的特征,但并非所有和乐而歌的诗都可称为乐府,凡是进行音乐表演的诗歌都可以称为歌诗,但只有在朝廷音乐机构进行表演的歌诗才成为乐府。唐代的朝廷音乐机构包括太常寺、梨园与教坊这三个机构,通过专业机构"选诗入乐"或者"因声而作歌"等方式选作的诗,才可称之为乐府。乐府诗的音乐形式历经千年难以窥探原貌,远比歌词内容要难以探究,在研究乐府诗歌的时候,歌词内容就成为了重要的突破口。从内容上看,唐代乐府诗应当是沿袭了六朝以来的创作风尚,在此基础之上发展而来的。《乐府诗集·杂曲歌辞序》引《宋书·乐志》:"汉、魏之世,歌咏杂兴,而诗之流乃有八名:曰行,曰引,曰歌,曰谣,曰吟,曰咏,曰怨,曰叹,皆诗人六义之余也,至其协声律,播金石,而总谓之曲。"③"行""引""歌""谣""吟"等题名也成为乐府诗的标志。故可知王维诗中但凡有此类题名的,皆可从广义上算作乐府诗。

此类乐府诗,又分为沿用古题与自拟新题两类,二者同为歌诗,应是王维诗歌

---

① 范文澜:《文心雕龙注》,北京:人民文学出版社 2015 年版,第 101 页。
② (宋)郭茂倩:《乐府诗集》,北京:中华书局 1998 年版,第 1262 页。
③ (宋)郭茂倩:《乐府诗集》,北京:中华书局 1998 年版,第 1519 页。

创作中的一大主体，且为时人所重，受到过当时乐府机构的集中采录。《旧唐书·王维传》云："代宗时，缙为宰相。代宗好文，常谓缙曰：'卿之伯氏，天宝中诗名冠代，朕尝于诸王座闻其乐章。今有多少文集，卿可进来。'缙曰：'臣兄开元中诗百千余篇，天宝事后，十不存一。比于中外亲故间相与编缀，都得四百余篇。'翌日上之，帝优诏褒赏。"①言下唐代宗于天宝年间即"闻其乐章"，可见此际王维的歌诗已经多为乐府采纳，且编排入乐，以资王公缳宴所用。对于《旧唐书》本传中所载王缙采录的《王维集》，代宗皇帝在御览之后的诏书中亦称赞其诗"歌以国风，宜登乐府"②。可见王维诗中有相当数量的歌诗适于纳入乐府，并被乐而歌。反观《乐府诗集》中郭茂倩所录王维乐府诗，其特征有三。一是以曲调为目，录入诗歌，突出了王维歌诗在乐府机构中的实用价值，也是代宗"宜登乐府"评语的真实写照。二是《乐府诗集》所录王维的古题乐府诗及大部分新题乐府诗歌都见载于今《王维集》中③，且排列顺序亦相仿。这说明唐代乐府机构按照王缙所编《王维集》，对王维的歌诗进行过集中采录，并有文本文献流传于世。而这种著的体式在《乐府诗集》中也得到了继承。三是《乐府诗集》中的《近代曲词》部分所著录的许多见载于《王维集》的诗歌仅标其曲目、诗文而未明撰人。可知郭茂倩在《乐府诗集》的编撰中所见王维之诗，应在乐府机构的著录文献之中，而非传世《王维集》之上。当然，也不能排除乐府机构已全录王维歌诗，而后有所散佚，不为郭茂倩所见的情况。

王维的旧题乐府在陈铁民《王维集校注》中共 7 题 12 首，兹录如下：

题　　名	内　　容	《乐府诗集》收录
《陇头吟》	"长安少年游侠客"	卷 21"横吹曲辞一"
《出塞作》	"居延城外猎天骄"	卷 21"横吹曲辞一"
《从军行》	"吹角动行人"	卷 33"相和歌辞"
《陇西行》	"十里一走马"	卷 39"相和歌辞十二"
《班婕妤》（三首）	"玉窗萤影度"	卷 43"相和歌辞十八"
	"宫殿生秋草"	
	"怪来妆阁闭"	
《苦热》（《乐府诗集》作《苦热行》）	"赤日满天地"	卷 65"杂曲歌辞五"

① （后晋）刘昫等：《旧唐书》，北京：中华书局 1975 年版，第 5053 页。

② （清）董皓等：《全唐文》，北京：中华书局 1983 年版，第 510 页。

③ 本文中所引《王维集》若未单独指称年代、撰人，则均指今人陈铁民校注之《王维集校注》（中华书局 2019 年版）。

题　　名	内　　容	《乐府诗集》收录
《少年行》 （四首）	"新丰美酒斗十千"	卷66"杂曲歌辞六"
	"出身仕汉羽林郎"	
	"一身能擘两雕弧"	
	"汉家君臣欢宴终"	

王维的新题乐府共22题38首,兹录如下:

题　　名	内　　容	《乐府诗集》收录
《扶南曲歌词五首》	"翠羽流苏帐"	卷90"新乐府辞一"
	"堂上清弦动"	
	"香气传空满"	
	"宫女还金屋"	
	"朝日照绮窗"	
《相思》	"红豆生南国"	未著录
《失题》	"清风明月苦相思"	卷79"近代曲词一"《乐府诗集》作《伊州第一》
《奉和圣制幸玉真公主山庄因题石壁十韵之作应制》	"碧落风烟外"	卷79"近代曲词一"《乐府诗集》作《昔昔盐二首》
《从岐王过杨氏别业应教》	"杨子谈经所"	卷80"近代曲词二"《乐府诗集》作《昆仑子》
《送友人南归》	"万里春应尽"	卷80"近代曲词二"《乐府诗集》作《思归乐》
《观猎》	"风劲角弓鸣"	卷80"近代曲词二"《乐府诗集》作《戎浑》
《奉和圣制上巳于望春亭观禊饮应制》	"长乐青门外"	卷80"近代曲词二"《乐府诗集》作《浣纱女》
《春日上方即事》	"好读高僧传"	卷80"近代曲词二"《乐府诗集》作《一片子》
《息夫人》	"莫以今时宠"	卷80"近代曲词二"《乐府诗集》作《簇拍相府莲》
《送元二使安西》	"渭城朝雨浥轻尘"	卷80"近代曲词二"《乐府诗集》作《渭城曲》
《鱼山神女祠歌二首》	"坎坎击鼓"（迎神曲）	卷47"清商曲辞四"《乐府诗集》作《祠渔山神女歌二首》
	"纷进拜兮堂前"（送神曲）	
《早春行》	"紫梅发初遍"	未著录
《老将行》	"少年十五二十时"	卷90"新乐府辞一"

题　　名	内　　容	《乐府诗集》收录
《燕支行》	"汉家天将才且雄"	卷90"新乐府辞一"
《桃源行》	"渔舟逐水爱山春"	卷90"新乐府辞一"
《洛阳女儿行》	"洛阳女儿对门居"	卷90"新乐府辞一"
《故太子太师徐公挽歌四首》	"功德冠群英"	未著录
	"谋猷为相国"	
	"旧里趋庭日"	
	"久践中台座"	
《故南阳夫人樊氏挽歌二首》	"锦衣馀翟茀"	未著录
	"石窬恩荣重"	
《故西河郡杜太守挽歌三首》	"天上去西征"	未著录
	"返葬金符守"	
	"涂刍去国门"	
《吏部达奚侍郎夫人寇氏挽歌二首》	"束带将朝日"	未著录
	"女史悲彤管"	
《恭懿太子挽歌五首》	"何悟藏环早"	未著录
	"兰殿新恩切"	
	"骑吹凌霜发"	
	"苍舒留帝宠"	
	"西望昆池阔"	

由上可知,王维歌诗中应为新题乐府而未收录入《乐府诗集》的有《相思》《早春行》以及王维为不同人物所作的众多《挽歌》。

《相思》为一五言绝句,以其言辞通俗、情感深挚而脍炙人口。《王维集》中记其词曰:"红豆生南国,春来发几枝。劝君多采撷,此物最相思。"①唐人范摅《云溪友议》卷中《云命中》条云:"明皇幸岷山,百官皆窜辱,积尸满中原,士族随车驾也。……唯李龟年奔迫江潭,……龟年曾于湘中采访使筵上唱:'红豆生南国,春来发几枝。劝君多采撷,此物最相思。'又:'清风朗月苦相思,荡子从戎十载余。征人去日殷勤嘱,归雁来时数附书。'此词皆王右丞所制,至今梨园唱焉。歌阕,合座莫

----

① 陈铁民:《王维集校注》,北京:中华书局2019年版,第393页。

不望行幸而惨然。"①李龟年所唱的第一首正是《相思》,文中也指明"词皆王右丞所制",字词虽与《王维集校注》稍异,但与《唐诗纪事》、凌濛初刊本同。后一首《王维集》作《失题》,《乐府诗集》作《伊州第一叠》,并未著撰人。此二首诗由陈铁民先生考证,皆作于安史之乱前。又文中谓"至今梨园唱焉",范摅为晚唐僖宗时人士,"梨园"为唐玄宗所设的宫廷音乐机构,可见《相思》之曲在乐府久矣。《乐府诗集·近代曲词二》中《清平调三首》下引唐人杂史《松窗录》曰:"开元中,禁中重木芍药。会花方繁开,帝乘照夜白,太真妃以步辇从,李龟年以歌擅一时之名。帝曰:'赏名花,对妃子,焉用旧乐辞为!'遂命李白作《清平调》辞三章,令梨园弟子略抚丝竹以促歌,帝自调玉笛以倚曲。"②可见,李白《清平调三首》亦为李龟年歌,且调在梨园,而为《乐府诗集》所录。故《相思》一首实为《乐府诗集》当录而未录之诗。

《早春行》为一五言古诗,古乐府中多有与之题名相近者。《乐府诗集·杂曲歌辞二》录有鲍照、李白、张籍三人所作《春日行》。鲍照诗为三言,李白诗为七言为主的杂言体式,张籍诗为七言,与王维《早春行》同为歌行古诗体。与王维年代相近的李白《春日行》中有"三千双蛾献歌笑,挝钟考鼓宫殿倾,万姓聚舞歌太平""小臣拜献南山寿,陛下万古垂鸿名"③之语,似为献予君主的诗篇。后代张籍拟作则有"不用积金著青天,不用服药求神仙。但愿园里花长好,一生饮酒花前老"之语,其意在于吟咏春光,感发田园隐逸之怀。二者与王维《早春行》所抒春闺怨情俱不相类。但王维诗中有"紫梅发初遍,黄鸟歌犹涩"④之句,其中"紫梅"一词,陈铁民先生注曰:"《西京杂记》卷一载,'初修上林苑,群臣远方各献名果异树',其中有紫花梅、紫蒂梅。"由此可知,王诗句中的"紫梅"或意指宫人闺中。其诗下文又有"玉闺青门里"一句,其中"青门"亦用于王维《韦侍郎山居》"讵枉青门道,故闻长乐钟"⑤句中,所指正是唐长安东门。故后文"忆君长入梦"中所称"君"则或有君主之意。如此《早春行》一诗则与宫苑幽情相涉了。其题旨与李白诗的赞颂君王,张籍诗的远离庙堂也就有了相当的联系。

《乐府诗集·新乐府辞一》录刘希夷《春女行》"自怜妖艳姿,妆成独见时。愁心伴杨柳,春尽乱如丝"及王翰《春女行》"忽闻黄鸟鸣且悲,镜边含笑著春衣。罗袖婵娟似无力,行拾落花比容色"⑥之语,与王维《早春行》"谁家折杨女,弄春如不及""香畏风吹散,衣愁露沾湿"的伤春格调极为相近。故《早春行》也当是一首乐府歌

① 上海古籍出版社:《唐五代笔记小说大观》,上海:上海古籍出版社 2000 年版,第 1291 页。
② (宋)郭茂倩:《乐府诗集》,北京:中华书局 1998 年版,第 1133 页。
③ (宋)郭茂倩:《乐府诗集》,北京:中华书局 1998 年版,第 941 页。
④ 陈铁民:《王维集校注》,北京:中华书局 2019 年版,第 521 页。
⑤ 陈铁民:《王维集校注》,北京:中华书局 2019 年版,第 119 页。
⑥ (宋)郭茂倩:《乐府诗集》,北京:中华书局 1998 年版,第 1271 页。

诗,诗题为唐人新创,至北宋或已难见其入乐歌唱的直接依据,因而被遗漏在《乐府诗集》之外。

王维所作《故太子太师徐公挽歌四首》《故南阳夫人樊氏挽歌二首》《故西河郡杜太守挽歌三首》《吏部达奚侍郎夫人寇氏挽歌二首》《恭懿太子挽歌五首》等五题十六首"挽歌"均未被收录到《乐府诗集》中。《乐府诗集·相和歌辞二》录有古挽歌《薤露》,下引崔豹《古今注》曰:"使挽枢者歌之,亦谓之挽歌。"①其后列有汉乐府及曹操、曹植拟作。可见挽歌本是乐府应有之题材。初唐房玄龄《晋书·礼志中》载:"汉魏故事,大丧及大臣之丧,执绋者挽歌。新礼以为挽歌出于汉武帝役人之劳歌,声哀切,遂以为送终之礼。虽音曲摧怆,非经典所制,违礼设衔枚之义。方在号慕,不宜以歌为名,除不挽歌。挚虞以为:'挽歌因倡和而为摧怆之声,衔枚所以全哀,此亦以感众。虽非经典所载,是历代故事。《诗》称'君子作歌,惟以告哀',以歌为名,亦无所嫌。宜定新礼如旧。'诏从之。"②可见有唐之世对于挽歌在朝廷乐府中的历史沿革与礼乐功能认识也极为清晰。《乐府诗集·相和歌辞二》下专设《挽歌》一题,其下列三国曹魏缪袭以下的拟作 14 篇,唐人的挽歌仅有赵徵明、于鹄、孟云卿、白居易四者列其中。其诗皆为五言或以五言为主的杂言古诗,其意承袭自古乐府,并未言明哀悼的对象,而是直接描写送葬场景,借萧条衰落之景,喻愀怆感伤之情。如于鹄诗"车马却归城,孤坟月明里。双辙出郭门,绵绵东西道",白居易诗"苍苍上古原,峨峨开新茔。含酸一恸哭,异口同哀声"③,其拟古的意味极浓。王维的挽歌与上述《乐府诗集》所录唐人挽歌在抒情方式与诗歌体式上并无太大区别,如《故太子太师徐公挽歌四首·其四》:"谁言断车骑,空忆盛衣冠。风日咸阳惨,笳箫渭水寒。"④但诗中也有针对哀悼对象所特设的词句,如上诗末尾就言道"无人当便阙,应罢太师官",就是仅为个别逝者所造之辞。故王维的五题 16 首挽歌,应目为新题乐府。

另外需要说明的是,王维早年曾为唐室乐官,这一身份在为其诗歌是否为乐府诗的定性中有着一定的影响。《新唐书·王维传》曰:"(维)开元初,擢进士,调太乐丞。"⑤可知王维初为乐官。《大唐六典·太常寺》:"太乐署:令一人,从七品下;丞一人,从八品下。……太乐令掌教乐人调和钟律,以供邦国之祭祀飨宴,丞为之贰。"⑥王维此际虽所任品级不高,但职责很重。据左汉林先生考证,太乐丞作为太

---

① (宋)郭茂倩:《乐府诗集》,北京:中华书局 1998 年版,第 396 页。

② (唐)房玄龄等:《晋书》,北京:中华书局 1974 年版,第 626 页。

③ (宋)郭茂倩:《乐府诗集》,北京:中华书局 1998 年版,第 403 页。

④ 陈铁民:《王维集校注》,北京:中华书局 2019 年版,第 279 页。

⑤ (宋)欧阳修、宋祁:《新唐书》,北京:中华书局 1975 年版,第 5764 页。

⑥ (唐)李隆基:《大唐六典》,西安:三秦出版社 1991 年版,第 290 页。

乐令的副手,有着管理乐工、设置乐悬、演奏乐曲、校定乐器、整理歌词等众多职能。①可见王维本人对于音乐的创作、演奏,歌词的采编、整理,乃至乐府职能的行使,都有丰富的经验与高超的创作才华。

王维后因伶人舞黄狮子坐贬济州②,虽然这段作为乐官、供职乐府的生涯,史籍所载至简,但应该在王维的个人情感与经验中,留下了深刻的印记。《旧唐书·王维传》:"禄山宴其徒于凝碧宫,其乐工皆梨园弟子,教坊工人,维闻之悲恻,潜为诗曰:'万户伤心生野烟,百官何日再朝天? 秋槐叶落空宫里,凝碧池头奏管弦。'"③《新唐书》中记载与此稍异,仅曰:"禄山大宴凝碧池,悉召梨园诸工合乐,诸工皆泣,维闻甚悲,赋诗悼痛。"④此节《资治通鉴》中又加申说:"禄山宴其群臣于凝碧池,盛奏众乐;梨园弟子往往歔欷泣下,贼皆露刃眮之。乐工雷海清不胜悲愤,掷乐器于地,西向恸哭。禄山怒,缚于试马殿前,支解之。"⑤由上述史料可推知,王维感于故国沦丧,己身遭囚,同僚被害,愤而作诗。《旧唐书》中所引诗句在传世的《王维集》中题名为《菩提寺禁裴迪来相看说逆贼等凝碧池上作音乐供奉人等举声便一时泪下私成口号诵示裴迪》⑥,可见该诗乃是王维即兴命题,缘事成篇,其创作理路完全符合郭茂倩在《乐府诗集·新乐府辞序》中对于新乐府辞的定义。该篇是王维借以咏叹哀悼的诗歌,情感自然勃发,主旨在于哀叹乐工同僚的不幸遭际,创作时"私成"而"口诵",故能够即目成诵,和乐而歌的可能性很大。该篇后的另一篇,篇名为《口号又示裴迪》,陈铁民先生注曰:"盖此诗继上诗而作。"⑦此诗为一五言诗,其可歌的性质也应与上首相同。故这一类诗歌都能在广义上归为王维所作的乐府诗。

(作者单位:辽宁师范大学海华学院)

---

① 左汉林:《唐代乐府制度研究》,北京:首都师范大学 2005 年。
② (宋)王谠:《唐语林》(中华书局 1987 年版):"王维为大乐丞,被人嗾令舞黄狮子,坐是出官。黄狮子者,非天子不舞也。后辈慎之。"
③⑥ (后晋)刘昫等:《旧唐书》,北京:中华书局 1975 年版,第 5052 页。
④ (宋)欧阳修、宋祁:《新唐书》,北京:中华书局 1975 年版,第 5765 页。
⑤ (宋)司马光:《资治通鉴》,北京:中华书局 1976 年版,第 6994 页。
⑦ 陈铁民:《王维集校注》,北京:中华书局 2019 年版,第 461 页。

禅寂抑或深情

——从王维之诗到王维之人

雷淑叶

王维有"诗佛"之称,其诗歌意境,以清空淡远为要。"以禅悟诗""闲适""物我圆融"是其显著特色。赵殿成《序王右丞集笺注》指出因王维通于禅理,故其诗歌"语无背触,甜彻中边",如"空外之音,水中之影"。也有不同声音,如钟惺论王维诗歌,则曰"右丞禅寂人,往往妙于情语。"(《唐诗归》卷八)。"妙于情语"与"空外之音,水中之影"则为不同况味。葛晓音认为王维绝句"虚实结合,臻于神境",①或可见出王维诗歌意境的复杂性。那么,哪些诗歌可见王维的深情妙语,哪些诗歌可见王维的禅寂之意,王维又是如何做到将深情与禅寂共融一体的? 王维诗歌意境与陶渊明诗歌意境在相似之外,又有哪些不同之处? 这是本文主要探讨的问题。

一、深情之王维

王维诗歌众体皆擅,色彩纷呈,而并非一味枯寂禅静。其中,深情者多为思亲念友之作。代表性的作品有:《九月九日忆山东兄弟》《山中寄诸弟妹》《别弟缙后登青龙寺望蓝田山》《灵云池送从弟》《送元二使安西》《相思》《哭孟浩然》《哭殷遥》等。

王维思亲念友之抒情诗,主要呈现出以下三方面特征:缘于内心深处之温情;卓越的共情能力;以及设想对方思念我方之抒情方式。

(一) 内心的温情

情感是人表达感动的途径。钟嵘《诗品序》指出"气之动物,物之感人,故摇荡性情,行诸舞咏"。人受到物的感召,从而形诸歌咏,进而手舞足蹈,是情之所至。诗歌要打动人,首先需要打动自己。王维终其一生都是深情之人,尤其是对于母亲、兄弟、朋友。《旧唐书》本传记载:"居母丧,柴毁骨立,殆不胜丧。""妻亡,不再

---

① 葛晓音:《虚实得当,臻于神境——说王维的〈辋川集〉绝句》,见《名作欣赏》,1983 年 03 期。

娶,三十年孤居一室。"对亲人如此,对朋友亦复如此。其与裴迪《辋川集》唱和,怀赠祖咏、崔兴宗、殷遥、储光羲等皆为摇荡性情之作。

其中传唱最广者莫过于《送元二使安西》。以至有言曰"此辞一出,一时传诵不足,至为三叠歌之。后之咏别者,千言万语,殆不能出其意之外"。(明李东阳《麓堂诗话》)

唐朝送别诗蔚为大观,只要有别即有诗。王维"劝君更尽一杯酒,西出阳关无故人"能脱颖而出,其特别之处莫过于情真语切。情真体现在友情的唯一性、排他性,"西出阳关无故人"是多么的沉痛悲伤,无以替代。气格上,或许不如"海内存知己,天涯若比邻"豁达,不像"莫愁前路无知己,天下谁人不识君"壮阔,但相比送别时的故作潇洒,伤心欲绝的知音稀有,恐怕更能打动人心,毕竟悲剧比喜剧具有更动人的力量。

这种伤心欲绝在《齐州送祖三》中更为突出:"送君南浦泪如丝,君向东州使我悲。"这种对朋友的深情,便凝聚成"良会讵几日,终日长相思"(《赠祖三咏》)的愁怀。诗歌多用白话,而无生僻。如《赠裴迪》:"不相见,不相见来久。日日泉水头,常忆同携手。携手本同心,复叹忽分襟。相忆今如此,相思深不深。"全如口语般,将心灵相通,知友相忆之情写得缠绵悱恻,如在耳边。

亦亲亦友志同道合之崔兴宗,更得王维之眷恋。《送崔兴宗》诗云:"已恨亲皆远,谁怜友复稀。君王未西顾,游宦尽东归。塞迥山河净,天长云树微。方同菊花节,相待洛阳扉。"同邀崔兴宗归隐,从"已恨亲皆远,谁怜友复稀"亦可见亲友在王维心目中的重要性。亦可见王维不是"性本爱丘山",一心只在山水的隐人,而是一个"终生思旧恩"的多情之人。甚至看他人分别都会感同身受地发出"余亦辞家久,看之泪满巾"(《观别者》)的感慨,更不要说自己送别,更是情意绵绵,"解缆君已遥,望君犹伫立"。(《淇上送赵仙舟》)

王维的深情,千百年来超越时空的阻隔,打动人心。"情至宛曲不尽"(顾可久语),贺裳则认为"交谊蔼然,千载之下,犹难为怀"(《载酒园诗话》又编),皆是对王维深情的认可。可以说,王维不独对赵仙舟、孟浩然或元二等情有独钟,而是他本身是一个情深意重者,所以珍亲重友,害怕孤独,偏偏又笃奉佛法,以色悟空。看似矛盾,实则统一。

写友情、写亲情动人,写别离后的相思更是如此。"红豆生南国,春来发几枝。愿君多采撷,此物最相思。"(《相思》)"惟有相思似春色,江南江北送君归。"(《送沈子福归江东》)千古不衰。也有"重门朝已启,起坐听车声。……了自不相顾,临堂空复情"(《待储光羲不至》)之细腻。有"所思竟何在,怅望深荆门。举世无相识,终身思旧恩"(《寄荆州张丞相》)之感慨,有"握手一相送,心悲安可论"(《送岐州源长史归》)之伤感。能写出如此动人作品,缘于王维卓越的共情能力,在他共情的视角下，万物平等，人可为物，物可为人，真有"和其光，同其尘"之意。

（二）卓越的共情能力

中国古代文论有"气之动物，物之感人，故摇荡性情，形诸舞咏"①说，强调自然万物对诗人情感的触发与影响。西方文论有共情说，共情说，在西方已有百年历史，哲学、心理学、社会学等学科对其有大量研究。本文所谓共情（empathy），主要借用 Titchener 的观点，与 Lipps 倾向于认为共情是对客体感受的被动和直觉的反应不同，Titchener 倾向于认为共情是个体主动、努力地进入另一个人的内在世界，共情是通过内在模拟形成心理意象的过程。Titchener 的观点也受到后来重视共情认知成分学者的认同。②同时，共情的唤醒既可以通过自下而上的自动模拟，也可以通过自上而下的观点采择。③王维诗歌更多不是因物摇荡，触景生情，而是情同此景。如《送綦毋校书弃官还江东》：

> 念君拂衣去，四海将安穷。秋天万里净，日暮澄江空。
> 清夜何悠悠，扣舷明月中。和光鱼鸟际，澹尔兼葭丛。
> 无庸客昭世，衰鬓日如蓬。顽疏暗人事，僻陋远天聪。
> 微物纵可采，其谁为至公。余亦从此去，归耕为老农。

在这首诗中，归隐之志明显，而且不失后期山水诗之清淡疏远。情景一色，直有"色即是空，空即是色"之感。在本诗中，王维既有与綦毋潜弃官归隐的共情，亦有与天地山水鱼鸟之共情。他既想像綦毋潜一样"归耕为老农"，借此来弥补"暗人事""远天聪"之失之痛，亦愿在明月清风中和光鱼鸟，澹尔兼葭。王维这种卓越的共情能力，使他目睹张九龄在遭遇不公被贬后失去仕进的热情，也使他在知友归隐后产生同样的念头。在隐居山水中，亦与山水同游于天地，发出"兴来每独往，胜事空自知。行到水穷处，坐看云起时"这样身世两忘之感慨。咏出"潮来天地青，日落江湖白"这样入人肌骨之诗句。

具有卓越共情能力的王维，在面对亲友生离死别时，伤痛更甚，这是不难想像的。其挽诗多直用哭字，如《哭孟浩然》《哭祖六自虚》《哭殷遥》等，可以说达到了惊天地泣鬼神的地步。《哭祖六自虚》曰"为善吾无矣，知音子绝焉。琴声纵不没，终亦断悲弦"，读来令人肠断。

《哭殷遥》更甚，不仅悲伤友人归于无形，亦悲伤其慈母未葬，弱女待养，诗曰：

---

① （南朝）钟嵘著、陈延杰注：《诗品》，北京：人民文学出版社 1961 年版，第 1 页。

② 陈晶、史占彪、张建新：《共情概念的演变》，《中医临床心理学杂志》，2007 年第 6 期，第 664—667 页。

③ Decety J, Jackson PL. "*A Social-Neuroscience Perspective on Empathy*". Current directions in psychological science，2006，15(2)：54—58. 转引自陈晶、史占彪、张建新：《共情概念的演变》。

"人生能几何,毕竟归无形。念君等为死,万事伤人情。慈母未及葬,一女才十龄。泱漭寒郊外,萧条闻哭声。浮云为苍茫,飞鸟不能鸣。行人何寂寞,白日自凄清。……负尔非一途,恸哭返柴荆。"在这首诗中,"浮云为苍茫""飞鸟不能鸣",皆寂寞之情、凄清之色。人事与物景皆悲怆,天地万物同伤情,真可谓"和其光,同其尘""等为死"。若非胸中有大爱、有真恸,怎能有如此山河为之变色之哀辞悲音。

(三) 设想对方思念我方之倍思亲

王维的抒情诗,在写作艺术中呈现出特有的结构方式。施议对先生称之为"夜雨寄北"式,即时间上:过去现在与未来相交织,空间上我方与对方相交错。但实际上,这种时空交织的模式早在王维《九月九日忆山东兄弟》即有呈现,可谓为后来诗歌结构体式"夜雨寄北"式导其先路。

《九月九日忆山东兄弟》一诗首先突出"孤独",又逢佳节,孤独倍增,思亲之感亦倍增。前面的铺垫是为了后面揭出"遥知兄弟登高处,遍插茱萸少一人"。空间上由我方跳跃到他方;情感上不再言我的思念,而从对方着眼,以为对方亦正思念自己,将思亲之感倍级增长。这思亲跨越空间的限制,似乎在同一时间响应着彼此。从人类情感互通上言,这种跨越空间而心灵相通的情景,与《简爱》中罗切斯特呼唤简的名字,简心灵感应到了对方的呼唤同一机轴。

王维诗集中与《九月九日忆山东兄弟》句法相同者不在少数。如《山中寄诸弟妹》:"山中多法侣,禅诵自为群。城郭遥相望,惟应见白云。"其中"城郭遥相望,惟应见白云"亦从对方眼中着笔,可谓"妙悟绝伦"。后之杜甫《月夜》"今夜鄜州月,闺中只独看",李商隐《夜雨寄北》"何当共剪西窗烛,却话巴山夜雨时",柳永《八声甘州》"想佳人,妆楼颙望,误几回天际识归舟"与此异曲同工。

或许有人疑惑,一个深情的人,怎么能写出"深林人不知,明月来相照","涧户寂无人,纷纷开且落"此种了无人迹之诗呢?是否有前后期区别呢?是否在前期充满热情,后期才归于澄寂呢?并非如此。直到去世前,王维有上书皇帝之《责躬荐弟表》,曰:"弟之与臣,更相为命,两人又俱白首,一别恐隔黄泉,傥得同居,相视而没,泯灭之际,魂魄有依。"兄弟手足之情,令人泪下,由此亦可见深情始终在王维胸中。

二、无情之王维

王国维在《人间词话》指出诗有写境,有造境,有有人之境,有无人之境。王维诗歌,尤其是山水诗,营造出臻于神境之无人之境,仿佛不食人间烟火。所谓王维之无情,并非真无情,而是诗中意境澄澈空灵,超凡脱俗。尤其是以《辋川集》为代表的田园山水诗,刘须溪认为"首首素净",胡应麟认为:"右丞《辋川》诸作,却是自出机轴，名言两忘，色相俱泯。"甚至认为与《辋川集》相较，连"千山鸟飞绝"都嫌太闹（《诗薮》内编卷六）。洪亮吉则认为，"王维、裴迪《辋川》诸作，……无一类陶，而转似陶。则又当于神明中求之耳"。（《北江诗话》卷五）

《辋川集》中以禅入诗者莫过于《鹿柴》《竹里馆》《辛夷坞》等。刘须溪曰："其意不着一字，渐可语禅。"沈德潜曰："幽极。"（《唐诗别裁》卷十九）其意不着一字而意境幽极，缘于诗人将自己化于天地自然中，成为天地自然之一分子。正如施蛰存在区别王维与陶渊明诗之不同时即指出："写田园生活的，继承了陶渊明的诗境；描写山水风景的，便有鲍照和谢灵运的余韵。"[1]也有学者将其归为禅诗，而认为王维禅诗具有圆融境界，包括色空、动静与生死的圆融，是一个有趣的阐释。[2]虽然并未指出哪些诗属于禅诗，大体可以理解王维山水田园诗可归为禅诗一类。

细究不难发现，王维禅意诗，除色空、动静与生死的圆融外，人与自然也处于一片圆融浑化中。如《辛夷坞》"木末芙蓉花，山中发红萼。涧户寂无人，纷纷开且落。"在这首诗中山中芙蓉花俨然具有人的尊严和思想，自开自落，自在自为。与之相对则如《山居秋暝》："空山新雨后，天气晚来秋。明月松间照，清泉石上流。竹喧归浣女，莲动下渔舟。随意春芳歇，王孙自可留。"诗中颔联无疑是在写景，颈联虽为写人，但在本诗中，"归浣女"一如松间明月与石上清泉，皆为山居之一景。声色之间，成为王孙在春天已然逝去，秋天树木凋零时依然在山中逗留的理由。

此为人与物同之例，诸如此类人与自然呼吸与共融为一体的诗作，在王维诗中并不少见。如《终南别业》："中岁颇好道，晚家南山陲。兴来每独往，胜事空自知。行到水穷处，坐看云起时。偶然值林叟，谈笑无还期。"在此诗中偶然遇到的林叟亦如诗中的"水穷处"，和"云起时"一样，是他在终南别业隐居生活中的一景。正如《苕溪渔隐丛话》引《后湖集》所言："此诗造意之妙，至与造化相表里，岂直诗中有画哉。观其诗，知其蝉蜕尘埃之中，浮游万物之表者也。"（《苕溪渔隐丛话》前集卷十五）直是"蝉蜕尘埃，浮游万表"。再如《鸟鸣涧》："人闲桂花落，夜静春山空。月出惊山鸟，时鸣春涧中。"读之有身世两忘，万念皆寂之感（胡应麟《诗薮》内编卷六）。

再如《终南山》："太乙近天都，连山到海隅。白云回望合，青霭入看无。分野中峰变，阴晴众壑殊。欲投人处宿，隔水问樵夫。"诗中樵夫亦与白云、青霭一般成为终南山之一景。王维禅诗中，景与人、色与空、艳丽与寂寥总是纠缠交织在一起，正如其情感中的深情与无情亦融为一体，不能分而为二来看待。《积雨辋川庄作》："积雨空林烟火迟，蒸藜炊黍饷东菑。漠漠水田飞白鹭，阴阴夏木啭黄鹂。山中习静观朝槿，松下清斋折露葵。野老与人争席罢，海鸥何事更相疑。"一诗，论者多谓

---

[1] 施蛰存：《唐诗百话·王维：五言律诗三首》，上海：华东师范大学出版社 2001 年版，第 60 页。
[2] 辛鹏宇：《王维禅诗的圆融境界》，见《光明日报》2017 年 07 月 10 日 13 版。

其叠字之妙。抛开叠字,关注其中的人与自然,尤其是其中的野老与海鸥,同具有物的形态与人的情感。整首诗,有种道家"地法天,天法道,道法自然"之纯净自然与"和其光,同其尘"的万物同一之感。

王国维在《人间词话》中提出有我之境与无我之境的区分。王富仁认为"王维的诗是作为无我之境的典型而被王国维所肯定的"。①这样的判断不无可商榷之处。王国维所说的"无我之境",所举的例子一是陶渊明的"采菊东篱下,悠然见南山",一是元好问之"寒波澹澹起,白鸟悠悠下"。与这里的无人之境相对的有人之境是"泪眼问花花不语,乱红飞过秋千去"和"可堪孤馆闭春寒,杜鹃声里斜阳暮"这样感情色彩强烈的诗。"悠然见南山"和"寒波澹澹起"并非真的无人,只是相对而言感情色彩没那么强烈,依然有作者作为叙述者观察者的眼光和情感在内,哪怕是"采菊",哪怕是"寒波"。但在"涧户寂无人,纷纷开且落",在"欲投人处宿,隔水问樵夫",在"偶然值林叟,谈笑无还期"和"野老与人争席罢,海鸥何事更相疑"中,却是人与景,景与人纯为一体,甚至连诗人自身的眼光与呼吸亦融入山光水色中。真正达到"羚羊挂角,无迹可求"的物我圆融的境界。

无人之境至上者则为物与人同,在王维诗中亦不乏其例。如《新秦郡松树歌》:"青青山上松,数里不见今更逢。不见君,心相忆,此心向君,君应识。为君颜色高且闲,亭亭迥出浮云间。"在此诗中,松有人之情感与灵性。在王维笔下,此松俨然如裴迪、祖咏般是与他心灵相通、气质相投之知音。此诗中之"不见君,心相忆,此心向君,君应识"与《赠裴迪》之"不相见,不相见来久。日日泉水头,常忆同携手。携手本同心,复叹忽分襟。相忆今如此,相思深不深"可谓几无相异。另如"可怜盘石临泉水,复有垂杨拂酒杯。若道春风不解意,何因吹送落花来"(《戏题盘石》)虽为咏物,亦为悟禅,盘石,泉水,垂杨,落花,春风,皆在在被赋予人性,自在流畅。

王维诗歌无论抒情写景,无论写人悟禅,皆有一股清气,一股真气,一股超脱之神气,应是缘于内心"致虚极,守静笃","独处凝然空寂舍,身心不动如须弥"之佛道相融之精神。才能将深情与无情共挫笔底,而让诗歌具备了一种浑化的境界。

三、融深情与无情于浑化

王维诗歌融深情与无情于一体,浑化无迹。既有"送君南浦泪如丝""相忆今如此,相忆深不深"的深情,又有"空山不见人""独坐幽篁里,弹琴复长啸"的幽静。言为心声,一个诗人是如何将深情与无情融合在一起的呢? 或者所谓的禅寂,其实是一种误解? 或者诗人找到了一种特殊方式让深情与无情和谐共生? 那么这是一种怎样的妙法? 当然此处所说"无情"并非冷漠,而是王国维所言无人之境中的"无",

---

① 王富仁:《古老的回声——阅读中国古代文学经典》,成都:四川人民出版社 2003 年版,第 192 页。

是"色不异空,空不异色,色即是空,空即是色"之"空"。

为此,需要寻找在深情与无情之间的过渡色,或者同时融入深情与无情者。或许能将此深情与无情,或艳丽与寂寥齐挫于笔端缘于一种视角,这种视角,是一种非自我中心,而是万物平等的第三者视角,如前文所讲之共情。亦可从万物皆非我身之旁观者视角来解读,这可从现当代作品,如加缪《局外人》中获得启发,权且称之为局外人视角。

《局外人》是法国作家加缪代表作,讲述的是主人公默尔索平静地面对母亲去世,中间出现许多看似荒诞实则平常而无奈的插曲,语言平实毫无夸张:守夜睡着,送葬当天与女友游了泳,看了喜剧电影,在朋友的争斗中莫名其妙卷入其中……,小说用的是冷静的语言,克制的叙述和呈现,没有夸张的悲喜,做作的渲染。仿佛是在用一个上帝的不悲不喜的眼光看着所发生的一切,《道德经》里"天地不仁,以万物为刍狗"的态度即与此类似。现当代小说中,萧红的《呼兰河传》亦用一种局外人的视角,看着世间的生长繁衍和毁灭。张爱玲小说,如《倾城之恋》《白玫瑰与红玫瑰》等何尝不是以冷隽之笔写人间百态。当然,萧红、张爱玲、加缪的笔与王维的诗相较太过灰暗绝望,王维是一种带着欢喜的自在。是一种"江流天地外,山色有无中"的浓淡相宜,是"君自故乡来,应知故乡事"疏淡隽远,绝非"泪眼问花花不语"的纤弱,和"可堪孤馆闭春寒"的凄苦。

局外人的眼光,并非无悲无喜,而是悲喜自任。《红楼梦》里的起起伏伏,悲喜交加又何尝不是以一种"天地不仁,以万物为刍狗"的视角缓缓道出? 所以,王维不无以艳丽之笔写寂寥之事的作品。

以艳丽写寂寥,却并非真艳丽,而是大寂寥。如:"绿艳闲且静,红衣浅复深。花心愁欲断,春色岂知心。"(《红牡丹》)因为春色不解心,而使得花心欲断。

正是因情深爱重,伤心无处向,便转而求空灵淡远。如《叹白发》:"宿昔朱颜成暮齿,须臾白发变垂髫。一生几许伤心事,不向空门何处销。"伤心正是因为有心,如若无心亦自不会伤心,无处可解,唯有向空门索解。

另有《田园乐》:"桃红复含宿雨,柳绿更带春烟。花落家僮未扫,莺啼山客犹眠。"上解桃红柳绿,艳丽非常,下解则花落客眠,一幅喧闹与闲静共处图。

王维的田园山水,并非寂寥无人在,恰恰相反,田园山水中总有人迹,而这人迹却又并不打扰田园山水,仿佛与之共生平等。如《渭川田居》《山居秋暝》《终南山》等,这些诗歌有一个共同特点:前面写景,后面两句诗人出现。如"即此羡闲逸,怅然怀式微";"随意春芳歇,王孙自可留";"欲投人处宿,隔水问樵夫"等。田园山水,与人物融为一体,分不出彼此。老子讲究"致虚极,守静笃",佛家讲究"独处凝然空寂舍,身心不动如须弥",在这些诗歌中分不清是以禅入诗,还是以道入诗,王富仁亦持此观点,认为王维诗歌创作在接受佛家思想影响中也融汇着中国道家思想。①

无论佛道,王维乃是在天地自然中顿悟其中奥妙,恰如"无名天地之始,有名万物之母……此两者,同出而异名,玄之又玄,众妙之门"。(《道德经》)这可能便是王维诗歌深情与无情相契而无形之玄妙处。如:"晚知清净理,日与人群疏。将候远山僧,先期扫弊庐。果从云峰里,顾我蓬蒿居。藉草饭松屑,焚香看道书。然灯昼欲尽,鸣磬夜方初。一悟寂为乐,此日闲有余。思归何必深,身世犹空虚。"(《饭覆釜山僧》)一方面日与人群疏,一方面却为候远山僧而先期扫弊庐,一如"思归何必深,身世犹空虚"。再如《答张五弟》:"终南有茅屋,前对终南山。终年无客长闭关,终日无心长自闲。不妨饮酒复垂钓,君但能来相往还。"皆为在虚静中悟道。

以禅悟诗者更是俯拾皆是,如"好读高僧传,时看辟谷方。鸠形将刻杖,龟壳用支床。柳色春山映,梨花夕鸟藏。北窗桃李下,闲坐但焚香"(《春日上方即事》)与"高处敞招提,虚空讵有倪。坐看南陌骑,下听秦城鸡。眇眇孤烟起,芊芊远树齐。青山万井外,落日五陵西。眼界今无染,心空安可迷"。(《青龙寺昙壁上人兄院集》)此处心空之"空"为动词,谓心进入空灵之境,认识到世间的一切事物皆虚幻不滓,赞扬昙壁上人的眼界未受世俗之欲求、妄念的浸染,心入空境,亦不会为眼前的景物所惑。

虚空、静寂即为王维心空与诗歌的共同境界。如"暮持筇竹杖,相待虎溪头。催客闻山响,归房逐水流。野花丛发好,谷鸟一声幽。夜坐空林寂,松风直似秋"(《过感化寺昙兴上人山院》)亦正如此。再如"松风吹解带,山月照弹琴。君问穷通理,渔歌入浦深"(《酬张少府》)亦是在自然中寻求通达顿悟之作。然而作者内心并非没有情感,如《秋夜独坐》:"独坐悲双鬓,空堂欲二更。雨中山果落,灯下草虫鸣。白发终难变,黄金不可成。欲知除老病,唯有学无生。"悲伤中欲求无情,所以学无生,学无生并非无情,恰恰相反,只因唯有在无生中方可除此老病之悲伤,无生便无灭。这与《过香积寺》中"不知香积寺,数里入云峰。古木无人径,深山何处钟。泉声咽危石,日色冷青松。薄暮空潭曲,安禅制毒龙"的意境是相同的。无论是深山钟,抑或咽石之清泉,冷松之日色都是含有不尽之悲的自然景色,人情亦如此,唯有安禅可制涌动之情思。所以,王维诗歌是以静制动之静,如"轻阴阁小雨,深院昼慵开。坐看苍苔色,欲上人衣来"。(《书事》)

求虚空静笃而未完全达到,并非王维的失败,正是王维的可爱之处。他的可爱在于他不仅有生而为人之敏锐,对自然万物亦抱有同样的理解之同情而能发现流水落花暮禽落日之灵性往还,如"流水如有意,暮禽相与还。荒城临古渡,落日满秋山"。(《归嵩山作》)刘须溪认为此诗"已近自然",确乎如此,王维的自然不是纯粹

---

① 王富仁:《古老的回声——阅读中国古代文学经典》,成都:四川人民出版社 2003 年版,第 192 页。

的山水,而是带着性灵的山水,王维的隐居学禅亦非灭绝人欲,恰恰是在自然中悟得人与物之和谐平等。方回曰"闲适之趣,澹泊之味,不求工而未尝不工者,此诗是也"。(《瀛奎律髓汇评》卷二十三)此亦王维也,是那个"兴来每独往,胜事空自知。行到水穷处,坐看云起时"的王维。

(作者单位:广州大学文学院)

辋川二十景考辨

张效东

绪 言

盛唐大诗人王维,中、晚年长期隐居蓝田辋川并与其母终葬于此,于是,辋川成了国内王维文化遗存最多的地方,是驰名古今中外的文学圣地。

辋川位于蓝田县城东南6公里的秦岭北麓,是东、西采峪水合成的辋水冲积而成的一道川谷,呈东南—西北走向,锡水、东干、西干、安山等多条小河流在川内汇入辋水形成数道小山谷。从辋谷谷口到辋谷南端长约11公里,川谷宽200~500米。沿川山峰属于加里东运动时期形成的褶皱山地,山峦起伏较大,山势陡峻,切割深,但绝对高程较低,海拔一般600~900米,最高峰1600米。辋峪被认为是秦岭北麓数百个峪子中最宽最平的,由于峪子腹地视野相对开阔,四周群山合围成环列巨大圆圈若车辋状,加之峪道平缓,故名"辋川"。唐时辋水下游段曾存在过一个面积较大的山间湖泊,湖光山色,风景幽绝,有"终南之秀钟蓝田,茁其英者为辋川"①之说。

《旧唐书·王维传》称王维"得宋之问蓝田别墅,在辋口,辋水周于舍下,别涨竹洲花坞,与道友裴迪浮舟往来,弹琴赋诗,啸咏终日"。②王维《辋川集》序曰:"余别业在辋川山谷,其游止有孟城坳、华子冈、文杏馆、斤竹岭、鹿柴、木兰柴、茱萸沜、宫槐陌、临湖亭、南垞、欹湖、柳浪、栾家濑、金屑泉、白石滩、北垞、竹里馆、辛夷坞、漆园、椒园等,与裴迪闲暇,各赋绝句云尔。"其中提到的孟城坳、华子冈等20处胜景,被后世称为王维辋川别业二十景,简称"辋川二十景",已然成为王维辋川别业的标志和辋川隐居生活的代表性符号,向为仕宦名流、文人墨客青睐和向往,历代受到推崇,如北宋黄伯恩在《跋辋川图后》说:"辋川二十境,胜概冠秦雍。"③

---

① (清)梁宝常:《题熊墨樵〈辋川图〉歌》,原载《重修辋川志·卷六文徵》,见张进等《王维资料汇编》,北京:中华书局2014年版,第1490页。

② (后晋)刘昫:《旧唐书》,北京:中华书局1975年版,第5052页。

③ (北宋)黄伯恩:《跋辋川图后》,见张进等《王维资料汇编》,中华书局2014年版,第114页。

　　王维身后一千多年来,时代变迁,沧海桑田,二十景已经湮没于历史的长河中,其遗址多无从辨识了。但前来辋川踏访王维辋川遗迹者代不乏人,留下了相当数量的游记、诗词和文章。这些诗文对二十景多有涉及,但都不是详尽的实际勘察,故关于二十景原址的说法,有的语焉不详,有的妄加猜测,有的按图索骥,有的因循前说而以讹传讹,众说纷纭,莫衷一是。辋川二十景成了令文学界和游人空有向往的虚幻之景了。

　　上世纪八九十年代以来,随着国内外王维研究热的渐次兴起,一批国内外学者来辋川对王维在辋川的遗址进行了比较深入的实地考察。据笔者所知,国内的有樊维岳、陈铁民、费秉勋、王文学、师长泰等,其中考察次数较多或时间较长的台湾地区及国外研究者,有日本学者入谷仙界(80 至 90 年代共 4 次),渡部英喜(1997—1999 年间共 6 次),台湾学者简锦松(2010—2011 年共 3 次),新加坡学者萧驰(2012 年 5 月 9 日~28 日共 19 天)。他们分别发表了一些学术论文,对王维辋川别业和二十景部分遗址提出了自己的看法。台湾中山大学教授简锦松,考察的结果虽然得出了王维别业在辋川谷口外的错误结论,但却提出了"《辋川集》的文学地理,仅以唐以后,特别是明清以后方志、游记等文献以及《辋川图》各种摹本是不足够甚至不可靠的,必须结合现地考察"①这一重要的指导思想。

　　笔者十分认同这一观点。蓝田县明代以前没有地方史志著作,最早的《蓝田县志》是明弘治年间知县任文献与乡绅荣华、荣察父子修纂的,与此同时还编纂了专志《辋川志》,但此二志早已失传。现存的《重修辋川志》是清道光十七年(1837)知县胡元焕主持编纂的,距离王维居辋川的时间已一千多年了。由于年代久远且前志失传,辋川遗迹湮灭,故该志关于辋川遗址的考证粗率,记述讹缺、模糊之处甚多,如"名胜"部分,二十景的地名只记有 18 处,其中能确指遗址的,只有以古银杏树为参照坐标的文杏馆、椒园、漆园及官上村的孟城坳、闫家村的北垞少数几处了,其余景点或注明"今废",或直接无记空白。该志收有辋川游记 5 篇,内容涉及二十景遗址的只有孟城坳、南垞、北垞、白石滩等少数几处,也大都没有确切地址,有的则纯系臆猜,如某县官吏周焕寓写到:"沿溪……有白石数堆,不间他色,意即所谓白石滩也。"②

　　至于各种版本的《辋川图》,其可资参考的价值就更为有限了。王维绘在故居墙壁上的原图早已失传,后代流传的摹作很多,如宋郭忠恕本,元赵孟頫、王蒙、商琦本,明仇英、郭世元、董其昌、文征明本,清代的摹本更是纷繁多样。清代编修王

---

① 转引自肖驰:《问津"桃园"与栖居"桃园"——盛唐隐逸诗人的空间诗学》,台北《中央研究院中国文哲研究集刊》第 42 期抽印本,2013 年。

② 周焕寓:《游辋川记》,载《民国续修蓝田县志》附录《辋川志》,见《中国地方志集成·陕西府县志辑》,南京:凤凰出版社 2007 年版,第 567 页。

鼎云:"辋川为终南胜迹。自王右丞绘图后,代有临摹,唯宋代郭忠恕为最。"①但即就是被后世奉为圭臬的北宋郭忠恕的《辋川图》,其多大程度上忠于王维原作,也颇可怀疑。我县文管所现保藏有6块名为"辋川真迹"的《辋川图》石刻,是明万历四十五年(1617)蓝田县令沈国华邀其同乡郭世元所刻。据记载,郭世元是亲临于郭忠恕原本。但观其图,明显的带有郭忠恕的界画风格,很难说多大程度上保留王维原画的"真迹"了。退一步说,即就是摹本基本忠于王维原作,抑或是王维的原画,但绘画作为再创造的艺术作品,也不同于现代的照相摄影,是不能简单等同于现实地貌的。因为绘画作为一门艺术,是有其自身的艺术规律的,必然要遵循主次、远近、疏密、虚实等的对比、平衡、协调等构图原则来规划安排画面。即就是偏于写实的画作,也仍然要受到这些规律的支配,否则就不成其为艺术作品了。一个最能说明问题的例子:现实中二十景散布于10余里辋川山谷,辋河左右两岸均有分布。但各种摹本,画面布局基本都是下半部为欹湖水域,上半部为连绵的山峦,二十景差不多全是在画的上半部沿山峦一字儿排开的,这显然与实际不符。

2015年,蓝田县启动并不断推进全域旅游开发,作为其重要文旅资源的王维辋川文化挖掘成为首要课题,而确定辋川二十景遗址是其当然的前提和基础。为此,我们成立了蓝田县王维文化研究会,在政府有关部门的指导和支持下,笔者从2015年10月起,数百次对二十景遗址进行实地考察和勘定。我们遵照的方法是:以王维、裴迪辋川诗、文为主要依据,适当参考史志记载、古今游记文章和中外学者研究成果,凭借人、地、事皆熟和时间不受限制的优势,大量走访当地群众,进行拉网排查式深入考察,结合有关地理水文历史资料,在弄清古今地形、水文变化的基础上,确认每一个景点的位置和范围。经过几年来的艰苦细致工作,取得了可喜的研究成果,已初步廓清并确认了辋川二十景大部分景点的原址,为王维辋川别业遗址保护和开发奠定了基础。

现将欹湖等15个景点的考辨结果分述于后。这15处景点是:欹湖、南垞、北垞、临湖亭、孟城坳、宫槐陌、白石滩、华子冈、金屑泉、鹿柴、文杏馆、斤竹岭、漆园、椒园、辛夷坞等。另有木兰柴、茱萸沜、柳浪、栾家濑、竹里馆等5处景点,由于王、裴诗文和相关史料文献中没有留下可资参考的任何线索,目前只好根据辋川峪道的地形特点和二十景分布规律,推定其最有可能的所在位置,暂定其分布地址,并在此基础上编绘出了王维辋川别业二十景分布图。至于这5处的进一步的考辨,只能留待后来了。

此文仅是我们这多年研究工作的初步总结,供专家学者、热心王维辋川研究的人们批评指正和作进一步研究探讨的参考。

---

① 李明智:《略论王维及其画作〈辋川图〉》,三秦文化研究会年录,2009年。

敧 湖

辋川在一定历史时期内存在过一面巨大的谷间天然水洼，在王维的辋川诗中被称作"敧湖"。

由于在明中叶以前蓝田没有地方志著作，故敧湖的形成始于何时无从考究。现在能看到的关于敧湖最早的文字，见于初唐诗人宋之问居辋川时所写的《见南山夕阳召监师不至》诗："夕阳黭晴碧，山翠互明灭。此中意无限，要与开士说。徒郁仲举思，讵回道林辙。孤兴欲待谁，待此湖上月。"意谓欲邀禅师一起欣赏辋川暮景而不得，自己只好与湖面上升起的一轮明月为伴。这里说的"湖"，就是敧湖。

敧湖是由辋川峪道的特殊地理地貌而形成的河成湖。古时候辋川气候湿润，水系发达，辋河水量丰沛，至上世纪 50 年代初，尚能放木排至县城附近。辋川峪道平缓，南、北两端口海拔落差不到 100 米，河谷宽平，水流较缓。但流至闫家村北进入谷口，河道被两岸对出的山崖夹窄，流水受阻，从而在闫家村以南的辋峪北、中段数公里长的辋河河谷渟滀形成湖泊（还有一种推测是地震形成的堰塞湖，但无史料可证）。辋川峪道形成湖泊的这种"肚大口小"的地形特点，牛兆濂在其《游辋川记》中有一段生动描写：

> ……（谷口）悬崖插天，危峰岩嶨欲坠，俯瞰急湍，响震山谷，巨石横卧，若数间屋……下马蹑石径，按辔鱼贯行，目怵心骇……自峪口至此，天如一线……碛尽，豁然开朗，桑麻鸡犬，童叟怡然，桃花源里人也，地名（闫家村）新庄。[1]

敧湖是辋川二十景中最大的景点，王维有多首诗内容都涉及敧湖。直接写敧湖的，如《辋川集》中的《敧湖》《南垞》《北垞》《临湖亭》等，还有《归辋川作》《辋川闲居赠裴秀才迪》《山居秋暝》《酬诸公见过》《田园乐之三》《山居即事》《新晴野望》等都间接地写到了敧湖的渡口、荷菱及打鱼采菱活动等。

王维《辋川集·南垞》诗写到："轻舟南垞去，北垞淼难即。隔浦望人家，遥遥不相识。"诗里说从敧湖的南端遥看湖的北端，辽阔浩淼，湖岸的村落人家，模糊看不清楚，这都说明了敧湖水面之弘阔。实际上敧湖正是坐落在从新村（属官上行政村）到闫家村之间辋峪最宽的一段川谷盆地里，全长约 4000 米，宽 200～500 米（敧湖南北两端各有一座标志性高大山丘南垞和北垞，考辨见后文）。由于辋水两岸的山势呈西俯东仰状，湖底由右岸向左岸倾斜，故称"敧湖"（"敧"是不平的意思）。还

---

[1] 牛兆濂：《游辋川记》，见《关学文库·牛兆廉集》，西安：西北大学出版社 2015 年版，第 80 页。

有一种对"欹"解释是指湖底从上游向下游倾斜)。从王、裴"清波殊淼漫""莲动下渔舟""四面芙蓉开""白鹭惊复下""扁舟出菰蒲""轻鲦出水,白鸥矫翼"等诗文可知,当年这里碧波浩淼,荷菱绕岸,鸥凫群集,渔舟往来,湖光山色,旖旎如画,在王维之前就曾吸引过唐初著名诗人宋之问在湖畔建造了别墅——蓝田山庄。欹湖绝美的湖光山色,应当是辋川最能吸引王维的魅力之一。

从王、裴的同题《辋川集·欹湖》诗,可知这儿正是他们"浮舟往来,弹琴赋诗,啸咏终日"的重要游止:"吹箫凌极浦,日暮送夫君。湖上一回首,山青卷白云。"(王维)"空阔湖水广,青荧天色同。舣舟一长啸,四面来清风。"(裴迪)王维诗写湖上送客,王维另一首诗《辋川集·临湖亭》写湖上迎客:"轻舸迎上客,悠悠湖上来。当轩对尊酒,四面芙蓉开。"迎来送往,皆经湖中,宾主在悠扬的笛声里泛舟湖上,既免了行走湖东侧华子冈一带山道的攀越跋涉之累,还让客人体验了一把"船在水上飘,人在画中游"的惬意。虽没有正面描写欹湖,却用湖上迎客、送客的诗意场景,间接地表现了欹湖之美。而裴迪诗的迎风长啸,活脱脱地表现了他们陶醉于湖光山色之中的隐士情怀。

让人不解的是,对于欹湖这样规模的一面大湖的存在,仅仅是在宋之问、王维、裴迪诗文中出现过,县、市、省各级古代地方志书皆失载。而中唐以后涉辋川的诗文游记,直至明隆庆首部《蓝田县志》中,再也没有关于欹湖的描述和记载。欹湖形成的时间之谜,也许永远无解,但关于欹湖涸于何时的问题,笔者在查阅了大量资料后发现,还是有史料线索可以推知的。

王维身后来辋川游衍并留下诗作的诗人有钱起、李端、耿湋、温庭筠、元稹、白居易等,他们的笔下都没再出现有关欹湖的文字。李端在《雨后游辋川》诗中写到:"骤雨归山尽,颓阳入辋川。看虹登晚墅,踏石过青泉。紫葛藏仙井,黄花出野田。自知无路去,回步就人烟。"李端卒于 782 年,比王维卒年 761 年晚 21 年。据此可知,本次游历辋川的时间,应在王维故去年代不多时,最长不超过 20 年。诗对辋川作了全景式描写,写到了村墅、泉井和长着花草的田野,但却没有关于欹湖的描写,说明很可能欹湖在这之前已不存在了。

王维去世之前给朝廷上表,将辋川山居捐为佛寺,名清源寺。现在可以看到在王维身后写到访清源寺诗的有耿湋、元稹和白居易。耿湋、元稹诗写到了辋水,但三人的诗中都没有写到欹湖。耿湋诗《题清源寺(即王右丞故宅)》通过孟城空寂、辋水(注意不是湖水)自流抒发了人去物非的感慨:"儒墨兼宗道,云泉隐旧庐。孟城今寂寞,辋水自纡余……"元稹诗《辋川》,是元和五年(810)被贬江陵途经辋川所写。诗借质问辋川水,流露出厌倦官场和对王维式隐居生活的向往:"世累为身累,闲忙不自由。殷勤辋川水,何事出山流?"同样只有辋水,没写到欹湖。更能说明问题的是白居易的《宿清源寺》诗:"往谪浔阳去,夜憩辋溪曲。今为钱塘行,重经兹寺宿……"据诗意可知,白居易分别于元和十年(815)和长庆二年(822)贬谪浔阳和迁官钱塘时,都是走的蓝关古道西支线——辋峪道,并当晚借宿在辋川尽头的清源寺的。也就是说,白居易穿行了包括欹湖所在一段的整个辋谷腹地。但诗人写的纪行诗包括上述这首共7首,却无一字写到欹湖,合理的解释也只能是欹湖这时已不复存在了。

唐以后有关辋川的诗词、游记等,自然再也没有了涉及欹湖的记述,如北宋苏舜钦的《独游辋川》诗句"数里踏乱石,一川环碧峰",只见辋河滩的乱石和山峰环列的川道而看不到欹湖了。清人王太岳《蓝田》诗云:"古城尚照古时月,但有辋口无沦涟。"①笔者在欹湖遗址中部东侧的韩家堡村,多次听到当地村民中世代流行的关于该村原始移民卜居此地情况的一个说法"早来的住山,晚来的住川"(意为最早的移民因川谷有湖水只能选择居住湖畔右侧的高地"韩家岩",后来由于欹湖干涸了,再来的移民就可居住在川谷里了),这也可证明欹湖有一段曾经存在复又消失的历史。

据以上似乎可以断定,欹湖很可能是在王维卒年公元761年以后,最迟至李端卒年公元782年之前这20年左右的某一时间点突然消失的(因为若因地球气候变化引起辋水流量渐减而致湖水枯竭,则会有一个较为长期过程的)。而引起这样突然变化的最大可能是地震灾害。检阅古代《蓝田县志》可知,在上述时间段及稍后时段里,蓝田共发生过两次大地震。据县志《纪事》:大历六年(771)四月和乾符六年(879)二月,有"地大震,有声如雷,蓝田山裂水出"一类记载。②推测有可能就是前一次或连着两次地震,导致了形成湖泊的地形彻底改变,从而使欹湖在很短时间内彻底干涸消失。但这种推测到底是否符合历史事实,还需现代科学通过多学科的进一步联合调查和考证研究了。

南垞　北垞

欹湖的南北两端,各有一个从山峦中突出来而相对独立的山丘,这就是南垞和北垞。"垞"是小丘之意。两座小山包之所以能成为二十景的景点,皆因其所处位置,正好是欹湖南、北两个端点的地理标志。

南垞,位于辋川镇新村(隶属官上行政村)附近的大腕沟口。裴迪《南垞》诗云"孤舟信一泊,南垞湖水岸",可知南垞就位于欹湖岸边。作为欹湖的两大水源之一的玉川(采峪)水和锡水,就是在这儿上游不远处汇合而成辋水的。从地形特点看,

---

① 《光绪蓝田县志》附录《文徵录》,见《中国地方志集成·陕西府县志辑》,南京:凤凰出版社2007年版,第398页。

② 《民国续修蓝田县志》卷三纪事,见《中国地方志集成·陕西府县志辑》,南京:凤凰出版社2007年版,第479—480页。

这儿好似胃形欹湖的"幽门",由此再溯水南上,河谷收窄,好像进入了"食管",不管是玉川水还是锡水,两岸山崖夹峙,河流落差变大,已不具有形成湖泊的地形条件了。而辋河过了南垞再向下游流去,海拔落差骤然变小,河谷变宽,水流才有可能淳滀形成湖泊。在新村东南侧的大腕沟、小腕沟、山底村东岸和官上村西岸等处半山临水的石壁上,有数处人工开凿的小窟,当地人称为"灯盏窑",经新加坡学者萧驰实际考察测量,一般为高90厘米,宽75厘米,深60厘米,他认为应是"古时为置放于水流转弯处的夜间航标灯所用"①。这可证明接纳了玉川水、锡水的辋水,正是从南垞开始才形成更为深广而可行船的欹湖的。据笔者了解,1958年,蓝田县水利部门拟勘建辋川水库,曾考察测取欹湖旧址的水文地质资料,证明作为欹湖的上端口,就在新村附近。

关于南垞和北垞的具体位置,古今文献资料的说法基本一致。清人周焕寓《游辋川记》:"过南岸新村,以地势度之,当为南垞。"②今人中,樊维岳:"南垞……其位置正好在新村。"③王文学:"南垞,在孟城以南欹湖的南岸上,今新村附近。"④师长泰:"与官上村隔河相望地处山脚下的新村,便是别业南垞遗址所在。"⑤

北垞具体位置的确定,比南垞还要容易一些。从王维诗句"北垞湖水北"可知,北垞就位于欹湖的北端。由于欹湖是辋水因辋峪谷口收束遇阻而形成,所以作为欹湖下端口标志的北垞,必然位于临近谷口的闫家村一带。清人周焕寓《游辋川记》中有一段关于辋峪口的描述:"过碥则豁然开爽……此第一区也。村居数十家,护以乔木,杏红梨白,掩映颓垣门巷。询之土人,云即北垞。"⑥裴迪《北垞》云:"南山北垞下,结宇临欹湖。每欲采樵去,扁舟出菰蒲。"这里的南山,指闫家村东侧一带的山峦华子冈。诗里说的北垞,就是华子冈西出的一座山丘,位于闫家村东南原蓝田县水泥厂旧址东侧。裴迪的居第即建在北垞的西侧,即水泥厂原址处,再往西就是欹湖了。裴迪诗句"南山北垞下,结宇临欹湖"的文学地理,与我们对上述遗址及其相互位置的实地考察结果完全吻合。

王维《辋川集·南垞》诗曰:"轻舟南垞去,北垞淼难即。隔浦望人家,遥遥不相

---

① 萧驰:《问津"桃园"与栖居"桃园"——盛唐隐逸诗人的空间诗学》,见台北《中央研究院中国文哲研究集刊》第42期抽印本,2013年。

② 《民国续修蓝田县志》附录《辋川志》,见《中国地方志集成·陕西府县志辑》,南京:凤凰出版社2007年版,第567页。

③ 樊维岳:《王维辋川别墅今昔》,见师长泰主编《王维研究》第一辑,北京:中国工人出版社1992年版,第321页。

④ 王文学:《辋川对悟》,华夏出版社2007年版,第30页。

⑤ 师长泰:《王维辋川别业的园林特征》,见梁瑜霞、师长泰主编《王维研究》第五辑,镇江:江苏大学出版社2011年版,第284页。

⑥ 《民国续修蓝田县志》附录《辋川志》,见《中国地方志集成·陕西府县志辑》,南京:凤凰出版社2007年版,第566页。

识。"是说从南垞遥望北垞,远而又远,北垞一带的人家看不真切。实测两垞的直线距离为 4000 米。王维《辋川集·北垞》诗写道:"北垞湖水北,杂树映朱栏。逶迤南川水,明灭青林端。"这首诗透露出北垞有两个地理物候特点:一是这里林木群落的特点是"杂",二是北垞附近有朱栏碧瓦的寺庙。这两个特点在考察中一一得到符验。闫家村地处辋峪口一带,距离蓝田县城只数公里,气候与蓝田县城的川道接近。因四周环山呈盆地状而显封闭的辋谷,由于空气流动小、光照足、多沙地等原因,夏小麦成熟期反而早于山外地区而成为蓝田地区夏收最早"搭镰"之地。这一气候特点,致这里的林木群落与较深山区成片区或成带状分布的松、栎林明显不同,而是杂生了很多山外常见的椿、榆、槐、桐、杂果等树种,诗曰"杂树",真令人感叹大师观察之细、措辞之准。据闫家村老人回忆,该村周围曾经存在过 5 个庙宇:村中间的药王庙、村东南北垞原址处的仓神庙、村东北 50 米处鳖儿山处的土地庙、村东北 1000 米黄杜碥的土地庙,村东华子冈半坡还有一规模较大被称作"寺院"的佛寺,建国初时还有 3 名僧人住持。据此推断,唐时这里有数个庙宇是很有可能的。"杂树映朱栏"应是写实的诗句。

临湖亭

临湖亭有可能是王维出资修建的二十景中除文杏馆、竹里馆之外唯一的非自然景观公共设施。王维《辋川集·临湖亭》诗云:"轻舸迎上客,悠悠湖上来。当轩对尊酒,四面芙蓉开。"裴迪《辋川集·临湖亭》诗句"当轩弥滉漾,孤月正徘徊",都证明临湖亭是王、裴观赏湖景和临湖待客茶叙的去处。王维诗描写宾主在亭中临窗开怀畅饮,四周一片荷花盛开的情景。再联系王维《山居秋暝》的"莲动下渔舟",和《酬诸公见过》的"泛泛登陂,折彼荷花",可以想见,当年莲藕遍湖滨是欹湖的一大景观。临湖亭顾名思义坐落于欹湖之畔,按说从亭中最多可看见三面的荷花,而诗人为什么要说"四面芙蓉开"呢? 对此,陈铁民先生分析道:"由诗的末句我们还可得知,欹湖的形状应是不规则的,临湖亭就在一处突入湖中的岸上,所以有'四面芙蓉开'之感。"①

按照临湖亭的功用,它的所在当在王维居所附近,具体说应在王维前期的居第孟城坳山庄附近。而王维后期的飞云山居第(鹿苑寺),南去欹湖已有三四千米之遥,就不可能有临湖之亭了。关于临湖亭的原址,明清古人游记里有所猜度。明李东《辋川记》写道:"(鹿苑寺西之坟)迤西水浒,有石一方,其平如案,其四角各有孔,相去各数尺,意必当时之欹(临)湖亭。"②清代周焕寓的《游辋川记》写道:"(文杏

---

① 陈铁民:《新译王维诗文集》,台北三民书局 2009 年版,第 507 页。

② 《光绪蓝田县志》附录《辋川志》,见《中国地方志集成·陕西府县志辑》,南京:凤凰出版社 2007 年版,第 350 页。

树)东去数十武,溪畔磐石一方,云是临湖亭故物。"①这两则"见石起意"的推断,皆非是。因为根据其描述,无论磐石在坟之"迤西水浒",还是在树之"东去数十武",皆没出王维飞云山故居遗址鹿苑寺周围,而这里距离欹湖遥远,是根本不会因亭在湖之滨而被称作"临湖亭"的。

已故本县王维研究者王文学,二十世纪七八十年代曾多次深入輞川别业故地考查,记录其研究成果的《輞川对悟》一书中,有一段关于临湖亭的采访记录:

> "据当地人讲,亭址在今官上村附近,证据是村北山崖下现存的一块一丈见方、中有圆孔的巨石,系亭中遗物。"②

遗憾的是,因修輞川公路和村民盖房,官上村环境改变很大。时过境迁,村里知情的老人也纷纷故去,这块巨石已下落不明。但所说巨石所在处即今官上村西头关公庙处,刚好位于当初王维孟城坳居第和欹湖渡口附近。从遗石的位置和形制分析,这个调查结论当是可信的。裴迪的《輞川集·临湖亭》诗也为这一判断提供了佐证:"当轩弥滉漾,孤月正徘徊。谷口猿声发,风传入户来。"诗说谷口一带的猿啼声,随风传到了亭阁里。临湖亭距輞川谷内口约3000米,这个距离是听得到随风飘来谷口的猿啼声的。而上述李东、周焕寓輞川游记猜测的亭址在飞云山麓,距离谷口已万米之遥,则不可能听得到了。

孟城坳

孟城坳,原址在今輞川镇官上村。该村位于輞峪中部,北距輞峪外口约6000米,南距輞峪终端约5000米,所在峪道南北宽约500米,是整个輞峪最宽平、人烟最稠密处,今輞川镇政府即驻此。古代这里曾是一座兵城,民国《续修蓝田县志·土地》,综合古代史志的有关记载曰:"思乡城,《元和郡县志》:'在县东南三十三里,宋武帝征关中筑城于此,南人思乡,因以为名。'《长安志》:'思乡城,一名柳城。以旁多柳,故曰柳城。'"本条目下有按:"城在輞川内关上,王维称'孟城坳'。"③《重修輞川志》卷二云:"孟城坳,土人呼为'关'。"④该志所载周焕寓《游輞川记》云:"过北

---

① 《民国续修蓝田县志》附录《輞川志》,见《中国地方志集成·陕西府县志辑》,南京:凤凰出版社2007年版,第567页。

② 王文学:《輞川对悟》,北京:华夏出版社2007年版,第4页。

③ 《民国续修蓝田县志》卷六土地,见《中国地方志集成·陕西府县志辑》,南京:凤凰出版社2007年版,第42页。

④ 《民国续修蓝田县志》附录《輞川志》,见《中国地方志集成·陕西府县志辑》,南京:凤凰出版社2007年版,第538页。

岸关上村,高平宽敞,旧志云即孟城口,右丞居第也。"①以上引文中所说的"关""关上",即今官上村 20 世纪 50 年代以前的旧称。"关"之含义为关隘,是指刘裕所建的思乡兵城。王维称这里为"孟城坳","坳"的含义为山间平地,这与官上村的地形特征相符。"孟城"应是王维对刘裕所建思乡城的称谓。但关于孟城之名的含义和来历,查无任何历史文字记载,附近居民也无孟姓族户。据我们考证,似与以下史实有关:民国《续修蓝田县志》土地卷中有关于蓝田县城前身峣柳城的一段记载:"《(陕西)资政录》:'……峣柳,则今县治也。晋义熙中,刘裕入关,以其地对峣山多柳,故名。'"②据以上记载可知,南朝宋武帝刘裕于东晋义熙十三年(417)率兵征关中的后秦,蓝田是其驻军之地,他以多柳的特征修建并命名了两座军事性质的"柳城",即位于辋川的思乡柳城和蓝田县城前身的"峣柳城"。孟,诸多义项中有下列两义:"孟,长也"(《说文》);"孟,始也"(《广雅》)。推测可能刘裕或后人按两个柳城的规模大小或命名的先后,将位于辋川的柳城又名曰"孟城"。至王维入住时,该名称尚流行(前文提到的耿湋诗就有"孟城今寂寞"之句)。

孟城原为初唐诗人宋之问的别墅蓝田山庄所在。唐《国史补》记载:"(王维)得宋之问辋川别业。"③《旧唐书》记载:"(王维)得宋之问蓝田别墅,在辋口,辋水周于舍下。"④王维《孟城坳》诗云:"新家孟城口,古木余衰柳。来者复为谁,空悲昔人有。"这里的"昔人",是相对于现时的主人王维而言,即昔日的主人宋之问。宋之问在这里留下了《蓝田山庄》《别之望后独宿蓝田山庄》《见南山夕阳召监师不至》等诗,其中有写到辋水、欹湖的诗句:"辋川朝伐木,蓝水暮浇田","孤兴欲待谁? 待此湖上月。"宋之问因媚附张易之、武三思,先天年间(712—713)被唐玄宗"赐死桂州",其蓝田别墅荒废。约 30 年后,王维应是从其后人手中购得作为初到辋川的居所。从裴迪《辋川集·孟城坳》诗句"结庐古城下,时登古城上",可知王维入住时,古城城垣尚在,但已破败,只有"古木余衰柳"了。

王维诗"新家孟城口,古木余衰柳。来者复为谁,空悲昔人有",首句为了和二、四句的尾字"柳""有"押韵,在孟城后缀一"口"字,本没有实际含义,但《旧唐书》却据此说"(王维)得宋之问蓝田别墅,在辋口",把"孟城口"演绎成了"辋口",遂致后世竟以讹传讹地多出了一处"辋口庄"。其实,孟城距离辋川谷口有 6000 米之遥,根本不可能也称"辋口";而真正的辋口,窄狭险峻的地形也不可能建什么山庄。王

---

① 《民国续修蓝田县志》附录《辋川志》,见《中国地方志集成·陕西府县志辑》,南京:凤凰出版社 2007 年版,第 567 页。
② 《民国续修蓝田县志》卷六土地,见《中国地方志集成·陕西府县志辑》,南京:凤凰出版社 2007 年版,第 42 页。
③ 李肇:《唐国史补》卷上,上海:上海古籍出版社 1957 年版,第 16—17 页。
④ 刘昫:《旧唐书》,北京:中华书局 1975 年版,第 5052 页。

维在辋川的居所只有孟城坳和飞云山(鹿苑寺)两处,并没有所谓的"辋口庄"(详说见本书《王维辋川庄考辨》)。

王维孟城坳"新家"的原址,早已湮没在现已是辋峪第一大村的数百户人家的官上村村墟之中而无从辨识了。故近世众多前来辋川踏访王维别业者,几乎无人知有此遗址,历代文献中也只有个别提及王维孟城坳故居,且于遗址具体位置也无法言明。笔者通过王维有关诗文的考证和实地勘查,最终还是得到了王维孟城居第比较可信的坐标位置。

王维在写给其弟介绍自己辋川新居环境的诗里说:"后浦通河渭,前山包鄢郢。"(《园林即事寄舍弟纨》)后浦,指庄后的水流。王维的庄后是辋水,辋水流入灞水,灞水流入渭水,渭水流入黄河,故云"后浦通河渭"。前山,指官上村北去数公里的峣山,山上有连通荆楚的秦楚古道(今称蓝关古道)。"鄢"和"郢"都是楚国故都,这里指代楚地。"前山包鄢郢"是说王维的庄前就是可直达荆楚的秦楚古道所在的峣山。诗句证明了王维居所的庄向为坐南向北,庄前对峣山,庄后临辋河。王维在另一首同样写给其弟介绍自己庄园情况的诗中云:"山阴多北户,泉水在东邻。"(《山中示弟》)这里说的山是指辋河南岸的一排峰峦,王维的山庄位于峰峦之北故称"山阴";多北户是说王维家的窗门大都朝北开。诗除了再一次肯定了其坐南向北的庄向外,还提供了王维居所东西坐标的重要参照点——位于王维家东邻的一眼泉水。现地考察中,这口泉也被找到了:在今官上村南北中轴线稍西村民王平印家院内,有一口全村世代共用的大泉,直至20世纪60年代修公路时被毁。从"泉水在东邻"可知王维家居村子西头,王维的有关诗句证明了村西一带是他经常活动的场所,如"采菱渡头风急,策仗村西日斜""渡头灯火起,处处采菱归"(关于村西之敧湖渡口,见下文宫槐陌考辨)。

宫槐陌

田间东西方向的小路称"陌",也泛指小路。宫槐陌就是一条旁植槐树的小路。宫槐,即守宫槐,《尔雅·释木》云:"守宫槐,叶昼聂宵炕(叶白日聚合,夜间舒展)。"①《太平御览》引晋人杜行齐说:"在朗陵县南,有一树,似槐,叶昼聚合相著,夜则舒布而守宫也。"②但古籍文献中说的这种守宫槐,现在似乎没人见过,或原先有但已绝迹了。现代植物学词典里槐的拉丁文学名也只有一种 Sophora japonica Linn(槐,国槐),所以一般认为宫槐就是普通槐树,邢昺《尔雅疏》亦云:"此即槐也。"——猜想将一条寻常槐荫小路作为诗题,也许王维为了典雅的缘故,有意找了

① 《中华经典名著全本全注全译丛书·尔雅》,北京:中华书局2014年版,第559—560页。
② 李昉:《太平御览·卷九百五十四　木部三》,北京:中华书局1960年版,第4236页。

个渊懿的名字"宫槐"。类似的例子是:王维把"银杏"称作"文杏"。

王维《辋川集·宫槐陌》诗云:"仄径荫宫槐,幽阴多绿苔。应门但迎扫,畏有山僧来。"裴迪《辋川集·宫槐陌》诗云:"门前宫槐陌,是向欹湖道。秋来山雨多,落叶无人扫。"陈铁民先生根据王、裴诗意判定:"宫槐陌是一条路旁植有槐树的通向欹湖的小路。"①这个判断没错,所以王维诗文注释者大都持类似说法。但王、裴吟咏过的这条槐荫小道遗址的具体位置究竟在哪里呢?

清《重修辋川志·名胜》"宫槐陌"条只有两个字:今废。该志收录的李东、沈国华、胡元煐、周焕寓等人的辋川游记中,也都没有提及宫槐陌。我县已故文史研究者樊维岳先生根据他自己的考证认为:

> (辋川镇)何家村村西南有一条小路,就是宫槐陌……这条由北而南的山中主道,即由北垞经茱萸沜过孟城坳至文杏馆的必经之道。王维称它为仄径,可证它是一条由北而南的多次倾斜的山路。②

这个考察结论与王、裴诗意严重不符。一、路的方位不对。裴迪诗"门前宫槐陌,是向欹湖道",明确告诉我们,这条小路位于王维"门前",是连接王维家和欹湖的。而何家村距离孟城坳 1600 米,已远离王维家。而"是向欹湖道"说明这条小路的走向与欹湖是相交关系。欹湖在这里接近南北走向,与欹湖相交的路必是东西走向或接近东西走向的。而樊文所说的路却是"由北而南",是与欹湖同向而平行的,且是"由北垞经茱萸沜过孟城坳至文杏馆"而不是通向欹湖的。二、路的大小不对。王维诗里说的"仄径",其词义词典只有一个解释,即狭窄小路,应是指田间或村居小道。而樊文把"仄径"错误地解释为"倾斜的山路",而且是"山中主道",这就和王、裴诗意完全相悖了。三、走的人多少不对。王、裴诗中这条路,因秋雨而"幽阴多绿苔""落叶无人扫",可见由于是里巷小路,走的人不多,于是王维才关照仆人打扫路上落叶以准备接待山僧来访。而按樊文说法,既是一条山中主道,人畜来往频繁,就不大可能有幽阴多苔、落叶遍地景象。再有,如樊文所说路在"何家村西南",那么王维因"畏有山僧来"而让仆人去打扫数里外的"官道",其行为也缺乏合理性。

在本次考察中,我们遵照"寻找二十景要以王维、裴迪辋川诗文为主要依据"的基本原则,反复分析揣摩王、裴《辋川集·宫槐陌》诗所包含的信息。王维诗写道:"仄径荫宫槐,幽阴多绿苔。应门但迎扫,畏有山僧来。"王维叮嘱仆人清扫这条槐

① 陈铁民:《新译王维诗文集》,台北:三民书局 2009 年版,第 506 页。

② 樊维岳:《王维辋川别墅今昔》,中国王维研究会《王维研究》第一辑,北京:中国工人出版社 1992 年版,第 322 页。

荫小道,为的是迎接来访的山僧,证明宫槐陌就是连通王维宅第的小路;而裴迪说的"门前宫槐陌"的"门前",也当是指王维家的门前无疑。于是,我们确定了"王维门前的宫槐陌只能在孟城坳(即官上村)范围内寻找"这一考察大方向。

通过在官上村走访和召开座谈会,宫槐陌的谜底终于浮出水面:该村年逾古稀老人毛孙海(1943年生),王发堂(1932年生)等证明说,现在东西横贯村中间的街道(长约1000米,宽约4米,呈东西走向,基本是通直的),过去路旁有13棵特别粗大的古槐,最大的一棵有三四人合抱大(这么大的树应为唐槐无疑了)。这条路的西端,正是该村通往辋河滩的下田路。后来由于伸向村民房屋上空的古槐粗大枯枝威胁到住户安全,至20世纪50年代末才陆续被全部砍伐。老人们说至今他们还能指出每一棵树根的所在。经指引,我们一一察看了这些古槐遗址。令人惊喜的是,这10余大树,全部沿街道一字儿排开,令人脑际立即浮现出了一幅"仄径荫宫槐"的图景。唐时这条村巷小道,穿越千年历史迷雾,今天又和我们相逢在王维故居遗址门前——千年历史演变中,虽然官上村已发展成人口逾千的全峪第一大村,各个时期群众陆续新建了大量房舍,但由于这行古槐两边的村民盖房时,都要避开大树而后缩,故这条道路一直留作两旁民居的门前公共通道而千年依旧。现今这条街道应该还是唐时宫槐陌的原有路面——只是当年人迹罕至、幽阴多苔的槐荫小道,而今已为市井熙攘的水泥路所替代了。

王维辋川诗中多处提到"渡头",如"渡头余落日,墟里上孤烟"(《辋川闲居赠裴秀才迪》),"渡头灯火起,处处采菱归"(《山居即事》)。这个渡口何在? 联系官上村村民所说他们村中这条路西端通向辋河滩,推知这里唐时应是宫槐陌连通欹湖的渡口。特别是王维《田园乐七首之三》诗中"采菱渡头风急,策仗村西日斜"、《新晴野望》诗中"郭门临渡头,村树连溪口"诸诗描写的村落、郭门和渡口的格局和方位,全都与"宫槐陌在王维门前、渡头在宫槐陌西端且位于孟城城郭外"的推论相合。由此可知,王维诗中的渡头,应当就在宫槐陌的西端,亦恰与前述的临湖亭相近。想来王维平素就是通过这条槐荫小道去临湖亭宴坐观景,或经码头去湖上迎宾送客的。

白石滩

辋峪海拔落差不大(海拔高程北端峪口513米,南端银杏树处610米),比较平坦,所以辋峪水流较之其相邻的蓝峪水要平缓得多。蓝水河谷狭窄,上下游落差大,水流急,杜甫形象地用"蓝水远从千涧落"状写其奔泻而来的情势。而诗人笔下的辋水,则"辋水自纡余"(耿湋)、"秋水日潺湲"(王维)、"辋水去悠悠"(裴迪),所以辋河多处可见渟滀而成的水潭和白石磊磊的浅滩。那么,到底哪处是二十景的白石滩所在呢? 清人周焕寓《游辋川记》说:"滩际……又有白石数堆,不间他色,意即所谓白石滩也。"①此文虽系文学作品,但这一说法,也太过随意了:既没有联系王、裴诗意,且仅有几堆白石头怎么能称作"白石滩"呢?

王维《辋川集·白石滩》诗曰:"清浅白石滩,绿蒲向堪把。家住水东西,浣纱明月下。"短短的四句诗,却为我们提供了白石滩丰富的地理、水文信息。此白石滩的所在,应具备三个条件:第一,河流平缓,这样水边才有可能生长蒲草,而湍急的河滨是很难有水草生长的;第二,洗衣姑娘家住水东水西,说明河谷宽阔,能够两岸都有村落民居存在的条件;第三,作为景点,河滩面积应有一定规模。

于是,我们对照以上条件,在对20里的辋河河谷作了详细考察之后,确定这个白石滩不可能存在于辋河的上游和中游,只有下游的闫家村一处,完全符合以上3个条件。因为上游河谷狭窄,流水湍急,难以形成较大面积的河滩,河两岸也没有可能形成村居的宽阔台地。辋河中游一段,王维时为欹湖所在,水面辽阔,住在湖水东西两岸的姑娘,不可能相约在一块"会洗"。而闫家村之处是辋谷中除官上村之外的最宽平处,河之东西两岸都有较宽阔的二三阶台地,现在该村的百余户人家,有四分之三住在河东,另四分之一住在河西。明人李东在《辋川说》中有一段文字描写进入辋峪口后的情景:"……岩光水色,晃耀眼睫,良田美景,鸡犬相闻。在水之两涯,居人惟五七家,出入作息而已,有太古之风。此川之第一区也。"②据此推断,唐时两边都有住户是完全可能的。从闫家村南不远处的欹湖的西北端缘到辋峪口前数百米河段,水流平缓,滩涂宽阔,加之村西山坡有一条东西向沟道叫沙沟,常有山洪冲刷下大量白色砂石,这样,在河之西、村之北的扇形冲积区,形成了100多亩地大小的一片河滩。由于遍滩都是浩浩白石若羊群状,故被当地人称为"牧羊滩"。我们遂将该处确定为白石滩遗址。经检阅有关资料,这个结论与清《重修辋川志》中关于白石滩"今有白石,涨在河流之北"③的定位,以及我县王维研究先驱者樊维岳、王文学二先生关于白石滩遗址可能在闫家村的判断,皆相吻合。

由于二十世纪六七十年代"农业学大寨"时,从附近山上"拉土造田"将该河滩的大部分覆盖改造成了耕地,现时则是郁郁葱葱一片白皮松苗圃。原先的百亩河滩,现在只剩辋河河道周围的10余亩大小了,但白石粼粼依然如故,与相邻的如绿涛般的松苗相映成趣。

---

① 周焕寓:《游辋川记》,载《民国续修蓝田县志》附录《辋川志》,见《中国地方志集成·陕西府县志辑》,南京:凤凰出版社2007年版,第567页。

② 李东:《辋川说》,载《民国续修蓝田县志》附录《辋川志》,见《中国地方志集成·陕西府县志辑》,南京:凤凰出版社2007年版。

③ 《民国续修蓝田县志》附录《辋川志》,见《中国地方志集成·陕西府县志辑》,南京:凤凰出版社2007年版,第538页。

华子冈

"冈",一般指较低的山峦。华子冈是起伏绵延于辋川峪道北段闫家村东侧一带的起伏山峦,海拔多为三四百米。它背靠峣山,北接辋峪口的薛家山,南连孟城坳所在的武家山,绵延约3000米。在历代《蓝田县志》的记载和当地老百姓世代传言里,辋川山脉皆没有"华子冈"的称谓,推测应当是王维为这段峰峦特别命名的。南北朝诗人谢灵运诗《入华子冈是麻源第三谷》,写的是位于临川南城县(今属江西)华子冈的奇妙景色。谢灵运在《游名山志》里写道:"华子冈,麻源第三谷。故老相传,华子期者,角里先生弟子,翔集此顶,故华子为称也。"①王维受山水田园诗鼻祖谢灵运的影响很深,辋川华子冈之名,也许本于谢灵运诗文所赞的江西华子冈,或肖其形象,或借其神韵,或有类似传说。

华子冈的地理位置,学界历来没有争议,这和华子冈是王维在除诗以外的文字里唯一具体写到的辋川二十景这一事实有关。王维在《山中与裴秀才迪书》中记述自己夜归辋川别业而经行华子冈的经过:

> 近腊月下,景气和畅,故山殊可过。足下方温经,猥不敢相烦,辄便往山中,憩感配寺,与山僧饭讫而去。比涉玄灞,清月映郭。夜登华子冈,辋水沦涟,与月上下。寒山远火,明灭林外。深巷寒犬,吠声如豹。村墟夜舂,复与疏钟相间。此时独坐,童仆静默,多思曩昔,携手赋诗,步仄径,临清流也。

由于唐时峪口栈道尚未开凿,王维从清月映郭的蓝田县城要进入到辋川,唯一的经行路线是:登上位于辋峪北口东侧的薛家山,再从与薛家山相连的华子冈半山腰继续南行约3000米至孟城坳(王维早期辋川居第),或9000米至飞云山(王维后期居第)。也只有站在华子冈半山腰,面南居高临下俯瞰辋川山谷,才能看到"辋水沦涟,与月上下,寒山远火,明灭林外"等景象。这段文字清楚表明,华子冈正是位于辋峪北段、辋河右岸(即辋河东侧)的。对此,学者看法一致,如陈铁民:"辋川山谷东西两侧都是连绵的群山,据王维《辋川图》(明刻石本,现藏蓝田县文管所),华子冈是辋川山谷中段东侧的一座山峰。"②樊维岳:"闫家村东一带峦峰起伏,村后大山相连之处,就是华子冈。"③王文学:"闫家村之东一带冈峦起伏,以(辋川)图观

① 据晋代葛洪《神仙传》:"华子期者,淮南人也。师角里先生,受隐仙灵宝方……一日能行五百里,力举千斤,一岁十二易其行。后乃仙去。"
② 陈铁民:《王维诗选》,北京:人民文学出版社2020年版,第130页。
③ 樊维岳:《王维辋川别墅今昔》,中国王维研究会《王维研究》第一辑,北京:中国工人出版社1992年版,第322页。

之,当为华子冈遗址。"①师长泰:"阎(闫)家村东有一带山岭,冈峦起伏,按郭摹本《辋川图》所示,应为别业'华子冈'所在地。"②陈、王、师三先生所据《辋川图》虽不足为凭(理由详见本文绪论),但结论无疑是正确的。

王、裴《辋川集·华子冈》诗曰:"飞鸟去不穷,连山复秋色。上下华子冈,惆怅情何极"(王维);"落日松风起,还家草露晞。云光侵履迹,山翠拂人衣"(裴迪)。可见华子冈虽不算高,但当日遍山翠色,植被茂盛,山鸟成群,松风阵阵,是王、裴经常"携手赋诗,步仄径、临清流"的好去处。

辋川二十景之一的北垞,就坐落于闫家村东南华子冈山峦西侧、欹湖之滨。王维《北垞》诗句"北垞湖水北,杂树映朱栏",表明当年华子冈一带,多有杂树和寺庙(详见北垞考辨)。经过一千多年的岁月变迁,现在高处山头已难见高大林木,被形容为"濯濯童山",但山坡下部以至辋河河谷,仍是杂树葱茏。历史上曾存在过的几多庙宇也荡然无存,但笔者在华子冈山坡上多处捡到的古庙宇建筑遗存的砖片瓦砾,尚能勾起人"杂树映朱栏"的遐想。

金屑泉

金屑泉,顾名思义,当是一眼在阳光照射下呈现出碎金般光斑的山泉。这个金屑泉是二十景遗址中比较难以寻找的。因为,在空气湿润、水系发达的辋川,山泉星罗棋布,沟沟岔岔都有。王维名句"明月松间照,清泉石上流",昭示了青松、清泉乃辋川佳境的标配。王、裴盛赞的金屑泉到底在哪儿?裴迪的《辋川集·金屑泉》诗却间接地为我们提供了寻觅线索:"萦渟澹不流,金碧如可拾。迎晨含素华,独往事朝汲。"诗告诉我们,这是一眼大泉,因为只有出水量大,才会渟潴成较大的泉面而有"萦渟澹不流"的感觉,并有足够面积反射阳光形成光斑灿灿的情景。更重要的是,还告诉我们这口泉离裴迪自己的居所很近,因为他能在大清早方便地独自一人前去取水。这就是说,只要知道了裴迪的宅第所在,金屑泉就有了一个大致的寻找范围。

那么裴迪辋川宅第在哪里?裴迪诗《辋川集·北垞》回答了这个问题:"南山北垞下,结宇临欹湖。每欲采樵去,扁舟出菰蒲。"裴迪说,我在南山侧的北垞下面,建了一座房子邻近欹湖。每次去打柴,就驾着小船穿出门前的湖滨菰蒲丛。诗里说的南山,是华子冈一带的山峦。北垞前文已考辨过,在今闫家村东南华子冈西侧。裴迪位于南山下北垞之西、欹湖之东的故居遗址,就是原蓝田县水泥厂旧址。这个

---

① 王文学:《辋川对悟》,北京:华夏出版社2007年版,第2页。

② 师长泰:《王维辋川别业的园林特征》,见梁瑜霞、师长泰主编《王维研究》第五辑,镇江:江苏大学出版社2011年版,第284页。

地方很容易确定下来,但经排查,此处及其周围四五百米直径范围内,现在并没有泉。经走访老人,被告知:这儿原先是有一眼很大的泉,供闫家村南头大半个村村民饮水,水泥厂旧址南边的那道干涸的小水沟,就是曾经流泉水的沟渠,但自从 40 多年前水泥厂进驻后,这口泉就消失无踪了。

我们据此分析:既然是一口体大水旺的村民共用泉,泉眼处就必然有为方便打水而人工围成的一定形状砌石遗迹。于是,我们着人带上工具,沿这道干沟,在离裴迪小台遗址不远的一处看似可能有泉的地方,刨挖寻找水泉砌石遗迹。前一天无功而返,第二天,巧逢一村民在附近干活,经他热心指点,在干水沟离裴迪小台遗址更近、靠近原水泥厂抽水塔的地方,挖到了一个被废弃的地下设施。刨去浮土,揭开盖板,一个宽 2 米、长 4 米、深 3 米的砖砌蓄水池被挖出来了,一池碧水,清可鉴人,不时还向上冒着水泡。原来,当初水泥厂建厂时,曾将此泉改造成与抽水塔配套的全封闭地下蓄水池,以供全厂百十号员工生活之用。水泥厂倒闭水塔倾圮后,被覆土遮埋的蓄水池就从人们的视线中消失了。金屑泉终于被找到了!

金屑泉位于裴迪居所附近,必然是王、裴频繁光顾之处,因而给王维留下了难忘的印象,他在《赠裴迪》诗中深情回忆:"日日泉水头,常忆同携手。"王维还用其少见的浪漫语言盛赞这口金屑泉:"日饮金屑泉,少当千余岁。翠凤翊文螭,羽节朝玉帝。"(王维《辋川集·金屑泉》)明人顾可久评此诗说:"极状泉有仙灵气,藻丽中复飘逸。"[1]事实上,这确是一口良泉。经我们在村民中了解,说是此泉在过去曾供给闫家村南头几十户人家的饮水,长旺不衰。用此泉水煮的"糊汤"饭(即玉米碴子),口感格外"油";做豆腐,比一般的每斤豆要多出半斤以上豆腐。还说民国末解放初,村上有一老僧,每清早取此泉水浸泡柏朵(柏叶)用以饮用养生,晚年走不动了仍雇人取水。可惜由于这几年周围无序挖方卖土,在水泉侧形成了低于泉眼的大坑,地下水层生态恶化,致使这样一眼王、裴饮用过的"神泉"水量大减,前景堪忧!

鹿　柴

鹿柴的"柴",读作 zhài,古汉语通"寨""砦",即栅栏,篱障。鹿柴可能是野鹿经常出没的地方。当地也有传说,这里是王维别业一处设有栅栏的养鹿的地方。

在辋河左岸河口村之西,半山上有一个十数户人家的小村子"哑呼岩村"。要到哑呼岩村,先要走过纵深 1000 米的"哑呼岩沟"。这条从古至今无人居住的沟道,就是鹿柴遗址所在。该沟陡峭狭窄,两岸石崖壁立,其沟口和沟顶端地形皆收缩成数米宽的隘口,若上下口各置围栏,全沟就像一个两头扎紧了的口袋——确是养鹿的好地方。当地村民中流行这样的传说:王维当年在此养鹿,雇请村上一个哑

---

① 顾可久:《唐王右丞诗集注说》,见张进等《王维资料汇编》,北京:中华书局 2014 年版,第 402 页。

巴为其看护。一日,一只老虎出现在鹿群附近,哑巴大惊,暴呼一声,山谷震动,老虎被吓跑了。此后这个哑巴竟变得会说话了,于是,这个沟道就被叫作"哑呼岩沟"了。

裴迪《辋川集·鹿柴》诗曰:"日夕见寒山,便为独往客。不知深林事,但有麏麚迹。"该诗支持关于鹿柴原址在哑呼岩沟的判断有三点:其一,裴迪说鹿柴日夕可见,方便独往,说明鹿柴就在裴迪家附近。实际上,哑呼岩沟和裴迪居第遗址今同隶属于闫家村行政村,只是一个在河东岸,一个在河西岸,从欹湖水面斜看过去,直线距离不超过 1000 米,裴迪在其居所抬头"日夕"可见,驾小舟须臾可到。其二,鹿柴所在的哑呼岩沟位于辋河左岸河之南、山之北,属阴坡,故诗用"寒山"形容其阴幽冷寂的特点。其三,裴迪说这里"深林……有麏麚(麏麚 jūn jiā,泛指鹿类动物)迹",正印证了鹿柴是养鹿之所或是野鹿经常出没之地。

王维《辋川集·鹿柴》诗曰:"空山不见人,但闻人语响。返景入深林,复照青苔上。"从文学地理角度看,这首诗存在几个疑问:为什么"空山不见人",却能听见人语声?阳光既是"复照青苔上",那么开头是什么时间照进来的?为什么会第二次照进林间?而哑呼岩沟独特的地理地貌,恰好对这些问题做出了准确诠释:该沟沟道狭窄,路面和两边山峦全是石基、石崖,且两旁陡壁峭立,当地人形容说"有处挂爷,没处献饭(可以挂神像却找不到摆放供品的平处)",虽说有溪水却没有建屋和耕种条件,故而才会"空山不见人";而走完这个沟道,再继续上行 1000 多米,直到梁头之上的哑呼岩高坪,地貌地质却与下边沟道俨然不同,不仅天宽地阔了,且全变成土山土地了。这里有耕地,有居民,有在田里劳作的人,所以行走鹿柴的王维,虽看不到沟顶的人,却"但闻人语响"。哑呼岩沟近似东西走向,午前太阳可从沟口照射进来,但午时以后阳光却被沟南边一排海拔七八百米的山梁遮挡,整个沟道显得荫蔽幽暗,长满了青苔。到了傍晚,夕阳复又从沟的西端口(即上端口)照射进来,于是就出现了"返景入深林,复照青苔上"的景象。经我们考察,辋川的众多小山谷,只有哑呼岩沟的地形地貌,完全与王维《鹿柴》诗的文学地理特点相吻合。

鹿柴是二十景中唯一至今还未被村落、工厂占据,也未被开垦成田地而基本保留原地貌的遗址。只是由于滥伐森林和采矿作业,致溪流枯竭,植被减少,当日的"深林",已不复可见了。

文杏馆

文杏馆是王维飞云山居第的附属建筑,是王维故居的标志性景观,所以有必要先将王维故居作以简要介绍。

据民国《续修蓝田县志》引《陕西通志》云:

全山在(蓝田)县南五十里,峭拔天表,树木森蔚(原按:山峰高出县城九百五十公尺),西北称太白山,更西为飞云山,山阳有鹿苑寺、母塔坟,为王维故墅。①

这里说的飞云山,即王维故居遗址鹿苑寺所在一带的山峦,是辋峪的最南端。至于什么时间从 5000 米外的孟城坳居第移居到这里,王维诗文中没有留下线索。移居的原因,应是为了避繁趋静。孟城坳川阔人稠,王维在《辋川别业》诗中写他离开近一年回到辋川时,众多的村邻乡友——"优娄比丘经论学,伛偻丈人乡里贤"都来了,宾主"相欢语笑衡门前"。在《赠刘蓝田》诗里,写到因夜间犬吠而到篱外察看,原来是一帮去县衙交田税夜归的农人。这些情景显示当时王维的村邻不少。而飞云山居第是一个远离尘嚣的地方。它位于偏僻的辋峪尽头辋河右侧,再往东南方向纵深,古代时大山阻隔,并不通行,离这里最近的村落白家坪村也将近 1000 米,是真正的深山僻壤。王维曾对朋友这样介绍他的宅第:"贫居依谷口,乔木带荒村。"(这里的"谷口",是指峪谷南端口,即辋峪终端)移居这里说明王维是在追寻隐居生活的本真——避世离尘,恬静自在。《新唐书·王维传》载:"(王维)别墅在辋川,地奇胜……母亡,表辋川第为寺,终葬其西。"②王维临终将居第捐为佛寺,初名"清源寺",后更名"鹿苑寺"③,一直有僧人住持,沿袭至 20 世纪 60 年代"三线"国防建设中被拆毁。王维身后,唐诗人温庭筠、耿湋、元稹、白居易都曾到访该寺并留有诗作,耿湋诗《题清源寺》,题下特注明"即王右丞故宅"。鹿苑寺遗址已被蓝田县政府确定为重点文物保护单位并立碑保护。

文杏馆名称中的"文杏",是银杏的别称。王维《文杏馆》诗句"文杏裁为梁",显然是以汉司马相如《长门赋》"刻木兰以为榱兮,饰文杏以为梁"所本而来。从王维用银杏木作建筑材料和遗存有手植银杏树推测,银杏这种珍稀树种受到王维的青睐并在其庄园多有栽植。

文杏馆的所在,据清《重修辋川志》所云:"文杏馆遗址在(鹿苑寺)寺门东,今有银杏树一株,相传为摩诘手植。"④牛兆濂民国初《游辋川记》亦曰:"(鹿苑)寺前银

① 《民国续修蓝田县志》卷六土地,见《中国地方志集成·陕西府县志辑》,南京:凤凰出版社 2007 年版,第 7 页。

② 宋祁、欧阳修:《新唐书》,北京:中华书局 1975 年版,第 5765 页。

③ 参见宋·洪迈《容斋随笔五集·容斋三笔》卷六,商务印书馆 1959 年版,第 55 页《李卫公〈辋川图〉跋》:"〈辋川图〉一轴,李赵公题其末云:'蓝田县鹿苑寺主僧子良赟于予,且曰:鹿苑寺即王右丞辋川之第也。右丞笃志奉佛,妻死不再娶,洁居逾三十载。母夫人卒,表宅为寺。今冢墓在寺之西南隅。'"

④ 《民国续修蓝田县志》附录《辋川志》,见《中国地方志集成·陕西府县志辑》,南京:凤凰出版社 2007 年版,第 540 页。

杏一株,葱倩盈亩……为文杏馆旧址无疑。"①由于这株银杏古树屹立千年至今,文杏馆的遗址所在比较确定。同时也可想见,文杏馆和这株王维手植银杏树是有密切关系的。

王维、裴迪的《辋川集·文杏馆》诗云:"文杏裁为梁,香茅结为宇。不知栋里云,去作人间雨"(王维);"迢迢文杏馆,跻攀日已屡。南岭与北湖,前看复回顾。"(裴迪)王维诗说云雾缭绕在文杏馆的栋梁间,裴迪说他攀登上文杏馆可以眺望远处景物,都说明这里地势高峻,给人一种超尘绝俗迥出人寰之感。事实上,王维故居遗址位于辋峪的尽头,古代时从这里再前往更远更深的东、西采峪,有重重高山阻隔,须绕道别处,不能直接通行,所以这里虽然绝对海拔高程并不高,却仍然给人以绝地之境的感觉。从王维诗还可知,文杏馆的建筑材料以文杏(银杏)为梁,香茅铺顶,非常讲究,故该馆应当是别业的会友宴客之类的场所。关于它的规模形制,没有直接的文字记载,但从后世游记类文字中记述的有关遗物,还是可以找到一些蛛丝马迹。乡人李东(明正德十二年进士)在其《辋川记》文中云:

> (鹿苑)寺在川之尽,即所谓别业……迤西水浒,有石一方,其平如案,其四角各有孔,相去各数尺,意必当时之欹湖亭(基石)。②

李东之后,明人陈文烛(嘉靖四十四年进士)的《游辋川记》和王邦才(万历十七年蓝田县令)的《辋川图赋》,清人周焕寓(道光时某县县吏)的《游辋川记》中,也有关于这块磐石的类似记述,只是关于磐石所在的方位,陈文、王文记述与李东相同,为鹿苑寺西,周文记述在银杏树(即鹿苑寺址)"东去数十武"处。③关于这块磐石的用途,上述四文中,三文都推测系临湖亭的遗物,一文(王邦才《辋川图赋》)认为是白石滩之物。但以上诸说,均非是。因为这里远离欹湖已有三四千米之遥了。而临湖亭的原址,据前文考证,是在欹湖中腰部今官上村村北处,该处曾经也发现过一方四角有孔的巨石(参见临湖亭考辨)。白石滩更在欹湖遗址的北端。据此,笔者推测,这块磐石应当就是文杏馆的遗物。遗憾的是,这块多次出现在明清游记中的巨大的四孔平板基石,早已没了踪影。

据清《重修辋川志》和民国《续修蓝田县志》的记载,其时位于文杏馆原址附近,有地方官捐建的"王右丞祠":

---

① 牛兆濂:《游辋川记》,见《关学文库·牛兆濂集》,西安:西北大学出版社2015年版,第80页。

② 《光绪蓝田县志》附录《辋川志》,见《中国地方志集成·陕西府县志辑》,南京:凤凰出版社2007年版,第350页。

③ 上述三文皆载清《重修辋川志》,见《民国续修蓝田县志》附录《辋川志》,《中国地方志集成·陕西府县志辑》,南京:凤凰出版社2007年版。

王右丞祠，在鹿苑寺前，道光十五年秋仲劝捐重建。①

王右丞祠，在县南四十里鹿苑寺前。乾隆四十六年，知县周晓崧捐俸重建……道光十六年，知县胡元烺重修，有"栋宇重开新气象，山川不改旧容颜"楹联。②

根据以上关于祠址和楹联内容的记载，王右丞祠和文杏馆分别建在王维故居遗址即鹿苑寺之前和寺门之东。而联文"栋宇重开新气象"也是用甫建的王右丞祠的"新"与原有的鹿苑寺和文杏馆的"旧"相对比的。关于这次重修，还有一则逸闻：乾隆进士、翰林编修广东人冯敏昌所撰《重修蓝田辋川鹿苑寺并王右丞祠碑》文，记录了乾隆四十六年那次重修王右丞祠时银杏树枯而复荣的有趣事件，为王维手植银杏树赋予了奇异、祥瑞的神秘色彩：

为建右丞祠三楹于鹿苑寺故址……先是寺前银杏树一株，大可十围，高逾数丈，传为右丞手植而酷弊已久，萌蘖无存。忽于是年（乾隆四十六年）发秀重荣，开花再实……居人叹美，邑里称奇，洵嘉应也，讵偶然欤！③

漆园　椒园

王维在生命临终前三年的乾元元年（758），为唐肃宗上《请施庄为寺表》，请求朝廷批准把自己与母亲的斋居之所辋川山庄捐为佛寺。他在表里说：

臣亡母故博陵县君崔氏，师事大照禅师三十余岁，褐衣蔬食，持戒安禅，乐住山林，志求寂静。臣遂于蓝田县营造山居一所，草堂精舍，竹林果园，并是亡亲宴坐之余，经行之所。

这里最后一句话的意思是，我于是在蓝田县（辋川）置办山居一处，山庄及周围的竹林果园，都是臣亡母往日念佛坐禅处所的遗留，旋绕往来的地方。从这句话可清楚看出两个意思，一是王维故居周围环绕着竹林果园，二是这些竹林果园并非自然生长的，而是王维为了母亲的禅修生活而刻意"营造"的。裴迪《漆园》《椒园》诗

① 《民国续修蓝田县志》附录《辋川志》，见《中国地方志集成·陕西府县志辑》，南京：凤凰出版社2007年版，第540页。
② 《民国续修蓝田县志》卷十二祠祀，见《中国地方志集成·陕西府县志辑》，南京：凤凰出版社2007年版，第175页。
③ 冯敏昌：《小罗浮草堂文集》卷三，见张进等《王维资料汇编》，北京：中华书局2014年版，第1381页。

句:"今日漆园游,还同庄叟乐""丹刺胃人衣,芳香留过客",可证这些竹木果园,除供王维母宴坐、经行外,也是王、裴二人经常赏玩休憩之处。

这里说的"竹林果园",竹林应是指包括故居东侧后山的"斤竹岭"(见下文考辨)在内的围绕故居的成片竹子。白居易贬官江州和迁官钱塘刺史两次经行借宿清源寺,对王维故居东北廊前的翠竹留下深刻印象,以至于十多年后在《竹窗》诗中写道:"常爱辋川寺,竹窗东北廊。一别十余载,见竹未能忘。"果园应当就是辋川二十景的漆园和椒园了。漆园和椒园应当是王维辋川别业的组成部分。

漆园、椒园的遗址,清《重修辋川志·名胜卷》云:"椒园,遗址在(鹿苑)寺东;漆园,遗址在寺西。"①20世纪60年代,向阳公司将辋河斩山裁直之前,辋河尚环抱王维故居而流。据此,揆其山河形势,这些果园应是分布在故居左右的辋河台地和飞云山南麓的坡地一带。王维表庄为寺后,漆园、椒园在历史沧桑中归于湮灭。至明代蓝田县令王邦才游历辋川时,这里早已不见了果园的影子,只见"森荫苍翠,茂林丛密,有虎豹猿鹿,昼吼夜啼,百千为群,而樵采牧猎之子,唱和出林。"②1960年代后至今,国防建设工厂进驻辋川,漆园、椒园遗址尽被车间厂房所占用。

斤竹岭

王维在《请施庄为寺表》里说辋川山庄周围有"竹林果园",这个竹林,应当包括辋川二十景之斤竹岭。斤竹岭位于王维故居(今鹿苑寺遗址)东侧的飞云山麓。可资证明的史料有三:

其一,王维《辋川集·斤竹岭》诗云斤竹岭"暗通商山路,樵人不可知";《长安志》云:"采谷……与辋谷并有细路通商州上洛县(今商县)。"③王维诗所说的通往商山的隐秘小路,也就是《长安志》所说的"细路",它是秦楚古道(蓝关古道)的西支线,其经行路线为东出长安,上、下白鹿原,从牛角沟—尤凤岭—望亲坡进入辋川,再东南行贯穿辋峪,经由这条小路攀上峣山而与主道相接再通向商山的。现地调查中,这条可通商山的"细路"也为当地经行过此路的老人所证实。白居易《宿清源寺》"往谪浔阳去,夜憩辋溪曲。今为钱塘行,重经兹寺宿",证明他两次都是走蓝关古道西支线,并借宿清源寺。他翌日必是经过斤竹岭小路攀上峣山主道,再过商山南行而前往浔阳、钱塘的。

---

① 《民国续修蓝田县志》附录《辋川志》,见《中国地方志集成·陕西府县志辑》,南京:凤凰出版社2007年版,第540页。

② 王邦才:《辋川图赋》,见《中国地方志集成·陕西府县志辑·民国续修蓝田县志》附录《辋川志》,南京:凤凰出版社2007年版,第594页。

③ 《长安志》卷十六《县六·蓝田、礼泉》,见阎琦、李福标、姚敏杰《长安志·长安志图》点校本,西安:三秦出版社2013年版,第297页。

其二,裴迪《辋川集·斤竹岭》诗云:"一径通山路,行歌望旧岑。"因为是和王维的唱和诗,裴迪这里的"通山路"的"山",和王维诗的"商山路"的"商山",应当是同一概念,也是说斤竹岭的路是通向商山的。"行歌望旧岑"是说攀上斤竹岭,一边唱着歌,并不时回头眺望裴迪居所北垞一带的华子冈。这也与现地考察所见山川形势相符。

其三,明代蓝田县令王邦才的辋川游记有"寺后(有)斤竹岭"的有关记载①。

《重修辋川志》云:"斤竹岭,一名金竹岭,其竹叶如斧斤,故名。"斤竹是稀有的竹种,原产浙东雁荡山。《雁荡山志·物产篇》中说:"斤竹,节密肉厚,似矛竹而小……相传斤竹洞盛产此竹。"辋川的斤竹传为王维引种,"斤竹岭"之名或本于斤竹洞。明代蓝田县令王邦才的辋川游记中写道:"寺后斤竹岭,乃维之手植,叶如斧斤,杆不盈尺,每年所产,仅有数株,翩翩翠袖,其质如玉,多被牛羊所践踏,僧不知其贵重,而我始严加护持。"②可见此竹生长缓慢,质地坚实。二十世纪五、六十年代,西安大剧团的司鼓艺人还常来辋川寻觅斤竹竿做鼓槌用。历经千年沧桑,斤竹岭已为耕地和松杂林木所覆盖。偶见零星野竹,是否为斤竹已不可辨。

辛夷坞

辛夷是一种中药材,为木兰科植物紫玉兰的干燥花蕾。蓝田山民称辛夷树为"望春",是当地早春开花最早的高大乔木。其花初出时尖如笔锥,故又称木笔;其花盛时大如莲花,莲花亦称芙蓉,故也以芙蓉花借指。这种树喜光,一般生长于海拔 300 米至 1600 米的山坡林缘。坞,地势周围高中间凹的谷地。

关于辛夷坞遗址,古籍文献资料皆无记载,王维《辛夷坞》诗也没有提供任何地理位置线索。我们根据坞的地形特点和辛夷树喜阳多生于阳坡林缘的习性(成片的辛夷林更会体现这一特点),在排除了深山林和辋河左岸阴坡外,重点排查了辋河右岸向阳浅山坡,发现只有支家湾村附近一处叫魏家沟的山间盆地比较符合上述条件。

这片谷地,位于魏家沟东南,西距辋河三四百米,是四周由马庄梁、张鼻梁、太娃梁等山梁围成的 300 亩大小面积的山间盆地,如簸箕掌状,簸箕口面南向阳。这里离村子不远但地势凹陷,当地老人说,此处从来都没有人家居住,很早以前长有大片的辛夷树。

王维《辋川集·辛夷坞》诗云:"木末芙蓉花,山中发红萼。涧户寂无人,纷纷开且落。"关于"涧户寂无人",一种解释为山涧的住户没有人。但有住户怎么能总是

---

①② 《民国续修蓝田县志》附录《辋川志》,见《中国地方志集成·陕西府县志辑》,南京:凤凰出版社 2007 年版,第 593 页。

"寂无人"任由辛夷花开花落呢？另有一种解释似乎更切合辛夷坞的实际："户"者，门也。簸箕掌状的辛夷坞，入口处相距很近的两座山崖相对，若涧之门，故曰"涧户"。"涧户寂无人"正好符合辛夷坞入口两崖相对且无人居住的特点。

辛夷坞所在的支家湾村魏家沟位于辋河之滨，这也为裴迪《辛夷坞》诗所证。诗云："绿堤春草合，王孙自留玩。况有辛夷花，色与芙蓉乱。"这里的"王孙"，当指王维，也包括裴迪自己。诗的意思是：我们倘徉在长满春草泛着绿色的辋河堤岸，更喜欢附近大片的辛夷花，宛若盛开的芙蓉。辛夷坞位置紧邻王维飞云山居第，常来过访王维的裴迪，得便与王维来此"留玩"，当是情理中事。

（作者单位：蓝田县王维文化研究会）

附：王维辋川别业二十景平面图

王维出入辋川路径与"辋口庄"地望考辨

韩诠劳

王维购得宋之问"蓝田山庄"后,始寓居辋川。他一生数次隐居,唯有辋川时间最长,诗画艺术巅峰之作也多形成于此。其生前或死后,有杜甫、白居易、储光羲、温庭筠、钱起、元稹、李端、耿湋、释元崇等一批文士和高僧前往辋川拜访或凭吊,留下描写辋川山水风光的大量诗作,且诗中多次提到"谷口""辋口"。但对于"辋口庄"的位置,今人却理解各异,说法不同,令读者茫然不知所从。究其原因,除对"谷口"概念的理解有所不同外,对出入辋川道路的不了解也是其重要原因。因而厘清唐时出入辋川道路,对澄清在"辋口""辋口庄"问题上的混乱认识,进一步探讨王维辋川隐居生活,正确诠释王维辋川诗作不无裨益。

一、唐代辋川道路与宋元以后的区别

笔者祖籍辋川,对辋川地形地貌颇为熟悉。当地年长者都清楚记得,20 世纪 50 年代前,并无进出辋川公路,入山峡谷必经一段人行险道,俗称"阎王碥",是条狭长七里的悬崖栈道,最险处约三里,因此也称"七里碥"或"三里碥"。其中有"悬空桥""舍身崖""悬忽石""鸡上架""土地庙""黄土碥"等险处,是旧时进出辋川的捷径险途。此路有文章记载始于明代的游记。明万历年间,四川左参政陈文烛途经蓝田,作《游辋川记》曰:

> 翌日,出县南门,行八里,饶佳山水至川口,两山壁立,下即辋峪河也。"然其路则凿山麓为之,有甚险者,俗号曰'三里碥'。徒步依碥而行,过此则豁然开朗。"①

明代蓝田县令王邦才《辋川图赋》曰:

① 李元升增修,雍正《蓝田县志》卷之三,大连图书馆藏珍秘方志丛刊,沈阳:万卷出版公司 2012 年复印,第 246 页。

201

出郭而南，十里之许，名曰辋峪。两山相斗，水自南出，深崖阴谷，无路可通。就山凿石，栈栈砗砗，宽不过尺，必须振衣怯步。走出三里而后，又大川即焉，名曰辋川。①

民国时期，蓝田名儒牛兆濂《游辋川记》云：

"入谷并辔，溯流南行，东有石径通入，即七里碥也。悬崖插天，危峰岸崿欲坠，俯瞰急湍，响震山谷，巨石横卧，若数间屋，水激石上，雪涌澜翻，深处作绀碧色或黑色。下马蹑石磴，按辔鱼贯行，目怵心骇。峰回路转，移步换形，奇险幽胜，莫可名状，此辋川绝佳处也。"②

可见，从明代至民国期间，辋川峡谷险道一直存在，通行条件并无多大变化。

查阅自宋代以后文人雅士游辋川的大量诗作，都有入谷口、过幽谷、攀险道的诗句。如"行穿翠蔼中，绝涧落疏钟"（北宋苏舜钦《独游辋川》）；"古栈松溪曲绕崖，乱石随步翠屏开"（金人张通古《游辋川问山神》）；"艮岫岹峣断复连，周回路迥相团绕"（元代张纳《辋川歌》）；"飞泉万壑通蓝水，仄径千峰入辋川"（明何景明《辋川》）；"两峰削玉寒相向，一水流云画入真"（明邢云路《辋川》）；"川原掩映山阴道，州渚萦回巫峡流"（明沈国华《辋川烟雨》）；"出城八里来谷口，两崖壁立芙蓉浮。行尽嵚崎忽开朗，花明柳暗环瀛洲"（清胡元燦《辋川》）等等，不胜枚举。反而，遍考唐代寓居辋川的宋之问、王维、裴迪，以及唐时诸多到访辋川者的大量诗作，皆只有对辋川山川景物的描写，却找不到涉及这段绝壁险径的诗句。截然迥异的环境描写，不禁使人产生疑问，难道唐代出入辋川与宋元以后经行路径不在同一路线吗？那么，唐人往返京城长安，为何不走辋川峡谷而另辟蹊径呢？

另外，王维作于辋川的诗中，数次提及"原上村""高原""寒原""川原"等，那么这些诗中的"原"究竟在哪里呢？"原"，《说文解字》曰："原（古通假'邍'）高平之野，人所登。"《尔雅·释地》解释为："大野曰平，广平曰原。"辋川属丛山峻岭之间地势低凹的一条川道，何来高平宽敞之说？

辋川人世代相传，闫家村村东的"华子冈"对面有座山坡，当年王维离辋川去长安时每次走到此山坡，都要回望送行的母亲（维母早期住孟城坳），乡人遂把这面山坡称"望亲坡"。民间流传经望亲坡进出辋川的路线为：上望亲坡、经过岭村（此村清初仍称"望亲坡"村，"过岭"后讹为"郭岭"，见民国《续修蓝田县志·区划》），走牛

---

① 吕懋勋修《蓝田县志》附《重修辋川志》，清光绪元年（1875）刻印，第 342 页。

② 1920 年 4 月 13 日，牛兆濂先生与蓝田县令李惟人陪四川名儒卢子鹤游辋川，作《游辋川记》。见《关学文库·牛兆濂集》，西安：西北大学出版社 2015 年版，第 80 页。

角沟山脊、再过将军岭、经白鹿原而达长安。笔者自幼走亲戚常经此路,虽不是宽敞大道,山梁起伏,需沿山脊而行,但也并无险途,为古老平缓的山路。直至 20 世纪 80 年代以前,人们为生计担炭运货、捎橡贩檩还常走此路。此说延续至今,该道是否为唐时古道,由于并无确凿史料记载,尚不能断言。

王维崇信佛法,与高僧多有深交,留有不少诗赋碑文。笔者在查找王维与佛学因缘时,偶见宋通慧大师赞宁撰《宋高僧传》,有唐高僧释元崇由长安赴辋川行走路线的记载。其卷十七《唐金陵钟山元崇传》载:

> 释元崇,俗姓王氏,琅琊临沂人也。……以开元末年,因从瓦官寺璿禅师谘受心要,日夜匪懈,无忘请益。……至德初,并谢绝人事,杖锡去郡。历于上京,遍奉明师。栖心闲境,罕交俗流。遂入终南,经卫藏,至白鹿,上蓝田。于辋川,得右丞王公之别业。松生石上,水流松下。王公焚香静室,与崇相遇,神交中断。于时天地未泰,豺狼构患。朝贤国宝,或在蒭轴起居。萧舍人昕,与右丞诸公,并硕学雄才,尊儒重道,偶兹一会,抗论弥日,钩深索隐,襟期许与。王、萧叹曰:佛法有人,不宜轻议也矣![1]

开元二十九年(741)春,王维知南选北归途中,经行至润州江宁县(今南京)瓦官寺,谒拜璿禅师,维有《谒璿上人》诗并序[2](见陈铁民《王维年谱》),此时与元崇相识,两人结交。其诗《序》有"故吾徒得神交焉",所谓神交,即以精神道义相交,十多年后"神交中断",谓从前神交已久,今已谋面而不需再神往也。元崇与维相会在"至德初",其从上京(京城长安)到辋川的路线为:"遂入终南,经卫藏,至白鹿(原),上蓝田。于辋川得右丞王公之别业。"此处的"卫藏"[3],即指狼卫藏身

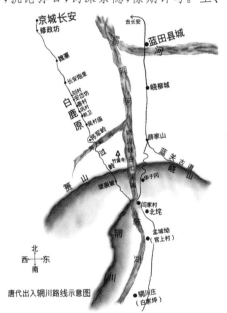

唐代出入辋川路线示意图

---

① 陈铁民:《王维集校注·附录》(全二册下),北京:中华书局 2019 年版,第 1179 页。

② 陈铁民:《王维论稿》,北京:人民文学出版社 2006 年版,第 18 页。

③ 卫藏:即指狼卫藏身之地。"狼卫"是唐代突厥军里的侍卫之士,突厥语叫"附离",意思就是狼。据《唐长安城全图》注,狼卫藏身之地在京兆府长安城东南修政坊,这个地方靠近郊区,远离长安的核心区域,相对空虚,较易于藏身。天宝三载(744),在狼首曹破延(汉人)的带领下,准备谋反,后被旅贲军(皇太子护卫军)射杀。此事发生在唐鼎盛时期,狼卫犯乱,朝野震惊,"卫藏"也随之成为地名。参见西安博物院《唐长安城全图》。

之地,在唐长安城中的修政坊,即今之西安东南郊曲江池大唐芙蓉园内芙蓉池北。

又据《长安志·蓝田》载:"白鹿原在县西五里……其原接南山,西北入万年县界,抵浐水。"①民国《续修蓝田县志·道路》载,蓝田"古官马大道:白鹿原南部吴村庙—徐家河—前卫—巩村—香村—安岱坊—刘村—长安炮里,为民国以前的铁木轮牛马车行道,路宽不过丈,狭窄之处仅一辙之宽,过往吆喝,相机错车"②。这段古代的"大道",是白鹿原连接南山的官道,直到民国前还在使用。

从以上史料可知,唐代这些文士高僧若出长安城东南到辋川,走白鹿原古官马道,入辋川后渡欹湖南行,到达孟城坳或飞云山居第辋川庄(即清源寺,后称鹿苑寺),也证实民间相传是可信的。以路况度之,走这条路,若骑马百一二十里路程,大半天可达(见上示意图)。

《汉书·高帝纪》载:"沛公引兵绕峣关,逾蒉山击秦军,大破之蓝田南。遂至蓝田,又战其北,秦兵大败。"③《陕西通志》载:"蒉山在县南十里,其下即辋川口,汉高祖引兵逾蒉山击秦军即此。"④汉高祖引兵灭秦(公元前206年8月)时,因辋谷外青泥城(蓝田大营)有重兵把守,"刘邦引兵绕过峣关后,当自辋谷南口进入辋川,但他不是经由那五里长的'险狭'道路北行出谷,而是自辋川西逾蒉山,出其不意地出现在蓝田南"⑤(见陈铁民《王维论稿》)。其时,辋川峡谷本无路可行,才便于重兵隐蔽,方可偷袭成功。南朝宋武帝刘裕于公元417年征关中时,在辋川(今官上村)筑"思乡城"驻兵(见《元和郡县志》),同样也经此道出兵。所以,唐以前此道为出入辋川的交通要道,这也和唐时行经路线相符。王维文中有一处提到蓝田白鹿原,见于为京兆尹韩朝宗题写的墓志铭:"(韩朝宗之妻柳氏)以开元五年六月五日先公而卒,至是以天宝十载十月二十四日合祔,陪于蓝田白鹿原长山公先茔,礼也。"⑥韩氏夫妇与先公俱葬于白鹿原,知王维对白鹿原是熟悉的。其《临高台送黎拾遗》诗曰:"相送临高台,川原杳何极!日暮飞鸟还,行人去不息。"诗人对友人别去依依不舍之情,从川原杳邈,夜幕将至,飞鸟归巢,行人远去的景象描写中透露出来。诗中的"川"当指辋川,"原"则指其沿途常见的白鹿原。这和站在"望亲坡"的山梁上,近眺辋川,远眺白鹿原,迎着西边的落日,送友人归长安的地貌特征和景象完全吻合,

---

① (宋)宋敏求撰,(清)毕沅校正《长安志》卷十六《蓝田》,台北:成文出版有限公司,民国五十九年铅印本,第390页。

② 《蓝田县志》第十编《交通邮电》,陕西人民出版社1994年版,第318页。

③ 东汉班固:《汉书·高帝纪》卷一上,北京:中华书局2007年版,第5页。

④ 《陕西通志》卷之二,西安:三秦出版社2006年版,第54页。

⑤ 陈铁民:《王维论稿·辋川别业遗址与王维辋川诗》,北京:人民文学出版社2006年版,第369页。

⑥ 韩朝宗(686—750),京兆长安人,曾任荆州长史、京兆尹。死后葬于白鹿原。王维于天宝十载为其撰《大唐吴兴郡别驾前荆州大都督府长史山南东道采访使京兆尹韩公墓志铭》。见陈铁民《王维集校注》下卷,北京:中华书局2019年版,第865页。

且辋川也唯有此地具备这一独特的地理条件。再如"山下孤烟远村,天边独树高原"(《田园乐·其五》),"时倚檐前树,远看原上村"(《辋川闲居》),从"天边""远看"都能窥出此"原"在距辋川较远的地方;还有,王维《登裴迪秀才小台作》曰:"端居不出户,满目望云山。落日鸟边下,秋原人外闲。"诗中"落日"的方位正好在裴迪小台之西,也是去白鹿原的方向;《酬虞部苏员外过蓝田别业不见留之作》:"渔舟胶冻浦,猎火绕寒原。惟有白云外,疏钟间夜猿。"诗中"渔舟"指欹湖上的小舟,"寒原"指寒冬的白鹿原,"白云外"指别业远处被白云笼罩的青山,"疏钟"指谷口寺庙发出稀疏的钟声(王维《归辋川作》有"谷口疏钟动,渔樵稍欲稀"句)。诗中这后四句皆写冬日夜晚别业的远景,从凄清的景象描写中,衬托出友人远去,未能相见的惆怅心情。以上写景诗意,皆和其所处环境恰切对应。

从王维《辋川集·临湖亭》"轻舸迎上客,悠悠湖上来",裴迪《欹湖》"空阔湖水广,青荧天色同"知,王裴居辋川时,川内有欹湖存在是毋庸置疑的。那么唐代以前进出辋川,为什么不走近捷的辋川峡谷呢?因为那时有欹湖阻隔,而峡谷七里"阎王碥"为鸟兽难行的巉崖绝壁,根本不具备通行条件。

唐时,自青门(指京城东门)出发,溯灞水过蓝田县城后,有三条支道可分别进入商山:东路入悟真谷。张籍《使行望悟真寺》一诗,就是写经此道之所见,至今尚有古栈道遗迹可考。中路武关道蓝田段(今称蓝关古道)。这是长安去东南各省的捷径,沿途上七盘山,经鸡头关、风门子、六郎关、筚坡关,达蓝桥驿,为张九龄奉使湖广,韩愈被贬潮州所取之道,也是通商山上洛之主道。"长安东南出武关,自古为秦、楚间之交通孔道。……至有'名利道'之目,而为全国第二驿道"(见严耕望《唐代交通图考》卷三《蓝田武关驿道》[①]),直至民国前还在使用。西路入辋川。《长安志》卷十六《蓝田县》载:"辋谷在县南二十里……采谷在县南三十里,与辋谷并有细路通商州上洛县。"[②]这里说的"细路",指的就是辋谷到蓝桥驿再到商州的古道支线。这三条道至蓝桥驿汇合后,直通上洛而达湖广。蓝田学者王文学在《蓝田境内唐诗人庄园地望考辨》文中持这一观点:"西路入辋川,为元稹、白居易被贬江陵、江州所取之道。"[③]陈铁民先生《辋川别业遗址与王维辋川诗》中也持这一观点:

"自蓝田县城至蓝田关一段,有几条通道可供行人选择,辋谷即是这几条通道中的一条。……王维之所以在辋川购置别业,以为其母崔氏奉佛习静之

① 严耕望撰:《唐代交通图考》卷三《秦岭仇池区》,上海:上海古籍出版社1985年版,第637页。

② (宋)宋敏求撰,(清)毕沅校正《长安志》,民国二十年铅印本《中国方志丛书》,台北:成文出版社印,第391页。

③ 王文学:《辋川对悟》,北京:华夏出版社2007年版,第415页。

山居(见王维《请施庄为寺表》),除了因为那里环境宁静幽美外,与辋川是一条通道,便于王维在公余闲暇自长安还家探母,也不无关系。"①

这些判断都无疑是准确的。既然唐代辋川峡谷口无通行条件,而辋谷道又是一条古道支线,那么无论是从蓝田县城去辋川(简称县川道),还是从白鹿原入辋川(简称鹿原道),具体路线又是怎样的呢?

县川道为出青门,溯灞水,到蓝田县城,过灞河,攀薛家山,上下华子冈,入辋川。依据为王维《山中与裴秀才迪书》所述:

"近腊月下,景气和畅,故山殊可过。足下方温经,猥不敢相烦。辄便往山中,憩感配寺,与山僧饭讫而去。北涉玄灞,清月映郭。夜登华子冈,辋水沦涟,与月上下。寒山远火,明灭林外。深巷寒犬,吠声如豹。村墟夜春,复与疏钟相间。此时独坐,童仆静默,多思曩昔,携手赋诗,步仄径,临清流也。"②

此处的"故山"指华子冈旧游之山,"郭"指蓝田县城,"深巷"指的是辋川闫家村一带的村巷,"疏钟"指从附近庙宇里发出稀疏的钟声(该村村后半山腰平台曾有一寺庙,20世纪50年代初被毁)。此段记叙的地理环境为:临近腊月下旬,气候温和舒畅,由蓝田县城涉灞水后,可见月色晴朗,映照着城郭,站在华子冈上,看到辋水泛起微波,听到村子的犬吠、春米声和庙里的钟声。从地理方位判断,在辋川也只有位于闫家村东的华子冈上,才唯一具备这诸多条件。值得注意的是,此处王维用"故山殊可过",显然是在告诉裴迪,我们曾登过的山仍很值得一"过"(《说文》:过,度也),此处并没有用"游""赏"等修饰词,明显有"走过、经过"之意,也可窥出此山不是常登。陈铁民此注中说:"感配寺:在长安东灞陵附近,为作者自长安赴辋川途中所经。见《过感化寺昙兴上人山院》注(一),王维此行当自长安出发,东行至感配寺,在寺中吃过午饭后,复东南行赴蓝田。……作者当在蓝田县城南渡过灞水,而后往辋川。……自长安至辋川一百余华里,及维到达辋川,已入夜。"③此说极是,寒冬腊月,夜幕降临,经过一天旅途奔波,又跋山涉水,连童仆都沉沉欲睡,想必已入知天命之年的作者也劳顿至极。因此判断,其绝非为赏景而去夜登华子冈,实为返程必经此山。又裴迪《华子冈》诗:"落日松风起,还家草露晞。云光侵履迹,山翠拂人衣。"同样描写这段"还家"山路之所见。有学者认为,王维夜晚登山是为赏景游乐,其实是不谙此段地形所致。那时辋川峡谷底部河道无路可通,上下华子冈,

① 陈铁民:《王维论稿》,北京:人民文学出版社2006年版,第369页。
② 陈铁民:《王维集校注》下册,北京:中华书局2019年版,第895页。
③ 陈铁民:《王维集校注》下册,北京:中华书局2019年版,第896页。

是县城通往辋川的捷径,也是像王裴这样的"辋川人""还家"的不二选择。

　　笔者曾调查并实际踏勘过华子冈的山梁沟壑,当地人称"乌山沟(音)",需过半山的腰碥路,确实为崎岖的"仄径"。辋川当地人流传,古时人们去县城必经此道,后因谷底有了凿山栈道,此路渐渐废弃。直至二十世纪未通公路前,若辋河水暴涨,人们有急事出辋川,偶尔还需翻此山。现虽年代久远,山腰间路基还隐约可见。此道为南北走向,与西北方向的鹿原道不在同一方位,这条既绕道又难走的山路,如需行经蓝田县城,偶尔徒步攀爬尚可,骑马则无可能。从以上文字所说的方位和地貌特征判断,绝不会是王、裴他们去长安的优选路线(见下图)。

　　鹿原道为从长安城东南方向走白鹿原,经将军岭,过岭,下望亲坡,入辋川,渡欹湖,至孟城坳或飞云山居第的辋川庄。这条道平缓便捷,为唐时出入辋川的主道,也是古代的一条"大路"。为弄清该路况,笔者曾三次踏寻此道,从白鹿原南端将军岭(俗称将帅圪塔,为汉长水校尉屯兵之处)到岳伏嘴(簧山与尤风岭最高处),沿长约五六里的牛角沟山梁而行,县志称长梁(见民国《蓝田县志·土地》),在临近岳伏嘴约二三里的湾子梁上,发现三处天然奇石,当地人称"歇脚石""饮马石""上马石",据传唐时王维等过客常在此歇息饮马,沿途还有白云宫等寺院遗迹。再沿山脊东南折四五里便到望亲坡。时逾千年,荒草丛生,砂砾山体,无石刻留存。但观地势,虽山峦层层,道路弯曲,却无陡坡险段,骑马即可行,且风景优美,不失为出

入辋川的最佳选择,这也恰与民国时考古学者陈子怡《辋川地理考正》所载完全相合:

> "辋川,此是摩诘旧居……此山之口曰'阎王碥',顾名思义,险可知矣。在摩诘时,此路不通。樵夫虽能渡越,衣冠中人,不涉此险也。尔时此口较高,山中之水,外流不畅,故峪中积成十里大湖,即所云欹湖也。湖之四周,水皆聚此,成辐射状,有如车辋,故古以辋川名之。……所经路线,当经牛角沟越岭而过。"①

从民间流传、沿途遗物遗迹和前人考证,都可印证此道为王维居辋川时乃至唐代以前的古道。

元和十年(815)秋,白居易贬为江州司马时,曾经过辋川,晚宿清源寺,翌日至蓝桥驿。《初出蓝田路作》的纪行诗中,详细记叙了这段行程:

> 停骖问前路,路在秋云里。苍苍县南道,去途从此始。绝顶忽上盘,众山皆下视。下视千万峰,峰头如浪起。朝经韩公坡,夕次蓝桥水。浔阳近四千,始行七十里。人烦马蹄跙,劳苦已如此。②

---

① 民国时期,国民政府成立西京筹备委员会,由国民党元老张继任主任,保护了西安大量文物古迹。虽是一军政机构,然有考古与文物保护任务。陈子怡为该委员会考古学者,掌考古学会,在其著《西京访古丛稿》第6篇列《辋川地理考正》。见西京筹备会丛刊,西安:中华民国二十四年九月十日版,第191、126页。
② 谢思炜:《白居易诗集校注》,北京:中华书局2006年版,第814页。

此诗是记述其从长安出发至蓝桥驿两天的经历。至今有不少学者认为,此诗是写白居易走武关道,上七盘坡,至蓝桥驿,实则是对这段道路不谙的误判。仔细分析诗的前四句,并未写道路多么崎岖艰险,只是描述一览众山小的感受,这是首日从将军岭南行入辋川,途经长梁时极目远眺周围山峦的情景。后三句为作者当晚宿清源寺,次日晨自寺出发出辋川,经韩公堆(又称桓公堆、成仙岭),翻越豁垭,晚行至蓝桥驿夜宿,才有"始行七十里,人烦马蹄跙"之感。这段路况也的确如此,要从文杏馆处向北翻越飞云山老鹳沟,经过辋川韩河,上韩公堆,到蓝桥驿(见拙文《唐人从辋川清源寺入商山道现地考辨》),翻越山道,崎岖难行,与"朝经韩公坡,夕次蓝桥水"完全相符。白居易行至韩公堆留诗:"韩公堆北涧西头,冷雨凉风拂面秋。努力南行少惆怅,江州犹似胜通州。"(见《韩公堆寄元九》)进一步阐明当时所处的环境和心情。

长庆二年(822),白居易又迁官苏州刺史,第二次借宿清源寺,有《宿清源寺》诗:"往谪浔阳去,夜憩辋溪曲。今为钱塘行,重经兹寺宿。"①从二诗与辋川的地貌判断,其两次迁官,都曾夜宿清源寺,走王维当年出行的这条鹿原道,也必是"顺道"途经此寺。倘若他是经过蓝关古道,则可直达蓝桥驿站,大可不必绕道三十余华里的山路,舍近求远去清源寺借宿;倘若走县川道,翻越华子冈到辋川,则绕行半山腰,也不会出现"绝顶忽上盘,众山皆下视"的感觉。从白居易《自题新昌居止因招

杨郎中小饮》《新昌新居书事四十韵因寄元郎中张博士》《题新昌所居》等诗知,其居长安时住新昌坊。从西安博物院藏《唐长安城全图》看,此地属长安东南郊外郭城坊,即今西安市雁塔区铁炉庙、王家庄一带,从居地东南行,走古官马道上白鹿原,经鹿原线入辋川,是平缓便捷的理想路线。

辋川峡谷最窄处仅十余米,极易堵塞。欹湖应为因地震山体滑坡、或熔岩形成的一天然堰塞湖。其突然消失或因大地震,或因大洪灾,史籍无载,也不得而知。凿山麓为栈道,则是欹湖消失以后的事了。

---

① 谢思炜:《白居易诗集校注》,北京:中华书局 2006 年版,第 659 页。

中唐诗人李端在《雨后游辋川》诗中写道:"骤雨归山尽,颓阳入辋川。看虹登晚墅,踏石过青泉。紫葛藏仙井,黄花出野田。自知无路去,回步就人烟。"李端(734—782)诗对辋川作了全景式描写,写到了村墅、泉井和长着花草的田野,却唯独没有关于欹湖的描写,说明这时很可能欹湖已经消失。北宋诗人苏舜钦(1008—1048)在《独游辋川》中曰:"行穿翠霭中,绝涧落疏钟。数里踏乱石,一川环碧峰。"可见此时欹湖已确实不存在,仅剩数里乱石河川和环川翠霭碧峰了。"绝涧"指高山陡壁之下的溪涧,应指入辋谷之险道。时逾百年后,金朝大臣张通古(1088—1156)亲游辋川,作《游辋川问山神》诗曰:"古栈松溪曲绕崖,乱石随步翠屏开。不知摩诘幽栖后,更有何人曾到来。"①从"古栈松溪曲绕崖"可明显看出,当时出入峡谷已存山崖间弯曲回绕的古栈道。元代蓝田人张纳《辋川歌》:"初疑隐士鼓流水之瑶琴,转听怒涛溯触岩之崩倒。……龙蟠峪口虎踞关,谁将此景传人间?"此诗无疑是指"周回路迥"和"龙蟠虎踞"的险谷"阎王碥"。

以上说明,唐代出入辋川根本就不经峣、簣二山夹峙的险谷,诗人甚至对峡谷外是生疏的。既无亲身经历,何谈以诗记之,诗中无崎岖险径之类的描述,也就不足为奇了。王维他们常经鹿原道,诗中有关"远看原上村""川原杳何极"等描述也必言之有据。

欹湖疑消失于中唐时期李端游辋川之前。到了北宋以后,金代以前,辋川峡谷便有了凿山栈道,可供行人艰难通行。北宋蓝田籍理学家与金石学家吕大临所写恤民诗《蓝田》曰:"背负肩任几百斤,山蹊寸进仅容身。先难后获应如是,重愧端居饱食人。"②就是写山民背负重物,通过此段栈道的艰难情景。有了凿山栈道,虽"循匦而行,湍激淙淙,崖石奇诡,斗折处,几不受趾"③(见清道光胡元煐《游辋川记》),但终不需再翻山越岭,且方便快捷,因而华子冈和白鹿原这两条古道也随之变为乡间小道。

据老辈人讲,辋谷栈道曾三次降坡改道,民间称"三落阎王碥"。1967年因工矿企业进驻辋川,才再次降落到如今的位置,修成进山公路。2006年福银高速修凿辋川隧道群,避开了"阎王碥",使这段险道的山形地貌得以保留。

二、"谷口"与"辋口"的区别

《说文解字》曰:"泉出通川为谷。"谷口:《汉语词典》释意为"山谷的出入口"。从广义角度理解,两山夹峙的山口都可谓"谷口",即俗称的"山口子"。唐代诗人不乏"谷口"的描写。如韦应物《云阳馆怀谷口》、岑参《高冠谷口招郑鄠》、吴融《谷口

① 金王寂:《辽东行部志》,哈尔滨:黑龙江人民出版社1984年版,第34页。
② 张效东:《历代蓝田诗选析》,香港:中国文化出版社2016年版,第196页。
③ (清)胡元煐:《重修辋川志》,见蓝田县王维研究会刘弈《重修辋川志校注·文征录》,第96页。

寓居偶题》,杜甫"盘剥白鸦谷口栗"(见《崔氏东山草堂》),杜牧"水辞谷口山寒少"(见《押兵甲发谷口寄诸公》),钱起"谷口春残黄鸟稀"(见《暮春归故山草堂》)等等,分别指不同的山口。因此"谷口"并非指某一特定山口,而是山谷出入口的泛称。那么,唐时王、裴诗中的"谷口""辋口"又指哪里呢?

辋川有七里狭长的"阎王碥",由于唐代无走碥路进山的条件,"谷口"即指辋川北端辋水出山处,即闫家村附近的山口(简称峡谷内口)。到了宋代以后有了凿山栈道,将进山碥路的入口称为"谷口",当地俗称"碥口子"(简称峡谷外口),本无可非议。但是,若以今人的视角去理解唐代王、裴所处的环境,则显然欠妥。正如陈子怡《辋川地理考正》所述:

> 今之游辋川者,每如狂风走林,一掠而过,毫无真识……今之辋口与昔日异,其砭道乃唐以后明以前所修者,当摩诘时,全不如是。尔时,辋口仄险难行,王裴皆不由此而入。①

此外,辋川内山谷众多,"谷口"也绝非限定在某一特定区域。王维《归辋川作》:"谷口疏钟动,渔樵稍欲稀。悠然远山暮,独向白云归。菱蔓弱难定,杨花轻易飞。东皋春草色,惆怅掩柴扉。"这首诗写诗人在暮春傍晚,由辋川自北而南,从谷口回到别业居所,一路上看到的景色。"谷口"指峡谷内口,"疏钟"指稀疏的钟声,应是从华子冈附近古寺庙发出②;"渔樵"是指北垞一带欹湖中的捕鱼人和山上的打柴人,"远山""白云"是远望辋川庄所见的景色,是诗人回归的目的地。"菱蔓""杨花"是孟城一带欹湖中段岸边的景色,"东皋"自然是辋川庄(今白家坪)的水田了。此诗具有写实特色,其景物描述都对应辋川的地理环境。而《酬虞部苏员外过蓝田别业不见留之作》:"贫居依谷口,乔木带荒村。石路枉回驾,山家谁候门。渔舟胶冻浦,猎火烧寒原。惟有白云外,疏钟间夜猿。"诗大意为我贫居托身在山谷口,树木围绕着凄荒的村子;自己外出,家里无专人接待客人,委屈您(指苏员外)又从崎岖的山石路返回了。渔船正冻结在冰封的浦口,猎火燃烧在寒冷的荒原。这时只有白云之外的远处,能听到稀疏的钟声和夜间的猿啼声。此处的"谷口"则指位于飞云山居第辋川庄两山夹峙处的山口。王维此处用"贫居依谷口",或还暗含借隐居不仕,名震京师的谷口郑子真自喻之意。陈铁民《王维诗选》在上述二诗注释中认为,两处"谷口"指不同两地是准确无疑的。对前首诗注:"谷口:即辋谷口,

---

① 陈子怡:《西京访古丛稿·辋川地理考正》,西京筹备会丛刊,民国二十四年九月十日初版,第125页。
② 辋川闫家村年长者亲眼所见,村后山华子冈半山腰有个平台,占地约十亩。从古时至1958年前是一座规模可观的古寺庙,人称"寺园",主持及僧侣达五、六人。是年平整土地时才将古庙拆除,砖瓦均填入左右沟渠内,现沟称"瓦沟"。疑为唐时寺庙旧址。

有北口和南口。此指辋谷北口,自长安还辋川,应经过辋谷北口。"后首诗注:"谷口:指辋谷南口,辋川庄临近辋谷南口"①,且在《孟城坳》中注:

> 辋谷是一条长二十余华里,多数地段宽约二百至五百公尺的峡谷,呈西北、东南走向,其北口即峣山之口,在蓝田县城南八华里……王维辋川别业地处辋谷南端,原为宋之问蓝田别业,后维得之,复加营治。李肇《唐国史补》卷上:"王维……得宋之问辋川别业,山水胜绝,今清源寺是也。"②

陈先生的南北口之说,表述形象明了,也便于读者理解,但有三处需商榷。其一,将北口定位在蓝田县城南 8 华里,即峡谷外口,这和明清县志说法一致。明隆庆、清雍正《蓝田县志》皆载:"辋川在县正南川之口,去县八里,川口为两山之峡。川水从此北流入灞。其路则随山麓凿石为之。"此"辋口"指从碥路进山的入口,明清及今人的这种认识并无任何差错,但这些皆是基于辋川峡谷有了凿山栈道,供行人通行后的视角认识。然而,唐时峡谷无通行条件,如若认为峡谷外口就指王、裴他们所谓的"辋口",则有以今揆古之嫌。唐时的"辋口",指闫家村附近的辋水出山处,即峡谷内口。对不熟悉其时有经望亲坡、走白鹿原这条道路的人来说,出现认识上的偏差也在所难免。其二,"南口"指飞云山辋川庄处的山道,不是辋川的终端,其终端在上游 20 余里的东、西采峪交汇处的两河桥③(见民国《蓝田县志》),此谷道是 20 世纪 70 年代破山改道前进出山里的必经之路。将此处称"谷口"可以,若称"南口"则与地域范围有偏差。其三,《唐国史补》将宋之问"蓝田别业"与王维辋川庄视为一体,与实际不符。王维初到辋川居孟城坳,即宋之问蓝田别业,后因其母"乐住山林,志求寂静",才移至十余里外的飞云山居第——辋川庄。

陈铁民《王维集校注·辋川之什》,共收录王维作于辋川的诗歌计 65 首,其中并无任何关于"辋口"的称谓。只有裴迪询问《辋口遇雨忆终南山因献王维》时提到"辋口",维有答诗《答裴迪辋口遇雨忆终南山之作》(赵殿成本作《答裴迪》,《万首唐人绝句》作《答裴迪忆终南山》,此从《全唐诗》题)。因此,"辋口"之谓出自裴迪而并非王维。那么裴迪所谓的"辋口"指的是哪里呢?

裴迪《北垞》诗曰:"南山北垞下,结宇临欹湖。每欲采樵去,扁舟出菰蒲。"是说

---

① 陈铁民:《王维诗选》,北京:人民文学出版社 2017 年版,第 152、160 页。
② 陈铁民:《王维集校注》上卷,北京:中华书局 2019 年版,第 396 页。
③ 牛兆濂纂,民国《续修蓝田县志·土地志·水道》:"辋水:仅按水有东西二源,《长安志》称东西采峪。东采峪水出县东南百三十里秦岭阴……,至两河桥与西源合流;西采谷出县南百二十里秦岭阴,……。"因此,辋川南端应在东西采峪交汇的两河桥处,距清源寺有 20 里之距。

他在南山的北垞下,建有房屋并临近欹湖,每次打柴都要驾小舟穿出湖边的菰蒲。王维《登裴迪秀才小台作》称此地"端居不出户,满目望云山。落日鸟边下,秋原人外闲。遥知远林际,不见此檐间"。可知裴迪家在视野宽阔的辋川进山第一村闫家村附近的北垞旁,临近峡谷内口,也是入山后"豁然开朗"之地,这里距孟城坳隔了一个大弯,王维从他家看不到裴迪小台的屋檐。裴诗问曰:"积雨晦空曲,平沙灭浮彩。辋水去悠悠,南山复何在?"诗意为,此时他在辋口附近,秋雨连绵,面对昏暗的天空,看着悠悠北去的辋水,油然"忆"起了辋水流经的终南群峰,那是他与王维一道游玩过的地方,然而南望一片茫茫,此刻终南山该在哪儿呢? 王维答:"淼淼寒流广,苍苍秋雨晦。君问终南山,心知白云外。"王维也先描写了辋口一带秋雨晦暗、寒流涌动的景象,然后回答说:您问终南山,不是在白云之外吗? 诗中"淼淼寒流广"指带着寒意而又广阔的水面,"苍苍秋雨晦"指秋雨连绵天空云雾缭绕。从辋川特殊的出行道路、赠答诗的意境和裴迪居第环境判断,裴所谓的"辋口",既不会指入山的峡谷外口,也不会指临近辋川庄的辋谷南口,必指其小台附近的峡谷内口。依据:其一,以地理环境分析,峡谷外口和辋川庄处的南口,南望皆面对的是狭窄陡峭、水流湍急、山谷幽深的高耸大山,即使晴天也隐天蔽日,何来"南山复何在"之观感? 更不会有"淼淼寒流广"的景象。依唐时的出行条件,若站在辋川人及久居辋川的王、裴角度而言,必指辋水出川之口。这和宋元以后乃至如今的匆匆过客途经峡谷所见,对辋口必然存在理解差异。其二,两诗为裴问维答的和诗,即裴迪是站在他家附近极目远望赋诗相问。裴迪小台在辋川北端,也是王维所谓"端居不出户,满目望云山"之处,二十景皆在其南,在阴雨晦暗之际,才会产生"君问终南山,心知白云外"的观感。若理解为在维居第的"南口"辋川庄附近,则主宾颠倒,于理不通。且辋川庄以南的终南群山,由于受大山阻隔(俗称三道岭),环境险恶,少有人涉足,超出了别业区域,何有相"忆"之念? 其三,维此诗中的"白云外"与《酬虞部苏员外过蓝田别业不见留之作》"惟有白云外,疏钟间夜猿",及《归辋川作》"悠然远山暮,独向白云归"同写辋川景色,若将此处"白云外"的终南山理解为在辋川以外,则曲解诗意,与"辋水去悠悠,南山复何在?"诗意大相径庭。其四,辋峪四面环山,山谷低凹平缓,气候湿润。特殊的地理环境,容易形成薄雾缭绕、飘荡幽谷这种独有的美景。明代蓝田知县任文献《辋川烟雨》有:"望来烟雨真图画,游处衣冠任唱酬";明代蓝田县令沈国华同题诗:"花洗红妆春雨过,树连青霭晓烟浮";明蓝田人李进思同题诗:"柳烟桃雨辋川天,诗书千年自宛然";清雍正蓝田人韦束易同题咏"轻烟笼竹笋,细雨湿松花"皆为写辋川烟雨美景的诗句,因而"辋川烟雨"被誉为"蓝田八景"之首。而峡谷外口和辋川庄周围地形狭小幽深,为水流湍急的主河道,并无形成"积雨晦空曲"的自然条件,也与"悠悠""淼淼"环境不符。反之,裴迪小台旁的山口是欹湖终端接续辋水的地方,位于空阔的辋川北端,诗意和所处环境恰能对应。

裴迪《临湖亭》亦曰："当轩弥漾漾，孤月正徘徊。谷口猿声发，风传入户来。"此处的"谷口"虽为虚写意境，但从地域环境判断，亭在孟城欹湖边（今官上村），距峡谷内口五六里距离，从临湖亭极目远望，也只能指辋川北端的内口，绝不会指相距十三四里的峡谷外口。寓居辋川三年的王文学先生在此诗注中认为："谷口：辋川北端辋水出山处，即峣岭与金山（也称簣山）对峙之口，距孟城约 3 公里。"①钱起《游辋川至南山寄谷口王十六》诗题中的"谷口"，则难以断定是指那个山口。

总之，唐时受地域条件限制，与宋元以后出行辋川不在同一路线，对"辋口"的理解自然有别。那时的"辋口"只有一处，专指闫家村处的峡谷内口，而"谷口"的概念较广，既含"辋口"，也含位于辋川庄等处的山口。

三、"辋川庄"与"辋口庄"的区别

纵观王维辋川诗文，《积雨辋川庄作》诗题有"辋川庄"之说；《孟城坳》中"新家孟城口，古木余衰柳"有"孟城口"之说；维在《请施庄为寺表》中有"臣遂于蓝田县营山居一所。……伏乞施此庄为一小寺"之说。遍查王、裴及唐时到访辋川诸多诗人的诗文，都没有"辋口庄"称谓的只言片语。既然明确了"辋口"的位置，那么"辋口庄"又在哪里呢？

王维在辋川的居第共有两处，一处为前期所居的孟城坳，另一处为后期移居到飞云山处的辋川庄。陈铁民先生《辋川别业遗址与王维辋川诗》述：

> 王维故宅清源寺，在石本《辋川图》上称"辋口庄"。从图上看，辋口庄（《辋川图》所画诸游止及辋口庄皆标出名称，极易辨识）为一两进院落，有楼阁殿堂，水亭回廊，其规模为图中所绘诸建筑之冠，应是别业的主建筑；其方位在辋川诸游止之最南端，亦同于清源寺，所以王维"施庄为寺"（时间在肃宗乾元元年，见《王维年谱》），所施之"庄"无疑即辋口庄……则宋人所见《辋川图》亦有辋口庄，并非明刻石本所杜撰。在石本《辋川图》中，既画了二十处游止，又画了辋口庄，可见辋口庄不在二十处游止之内。②

事实的确如此，"辋口庄"之称谓，最早出现在郭忠恕《辋川图》的标注中。

王维《辋川图》真迹已佚，唐代史料记载稀少，最为著名的有两则：一则是中唐

---

① 王文学：《辋川对悟》，北京：华夏出版社 2007 年 10 月版，第 30 页。

② 陈铁民：《王维探论》，北京：人民文学出版社 2006 年版，第 372 页。

朱景玄著《唐朝名画录》中："(王维)复画《辋川图》,山谷幽盘,云水飞动,意出尘外,怪生笔端。"另一则是晚唐张彦远的《历代名画记》："清源寺壁上画辋川,笔力雄壮。"二记载只能说明《辋川图》为绝世佳品,且曾画在清源寺壁上。北宋开始,摹本众多,良莠不齐,独以五代末至北宋初画家郭忠恕临王维《辋川图》为大宗,且郭本用笔精妙,与王维相仿。郭旭颖在《王蒙〈仿王维辋川图卷〉相关问题研究》文中认为:"如今所看到的大部分《辋川图》摹本或仿本,几乎都是以郭忠恕为摹本来临摹创作①。"北宋画家米芾(1051—1107)《画史》云:"王维画小辋川摹本甚细,在长安李氏。人物好,此定是真,若比世俗所谓王维全不类,或传宜兴杨氏本上摹得②。"北宋画家黄庭坚(1045—1105)《画评》:"王摩诘自作《辋川图》,笔墨可谓造微入妙。然世有两本,一本用矮纸,一本用高纸,意皆出摩诘不疑。临摹得人,犹可见其得意于林泉之仿佛③。"北宋词人秦观(1049—1100)观图后曰:"元祐丁卯,余为汝南郡学官,夏得肠癖之疾,卧直舍中,所善高符仲携摩诘《辋川图》视余,曰:'阅此可以愈疾。'……阅于枕上,恍然若与摩诘入辋川,度华子冈,经孟城坳,憩辋口庄,泊文杏馆。"④从生卒时间顺序看,以上三人画评都在郭忠恕临摹之后,且在郭殁后相隔百年左右,还皆称为王维真迹。他们所见果真是王维真迹还是郭的摹本? 郭临摹时底本来自何处? 是否据真迹临摹未加创意? 图上的"辋口庄"是王维标注还是郭临摹时所加? 都不得而知,也无从考证。现藏于蓝田文馆所的石刻《辋川图》,是明代蓝田县令沈国华得池阳(今陕西三原县)来复家藏郭忠恕临本所刻⑤。因此,也只能说郭摹本上标注有"辋口庄",却不能断定是否为王维原图所注。反而,从王维的所有诗文推断,郭临摹时所加标注的可能性较大。

辋川庄、辋川别业、蓝田别业皆见于王维诗题,是指真实存在于辋谷的王维居第⑥。而《辋川图》中"辋口庄"称谓的出现,却给后世带来诸多混乱和困惑。有学者认为王维在辋川的居第不止二处,除孟城坳和辋川庄外还有个"辋口庄"。如赵乐宁主编的《山水秦岭》说:"王维在辋川的别墅可能有三处:一是峪口,称'辋口庄',一在'欹湖',另一处即是传为王维手植银杏树的旁边。"⑦台湾学者简锦松曾于2010—2011年三次到辋川实地考察,连发三篇文章,都认为"辋口庄"在

① 摘自《荣宝斋》2018 年第 7 期,总第 164 期。

② 刘弈:《重修辋川志校注》卷五《杂记·米芾〈画史〉》,第 88 页。

③ (宋)黄庭坚《山谷题跋》卷三,题《辋川图》,上海:远东出版社 1999 年版。

④ (宋)秦观《淮海题跋》卷一,《书辋川图后》,北京:中华书局 1985 版,第 11 页。

⑤ 蓝田县令沈国华,万历四十至四十五年(1612—1617)在蓝田任,任内聘其乡友郭世元刻石。刘弈《重修辋川志校注》卷四《金石·跋语》,第 59、60 页。

⑥ 陈铁民:《王维集校注上·卷五·辋川之什》,所录王维诗含《积雨辋川庄作》《辋川别业》《酬虞部苏员外过蓝田别业不见留之作》等诗。北京:中华书局 2019 年版,第 423、449、437 页。

⑦ 赵乐宁主编:《山水秦岭》,西安:陕西旅游出版社 2010 年版,第 108 页。

辋谷外①。新加坡学者萧驰先生在《诗与它的山河》中对简氏的结论持否定观点，他认为："笔者无法同意简氏所论，终南别业(蓝田山居)和辋川庄均在自灞水以南至今谷外薛家村、黄沟村一带大约6公里的辋水平川上，其中辋川庄在今大寨乡公路接近辋峪河大桥东桥头一带的结论。因此，须重新考虑它是否在谷内②。"简氏持此结论的依据是：辋川无"原"、欹湖在辋水入灞处、感配寺位置在白鹿原山麓、《辋川图》以及诗的排序等，并对传统的谷内说提出质疑。但他却恰恰忽略了王维"余别业在辋川山谷，其游止有孟城坳、华子冈、文杏馆……③"以及孟城坳遗址，母塔坟、王维墓出土文物这些重要证据，将本无争议的事实变成了学术疑问，不禁使人诧异。这种表述也让王维辋川居第位置变得扑朔迷离。产生这些脱离实际的认识，笔者认为重要原因还是因对唐代辋川道路不知情引起。辋川无"原"是对的，白鹿原是王维常经之地亦毋庸置疑。高萍、师长泰《王维蓝田辋川诗地名释义考辨》认为："王维山中宅第与别业自不会建于山口，也不会建于进入辋口约5里长的悬崖绝壁间。"④这个论断无疑是正确的。

目前就"辋口庄"的释义有以下几种不同说法，赘述如下：一是欹湖口说。萧驰先生在辋川考证后认为："《旧唐书》本传中谓其别业在'辋口'(即辋水入湖之口而未必入灞之口)，以及此处可以'采菱'等等，亦不难解释了⑤。"此处的"辋水入湖之口"指欹湖上游入口，即今官上村附近。但此说法混淆了孟城坳与辋川庄为两个不同位址，王维将孟城只作为二十景之一。二是距离说。王维的"贫居依谷口"本指辋川庄所在的山谷口。有学者据辋水源自百里之遥，而其别业入山仅十余里，故认为王维将整个辋谷称"谷口"⑥，因而辋川庄也可称"辋口庄"。此认识仅为推测，缺少史料支撑。三是缩写说。笔者与文友在聊起"辋口庄"的出处时，有人猜测，此命名为郭忠恕摹画时添加的可能性较大，"辋口庄"或为"辋川谷口山庄"之缩写，实为猜想，亦无任何真凭实据。四是南北口说。陈铁民先生将辋川两端认定为南口和北口，形象直观，不失为注释诗意简单明了的好办法。但此说不一定出自唐宋时诗画家们的本意。五是不存在说。蓝田学者张效东先生在《王维辋川庄考辨》文中得

① 简锦松三篇文章分别为：《现地研究下之〈辋川图〉〈辋川集〉与王维辋川别业新论》《王维、裴迪〈辋川集〉诗现地研究》《王维"辋川庄"与"终南别业"现地研究》。分别载于《台大文史哲学报》第77期，《中国文哲研究集刊》第40期，《中正汉学研究》2012年第2期。

② 萧驰：《诗与它的山河》，北京：生活·读书·新知三联书店2018年版，第258页注，第62页。

③ (清)赵殿成《王维诗集》笺注，上海：上海古籍出版社2017年版，第371页。

④ 王志清主编：《王维研究》第七辑，济南：齐鲁书社2015年版，第53页。

⑤ 萧驰：《诗与它的山河》，北京：生活·读书·新知三联书店2018年版，第264页。

⑥ 刘弈：《重修辋川志校注》第133页注，此诗认为："王维所谓谷口，是着眼辋水整个源流而言。《蓝田县志·土地·水道》：'(辋)水有东西二源，《长安志》称东采峪谷水出县东南百三十里秦岭阴，正源称纱帽沟……至两河桥与西源合流。西采峪出县南百二十里秦岭阴……经鹿苑寺、母塔坟西北流……经孟城坳…流经峣岭西出口……'从辋水全程相对而言，其别业入山仅十余里而已，故王维称其为谷口。"

出结论:"王维隐居辋川期间的居第,共有两处,即早期在孟城坳,后期移居飞云山处。在上述两处居第之外,不可能实际上也并不存在第三处居第'辋口庄'。如果把辋峪口理解为有南北两个'辋口',那么'辋口庄'实质上就是指位于辋峪南口的飞云山居第。"①笔者认为,以上说法中陈铁民先生南北口之说简单明确,对研究王维辋川文化大有裨益。"辋口庄"之谓的确极易使人误解为在"辋口",但按王、裴诗意对"辋口"的理解,"辋口"在裴迪小台的闫家村附近,这里距孟城居第3公里,距飞云山居第约10公里,从实地考察和文献考证,此处绝不可能存在一个"辋口庄"。因此,张先生"不存在说",有其道理。对于"辋口庄"的理解,民国考古学家陈子怡《辋川地理考正》一段结论,值得借鉴:

> "辋口庄,郭图有之,王、裴诗目无。王《酬虞部苏员外过蓝田别业不见留之作》起联云:'贫居依谷口,乔木带荒村。'是摩诘辋川谷口故有庄也。诗中无之者,疑辋口之庄,即文杏馆所在;既有彼名,故不为此目耳。郭氏之画,自出意匠,此则闻见偶疏,致一地两出尔。"②

"辋口""辋口庄"地名出现理解混乱的根源,除多因对唐代辋川道路不了解外,还有一重要原因就是两则古文献不切实际的记载。一则是中唐李肇《唐国史补》云:"(王维)得宋之问辋川别业,山水胜绝,今清源寺是也。"③明显把辋川内宋之问"蓝田别业"和王维辋川别业两个地方混为一处了。另一则是后晋刘昫等撰《旧唐书·王维传》载:"(王维)得宋之问蓝田别墅,在辋口④。"却与王维:"余别业在辋川山谷"说法明显不符。宋仁宗认为《旧唐书》:"纪次无法,详略失中,文采不明,事实零落。"⑤庆历四年(1044)下诏重修。因此,"在辋口"之说应为《旧唐书》之误,欧阳修等撰《新唐书》则无此说。

以上修撰者及《辋川图》临摹者是否到访过辋川,史书无载,也不得而知。盛唐时代,官员皆置园亭以自娱成为一种风尚,罗哲文在《中国古代建筑》中谈道:"到了唐代,不仅贵族、官僚在长安近郊利用自然环境营建别墅,甚至官署、寺观中也修建园池,盛植花木。"⑥因此,宋之问有蓝田山庄,王维购置后称孟城坳,其迁址后重建

---

① 张效东:《王维辋川庄考辨》,见高萍等主编:《王维研究》第八辑,上海:上海三联书店2020年版,第278页。

② 陈子怡:《西京访古丛稿》第6篇《辋川地理考正》。西京筹备会丛刊,中华民国二十四年九月十日版,第110页。

③ (唐)李肇等撰:《唐国史补》,上海:上海古籍出版社1979年版,第16页。

④ 刘昫:《旧唐书》卷190下,北京:中华书局1975年版,第5052页。

⑤ 韦唐:《〈新唐书〉的得失》,见《二十五史随话》,北京:人民教育出版社2002年版,第16期。

⑥ 罗哲文:《中国古代建筑(修订本)》,上海:上海古籍出版社2001年版。

成辋川别业，皆有存诗可证，后将其庄施为寺，这些应为朝臣共知。但对于未曾亲临区区辋川者，有谁熟知辋川环境，又有几人知晓王维在辋谷内还曾迁徙过，所以出现将二居第混为一体或误判就不足为奇了。只要我们真正廓清了王维出行的路线，辨清了王维辋川居第的准确地址，明白了误称产生的根源，至于"辋口庄"由谁命名，因何命名，也就不显得有多么重要了。

（作者单位：西安市蓝田县王维研究会）

王维隐居辋川新探

周仲民

辋川因唐代诗画名匠王维卜居，留下一种风格迥异的辋川山水文化，为历代墨客雅士景仰，虽历千载而经久不衰。然王维何时营造终南别业，又哪年再置辋川庄园，当今学界各据一说，令人真伪莫辨。笔者考察地域文史，梳理诸家之说，今铺陈管见，权作新探，与各位方家正误。

一、初营终南别业

王维初隐终南山，有《终南别业》一诗为证。诗云：

> 中岁颇好道，晚家南山陲。兴来每独往，胜事空自知。
> 行到水穷处，坐看云起时。偶然值林叟，谈笑无还期。

这首诗给出了王维初隐终南的行迹，如"中岁颇好道，晚家南山陲"所言，王维居家终南别业是在"中岁"，始于偏好佛道之时。对此学界多有歧解，有人以四十为"中岁"，断定王维隐居在四十岁后，时间不早于开元二十八年（740）。又有人以"晚"为晚年，认为王维隐居已年过五十，时间便迟至天宝七年（748）。其实，此处的"中岁"不过是一个人至中年的说法，古时人活七十便是"古来稀"，中年自然是指过了三十。而"晚"也不作晚年之解，只是指时间上的晚近，作此后、不久之义。意思就是说，自己倾心佛门不久，便家居南山边了。

王维偏好佛道之时，可依道光禅师卒年推算。据《大荐福寺大德道光禅师塔铭》，道光禅师卒于开元二十七年（739）五月，王维自称"维十年座下，俯伏受教"，其师从道光禅师即起自开元十七年（729）。由此推测，王维归隐终南，当在开元十七年（729）后不久。

然而，王维《送綦毋校书弃官还江东》一诗，却云"余亦从此去，归耕为老农"，其中的"归耕"与"老农"二词，分明表示王维当时已有了自己的田庄，这个田庄应当是终南别业的前身。綦毋潜开元十四年（726）进士及第，授秘书省校书郎，十七年

219

(729)弃官回江东①,故王维此诗写在开元十七年(729)应无疑问。另外,王维在此前又有《送孟六归襄阳》,诗中亦云:"杜门不欲出,久与世情疏。以此为长策,劝君归旧庐",其以隐者之语,劝落第的孟浩然回乡,已把自身所归写得十分明白。

那么王维是在何时就有了自己的田庄呢?笔者以为,王维生于圣历三年(699末或700初),开元六年(718)夺得京兆府解头,七年(719)"一举登第",不久以乐律才能授得太乐丞,同时取得"职分田"及垦殖土地。一般来说,京官取得职田及垦殖土地多会营建自己的庄园,王维应不例外,至少在开元八年(720)已有了自己的田庄。即使开元十年(722)职田一度废止,也会因山区地僻人稀不便交割,只是委付佃农交税而已,原有庄田并未废弃,或许这就是王维诗中所说"归耕为老农"的缘由。

实际上王维开元九年被贬济州司仓参军,十一年(723)底曾回长安搬取家眷,并在腊月底拜见入为大理卿的韦抗,写下《晦日游大理韦卿城南别业四首》。十四年(726)春韦抗分掌吏部铨选,将王维就近安置淇上做官。至十五年(727)王维又得吏部郎中韦陟援引,入京到秘书省任职,同年兄弟王缙进士及第,王维即从长计议,开始重整田庄,考虑日后将母亲(时居洛阳)接来居住。未料十六年妻子生病,十七年(729)初不幸亡故,王维时年三十,遭受沉重打击,数月杜门不出,即拜道光禅师门下以求解脱,也在送别綦毋潜与孟浩然诗中表达了归隐之意。

王维归隐终南应在开元十八年(730)。是年三月,唐玄宗敕令朝廷复给京官职田,允许垦殖"隙地陂泽",王维遂在原有田庄的基础上,重兴私人产业,扩建田庄,营构了诗题所称为终南别业,不久便辞官归隐这里。如《山中示弟等》诗言,"山林吾丧我,冠带尔成人",分明是说王缙连第草泽及文辞清丽科,授职登封为官,其时恰在开元十八年左右。也正因弟缙释褐任官,王维不再为家计作难,辞官归隐才有了可能。

终南别业究竟在不在辋川?学界至今仍有不同看法。按王维诗说,终南别业在南山陲。陲者边界也,南山陲实即辋川的南山边,依"行到水穷处,坐看云起时",其位置当在辋川之尽处。据《重修辋川志》(见清光绪《蓝田志》)所列名胜,辋川可大致分为北川、东川(支流锡水河谷)与南川三区,终南别业在南川区。南川因辋谷在锡水汇入处转向西南,谷口收窄复又开阔,辋水上溯至白家坪折而向东,又宛转南向没入深山,故自成山环水曲的别一天地。王维年少时曾隐居终南金谷②,其地与辋川河谷仅一山(浮云山)之隔,且有马行细路相通。于是,这里便为王维常游之地,选择在这块偏僻幽静又宜林宜耕的去处营建山庄,自有眷恋怀旧与闲适山水的本意。现考终南别业遗址在白家坪村东南,即原鹿苑寺所在。鹿苑寺原名清源寺,

---

① 傅如一:《綦毋潜生平事迹考辨》,见《中国社会科学》1984年第4期,第219页。

② 周仲民:《王维初隐终南探秘》,见《西安晚报》,2019年11月3日。

北依丘岭,前临辋水(今已改道),东面为飞云山,南面称(东)太白山,也就是王维《终南别业》诗中所说的南山。

另外,从王维的辋川诗中也可找到终南别业在南山边的答案。如裴迪与王维在《辋口遇雨忆终南山》诗中的问答,裴问:"辋水去悠悠,南山复何在",王答:"君问终南山,心知白云外",均与"行到水尽处,坐看云起时"一一对应。又如王维在《归辋川作》诗中亦云:"悠然远山暮,独向白云归",说的也是自辋川谷口回归终南别业。可见,终南别业在辋川之南川尽处,不存在问题。

有人认为终南山不在辋川,是在长安,实为不了解终南山的地理概念。历史上的终南山多指西起周至东止蓝田的秦岭中段,东西绵延达四百余里。东止蓝田的界限划分,有一个约定成俗的说法,便是以玉山为界,玉山以西通称终南山。诚如蓝谷的悟真寺、化感寺,在史籍上即作终南山悟真寺、化感寺,玉山一侧的唐人山庄,如钱起别业也有"终南山别业"的称呼,由此不难得知辋川及四周山岭均属终南山范畴,王维所说的终南别业自然就在辋川的南山之下了。

关于终南别业的规模,可从唐代职田制一窥端倪。据唐杜佑《通典》记载,京官文武职事八品即得职分田二顷五十亩。王维初任太乐丞,从八品下,职田亩数应不低于此。若加上荒坡垦殖,包括栗园、椒园、漆园在内,规模应达三百亩以上。同期的大诗人杜甫,在王维内弟崔兴宗的玉山别业作客,留下《崔氏东山草堂》一诗,有句"盘剥白鸦谷口栗"写的正是栗园的出产。如今栗园这一地名依然存在,就位于通往白家坪的峪口,一些古老的栗树仍结着果实。

初居终南别业,王维躬耕东皋,劳作林园,一共度过了五个春秋。在这里他抛却仕途尘念,真正投入到了山林的隐士行列。如《春园即事》中"宿雨乘轻屐,春寒着弊袍",《春中田园作》中"持斧伐远扬,荷锄觇泉脉",即生动地反映了一个隐者的活脱形象。

王维此期的作品,有写给弟妹的《山中寄诸弟妹》《山中示弟等》《林园即事寄舍弟纮》等诗作。从这些诗作不难窥探出王维当时的心境,以及参禅悟道与法侣为伴的居士生活。如果说初入辋川,作者还在《林园即事寄舍弟纮》中犹自"心悲常欲绝,发乱不能整""颓思茅檐下,弥伤好风景",极力弥合丧妻伤痛,而在《山中寄诸弟妹》中所谓的"山中多法侣,禅诵自为群",便是作者居士生活的真实写照。

终南别业所在的辋川与蓝谷仅一岭之隔,经山间便道穿越峣岭二十里可至化感寺,三十里可达悟真寺。王维造访悟真寺有《蓝田山石门精舍》诗,参拜化感寺有《过福禅师兰若》《游化感寺》诗。与惠福禅师会面可能是王维参研佛理的最大受益。惠福禅师为禅门北宗"照世炬灯"①,有徒弟日没云禅师住(西)太白山、法超禅

---

① 参见《大正新修大藏经》第八十五册 No.2837《楞伽师资记》。

师住(东)太白山①。此东西太白山皆在今鹿苑寺东南,即原终南别业附近,其中,(西)太白山就在年(碾)子沟上方,相距不过八里。二十世纪五十年代,东西太白山上仍有东杆庙与西杆庙存留。王维有诗《投道一师兰若宿》,学者多以此诗所云太白为秦岭主峰,是在周至、眉县交界,西去三百余里。岂不知蓝田亦有太白山,与诗中所写"昼涉松露尽,暮投兰若边",意境十分切合。道一并非南禅马祖道一,或为日没云禅师法号。

作为山中隐士,王维也同农人一样交纳田税,过着"晚田始家食,余布成我衣"(见《赠刘蓝田》诗)的生活。但山中隐居的日子毕竟清苦,到开元二十一年(733)六月,玄宗下令朝官候选委托吏部随时擢用(见《资治通鉴·唐纪·玄宗》),王维遂上书吏部请求复官,只是吏部仍然照行旧制,王维上书自然被搁置一旁。至八九月间,关中久雨成灾,秋田无收,京城谷价昂贵,朝廷亦准备移驾东都(见《资治通鉴·唐纪·玄宗》)。王维时在辋川山中,灾情较山外更为严重。待到来年春季,迫于生计无着,王维便打算离开辋川,将终南别业托付他人照管,剩余物产接济周围佃户,但心里仍不甘心就此离去,即作《不遇咏》云:

> 北阙献书寝不报,南山种田时不登。百人会中身不遇,五侯门前心不能。身投河朔饮君酒,家在茂陵平安否?莫问春风动杨柳,今人作人多自私。济人然后拂衣去,肯作徒尔一男儿。

这首诗如实记述了自己的遭遇,反映出当时困顿失意的情景。夏收过后,隐居蓝上的内弟崔兴宗(崔氏一宗在玉山脚下的蓝上置有别业),因前往洛阳来向王维辞行。王维写下《送崔兴宗》一诗,与崔兴宗约定"方同菊花节,相待洛阳扉"(开元十五年,普寂敕住兴唐寺,王母崔氏已移家洛阳),也就是重阳节时在洛阳会面。等到八月秋收一毕,王维即将终南田产托人照管,起身前往洛阳。九月,王维到达洛阳,与母亲、弟妹及崔兴宗见过,又在考虑自己重返朝廷事宜。

正是这一年正月,玄宗移驾洛阳,张九龄自韶州返还。五月,张九龄出任中书令。九月,王维呈诗《献始兴公》,干谒张九龄汲引复官。张九龄赏识王维才能,允诺相机为之安排,王维即入嵩岳隐居(时弟缙在登封为官)静候消息。开元二十三年(735)春季,王维复出官拜右拾遗,遂离嵩岳到洛阳任职。未久,弟缙亦入朝任职,授官大理评事。

开元二十四(736)年十月,王维随驾返回长安,弟缙与母也一起抵达。由于其母崔氏持戒安禅,乐意住居山林,王维即送母到终南别业。此时,弟缙与王维同以

---

① 参见《景德传灯录译注》,上海:上海书店出版社 2010 年版,第 245 页。

京官在辋川取得职分田,兄弟二人田亩合计达到五倾,职田地域即从辋川南部向北扩展到辋川中部。从此以后,王维兄弟每逢公余闲暇或节假休沐,便一同回辋川探母,但凡外出归来就在这里度假休闲。这就是一些国内学者所谓的"吏隐"或"亦官亦隐"。

按照《唐六典·尚书吏部》所载,唐代内外官吏除正常旬休一天外,还有元正、冬至假(各七日),寒食(清明)假(四日),夏至、中秋及腊日假(各三日),五月端午、九月授衣假(即田假,各十五日),另有四时祭祀(各四日),省亲假及婚嫁、丧葬、祔庙假等。一般官员年休假达三个月左右,王维每年居住终南别业的时间也应与此数相近。

不过,在终南别业的"亦官亦隐"期间,也有两次例外。一次是开元二十五年(737)夏,以监察御史兼节度判官出使河西,次年五月回朝复命,归来在此度假半年,年底返回长安,二十七年(739)二月迁升殿中侍御史。另一次是开元二十八年(740)秋,以殿中侍御史"知南选",次年四月回朝复命,转官左补阙,归来在此度假近七个月。

在此期间,常来终南别业作客,与王维兄弟交游的有崔兴宗、储光羲、张湮及裴迪等人。内弟崔兴宗本是博陵(今河北定州)崔氏一脉,祖上在玉山脚下构有别业。其隐居之处号称蓝上(位置在蓝谷峪口东崖坪台之上),有名闻当时的崔氏庄(见杜甫《九日蓝田崔氏庄》及《崔氏东山草堂》),与辋川仅一岭(青泥岭)之隔。以山水田园诗见长的储光羲,为王维交谊深厚的金兰诗友。开元二十八年(740)隐居蓝田,亦在玉山脚下营建了蓝上茅茨,常与王维往来相互酬答,有《同王十三维偶然作十首》《同王十三维哭殷遥》《蓝上茅茨期王维补阙》等诗作。永嘉(今浙江省温州市辖县)人张湮,工诗善卜,兼能丹青草隶,乃王维诗酒丹青之契。开元二十八年(740)入长安,时与裴迪为终南别业常客,王维有赠答诗《戏赠张五弟湮三首》《答张五弟》。

二、再置辋川庄园

天宝元年(742),玄宗正月改元,内外官员各赐勋两转(见《旧唐书·玄宗本纪》),王维由左补阙迁升为侍御史。这一迁转在王维诗中也有反映,如初春所作《送丘为落第归江东》一诗,有云"知祢不能荐,羞为献纳臣",言自己明知丘为才智,却因位卑不能像孔融举荐祢衡那样献言上疏,还在为丘为落第自责。但到三月三日上巳节时,玄宗曲江池赐宴,王维已位列出席宴会的臣僚之中,并在侍宴应制诗中写道"从今亿万岁,天宝纪春秋",其神采飞扬的礼赞文字表达的正是官升两阶后的分外感恩。

与王维一样,兄弟王缙亦官升两阶,两人在辋川的职分田合计已经达到八顷之多^①，约占当时农田的一半以上，职田分布的地域也随之延伸到辋川北区。正是这次官职的迁升，王维兄弟可能借助地方官府之力，取得了原宋之问在辋川的蓝田山庄，从而把辋川山水田园的整体经营纳入了王维兄弟的权属范围。

宋之问（656？—712），高宗上元二年（675）进士，以文词名扬当时，与沈佺期并称"沈宋"，曾在武周时龙门诗会力夺锦袍，中宗朝昆明池赋诗独占鳌头。蓝田山庄本是其父宋令文在长安时构置。宋诗《忆嵩山陆浑旧宅》云："世德辞贵仕，天爵光道门。好仙宅二室，受药居陆浑"，意为其父离开显贵的官场，以崇高的道德光大道门，好慕修仙置下宅所两处，只是因为采食仙药方便（《续高僧传》记载，嵩岳在隋唐时有高僧饵药养生）才居住陆浑。由此可知两处宅所，一处是陆浑山庄，在嵩山北面，为其父终老之所；另一处就是蓝田山庄，在县南辋川，为其父退隐之地。按《旧唐书·宋之问传》载，宋令文在高宗时，为左骁卫郎将、东台详正学士。又《旧唐书·孙思邈传》记："当时知名之士宋令文、孟诜、卢照邻等，执师资之礼事焉。"可见宋令文辞官修道曾以孙思邈为师。无独有偶的是，蓝田有孙真人观在古金山（又作簣山）下之辋峪谷口（见明代《陕西通志》与《雍正蓝田县志》），近处为金山神庙，又称风后祠，与修炼黄老之术的道家圣地金谷、鼎胡相去不远。据《旧唐书》与法藏所撰《孙思邈传》，孙思邈"辞疾请归"在高宗上元元年（674），宋令文退隐辋川构置蓝田山庄，并为孙真人修建道观亦应在此前后。孙思邈辞世在永淳元年（682），宋令文应在孙思邈故后回到洛阳，次年卒于陆浑山庄。

蓝田山庄在宋令文时仅有谷口庄（包含孙真人观，今薛家山村南）与辋口庄（今阎家村南，小苜蓿沟口）两处，到宋之问时又建了另一处关上庄（今官上村，大苜蓿沟口）。宋之问《蓝田山庄》诗云：

> 宦游非吏隐，心事好幽偏。考室先依地，为农且用天。辋川朝伐木，蓝水暮浇田。独与秦山老，相欢春酒前。

从诗中不难得知，宋之问进士及第后，十多年一直宦游长安，曾在这里长期隐居，依仗其父置下的土地，以农为业，伐木置庄，引水浇田，与当地老农饮酒相欢，过着躬耕辋川的隐士生活。关上庄在宋之问时已具一定规模，只是较之辋口庄来说，规模并不是很大。天授元年（690）宋之问受武则天征召，离开辋川入洛阳任职，官至五品学士、司礼主簿。中宗复位贬泷州（今广东省罗定市）参军，至景龙二年（708）方才返回长安，任鸿胪主簿，迁考功员外郎，重新回到辋川休闲度假。但景龙

---

① 按唐杜佑《通典》卷二《田制下》记载："诸京官文武职事职分田，一品十二顷，二品十顷，三品九顷，四品七顷，五品六顷，六品四顷，七品三顷五十亩，八品二顷五十亩，九品二顷，并去京城百里内给。"

三年(709)秋又被贬越州,后遭流放赐死,再未回到长安。蓝田山庄(包括孙真人道观),在宋之问后可能由其幼弟之悌经营,而之悌开元中长期在京外任官,王维得此山庄包括孙真人道观应是通过地方官府,从宋之悌或其后人手中购得。

王维兄弟购得宋之问蓝田山庄,当在天宝元年(742)暮春,同时接手有关上、辋口、谷口(包含孙真人观)共三处庄园。从接手开始,王维先后对原有庄园进行了全面整修,不久便着手辋川山水景观的规划与建设。三处庄园的整修大约花费了一年时间,到天宝二年初夏修葺一新,王维兄弟遂在休端午假(夏收假)时分别移居新家。王维独住关上庄(即辋川庄),王缙及王纮等与母崔氏住辋口庄。至于峪口的谷口庄,则为王维家人往来暂住与求仙修道之所。唐代辋川与山外无车马可行之道,出入辋川之捷径仅有一条依山凿石的临水险径(俗称"三里碥")及沿山梁(华子岗)下到辋口庄与辋川庄的小路,故王氏兄弟来去京城,车马均在此庄留置。关上庄在王维诗集中称辋川庄,而辋口庄仅出现在王维与裴迪的酬答之中(见《辋口遇雨忆终南山因献王维》)。两地相距四五里路,但《旧唐书》本传却道王维别业在辋口,蓝田现存《辋川真迹》石刻有辋口庄,却不见辋川庄。其中原因或与辋口庄本来规模较大,又为王缙和王纮兄弟的主要居所,后来历经整修扩建自然保存长久。而王维所居之辋川庄可能因无人住早已废弃,故后人著述便不言辋川庄,而把辋口庄作为辋川别业。此外,阎家村河对面郭家岭有望亲坡,传为王维赴长安回望母亲之处。王维移家辋川庄后,辋口庄实为其母崔氏的晚年住所,且在此居住直至终老。有人以为辋口庄就是辋川庄,实际是一种误会。如果王母崔氏住关上辋川庄,王维牵马望亲坡上,绝对是无法看到母亲送行的。

有关王维兄弟移居辋川新居的时间,还可从裴迪与王维的交往中找到依据。天宝之初,裴迪长兄裴回(或作裴迥)因病亡故,裴迪曾驰马前往山中请王维为之撰作铭文。王维当时在终南别业休年假,见丧事迫急便慨然应允,立时命笔一挥而就。当晚裴迪留宿山庄,与王维秉烛长谈,直至更漏滴深。后来,裴迪带着感激之情又来辋川拜访王维,恰逢秋雨在辋口庄停留,写下《辋口遇雨忆终南山因献王维》一诗,诗题所谓"忆终南山"即指这件事情。写此诗时王维正在新居辋川庄休授衣假(秋收假),有和诗《答裴迪辋口遇雨忆终南山之作》回赠。现据王维《故任城县尉裴府君墓志铭》[1],知裴回亡故时间在天宝二年(743)正月十二日,裴迪写《辋口遇雨忆终南山因献王维》一诗是在九月,由此推之,王维移住新居时间必在天宝二年(743)仲夏,端午节休假之时。

辋川别业与终南别业一样,名称出自王维诗集,见之《辋川别业》《戏题辋川别业》《别辋川别业》等诗作。作者命名有别,是因前者在辋川北区,后者在辋川南区,

---

① (清)赵殿成:《王右丞集笺注》卷之二十六,亦出《全唐文》卷 0327。

所谓南川或南山之阴,绝非一些学者认为的是两个互不相干的不同地域。裴迪《辋口遇雨忆终南山因献王维》一诗,有"辋水去悠悠,南山复何在"之问,王维在《答裴迪辋口遇雨忆终南山之作》中则一语点破,"君问终南山,心知白云外"。二人之间的问答,说明终南别业是在辋水上游,南山即是辋川南面的山峰,也就是诗题所指的终南山。由于峪道曲回,身在辋口自然只能看见远处的白云(此处白云亦可作尤风岭之浮云山汉白云宫解),看不见被尤风岭遮住的南山,这样辋川别业与终南别业之间的连带关系也就无可置疑。

王维《辋川集•序》云:

> 余别业在辋川山谷,其游止有孟城坳、华子冈、文杏馆、斤竹岭、鹿柴、木兰柴、茱萸泮、宫槐陌、临湖亭、南垞、欹湖、柳浪、栾家濑、金屑泉、白石滩、北垞、竹里馆、辛夷坞、漆园、椒园等,与裴迪闲暇,各赋绝句云尔①。

显然,这里所说的别业包括在辋川北川的辋川别业与南川的终南别业。二十个游止景观按区位划分,孟城坳、华子冈、鹿柴、木兰柴、茱萸泮、宫槐陌、临湖亭、南垞、欹湖、柳浪、金屑泉、白石滩、北垞在辋川之北川,为再置之辋川别业区;竹里馆、辛夷坞、漆园、椒园、文杏馆、斤竹岭在辋川之南川,为原置之终南别业区;栾家濑则在辋川之东川,支流锡水所在的河谷。

《辋川集》为王维与裴迪辋川二十景题咏的合集。从第一首《孟城坳》看,"新家孟城口"说明写作在迁居辋川庄不久,其他诗作也应在此后的一两年中。由此估计二十景观的形成时间不会太晚,年代大抵在天宝三年左右。

比照传世的《辋川真迹》,品味王、裴题咏,二十景观无疑是中国古代最早的园林范本,精妙的构建极尽山水之最、园林之盛,实为天工与人工完美结合的艺术升华。然《辋川真迹》毕竟为艺工刻画,与真实景观并不相肖,不免过分奢华,失之真实。今结合现地考察,可以判定二十景观中,华子岗、斤竹岭、欹湖、辛夷坞、栾家濑、白石滩、金屑泉均为天然景观,孟城坳为关城遗址(疑为南朝宋武帝征关中时所建之思乡城,亦称柳城),《南垞》《北垞》为欹湖两岸人居,漆园、椒园是王维自置产业。而竹里馆、文杏馆应是闲居终南别业时所建,柳浪、茱萸泮、宫槐陌、临湖亭、鹿柴、木兰柴或为宋之问庄田遗留,王维移居辋川庄后重置。多数景点淳朴自然,不事雕饰,如金屑泉是一含金沙的山泉,在以产金沙闻名的见底河谷(安家山沟);鹿柴(zhài)为一不全是"天坑"的人字形山谷,没有证据说明此处养鹿;文杏馆本乃香茅结宇,房顶并不覆瓦。又宫槐陌亦属仄径,也非一些学者所谓古之驿路。这是因

---

① (清)赵殿成:《王右丞集笺注》卷之二十六,亦出《全唐文》卷0327。

为唐贞元以前,官家驿路并不走峣山岭上,而是途经蓝谷之古栈道。只是商州刺史李西华因长期水患,在贞元初新开蓝田至内乡偏路七百里,以后才有峣山岭上的蓝关古道①。

王维和裴迪为忘年之交的诗友,写与裴迪的同咏、赠答诗文达 38 篇之多。其中,与辋川有关者除二十题咏外,还有《答裴迪辋口遇雨忆终南山之作》《辋川闲居赠裴秀才迪》《赠裴十迪》《黎拾遗昕裴秀才迪见过秋夜对雨之作》《登裴秀才迪小台》《闻裴秀才迪吟诗因戏赠》《酌酒与裴迪》《赠裴迪》及《山中与裴秀才迪书》等。二人私交甚密,常在辋川"浮舟往来,弹琴赋诗,啸咏终日"(见《旧唐书·王维传》)。为方便往来,王维还资助裴迪在北垞一侧的山上建立了居所与书斋(见《北垞》裴迪同咏及《登裴秀才迪小台》)。今考裴迪书斋在阎家村东南,人称黄家所在的高台上,高台面积 20 亩余,高出辋水河岸 100 多米。

倾情辋川山水虽是王维生平所好,但与裴迪琴赋相伴大都在公余休沐之日。唯有两次在辋川长住,一是天宝三载(744)以侍御史出使榆林、新秦二郡归来,二是天宝九载(750)其母崔氏亡故的丁忧期。王维出使塞北在天宝三载(744)初春(据《榆林郡歌》),归来已是仲秋,休闲度假不过三四个月,《辋川集》编成可能在这一时期。而丁忧期在天宝九载(750)正月末至十一载(752)三月初(据金丁《王维丁忧时间质疑》),时间相对较长。按唐制名为三年,实则二十五个月(见唐张柬之《驳王元感丧服论》),《辋川闲居》《山居即事》及六言《田园乐》等即为此间的代表作。

王维丧母时在京都库部郎中任上,接到亡母凶讯王维即与弟缙回辋川料理丧事。依照亡母生前遗言,王维将母亲葬于原终南别业处,位置在山庄旧居之西。今考白家坪村西南有母塔坟,系王维当年修建,号称"十亩母塔坟",实测坟园占地13.3 亩(见今蓝田县志)。在辋川服丧期间,京城有不少宾客前来看望,王维曾作《酬诸公见过》予以答谢。王维一生侍母至孝,服丧时多住旧居山庄,常"嗟余未丧,哀此孤生",以至屡泣累叹,骨瘦如柴,几乎不能除服以尽。

天宝十一载(752)三月初,王维丁忧期满,除服离开辋川,又返京都任职,时官拜吏部(后改文部)郎中。与王维一起离开辋川的还有兄弟王缙,两人有同咏《别辋川别业》。这次返京王维因少了牵挂,直到十一月半才回到辋川休沐,并给裴迪写了一封传颂千古的书信,就是《山中与裴秀才迪书》。信中称辋川诸山为故山,又云"多思曩昔,携手赋诗",足见王维离开辋川已久有时日,裴迪不来辋川也有一段时间。

王维自任文部郎中,出于公务繁忙,回辋川休沐日益减少。到天宝十四载

① 参见明嘉靖《陕西通志》卷之二,土地二山川上 54 页,引唐杜佑《通典》云:"七盘十二筝,蓝关之险路也。旧道自蓝谷入商,唐贞元初刺史李西华始开此道,行旅便之。"

(755)转任给事中,"晨摇玉佩趋金殿,夕奉天书拜琐闱"(见《酬郭给事》),更是一年难得几回。是故这年重阳节时,杜甫以为王维回辋川休假,特意寻访欲求汲引,结果未能如愿,转投崔兴宗玉山草堂,留下《崔氏东山草堂》一诗。诗中"何为西庄王给事? 柴门空闭锁松筠",表达的正是寻访不遇的遗憾。

不过每年寒食节回辋川祭母,王维从来都无一例外。正像他在《送钱少府还蓝田》诗中所写:"每候山樱发,时同海燕归。今年寒食酒,应得返柴扉。"钱少府即位居大历十才子之首的钱起,天宝十三载(754)任职蓝田县尉,与王维晚年结交,同道相惜,唱酬赠答,情谊匪浅。如二人《春夜竹亭》赠别与酬答,虽只五言三韵,词语简短,但景幽情远,言简意长,却为交游诗中绝唱。

天宝十五载(756)六月,安禄山兵陷长安,玄宗出走入蜀,王维扈从不及被缚送洛阳,拘押菩提寺迫受伪职,幸得裴迪前往看望,传出凝碧池诗。至德二载(757)十月,唐军收复两京,陷贼官员以六等定罪,王维因凝碧池诗及弟缙削职赎罪,得到肃宗特许宽宥。乾元元年(758)初春,王维在离别一年半后回到辋川,写下《辋川别业》一诗,所言"不到东山向一年,归来才及种春田",即指离开的这段时间。不久王维复官,又入京都任职,责授太子中允,加集贤殿学士,时作《既蒙宥罪旋复拜官伏感圣恩窃书鄙意兼奉简新除使君等诸公》。

移居辋川庄以后,王维与周围佛教寺院来往更加密切。除了不时造访蓝谷化感寺、悟真寺外,也与县境法池寺、空寂寺、归义寺、山北寺及(东)太白山寺等北宗禅寺高僧互有往来,并时常在辋川庄招待来往僧人,甚至在《宫槐陌》一诗中这样写道:"应门但迎扫,畏有山僧来。"

这一时期王维写有不少与佛教有关的诗作。如与裴迪同咏的《过化感寺昙兴上人山院》,写了昙兴上人在虎谿头等待、迎接王维与裴迪入寺的情景和见闻;《与苏卢二员外期游方丈寺而苏不至因有是作》写了同苏瞻、卢象相约游寺而苏瞻未到之事,方丈寺即化感寺中的南山院,也就是昙兴上人山院。又如《饭覆釜山僧》,则写了在辋川庄斋饭化感寺僧人,并与之参禅悟道的情形。覆釜山位于化感寺北,即惠福禅师兰若所在,此兰若亦称化感寺北山院。诗中不乏真切朴实的描写,如"将候远山僧,先期扫弊庐。果从云峰里,顾我蓬蒿居。藉草饭松屑,焚香看道书。燃灯昼欲尽,鸣磬夜方初",语句洗练,精道入微,堪称写禅者生活的绝妙之作。

三、舍庄、离别与归葬、凭吊

乾元元年(758)暮春,王维为"上报圣恩,下酬慈爱",上《请施庄为寺表》,乞请将自己在蓝田县所营一所山居施舍为寺院。这一山居不是位于北区的辋川庄,也不是辋口庄,而是位于南区的终南别业旧居,即今白家坪鹿苑寺遗址。敕令或在四月下达,端午节时王维回到辋川,办理房产交割事宜,并出资将屋宇粉饰一新。寺院初名清源,后改鹿苑,延续千载有余,至二十世纪五十年代仍有名僧法镜住持。

今天最为世人关注者大概是王维的《辋川图》了。《历代名画记》云:"右丞有高致,……清源寺壁上画辋川,笔力雄壮。"张彦远撰《历代名画记》在大中年间,与清源寺设立乾元元年(758)相去八九十年。此时画在清源寺壁上的《辋川图》似成残留,但《历代名画记》所载无疑是《辋川图》存在的有力证据。

世传《辋川图》画作何时?至今尚无定论。明万历十五年(1617),时任蓝田县令的上党(今山西长治)沈国华,聘请乡友郭漱六重摹《郭忠恕临辋川图》,在所摹画卷之末题留:

> 按辋川景目有辛夷坞,原卷题额却脱漏,偏寻绎,俱涉影响,姑仍旧缺之。今图景尽处有母塔坟、鹿苑寺,山树更念篿,崒嵂可爱,乃右丞未之写。写当在其母无恙,宅未施寺之日也。亦不敢僭为之补,以贻貂续之诮云。

由此卷末识语可知,《郭忠恕临辋川图》画卷本缺少辛夷坞题名,但卷末原有母塔坟、鹿苑寺二景,当时沈国华认为王维作《辋川图》在其母未亡、宅未施寺之时,故在郭漱六重摹《郭忠恕临辋川图》画卷中将二景删削,《辋川真迹》石刻自然不录。

郭忠恕临《辋川图》在五代之末至北宋之初。南宋洪迈撰《容斋三笔》,卷六有《李卫公辋川图跋》文记:

> 《辋川图》一轴,李赵公在其末题云:蓝田县鹿苑寺主僧子良赞于予,且曰:"鹿苑即王右丞辋川之第也。右丞笃志奉佛,妻死不再娶,洁居逾三十载。母夫人卒,表宅为寺。今冢墓在寺之西南隅,其图实右丞之亲笔。予阅玩珍重,永为家藏。"弘宪题其前一行云:"元和四年八月十三日弘宪题。"弘宪者,吉甫字也。

《容斋三笔》向以选材精审、记事准确为人看重,文中李赵公、李卫公是李吉甫、李德裕父子,乃中唐时期的朝廷重臣。按李吉甫跋文所说,《辋川图》画轴的来历,缘由鹿苑寺住持子良赠送,时间在元和四年(809)八月前后。此时距王维作画已过去五十年,鹿苑寺里的《辋川图》壁画已不清新,所得画轴可能为王维在清源寺壁图画辋川二十景观留下的粉本(画稿)。《郭忠恕临辋川图》倘出自粉本,有母塔坟、鹿苑寺二景,王维作画时间必定在舍宅施寺之初;无鹿苑寺一景,则王维作画必定在因母丧之丁忧期。

上元元年(760)春,王维离开给事中任,最后一次回辋川闲居。时值王维年满六十花甲,好友慕容承携带酒食来贺,王维写下《慕容承携素馔见过》一诗。诗中

"门看五柳识，年算六身知"，连用陶渊明《五柳先生传》与《左传·襄公》绛老两个典故，以六身对应地支六轮，五柳代指五身，巧妙地表达了作者度过地支五轮恰满花甲，已到六十一岁的年龄①。不过闲居未过多久，至初夏时节，王维又官拜尚书右丞，从此便告别了情寄山水的闲适日月。离开辋川时，因遇荒年，路有饥馁之人，王维又上表将前任给事中职田粟米，交由官府施粥济贫，为地方百姓留下了最后的关爱。

离别辋川的第二年七月，王维于长安官舍不幸亡故，卒年六十二岁。灵柩运回辋川旧居，安葬在清源寺西。王维兄弟五人，除三弟王纮外，王维、王缙、王繟、王纮均入仕为官，承办丧事者是在辋川常住持家的王纮。王纮未能入仕，应与侍奉王母崔氏，并操持家业有关。王维亡故以后，辋川别业由王缙、王纮兄弟主持经营。王纮常居辋口庄，又时住谷口庄，在孙真人观修道。诗人钱起有《游辋川至南山寄谷口王十六》，诗题所说的王十六不是别人，就是王维（排行十三）的三弟王纮；谷口不是别处，即王纮所住的谷口庄，在今辋水谷口的薛家山村南。

谷口庄在王维诗作中多有记载。如诗作《纳凉》中，所谓"乔木万余株，清流贯其中。前临大川口，豁达来长风"，写的就是谷口庄外的景致，而"偃卧盘石上，翻涛沃微躬。漱流复濯足，前对钓鱼翁"则记述的是诗人在此居留时闲情恬适的生活。又如《酬虞部苏员外过蓝田别业不见留之作》，诗题所说的蓝田别业亦是辋峪谷口庄，诗中"贫居依谷口，乔木带荒村"，与《纳凉》诗的描述完全一致。此外，王维《别辋川别业》诗云："依迟动车马，惆怅出松萝"，在唐代辋川尚无车马之道，王维兄弟丁忧期满离开辋川，也是从谷口庄上起行去长安的。

孙真人观原是宋令文在谷口庄为孙真人营建的隐居之所，孙真人故后改作道观，观内设有孙真人祠②。王维得到谷口庄后，孙真人观依旧保留，且香火旺盛，门庭若市。即就观内钟声而言，王维在多首诗中均有提及。比如《酬虞部苏员外过蓝田别业不见留之作》中的"唯有白云外，疏钟闻夜猿"，《归辋川作》中的"谷口疏钟动，渔樵稍欲稀"，写的都是孙真人观的钟声从谷口传入辋川的情景。据清代康熙《陕西通志》和历代《蓝田县志》，孙真人观原为唐代著名寺观。明嘉靖二十二年（1543），观内孙真人祠移县东白马坡，此处另设韩湘子庙。万历八年（1580），竹箕山新建祝国寺，观内又建观音阁，作祝国寺下寺。至清道光十七年（1837），知县胡元焕重修辋川志时，孙真人观已废。但今天旧址尚能辨认，一些建筑遗物仍可查寻。

魂归辋川也许是王维的临终嘱托，从韶华之年游历辋川，到致仕之后卜居置

---

① 详见周仲民：《王维生年解疑》，刊载《陕西终南文化研究》，2021 年夏之号。

② 见清乾隆四十四年《西安府志》，卷第六十一，古迹志下祠宇，载："孙真人祠《通志》(注：明嘉靖《陕西通志》)：在蓝田县南十里辋川口。唐高祖时，真人隐五台山(注：即药王山)，没世，秦境多祀之。"

业,三十余年的心灵托付自是王维挥之不去的情愫。在这里他倾注下大半生心血,留下了 90 余篇传世诗文,这些质朴清新的文字为辋川构筑了一座瑰丽高雅的文化殿堂,成为历代文人凭吊拜谒的栖神之所。

王维去世以后,王缙奉诏汇其兄诗文,编为十卷,进献朝廷,深得代宗赞许,誉王维为"天下文宗""名高希代"(见《答王缙进王维集表诏》)。大历年初,王维生前诗友钱起到辋川庄凭吊,写下《故王维右丞堂前芍药花开,凄然感怀》。诗云:"芍药花开出旧栏,春衫掩泪再来看。主人不在花长在,更胜青松守岁寒",读来颇感友爱情深。

值得注意的是,南宋陈思《宝刻丛编》卷八蓝田县条目下,有引自《京兆金石录》之王缙碑与王维碑记载。王缙碑记云:唐门下侍郎王缙碑,建中三年(782)立,唐李纾撰文,从侄□书。王维碑记云:唐尚书右丞王维碑,贞元三年(787)立,唐庾承宣撰文,郑细书。碑文撰书者,李纾时为中书舍人;庾承宣贞元八年(792)及第,官终检校吏部尚书;郑细则为当时著名书家,官至中书侍郎、同平章事,均为唐代的知名人物。两碑早已不存,碑文亦未可知,但王缙卒于建中二年(781)十二月,立碑建中三年(782),应归葬辋川无疑。王维碑立于王缙亡故六年以后,表明至少在王维故后的二十多年里,辋川别业一直由王缙、王纮兄弟经营。终南别业之母塔坟园,位置在鹿苑寺遗址西面,按民国六年(1917)的地图测绘,有多处坟茔标示。

由此推测,王缙肯定葬在母塔坟园,王维更无不葬其母身旁的道理,尽管《新唐书》本传只记归葬清源寺西。另外,常居辋川的王纮及其他兄弟甚至后人也完全有可能都归葬在这里。

自钱起之后,唐人拜谒王维不绝于路,游历题咏者亦不乏诗坛大家。如耿湋《题清凉(源)寺王右丞宅》、李端《雨后游辋川》、白居易《宿清源寺》《竹窗》、元稹《辋川》《山竹枝》、温庭筠《寄清源寺僧》等,均是流传千古的写实佳作。至宋元时,已有不少文人慕名在此寓居,如宋吕大忠、石君倚及元李谊等都是时之名士,也有不少知名诗人来此寻迹题留,如苏舜钦《独游辋川》,元张讷《辋川歌》《辋川即事》,都是为世人熟知的诗篇传唱当初。到明清期间,随着王右丞祠修建、鹿苑寺重修,《辋川图》及《辋川四景图》刻石,《辋川志》编撰与重修,辋川胜迹与山水景观更形成一种朝野推崇的文化现象。仅就清道光年间知县胡元煐《重修辋川志》编文统计,明清上至藩王、巡抚,下至贡生、举人,选入诗文即达六十多篇。

如今,作为一种宝贵的人文资源,有关辋川与王维研究方兴未艾,辋川文化已成为社会热议的亮点,期望这篇新探能拨开迷雾,还原本真,为王维与辋川文化找回失落的历史。

(作者单位:西安市蓝田县政协)

辋川别业文化传统的建构和影响①

李小奇

  王维的辋川别业在园林、文学、绘画史上都有重要的地位和意义,因而备受研究者的关注。园林史家和设计者从园林艺术和景观设计角度进行研究,绘画学者多从山水画的发展角度做研究,文学研究者则多将王维的辋川诗文作为山水田园诗来解读,更多关注诗歌内容、语言、形式上的艺术特色。比如罗兰《论王维〈辋川集〉对初唐山水组诗的突破》②,邓芳《从辋川到半山——兼论盛唐绝句与北宋绝句之异同》等③,也有从哲学角度阐释辋川组诗的,如朱良志《王维的"声色"世界》④,认为辋川诗章是王维色空无碍禅宗思想的诗化表达。考证性的研究有高萍、师长泰《王维蓝田辋川诗地名释义考辨》⑤,亦有陈铁民、简锦松等对辋川园林进行实地考察考证的研究。尽管已有学术成果颇为丰富,但在辋川文化研究方面仍有一些问题需要进一步深入探讨。

  王维在辋川构建了一个物质和精神家园,开创了建园、写园、画园的艺术传统,经过多重艺术建构形成了辋川别业的文化记忆。一代代文人反复致意辋川别业,与王维隔空对话,并反复歌咏、图绘,共话对林泉烟霞的向往。正如李浩教授所言:以模仿和再创作而形成的"辋川记忆"源源不断,持续宋元明清几百年,不仅是一个重要的园林文化现象,而且也是艺术史上值得关注的现象。辋川别业的意义不仅仅在于园林、文学、绘画的界面,还在于它所形成的文化传统对后世文人产生了深远的影响,形成了追忆的文化链条,"辋川记忆"共同塑造着、传承着古代的文人品格和追求。本文旨在打破研究的学科界限,将辋川园林以及由此产生的文学、绘画作品进行总体观照,从宏观上阐释王维辋川别业构建的文化传统以及

---

① 基金项目:2018 年国家社科基金重大项目"中国古代园林文学文献整理与研究"(18ZDA240),国家社科基金后期资助项目"唐宋园林散文研究"(19FZWB045)。
② 罗兰:《论王维〈辋川集〉对初唐山水组诗的突破》,《厦门广播电视大学学报》2020 年第 2 期,第 72—78 页。
③ 邓芳:《从辋川到半山——兼论盛唐绝句与北宋绝句之异同》,《文史哲》2012 年第 6 期,第 86—94 页。
④ 朱良志:《一花一世界》,北京:北京大学出版社 2020 年版,第 322—323 页。
⑤ 高萍、师长泰:《王维蓝田辋川诗地名释义考辨》,《求索》2014 年第 8 期,第 137—141 页。

对后世的影响。

一、建园、写园、画园的艺术传统

王维在辋川营建园林，书写园林，摹画园林，开创了建园、写园、画园多重建构艺术空间的先河。据胡元瑛《重修辋川志》记载，王维大约于天宝三载(744年)购得原属宋之问的辋川别业，在此基础上重新营造自己的辋川园。据钱起诗言："几年家绝壑，满径种芳兰。带石买松贵，通溪涨水宽。"(《中书王舍人辋川旧居》)①诗中提到王维种植兰草、置石买松、疏通溪水扩大水域这样的造园行为，亲自参与治园。另据《云仙杂记》记载："王维以黄磁斗贮兰蕙，养以绮石，累年弥盛。"②可见王维善于养植兰蕙盆景，以增饰园林景观。王维依据辋川的天然地形地貌因山借水、栽植花木、建筑亭榭、修造楼台，形成了孟城坳、华子冈、文杏馆、斤竹岭等共20处景观。从王维辋川诗文和绘画可见，辋川别业园林属于建造于山林地的典型的郊野园，既有山坳、山冈、高岭、小垞等地势稍高的山地，又有湖泊、山溪、濑、泉、滩等水景。园林建筑与特色植物互相配合，形成独立景观，如文杏馆、临湖亭、竹里馆，可依建筑为导向观赏不同季节的景致。又有某种植物群落形成的主题景观区，如斤竹岭、木兰柴、茱萸沜、宫槐陌、辛夷坞、漆园、椒园，这些不同的植物群落可观其形、可闻其香、可食其果。辋川二十景分散于辋谷之间，且各个景点之间根据一定的原则相互关联，共同构建成一个布局合理、内容丰富的园林空间，成为中国园林史上的佳构。

王维以诗文写园，描绘园林景观，描述园林生活。王维与好友裴迪在辋川"浮舟往来，弹琴赋诗，啸咏终日"③。两人相互唱和，各自写下了辋川20景的二十首诗，是为《辋川集》，收录在《王右丞集》，与其他歌咏辋川的诗文共同建构起辋川别业的诗文艺术空间，借此可回望辋川二十胜景。"轻鲦出水，白鸥矫翼"的欹湖④，"跳波自相溅，白鹭惊复下"的栾家濑⑤，"结实红且绿，复如花更开"的茱萸沜⑥，早春时节"木末芙蓉花，纷纷开且落"的辛夷坞⑦，清风吹来"青翠漾涟漪"的斤竹岭⑧，分行种植"倒影入清漪"的柳浪⑨，竹里馆的明月和琴声，漆园婆娑的树影、椒园的芳香，都已永远留在了历史的记忆中经久不灭。辋川诗文增益辋川园林的文华之

---

① (清)彭定求等编：《全唐诗》卷二百三十八，北京：中华书局1999年版，第2665页。

② (后唐)冯贽编《云仙杂记》卷三，文渊阁四库全书。

③ (后晋)刘昫等撰：《旧唐书・王维传》，北京：中华书局1975年版，第5052页。

④ (唐)王维撰，陈铁民校注：《王维集校注》，北京：中华书局1997年版，第421页。

⑤ (唐)王维撰，陈铁民校注：《王维集校注》，第422页。

⑥ (唐)王维撰，陈铁民校注：《王维集校注》，第418页。

⑦ (唐)王维撰，陈铁民校注：《王维集校注》，第425页。

⑧ (唐)王维撰，陈铁民校注：《王维集校注》，第416页。

⑨ (唐)王维撰，陈铁民校注：《王维集校注》，第421页。

美，为园林注入了生命的元气，让物质的园林有了精神的内核，如果没有这些诗文，辋川园林将黯然失色。

王维还以色彩和线条画园，留下了著名的辋川图。明代董其昌在《画旨》中论南北宗山水画，推崇王维为南宗山水画之圣，绘画造诣卓然。他将辋川20景绘制成著名的辋川图，每景既独立又互为整体，用线条和色彩建构出辋川别业的绘画艺术空间。在唐代，王维用三种不同的艺术形式共同建构起辋川的多重艺术空间，开创了文人建园、写园、画园的先河，成为后世园林艺术多维建构的典范。尽管王维的辋川图真迹难寻，但是宋代的摹本比较能够接近辋川园林的真实样貌，可让后人观画而神游辋川。

王维开创的建园、写园、画园的风尚在其后流波不绝，园、诗、画互释，共同构筑园林文化的厚重岩层。园林文学书写既有园主自写，也有他者书写，有组诗也有园记。绘画既有亲绘，也有他者摹写。唐代卢鸿一建草堂，作《草堂十志》组诗，并绘《草堂十志》图。李德裕建造平泉山庄，有文六篇，诗歌八十二首，其中《思山居一十首》《春暮思平泉杂咏二十首》《重忆山居六首》皆为组诗。刘伯刍以给事中出任虢州刺史，将官署旁的园林复为增饰，"作二十一首诗以咏其事，流行京师，文士争和之"①。刘伯刍的二十一首诗未能传世，但是韩愈的奉和之作《奉和虢州刘给事使君三堂新题二十一咏》则记录了虢州三堂的园林景观。刘刺史建园韩愈写园，是对王维辋川建园、写园生活美学的模仿，而文士相和则是王维裴迪园林诗文唱和雅事的赓续。故而宇文所安说："在审美感觉和思想情趣上，王维和韩愈的分歧几乎超出了所有唐代诗人；韩愈对《辋川集》模式异乎寻常的折服，在一定程度上说明了它那巨大的影响力。"②宋代李公麟建造龙眠山庄，绘制《龙眠山庄》图，屡屡与《辋川图》相比。《宣和画谱》有载："《龙眠山庄图》，可以对《辋川图》是也。"③苏辙为龙眠山庄赋诗二十首，《题李公麟山庄图并叙》的写法也和辋川集序颇为相像，"以继摩诘辋川之作云"④。再如元代陶宗仪在浙江松江构建南村草堂，与当时的文人画家雅集唱和，留下很多诗文。杜琼根据《南村别墅十景咏》绘制十幅小景，王蒙、倪瓒为园林画过《南村图》。明代吴亮建造止园，自作《止园集》，包括长达三千多字的《止园记》和大量止园景观诗作。此外还有马之骐《止园记序》、吴宗达《止园诗序》、范允临《止园记跋》等文，共同写园。还邀请张宏为之绘《止园图》册二十开，再现这座十七世纪园林的风采。王世贞建造七十余亩的弇山园，为园林写下了大量诗文，钱穀绘制《小祇园图》，将已经完工的部分弇山园画入图中。王献臣在苏州建造拙

① （清）方世举著，郝润华、丁俊丽整理：《韩昌黎诗集编年笺注》卷八，北京：中华书局2012年版，第457页。

② （美）宇文所安著，贾晋华译：《盛唐诗》，北京：生活·读书·新知三联书店2014年版，第39页。

③ 《宣和画谱》，文渊阁四库全书本。

④ （宋）苏辙撰，高宏天、高秀芳点校：《苏辙集》，北京：中华书局1990年版，第312页。

政园,文徵明绘制《拙政园三十一景图》,后又做《拙政园十二景图》,将对应的十二首诗用行书抄录在对页之上。扬州的郑氏休园、影园,明清两代文人共同书写诗歌、园记和重修记,与两园的绘画作品共同形成了园林图文体系。类似的情形在宋元明清时期斑斑可见,都是建园、写园、画园的典范,皆为诗画互释的经典。很可能是受到了王维于辋川所开创的建园、写园、画园艺术传统的影响,才出现这一脉相承的文化现象,而这种代代相因的多重艺术空间建构方式,正是我们民族生活方式的真实记录和反映。

二、闲雅适意的园居生活范式

辋川别业的园林空间也是王维的生活空间。游园观景是王维的一种生活状态。细读王维的诗文,可以比较清晰地勾勒出他在园中的活动踪迹,也可回望其在园林观景的生活画面。王维有时步行游园赏景,如《山中与裴秀才迪书》"憩感配寺⋯⋯比涉玄灞⋯⋯夜登华子岗"①,由描述可知王维从长安涉灞水登华子岗回到辋川欣赏月夜辋水沦涟之景的路线。从《华子岗》"飞鸟去不穷,连山复秋色。上下华子岗,惆怅情何极"②的诗句可知,王维上下华子岗,放眼四望,所见山川连绵,飞鸟疾逝,秋天辽阔的景象。王维曾经和裴迪携手沿着那条长着青苔的宫槐陌漫步,这条小路可去往欹湖,他沿着分行种着垂柳的湖堤行走。他在竹里馆独坐弹琴长啸,他在漆园瞩目婆娑的树影,寄寓散木之趣,在椒园浸润香木的芳香,寄托清净之思。他还在月夜来到白石滩,水清石白,有一丛丛一簇簇绿蒲点缀其间,沐浴明月,浣洗轻纱,静听水声。

王维有时泛舟观景,辋川水上泛舟是王维最为悠然的生活状态,辋川的南垞和北垞间隔着宽阔的欹湖,王维常常泛舟湖面,一路赏景。如《南垞》中"轻舟南垞去,北垞淼难即"③,从北垞到南垞泛舟而去,泛舟而回,青山绿水随着一叶小舟流动,船上回首,水波淼淼。裴迪《欹湖》中"舣舟一长啸,四面来清风"④。欹湖上清风徐来,泛舟长啸,一啸山更青,再啸水更绿,又啸风更清。《北垞》中也写到"每欲采樵去,扁舟出菰蒲"⑤。撑着扁舟,穿行于菰蒲水草,到北垞砍柴去,采樵归来,再次荡起小船,划入菰蒲。两边的水草拂过船弦退向身后,复归静穆;站立船头,碧水绿草一望无际。《白石滩》诗曰:"家住水东西,浣纱明月下。"⑥《泛前陂》"秋空自明迥,

---

① (唐)王维撰,陈铁民校注:《王维集校注》,第929页。
② (唐)王维撰,陈铁民校注:《王维集校注》,第415页。
③ (唐)王维撰,陈铁民校注:《王维集校注》,第420页。
④ (唐)王维撰,陈铁民校注:《王维集校注》,第1313页。
⑤ (唐)王维撰,陈铁民校注:《王维集校注》,第1314页。
⑥ (唐)王维撰,陈铁民校注:《王维集校注》,第423页。

况复远人间。畅以沙际鹤,兼之云外山。澄波澹将夕,清月皓方闲。此夜任孤棹,夷犹殊未还"①。秋天的天空在远离人间的辋川显得更加高远而明朗,欢畅地看着沙地上悠然自在的鹤,还有天际云外的青山。傍晚将至,池塘水波清澈,一轮皎洁的明月悠悠升起,清辉铺洒大地。在宁静的夜晚,王维一任孤舟随意飘荡,尽情享受秋夜的清凉,他已完全融入了秋夜的静谧中,直到天色已晚之时,诗人还不愿还家。这首诗将王维临泛的乐趣描写得淋漓尽致。

在辋川别业,王维除了步行、泛舟观景外,多独自悠游园林静观覃思,于细察万物中找到自处天地之间、舒放身心的方式,还在静观中领悟天地恒通之道。王维在《积雨辋川庄作》诗中言:"漠漠水田飞白鹭,阴阴夏木啭黄鹂。山中习静观朝槿,松下清斋折露葵。"②习静观物,与自然对话是他生活的常态,故而辋川诗歌中呈现出一幅一幅的静观图。"桃红复含宿雨,柳绿更带朝烟。花落家童未扫,莺啼山客犹眠。"③(《田园乐七首》其六)雨后清晨,诗人漫步园内,静观桃花之上晶莹的雨珠,轻烟中更加翠绿的柳树,零落一地的花瓣,听黄莺婉转的啼鸣,细腻观物就是王维舒放身心的最佳方式。《辋川闲居赠裴秀才迪》中描绘的又是一幅王维园林静观图:"寒山转苍翠,秋水日潺潺。倚杖柴门外,临风听暮蝉。渡头余落日,墟里上孤烟。"④秋日傍晚,倚柴门,临轻风,听蝉鸣,望渡头余辉,看缕缕炊烟。静观的王维站成了如画园林中的一景,他内心的宁静亦如眼前的自然一样祥和而自在。

王维的园林静观冥想是一种生活方式,也是一种生活美学和生活哲学。王维之后,无数的文人将静观作为生活方式和艺术创作的独特视角。杜甫在浣花溪静观"自去自来堂前燕,相亲相近水中鸥""细雨鱼儿出,微风燕子斜"⑤。白居易在履道里园中静观"秋花紫蒙蒙,秋蝶黄茸茸。花低蝶新小,飞戏丛西东"⑥。苏轼在赤壁静观"月出于东山之上,徘徊于斗牛之间。白露横江,水光接天。纵一苇之所如,凌万顷之茫然"⑦。倪瓒静观寒山瘦水、萧疏林木,画《渔庄秋霁图》《幽涧寒松图》。静观山林,文徵明有《古木寒泉图》、董其昌绘《江山秋霁图》。王元祈静观深山生云,画出了心中的理想仙境《松溪仙馆图》,吴历静观傍晚秋山,走进了《夕阳秋影图》。静观不是旁观,人立于天地自然中,即便是在荒寒寂寞的境地,就是站到了终极的位置和审美的高度,走进了独与天地精神相往来的境界。

王维于静观中进行自然的体认,完成了生命的哲思。王维辋川诗歌中营造空

① (唐)王维撰,陈铁民校注:《王维集校注》,第458页。
② (唐)王维撰,陈铁民校注:《王维集校注》,第444页。
③ (唐)王维撰,陈铁民校注:《王维集校注》,第456页。
④ (唐)王维撰,陈铁民校注:《王维集校注》,第429页。
⑤ (唐)杜甫撰,(清)仇兆鳌注:《杜诗详注》,北京:中华书局1979年版,第746、812页。
⑥ (唐)白居易著,谢思炜校注:《白居易诗集校注》,北京:中华书局2006年版,第670页。
⑦ (宋)苏轼撰,孔凡礼点校:《苏轼文集》,北京:中华书局1986年版,第6页。

寂的禅境,透着幽深的禅意,那正是王维虚静空默、渊泊恬淡的心境。"木末芙蓉花,山中发红萼,涧户寂无人,纷纷开且落。"①(《辛夷坞》)空寂的山涧里,辛夷花自开自落,不论是否有人在意,生命过程都要依序完成。在静观中禅悟,达到顺乎自然的禅悦境界。"秋山敛余照,飞鸟逐前侣。彩翠时分明,夕岚无处所。"②(《木兰柴》)诗中描绘了秋天晚霞似锦满山秋叶斑斓的绚丽景象,静观飞鸟相逐而去,山上雾气消散,有色有空,暗示绚丽的色彩必将随夜幕的降临而成空。"色不异空,空不异色"的禅悟化入诗中③,舍色迷而求空悟,耐人寻味。"时倚檐前树,远看原上村。青菰临水拔,白鸟向山翻。"④(《辋川闲居》)诗人倚着檐前大树,远观原上村庄,寓目水边拔节而生的青菰,山边翻飞的白鸟,观自然之生意,生内心之喜悦。诗人所体验和传达的正是即无住禅师所说的"无为无相,活泼泼平常自在"的境界。王维《谒璿上人》并序说:"色空无碍,不物物也。默语无际,不言言也。"⑤王维于无言静观中禅悟,这是宋明理学格物致理的先导。静观是致理的前提,致理是静观的结果。程颐观察梅的荣枯消长,"惟其消息,此所以不穷"⑥。从中体悟乾坤之道和天地不穷之理。文天祥为朋友的梅园作记《萧氏梅亭记》言:"天地生意,无间容息。当其已闭塞之后,未棣通之前,于是而梅出焉。天地生物之心,是之谓仁。"⑦文天祥看到天地棣通的春天,万物生机盎然;天地闭塞的冬天,万物萧条衰微。其自然之理不可抗拒。但是天地是有仁爱之心的,在闭塞之后,棣通之前,在万物枯寂的时间段中让梅花凌寒盛开,以仁爱之心为大地人间送来一抹亮丽的希望。他从园中的梅花领悟到天地物理,蕴含理趣。格物致理可从梅花推及万物,宗泽《贤乐堂记》:"岩花春盛,木叶秋落,于此可以鉴荣谢;岫云朝出,林翳暮归,于此可以喻出处。"⑧作者从自然物象获得面对荣辱、进退的启示。李纲《种花说》云:"方时未至,若闲若藏,不可强之使开。及时既至,若愤若怒,不可抑之使敛。开已而谢,则虽天香国色,飘零萎落,复为臭腐,莫可得而留也,况其余乎?吾尝以是观之,则生生化化之理,在吾目中矣。"⑨嗜好种花的李纲,又从种花之道中悟出了顺自然、顺天性、顺物理的养生养性之道。

王维于辋川别业游园观景,还于园中弹琴啸咏、赋诗会友,如《田园乐》其七:

① (唐)王维撰,陈铁民校注:《王维集校注》,第425页。

② (唐)王维撰,陈铁民校注:《王维集校注》,第418页。

③ (唐)玄奘译:《般若波罗蜜多心经》,北京:宗教文化出版社2006年版,第19页。

④ (唐)王维撰,陈铁民校注:《王维集校注》,第442页。

⑤ (唐)王维撰,陈铁民校注:《王维集校注》,第179页。

⑥ (宋)程颢、程颐著,王孝鱼点校《二程集·河南程氏遗书》第二上,北京:中华书局1981年版,第39页。

⑦ 曾枣庄、刘琳主编:《全宋文》,上海:上海辞书出版社2006年版,第8319卷,第359册,第179页。

⑧ 曾枣庄、刘琳主编:《全宋文》,卷2797,第129册,第370页。

⑨ 曾枣庄、刘琳主编:《全宋文》,卷3758,第172册,第168页。

"酌酒会临泉水,抱琴好倚长松。"①诗人对泉独酌,抱琴倚松。《竹里馆》:"独坐幽篁里,弹琴复长啸。深林人不知,明月来相照。"②在幽静的竹林间弹琴长啸。王维与道友裴迪时常"携手赋诗,步仄径,临清流"③,琼浆美酒与好友共饮,如"椒浆奠瑶席,欲下云中君"④。(《椒园》)秋天在茱萸沜"山中傥留客,置此芙蓉杯"⑤,(《茱萸沜》)一同饮酒欣赏满树红色的茱萸果实。"轻舸迎上客,悠悠湖上来。当轩对尊酒,四面芙蓉开。"⑥(《临湖亭》)在欹湖水边迎接乘坐小舟悠悠到来的客人,与好友湖边小亭饮酒,欣赏四面芙蓉花开的胜景。"吹箫凌极浦,日暮送夫君"⑦,(《欹湖》)王维与朋友水上泛舟吹箫,日暮送别。从"应门但迎扫,畏有山僧来"⑧,(《宫槐陌》)也可知"宫槐陌"虽是幽深寂静,却时常有山僧来访,也要扫洒干净。艺术化的生活悠闲适意,文人雅士的生活美学在辋川得到了完美诠释。

王维园林观景悟道、饮酒赋诗、弹琴会友的园林生活,树立了诗意栖居的典范,影响着后世文人的园居生活。

三、辋川精神家园的共同追忆

王维的辋川别业是文人士大夫精神家园的象征。王维的辋川别业虽然早已湮灭在历史的长河之中,但它却永远留在了历史的记忆里,不仅是园林艺术的典范,也是文人高士生活的典范,更是一种文化符号和标志。园林的意义就在于可以为主人提供一个精神家园,无论进退都可以安顿身心。官场繁杂的事务、权力的倾轧会令人身心疲惫,回到园林可以舒放身心,摒弃繁杂俗念,让心灵得到抚慰和润养。白居易、李德裕、牛僧孺、裴度、欧阳修、韩琦、文徵明等后世文人,从王维的身上看到了自己理想的人格类型,在心理上与王维彼此相照,接受并认同了辋川别业的生活哲学。王维的辋川别业构建了文人心灵深处共同的桃花源,后世文人以不同的方式追忆辋川别业,书写自己的辋川观想,这是对精神家园的驻足凝望。后世与辋川在精神世界的呼应和共建体现在两个方面:

其一是对辋川图的摹写和观赏。自宋甫清,辋川图成为画家摹写、文人观赏的重要对象。描摹辋川山水的画作层出不穷,据《明清唐诗诗意画的文献辑考与研

---

① (唐)王维撰,陈铁民校注:《王维集校注》,第457页。

② (唐)王维撰,陈铁民校注:《王维集校注》,第424页。

③ (唐)王维撰,陈铁民校注:《王维集校注》,第929页。

④ (唐)王维撰,陈铁民校注:《王维集校注》,第427页。

⑤ (唐)王维撰,陈铁民校注:《王维集校注》,第418页。

⑥ (唐)王维撰,陈铁民校注:《王维集校注》,第420页。

⑦ (唐)王维撰,陈铁民校注:《王维集校注》,第421页。

⑧ (唐)王维撰,陈铁民校注:《王维集校注》,第419页。

究》一文的统计,有关王维诗歌在明清时期入画的作品多达一百二十多幅①,其中不乏辋川图景的摹写,仅以《竹里馆》为画题的作品就有六家,分别是明代的项圣谟、范明光、蔡冲寰,清代的有董邦达、禹之鼎、任颐。后世画家的辋川图既有辋川园林的全景摹写,又有辋川的局部景观摹写。传为宋代郭忠恕的《临王维辋川图》,用笔精妙,与王维所绘最为相仿。赵伯驹《辋川别墅图》,元代王蒙长卷《仿王维辋川图卷》,皆为描摹辋川秀美山水的佳本。此外还有赵孟頫、王蒙、仇英、沈周、文徵明、许邦本、宋旭、孙枝、王原祁、于敏中、沈源、曹夔音、金学坚、黄易等皆有不同的辋川图,或为王维辋川图的摹本,或根据其诗意创作,抑或临仿摹本而成,亦有创绘之作。在上千年间形成了辋川图本传承有序的谱系,文化追忆的链条清晰明了。如此有规模、有系统、持续不断、孜孜不倦地描摹、阐释一个园林,在绘画史乃至在文化史上都是值得瞩目的现象,说明辋川园林在历代文人心中的地位,其精神坐标的意义不言而喻。

从大量的《辋川图》题画诗,可见王维真迹及摹本在宋元时流传甚广。宋代文彦博、黄庭坚,元代的刘因、王恽、马祖常、贡师泰、邓文原、吴镇、虞集等都有《题辋川图》的诗作,品鉴辋川图画,皆悟得王维林泉之意。如文彦博《题辋川图后》:"吾家伊上坞,亦自有椒园。漠漠清香远,离离丹实繁。盈襜宁要采,折柳不须藩。每看辋川画,起予商可言。"②观赏辋川图,与自己洛阳的东田园林相比照,共同之处是都有椒园,清香飘远,繁果离离,以种植椒园来寄托自己的君子品性。每每观览辋川图,触发自己的归隐之意。秦观《书辋川图后》记述了好友高符仲携摩诘《辋川图》为自己疗疾之事。秦观欣赏辋川图时,"恍然若与摩诘入辋川,度华子冈,经孟城坳,憩辋口庄,……停竹里馆,转辛夷坞,抵漆园,幅巾杖履,期弈茗饮,或赋诗自娱,忘其身之飑系于汝南也。数日疾良愈"③,秦观借图神游辋川二十景,得以疗疾,可见获得了多么美妙的园林观想。南宋李纲有诗《题成士毅所藏辋川雪图》:"朔风飞雪何漫漫,群山大半埋云端。蓝田丘壑不易得,更把云雪妆林峦……幽人一去久寂寞,寒藤滋蔓谁能删。生绡数幅写绝景,空有图画今人看。"④细致描绘图中所绘辋川壮美的雪景,观想联翩,堪称绝妙。元代刘因观赏《辋川图》云:"诗中传画意,画里见诗余。山色无还有,云光展复舒。前溪渔父宿,旧宅梵王居。千古风流在,披图俨起予。"⑤从画中见辋川山色云光,诗情画意中读懂了王维的千古风流。王恽《王右丞辋川图》四首其四:"文彩风流映一时,丹青三昧有余师。戏将万

① 万德敬:《明清唐诗诗意画的文献辑考与研究》,2013年西北大学博士论文。

② (宋)文彦博撰,申利校注:《文彦博集校注》,北京:中华书局2016年版,第327页。

③ (宋)秦观撰,徐培均笺注:《淮海集笺注》,上海:上海古籍出版社2000年版,第1120页。

④ (宋)李纲撰:《梁溪集》,卷十七,文渊阁四库全书本。

⑤ (清)陈邦彦等编:《御定历代题画诗类》,卷三十,文渊阁四库全书本。

斛敧湖水,写尽南山五字诗。"①极赞王维诗画绝伦,王维将敧湖之水的灵性都灌注到了他的辋川组诗中,其辋川图画的真谛堪作自己的老师。

正如傅与砺《题辋川图》中所说的那样:"摩诘归来爱辋川,清辞妙墨使人传。江山故业浑千变,文物余风见百年。"②王维的辋川别业和辋川诗画所蕴含的精神元素和基因将一直传递下去。

其二是对辋川园林的向往和追慕。辋川这座著名的郊野园林在后世所引发的向往之情绵绵不绝。宋代文人园林兴盛,辋川园林作为文人园林的典范被宋人反复致意。如文彦博题《辋川图后》诗,韩琦次韵相和,王安中次韵题李公休《辋川图》。宗泽则将自家园林和辋川别业相比,表现对辋川园林的追慕之情。他在一首七言绝句中写道:"菅茅作屋细家居,云碓风帘路不纡。坡侧杏花溪畔柳,分明摩诘辋川图。"③杨时在吴先生家绿阴亭上看到园林清景写道:"沙边幽鸟傍清漪,泷下渔船逆浪归。身在辋川图画里,晴空惟欠雪花飞。"④胡寅《和仲固春日村居即事十二绝》:"临流负巘百年居,手植松楠合抱株。传写春光入诗句,味之如对辋川图。"⑤杨万里:"见说幽居绕万松,栽梅能白杏能红。人行剡曲溪山里,家住辋川图画中。"⑥汪藻游赏了吴明叟新宅园后,作《过吴明叟新居》,诗中详实描绘了园林新景,"谁开大屋沈沈者,门外垂杨拂车马。主人四十持节归,高卧绿阴啼鸟下。冥冥一径傍花入,忽有清池照深夏。鱼吹落日知镜净,荷受微风看珠泻。……要须更作辋川图,他日思归聊对画"⑦。元代的张伯淳也十分向往王维在辋川园林的生活,《题右丞辋川图二首》其二:"赤日黄埃行路难,何时结屋倚青山。此身可恨非裴迪,杖履相从水石间。"⑧自己不知何时能倚青山而卜筑园林,遗憾不是裴迪,不能幅巾杖履,陪同王维悠游山林之间。明代的孙绪也感慨"家在江东未得去,无言空对辋川图"⑨。(《辋川图为赵府题》)明代凌云翰《辋川别业诗意》:"夏木轩窗瞰水田,黄鹂白鹭总堪怜。那知诗到无声处,能使高人忆辋川。"⑩游目骋怀,看到园林美景就会联想到辋川别业。而程敏政则将段公园林与王维的辋川园林一般看待。段公园中玩芳亭与王维辋川临湖亭一般春意盎然,欲画不能,观览辋川图,仿佛看到了

---

① (清)陈邦彦等编:《御定历代题画诗类》,卷三十。

② (元)傅与砺撰:《傅与砺诗文集》,卷八,文渊阁四库全书本。

③ (宋)宗泽撰:《宗忠简集》卷五,文渊阁四库全书本。

④ (宋)杨时撰:《龟山集》,卷四十二,文渊阁四库全书本。

⑤ (宋)胡寅撰:《斐然集》,卷五,文渊阁四库全书本。

⑥ (宋)杨万里撰,辛更儒笺校:《杨万里集笺校》,卷十四,北京:中华书局 2007 年版,第 710 页。

⑦ (宋)汪藻撰:《浮溪集》,卷三十,文渊阁四库全书本。

⑧ (元)张伯淳撰:《养蒙文集》,卷八,文渊阁四库全书本。

⑨ (明)孙绪撰:《沙溪集》,卷十八,文渊阁四库全书本。

⑩ (明)凌云翰撰:《柘轩集》,卷一,文渊阁四库全书本。

终南春色，"我欲颜之小辋川，看尽题诗啜新茗"。①故而，要将段公的园林取名为"小辋川"，一边欣赏辋川题诗一边品尝新茶。对辋川图的欣赏，对辋川园林的喜爱溢于言表。在新淦邑治之西有一个地方也叫辋川，曾氏之族居住于此。此地有"幽奇伟丽之观，清闲旷远之趣"，"于是好事者为写辋川图，以状其景物之妙"，曾氏之族中最有才能的仲方请金幼孜为之作记。作者认为："夫天地间山水之奥区，无处无之，然大抵因人而重，王右丞为唐名人，其诗律冠绝当代，故其别业之在辋川，四时嬉游其间，形之歌咏，至于今为人所传诵。虽未造其地，亦皆引领想慕其胜。……今仲方之居，其景幽地胜，固已若此，而又能求之当时能赋者，相与歌咏而赞述之，安知他日不与右丞之居同一不朽也。"②曾氏仲方与作者金幼孜共有向往、思慕王维辋川别业的园林生活的情愫。此种题写足见辋川别业遗韵绵长。

后人对辋川别业的追慕和向往还体现在游历、寻访、考察辋川别业。据清代胡元瑛《重修辋川志》记载，唐代的杜甫、钱起、耿湋、李端、白居易、元稹、温庭筠都游历辋川并留下诗作。自宋代至清代，游历或居住辋川的著名文人有 28 位，多爱其风景而游辋川赋诗纪行，如元代的监察御史张讷"爱辋川风景，尝游览其地，赋诗纪之"③，明代张惟"慕辋川胜概，尝游历其地，赋诗纪之"④，还有清代的郭显贤、宋振麟等。亦有爱而居辋川者，如宋代的吕大忠、石君倚，元代的李谊，明代荣华、清代的韦东等。参访者不仅游居辋川，还摹其图，刻石行世。如明代韩瓒"暇游辋川，摹右丞四景图勒石"⑤，王邦才"游辋川，命匠总绘一图，作赋纪之，碑存玉山书院"⑥。亦有寻访辋川图迹的，如明代慎国华在蓝田任上"聘郭漱六重摹郭忠恕所临辋川图，刻石行世，碑存玉山书院"⑦。清代江南举人阮曙"乾隆四十年授蓝田令，创建玉山书院，爱辋川山水，游焉。访得郭漱六所临辋川真迹，移置书院中，今其石犹存"⑧。更有立碑修寺建祠的，如阮沅"官陕西巡抚，览辋川之胜，为王右丞及母塔坟立有碑记"⑨。云南人蒋文祚"乾隆十一年授蓝田令，游辋川，重修鹿苑寺"⑩。江西鄱阳人周崧晓"乾隆四十三年知蓝田，廉明公恕，捐建王右丞祠三间，东西道院四间。以北渠铺山场地归入祠内，为岁修之资"⑪。近代慕名而来寻访和考察辋川的学者、游人更是不计其数。据蓝田王维研究会张效东会长提供的资料可知，国内著名学者樊维岳、陈铁民、费秉勋、王文学、师长泰、台湾学者简锦松等，都曾经踏上辋川的土地进行文化考察，寻访记忆中的辋川园林，寻访那个精神家园。还有国外学者多次或者长时间考察辋川，如日本学者入谷仙界、渡部英喜，新加坡学者萧驰等。

辋川作为地理文化标志，吸引着历代文人墨客跋山涉水前来考察。他们寻访

① (明)程敏政撰：《篁墩文集》，卷八十九，文渊阁四库全书本。
② (明)金幼孜撰：《金文靖集》，卷八，文渊阁四库全书本。
③ (清)袁廷俊撰：《蓝田县志》卷十六，人物卷之三，清光绪元年刊本。
④⑤⑥⑦⑧⑨⑩⑪ (清)袁廷俊撰：《蓝田县志》卷十六，人物卷之三。

文化记忆中的辋川,也用他们的书写和行为在丰富着辋川的文化内涵。辋川别业不仅仅属于王维,它已成为一个文化符号,是每一个林泉志士的精神归所。

结　语

　　王维通过园林、文学、绘画多重方式形成独特的辋川文化记忆,在构建士大夫精神家园的同时也确立了典型的阐释美学方式,形成了影响深远的文化传统。后世文人置身园林,园门与辋川别业的园门是相通的,文心与王维也是相通的,悟对通神,园林诗文、绘画随之生成,以"接着写""接着画"的阐释方式,反复表达对辋川文化记忆的认同和向往,逐渐形成了文化追忆的脉络,完成了辋川文化的深厚积淀。这个过程也是辋川园林、诗歌、绘画走向经典的过程,从而将辋川别业的园林文化岩层累积得更加深厚,使得辋川别业成为一种精神象征和文化典范。

　　　　　　　　　　　　　　　　　　　(作者单位:商洛学院人文学院)

诗歌《山中》的形成、传播、异文与归属王维的历史建构与思考

刘　方

一、问题的缘起

在笔者文章《苏轼"画中有诗"画跋作者的质疑与知识史生成的反思》①,研究宋代就开始在一定范围内流传所谓苏轼评论王维诗歌与绘画作品的"诗中有画,画中有诗"说法过程中,发现无论是苏辙亲自编定的《东坡七集》还是南宋时期各种各样的苏轼文集版本,都没有收录这个所谓苏轼的评论文字。也就是说,无论是苏轼亲友还是南宋时期各种各样的苏轼文集的编辑者,都是没有人认为是苏轼的作品。一直到明代万历年间,作品才正式被收入茅维本《苏文忠公全集》和康丕扬本苏轼文集。而且是称为画跋,被命名为《书摩诘蓝田烟雨图》。从宋代流传的诗歌评论,变化为对于王维绘画作品的评论、画跋了。也从此以后王维绘画作品增加了一个新的作品《蓝田烟雨图》。此后引用这个评论,也常常被称为画跋,特别是被毛晋收入《东坡题跋》,更为流传久远,影响深远。从诗评到画跋,也反映了一个重要的变化。同时,在这个被一直认为是苏轼评论王维作品的画跋中,出现了一首被称为《山中》的诗歌作品。而这首诗歌作品,从一开始出现,就带来了一系列问题,画跋中引用的《山中》诗歌的作者究竟是谁? 王维? 苏轼? 还是其他某一个人(好事者)? 什么时候才归属到王维名下? 等等。但是至今仍然缺乏细致的研究与进一步的思考。

二、诗歌的作者是谁? 作品与王维关系、作品与苏轼画跋关系的疑云

明代茅维本《苏文忠公全集》第一次明确在苏轼文集中记载了这一诗歌

---

① 刘方:《苏轼书摩诘蓝田烟雨图的质疑与发覆》,见《中国王维研究会第八届年会暨王维国际学术研讨会议论文集》2017 广州,初步修订版刘方·《苏轼书摩诘蓝田烟雨图的质疑与发覆》《中国首届画学会议论文集》2017 西安。

作品：

> 味摩诘之诗,诗中有画。观摩诘之画,画中有诗。诗曰:蓝溪白石出,天寒红叶稀。山路元无雨,空翠湿人衣。此摩诘之诗。或曰:非也,好事者以补摩诘之遗。

在这则所谓的苏轼画跋中,出现的一首诗歌作品,诗歌甚至是没有标题,而且究竟其作者是谁? 是不是王维的诗歌作品? 说的也十分含糊。究竟是王维的诗歌作品,还是其他某一个人(好事者)的伪托之作?

而事实上,这首诗歌作品在宋代就已经开始出现了,而且作品的真正作者究竟是谁? 从宋代开始,就有了多种不同的说法。

最早出现在文献记载中,并且认为是王维作品的文献史料,是北宋时期惠洪的《冷斋夜话》。但是值得注意的是,在这个材料中,作品并没有和苏轼评论王维作品的文字联系起来。并且恰恰是在这个材料中,画跋中引用的诗歌作品被惠洪明确称为《山中》。

宋释惠洪撰《冷斋夜话》卷四:

> 五言四句诗得于天趣
>
> 吾弟超然善(喜)论诗,其为人纯至有风味。尝曰:"陈叔宝绝无肺肠,然诗语有警绝者,如曰:'午醉醒来晚,无人梦自惊。夕阳如有意,偏傍小窗明。'王维摩诘《山中》诗曰:'溪清白石出,天寒红叶稀。山路元无雨,空翠湿人衣。'舒王百家衣体曰:'相看不忍发,惨淡暮潮平。欲别更携手,月明洲渚生。'此皆得于天趣。"予问之曰:"句法固佳,然何以识其天趣?"超然曰:"能知(言)萧何所以识韩信,则天趣可言。"予竟不能诘,叹曰:"溟涬然弟之哉。"(此句津逮秘书本作"微超然谁知之")①

惠洪(1071—1128),或作"慧洪",一名德洪,字觉范,自号寂音尊者,世称"觉范惠洪"。据《石门文字禅》卷二四序、《佛祖历代通载》卷一九、《嘉泰普灯录》卷七等载,俗姓喻(一作姓彭)。北宋禅宗临济宗黄龙派僧人。真净克文弟子。北宋著名诗僧。②

---

① 张伯伟编校:《稀见本宋人诗话四种》,南京:江苏古籍出版社 2002 年版,第 36—37 页。
② 有关惠洪姓名、法号争议及其生平,参考陈自力《释惠洪研究》,北京:中华书局,2005 年版,第一章,第二章。有关惠洪行履、交游、著述等情况,参考周裕锴《宋僧惠洪行履著述编年总案》,北京:高等教育出版社 2010 年版。

所著《石门文字禅》30卷,有《四部丛刊》影明径山寺刊本。《石门文字禅》的重要注释本有:释惠洪著、释廓门贯彻注、张伯伟等校《注石门文字禅》(共2册),周裕锴《石门文字禅校注》(全十册)。①

《冷斋夜话》,有《萤雪轩丛书》本。《天厨禁脔》3卷,有影印明刊本。最好版本有张伯伟编校《稀见本宋人诗话四种》中所收录的版本,日本五山版本,日本宽文版本。②

惠洪《冷斋夜话》10卷,主要论诗,而论诗又多引苏、黄等人论点,因为与黄庭坚有直接交往,并且以此自重,故引黄庭坚语尤多。《冷斋夜话》兼及记事,中间杂有假托伪造之迹。陈善《扪虱新话》认为惠洪伪造山谷赠己之词,元方回编《瀛奎律髓》卷十六也提及此事。许顗《彦周诗话》记载曾经与惠洪面论《冷斋夜话》评李商隐之误。而言"实时删去。今印本犹存之,盖已前传出者。"这一记载反映了惠洪著《冷斋夜话》在当时不仅抄本流传,而且不久就有印本流传的情况。晁公武诋此书多诞妄伪托。胡仔《苕溪渔隐丛话》中虽然屡引此书,亦多条驳斥其非。

对于惠洪著《冷斋夜话》,宋人颇有微词,宋吴曾撰《能改斋漫录》卷三辨误:

> 冷斋不读书
> 洪觉范冷斋夜话谓:"山谷谪宜州,殊坦夷,作诗曰:'老色日上面,惯惊日去心。今既不如昔,后当不如今。'又云:'轻纱一幅巾,短簟六尺床。无客白日静,有风终夜凉。'"且曰:"山谷学道休歇,故其闲暇若此。"以上皆冷斋语也。予以冷斋不读书之过。上八句皆乐天诗,盖是编者之误,致令渠以为山谷所为。前四句"老色日上面"乃乐天东城寻春诗。尚余八句,所谓"今犹未甚衰,每事力可任"是已。后四句"轻纱一幅巾"乃乐天竹窗诗。亦尚余二十四句,所谓"常爱辋川寺,竹窗东北廊"是已。山谷外集更有"啧啧雀引雏,梢梢笋成竹"数篇,皆非山谷诗。偶会其意,故记之册,学者不可不知也。③

吴曾所批评的应该即是宋释惠洪撰《冷斋夜话》卷三中:

> 少游鲁直被谪作诗
> 少游调雷,凄怆,有诗曰:"南土四时都热,愁人日夜俱长。安得此身如石,一时忘了家乡。"鲁直谪宜,殊坦夷,作诗曰:"老色日上面,欢情日去心。今既

---

① 释惠洪著、释廓门贯彻注、张伯伟等校《石门文字禅》,北京:中华书局2012年版。释惠洪著周裕锴校注《石门文字禅校注》,上海:上海古籍出版社2021年版。
② 张伯伟编校《稀见本宋人诗话四种》,南京:江苏古籍出版社2002年版。
③ (宋)吴曾撰:《能改斋漫录》,上海:上海古籍出版社1979年版,第68页。

不如昔,后当不如今。""轻纱一幅巾,短簟六尺床,无客白日静,有风终夕凉。"少游情钟,故其诗酸楚;鲁直学道休歇,故其诗闲暇。至于东坡《南中》诗曰:'平生万事足,所欠惟一死。'则英特迈往之气,不受梦幻折困,可畏而仰哉。①

对于这一问题,宋人多有考证,如宋黄𥅆撰《山谷年谱》卷二十六《谪居黔南五首》:

> 按蜀本诗集注云:"右摘乐天句,元题云《谪居黔南》今附于此。"盖明年又迁于戎州云。今蜀本有十首,元注:"摘乐天句。"近世曾慥端伯作《诗选》,载潘邠老事云:"山谷十绝诗,尽用乐天大篇裁为绝句。盖乐天长于敷衍,而山谷巧于剪裁。"端伯所载如此,必有依据。然敷衍剪裁之说非是。盖山谷谪居黔南时,取乐天江州忠州等诗偶有会于心者,摘其数语写置斋阁,或尝为人书。世因传以为山谷自作。然亦非有意与乐天较工拙也。诗中改易数字,可为作诗之法。而杨氏增注云:"后五篇当是责宜州时作。"《冷斋夜话》以老色日上面及轻纱一幅巾二篇为责宜州时,则三篇可见也。②

宋楼钥撰《攻媿集》卷七十六《跋白乐天集目录》中也提及此事,强调为白居易诗句:

> 香山居士之诗,爱之者众,亦有轻之者。山谷由贬所寄十小诗,如"老色日上面,欢情日去心。今既不如昔,后当不如今。"又"轻纱一幅巾,短簟六尺床。无客日自静,有风终夕凉。"妙绝一时,皆香山诗中句也。③

不过南宋人,仍然有误认为是黄庭坚诗歌者。比如宋阳枋撰《字溪集》卷三《答门人王复孙教授》:"某每读杜工部黄山谷二先生诗,如言时序百年心及老色日上面、怀情日去心,叹其立志不明感伤嗟戚难以入道。"而南宋几种重要诗话,也有是抄录了惠洪《冷斋夜话》此条。宋阮阅撰《诗话总龟》卷三:

> 秦少游谪云州,有诗曰:"南土四时都热,愁人日夜俱长。安得此心如石,一时忘了家乡?"黄鲁直谪宜州,作诗曰:"老色日上面,欢情日去心。今既不如昔,后当不如今。""轻纱一幅巾,短簟六尺床。无客日自静,有风终夕凉。"少游

---

① 张伯伟编校《稀见本宋人诗话四种》,南京:江苏古籍出版社 2002 年版,第 34 页。
② (宋)黄𥅆撰:《山谷年谱》卷二十六,四库全书本。
③ (宋)楼钥撰:《攻媿集》卷七十六《跋白乐天集目录》,四库全书本。

钟情,故诗酸楚;鲁直学道,故诗闲暇。至东坡南中诗曰:"平生万事足,所欠惟一死。"则英特之气,不受折困。(惠洪《冷斋夜话》卷三)①

阮阅这一条是毫无辨析地抄录惠洪《冷斋夜话》条,并且明确注明出处即是惠洪《冷斋夜话》卷三。

但是也有辨别惠洪《冷斋夜话》此条谬误的诗话作者。宋胡仔撰《苕溪渔隐丛话》前集卷四十八《山谷中》:

《冷斋夜话》云:"秦少游责雷州诗曰:'南土四时都热,愁人日夜俱长。安得此身如石,一时忘了家乡。'黄鲁直责宜州诗曰:'老色日上面,欢悰日去心。今既不如昔,后当不如今。''轻纱一幅巾,小簟六尺床。无客尽日静,有风终夜凉。'少游钟情,故诗酸楚,鲁直学道,故诗闲暇。至东坡则云:'平生万事足,所欠惟一死。'英特迈往之气,可畏而仰哉。"苕溪渔隐曰:"'老色日上面,欢悰日去心。今既不如昔,后当不如今',乃白乐天东城寻春诗也。'轻纱一幅巾,小簟六尺床。无客尽日静,有风终夜凉。'亦白乐天竹窗诗也。二诗既非鲁直所作,冷斋何为妄有'学道闲暇'之语邪。"②

事实上,误将白居易这一诗歌当成是黄庭坚诗歌的,并非仅仅是惠洪。前引宋黄䜣撰《山谷年谱》,宋蔡正孙编《诗林广记》等都是记载了曾慥《诗选》,载潘邠老同样误把白居易诗歌当成黄庭坚诗歌之事。而《竹庄诗话》卷十《谪居黔南十首(摘乐天句)》也记载此事并且与黄䜣撰《山谷年谱》一样,进一步就曾慥《诗选》有关"乐天长于敷衍而山谷巧于剪裁"的看法,做了不同的分析与解释。

宋吴子良撰《荆溪林下偶谈》卷二《冷斋误载邵尧夫诗》还提及惠洪《冷斋夜话》中另外一条张冠李戴的例证:

《冷斋夜话》云:"余客漳水,见莹中侄胜柔自九江来,出诗示余曰:'仁者难逢思有常,平居慎勿恃何妨。争先世路机关恶,近后语言滋味长。适口物多终作疾,快心事过必为伤。与其病后思良药,不若病前能自防。'余谓胜柔曰:'公痴叔:诗如食鲫鱼,惟恐遭骨刺。'"此诗邵尧夫作,而冷斋误以为莹中。或者莹中手书此诗,冷斋不知为尧夫作欤。③

① (宋)阮阅撰,周本淳校点:《诗话总龟》卷三,北京:人民文学出版社 1987 年版,第 29 页。
② (宋)胡仔撰,廖德明校点:《苕溪渔隐丛话》,北京:人民文学出版社 1962 年版,第 326—327 页。
③ (宋)吴子良撰:《荆溪林下偶谈》,四库全书本。

而宋元重要书目,也都是把惠洪《冷斋夜话》,归为子部小说家类。宋晁公武撰《郡斋读书志》卷三下小说类中著录了"《冷斋夜话》六卷"。

> 《冷斋夜话》六卷。右皇朝僧惠洪撰,多记苏、黄事,皆依托也。江淹拟陶渊明诗,其词浮浅,洪既误以为真陶渊明语,且云东坡尝称其至;《鬼谷子》书,世所共见,而云有"崖蜜,樱桃也"之言,东坡《橄榄》诗"已输崖蜜十分甜"盖用之。如此类甚多,不可概举。下注:袁本解题颇异,俱录于下:《冷斋夜话》六卷。右皇朝僧惠洪撰,崇(宁)、(大)观间记一时杂事。惠洪喜游公卿之门,后坐事配隶岭表。①

宋陈振孙撰《直斋书录解题》卷十一小说家类,同样把《冷斋夜话》著录于此,并且说"僧惠洪撰。所言多诞妄"。除了作者信息,仅仅是一句"所言多诞妄"的简要评价。②

因此,惠洪文字戏说成分比较大,未必是实录。更不是现代学术研究论文,需要认真核实引文,全凭当下个人记忆,因而作者张冠李戴的可能性存在。而这一个问题,也并非惠洪《冷斋夜话》,宋代笔记、诗话普遍存在。

惠洪文字中所提到的"弟超然",据周裕锴考证,即希祖超然,与惠洪同为北宋禅宗临济宗黄龙派僧人,真净克文弟子,北宋诗僧。明代正德《瑞州府志》卷十《人物志·遗逸》:"彭超然,觉范之弟,为人纯厚,善论诗,极有风味。"应该就是根据惠洪的这一段文字而来。可惜如周裕锴指出是"误读《冷斋夜话》,不明宋僧称呼惯例,所谓吾弟者,指法弟,并非世俗同胞之弟,彭超然之名无据"。③事实上,明凌迪知撰《万姓统谱》同样沿袭了这一误读:

> 彭超然,觉范之弟。为人纯厚,善论诗,极有风味。尝曰:"诗贵得于天趣。"觉范曰:"何以识其天趣?"曰:"能知萧何所以识韩信,则天趣可识矣。"觉范竟不能屈。④

惠洪与这位同门师弟关系十分密切,周裕锴《宋僧惠洪行履著述编年总案》中记载有大量两个人一同行履史迹。而在惠洪的《石门文字禅》中也保存有大量写给

① (宋)晁公武撰,孙猛校证:《郡斋读书志校证》卷十三(小说类),上海:上海古籍出版社1990年版,第590页。
② (宋)陈振孙《直斋书录解题》卷十一,上海:上海古籍出版社1987年版,第331页。
③ 周裕锴:《宋僧惠洪行履著述编年总案》,北京:高等教育出版社2010年版,第39—40页。
④ (明)凌迪知撰:《万姓统谱》卷五十四,四库全书本。

这位惠洪的同门师弟超然的诗文作品。也有不少作品中记载了与这位惠洪的同门师弟超然的共同行踪。如《石门文字禅》卷二十三《潜庵禅师序》："元符二年秋余与弟希祖自南昌舟而东下访之。"卷四《大方寺送祖超然见道林方等禅师》，等等。而卷二十三《送李仲元寄超然序》："余时乞食于市，作息之余，发首楞严之义以为书，他日以寄吾弟祖超然，使知余虽困穷于万里，不能忘道也。仲元将渡海，不欲更作书，如到京，为我一至天宁见因觉，先为余录之以寄超然，且发万里一笑。"足见惠洪与超然的感情至深。

《石门文字禅》卷一《洞山祖超然生辰》开篇即称"希郎真吾道门友，初见忘年今耐久。天机深稳道骨清，诗句谁令愕人口。可怜佳处未全知，但见兹篇气浑厚"云云。可见惠洪不仅是与这位同门师弟关系十分密切，而且对于其诗歌评价也很高。

按照惠洪的说法，指出《山中》一首诗歌为王维作品的，正是这位惠洪的同门师弟超然。不过值得注意的是：其一，这一段文字并没有和苏轼评论王维作品的文字联系起来。其二，引用这一所谓王维《山中》，也并没有和王维诗歌特征所谓诗中有画联系起来，而是认为《山中》"得于天趣"。这两点很重要也很关键，也就是说，虽然是在惠洪《冷斋夜话》这个材料中，后世所谓苏轼画跋中引用的诗歌作品被惠洪师弟超然明确称之为《山中》，不过，超然引用这一作品，既没有关注到是否存在苏轼的评论，也没有关注于王维诗歌诗中有画问题。说明在北宋后期，所谓苏轼评论王维诗歌诗中有画的说法可能还没有出现。这一称为王维《山中》的诗歌，既没有与苏轼联系起来，也没有与王维诗歌诗中有画联系起来。

惠洪与苏轼及其苏门诸子关系密切，对于苏轼作品十分熟悉，对于苏轼与苏门诗话诗学思想同样十分熟悉。远超后来诗话作者。宋僧祖琇称其"规模东坡，而借润山谷"（《僧宝正续传》卷二洪禅师传），周裕锴《石门文字禅校注》前言指出：

> 惠洪的诗文创作主要继承了以苏轼、黄庭坚为代表的元祐文学传统，同时借鉴了佛教禅宗的思维方式及部分语言特点，文字与禅的双向交流融会，使其成为宋代禅僧文学书写的典范。惠洪的文学观念受苏轼影响甚深，主张"风行水上，涣然成文"（本集卷二七跋达道所蓄伶子于文），"沛然从肺腑中流出"（冷斋夜话卷三）。他写诗作文常以快意为主，所谓"横口所言，横心所念，风驶云腾，泉涌河决，不足喻其快也"（许顗智证传后序），便很有几分苏轼的风格。①

因此，惠洪在《冷斋夜话》中引用王维《山中》，却完全没有提及苏轼评论，也完

---

① 周裕锴：《石门文字禅校注》前言，上海：上海古籍出版社 2021 年版。

全没有涉及王维诗中有画，才真正是耐人寻味的。

宋释惠洪撰《冷斋夜话》卷四条目为《五言四句诗得于天趣》，记载惠洪师弟超然引用"王维摩诘《山中》诗"也是为了说明印证"得于天趣"的诗歌。

而惠洪师弟超然之所以讨论天趣问题，是因为这一观念恰恰是当时诗文书画评论的一个重要理论范畴与当时士大夫群体比较普遍认同的一种理想艺术标准与目标。

"天趣"概念实际上来自佛教经典。北印度五百大阿罗汉等造，唐玄奘译《阿毗达摩大毗婆沙论》二百卷，简称为《大毗婆沙论》一百七十二卷云：

> 云何天趣？ 答：天一类伴侣，乃至广说。问：何故彼趣名天？ 答：于诸趣中，彼趣最胜最乐最善最妙最高，故名天趣。有说：先造作增长上身语意妙行，往彼生彼，令彼生相续，故名天趣。有说：天者，是假名，假想，乃至广说。有说：光明增，故名天。以彼自然身光恒照，昼夜等故。声论者说：能照故名天。以现胜果，照了先时所修因故。复次戏乐故名天，以恒游戏，受胜乐故。①

唐释道世撰《法苑珠林》中就有大量引用佛典文献包含了有关天趣的内容，比如卷第七六道篇第四之一诸天部述意：

> 问曰：何故彼趣名天？ 答曰：于诸趣中彼最胜、最乐、最善、最妙、最高，故名天趣。有说先造作增上身语意妙行，往彼生彼，令彼相续，故名天趣。②

以此，作为诗僧的超然，借由佛典中"天趣"概念，讨论诗佛王维诗歌特征，也是颇为符合其诗僧身份的。宋代之前，只有唐释道世撰《法苑珠林》中多次提到天趣概念。

而在北宋后期惠洪《冷斋夜话》中，作为诗僧的超然第一次提到"天趣"作为诗歌评论的重要理论范畴。南宋之后，"天趣"已经逐渐成为诗文书画评论的一个重要理论范畴。

宋崔敦礼撰《宫教集》卷六《韦苏州集序》：

> 韦苏州诗集十卷并续添七篇，大丞相观文魏公守平江命教官所校也。自大雅微阙，作诗者并驱争驰，其才思风韵，固不可一概。惟自优游平易中来，天

---

① 《大正藏》No.1545，一百七十二卷十三页。
② （唐）释道世撰：《法苑珠林》，上海：上海古籍出版社1991年版，第31页下。

理浑融,若无意于诗者,此体最为高绝。韦苏州以诗鸣唐,其辞清深闲远,自成一家。至歌行益高古,近风雅,非天趣雅澹,禀赋自然者,不能作。①

北宋后期,"天趣"同样成为绘画创作理想标准的一个重要理论范畴。北宋沈括《梦溪笔谈·书画》中记载:

> 度支员外郎宋迪工画,尤善为平远山水。其得意者有《平沙雁落》《远浦帆归》《山市晴岚》《江天暮雪》《洞庭秋月》《潇湘夜雨》《烟寺晚钟》《渔村落照》,谓之"八景",好事者多传。往岁小窑村陈用之善画,迪见其画山水,谓用之曰:"汝画信工,但少天趣。"用之深伏其言,曰:"常患其不及古人者,正在于此。"迪曰:"此不难耳。汝先当求一败墙,张绢素讫,倚之败墙之上,朝夕观之。观之既久,隔素见败墙之上,高平曲折,皆成山水之象。心存目想:高者为山,下者为水;坎者为谷,缺者为洞;显者为近,晦者为远。神领意造,怳然见其有人禽草木飞动往来之象,了然在目,则随意命笔,默以神会,自然境皆天就,不类人为,是谓活笔。"用之自此画格得进。②

宋葛胜仲撰《丹阳集》卷十八《和陈简斋韵》一首诗歌的中间数句:

> 长沙写真得天趣,下视冯尹皆奴仆。君不见青州刘幡得异草,能遣死麚骨再肉。又不见广平射麚变浮屠,因罢校猎投金镞。③

葛胜仲为由北宋入南宋人物。不仅以"天趣"评价"写真",而且接下来两句诗歌,与佛教关系密切。更为重要的是,"天趣"在南宋开始就成为专业书画著作中的重要评价范畴。宋邓椿撰《画继》卷六:

> 陈用之,居小窑村,善山水。宋复古见其画曰:"此画信工,但少天趣耳。先当求一败墙,张绢素倚之墙上,朝夕观之。既久,隔素见败墙之上高平曲折,皆成山水之势。心存目想,高者为山,下者为水;坎者为谷,缺者为洞;显者为近,晦者为远。神领意造,怳然见其有人禽草木,飞动往来之象。则随意命笔,自然景皆天就,不类人为,是为活笔。"用之感悟,格遂进。④

① (宋)崔敦礼撰:《宫教集》卷六,四库全书本。
② (宋)沈括:《梦溪笔谈》,北京:中华书局2009年版,第185页。
③ (宋)葛胜仲撰:《丹阳集》,四库全书本。
④ (宋)邓椿撰、刘世军校注:《画继校注》,桂林:广西师范大学出版社2015年版,第141页。

邓椿撰《画继》沿袭了沈括的《梦溪笔谈》,不仅强调了绘画理想境界为天趣,而且指出了如何获达天趣的具体路径。这一故事在宋代传播影响很大,宋曾慥编《类说》卷四十八《宋迪画山水》、《锦绣万花谷》前集卷三十三等文献都有类似记载。而《锦绣万花谷》注明抄录出处是《海外记》,《类说》文字也与《画继》有所出入,而基本上与沈括的《梦溪笔谈》一致。说明这几种文献所依据的材料来源各不相同,从而反映了这一故事在宋代多种传播版本与比较广泛的影响。

宋赵希鹄撰《洞天清录》中同样用"天趣"评论绘画:

《徐熙黄筌》
徐熙乃南唐处士,腹饱经史,所作寒芦花烟水鸟野凫,自得天趣。

《米氏画》
米南宫多游江浙间,每卜居,必择山水明秀处。其初本不能作画,后以目所见,日渐摹仿之,遂得天趣。①

可见宋代真正把诗画评论关联起来形成共同标准与理想的恰恰是"天趣",而非"诗中有画,画中有诗"。"诗中有画,画中有诗"在宋代仅见于诗话引用,而"天趣"才真正是在诗文书画评论中普遍运用与共享的理想范畴及评价标准。

而事实上,惠洪是北宋后期十分关注诗画关系及理论思考的重要代表性人物。对于苏轼及苏门作品及其诗学思想的熟悉程度,几乎无人能及。但是在其诗话中,提及引用王维《山中》,却完全没有提及苏轼评论,甚至是没有提及王维诗歌"诗中有画"问题,很可能暗示了一个基本事实,即在这一时期,所谓苏轼评论王维诗歌"诗中有画,画中有诗"的说法尚未出现。否则,以惠洪对于苏轼作品及其诗学理论的熟悉与崇拜,在提及王维诗歌《山中》时,完全没有提及苏轼评论,甚至是完全没有注意到王维诗歌"诗中有画"问题,而是关注于天趣问题,是十分耐人寻味的现象。

三、南宋诗话中的不同记载与苏轼的出场

宋胡仔撰《苕溪渔隐丛话前集》卷十五:

王摩诘

---

① (宋)赵希鹄撰:《洞天清录》,四库全书本。

> 东坡云:味摩诘之诗,诗中有画。观摩诘之画,画中有诗。诗曰:蓝溪白石出,玉山红叶稀。山路元无雨,空翠湿人衣。此摩诘之诗也。或曰:非也,好事者以补摩诘之遗。①

南宋初期胡仔撰《渔隐丛话前集》中记载的这段据说是苏轼所言的一段文字,内容与明代茅维本《苏文忠公全集》中所载的所谓苏轼画跋,在文字上极为贴近,很可能就是其原始出处。但是胡仔撰《渔隐丛话前集》中仅仅是说"东坡云",仅仅是一种传言的记载,而并没有明确的文献记载出处。胡仔撰《渔隐丛话前集》纂集诸家观点,基本上会明确注释出处,但是也有一些材料则来自文人群体里的口耳相传。说明苏轼评论王维"诗中有画,画中有诗"的说法,在南宋初期就开始在文人群体中流传。而这首作者不明、诗题阙如的诗歌,就已经随之而流传了。

事实上,在更早一些的宋阮阅撰《诗话总龟》卷八评论门四中,就已经有了类似的记载:

> 东坡尝与人书,言:"味王摩诘之诗,诗中有画。观摩诘之画,画中有诗。"诗云:"蓝田白石出,玉关红叶稀。山路元无雨,空翠湿人衣。"此东坡诗,非摩诘也。《诗史》。②

宋阮阅撰《诗话总龟》卷九评论门五中,再一次提到了此诗:

> 李格非尝曰:"老杜谓之诗史者,其大过人在诚实耳。"如玉川子《醉归》诗曰:"昨夜村饮归,健倒三四五。摩挲青莓苔,莫嗔惊着汝。"舒王用其意作《扇子》诗曰:"玉斧修成宝月圆,月边仍有女乘鸾。青冥风露非人世,鬓乱钗横特地寒。"谢公有"池塘生春草,园柳变鸣禽"谓之神助。古今文士多称之,李元膺曰:"此句未有过人处。古人意所至则见于情,诗句盖寓也。谢公喜惠连,梦中当论情意,不当泥句。"吾弟超然曰:"陈叔宝绝无肺肠,诗语有警绝者,如:'午醉醒来晚,无人梦自惊。夕阳如有意,长傍小窗明。'王摩诘《山中》小诗曰:'荆溪白石出,天寒红叶稀。山路原无雨,空翠湿人衣。'舒王百家衣体曰:'相看不忍发,惨淡暮潮平。欲别更携手,月明洲渚生。'此得天趣。"问曰:"何以识其天趣?"曰:"能知萧何所以识韩信,则天趣可解。"余竟不能诘。③

---

① (宋)胡仔撰、廖德明校点:《苕溪渔隐丛话》卷十五,北京:人民文学出版社1962年版,第97页。
② (宋)阮阅撰、周本淳点校:《诗话总龟》,北京:人民文学出版社1987年版,第94页。
③ (宋)阮阅撰、周本淳点校:《诗话总龟》,北京:人民文学出版社1987年版,第107页。

两则材料,一则说诗歌作者是苏轼而并非王维,而且诗歌也没有标题。另外一则沿袭抄录惠洪《冷斋夜话》说诗歌作者是王维,而且诗歌有标题《山中》。诗歌文字上也存在异文。可见在文人群体中口耳相传,流传过程中,诗歌作者与诗歌文本都是出现了歧义。事实上,这也是作品口头传播的一个显著特征。①而一首诗歌也有了王维、苏轼和好事者三种不同的说法。

而且需要特别指出的是,在宋阮阅撰《诗话总龟》中出现苏轼评论王维诗画的记载,应该并非阮阅撰《诗总》最初的面貌。胡仔撰《渔隐丛话》的序言中就明确指出阮阅撰《诗话总龟》在宣和,由于当时党禁未开,因之元祐诸家,都未加收录。("绍兴丙辰,余侍亲赴官岭右,道遇湘中,闻舒城阮阅,昔为郴江守,尝编《诗总》,颇为详备。行役匆匆,不暇从知识间借观。后十三年,余居苕水,友生洪庆远,从宗子彦章,获传此集。余取读之,盖阮因古今诗话,附以诸家小说,分门增广,独元祐以来诸公诗话不载焉。考编此《诗总》,乃宣和癸卯,是时元祐文章,禁而弗用,故阮因以略之。")因此苏轼评论文字不应该出现在阮阅撰《诗总》最初的文本中。而我们今天所看到的阮阅撰《诗话总龟》,实际上是明代的版本,是经过后人大量增添了内容的文本,并非阮阅撰《诗总》最初的面貌。因此,阮阅撰《诗话总龟》中这两条文献记载,应该是在胡仔撰《苕溪渔隐丛话》之后才出现的。胡仔撰《苕溪渔隐丛话》的基本原则是"余今遂取元祐以来诸公诗话,及史传小说所载事实,可以发明诗句,及增益见闻者,纂为一集。凡《诗总》所有,此不复纂集,庶免重复"。因此今日所见阮阅《诗话总龟》中出现苏轼评论王维诗画的记载,应该并非阮阅撰《诗总》最初的面貌。而且直接把苏轼形成评论王维诗画的诗歌称为"此东坡诗,非摩诘也",更是悖谬。

郭绍虞《宋诗话考》中《苕溪渔隐丛话》条,比较分析《诗话总龟》与《苕溪渔隐丛话》,认为:

《四库总目提要》称其书续阮阅《诗话总龟》而做。"二书相辅而行,北宋以前之诗话大抵略备矣。然阅书多录杂事,颇近小说。此则论文考义者居多,去取较为谨严。阅书分类编辑,多立门目。……此则多附辨证之语,尤足以资参订。故阅书不甚见重于世,而此书则诸家援据,多所取资焉。"二书优劣,《提要》言之备矣。然余以为二书所以优劣之因,尚有数点:一、阮阅编《诗总》时,元祐文章禁而不用,而元任处苏黄之学复振之时,竭力推重元祐诸君,甚至以苏黄与李杜相比,品藻特多,足补阮书之阙。北宋诗坛原推苏黄为祭酒,使摈元祐文章,则诗话黯然无色,阅书之近小说宜也。此后汤岩起反以此为元任病,以不狂为狂,亦适形其妄耳。二、阮阅性耽吟咏,有阮绝句之号,所著有《龟

---

① 田晓菲:《尘几录:陶渊明与手抄本文化研究》,北京:中华书局2007年版,第10—11页。

总先生松菊集》五卷,《郴江百咏》二卷,固非不知诗者,但于一年之间,草率成书,又其后为不学之徒所盗窃,合以《古今诗括》,易名《总龟》,则益泛滥非其旧矣。阅书经此辈窜乱,其不足观自无可怪。三、阮、胡二著均在《古今诗话》之后,时亦探取其书,但阮书直录其文,胡著则于《古今诗话》中有来源可考者必举原书,故阮书谨供词人獭祭之用,胡著则可供学者研究之资。①

郭绍虞这一比较分析,可谓准确和精辟。

而与阮阅撰《诗话总龟》和胡仔撰《苕溪渔隐丛话》并称为宋代三大总集类诗话的宋魏庆之撰《诗人玉屑》中,同样记载有《山中》一诗。宋魏庆之撰《诗人玉屑》卷十《天趣》:

> 王摩诘《山中》诗曰:"荆溪白石出,天寒红叶稀。山路元无雨,空翠湿人衣。"舒王百家衣体曰:"相看不忍发,惨淡暮潮平。语罢更携手,月明洲渚生。"此得天趣。问曰:何以识其天趣?曰:能知萧何所以识韩信,则天趣可解。余竟不能诘。(冷斋)②

按,此条注明是来自惠洪《冷斋夜话》,宋魏庆之撰《诗人玉屑》卷十五《王维》《诗中有画、画中有诗》:

> 味摩诘之诗,诗中有画;观摩诘之画,画中有诗。诗曰"蓝溪白石出,玉山红叶稀。山路元无雨,空翠湿人衣。"此摩诘之诗也。或曰:非也,好事者以补摩诘之遗。(东坡)③

按,此条明显来自《苕溪渔隐丛话》,但是小标题已经从《王摩诘》变化为《诗中有画画中有诗》,强调与凸显的重点产生了变化。背后应该是南宋后期诗画关系问题,日益成为理论关注热点的语境有关。这一条文字全同《苕溪渔隐丛话》,但是在注释出处位置仅仅是标明"东坡",不过是把《苕溪渔隐丛话》这一条没有出处依据,仅仅是东坡云的传闻,作为出处,把开头的"东坡云"移到最后的出处位置,直接标注为"东坡"。

从《诗人玉屑》,两条分别抄录,没有融合为一。说明早期山中诗歌体现天趣与苏轼评论王维诗歌诗中有画,是两条不同的形成与传播路径。

---

① 郭绍虞:《宋诗话考》,北京:中华书局1979年版,第82页。
② (宋)魏庆之撰:《诗人玉屑》,上海:上海古籍出版社1978年版,第211页。
③ (宋)魏庆之撰:《诗人玉屑》,上海:上海古籍出版社1978年版,第314页。

《诗话总龟》卷八、卷九,两条同样分别抄录,没有融合为一。与《诗人玉屑》情况相同,也印证了我上述看法。

宋蔡正孙编《诗林广记》卷五《山中》:

> 荆溪白石出,天寒红叶稀。山路元无雨,空翠湿人衣。
> 东坡云:此摩诘之诗。所谓诗中有画者。或云:非摩诘诗,好事者以补其遗耳。①

按,此条显示出来开始融合为一。诗歌有了明确的名称《山中》,从《苕溪渔隐丛话》"此摩诘之诗也"到《诗林广记》"东坡云此摩诘之诗",表现了在写本文化与印本文化并存时代,诗歌作品与诗歌评论在口头传播与抄本流传过程中的融合、变异等等复杂情况。

而这一有了明确名称《山中》的诗歌,在明清时期,仍未获得普遍认同。明曹学佺编《石仓历代诗选》卷三十五《阙题二首》:

> 荆溪白石出,天寒红叶稀。山路元无雨,空翠湿人衣。
> 相看不忍发,惨淡暮潮平。语罢更携手,月明洲渚生。②

御定《全唐诗》卷一百二十八王维《阙题二首》也沿袭了这一说法:

> 荆溪白石出,天寒红叶稀。山路元无雨,空翠湿人衣。
> 相看不忍发,惨淡暮潮平。语罢更携手,月明洲渚生。③

从明代选本到清代《全唐诗》,均作为阙题收录,显然编者不可能完全不知道看不到宋代以来大量笔记与诗话中称为《山中》的这一诗歌,但是仍然是确定为阙题。可见即便是到了明清时期,《山中》这一诗题也并没有完全被人们接受。

陈铁民《王维诗真伪考》中引用《全唐诗》这一条材料,但是仍然从《冷斋夜话》,认为"惠洪之说,或别有据,今姑从其说断此首为王维之作",④定为王维诗歌。首先如前文所辨析,把这一诗歌归属王维名下,并非惠洪之说,而是其师弟"超然"。更为重要的是,通过本文前述分析考证,《冷斋夜话》可信度比较低,错谬之处很多。

① (宋)蔡正孙编:《诗林广记》卷五《山中》,四库全书本。
② (明)曹学佺编:《石仓历代诗选》卷三十五《阙题二首》,四库全书本。
③ (清)御定《全唐诗》卷一百二十八王维《阙题二首》,四库全书本。
④ 陈铁民:《王维诗真伪考》,载陈铁民《王维论稿》,北京:人民文学出版社2006年版,第361页。

就这一首诗歌而言,除了《冷斋夜话》,其他各种文献均未相信为王维诗歌,比较流行的是苏轼伪托和好事者仿作两种说法。虽然苏轼有想当然耳伪托证据的前科,实际上苏轼伪托的可能性比较小。归为苏轼名下的这一画跋本身,根据笔者的考证,都是伪托苏轼之名的作品。而比较谨慎的王维文集的编辑者,往往是收入外编中。因为此诗歌为王维作品的可能性极低,为宋代人仿作的可能性极大。这一点也可以从王维文集的宋代版本得到印证。

四、收录版本与历史建构的思考

《旧唐书·王维传》记载代宗时王缙编次王维诗 400 余篇。又王缙《进王右丞集表》云编次王维诗文凡 10 卷。述古堂原藏有南宋麻沙本《王右丞文集》10 卷,后归陆心源酺宋楼。北京图书馆藏有宋蜀刻本《王摩诘文集》10 卷,上海古籍出版社、国家图书馆出版社先后据以影印出版。

王维集存世宋本,现知有两种,即蜀刻本《王摩诘文集》10 卷,建昌本《王右丞文集》10 卷。对于这两种宋刻本,陈振孙《直斋书录解题》卷十六于"《王右丞集》十卷"略有记载"唐尚书右丞河中王维摩诘撰,建昌本与蜀本次序皆不同,大抵蜀刻唐六十家多异于他处本,而此集编次尤无伦。"①蜀刻本《王摩诘文集》,刻印于北宋中

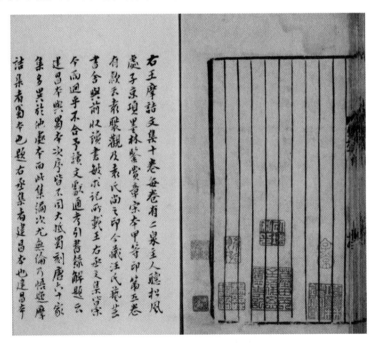

图一　宋蜀本《王摩诘文集》顾千里跋

---

① 陈振孙:《直斋书录解题》卷十六,上海:上海古籍出版社 1987 年版,第 468 页。

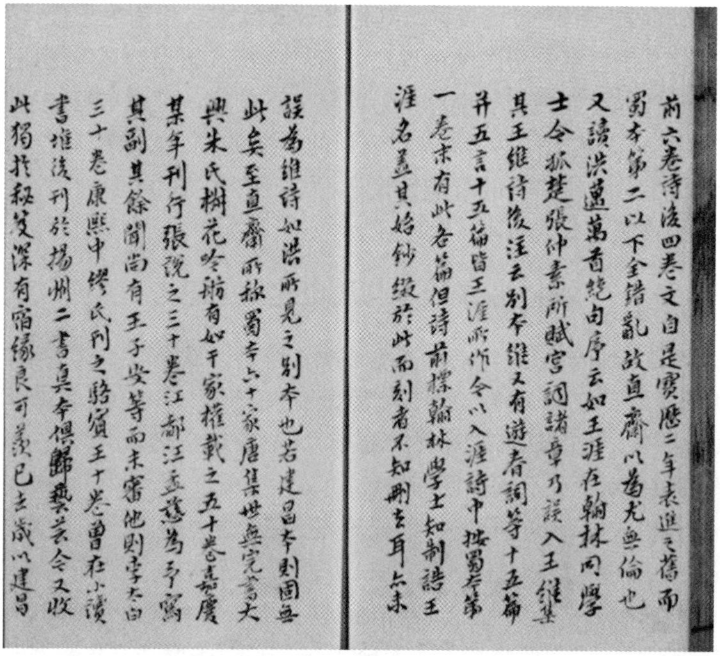
前六卷詩後四卷文自是寶應二年表進之舊而
蜀本第二以下全錯亂故直齋以爲尤無倫也
又讀洪邁萬首絶句序云如王涯在翰林同學
士令狐楚張仲素所賦宫詞諸章乃誤入王維集
其王維詩後注云别本維又有遊春詞等十五篇
并五言十五篇皆王涯所作今以入涯詩中按蜀本第
一卷末有此各篇但詩前標翰林學士知制誥王
涯名蓋其始鈔綴於此而刻者不知删去耳亦未
誤爲維詩如洪所見之别本也若建昌本則固無
此矣至直齋所稱蜀本六十家唐集世無完書大
興朱氏椒花吟舫有如干家權載之五十卷嘉慶
某年刊行張説之三十卷江都江孟慈爲予寫
其副其餘聞尚有王子安等而未審他則李太白
三十卷康熙中繆氏刊之駱賓王十卷曾在小讀
書堆後刊於揚州二書眞本偶歸藝芸今又收
此獨於叙笈深有宿緣良可羨己亥歲以建昌

图二　宋蜀本《王摩诘文集》顾千里跋(续)

晚期之际,每半页十一行,行二十字,现藏于国家图书馆。建昌本早期又称麻沙本,为南宋刻本,每半页十一行,行二十字,原刻本为日本静嘉堂文库所藏,每半页十行,行十八字,上有瞿镛铁琴铜剑楼印。对于这两种宋本的区别,顾千里(顾广圻)题跋认为"题《摩诘集》者,蜀本也;题《右丞集》者,建昌本也。建昌本前六卷诗,后四卷文,自是宝应二年表进之旧"①。

王维文集的最早刻本,是宋代蜀刻本《王摩诘文集》,而蜀刻本《王摩诘文集》中未收此诗。同时,此一刻本中,将一些与王维唱和的作品,附于王维作品之后,有可能混入王维作品之中,误认为是王维诗歌。体现了他人作品混为王维作品的一种可能性。

蜀刻本《王摩诘文集》目录第一卷末与正文第一卷末,如洪迈《万首绝句序》之所言,确实误收了王涯、张仲素二人的 16 题 30 首诗,但导致这种误收情况之存在者,顾千里认为,"又读洪迈《万首绝句序》如王涯在翰林同学士令狐楚、张仲素所赋《宫词》诸章,乃误入王维集。其王维诗后注云:别本维又有《游春词》等十五篇,并五言十五篇,皆王涯所作,今以入涯诗中。按蜀本第一卷末有此各篇,但前标翰林

① 顾千里跋,宋蜀本《王摩诘文集》,上海:上海古籍出版社 1994 年影印,第 335—336 页。又,顾千里《思适斋集》卷五作《王摩诘集跋》。

学士知制诰王涯名,盖其始抄缀于此,而刻者不知删去耳,亦未误为维诗,知洪所见之别本也。若建昌本则固无此矣"。①

钱曾《读书敏求记》卷四《王右丞文集》条云:"此刻是麻沙宋版,集中《送梓州李使君》诗,亦如牧翁所跋,作'山中一夜雨,树杪百重泉'知此本之佳也。"钱曾旧藏本后为黄丕烈所得,称作"山中一半雨"本。此蜀刻《王摩诘文集》之《送梓州李使君》诗句,亦作"山中一半雨"。

宋建昌版唐王维撰《王右丞文集》2 册 10 卷,南宋初期刊,卷前识文曰:"此麻沙宋刻王右丞诗文全集十卷。道光丙戌岁从艺芸主人借出影写一部,复遍取他本,勘其得失,虽宋刻亦有误,而不似以后之妄改,究为第一也。遂题数语于帙端,余文繁不具出。思适居士顾千里。"(文后有"顾千里以字行"白文长方印)。

《王右丞文集》目录第一卷到第六卷包括了各体诗歌,同样并没有《山中》一首。

传统王维文集注释的代表成果,清人赵殿成《王右丞集笺注》,录《山中》一诗入王维集外编,注释则全录《书摩诘蓝田烟雨图》文字,径称"苏东坡《书摩诘蓝田烟雨图》云",而没有注明出处。②而当代王维文集注释的代表成果,陈铁民《王维集校注》录《山中》一诗入王维集校注卷五,全录《书摩诘蓝田烟雨图》文字,称为"宋苏轼

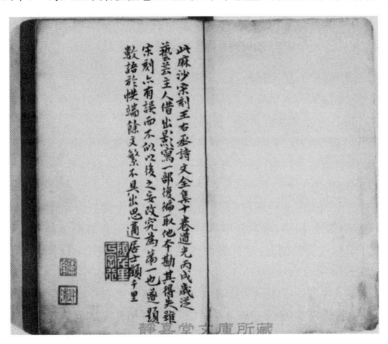

图三　《王右丞文集》卷前顾千里跋

---

① 顾千里跋,宋蜀本《王摩诘文集》,上海:上海古籍出版社 1994 年影印,第 335—337 页。

② (清)赵殿成:《王右丞集笺注》,上海:上海古籍出版社 1998 年版,第 271—272 页。

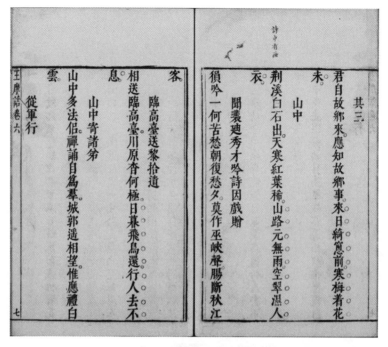

图四　凌濛初朱墨套印本《王摩诘诗集》
收录《山中》及刘辰翁评"诗中有画"页

《书摩诘蓝田烟雨图》"，加注释称："出《东坡题跋》。"①

宋元之际刘辰翁评点本明确收录为王维作品。元刻有刘须溪评点《王右丞集》（诗集）6卷，其中已杂有钱起、卢象、崔兴宗等人作品。

王维著《王摩诘诗集》7卷，刘辰翁评，明末吴兴凌濛初朱墨套印本。圈点及眉批、旁批为红色，刘辰翁评有"诗中有画"一语。《山中》诗歌加标点，"山路元无雨，空翠湿人衣"加圈点。

写本时代诗歌作品的标题与作者，在敦煌藏经洞发现的唐代诗歌抄本中，许多作品是在具有不同的标题，常常会不具姓名地把不同的作者的诗歌作品抄写到一个卷子上。②显然这样的情况，也是诗歌作品在流传过程中，出现作者存疑的问题的一个重要原因。③

即便是在宋代进入了印刷文化时代之后，一部分文集开始获得了刊刻的机会。但是我们今天的研究者，常常忽视了一个重要的事情就是即便是在宋代进入了一个新的印刷文化时代之后，抄写文本，同样是存在的，而且是一种普遍存在的情况。

---

① 陈铁民：《王维集校注》，北京：中华书局1997年版，第463页。
② 徐俊：《敦煌诗集残卷辑考》前言，北京：中华书局2000年版，第18—21页。
③ ［美］倪健《有诗自唐来》，冯乃希译，上海：上海人民出版社2021年版，第17—21页。

即便是在南宋时期,仍然保留着大量抄写文本的习惯。这在藏书家那里情况更为普遍。南宋时期一些著名的文人和藏书家,都是保存有大量抄写文本的文献记载。甚至是带领全家从事文本抄写工作。比如尤袤,比如范成大,等等。即便是在明代,抄本文化仍然在延续。抄本成本低于刻本。①

唐代诗歌抄本文化语境中的问题,在宋代印刷文化形成时期,仍然延续下来。因此,诗歌作品体现了作者的不确定性,诗歌作品标题的变化,甚至是阙题,一段文献是诗评或者是画跋,甚至是书信还是口耳相传,等等现象。反映了口头文化,抄本文化时代的文本流传过程中的不确定性、流动性问题,依旧存在。

在抄本文化语境中的文本流传过程中,文本的不确定性特征是一种基本的存在形态。而传统版本研究中,往往研究者在版本研究的过程中,会假定一种单一文本流传的模式。通过抄写这一单一文本,形成一个抄本传播链条。但是实际上的情形,常常更可能是在多个抄本下进行一个新抄本的生产,而且是在抄写过程中,常常存在抄写者凭借着自己的记忆力,抄写出一部分文字内容。在抄本文化时代,记忆文本并且通过抄写下记忆文本,而形成一个新的文本流传下来,是抄本文化时代,普遍存在的形态。抄本文化时代,没有我们今天具有明确唯一一个版本的观念,也没有今天学术研究要求细致核对一下文本原文的学术规范要求。因此,假设一种抄本文化时代的一个抄本,其抄写者能够如同今天学术研究中严谨的学者那样,认真核对,校勘抄写出来的文字,显然是一种不切实际的想象性的假设。比照几种不同的抄本,并且在抄写过程中,不断结合自己的记忆文本,共同形成一个新的抄本。可能是抄本文化时代文本流传下来的一个重要的模式。而在这个过程中,自然发生种种原因导致的抄本异文,等等多种不同的问题的出现。②而这些种种问题,就鲜明体现在这一首作者不确定、作品名称不确定的传为王维的据称《山中》的诗歌中。

(作者单位:湖州师范学院文学院)

---

① 参考周绍明(Joseph P. McDermott)《书籍的社会史:中华帝国晚期的书籍与士人文化》,何朝晖译,北京大学出版社 2009 年版,第 66—67 页。

② 参考田晓菲对于王绩集版本的讨论。Tian Xiaofei, Misplaced: Three Qing Manuscripts of the Medieval Poet Wang Ji(590? —644), Asia Major, 2007, 20 (2):1—23.

王维隐逸思想和诗歌创作对钱起的影响

刘 弈

在唐代这个多元思想文化并存,诗歌创作空前鼎盛的诗国里,诗人在赠答酬唱中,相互砥砺,相互影响,形成不同风格与流派。这种影响有的直接,有的间接。王维隐逸思想与诗歌创作对钱起的影响,应是典型的直接一例。从钱起任蓝田尉至王维辞世之前,二人有三年半时间的交往,虽为忘年交,却一见如故。因性情、思想、审美观的相近,在他们为数不多的赠答中,诗风与隐逸思想,已显露出颇为相似的特征。且影响了钱起的后半生。王维在辋川有别业,钱起效法王维,在玉山下的蓝溪谷口也购置别业;王维有《辋川集》,钱起有《蓝田溪杂咏二十二首》(此诗明铜活字本《钱考功集》中各自成章,编辑《全唐诗》始加《蓝田溪杂咏二十二首》,而成为组诗);王维在蓝田写了近七十首诗,钱起在蓝田写了一百三十多首诗。在唐人的评价中,已经把他们二人关联在一起,高仲武《中兴间气集》云:"员外诗,体格新奇,理致清赡,越从登第,挺冠词林。文宗右丞,许以高格。右丞没后,员外称雄。"[1]后世甚至有"钱起受知于王维"之说。耿湋游王维辋川旧居后,提出:"不知登座客,谁得蔡邕书?"[2]我的回答是:钱起。

一、钱起与王维交往时间

在论述王维对钱起的直接影响之前,首先,必须弄清他们二人结交的时间。因二人唱和中,王维有《送钱少府还蓝田》,钱起答《晚归蓝田酬王维给事赠别》,傅璇琮先生《唐代诗人丛考·钱起考》与蒋寅先生《大历诗人研究》,在考证钱起始任蓝田尉的时间与二人始交时间,都将着眼点锁定在王维任给事中、钱起任蓝田尉之际,但所得出的结论却相差四五年。所以有必要作进一步讨论。傅璇琮先生说:"上面所引王维、钱起赠答诗写于春日,则当作于乾元二年。就是说肃宗乾元二年春,钱起在蓝田尉任上。至于何时授此职,又于何时罢职,则均不可考。当然,我们

---

① 孙映逵:《唐才子传校注·钱起》,北京:中国社会科学出版社2013年版,第243页。

② 上海古籍出版社编:《全唐诗》,上海:上海古籍出版社1986年版,第670页。

知道,至德二载(757)十月肃宗返京时钱起已在长安,则他受命为蓝田尉,很可能是乾元元年(758)的事。"①蒋寅先生《大历诗人研究》《第二章 台阁诗人创作论》二《"大历十才子"之冠——钱起》云:"约在天宝十四年春,钱起被任命为蓝田县尉,……""王维天宝末官给事中,常悠游于终南山中的辋川别业,任蓝田县尉的钱起遂得从其游。王维有《春夜竹亭赠钱少府归蓝田》(诗略去),钱起则有《酬王维春夜竹亭赠别》(诗略去),此外两人另有《送钱少府还蓝田》和《晚归蓝田酬王维给事》的赠答之作。"②又在第十一章《钱起生平系诗补正》云:"王先生(定璋)考证钱起在天宝末任蓝田尉,在宝应二(763)年夏入朝为司勋员外郎。按此说推定钱起官蓝田尉时间起讫甚确,……"③蒋先生所引用的是王定璋先生《钱起诗集校注》的《钱起诗评价(代前言)》:"(钱起)及第后即校书秘省,约在天宝十二三年间迁蓝田尉。广德初年始由地方小吏擢迁尚书省,官司勋员外郎……"④在卷二《初黄绶赴蓝田县作》注又云:"钱起于天宝十载为秘省校书,殆即天宝晚期。参合此诗'即景桃园''餐和俗清',知非乱世景象,故此诗当作于安史之乱前,天宝十三四载间。"⑤王定璋文章未涉及王维与钱起交往,只是考订钱起任蓝田尉时间。

我认为以上三家的考证,均选择了较为明显的、接近自己所要结果的诗题为证据,方向是对的,但他们对钱起诗作的梳理是粗略的,故得出的结论就不准确。钱起任蓝田尉的时间,有一个重要的线索被忽视了——即钱起与郎士元的初结交时间。钱、郎结交的时间如果考订出来,钱、王结交的时间也就自然揭晓。再则,钱、王春夜竹亭赠答诗题相互的称谓,能够证实二人始交更具体的时间。

钱起到蓝田尉任后作《县城秋夕》诗云:"俸薄不沽酒,家贫忘授衣。"⑥因官俸低微,不足以维持生计,又加之受王维隐逸思想影响,遂在玉山下蓝溪谷口置了别业,并作《谷口新居寄同省朋故》诗云:"萧然授衣日,得此还山趣。"⑦他是由秘书省校书郎授蓝田县尉的,"同省朋故"即指秘书省的朋友们。授衣,《诗经·豳风·七月》:"七月流火,九月授衣。"可知别业置于一个秋天。"还山趣",谓归隐山林之趣也。他又于次年春天,作《东皋早春寄郎四校书》诗云:"禄微赖学稼,岁起归衡茅。穷达恋明主,耕桑亦近郊。夜来霁山雪,阳气动林梢。兰蕙暖初吐,春鸠鸣欲巢。蓬莱时入梦,知子忆贫交。"⑧郎四校书,即郎士元。岑仲勉《唐人行第录》:"郎四士

---

① 傅璇琮:《唐代诗人丛考·钱起考》,北京:中华书局1980年版,第451页。
② 蒋寅:《大历诗人研究》,北京:北京大学出版社2007年版,第156页。
③ 蒋寅:《大历诗人研究》,北京:北京大学出版社2007年版,第675页。
④ 王定璋:《钱起诗集校注》,杭州:浙江古籍出版社1992年版,第2页。
⑤ 王定璋:《钱起诗集校注》,杭州:浙江古籍出版社1992年版,第64页。
⑥ 王定璋:《钱起诗集校注》,杭州:浙江古籍出版社1992年版,第102页。
⑦ 王定璋:《钱起诗集校注》,杭州:浙江古籍出版社1992年版,第38页。
⑧ 王定璋:《钱起诗集校注》,杭州:浙江古籍出版社1992年版,第185页。

元:字君胄,全(唐)诗四函钱起《送郎四补阙东归》,又《东皋早春寄郎四校书》。按《纪事》四三,只言士元历拾遗,然补阙亦当所历之官,高仲武以钱、郎并论,郎四为士元无疑也。"①元辛文房《唐才子传·郎士元传》:"士元,字君胄,中山人也。天宝十五载卢庚榜进士。宝应初,选京畿县官。诏试政事中书,补渭南尉,历右拾遗,出为郢州刺史。"②宋计有功《唐诗纪事》所记与《唐才子传》略同,但后二书均未记载郎士元任校书郎一职。蓬莱,指秘书省。《通典》卷二六《职官》八,秘书监:"秘书省校书郎,汉之兰台及后汉东观,皆藏书之室,亦著述之所,当时文学之士,使雠校其中,故有校书之职。……当时重其职,故学者称东观为老氏藏室,道家蓬莱山焉。"③钱起诗末句云:"蓬莱时入梦,知子忆贫交。"说明天宝十五载(756)钱起与郎士元曾同在秘书省任校书郎,并结为"贫交"。这也是钱起写给郎士元最早的一首诗。又据《唐才子传》,宝应初(761)选京畿县官,郎士元补渭南尉,才离开了秘书省。郎士元一到渭南就置了半日吴村别业。渭南东邻华县,西南邻蓝田县,华县尉王季友作诗祝贺(诗已佚),郎士元有《酬王季友题半日村别业兼呈李明府》;钱起作《题郎士元半日吴村别业兼呈李长官》诗云:"闰月今年春意赊"④,据历代闰朔表,宝应二年(763)正月恰为闰月,钱起诗作于此年正月无疑。同去祝贺的还有蓝田县令李行父,即郎士元诗题所称"李明府",因是钱起的顶头上司,钱起称"李长官"。此人不久就被罢官,钱起有《送李明府去官》《蓝上采石芥寄前李明府》《长安客舍赠李行父明府》。由郎士元宝应初(762)任渭南尉,可推知《谷口新居寄同省朋故》约作于上元元年(760)秋天,《东皋早春寄郎四校书》作于上元二年(761),时郎士元仍在秘书省任校书,而钱起已在蓝田尉任了。

钱起还有三首诗,可证天宝十五载(755)他仍在长安,未出任蓝田尉。有《东城初陷与薛员外王补阙暝投南山佛寺》诗,如果他在蓝田,长安"东城初陷",就不必逃往南山佛寺。还有《别张起居》诗,对钱起时在长安,更具说服力,诗云:"风涛初振海,鸳鹭各辞林。旧国关河绝,新秋草露深。"⑤诗中描述正是安史乱军入长安情景,时在七月,故云"新秋",与安史乱军入长安时间相合。当至德二载(757)肃宗由凤翔回到长安,钱起作《观法驾自凤翔回》,可证他仍在长安而未到蓝田。

从以上所述,可见二人唱和中钱起称王维为"给事",应是乾元元年(758)秋,王维官复给事中以后的事了。而在天宝末,王、钱无一首赠答诗,二人还未结交。蒋寅先生"王维天宝末官给事中,常悠游于终南山中的辋川别业,任蓝田县尉的钱起

① 岑仲勉:《唐人行第录(外三种)》,北京:中华书局上海编辑所1961年版,第97页。
② 辛文房:《唐才子传》,北京:古典文学出版社1957年版,第43页。
③ 傅璇琮:《唐代诗人丛考·钱起考》,北京:中华书局1980年版,第123页。
④ 王定璋:《钱起诗集校注》,杭州:浙江古籍出版社1992年版,第251页。
⑤ 王定璋:《钱起诗集校注》,杭州:浙江古籍出版社1992年版,第167页。

遂得从其游"之说就不能成立了。而傅璇琮先生虽未作更深入考证,但所推测的"则他(钱起)受命为蓝田尉,很可能是乾元元年(758)的事"的说法应是对的。王定璋先生"安史之乱前,天宝十三四载间"的说法亦误。王定璋先生在《钱起诗集校注》中,因对钱起任蓝田尉时间考订之误,又将钱起被罢官的时间大历二年(767)秋误为任校书郎的天宝末年,未考出钱起在蓝田尉后又任右拾遗一职及钱起罢官隐居的时间,导致对钱起许多诗作系年错误与错位。

陈铁民先生《王维年谱》云:"乾元元年戊戌(758),五十八岁。是春复官,责授太子中允,加集贤殿学士;迁太子中庶子,中书舍人……是秋,复拜给事中。"①陈铁民先生《王维集校注》中系《春夜竹亭赠钱少府归蓝田》于乾元二年(759),并考订钱起始任蓝田尉为此年。我以为,钱起授蓝田尉应在乾元元年(758)春,钱起与王维初始交往,春夜竹亭的唱酬,为我们提供了更确切的答案。王维《春夜竹亭赠钱少府归蓝田》称钱起"钱少府",而钱起《酬王维春夜竹亭赠别》却直呼其名"王维",作为晚辈后生岂能如此无礼。我推测,钱起诗题可能称"王给事",而安禄山亦授王维"给事中",正是王维所忌,屡次在给皇帝表章忏悔。因这时王维还未复官,就只好直呼其名了。这是王、钱结交后最早的唱和诗。之后钱起写给王维的诗皆称官衔,如"王舍人""中书王舍人""王维给事"。由此可证钱起任蓝田尉时间与钱、王始交是在乾元元年(756)王维复官之前了。王维此年春任中书舍人后,钱起又有《过王舍人宅》《中书王舍人辋川旧居》诗。王维《送钱少府还蓝田》与钱起《晚归蓝田酬王维给事赠别》应是乾元二年(759)春天在长安的唱酬了。在王维辞世后,钱起怀念故人,由蓝田县城去辋川凭吊故人,作《故王维右丞堂前芍药花开凄然感怀》。

乾元元年(758),王维五十八岁,钱起约四十岁,可谓忘年交矣。〔闻一多《唐诗大系》定钱起生于722年,无据。据我考证,大历二年(767)秋钱起罢官后有《秋夜作》诗云:"辛勤百年半",不久回家乡作《海畔秋思》诗云:"养疴仍壮年",其年应不足五十岁。大历五年(770)复官后任司勋员外郎时作《暇日题草堂》云:"为郎过壮岁",推算他应生于开元七年(719)。〕从乾元元年(758)春至上元二年(761)七月王维卒,二人有三年半时间的交往,钱起《晚归蓝田酬王维给事赠别》云:"霄汉时回首,知音青琐闱。"可见其交情之深厚。

二、王维亦官亦隐思想对钱起的直接影响

钱起在与王维结交之前的诗作中,极少有隐逸之类的诗句,而是一路高歌,不断进取。从十六岁那年开始参加科考,在近二十年屡仕不第的坎坷岁月中,也产生

---

① 陈铁民:《王维集校注》,北京:中华书局1997年版,第1366页。

过隐居的想法,但仅见《冬夜题旅馆》诗云:"退飞忆林薮,乐业羡黎庶。"①当乾元元年(758)春和有浓厚隐逸思想的王维开始交往,就衷肠互吐。王维对现任县尉唱道:"羡君明发去,采蕨轻轩冕。"钱起和曰:"今宵竹林下,谁觉花源远。"王维与钱起会聚,犹如俞伯牙会钟子期,高山流水,万语千言,谈话内容虽不得尽知,赠答诗即是话题中"亦官亦隐"的延续,王维唱道:"手持平子赋,目送老莱衣。"平子赋,即汉张衡《归田赋》,老莱子是以孝著称的隐士。钱起和曰:"徇禄仍怀橘,看山免采薇。"(《晚归蓝田酬王维给事赠别》)说他拿着俸禄能侍奉老母养家糊口,也能饱览蓝田山中美景,却不像伯夷、叔齐采薇充饥。钱起又盛赞王维:"大隐心何远,高风物自疏。"②"谁谓桃源里,天书问《考槃》。一从解蕙带,三入偶蝉冠。"③诗中充满对王维崇敬之意和对王维"亦官亦隐"的生活方式的认同。

《易》云:"遁之时义大矣哉。"④荀卿赞扬隐士们:"志意修则骄富贵,道义重则轻王公。"⑤正是由于隐士们重修德而轻利益的品行和情操,崇隐的话题经久不衰,践隐之道,代不乏人。到了唐代,对求官者虽有司马承祯"终南捷径"之嘲讽,而在官吏中的崇尚隐逸,却已成为一种风尚。崇隐不仅是一种精神上的追求,也是一种洁身自爱的标榜,正如钱起《晚秋和人归终南山别业》所云:"物外凌云操,谁能继此心。"⑥

后世在唐代文学研究中,学者们将其谓之"亦官亦隐"或"半官半隐"。王辉斌先生不赞成这种观点,他在《王维"亦官亦隐"质疑》对此提法提出驳斥,以唐代的官吏制度、休假制度为据,认为在当时是不能容许的,又归纳出隐居的四种类型之后,得出"李唐无'亦官亦隐'之例"⑦。我认为双方说的不是一回事,前者的"半隐"是指精神追求(排除那些"休假十日""当十天的'鸿鹄,'"者之说),后者将"半隐"理解为实际隐居,这就重蹈了逻辑学的论点转移。李唐时期没有把"亦官亦隐"叫得这么响,但不等于没有。试看钱起《酬元秘书晚出蓝溪见示》诗:"野性引才子,独行幽兴迟。云留下山处,鸟静出谷时。拙宦不忘隐,归休常在兹。知音倘相访,炊黍扫茅茨。"⑧这是钱起大历五年(770)后任司勋员外郎时,携元伯和回蓝田蓝溪别业休沐时所作,当是典型的一例吧。这种"亦官亦隐"并非唐人草创,南北朝时期,谢朓在他的《之宣城郡出新林浦板桥》中写道:"既欢怀禄情,复协沧州趣。嚣尘自兹隔,

---

① 王定璋:《钱起诗集校注》,杭州:浙江古籍出版社 1992 年版,第 7 页。
② 王定璋:《钱起诗集校注》,杭州:浙江古籍出版社 1992 年版,第 225 页。
③ 王定璋:《钱起诗集校注》,杭州:浙江古籍出版社 1992 年版,第 243 页。
④ 杨天才、周善文译著:《周易》,北京:中华书局 2011 年版,第 298 页。
⑤ 方勇、李波译著:《荀子》,北京:中华书局 2011 年版,第 17 页。
⑥ 王定璋:《钱起诗集校注》,杭州:浙江古籍出版社 1992 年版,第 110 页。
⑦ 王辉斌:《王维"亦官亦隐"质疑》,《王维研究》第四辑,第 49 页。
⑧ 王定璋:《钱起诗集校注》,杭州:浙江古籍出版社 1992 年版,第 167 页。

赏心于此遇。虽无玄豹姿,终隐南山雾。"①诗中的"既欢怀禄情,复协沧州趣"与钱起"拙宦不忘隐"毫无二致。在唐代王维应当是亦官亦隐的典型。其所以在后代能产生强烈的影响,就是因为他在辋川践行了这种理想,并以诗记录了这种独特的生活方式,使"亦官亦隐"臻于极致。并在和钱起的交往中,直接地影响了钱起。

王辉斌先生在驳斥"亦官亦隐"时,提出唐代受休假制度制约,是个重要的话题,但唐代如何实施"旬休",是值得探讨的。王维辋川别业距长安百余里路程,无论骑马、乘轿,路途往返都须二日。然王维的《山中与裴秀才迪书》与在辋川的近七十首诗在什么情况下所作?钱起的蓝溪别业与王维辋川路程相当,他在任拾遗、员外郎、郎中的不同时期休假时所作的《谷口书斋寄杨补阙》《山中酬杨补阙见过》《蓝溪休沐寄赵八给事》《重赠赵给事》《酬赵给事相寻不遇留赠》《酬元秘书晚出蓝溪见示》《和人晚归终南山别业》《秋园晚沐》等数十首诗,却是不容否定的历史痕迹。我推测可能是采取每月或每季集中一次休假的。

王维虽崇尚隐逸,主张亦官亦隐,而不主张真隐。其原因有二:一是,认为真隐是不符合儒家的礼教,有悖于"大伦"。在《与魏居士书》云:"圣人知身不足有也,故曰欲洁其身而乱大伦……"何谓大伦?《孟子·公孙丑》曰:"内则父子,外则君臣,人之大伦也。"②《论语·微子》篇亦云:"不仕无义,长幼之节不可废也,君臣之义如之何其废之,欲洁其身而乱大伦也,君子之仕也,行其义也。"③唐代虽然是一个儒、释、道多元思想并存的开放性国度,但其主体思想与国家构架模式是以儒家思想为核心,是以纲常伦理维系的封建社会。王维虽十分崇佛,然其主导思想仍是儒家体系。王维在《暮春太师左右丞相诸公于韦氏逍遥谷宴集序》中云:"不废大伦,存乎小隐,迹崆峒而身拖朱绂,朝承明而暮宿青霭。"④"不废大伦"即是不能背离纲常思想的大前提,而"亦官亦隐"是大前提下的小自由。钱起正是王维亦官亦隐思想追随者,是其衣钵的传承者。钱起在这方面虽无论述,但在他的诗歌中却能充分地体现,钱起在蓝田尉任上,于上元元年(769),在玉山北麓、蓝溪之滨置别业后,即作《谷口新居寄同省朋故》诗云:"亦知生计薄,所贵隐身处。"次年,又作《东皋早春寄郎四校书》云:"禄微赖学稼,岁起归蒌茅。穷达恋明主,耕桑亦近郊。"稍晚于钱起的高仲武将此诗辑录在《中兴间气集》中,并加评语云:"又'穷达恋明主,耕桑亦近郊'。礼仪克全,忠孝兼著,足以弘长名流,为后世楷式。"⑤可见钱起与王维所说"不废大伦,存乎小隐"如出一辙。又可从高仲武评语中看出唐代人对"亦官亦隐"

---

① 谢朓:《之宣城郡出新林浦板桥》,《中国诗词经典》,济南:山东大学出版社 1994 年版,第 592 页。

② 方勇译:《孟子》,北京:中华书局 2010 年版,第 66 页。

③ 张燕婴译:《论语》,北京:中华书局 2006 年版,第 284 页。

④ 陈铁民:《王维集校注》卷八,第 701 页。

⑤ (唐)高仲武《中兴间气集》,计有功《唐诗纪事》卷三十,上海:上海古籍出版社 2008 年版,第 471 页。

的态度与评价是非常认同的。

王维诗中亦官亦隐的题材,《辋川集·漆园》最为典型,诗云:"古人非傲吏,自阙经世务。偶寄一微官,婆娑数株树。"①王维以隐于林下的庄周自况。而钱起则唱得更响:"拙宦不忘隐,归休常在兹。"(《酬元秘书晚出蓝溪见寄》)

他们也尽力鼓励亲友入仕,王维的内弟崔兴宗隐居于蓝田玉山脚下,不欲出仕,王维与王缙邀卢象、裴迪前去崔兴宗家,有同咏《与卢员外象过崔处士兴宗林亭》,乍看是一次寻常雅集,细品每首诗意,则知是规劝崔兴宗出仕,此次又同咏《青雀》诗言志,崔兴宗云:"不应常在藩篱下,他日凌云谁见心。"②之后,王维又在《秋夜独坐怀内弟崔兴宗》诗中鼓动道:"思子整羽翮,及时当云浮。"③崔兴宗最终入仕。钱起有《过曹钧隐居》诗,这位曹钧隐士是钱起笔下诸多隐士中最令他赏识和崇敬的人物。诗末叹道:"谁当举玄晏,不使作良臣。"④对曹钧深表惋惜,他认为有德有才之仕就应为国家重用。与王维思想同出一辙。

王维虽崇尚隐逸,崇拜前代隐士们的情操气节风范,但不主张过许由、巢父式的生活。他以为那种苦行僧式的隐士生活是一种自欺。许由、巢父是古代隐士的鼻祖,帝尧闻其贤,欲让位与许由,而他不就,又让他当九州长,他听了使臣的话,非但不接受,且认为弄脏了他的耳朵,洗耳颍水,历来被传为佳话。王维在《与魏居士书》中则毫不客气地批评许由:"古之高者曰许由,挂瓢于树,风吹瓢,恶而去之。闻尧让,临水而洗其耳。耳非驻声之地,声无染耳之迹。恶外者垢内,病物者自我。此尚不能至于旷士,岂入道者之门欤!"⑤钱起在大历二年罢官后,热衷于修道,其间曾赴嵩山向焦道士求炼丹术,同时游许由庙并作《谒许由庙》诗云:"故向箕山访许由,林泉物外自清幽。松上挂瓢枝几变,石间洗耳水空流。绿苔唯见遮三径,青史空传谢九州。缅想古人增叹惜,飒然云树满岩秋。"⑥"石间洗耳水空流""青史空传谢九州",连用两个"空"字。使人感到其潜台词有不屑或嘲讽之意味。说明钱起虽亦崇拜隐逸,但也和王维同样不赞成许由的生活方式。

王维不主张真隐,在《与魏居士书》一文,能找出更明白、更直接的答案。魏居士是初唐名臣魏征的后代,后流落为庶人。唐肃宗起拜为右史(即起居舍人,从六品上)而不就,王维写信给他,劝其应诏就职,说"且又禄及其养室,昆弟免于负薪"。又用陶渊明的教训来开导他,说"近有陶潜,不肯把板屈腰见督邮,解印绶弃官去。

---

① 《漆园》见《王维集校注》卷五编年诗(辋川之什)《辋川集》第426页。

② (唐)崔兴宗:《青雀》,《全唐诗》第二函第八册,第302页。

③ (唐)王维:《秋夜独坐怀内弟崔兴宗》,《王维集校注》卷三,第300页。

④ 王定璋:《钱起诗集校注》,杭州:浙江古籍出版社1992年版,第13页。

⑤ (唐)王维:《与魏居士书》,《王维集校注》卷八,第1095页。

⑥ 王定璋:《钱起诗集校注》,杭州:浙江古籍出版社1992年版,第269页。

后贫,《乞食》诗云:'叩门拙言辞。'是屡乞而惭也。尝一见督邮,安食公田数顷。一惭之不忍,而终身惭乎? 此亦人我攻中,忘大守小,不计其后之累也"。这是王维发自肺腑之言,也无妨说这是王维之现身说法。王维几度隐居后无禄的困窘,是有切身感受的。他在开元十五年(727)隐于淇上时所作《偶然作》第四首写道:"陶潜任天真,其性颇耽酒。自从弃官来,家贫不能有。九月九日时,菊花空两手。心中窃自思,倘有人送否? 白衣携壶觞,果来遗老叟……生事不曾问,肯愧家中妇。"即是王维当时的心理写照。而钱起与王维有相似的实际隐居经历。广德元年(763)腊月,受宰相刘晏的提携,回朝任右拾遗,但不到四年,在大历二年(764)秋却因故罢官,这突如其来的变故,致使钱起效法王维而为自己设计的"亦官亦隐"生活构架轰然垮塌了,让他陷入迷惘与困惑之中。在《离居夜雨奉寄李京兆》《宿新里馆》诗即可看出。李京兆即钱起的故交李勉,时任京兆尹。钱起求其援手,但未扭转被罢官的局面。又有《秋夜作》:"万计各无成,寸心日悠漫。浮生竟何穷,巧历不能算。流落四海间,辛勤百年半。商歌向秋月,哀韵兼浩叹。瘝瘝怨佳期,美人隔霄汉。寒云度穷水,别业绕垂幔。窗中问谈鸡,长夜何时旦?"[1]郎士元送他回到蓝溪谷口别业,有《送钱拾遗归兼寄刘校书》诗云:"归客不可望,悠然蓝上村。"他带着全家,开始了隐士生活,艰难困苦,实不堪言。在《罢官后酬元校书见赠》诗中写道:"忘机贫负米,忆戴出无车。邻犬吠初服,家人愁斗储。……宦名随落叶,生事感枯鱼。"[2]《穷秋对雨》:"生事萍无定,愁心云不开。翟门悲瞑雀,墨灶上寒苔。"[3]何其悲怆。他们在有了官职时,生活有了保障,尽享"亦官亦隐"的优越。在失去官职时,就显出失意与颓丧、狼狈。

钱起这种"亦官亦隐"思想,也受到质疑和讥讽,蒋寅先生在《大历诗人研究》(159 页)批评道:"诗中对他(元校书)所发的牢骚真实地流露出钱起的生活感受和生活态度。它使以前诗中反复吟咏的隐逸主题和罢官后'亦知生计薄,所贵隐身处'(《谷口新居寄同省朋故》)的自白顿然失去了真实感,让我们看到大历诗人在大唱隐逸高调的背后有着多么现实的功利主义态度和价值上的物质取向。"[4]蒋先生的话似乎很有道理的,但却忽视了钱起所追求的隐逸是"亦官亦隐",忽视了唐代官场崇隐是种社会风尚,如果抛开了这个前提,那么我们将会感到钱起在仕与隐的思想是一团乱麻,不须今人批评,即使在当时也会成为笑柄,难以立足,安能被誉为"大历十才子",而备受推崇。

在谈到亦官亦隐,不惟今人质疑,就是在晚于王维、钱起的韩愈亦认为:"山林

---

① 王定璋:《钱起诗集校注》,杭州:浙江古籍出版社 1992 年版,第 40 页。
② 王定璋:《钱起诗集校注》,杭州:浙江古籍出版社 1992 年版,第 236 页。
③ 王定璋:《钱起诗集校注》,杭州:浙江古籍出版社 1992 年版,第 117 页。
④ 蒋寅:《大历诗人研究》,北京:北京大学出版社 2007 年版,第 159 页。

者士之所以独善自养,而不忧天下者所安也,如有忧天下之心,则不能也。"①而王志清教授在其《纵横论王维》中,将隐与仕谓之"二反背律",认为王维"亦官亦隐"的"不废大伦,存乎小隐"将仕与隐的"二反背律"融通了,并赞扬王维说:"王维却兼得鱼和熊掌,不仅从'纯粹意识'上调和了仕与隐的关系,而且把这'两难选择'变成诗性境界,亦成了具有实践性意义的生存智慧。"②王先生此论何等精彩,何等透彻,不愧被誉王维隔代知音。

王维在辋川这个世外桃源居住了将近二十年,践行了他亦官亦隐的理想。在此留下《辋川集》《辋川图》,在后世产生很大影响,历代骚人墨客络绎不断前来辋川瞻仰遗迹,又留下许多诗文,将辋川图数次刻石,掀起了一次又一次王维辋川文化热,为王维辋川文化积累了丰厚的后续层,清代道光年间,蓝田县令胡元焕辑为《重修辋川志》。我为该书作了校注,以期使王维辋川文化更为光大。

钱起受王维的影响,亦在玉山脚下、蓝溪谷口置有别业,从上元元年(760)起,直到临终,居住了二十四五年。在此写了数十首隐逸诗和山水诗。且将别业传给儿子钱徽。白居易《和钱员外早冬玩禁中新菊》诗云:"……仙郎小隐日,心似陶彭泽。秋怜潭上看,日惯篱边摘。今来此地赏,野意潜自适。金马门内花,玉山峰下客……"诗后自注:"钱尝居蓝田玉山下,故云。"③诗约作于元和四五年,钱徽任祠部员外郎时,他已经五十四五岁了,休沐时仍回父亲所置玉山下的别业。从诗中"仙郎小隐日,心似陶彭泽"可见王维亦官亦隐思想,不仅影响了钱起,也影响了钱起的儿子钱徽。钱徽又感染了白居易,白也跑到蓝田卜居,有《游蓝田山卜居》诗可证。后来钱起的曾孙钱珝任蓝田尉时,可能还住在曾祖的别业。可惜唐代文学研究中,对钱起研究的薄弱,致使他几乎处于被遗忘的境地。

三、王维在诗歌创作上对钱起的影响

天宝九载(750),钱起省试以"曲终人不见,江上数峰青",受到座主李昕青睐,举为进士,诗名大噪。明王世贞《艺苑卮言》评其:"凡省试诗类,鲜佳者,如钱起《湘灵》之诗,亿不得一。"钱起入仕后,在开元、天宝时期所存的三十余首诗,虽可窥其诗才,然近半数是旅宿、落第之类,称得上佳作的篇幅不多。唯"长乐钟声花外尽,龙池柳色雨中新"(《阙下赠裴舍人》)④,多为评家称道。而当他与王维结识后,其潜在的诗才得以展示。诗歌创作无论数量和质量都得以提升,这应当说与受王维影响有关。其诗作格调与王维诗有神似之处,历代的诗论家认为钱起是王维的传

---

① (唐)韩愈:《二十九日复上宰相书》,《韩昌黎全集》卷十六,北京:中国书店1991年版。

② 王志清:《纵横论王维》,济南:齐鲁书社2008年版,第100页。

③ (唐)白居易:《和钱员外早冬玩禁中新菊》诗,见《全唐诗》白居易诗集第1082页。

④ 王定璋:《钱起诗集校注》,杭州:浙江古籍出版社1992年版,第279页。

承者,翁方纲云:"仲文、文房皆沿右丞余波。"①刘熙载《诗概》云:"钱仲文、郎君胄大率衍王、孟之绪,但王、孟之浑成,却非钱、郎所及。"②管世铭亦云:"大历五古以钱仲文为第一,得处宛然右丞。"③清余成教《石园诗话》直截了当地说:"钱仲文受知于王右丞。"④其所以如此说,是认为二者诗风皆蕴清气,幽深简远,一脉传承。胡震亨云:"清空闲远。"⑤纪昀云:"王清而远。"评钱起亦说"清"。高仲武云:"员外诗体格新奇,理致清赡。"沈德潜云:"仲文五古仿佛右丞,而清秀弥甚。"⑥

王维诗追求自然、冲淡、简远,故能臻于"淡者屡深"(《诗品》)的境界。如:"行到水穷处,坐看云起时"(《终南别业》),"松风吹解带,山月照弹琴"(《酬张少府》),又如《辋川集》中的《辛夷坞》《栾家濑》《鹿柴》等诗,本于自然景物,如实写照,看似平淡,读后余味无穷。正如司空图《诗品·自然》所云:"俯拾即是,不取诸邻。俱道适往,着手成春。"⑦钱起许多诗韵味与王维十分相近,如:"步石随云起,题诗向水流"(《九日登玉山》),"牛羊下山小,烟火隔云深"(《题玉山村叟屋壁》),又如二人唱和的几首诗,及在任蓝田尉时期的诗作。以后钱起追求"幽深婉转,清赡流丽""圆润精雅""新奇研炼,简淡自然"(王定璋《钱起诗评价》),但其诗风仍属"清诗"这一流派。乾元初,隐居蓝溪的发小长孙绎为他送杏,他作《酬长孙绎蓝溪寄杏》:

> 爱君蓝水上,种杏近成田。拂径清阴合,临流彩实悬。
> 清香和宿雨,佳色出晴烟。懿此倾筐赠,相知怀橘年。
> 芳馨来满袖,琼玖愿酬篇。把玩情何极,云林若眼前。

读来清爽上口,杏林景色如在眼前。以诗酬杏,情谊愈增。钱起叙事诗中杂糅写景,以景造境,借景抒情,以期情景交融。又如罢官隐居期间的《小园招隐》:

> 支离鲜兄弟,形影如手足。但遂饮冰节,甘辞代耕禄。
> 斑衣在林巷,始觉无羁束。交柯低户阴,闲鸟将雏宿。
> 穷通世情阻,日夜苔径绿。谁言北郭贫,能分晏婴粟。

---

① 张进等编:《王维资料汇编》,北京:中华书局出版 2014 年版,第 1338 页。
② 张进等编:《王维资料汇编》,北京:中华书局出版 2014 年版,第 1500 页。
③ 王定璋《钱起诗集校注》,杭州:浙江古籍出版社 1992 年版,第 364 页。
④ (清)余成教《石园诗话》,张进等编:《王维资料汇编》,北京:中华书局出版 2014 年版,第 1473 页。
⑤ (明)胡震亨《唐音癸籤》,张进等编:《王维资料汇编》,北京:中华书局出版 2014 年版,第 641 页。
⑥ (清)沈德潜《唐诗别裁》,中华书局出版 1975 年版,第 68 页。
⑦ (唐)司空图《二十四诗品》,何文焕辑《历代诗话》上,北京:中华书局 1981 年版,第 42 页。

用斑衣的老莱子自喻孝母，用交柯比喻夫妻恩爱，以闲鸟将雏喻养育子女，真是乐享天伦，一幅山居隐逸图跃然纸上。

钱起在蓝田尉任上足迹踏遍蓝田山山水水，走访了许多隐士，写了许多山水田园诗，作了近五十首诗，罢官后隐居蓝溪四十余首，回朝做官来蓝溪休沐四十余首，在蓝田共写下130余首诗，这些诗可以说是钱起诗精华之所在。一个诗人在一个地方写这么多诗，在文学史上少见。这些诗章都渗透着王维诗的影子。风景诗有几十首，可是马晓地先生在《王维与钱起》一文，不去选取，却反复将无可比性可言的钱起送行诗中的风景描写和王维的风景诗比较，让人大跌眼镜。固然钱起的送行诗有104首，占诗作总数的四分之一。其中佳作连篇，否则，就不会有"右丞以往，（郎）与钱更长，自丞相已下，更出作牧，二公无诗祖饯，诗论鄙之"①的说法。

钱起是个把诗歌创作等同生命看待的诗人，《暇日览旧诗因以题咏》云："有寿亦将归象外，无诗兼不恋人间。"②在诗歌创作中虽师法王维，他的山水田园诗，对二谢（谢灵运、谢朓）、陶潜、孟浩然均有所借鉴。转益多师，广泛接受传承，但不甘墨守成规，力求打造自己的风格。他虽名列"大历十才子"之中，毕竟在开元、天宝时代生活时间长，接受盛世的熏陶时间较长，成为诗风转型时期的代表人物。钱起的写作手法多样，五、七言古诗遣词造句，趋于流畅自然，而于律诗，则精工细琢，句法新颖奇妙，别树一格，如："竹怜新雨后，山爱夕阳时"（《谷口书斋寄杨补阙》），"昔年莺出谷，今日凤归林"（《和人秋归终南山别业》），在唐代人即有"前有沈、宋，后有钱、郎"之誉。他的诗集中律诗和绝句占四分之三，对中国诗歌艺术的发展做出卓越的贡献。

因王维一生信奉佛教，评论家将其诗中自然淡远类的诗评为有禅味，而钱起是个忠实的道教徒，虽诗风与王维接近，而在其作品中道家思想非常浓厚，我们不妨说其诗有道味。特别是钱起在罢官后，隐居蓝田蓝溪之际，他的崇道思想突显。读诵道经似乎成为平日功课："愿言金丹寿，一假鸾凤翼。日夕开真经，言忘心更默。"（《东陵药堂寄张道士》）③"仙篆满床闲不厌，阴符在箧老羞看。"（《幽居暮春书怀》）④"日长农有暇，悔不带经来。"（《南溪春耕》）⑤他曾去嵩山从焦炼师学炼丹术，后在玉山下别业还设有药堂，进入道家炼丹的层次。《药堂秋暮》诗云："有时丹灶上，数点彩霞重。勉事壶公术，仙期待赤龙。"⑥仙家以为茯苓能使人长寿，他常进

---

① 高仲武《中兴间气集》语，见王定璋：《钱起诗集校注》，杭州：浙江古籍出版社1992年版，第349页。

② 王定璋：《钱起诗集校注》，杭州：浙江古籍出版社1992年版，第276页。

③ 王定璋：《钱起诗集校注》，杭州：浙江古籍出版社1992年版，第18页。

④ 王定璋：《钱起诗集校注》，杭州：浙江古籍出版社1992年版，第268页。

⑤ 王定璋：《钱起诗集校注》，杭州：浙江古籍出版社1992年版，第188页。

⑥ 王定璋：《钱起诗集校注》，杭州：浙江古籍出版社1992年版，第196页。

山采撷茯苓服用："采苓日往还,得性非樵隐。"(《自终南山晚归》)①"不得采苓去,空思乘月归。"(《登秦岭半岩遇雨》)②他还效法古代道家,服食五石散:"有时行药来,喜遇归山客。"(《板桥》)③古人服食五石散后,漫步以散发药性,谓之行药,亦称行散。在《蓝溪杂咏》组诗中,充满着浓厚的道家意味。虽不能与王维《辋川集》媲美,却也自有其特色。

耿湋《题清源寺》问道:"不知登座客,谁得蔡邕书?"钱起与裴迪应该说是王维未称过门人的门人。而钱起与王维诗风相近,二人在气质禀赋、审美追求、文博素养方面都有很多相似之处。所以意象思维接近,有些作品诗风也趋于类同。裴迪虽追随王维为时较久,交情更为深厚,且有同咏《辋川集》,而与王维诗风迥异。杜甫赠裴迪诗云"知君苦思缘诗瘦"(《暮登四安寺钟楼寄裴十迪》)④,王维《闻裴秀才迪吟诗因戏赠》云:"猿吟一何苦,愁朝复悲夕。莫作巫峡声,肠断秋江客!"可见其诗思不畅,意象思维欠缺,诗中缺乏含蓄,每每"直白"。与钱起诗相比逊色不少。如果移时当今,选王维诗歌非物质文化遗产传承人,非钱起莫属了。

(作者单位:蓝田县王维文化研究会)

---

① 王定璋:《钱起诗集校注》,杭州:浙江古籍出版社 1992 年版,第 8 页。
② 王定璋:《钱起诗集校注》,杭州:浙江古籍出版社 1992 年版,第 20 页。
③ 王定璋:《钱起诗集校注》,杭州:浙江古籍出版社 1992 年版,第 288 页。
④ 杜甫著,杨伦笺注:《杜诗镜铨》,上海:上海古籍出版社 1998 年版,第 346 页。

论"中唐—北宋"的王维诗接受
与王维诗史定位

张 进

　　从近年来的王维诗接受研究看,盛唐被认为是鼎盛期,中唐大历时期是延续期。元和年间,古文运动与新乐府运动兴起,杜诗被"发现",李、杜开始并尊,王维诗接受走向"非中心",即"边缘化"①。但王维诗并未"淡出"诗家的视野,而是由盛唐时期对王维诗的全面接受转向对王维山水、田园、隐逸及送别诗的关注。这种倾向,在北宋诗文革新运动中,被延续、凸显、定格,由此确立了宋代王维诗接受的基本格局,从而影响到王维的诗史定位。

一

　　对唐王朝造成重创的安史之乱,历时八年基本平定,此后进入中唐时期。面对社会经济的巨大破坏,及各种社会矛盾的亟待解决,中唐有识之士,一方面实行财政改革,增加国库税收,缓解贫富矛盾;一方面倡导复兴儒学,振举纲纪,革除时弊,以图中兴。韩、柳倡导的"古文运动"和白居易、元稹、张籍、李绅等倡导的"新乐府运动"应运而生。宪宗元和年间,"文学上的革新思潮弥漫文坛,成为一时风气"②。前有韩、柳雄踞,后有元、白风行。

　　韩、柳、元、白、刘禹锡等都曾有监官或谏官的身份(通称言官),他们对文学的社会功能高度重视,极力倡导诗歌讽喻现实,补察时政,引导了元和时期的文学思潮。韩愈主张"不平则鸣",力挺陈子昂、李、杜、元结、孟郊等人之诗,③柳宗元提倡"文以明道",认为歌诗"导扬讽喻,本乎比兴"④。白居易反对诗歌一味"嘲风雪,弄

――――――――――

① 王志清:《"后王维"时代的王维接受》,《唐都学刊》2007 年第 6 期。
② 罗宗强:《隋唐五代文学思想史》,上海:上海古籍出版社 1986 年版,第 190 页。
③ 韩愈:《送孟东野序》,孙昌武选注《韩愈选集》,上海:上海古籍 1996 年版,第 202—207 页。
④ 柳宗元:《杨评事文集后序》,《柳河东集》卷二十一,上海:上海古籍出版社 2008 年版,第 371 页。

花草",主张"救济人病""裨补时阙"。①元稹作《和李校书新题乐府十二首》,每首举一事、议一事,意在讽喻社会现实问题。刘禹锡提出"穷愁著书,古儒者大同"②。由此,杜诗忧国伤时、哀恤民生以及兼擅众体的优势被"发现",知名度迅速提高,有了李、杜并称的说法。韩愈《荐士》中首称:"国朝盛文章,子昂始高蹈。勃兴得李、杜,万类困陵暴。"③又《调张籍》中高唱:"李杜文章在,光焰万丈长……伊我生其后,举颈遥相望……"④白居易、元稹文章中也提到"世称李、杜","时人谓之李、杜",然以为李不如杜。元稹谓杜诗"上薄风骚,下该沈宋,古傍苏李,气夺曹刘……尽得古今之体势,而兼人人之所独专",而李"诚亦差肩于子美"⑤。但这并不影响李、杜并称。自此李、杜开始被推尊,而王维诗接受走向"非中心"。

尽管如此,对于韩、柳、元、白、刘等大诗人来说,并未远离王维诗。譬如,王维第一个将陶渊明的《桃花源记并序》改写成七言歌行《桃源行》,将陶渊明所描绘的无战乱、无赋税、淳朴谐和的理想世界,描写成"桃源仙境",引发了刘禹锡、韩愈等人的同题材创作,以致后来关于《桃源行》的再创作代代不绝,成为王维诗接受的热点之一。

王维《桃源行》:

> 渔舟逐水爱山春,两岸桃花夹古津。坐看红树不知远,行尽青溪不见人。
> 山口潜行始隈隩,山开旷望旋平陆。遥看一处攒云树,近入千家散花竹。
> 樵客初传汉姓名,居人未改秦衣服。居人共住武陵源,还从物外起田园。
> 月明松下房栊静,日出云中鸡犬喧。惊闻俗客争来集,竞引还家问都邑。
> 平明闾巷扫花开,薄暮渔樵乘水入。初因避地去人间,及至成仙遂不还。
> 峡里谁知有人事,世中遥望空云山。不疑灵境难闻见,尘心未尽思乡县。
> 出洞无论隔山水,辞家终拟长游衍。自谓经过旧不迷,安知峰壑今来变。
> 当时只记入山深,青溪几度到云林。春来遍是桃花水,不辨仙源何
> 处寻。⑥

擅长音乐绘画的十九岁少年王维,以宛转流动、摇曳多姿的抒情节奏,红树青

① 白居易:《与元九书》,顾学颉校点《白居易集》卷四十五,北京:中华书局 1979 年版,第 965 页。
② 刘禹锡:《刘氏集略说》,陶敏等《刘禹锡全集编年校注》卷十八,北京:中华书局 2019 年版,第 2001 页。
③ 韩愈:《荐士》,孙昌武注《韩愈选集》,上海:上海古籍出版社 1996 年版,第 88 页。
④ 韩愈:《调张籍》,孙昌武选注《韩愈选集》,上海:上海古籍出版社 1996 年版,第 129 页。
⑤ 元稹:《唐故工部员外郎杜君墓系铭并序》,周相录《元稹集校注》卷五十六,上海:上海古籍 2011 年版,第 1360 页。
⑥ 王维:《桃源行》,陈铁民《王维集校注》(修订本)卷一,北京:中华书局 2018 年版,第 12 页。

溪、桃花流水的生动画面，和"灵境""仙源"的无限美好和神秘，赋予了《桃源行》以音乐的美、绘画的美、意境的美。"桃花源"也成为他倾心向往的人生理想之境。王维安史之乱中陷贼，作《口号又示裴迪》："安得舍尘网，拂衣辞世喧。倏然策藜杖，归向桃花源。"①

刘禹锡在参与"永贞革新"失败后，被贬为朗州司马，治所即在武陵。他搜奇访胜，写了《游桃源一百韵》，并仿效王维写下了《桃源行》：

> 渔舟何招招，浮在武陵水。拖纶掷饵信流去，误入桃源行数里。
> 清源寻尽花绵绵，踏花觅径至洞前。洞门苍黑烟雾生，暗行数步逢虚明。
> 俗人毛骨惊仙子，争来致词何至此。须臾皆破冰雪颜，笑言委曲问人间。
> 因嗟隐身来种玉，不知人世如风烛。筵羞石髓劝客餐，灯爇松脂留客宿。
> 鸡声犬声遥相闻，晓色葱茏开五云。渔人振衣起出户，满庭无路花纷纷。
> 翻然恐失乡县处，一息不肯桃源住。桃花满溪水似镜，尘心如垢洗不去。
> 仙家一出寻无踪，至今流水山重重。②

刘禹锡沿袭了王维诗之意，着力渲染桃花源为仙境。诗中称桃花源中人为"仙子"，肤如冰雪，笑言委婉，种玉餐羞、灯爇松脂，已然不是陶渊明笔下的"桃源人"所过的"相命肆农耕，日入从所憩"的农耕生活。从全诗看，刘禹锡对桃源"仙子"外貌言谈、饮食居所的描绘，比王维诗中对桃源"居人"的描写，更加具体更为美化，从而强化了王维诗的"桃源仙境"主题。

刘禹锡在写了《桃源行》之后，还支持喜欢作画的武陵太守窦常绘成《桃源图》，寄给在尚书省任职的卢汀，窦、卢都是韩愈的朋友，卢在图上题跋，并请韩愈赋咏。韩愈以维护儒家正统为己任，对佛道二教持排斥态度，自然对王维、刘禹锡诗中的"灵境""仙源"之说不能认同。他在《桃源图》中写道：

> 神仙有无何渺茫，桃源之说诚荒唐。流水盘回山百转，生绡数幅垂中堂。
> 武陵太守好事者，题封远寄南宫下。南宫先生忻得之，波涛入笔驱文辞。
> 文工画妙各臻极，异境恍惚移于斯。架岩凿谷开宫室，接屋连墙千万日。
> 嬴颠刘蹶了不闻，地坼天分非所恤。种桃处处惟开花，川原近远蒸红霞。
> 初来犹自念乡邑，岁久此地还成家。渔舟之子来何所，物色相猜更问语。
> 大蛇中断丧前王，群马南渡开新主。听终辞绝共凄然，自说经今六百年。

---

① 王维：《口号又示裴迪》，陈铁民《王维集校注》（修订本）卷六，第531页。
② 刘禹锡：《桃源行》，陶敏等《刘禹锡全集编年校注》卷一，北京：中华书局2019年版，第60页。

当时万事皆眼见,不知几许犹流传。争持酒食来相馈,礼数不同樽俎异。
月明伴宿玉堂空,骨冷魂清无梦寐。夜半金鸡啁哳鸣,火轮飞出客心惊。
人间有累不可住,依然离别难为情。船开棹进一回顾,万里苍苍烟水暮。
世俗宁知伪与真,至今传者武陵人。①

韩愈开篇就力辟"神仙"之说,从"桃源图画"说起。他称此图为武陵太守所绘,南宫先生所题,"文工画妙各臻极,异境恍惚移于斯",接着由图中所绘并结合桃源本事写来,最后以"世俗宁知伪与真,至今传者武陵人"作结。在他看来,桃源不过是传说之乡,文人画家笔下的想象之境,世俗人岂知它的真伪,暗示此境并不存在。程千帆先生认为,王维、韩愈及宋代王安石的《桃源行》三诗皆为成功之作。"就主题说来,王维诗是陶渊明诗的异化,韩愈诗是王维诗的异化,而王安石诗则是陶渊明诗的复归和深化。主题的异化和深化,乃是古典作家以自己的方式处理传统题材的两个出发点,也是他们使自己的作品具备独特性的手段。"②就艺术性而言,王维《桃源行》不仅在结构上紧凑而又超脱,在灵境的描摹上也只略加点染,颇似南宗山水,使人读来有恍若身临其境、心向往之之感";而韩愈的手法,即如金德瑛(乾隆元年状元)所说,一方面"一一依故事铺陈",另一方面,又通过"当时万事皆眼见,不知几许犹流传",从情景虚中模拟,从而有异于"前人皆于实境点染"。③可以说,韩愈通过对王维诗旨的异化、写作手法的转换,取得了分歧性接受的成功。

韩愈的纪游诗《山石》,叙写从黄昏到寺、夜深卧寺到天明别寺全过程的见闻与感想,与王维《蓝田山石门精舍》的结构层次完全一致。不过,王维诗的重点在前两层(到寺、卧寺的描写),韩愈诗的重点在后一层(别寺的感想),各得其妙。

韩愈还有摹拟王维、裴迪《辋川集二十首》所作的《奉和虢州刘给事使君三堂新题二十一咏》。序中说,刘伯刍以给事中出使虢州刺史,将刺史宅旁的园林复为增饰,"作二十一诗以咏其事,流行京师,文士争和之。余与刘善,故亦同作"。兹录二首。《渚亭》:"自有人知处,那无步往踪? 莫教安四壁,面面看芙蓉。"《月池》:"寒池月下明,新月池边曲。若不妒清妍,却成相映烛。"④韩愈序与诗,令后世读者看到了刘刺史摹拟王维辋川组诗之作品,在元和时期"流行京师,文士争和"的情形。

① 韩愈:《桃源图》,卞孝萱、张清华编选《韩愈集》,南京:凤凰出版社 2014 年版,第 169—173 页。
② 程千帆:《相同的题材与不相同的主题、形象、风格——四篇桃源诗的比较研究》,《古诗考索》,北京:商务印书馆 2014 年版,第 139 页。
③ 程千帆:《相同的题材与不相同的主题、形象、风格——四篇桃源诗的比较研究》,《古诗考索》,北京:商务印书馆 2014 年版,第 141—142 页。
④ 韩愈:《奉和虢州刘给事使君三堂新题二十一咏》,孙昌武选注《韩愈选集》,上海:上海古籍出版社 1996 年版,第 125—126 页。

孙昌武先生说:"韩诗虽不如王、裴之高妙超逸而更富理致,但闲适自然,精切朗畅,与长篇大幅雄奇高古一类作品不同。这一方面显示了韩愈创作风格、体裁的多样化。另一方面这类诗多写于元和后期,也反映了诗坛风气的变化和诗人思想情绪的转变。"①这说明,王维作品对元和后期诗坛是有明显影响的。美国汉学家宇文所安也说:"在审美感觉和思想情趣上,王维和韩愈的分歧几乎超出了所有唐代诗人;韩愈对《辋川集》模式异乎寻常的折服,在一定程度上说明了它那巨大的影响力。"②

元和年间两度拜相的武元衡也作有《桃源行》。武元衡与白居易、韩愈等有过诗歌唱和。《旧唐书》载:"元衡工五言诗,好事者传之,往往被于管弦。"③其《桃源行送友》云:

> 武陵川径入幽遐,中有鸡犬秦人家,家傍流水多桃花。
> 桃花两边种来久,流水一通何时有。垂条落蕊暗春风,夹岸芳菲至山口。
> 岁岁年年能寂寞,林下青苔日为厚。时有仙鸟来衔花,曾无世人此携手。
> 可怜不知若为名,君往从之多所更。古驿荒桥平路尽,崩湍怪石小溪行。
> 相见维舟登览处,红堤绿岸宛然成。多君此去从仙隐,令人晚节悔营营。④

诗中先写桃源之境,山口之外桃花流水,夹岸芳菲,山口之内幽静寂寞,仙鸟衔花。然后转入"送友"之事,虚摹途中之景,归于"仙隐"之旨。末句"营营",形容求取名利之急切,反衬仙隐之可贵,使得"桃源"主题,由陶渊明的"理想社会",一变为王维、刘禹锡的"桃源仙境",二变为韩愈的"否定神仙",三变为武元衡的"学仙隐逸"。同时打破了王维通篇写桃花源故事的模式,开启了"桃源行送友(寄友)"的模式。

元和诗人多有贬逐、外放的经历,他们以各自的处境和心态去感受王维诗。刘禹锡说他在外二十八年间,知清途隔绝:"对花木则吟王右丞诗云:'兴阑啼鸟换,坐久落花多',则幽居之趣少安乎!"⑤元稹作有《辋川》诗,借辋川水抒发感慨:"世累为身累,闲忙不自由。殷勤辋川水,何事出山流。"⑥元稹与好友杨巨源关注到王维

---

① 韩愈:《奉和虢州刘给事使君三堂新题二十一咏》,孙昌武《奉和虢州刘给事使君三堂新题二十一咏》评笺按语,第 127 页。
② 宇文所安:《盛唐诗》,北京:三联书店 2004 年版,第 38 页。
③ 刘昫:《旧唐书》卷一百五十八《武元衡传》,北京:中华书局 1975 年版,第 4161 页。
④ 武元衡:《桃源行》,《全唐诗》卷三百十六,北京:中华书局 1960 年版,第 3547 页。
⑤ 范摅:《云溪友议》卷中《中山悔》,《文渊阁四库全书》第 1035 册,第 597 页。
⑥ 元稹:《辋川》,周相录《元稹集校注》卷十五,上海:上海古籍 2011 年版,第 474 页。

诗的创作特点,好融入佛之禅理。元稹云:"延清(宋之问)苦拘检,摩诘好因缘。"①巨源云:"王维证时符水月,杜甫狂处遗天地。"②柳宗元没有留下直接与王维相关的作品。但王、柳的山水田园诗皆学陶诗之自然平淡,因境遇的不同,王维清而秀,柳宗元清而峭。

白居易后期诗中所表现出的"朝隐"心态,与王维的"亦官亦隐",不无相通之处。他说:"常爱辋川寺,竹窗东北廊。一别十余载,见竹未曾忘……清风北窗卧,可以傲羲皇。"③借渊明之"北窗"与辋川寺(王维施庄为寺)之竹窗,抒发"朝隐"之思。中唐时期,王维歌诗最流行的是《渭城曲》《阳关曲》。白居易诗中多有吟咏。如:《南园试小乐》:"高调管色吹银字,慢拽歌词唱《渭城》。"④《和梦得冬日晨兴》:"理曲弦歌动,先闻唱《渭城》。"⑤《对酒五首》:"相逢且莫推辞醉,听唱《阳关》第四声(原注:第四声,劝君更尽一杯酒,西出阳关无故人)。"⑥《晚春欲携酒寻沈四著作先以六韵寄之》:"最忆《阳关》唱,真珠一串歌(原注:沈有讴者,善唱西出阳关无故人词)。"⑦可知白居易经常听唱《渭城曲》,并熟悉其演唱方法,从中也反映出当时的流行盛况。

可以看到,元和以来,王维诗接受趋于向"桃源""辋川""阳关"与《蓝田山石门精舍》这一类田园、山水、送别、隐逸诗转移,这一倾向至北宋时进一步延续、凸显、定格,形成了宋代王维诗接受的基本格局。

二

北宋太祖、太宗、真宗三朝,诗坛沿袭中晚唐五代余风,先后出现了学白居易之"白体",学贾岛、姚合之"晚唐体"和学李商隐之"西昆体"。后者不满"白体"的浅近、"晚唐体"的枯寂,而以"用典赡博、属对精工、音韵和谐、语言浓艳为特征"⑧,内容上则多唱和酬答,点缀升平,其声势达于仁宗朝。其间,李、杜、韩与王维诗接受均有些冷落。王禹偁呼吁"谁怜所好还同我,韩柳文章李杜诗"⑨,又"李白王维并杜甫,诗颠酒狂振寰宇。今来相去千百年,寥落乾坤阒无睹"⑩。苏舜钦于景祐年

---

① 元稹《见人咏韩舍人新律诗因有戏赠》,周相录《元稹集校注》卷十二,第361页。
② 杨巨源《赠从弟茂卿》,《全唐诗》卷三百三十三,北京:中华书局1960年版,第3717页。
③ 白居易《竹窗》,顾学颉校点《白居易集》卷十一,北京:中华书局1979年版,第222页。
④ 白居易《南园试小乐》,顾学颉校点《白居易集》卷二十六,第589页。
⑤ 白居易《和梦得冬日晨兴》,顾学颉校点《白居易集》卷二十八,第652页。
⑥ 白居易《对酒五首》其四,顾学颉校点《白居易集》卷二十六,第598页。
⑦ 白居易《晚春欲携酒寻沈四著作先以六韵寄之》,顾学颉校点《白居易集》卷三十三,第756页。
⑧ 曾枣庄:《〈西昆酬唱集〉及其版本和校注》,《长江学术》2012年第1期。
⑨ 王禹偁:《赠朱严》,《小畜集》卷十,《文渊阁四库全书》第1086册,第103页。
⑩ 王禹偁:《酬安秘丞歌诗集》,《小畜集》卷十三,《文渊阁四库全书》第1086册,第127页。

间校辑杜甫别集时,感叹杜诗"不为近世所尚"①。

承平百年,各种社会矛盾和弊端也日益暴露。仁宗朝后期,欧阳修上疏言"三弊五事",此后的六十余年基本依循"裁救积弊"的思路进行改革,文坛风尚也亟待改变。欧阳修作为整个诗文革新运动的领袖,上承中唐古文运动和新乐府运动精神,有意把诗文革新运动与政治上的改革要求相呼应。

在这场贯穿北宋中后期的诗文革新运动中,关于诗歌范式的选择,其突出倾向有二:

一是推尊李、杜、韩,树立了李、杜、韩在宋代唐诗接受中的绝对地位。欧阳修于李、杜、韩均有赞词,尤贵韩愈而赏爱李白。②王安石选《四家诗》(杜韩欧李),以杜诗排第一。苏轼推尊老杜的"集大成"与"一饭未尝忘君"。③黄庭坚推崇杜诗之存史家笔法④,又特关注"杜之诗法",开江西诗派,以老杜为宗。由此确立了杜甫"古今诗人第一"的诗史地位。

二是推赏陶、王、韦。梅尧臣倡导古淡平淡,以陶诗为典范,亦仿效王、韦之诗。王安石晚岁慕陶、有取王维诗。苏轼追慕陶诗的高人风范与平淡诗风,注意到王维诗与陶、韦诗的承继关系,尤加以推赏。由此,北宋诗人对王维诗的接受,基本承续中唐元和诗人的倾向而又有所深入,王维诗地位在李杜韩之下。

以下我们着重考察北宋名家对王维诗的接受。

(一) 梅尧臣与王维诗

梅尧臣学陶、王,一个明显的例子是,王维将陶渊明的《桃花源记并序》,改写成七言歌行《桃源行》,梅尧臣则改写成五言古体《武陵行》。在众多的桃源诗中,梅诗属于那种与原作"意似"而体式风格均不似者。试看梅尧臣《武陵行》:

> 生事在渔樵,所居亦烟水。野艇一竿丝,朝朝狎清沚。
> 忽自傍藤阴,乘流转山觜。始觉景气佳,潜通小溪里。
> 常时不见春,入谷惊红蕊。幽兴穷绿波,玩芳心莫已。

---

① 苏舜钦:《苏学士文集》卷十三《题杜子美别集后》,四部丛刊初编本,第 179 册,第 87 页。

② 刘攽:《中山诗话》:"杨大年(亿)不喜杜工部诗,谓为村夫子。……欧公亦不甚喜杜诗,谓韩吏部绝伦。吏部于唐世文章,未尝屈下,独称道李杜不已。欧贵韩而不悦子美,所可晓。然于李白而甚赏爱,将由李白超轶飞扬为感动也。"(何文焕辑《历代诗话》,中华书局 1981 年版,第 288 页)

③ 陈师道:《后山诗话》:"苏子瞻云:子美之诗,退之之文,鲁公之书,皆集大成者也。"(何文焕辑《历代诗话》,中华书局 1981 年版,第 304 页)苏轼《王定国诗集叙》:"古今诗人众矣,而杜子美为首,岂非以其流落饥寒,终身不用,而一饭未尝忘君也欤。"(孔凡礼点校《苏轼文集》卷十,中华书局 1986 年版,第 318 页)

④ 黄庭坚:《次韵伯氏寄赠盖郎中喜学老杜诗》:"老杜文章擅一家,国风纯正不欹斜……千古是非存史笔,百年忠义寄江花。……"(刘琳等编《黄庭坚全集》,成都:四川大学出版社 2001 年版,第 1287 页)

花外一峰明,林间碧洞启。遥闻鸡犬音,渐悟人烟迩。
舍舟遂潜行,石径劣容屣。豁然有田园,竹果相丛倚。
庞眉鬖髻人,倏遇心颜喜。尚作秦衣裳,那知汉名氏。
自言逢世乱,避地因居此。来时手种桃,今日开如绮。
更看水上花,几度逐风委。竞引饭雕胡,邀饮酌琼醴。
复呼童稚前,绿鬓仍皓齿。翻遣念还茅,思归钓鳣鲔。
将辞亦赠言,勿道丘壑美。鼓枻出仙源,繁英犹迤逦。
薄暮返苍洲,微风吹白芷。他日欲重过,茫茫何处是。①

此诗叙事立意与王维《桃源行》大体一致:先写山溪赏景误入桃源;次写桃源绝世民风淳朴;再写既出仙源难以再觅。两诗写景叙事皆生动贴切,极富画面感。主题很接近,都在描绘一个远离世乱、安乐祥和的理想世界——"仙源"。不过,少年王维之七言清丽灵动,如芙蕖出水;梅公之五言浑朴古淡,如老树着花。

梅尧臣学王维诗,有《拟王维偶然作》《拟王维观猎》等,拟作虽不敌原作,却不失原作风味。他的山水田园之作,不难窥见王维诗之影响。试比较王维《渭川田家》与梅公《田家》:

《渭川田家》:斜光照墟落,穷巷牛羊归。野老念牧童,倚杖候荆扉。雉雊麦苗秀,蚕眠桑叶稀。田夫荷锄立,相见语依依。即此羡闲逸,怅然吟式微。

《田家》:高树荫柴扉,青苔照落晖。荷锄山月小,寻径野烟微。野叟抉童望,羸牛带犊归。灯前饭何有?白薤露中肥。

二诗皆写田夫荷锄暮归、野叟等候牧童的情景,景物、人物、动物,一一对应,历历在目。两诗尾联,皆表达了作者对田家朴素而闲逸生活的欣羡。梅尧臣于唐人诗中"多得右丞意",有裨于他"平淡""古淡"诗风的卓然树立,深得欧阳修之推重,在北宋诗文革新运动中发挥了重要的作用。

(二) 王安石与王维诗

王安石的诗,前期多反映社会现实,后期心境日趋平淡,其诗情调,大率在陶、谢、王、孟之间。王安石《桃源行》:

望夷宫中鹿为马,秦人半死长城下。避时不独商山翁,亦有桃源种桃者。
此来种桃经几春,采花食实枝为薪。儿孙生长与世隔,虽有父子无君臣。

---

① 梅尧臣:《武陵行》,《宛陵先生集》卷三,四部丛刊初编本第189册,第25页。

　　渔郎漾舟迷远近，花间相见因相问。世上那知古有秦，山中岂料今为晋。
　　闻道长安吹战尘，春风回首一沾巾。重华一去宁复得，天下纷纷经几秦。①

　　全诗不以描写桃源景象为意，而是夹叙夹议，把秦末避乱的原因归结为赵高"指鹿为马"与秦始皇修筑长城，向慕桃源人与世隔绝、采花食实、过着没有等级压迫的平静生活，慨叹人世变幻朝代更迭，天下纷扰不安，太平盛世一去不返，是对陶诗主题的复归与深化，也属于对王维"桃源仙境"主题作分歧性接受的成功之作。

　　王安石能熟诵王维那些清新隽永的诗句，赋诗之际，或取其思路，或套用其成句。如王安石有一首《北山》，写他晚年闲居金陵时的闲适心情，后两句云："细数落花因坐久，缓寻芳草得归迟。"吴开《优古堂诗话》指出：

　　　　荆公晚年闲居诗云："细数落花因坐久，缓寻芳草得归迟。"盖本于王摩诘"兴阑啼鸟换，坐久落花多"，而其辞意益工也。②

　　王维"落花"二句，出自《从岐王过杨氏别业应教》一诗，说玩得兴尽了，树上的啼鸟已换了；坐得久了，地上的落花也多了。语词淡雅有致，味在言外。王安石巧用"落花"句，而属对益工，"细数"对"缓寻"，"落花"对"芳草"，"因坐久"对"得归迟"。叶梦得《石林诗话》也说："王荆公晚年诗律尤精严，造语用字，间不容发。然意与言会，言随意遣，浑然天成，殆不见有牵率排比处。……至'细数落花因坐久，缓寻芳草得归迟'，但见舒闲容与之态耳。"③这闲澹之境的创造，造语用字的精致，正是荆公善学王维之处。叶梦得还说荆公"新秋浦溆绵绵白，薄晚峦林往往青"，可以追配王维"漠漠水田飞白鹭，阴阴夏木啭黄鹂"之作。④

　　王安石晚年绝句妙传天下。如《春晴》："新春十日雨，雨晴门始开。静看苍苔纹，欲上人衣来。"从构思到词句，取自王维《书事》："轻阴阁小雨，深院昼慵开。坐看苍苔色，欲上人衣来。"而《悟真院》："春风日日吹香草，山北山南路欲无"，似与王维诗"不向春山去，日令春草深"有着微妙的关联。还有，王维的六言绝句精妙绝伦，经中唐刘长卿、皇甫冉、晚唐杜牧等人继作，至北宋，诗家纷纷染指，王安石、苏轼、黄庭坚等皆有佳作。

---

① 王安石：《桃源行》，《临川文集》卷四，《文渊阁四库全书》第1105册，第35页。
② 吴开：《优古堂诗话》，丁福保辑《历代诗话续编》，北京：中华书局1983年版，第266页。
③ 叶梦得：《石林诗话》卷上，何文焕辑《历代诗话》，北京：中华书局1981年版，第406页。
④ 叶梦得：《石林诗话》卷上，何文焕辑《历代诗话》，北京：中华书局1981年版，第411页。

（三）苏轼与王维诗

苏轼于魏晋诗人最"好陶"，于唐诗人博采众家，初学刘禹锡，后学李、杜、韩、白、王、韦、柳等，波澜纵横，别开生面，遂成宋诗之风调。

苏轼论王维诗，兼取殷璠"着壁成绘"与司空图论王、韦诗"澄淡精致""趣味澄复"之精义，结合他对陶诗"平淡"的推崇，对王维诗推赏有加。

第一，王维诗之继承关系——"前身陶彭泽，后身韦苏州"。

黄庭坚因崇拜王维，曾写了赞美王维的诗寄给擅画人物的李公麟"求作右丞像"。苏轼作《次韵黄鲁直书伯时画王摩诘》云：

> 前身陶彭泽，后身韦苏州。欲觅王右丞，还向五字求。诗人与画手，兰菊芳春秋。又恐两皆是，分身来入流。[1]

前四句说王维诗上承陶诗、下接韦诗，其精华在五言诗。后四句说诗人和画家，如兰与菊，各为春秋之秀。而王维跨诗画两界，皆能入流。苏轼于诗中指明了王维诗之承继关系、风格流派及其诗之所长，自然是就其最突出的方面而言的。宋人因此将"陶王"并称，又以"陶王韦柳"相提并论，作为山水田园诗派与自然平淡风格的代表。同时，苏轼指出王维乃诗人画家一身而两兼，为他倡导"士人画"，提倡援诗而入画，示取法之轨范。

第二，王维诗之一大特色——"诗中有画"。

苏轼"诗中有画"的说法，未载于今存诸多宋刻《东坡集》中，而最早见于南宋胡仔纂集的《苕溪渔隐丛话》前集卷十五王摩诘条：

> 东坡云："味摩诘之诗，诗中有画；观摩诘之画，画中有诗。诗曰：'蓝溪白石出，玉川红叶稀。山路元无雨，空翠湿人衣。'此摩诘之诗。或曰非也，好事者以补摩诘之遗。"[2]

殷璠《河岳英灵集》评王维诗"着壁成绘"，苏轼"诗中有画"，承其意而更通俗明了，指王维诗具有绘画的基本要素（气韵、形象、色彩、构图、立意等等），苏轼举王维"蓝溪白石出，玉川红叶稀。山路元无雨，空翠湿人衣"一诗，有生动的形象，有鲜明的色彩，有工致的布局，呈现出很强的画面感与视觉效果；而"无雨""空翠"，则借助于感觉与联想，使得气韵生动，耐人玩味……从中很能见出王维诗善于描绘形象、

---

[1] 苏轼：《次韵黄鲁直书伯时画王摩诘》，孔凡礼点校《苏轼诗集》卷四十七，北京：中华书局 1982 年版，第 2543 页。（下引孔凡礼点校《苏轼诗集》皆同此版本，不再注明）

[2] 胡仔：《苕溪渔隐丛话》卷十五王摩诘条，廖德明校点，北京：人民文学出版社 1962 年版，第 97 页。

善于运用色彩、善于营造画面、善于表现空灵意境的妙笔匠心。故"诗中有画"能带给读者更多美的直觉感受，也有利于调动读者的想象与联想，从而玩味画面之外的情趣、意趣和理趣。

苏轼评王维"诗中有画"，广受诗家和读者认同，此处不作展开。值得强调的是，苏轼"诗中有画，画中有诗"，旨在揭橥王维诗画交融的一大特色，与他提出的"诗画一律"及倡导"文人画"相呼应。但并不意味王维诗皆"有画"，并不代表王维诗歌的最高境界是"有画"，也不代表对王维诗的定评。《后湖集》的作者苏庠（父苏坚字伯固，与苏轼交往颇密，多有唱和①）说："'中岁颇好道，晚家南山陲。兴来每独往，胜事空自知。行到水穷处，坐看云起时。偶然值林叟，谈笑无回期。'此诗造意之妙，至与造物相表里，岂直诗中有画哉？观其诗，知其蝉蜕尘埃之中，浮游万物之表者也。"②可见，"造意超妙"之诗，不仅在文字表现的层面，视觉感受的层面，更高的是意蕴表达的层面。而意蕴层面的表达，有些可以借助画面，触发读者的想象联想，去涵泳体悟，有些则难以用画面经营。

第三，爱王维《阳关曲》——"殷勤重唱赠离居"。

苏轼推赏王维诗，亦爱而取之。如"蛾眉亦可怜，无奈思饼师"，用维诗《息夫人》本事；"结根岂殊众，修柯独出林"，用维诗咏西施"贱日岂殊众，贵来方悟希"句；"丹青已自前世，竹石时窥一斑"，用维诗"前身应画师"意；"相携行到水穷处，庶几一见留子嗟"，用维诗"行到水穷处，坐看云起时"句等等。③尤其是王维的《阳关曲》，他一遍遍听，一遍遍唱，于诗中屡次咏及，如：

> 临行挽衫袖，更赏折残菊。佳人亦何念，凄断《阳关曲》。④
> 但遣诗人歌杕杜，不妨侍女唱《阳关》。⑤
> 使君九万击鹏鹍，肯为《阳关》一断魂。⑥
> 老入明光踏旧班，染须那复唱《阳关》。⑦
> 惟有《阳关》一杯酒，殷勤重唱赠离居。⑧

---

① 事见孔凡礼点校：《苏轼诗集》卷三二《次韵苏伯固主簿重九》诗题下施注。第1710页。

② 胡仔：《苕溪渔隐丛话》前集卷十五王摩诘条，廖德明校点，人民文学出版社1962年版，第97页。

③ 此处所引苏轼诗，见孔凡礼点校：《苏轼诗集》：卷十七《次韵王巩留别》，第878页；卷三十二《元祐五年十二月十二日，同……游七宝寺，题竹上》，第1722页；卷二十八《再和二首》其二，第1479页；卷三十九《次韵正辅同游白水山》，第2150页。

④ 苏轼：《送顿起》，孔凡礼点校《苏轼诗集》卷十七，第870页。

⑤ 苏轼：《次韵王雄州还朝留别》，孔凡礼点校《苏轼诗集》卷三十七，第2020页。

⑥ 苏轼：《再送二首》（《送蒋颖叔帅熙河》）其一，孔凡礼点校《苏轼诗集》卷三十六，第1959页。

⑦ 苏轼：《次韵钱穆父》，孔凡礼点校《苏轼诗集》卷二十六，第1404页。

⑧ 苏轼：《次韵孙莘老见赠》，孔凡礼点校《苏轼诗集》卷九，第443页。

别酒频倾,忍听《阳关》第四声!①

《阳关三叠》君须秘,除却胶西不解歌。(自注:来诗有渭城之句)②

苏轼听唱《阳关曲》,从胶西一直唱到岭南,伴随他的外放与贬谪生涯。而且,他从知密州、守徐州到贬黄州,数年间一直关注此曲的唱法。他在《记阳关第四声》中说:旧传《阳关》三叠,而北宋的流行唱法是"每句再叠",通首是"四叠"。有人将每句唱三遍,以应"三叠",结果杂乱不成节奏。他在密州时,曾从文勋长官(包拯外甥)处得知古本《阳关》,其声婉转凄断,"三叠"的唱法是"每句再唱,而第一句不叠"。到黄州后,偶读白居易《对酒》诗,注云"第四声:劝君更尽一杯酒",由是验证文勋古本《阳关》"第一句不叠"的唱法是正确的。③苏轼对《阳关曲》的喜爱和关注,可能与白居易喜好听唱《阳关曲》有关。苏轼的个人经历与白居易多有相似,自称"出处依稀似乐天,敢将衰朽较前贤",谪居黄州,垦荒种田,始号"东坡",即出自白居易《东坡种花二首》。

(四) 黄庭坚与王维诗

黄庭坚(1045—1105)字鲁直,号山谷道人。他以学杜诗为主,亦喜欢诵读和书写王维诗。他在一封书简中写道:"今辄作王维摩诘八诗。盖蜀中士大夫罕诵此作,故书往……"④黄庭坚尤其推尚王维六言诗,李之仪《跋山谷书摩诘诗》中说,老苏之文,惟曾巩能形容之,摩诘六言诗,惟鲁直能知之,"鲁直以摩诘六言诗,方得其法,乃真知摩诘者。惟其能知之,然后能发明其秘。须咀嚼久,始信其难"。⑤惜鲁直未留下"发明其秘"的文字。《山谷集》卷十二收录其六言绝句四十七首,可知用心良苦。以下录王安石、苏轼、黄庭坚三人六言同题之作,各选其一:

王安石《题西太一宫壁二首》其一:柳叶鸣蜩绿暗,荷花落日红酣。三十六陂春水,白头想见江南。⑥

苏轼《西太一见王荆公旧诗偶次其韵二首》其一:秋早川原净丽,雨余风日清酣。从此归耕剑外,何人送我池南。⑦

---

① 苏轼:《减字木兰花·天台旧路》,薛瑞生《东坡词编年笺证》,三秦出版社1998年版,第708页。

② 苏轼:《和孔密州五绝》,孔凡礼点校《苏轼诗集》卷十五,第729页。

③ 苏轼:《记阳关第四声》,孔凡礼点校《苏轼文集》,北京:中华书局1986年版,第2090页。

④ 黄庭坚:《与明叔少府书(十七)》,《宋黄文节公全集》别集卷十六,刘琳等校点《黄庭坚全集》,成都:四川大学出版社2001年版,第1821页。

⑤ 李之仪:《跋山谷书摩诘诗》,《姑溪居士前集》卷三十九,《文渊阁四库全书》第1120册,第575页。

⑥ 王安石:《题西太一宫壁二首》,《临川文集》卷二十六,《文渊阁四库全书》第1105册,第189页。

⑦ 苏轼:《西太一见王荆公旧诗偶次其韵二首》,《苏轼诗集》卷二十七,中华书局1982年版,第1449页。

黄庭坚《次韵王荆公题西太一宫壁二首》其一:风急啼乌未了,雨来战蚁方酣。真是真非安在,人间北看成南。①

参照王维《田家乐七首》之经典范式,不难见出,荆公最佳,苏、黄次之。宋人黄升《玉林诗话》说:"六言绝句如王摩诘'桃红复含夜雨'及王荆公'杨柳鸣蜩绿暗'二诗最为警绝,后难继者。"黄庭坚知摩诘之得法,信六言之难工。他有首六言论诗绝句云:"句法俊逸清新,词源广大精神。建安才六七子,开元数两三人。"②王维自是这开元两三人中的佼佼者。

此外,寇准《忠愍公诗集》前有范雍序文,说寇准"平昔酷爱王右丞、韦苏州诗"。苏辙为李公麟仿王维所作《山庄图》题诗,仿《辋川集二十首》,诗叙称:"辙赋小诗,凡二十章,以继摩诘辋川之作。"③与苏轼为至交的李之仪,称道王维通晓事理,诗中好语叠出,给他带来心灵的抚慰:"岁暮良鲜欢,不如狐首丘。寒灯伴岑寂,河汉窗间流……摩诘颇解事,好语供我求。坐令不可遣,奄然随遇收。……且将有限力,相与穷深幽。"④

从上述可以看出,北宋名家对王维诗的接受,主要关注《桃源行》《田园乐》《辋川集》及《阳关》等表现山水、田园、隐逸及送别等题材和主题的作品,与中唐元和诗人的接受倾向一脉相承,而对王维诗的审美欣赏趋于深化。作为北宋中期的文坛盟主,苏轼首论陶、王诗之继承关系,推赏王维山水田园诗创作与自然平淡诗风,又以"诗中有画,画中有诗"揭橥王维诗画的一大审美特色,使得王维诗的主要风格特色与艺术成就被凸显,为诗家画家与普通读者广泛认知,学习仿摹。苏轼文人集团对《阳关曲》的持久关注与再创作,带动了《阳关曲》在宋代的盛行,成为声诗接受史上的一大奇观。这些都使北宋的王维诗接受,在广度与力度上,都超过中唐。

三

李贵《中唐至北宋的典范选择与诗歌因革》一书中,追溯了学术史与诗歌史上

---

① 黄庭坚:《次韵王荆公题西太一宫壁二首》,刘琳等校点《黄庭坚全集》正集卷八,成都:四川大学出版社2001年版,第193页。
② 黄庭坚:《再用前韵赠子勉四首》其三,刘琳等校点《黄庭坚全集》正集卷八,成都:四川大学出版社2001年版,第202页。
③ 苏辙:《题李公麟山庄图并叙》,《栾城集》卷十六,陈宏天、高秀芳点校《苏辙集》,北京:中华书局1990年版,第312页。
④ 李之仪:《独坐有怀张圣行王成伯,偶读摩诘诗,因借其韵》,《姑溪居士前集》后集卷七,《文渊阁四库全书》第1120册,第659页。

的"中唐—北宋连贯说"①,并征引日本黑川洋一的研究成果,指出"在某种程度上可以说,中唐至北宋的诗歌历程就是杜诗的发现、接受过程"②。与此同步,"中唐—北宋"时期,也正是王维诗被"转向"接受的过程,由盛唐人对王维诗的全面接受,转向对王维山水、田园、隐逸及送别等类诗歌的接受。如果说,杜诗的被"发现"与王维诗的被"转向"接受在中唐时期还是发轫阶段,到北宋时期,则是对中唐典范选择的主动延续与推进。杜甫"古今诗人第一"的诗史地位被牢牢确立,不可动摇。王维诗地位在杜、李、韩之下,虽不及盛唐显耀,但"陶王"并称,远比中晚唐五代及宋初接受度高。由此,北宋诗人于入世一面推尊李、杜、韩,而超然一面推尊陶、王、韦,从而构成北宋诗歌美学思想的两面,直接影响了南宋及金元的诗学走向与王维诗接受。

南宋名家多仿效王维田园隐逸诗,也多以"陶王韦柳"并提。如杨万里说:"晚因子厚识渊明,早学苏州得右丞。"③作有《芎林五十咏》,明显模仿王维的《辋川集二十首》,其中《归来桥》称:"已赓彭泽辞,更拟辋川诗。"④陆游说"读摩诘诗最熟",曾仿效王维诗作,如《小舟过吉泽效王右丞》。朱熹有《家山堂晚照效辋川体作二首》,其一:"夕阳浮远空,西峰背残照。爽气转分明,与君共晚眺。"其二:"山外夕岚明,山前空翠滴。日暮无与期,闲来岸轻帻。"⑤又有五言绝句《奉同张敬夫城南二十咏》,与王维的《辋川集》二十首相类似。又推王、韦律诗为范本,称:"律诗则如王维、韦应物辈,亦自有萧散之趣。"⑥爱国将领李纲、理学家胡宏和宜丰贤士姚勉都作有《桃源行》,对王维的"神仙"说提出不同看法,与韩愈类似,也属于主题的分歧性接受。

南宋选家评家亦偏好王维的山水田园诗及其风格与艺术表现。洪迈《万首唐人绝句》中,王维《辋川集二十首》《云溪杂题五首》,第一次在唐宋人所编唐诗选本中完整呈现。周弼编《三体唐诗》选王维诗15首,位居第二,山水、田园与送别诗占12首。陈振孙《直斋书录解题》以"维诗清逸,追逼陶谢"为评价。南宋诗话中,尤欣赏王维诗的"有思致""得天趣"等艺术表现手段。宋末刘辰翁对王维诗特别是山

① 李贵:《中唐至北宋的典范选择与诗歌因革·绪论》梳理和补充"中唐—北宋连贯说",主要涉及日本的内藤湖南与门生宫崎市定、美国的刘子健和戈兰斯、美国的郝若贝与韩明士、中国的夏曾佑、胡适、柳诒征、蒙文通、陈寅恪等。作者总结说:"论述中国后期文化学术的发展,以中唐为起点,以两宋为瑰宝,以韩愈为先驱,以欧阳修为主将,中唐—北宋转型之轮廓明矣。"(复旦大学出版社2012年版,第1—19页)
② 李贵:《中唐至北宋的典范选择与诗歌因革·绪论》,复旦大学出版社2012年版,第35页。
③ 杨万里:《书王右丞诗后》,辛更儒《杨万里集笺校》卷七,北京:中华书局2007年版,第390页。
④ 杨万里:《归来桥》,辛更儒《杨万里集笺校》卷三十,北京:中华书局2007年版,第1510页。
⑤ 朱熹:《家山堂晚照效辋川体作二首》,《晦庵先生朱文公文集》卷二,朱杰人等主编《朱子全书》,上海古籍出版社、安徽教育出版社2002年版,第304页。
⑥ 朱熹:《答巩仲至四》,《晦庵先生朱文公文集》卷六十四,上海古籍出版社、安徽教育出版社2002年版,第3095页。

水田园隐逸诗的评点,辞少意多,别出机杼,影响了后来的王维诗评点。元诗"四大家",尚典雅冲澹,极推"陶王韦柳"四家。

从王维诗坛地位来看,南宋依然保持北宋的排名。张戒《岁寒堂诗话》排唐诗人之序,置王维诗于杜、李、韩、柳之后,与韦诗相提而并论。洪迈编《万首唐人绝句》,杜、李、韩三家诗备受尊崇,依次排在卷一、卷二、卷三,王维诗在卷四。至元代中后期,杨士弘编《唐音》,以"音律之正变"为考量,李杜韩三家皆不入选,王维诗入选96首,名列第一,并全部入"正音",占"正音"的10.8%。突出彰显王维诗长于各体诗写作的优势,这为王维诗地位在明清两代得以提升,奠定了基础。

可以说,由于中唐、北宋的两次诗文革新运动,李、杜、韩诗(特别是杜诗)雄起,使得王维诗接受发生"转向",在接受面上不及盛唐之全面,诗名也不及盛唐之崇高。宋人的王维诗接受(包括批评),极大地影响到后世对王维诗歌的接受倾向和王维的诗史定位。但这是历史的选择,其中关键性的因素是社会问题的亟待解决,政治弊端的亟待革除,与文坛风气的亟待革新,因此儒家传统的功利主义文学观起了主导作用。王维诗不以讽喻时事、批判现实以及表现强烈的社会责任感见长,自然不及李、杜、韩诗的号召力强。

然而中唐人与宋人也为日后的王维诗接受另开一扇窗。元稹说到"摩诘好因缘",杨巨源说到"王维证时符水月",刘辰翁评王维《辛夷坞》"其意亦欲不著一字,渐可语禅"。习王维诗者皆知,禅宗思想中如"悟""寂""观""照""空""净""闲""静"等字句和意境经常出现在王维诗中,但即使是主张"诗禅相通"的苏轼及其追随者,或"以禅喻诗"的严羽,现存资料中,均未曾见以"禅"来诠释王维诗。明人高棅、胡应麟等受严羽、杨士弘之影响,推崇盛唐诗,重辨体,王维各体诗及各类题材诗,皆得以重视和全面接受。明选家评家深爱须溪先生(刘辰翁)之评点,受其启发,周敬周珽撰《删补唐诗选脉笺释会通评林》,以禅说诗者屡见。如王维《山中》(荆溪白石出)末训:"余谓辋川诸诗,皆得天趣,兼有禅机。"[1]由明到清,以禅、佛说王维诗和王维画者日多,遂有了"诗佛"之称。研究者论王维诗地位,指出:"至清代王渔洋标举神韵,尊为诗佛之后,始得与李、杜鼎足而三,确立了他在诗史上的地位。"[2]

(作者单位:西安文理学院文学院)

---

[1] 张进、侯雅文、董就雄编:《王维资料汇编》第二册,北京:中华书局2014年版,第850页。
[2] 林桂香:《诗佛王维之研究》,台湾政治大学文学研究所硕士论文,指导教授李丰楙,1983年,第117页。

简论清人翁方纲的王维诗接受

——以《石洲诗话》为中心[①]

王作良

引 言

清代中叶翁方纲的《石洲诗话》,作为清代诗话中的代表性作品[②],问世不久即受到高度关注,并在诗学研究领域产生了很大的影响,诚如《念堂诗话》中所言:"翁覃溪《石洲诗话》前五卷论唐、宋、金、元诸家,有时一代等诸自桧。持论精凿,皆从深心探索而出,不似《说诗晬语》多公家言,尤不似近日私公游谈无根,以尖酸谐谑、漫肆讥刺为能。其大旨主学,而其独得处,喜奥博不喜昌明,喜幽深不喜平直,喜含蓄不喜发露。所推重者,王、孟、李、杜、韩、白、苏、黄诸大家外,唐则司勋、东川、苏州、柳州诸家,宋则庐陵、荆公,而尤服膺金之遗山,元之道园。至文房、宾客、剑南、简斋,皆有微词。而尤贬玉川、东野、松陵、后山、诚斋、仲房诸家。"[③]"持论精凿""不似《说诗晬语》多公家言"语,其间或有商榷之处,然而"从深心探索而出""不似近日私公游谈无根,以尖酸谐谑、漫肆讥刺为能"的论述,还是颇为精当准确地道出了《石洲诗话》的诗学批评价值。诚然,若从成书过程、体例、构成等方面分析,《石洲诗话》也存在明显的不足,这一点学者蒋寅先生曾有以下论述:"这八卷诗话内容虽很丰富,但也有一个缺陷,那就是多系研究某些专书的札记,而非广泛阅读、研讨的心得。前两卷论唐人,可能是研读王渔洋唐诗选本的札记;三、四两卷论宋人,像是读吴之振《宋诗钞》所记;卷五论金元人诗,又像是读元好问《中州集》、顾嗣立《元诗选》所记;卷六为渔洋评杜摘记,系据海盐张宗枏辑《带经堂诗话》摘录;卷七为元

---

① 基金项目:陕西省社科项目《清代王维资料续编整理研究》(项目编号:纵 20220330)

② 张宪军、赵毅:《简明中外文论辞典》"石洲诗话"条云:"《石洲诗话》与另部《谈龙录》被称为清代两大诗话集。"见该书第 131 页,成都:巴蜀书社,2013。

③ (清)崔旭:《念堂诗话》卷一,民国二十一年铅印本。崔旭为清代"蜀中三才子",号称"蜀中诗人之冠"的著名诗人、诗论家张问陶乡试弟子;张系清中叶性灵派后期的主将和代表人物。

好问《论诗绝句三十首》中十八首笺说;卷八为王渔洋《戏仿元遗山论诗绝句三十五首》中十六首笺说。全书既没有先唐诗歌评论,也没有明代(高叔嗣、徐祯卿是例外)及本朝诗歌批评,说明他的诗歌批评更接近学者式的钻研而非诗论家的批评。学者式的钻研给他的诗话带来浓厚的专业色彩,而非诗论家的批评则又造成讨论问题的非系统性和偶然性。"①"学者式的钻研""浓厚的专业色彩",与前引《念堂诗话》中"从深心探索而出"同一语意,为其优长所在。更进一步说,"讨论问题的非系统性和偶然性"却丝毫没有影响到其有为而作的用心,那就是,在《石洲诗话》中,"留下了他诗学嬗变的轨迹——逐渐由独尊唐诗转向唐宋兼师,从而以杜为宗确立起杜、韩、苏、黄、元的宗法谱系"②。书中的王维诗歌批评,篇幅不多,在其他诗人的诗歌批评中也偶有涉及,"非系统性和偶然性"的特点非常明显,但因其牵涉其诗歌创作谱系的确立,以及对明代李攀龙等人格调论、诗歌选评,特别对王士禛神韵说、《唐贤三昧集》等诗歌选本的相关检讨与思考,自有考察与探究的必要。

一

翁方纲的诗歌批评,与王士禛有着极为密切的渊源,《石洲诗话》中杜甫《对雪诗》中的评语,较为详细地揭示了这一点:"方纲自束发诵诗,所见杜诗古今注本已三十余种,手录前人诸家之评及自附评语,丹黄涂乙,亦三十三遍矣!③ 大约注家于事实,或有资以备考,于诗理则概未之有。闻评家本不易言,在杜公地分,既非后来学者所能仰窥,其谬误擅笔者固不必言矣!即或出于诗家偶有所见,而就其稍近者,亦有二端,一则或出于初诵读时,偶有未定之论,即以近日王渔洋标举神韵,于古作家,实有会心。然诗至于杜,则微之系说,尚不满于遗山,后人更何从而措语乎?况渔洋于三唐虽通彻妙悟,而其精诣,实专在右丞、龙标间,若于杜则尚未敢以瓣香妄拟也。惟是诗理,古今无二,既知诗,岂有不知杜者?是以渔洋评杜之本,于诗理确亦得所津逮,非他家轻易下笔者比矣。愚幼而游吾里黄昆圃之门,得遍识渔

---

① 蒋寅:《翁方纲宋诗批评的历史意义》,载安徽师范大学中国诗学研究中心编:《中国诗学研究》(第十五辑),芜湖:安徽师范大学出版社,2018,第 94 页。

② 蒋寅:《翁方纲宋诗批评的历史意义》,第 94 页。

③ 《石洲诗话》前六卷完成于乾隆三十三年(1768),后两卷为此后增入。此前的二十四年六月,翁方纲作为副考官,偕少司空钱维城主持江西乡试;秋日,归途过恩县(治今山东平原县)时,有诗《恩县道中读杜诗》,诗云:"杜陵遗集最相关,行役披吟肯暂闲。此地更谁追德水(卢德水有《读杜微言》),同来使我忆茶山。己卯秋,与钱茶山司空过此论杜。数篇尚自惭重复,茶山有手录《诸家评杜》一本,予己卯途问,借钞未完,故及之。万本何曾各一斑,予有校本三种,只携其二以行。譬者岱宗瞻望切,依稀只在有无闲。"载翁方纲:《复初斋外集·诗》卷一,民国《嘉业堂丛书》本。其追慕崇尚杜诗之情,无以复加;于杜诗研读之专心勤苦,可见一斑。卢世㴶,字得水,著有《读杜私言》《杜诗胥抄》等。"己卯",乾隆三十二年。钱维城,号茶山,江苏武进人。

洋手定之说,既而于朋辈借阅所称渔洋评本者,大约非西樵之评本,则渔洋早年述西樵之评本,其后于同里赵香祖斋得渔洋评本,尝以渔洋平日论杜语,逐条细较,实是其亲笔无疑。"①其诗歌批评,侧重于两个方面,一方面是对杜诗的高度关注;另一方面则主要出于师承的关系,对王士禛的诗歌批评、诗歌选本亦多加注意。从以上引文可以看出,对于王士禛的诗歌批评倾向,翁氏既肯定其"标举神韵,于古作家,实有会心"之"通彻妙悟"处,而对"其精诣,实专在右丞、龙标间"的方面,则表达出遗憾和不满之意。王士禛的神韵说一经产生,跟从追随者所在多有,同时也不乏不同声音,其弟子、翁方纲之师黄叔琳《〈宝菌堂遗诗〉序》中记载道:"人于吾师,向往固多,反唇者亦间有。"②文字过于简略,"反唇"的具体内容不得而知。对于王士禛神韵说的创作理路,其同时代的施闰章就曾适度表达了不同意见:"洪昇昉思问诗法于施愚山,先述余凤昔言诗大旨,愚山曰:'子师言诗,如华严楼阁,弹指即现;又如仙人五城十二楼,缥缈俱在天际。余即不然,譬作室者,瓴甓木石,一一须就平地筑起。'洪曰:'此禅宗顿、渐二义也。'"③"禅宗顿、渐二义"云云,应更多着眼于诗法而言,实际上施闰章所言"华严楼阁,弹指即现"概指诗歌创作中转瞬即逝的灵感,而"譬作室者,瓴甓木石,一一须就平地筑起"指素材的获得、构思的形成过程等方面,原本就是两个层面的东西。时代略早于翁方纲的乔亿在其刊刻于乾隆十六年的《剑溪说诗•又编》中又对神韵说中的"妙悟"表示了不满:"读古人诗,不于本领作用处求之,专赏其气味词调,及一二虚字传神,以为妙道,则曰诵《唐贤三昧集》足矣,何假万卷为哉!""于本领作用处求之"则重在强调才力和作意对于创作者的重要性。翁方纲见解的独特之处,在于对于神韵标准的取舍范围进行了深入的思考,"其精诣,实专在右丞、龙标间"的论断就是其较长时间认真研读渔洋相关唐诗选本及诗歌批评后深入思考的结果。早在《石洲诗话》动笔的乾隆二十年,翁方纲

---

① (清)翁方纲著,陈迩冬校点:《石洲诗话》卷六,北京:人民文学出版社,第229—230页。"微之系说,尚不满于遗山",其间似乎隐含着对元好问批评元稹对杜诗误解的不满。蒋寅:《翁方纲宋诗批评的历史意义》(第97页)中有以下论述:"对于翁方纲这样崇尚以学问为诗的人来说,作诗的要害当然不在于妙悟,而在于铺陈、排比,更难的则是铺排而后能化。"可以作为翁氏态度的注脚。同样的文字,亦见蒋寅《翁方纲诗学的取法途径与理论支点》一文,《学术研究》,2017(6)。黄叔琳,字昆圃,顺天大兴人(今属北京)人,王士禛门人,曾刊刻《渔洋诗话》三卷本(康熙四十九年)、校订刊刻《五代诗话》十二卷(乾隆十三年,另有批校抄本一种,今存六卷,藏中国国家图书馆)等。王士禄,字子底,一字西樵,王士禛长兄,王士禛幼时曾从其学诗。(清)惠栋,订补:《渔洋山人自撰年谱》卷上"崇祯十三年庚辰"条中载:"山人幼有圣童之目,肄业之暇,即私取《文选》唐诗洛诵之。久之,学为五七字韵语。时西樵为诸生,嗜为诗,见山人诗,甚喜,取刘顼阳一相所编《唐诗宿》中王、孟、常建、王昌龄、刘眘虚、韦应物、柳宗元数家诗,使手抄之。盛侍御珍示曰:'先生八岁能诗,西樵吏部授以王、裴诗法。'"载孙言诚,点校:《王士禛年谱》(附《王士禄年谱》),北京:中华书局,1992,第7页。
② (清)赵执端:《宝菌堂遗诗》卷首,载《四库全书存目丛书》编纂委员会:《四库全书存目丛书•集部》(第252册),济南:齐鲁书社,1997,第73—74页。
③ (清)王士禛:《渔洋诗话》卷中,清文渊阁《四库全书》本。

有诗《书渔洋先生唐诗十选后三首》①。而王士禛神韵说忽略杜甫诗歌创作的客观存在,是翁方纲思考的核心所在。

对于王士禛的杜诗评,翁方纲一方面关注的是渔洋相关评语的真实性,另一方面委婉地道出其不足,"微之系说"云云,盖不满于王渔洋(按:亦包括曾对渔洋诗歌批评产生影响的王西樵)对于杜诗的精微之处未能准确地把握,因而其杜诗批评就尚有可议之处,因而断定王士禛"于杜则尚未敢以瓣香妄拟也"。在翁方纲看来,渔洋虽于诗歌神韵的标举有其领略独特之处,但对于神韵表现(神韵内涵)的理解却有差强人意之处,此处值得注意的是"惟是诗理"一句,援引"诗理"的概念而充实神韵之说,是其诗歌理论肌理说的最初萌芽。

《石洲诗话》对王维诗歌创作的有关评价,与翁方纲对杜甫、苏轼、黄庭坚诗等唐宋诗人的相关评价紧密相连,这在《诗话》中有所体现。收入其中卷一的"古今咏桃源事者"一段文字,就涉及了对韩愈、苏轼等人的相关评价:"古今咏桃源事者,至右丞而造极,固不必言矣。然此题咏者,唐宋诸贤略有不同,右丞及韩文公、刘宾客之作,则直谓成仙;而苏文忠之论,则以为是其子孙,非即避秦之人至晋尚在也。此说似近理。盖唐人之诗,但取兴象超妙,至后人及益研核情事耳。"之所以有这样的议论,似乎是对王士禛对"桃源诗"评价的修正与补充,其《池北偶谈》中有记载曰:"唐宋以来,作《桃源行》最传者,王摩诘、韩退之、王介甫三篇。观退之、介甫二诗,笔力、意思甚可喜。及读摩诘诗,多少自在。二公便如努力挽强,不免面赤耳热,此盛唐所以高不可及。"②盖翁氏发论之用意,一方面在于肯定渔洋之说,另一方面则意在突出宋(北宋)诗歌神韵表现与"唐人之诗"的不同。不过,从另一方面看,则未尝不是对查慎行评诸家诗的回击。今存文献中,尚未找到翁方纲接触查慎行《查初白诗评》的直接材料,但翁氏于查慎行之《苏诗补注》多有涉猎,却是不争的事实。乾隆三十年视试广东时,翁方纲有诗《韶州试院,同钝夫读〈苏诗补注〉》③。《查初白诗评》中评韩愈《桃源图》云:"通畅流丽,较胜右丞,亦一时兴到之语耳。或又专取右丞,而诋退之、介甫两作,总非公论。"④

---

① (清)翁方纲:《复初斋诗集》卷一《课余存稿》。诗之编年,据沈津:《翁方纲年谱·本谱》"乾隆二十年己亥(1755)二十三岁"条,台北:中央研究院中国文史哲研究所,2002,第 17 页。

② (清)王士禛撰,勒斯仁点校:《池北偶谈》卷十四,北京:中华书局,1982,第 322 页。亦见清·张宗柟,编:《带经堂诗话》卷二。

③ 《复初斋外集·诗》卷三,民国《嘉业堂丛书》本。诗之编年,据《翁方纲年谱·本谱》"乾隆二十年己亥(1765)三十三岁"条,第 35 页。"钝夫",指翁方纲同时代人杨宗岱,原名生鲁,字(号)钝夫,大庾(今江西大余县)人,其生平可参杜桂萍:《清代戏曲〈离骚影〉作者考》,《文学遗产》,2010(5)。

④ (清)查慎行撰,(清)张在华辑:《初白庵诗评》卷中,清乾隆二十四年刊本。此条评语后,"附识"有张载华引《池北偶谈》"桃源行"一段评语。值得玩味的是,翁方纲对查慎行诗歌创作的态度,伴随着对王士禛诗歌创作、诗歌批评的反思,前后亦有着明显的变化,作于乾隆六十年(乙卯)的《月山诗集序》中有(转下页)

可见,《石洲诗话》对王维诗歌的批评,是以王士禛的神韵说、诗歌选评为参照,其间对王说多有肯定和吸纳;然而出于其唐宋兼师的诗学宗旨,对王说亦不乏补充修正之处。

二

今存《石洲诗话》中,专门针对王维诗歌相关方面的论述共六条,涉及以下几个方面的内容。论王维诗歌的渊源,如:"丘庶子为、祖员外咏,则右丞之先声也。"① 如同前引"古今咏桃源事者"一条一样,此条盖针对其观览《唐贤三昧集》后的感受。作为标举神韵说的典型选本《唐贤三昧集》,其卷中收录丘为诗四首,祖咏诗九首。丘为生卒年不详,言其为王维先声,也许是受到《新唐书·艺文志第五十·别集类·丘为集》中"官太子右庶子,时年八十余,而母无恙,给俸禄之半。及居忧,观察使韩滉以致仕官给禄,所以惠养老臣,不可在丧为异,唯罢春秋羊酒。初还乡,县令谒之,为侯门磬折,令坐,乃拜。里胥立庭下,既出,乃敢坐。经县署,降马而趋。卒,年九十六"②记载的影响。韩滉大历十四(779)到十六年任浙江东西观使,据《新唐书》记载,丘为似已年届九十,则其生年当在武周天授元年(690)前后,约长王维十岁左右。祖咏生卒年为699—746?③,与王维年龄相若或者略大,言"先声"不知何故,或许与祖咏《留别王维》诗中直呼其名有关,但今存唐诗中同辈直呼其名不乏其例。

再如:"右丞五言,神超象外,不必言矣。至如'故人不可见,寂寞平陵东',未尝不取乐府语以见意也,岂独《唐子西语录》始以乐府给取材乎?"④"故人不可见,寂寞平陵东",出自《奉寄韦太守陟》,亦收入《唐贤三昧集》卷上和《全唐诗录》

(接上页)如下记载:"《传》曰:'诗发乎情。'又曰:'感于物而动。'夫感发之际,情与物均职。而情与物之间,有节度焉,有原委焉。溺而弗衷者,非情也;散而纪者,非物也。尝持此义,以例近日诗家,如渔洋四言曰'典、远、谐、则'者,衷乎情,尽乎物矣! 而至于发抒极致,各指所之,则初白诸体,乃有渔洋所未到者。三十年前,在端溪舟中,尝与沈椒园前辈畅论斯义,椒园辄欲举初白诗集引申而笺疏之,然予窃谓:'初白深入白、苏,每患言之太尽耳!'今读月山诗稿,亦出椒园所手订,乃觉寻常景色,悉为诗作萌坼,凡有触于目者,皆深具底蕴焉,非物自物而情自情也。故为诗者,实由天性忠孝,笃其根柢,而后可以言情,可以观物耳。又读《月山诗话》,虽上下千年,评隲不多,而就其大者,如渔洋之薄香山,至于杜公《八哀》而亦讥之。若李潮《八分小篆歌》,高出韩苏之上,皆渔洋持论未定者,得此数条以辨正之,诚诗家定案矣! 予于论诗,深不欲似近来学人腾笑于新城。而于椒园欲注初白诗之意,今始得触发于言情体物间。炉香茗椀,处处皆实诣也。正如读山谷《大雅堂记》,则毋庸注杜可矣。"(《复初斋文集》卷四)《月山诗集》为清代满族文人月山集名。"三十年前,在端溪舟中"云云,概指乾隆三十二年翁氏按肇庆岁试时发生之事。翁氏按肇庆岁试事,据翁方纲著,英和校订:《翁氏家事略记》"(乾隆)三十二年丁亥"条。沈廷芳,号椒园,仁和(今浙江杭州)人,北京师范大学图书馆藏其朱笔批点清抄清查慎行辑评《苏诗》二卷。
① (清)翁方纲著,陈迁冬校点:《石洲诗话》卷一,北京:人民文学出版社1981年版,第30页。
② (宋)欧阳修、(宋)宋祁,等:《新唐书》卷六十,北京:中华书局1975年版,第1065页。
③ 据富寿荪选注,富寿荪、刘拜山解评:《千首唐人绝句》(上),上海:上海古籍出版社1985年版,第102页。
④ 陈迁冬校点:《石洲诗话》卷一,第30页。

卷十三中①。"《唐子西语录》始以乐府给取材"，指北宋唐庚《唐子西语录》中以下一段话："古乐府命题皆有主意，后之人用乐府为题者，直当代其人而措词，如《公无渡河》，须作妻止其夫之词，太白辈或失之，唯退之《琴操》得体。"②唐庚此段论述的用意重点，在于强调"后之人用乐府为题者，直当代其人而措词"，在某种程度上是对从西晋开启的沿袭旧题而作传统的一种肯定，从而对唐人李白《公无渡河》自创新意的做法加以否定；换句话说，也是对乐府创作主题源流影响的首肯。"神超象外"意在强调其自然之致③，而在翁方纲看来，这种特点也与其"未尝不取乐府语以见意也"不无关系，此处重在强调王维此诗对古乐府诗意的吸纳，而其创作远远早于唐庚的理论表述。

"今之选右丞五古者"则是从辨体和诗歌选评的角度对此前王维五古、七古接受所作的思考，其具体论述如下："今之选右丞五古者，必取'下马饮君酒'一篇，七古则必取'终南有茅屋'一篇，大约皆自李沧溟启之，此元遗山所谓'少陵自有连城璧，争奈微之识碔砆'者也。"④"下马饮君酒"一篇，指王维五古《送别》"下马饮君酒"诗；"终南有茅屋"一篇，指王维七古《答张五弟》诗。"自李沧溟启之"云云⑤，指二诗较早收入李攀龙辑选《古今诗删》中，其中卷十"五言古诗"收录王维六首，《送别》"下马饮君酒"即其中之一，卷十三"唐七言古诗行"录王维诗三首，《答张五弟》名列其间。此后，编选者题作李攀龙的系列《唐诗选》中，这两首诗皆收录其中，其他唐诗选本也多有收录。以下以《送别》一诗的选本收录情况略作说明。王穉登评

---

① 沈津：《翁方纲年谱·本谱》"乾隆三十二年丁亥"条引《苏斋读书记》载：八月二十八日，在雷州，看《全唐诗录》，题有"钱、刘以后，随手选取五古，李、杜以前，则取《三昧》《十种》验证之，再为酌定。八月二十八日，雷州记。""所已圈王、孟以上诸公诗，仍须与《三昧》细对。"见该书第 39 页。《三昧》《十种》，指王士禛编选之《唐贤三昧集》《十种唐诗选》。

② （宋）强幼安述：《唐子西文录》，载（清）何文焕辑：《历代诗话》（上），人民文学出版社 1980 年版，第 443 页。

③ 王士禛标举神韵说，对能体现其诗说宗旨的五言古诗的选择，颇受翁方纲的关注。本页注解 4《苏斋读书记》的相关记载即是明证。

④ 陈迩冬校点：《石洲诗话》卷一，第 30 页。翁氏此处引用元好问对元稹杜诗评的评判，并非对元好问观点的首肯，仅仅只是对元说的借用；元稹：《唐故工部员外郎杜君墓系铭并序》中所言的杜诗"铺陈终始，排比声韵，大或千言，次犹数百，词气豪迈而风调清深，属至律切而脱弃凡近"（元稹《元氏长庆集》卷五十六）的特色，翁方纲无疑是赞赏的。《石洲诗话》中云："元相作《杜公墓系》，有'铺陈''排比''藩翰''堂奥'之说，盖以'铺陈终始，排比声韵'之中有藩篱焉，有堂奥焉，语本极明。至元遗山作《论诗绝句》，乃曰：'排比铺张特一途，藩篱如此亦区区。少陵自有连城璧，争奈微之识碔砆。'则以为非特堂奥，即藩翰，亦不止此。所谓'连城璧'者，盖即杜诗学所谓'参苓''桂术''君臣''佐使'之说，是固然矣！然而微之之论，有未可厚非者。"（陈迩冬，校点：《石洲诗话》卷一，第 39 页）其中又云："至于五言诗，则初不限以一例。（渔洋）先生又尝云：'感兴宜阮、陈，山水闲适宜王、韦，铺张叙述宜老杜。'若是则格由意生，自当句由格生也。"（陈迩冬校点：《石洲诗话》卷一，第 36 页。）同样可以看做是对杜诗"铺张叙述"的肯定。

⑤ 严格而言，此说不够严密；翁氏提到的王维两首诗，《唐诗品汇》卷九"五言古诗九　名家上之一"录《送别》"下马饮君酒"，卷三十"七言古诗六　名家下"录《送张五弟》。但若考虑到《唐诗品汇》的选诗数量，二诗的入选毫不足怪（其中收王维五古四十首，七古十七首）。

《唐诗选》、蒋一葵笺释《唐诗选》二书中,卷一仅收王维《送别》一首五言古诗。明李攀龙辑、凌瑞森凌南荣辑评《唐诗广选》卷一收王维五言古诗六首(选目同《古今诗删》),《送别》名列其间(录蒋舒翘评语)。其间,该诗还入选《唐诗归》《唐诗援》、《唐诗选脉会通评林》(周敬评语)、《唐贤清雅集》等。这些选本,翁氏未必全部寓目,但该诗备受选家青睐似乎是一个不争的事实。特别是《唐诗选》中该诗的入选,尤其值得注意,其入选宗旨未必完全符合李攀龙的诗歌宗尚,但其影响却是不可忽略的。"少陵自有连城璧"两句,出自金人元好问《论诗三十绝句》第十首;"连城璧",有论者指出,盖指杜诗中那些具有含蓄蕴藉之致的作品,似不确。元稹欣赏的是杜甫诗歌中的排律之作,在元好问看来,如此认识杜诗的价值过于偏狭,即所谓的"排比铺张特一途,藩篱如此亦区区"。翁方纲用这两句来比拟李攀龙对古诗高下标准的认识偏差,未尝又不是对李攀龙"唐无五言古诗而有其古诗"等命题的反思与检讨。①事实上,若以翁氏对五古创作的认识,《送别》未必算佳作,因选本的因素而将其塑造成经典,这大概是其关注的要点所在。对于五古创作,《石洲诗话》中还有以下记载:"又得五言数语。韩诗'蚌螺鱼鳖虫',卢仝'鳗鳢鮕鲤鳅'云云,然此种句法,间作七言可耳,五言即非所宜解,人当自知之。盖渔洋先生所谓五古者,专指《唐贤三昧》一种淡远之体而言。此体幽闲贞静,何可杂以急管繁弦。他日先生又谓,东坡效韦苏州之作是《生查子》词者即此旨。②对王士禛五古系"淡远之体""幽闲贞静"的看法,翁方纲还是认可的。此外,《送别》的入选,似乎还与翁氏对唐五古诗创作对前代的继承与创新态度有关。前述"故人不可见,寂寞平陵东"之"未尝不取乐府语以见意也"的论述,就是明显的例子,这也是其五古创作观有别于王士禛之处。《师友诗传录》中述王士禛语有云:"沧溟先生论五言,谓:'唐无五言古诗,而有其古诗。'此定论也。常熟钱氏但截取上一句,以为沧溟罪案,沧溟不受也。要之,唐五言古固多妙绪,较诸《十九首》、陈思、陶、谢,自然区别。""较诸《十九首》"云云,二人有关五古创作渊源的差异,显而易见。也许在翁方纲看来,从五古风格的多样性而言,《送别》是否算作王维诗歌中的经典,是非常值得商榷的。《石洲诗话》中说:"渔洋先生云:'李诗有古调,有唐常调。'分别观之,所录止《古风》二十八首,

---

① 见(明)李攀龙辑选:《古今诗删》,卷十。"唐无五言古诗而有其古诗"的后世接受,可参阅陈国球:《诗论李攀龙之选唐诗及"唐无五言古诗而有其古诗"说的意义及其影响》,载傅璇琮主编:《唐代文学研究》(第七辑),桂林:广西师范大学出版社1998年,第873—888页。

② 陈迩冬校点:《石洲诗话》卷一,第35—36页。顾随:《摩诘诗之调和》(顾随:《顾随全集》卷五《传诗录一》,石家庄:河北教育出版社2014年版,第270—271页)中说:"唐代王、孟、韦、柳皆学陶,写大自然,其高处后人真不可及。……右丞以五古最能表现其高,非右丞善于五言古,盖五言古宜于此界境。七言宜于老杜、放翁一派。王维此诗高,而亦无人我欢悲,乃最高最空境界。"此段论述中所举例子就是王维的《奉寄韦太守陟》。顾随的观点,从某种程度上也暗合了王士禛"山水闲适宜王、韦"(《池北偶谈》卷十八)及翁方纲"此体(按:依翁氏意,指《唐贤三昧集》以澹远见长的五古)幽闲贞静,何可杂以急管繁弦"的论断。

盖以为此皆古调也。然此内如'秦皇扫六合''天津三月时''郑客西入关'诸篇,皆出没纵横,非斤斤于践迹者。即此可悟古调不在规摹字句,如后人之貌为选体,拘拘如临帖者,所谓古者乃不古耳。"①其中肯定的是那些"非斤斤于践迹者""不在规摹字句"的"出没纵横"的五言古调,以此标准衡量,《送别》一类的五言古诗自然算不上上乘之作,也是对"五言古固多妙绪"云云的巧妙反思。值得注意的是,翁氏晚年编选《小石帆亭五言诗续钞》中,于《唐贤三昧集》中收录的五言古诗,悉数原样收入,王维的《送别》也不例外。其《编选略例》中有云:"五言诗续钞者,续渔洋先生《五言诗钞》也。……用敢窃取先生论诗大意,续钞诸家之作,庶几仍不乖于先生前钞之旨,勿以形似间别之。"②似乎体现的是对王士禛五言编选标准的某种认可,但其中又说:"先生论五言诗,意在含蓄,不使说尽。充斯义也。数十韵以外之五古,皆类急管繁弦,几于放郑之旨矣。然此中有本焉。先生独未钞何逊之二十四韵,江总之二十韵,庾信之三十韵乎? 或曰:'此虽长篇,而句法不似杜、韩之后之纵宕也,故钞之。若句法太纵,岂其古义欤? 故先生又每谓柏梁、枇杷、橘、栗、桃、李、梅,在七言则可,施之五言则不可,亦此意也。'余应之曰:亦思其本矣。句法之纵奚例焉? 同一《南》也,'谁谓雀无角,何以穿我屋',忽排至五言八句,无害也。同一《雅》也,'或不知叫号,或惨惨劬劳',忽排至五言十二句。且《周颂》简古极也,《商颂》'莫敢不来享,莫敢不来王''受小球大球,受小共大共',排宕展拓极矣,岂其句法之是例乎? 吾故谓杜、韩以下之五言诗,即杜、韩以上之五言诗,无二理也。"可以看出,其编选的真正宗旨,在于"思其本",突出"杜、韩以下之五言诗,即杜、韩以上之五言诗,无二理也"的诗歌批评观。以杜诗而言,"排宕展拓"正是其五古特色之所在,也正是凭借杜诗的典范塑造及师法途径的倡导,翁氏实现了唐宋诗艺术精神的融通与勾连。对其五言古的创作的推崇即是如此,《苏斋笔记》中云:"诗必以杜为万法归原处,诗必以杜为千古一辙处,学者皆知此义也。而无如博稽古今见《选》体以上,若似乎五言必力追杜以前矣;又见宋元以后诸家格调之变、家数之不同,若似乎未能专以杜为定程者。是以诗道纷歧,无又率循也。"③"博稽古今"云云,"以学为诗"的倾向呼之欲出;王维的《送别》诗,与此几乎无关,翁氏对其入选选本的评价也就不足为奇了。

"古今咏桃源事者"的相关情况,已见前述。"昔人称李嘉祐诗'水田飞白鹭,夏木啭黄鹂"条④,则重在对所谓王维窃取李嘉祐诗句公案的发覆。该公案最早记载

---

① 陈迩冬校点:《石洲诗话》卷一,第35—36页。

② (清)翁方纲:《小石帆亭五言诗续钞》卷首,清咸丰伍崇曜校刊《粤雅堂丛书》本。

③ (清)翁方纲:《苏斋笔记》卷九,载翁方纲:《复初斋文稿》(《清代稿本百种汇刊》),台北:文海出版社,民国六十三年(影印本),第8657页。

④ 陈迩冬校点:《石洲诗话》卷一,第31页。

于中唐李肇《唐国史补》卷上中,其说一出,影响极大。有宋一代,除了叶梦得《石林诗话》等少数著作中有所辨析外,宋人诗话中多有承袭其说者。此后论者则各抒己见,未见定论。翁诗之论述,一方面强调"李嘉祐中唐时人,右丞何由预知而加以'漠漠''阴阴'耶?"的事实,另一方面强调"右丞此句,精神全在'漠漠''阴阴'上",对王士禛《香祖笔记》①有关说法加以订正,"不得以前说之谬,一概斥之"。

"古人唱和,自生感激"条,重在揭示唱和对于诗人创作的感发激励价值,其具体论述如下:"古人唱和,自生感激,若《早朝大明宫》之作,并出壮丽,慈恩寺塔之咏,并见雄宕,率由兴象互相感发。至于裴蜀州之才诣,未遽齐武右丞,而辋川唱和之作,超诣不减于王。此亦可见。"②历代评述贾至、王维、岑参、杜甫四家《早朝大明宫》诗,大多着眼于四家创作水平之高低。王维、裴迪的辋川诸咏,亦是如此。翁方纲此处立论,立足于唱和对诗歌创作的感兴生发的价值,视角独特。有学者指出:"如翁氏所论,以唱和为主要诗歌赋咏形式的古代文人雅集正是这样一个能够'自生感激'的创作环境。故此,就一般意义上说,文人雅集对于诗歌创作最为直接和常见的作用即在于催生优秀的作品,甚至能够提升部分诗人的诗歌创作水平。"③而裴迪之"才诣,未遽齐武右丞",然其"辋川唱和之作,超诣不减于王"的论断,似乎也从另一个角度对王士禛神韵说的合理之处加以肯定。

结　语

《石洲诗话》中,除了上文提到的专门性的王维诗歌批评外,还有一些涉及王维诗歌批评的条目,皆收录于《石洲诗话》卷一。如"常(建)较王、孟诸公"条,通过比较常建诗歌风格与王、孟不同,揭示其诗歌的用语特征。"王、孟诸公,虽极超诣"条,强调韦应物诗"奇妙全在淡处,实无迹可求",其间涉及的还是王、孟五绝、五古与韦应物五古创作的比较,实是对王士禛神韵说的补充与修正。《石洲诗话》中的王维诗评,大多以王士禛的诗歌批评、诗歌选本为参照,体现了翁方纲唐宋并重、崇尚杜诗的诗歌批评观,在中国古代诗歌批评史上理应占有一席之地。

(作者单位:陕西师范大学国际汉学院)

---

① (清)王士禛:《香祖笔记》卷一载:"《唐国史补》谓'漠漠水田飞白鹭,阴阴夏木啭黄鹂',乃右丞窃取李嘉祐语。论者或为王讳,以为增'漠漠'四字便是点铁成金手段,虽属呓语,然此事亦常有之。"见湛之点校本第14页,上海:上海古籍出版社1981年版。
② 陈迩冬校点:《石洲诗话》卷一,第33页。
③ 曾莹:《文人雅集与诗歌风尚研究初探:从玉山雅集看元末诗风的衍变》,广州:广东高等教育出版社2011年版,第209页。

《唐三体诗注》王维资料辑补[①]

海村惟一　海村佳惟

王维诗对日本五山禅林的影响或者说日本五山禅僧对王维的认知,是通过汶阳周弼伯弜选、高安释圆至天隐注、东嘉裴庾季昌增注的《唐三体诗注》而实现的。

日本的留宋元明禅僧以及遣明禅僧带回日本的中国经典,并以此在五山禅林刻板刊行,简称"五山版"。五山版以及复刻版的中国经典有一百多种,涉及经史子集。其中对五山禅林影响最大的是宋周弼于淳祐十年(1250)所编的[②]唐诗总集《唐诗三体家法》(原书名[③])。据范晞文《对床夜语》(景定三年/1262)卷二曰:"周伯弜选唐人家法,以四实为第一格,四虚次之,虚实相半又次之。……是编一出,不为无补后学,有识高见卓不为时习熏染者,往往于此解悟。"[④]此书之后为纠正"时习"不无人气,又有唐诗佳作之选和诗歌创作之法,故于南宋末期流行一时,不久失传。元代禅林社会亦流行学习此书,由此产生了两种注释本,其一,全靠元代著名诗僧圆至天隐(1256—1298)的注本以及此后不久的裴庾增注本(即季昌本)的流行,清孙诒让《温州经籍志》卷三二著录:"裴氏(庾)《三体唐诗注》(乾隆《温州府志》二七),佚。"[⑤]可知至明代裴庾增注本尚存。

我们从进入日本五山禅林并成为其模本的五山版《唐三体诗注》(泉南本,明应三年/1494刻板刊行)中辑录到王维绝句体4首、七言体3首、五言体9首,共16首以补《王维资料汇编》。[⑥]关于《王维资料汇编》,梁瑜霞的《〈唐诗成法〉王维资料辑

---

① 本文为国家社会科学基金重大项目"东亚汉诗史(多卷本)"(批准号:19ZDA295)的阶段性成果。

② 村上哲见:《三体诗》(上),新订中国古典选第16卷,朝日新闻社1966年,第4—5页。村上哲见据铃木虎雄《三体诗的著者周弼》(《支那文学研究》所收)严密考证的结果,村上又没有否定的材料,故暂且定为淳祐十年。参见杜晓勤《周弼〈唐诗三体家法〉中日版本流传考述——以元刊本和日本"五山版"为中心》(刘玉才、潘建国主编:《日本古钞本与五山版汉籍研究论丛》,北京:北京大学出版社2015年版,第285页以及注1、2,亦引村上哲见的"暂定说")。

③ 查屏球:《周弼〈唐诗三体家法序〉辑考》,《古典文学知识》2009年第4期,第83—88页。

④ 据中国哲学书电子化计划范晞文《对床夜语》(知不足斋丛书本)卷二。

⑤ 转引杜晓勤《周弼〈唐诗三体家法〉中日版本流传考述——以元刊本和日本"五山版"为中心》(刘玉才、潘建国主编:《日本古钞本与五山版汉籍研究论丛》,北京:北京大学出版社2015年版,第290页)。

⑥ 张进、侯雅文、董就雄:《王维资料汇编》,北京:中华书局2014年版。

补》一文有详细的介绍。①

本文的底本《唐三体诗注》由三卷构成,第一卷卷首有裴庾书于至大二年
(1309)重阳日之"序",其后为方回之"序"。序后为"唐三体诗注纲目":卷之一,绝
句体:"实接""虚接""用事""前对""后对""拗体""侧体";卷之二:七言体:"四实"
"四虚""前虚后实""前实后虚""结句"(缺"咏物");卷之三,五言体:"四实""四虚"
"前虚后实""前实后虚""一意""起句""结句""咏物"。纲目后有"唐分十道之图"
"唐高祖开基图""唐地理图"。图后有"求名公校正次旨"。次旨后有"诸家集注唐
诗三体家法诸例"。诸例后有"唐世系纪年"。纪年后有"三体集一百六十七人"的
简历(以收入前后为序),王维的简历如下:"王维字摩诘。太原人。开元初年十九。
进士擢第。调太乐丞。坐累。为济州司仓参军。张九龄执政。擢右拾遗。历监察
御史。累迁给事中。禄山乱平。下迁太子中允。又之迁中庶子。三迁尚书右丞。
有诗名。工画。上元初卒。年六十一。"下接题目卷数作者,《增注唐贤绝句三体诗
法卷之一》汶阳周弼伯弼选、高安释圆至天隐注、东嘉斐(裴)庾季昌增注②,正文如
下(下线__为实,下线__为虚,下同。(圆至注)、裴庾增注均为小字):

一、《增注唐贤绝句三体诗法卷之一》选入王维诗四首

实接(伯弼曰:绝句之法,大抵以第三句为主。首尾率直,而无婉曲者,此异时
所以不及唐也。其法非惟久失其传,人亦鲜能知之。以实事寓意而接,则转换有
力。若断而续,外振起而内不失于平妥,前后相应。虽止四句,而涵蓄不尽之意焉。
此其略尔。详而求之,玩味之久,自当有所得。)③选入王维诗2首,如下:

1. 王维《题崔处士林亭》

绿树重阴盖四邻,青苔日厚自无尘。科头箕踞长松下,(科头不冠也。管
宁云,吾曾一朝科头。三晨晏起。《张耳传》高祖箕踞。嫚骂之。注曰,谓伸两
脚其形如箕)白眼看他世上人。(阮籍能为青白眼。见礼俗之士白眼对之)
增注 科头二字出《史记张仪传》。注。谓不著兜鍪入敌。④

2. 王维《送元二使安西》 安西都护府在龟兹。武后所置。增注 唐安西郡。
即康居。小君长王故地。贞观中。置安西都护府于西州。又置安西都尉。

---

① 参见高萍、梁瑜霞:《王维研究》第八辑,上海:上海三联书店2022年版,第178页。
②③ 早稻田大学藏本:《三体诗法》(刊本)既康堂,元禄16年(1703)卷之一,第1页。
④ 早稻田大学藏本:《三体诗法》(刊本)既康堂,元禄16年(1703)卷之一,第4页。

渭城朝雨浥轻尘，客舍青青柳色新。（渭城在咸县东北故杜邮也）劝君更尽一杯酒，西出阳关无故人。（《舆地广记》阳关在沙洲寿昌县西六里）增注 阳关汉于敦煌郡龙勒县作阳关。玉门关唐陇右道沙洲敦煌郡寿昌县西。有阳关。西北有玉门关。王维此诗后人因以声曲歌之。谓之阳关曲。按《东坡诗话》云。旧传。阳关三叠。今世歌者。每句再叠而已。若通一首言之。又是四叠。皆非是。或每句三唱。以应三叠之说。则丛然无复节奏。余在密州。有文勋官长者。又事至密。自云。得古本阳关。其声宛转凄断。不类向之所闻。每句皆再唱。而第一句不叠。乃知古本三叠。盖如此。及在黄州偶读乐天对酒诗云。相逢且莫推辞醉。听唱阳关第四声。注云。第四声。劝君更尽一杯酒。以此验之。若第一句再叠。则此句为第五句。今为第四声。则第一句不叠审矣。①

虚接（周弼曰：谓第三句，以虚语接前二句也。亦有语虽实而意虚者。于承接之间，略加转换，反与正相依，顺与逆相应，一呼一唤，宫商自谐。如用千钧之力，而不见行迹。绎而寻之，有余味矣）②选入王维诗 1 首，如下：

3. 王维《九日怀山东兄弟》 增注 坡山东二百郡注。今河北晋地。太行山之东也。

独在异乡为异客，每逢佳节倍思亲。遥知兄弟登高处，（齐谐志费长房谓桓景九月九日。汝家有灾。急令家人缝绛囊盛茱萸。系臂上。登高饮菊花酒。此祸乃消。九日登高起于此）遍插茱萸少一人。（旧史称。维闺门交悌事母孝。观此诗。信矣。维作此诗年十七）③

后对（周弼曰：此体唐人用之亦少。必使末句，虽对而词足意尽。若未尝对，不然则如半截长律。皑皑齐整，略无结合，此荆公所以见诮于徐师川也。）④选入王维诗 1 首，如下：

4. 王维《寒食汜上》 （汜上。在城皋东。）增注 汜。平子切。古荆河路。河南府。汜水县。水名。春秋时属成皋地。唐属河北道孟州。又曰广武。坡诗。聊真广武叹。注属孟州汜水县。

---

① 早稻田大学藏本：《三体诗法》（刊本）既康堂，元禄 16 年（1703）卷之一，第 23 页。
② 早稻田大学藏本：《三体诗法》（刊本）既康堂，元禄 16 年（1703）卷之一，第 24 页。
③ 早稻田大学藏本：《三体诗法》（刊本）既康堂，元禄 16 年（1703）卷之一，第 26 页。
④ 早稻田大学藏本：《三体诗法》（刊本）既康堂，元禄 16 年（1703）卷之一，第 38 页。

广武城边逢暮春,(广武城在郑州荣泽县。西征记曰。三皇山上有二城。东曰东广武。西曰广武。汉祖与霸王共语处。)汶阳归客泪沾巾。(汶阳。今兖州奉符县。)落花寂寂啼山鸟,杨柳青青渡水人。①

二、《唐贤七言律诗三体家法卷之二》选入王维诗三首

四实(周弼曰:其说在五言。但造句差长,微有分别。七字当为一串。不可以五言泛加两字。最难饱满,易疏弱。而前后多不相应。自唐大中,工此者亦有数焉。可见其难矣)②选入王维诗1首,如下:

1. 王维《和贾至早朝大明宫》 (唐制三内皇城曰西内。大明宫曰东内。兴庆宫曰南内。)增注 贾至字幼邻。贾曾子。洛阳人。擢明经第。解褐单父尉。玄宗拜起居舍人。

绛帻鸡人送晓筹,(王洙曰。鸡人宫中司晓者。晓筹晓漏也。绛帻者。朱冠以象鸡。东坡云。余来黄闻人歌如鸡唱。与朝堂中所闻。鸡人传漏微相似。)尚衣方进翠云裘。(百官志尚衣掌供冕服。宋玉赋。上翠云之裘。)九天阊阖开宫殿,(鸡跖曰。九天。一中天。二羡天。三从天。四更天。五睟天。六廓天。七减天。八沉天。九成天。薛综曰。紫薇宫门曰阊阖。)万国衣冠拜冕旒。(礼天子冕有十二旒。)日色乍临仙掌动,(仙掌见前注。)香烟欲傍衮龙浮。(衮衣画龙其上。)朝罢须裁五色诏,(石虎诏书用五色纸。)佩声归向凤池头。(凤池。中书也。晋荀勖为中书监。除尚书令人贺之。荀曰夺我凤凰池。何贺耶。)增注 绛大赤色。发有巾曰帻。周礼鸡人夜呼。且以叫百官。尚衣掌御衣之官。晓则进衣。夜则袭衣。九天。柳文九天注。九者。老阳数之极。积阳为天。又引淮南天文说。东皞天。东南阳天。南赤天。西南朱天。西成天。西北幽天。北玄天。东北变天。中央钧天。天门曰阊阖。汉建章宫正门。亦曰阊阖。汉志冕广七寸。长尺二寸。前圆后方。朱缘里玄。前垂四寸。后垂三寸。天子系白珠。为十二旒。衮龙。尚书五服注。衮冕以龙。为首龙首卷。然故以衮为名。佩。说文太带佩也。礼凡带必有佩玉。③

前虚后实(周弼曰:其说在五言。但五言人多留意于联颔联之分,或守之太过。

---

① 早稻田大学藏本:《三体诗法》(刊本)既康堂,元禄16年(1703)卷之一,第39页。
② 早稻田大学藏本:《三体诗法》(刊本)既康堂,元禄16年(1703)卷之二,第1页。
③ 早稻田大学藏本:《三体诗法》(刊本)既康堂,元禄16年(1703)卷之二,第6页。

至七言则自废其说,音节谐婉者甚寡。故标此以待识者)。①选入王维诗 1 首,
如下:

2. 王维《过乘如禅师萧居士嵩丘兰若》 (居士之号起于商周之间。韩非子
曰。太公封于齐。有居士任商事。仕昆弟曰。吾不臣天子。不交诸侯。礼记亦有
居士锦带。)

    无著天亲弟与兄,(无著天亲二菩萨以比禅师与居士。出西域记第四
卷。)嵩丘兰若一峰晴。<u>食随鸣磬巢乌下</u>,行踏空林落叶声。<u>迸水定侵香案湿,
雨花应共石床平</u>。(维摩居士室中天女雨花。)深洞长松何所有,俨然天竺古先
生。(佛也。老子化胡经曰。吾闻天竺有古皇先生。善入无为。)增注 唐书
云。竺。汉称毒国也。或曰。摩伽陀。曰婆罗门。去京师九千六百里。居
菱岭南。幅员三万里。分西南北中五天竺。②

前实后虚(周弼曰:其说在五言。然句既长,易于饱满。景物情思,互相揉拌无
根迹,惟才有余者能之)。③选入王维诗 1 首,如下:

3. 王维《辋川积雨》 (辋川在蓝田县) 增注 按王维本传。晚年得宋之问蓝田
别墅在辋口。水周舍下。竹州花坞。与道友裴迪浮舟往来。弹琴赋诗终日。尝聚
其田园所为诗。题辋川集并图。代宗时。维弟缙为宰相。求维文。缙编诗得四百
余篇。上之。唐蓝田县在京兆府。

    积雨空林烟火迟,蒸藜炊黍饷东菑。(李周翰曰。藜野菜。尔雅田一岁
曰菑。)<u>漠漠水田飞白鹭</u>,<u>阴阴夏木啭黄鹂</u>。(李肇为水田飞白鹭。夏木啭黄
鹂。乃李加祐诗。王维但增二字而已。)<u>山中习静观朝槿</u>,(习静犹坐禅。张籍
有和陆司业习静诗。尔雅曰。槿花如葵。朝生夕陨。一云舜□之义盖取此)
<u>松下清斋折露葵</u>。(史谓。维末年长斋奉佛。故诗有此语。按《颜氏家训》蔡
朗父讳纯。遂呼莼为露葵。面墙者效。元有士人聘齐主客郎李恕问。江南
有露葵否。答曰。露葵是莼水郡所出。今所食者绿葵耳。此诗云。松下折
之岂亦误以为绿葵耶。然七启云。霜蓄露葵。注曰。葵宜露。意谓维或本
此耳)野老与人争席罢,(列子往见壶丘子。道中舍者避席。及见壶子归。
则舍者争席)海鸥何事更相疑。(庄子海上翁。每之海上则群鸥随之。后欲

① 早稻田大学藏本:《三体诗法》(刊本)既康堂,元禄 16 年(1703)卷之二,第 20 页。
② 早稻田大学藏本:《三体诗法》(刊本)既康堂,元禄 16 年(1703)卷之二,第 25 页。
③ 早稻田大学藏本:《三体诗法》(刊本)既康堂,元禄 16 年(1703)卷之二,第 32 页。

取之。机心一萌鸥鸟舞之不下)增注藜草似蓬。饷馈也。鑢也。孟子有童以黍肉饷。①

三、《增注唐诗五言律句三体家法卷之三》(选入王维诗九首)

四实(周弼曰:谓中四句皆景物而实。开元大历多此体。华丽典重之间,有雍容宽厚之态,此其妙也。稍变然后入于虚,间以情思。故此体当为众体之首。昧者为之,则堆积窒塞,寡于意味矣。)②选入王维诗4首,如下:

1. 王维《山居即事》

寂寞掩柴扉,苍茫对夕晖。鹤巢松树遍,人访荜门稀。(杜预曰。荜门。柴门也。)
绿竹含新粉,红莲落故衣。渡头灯火起,处处采菱归。③

2. 王维《与崔员外秋直》 (禁中直宿)增注隋尚书二十四司。各置员外郎一人。谓本员之外。复置郎员外。自此始唐尚书诸曹各置。惟吏部二人。今六部各置员外。

建礼高秋夜,(蔡质汉官典职曰。尚书郎昼夜更直。五日于建礼门外。)承明候晓过。(承明庐在石渠阁右)九门寒漏彻,(楚辞注曰。天门九重。)万井曙钟多。月回藏珠斗,云销出绛河。更惭衰朽质,南陌共鸣珂。(通鉴曰。雕入海化为玳。可作马勒。谓之珂。)增注汉承明殿。名承明庐直宿所。止曰庐。珠斗汉志五星如连珠。广雅天河谓之绛河。又曰银河。④

3. 王维《送东川李使君》 增注东川潼川府郡名。蜀先主梓潼郡。隋改梓州。唐梓州。梓潼郡属剑南道。今属潼川府路。史君郎刺史。

万壑树参天,千山响杜鹃。山中一夜雨,树杪百重泉。汉女输橦布,(李周翰曰。汉女。蜀之美女。汉书曰。秦置黔中郡。汉县令大人输布二疋。

---

① 早稻田大学藏本:《三体诗法》(刊本)既康堂,元禄16年(1703)卷之二,第38页。
② 早稻田大学藏本:《三体诗法》(刊本)既康堂,元禄16年(1703)卷之三,第1页。
③ 早稻田大学藏本:《三体诗法》(刊本)既康堂,元禄16年(1703)卷之三,第11页。
④ 早稻田大学藏本:《三体诗法》(刊本)既康堂,元禄16年(1703)卷之三,第14页。

是谓賨布。十六国春秋常□志云。宕渠古賨国。姓芊。）巴人讼芊田。（海内图经曰。伏羲后。生巴人。蜀都赋曰。瓜田芋区。又蜀卓氏以芋致富。）文翁翻教授，不敢倚先贤。（汉文翁为蜀太守。选郡吏诸京受业。每出行从学官诸生吏民化之。蜀学比齐鲁焉。）增注 诗。汉有游女。注汉水出武都沮县。方舆胜览。此诗载潼川府，后賨作橦。东川产橦。即闽之木棉。賨徂宗切。橦音同。巴人见前晚发五溪诗。①

4. 王维《送杨长史赴果州》 （今顺庆府）增注 长史今治中即其官也。

　　褒（褒）斜不容幰，（刘良曰。幰，车网也。）之子去何之。鸟道一千里，（南中八志曰。鸟道四百里。以其险绝。兽犹无蹊特。上有飞鸟之道耳）猿声十二时。官桥祭酒客，山木女郎祠。（汉法上客曰。祭酒。果州金华山中有观。乃神女谢自然祠。）别后同明月，君应听子规。增注 褒斜谷名。南曰斜。在兵元府出秦凤路。北曰褒。在利州出长安路。相去二百余里。宜郡山川记。巴东三峡猿鸣悲。猿鸣三声泪沾衣。汉书祭酒皆以位之元长。古者。宾客得主人馔。则老者一人奉酒以祭祀。故以为称。女郎古者妇女通称、如马明先生。谓与女郎游。安息西海。及古乐府。木兰是女郎之类。是也。②

四虚（周弼曰：谓中四句皆情思而虚也。不以虚为虚，以实为虚，自首至尾，如行云流水，此其难也。）增注 元和已后用此体者，骨格虽存，气象顿殊。向后则偏于枯瘠，流于轻俗，不足采矣。③选入王维诗1首，如下：

5. 王维《送丘为落第归江东》 增注 唐书丘为苏州嘉兴人。事继母孝。

　　怜君不得意，况复柳条春。为客黄金尽，还家白发新。
　　五湖三亩宅，（为吴郡人）万里一归人。知尔（一作知祢。谓孔融荐祢衡。）不能荐，羞称献纳臣。增注 武后置铜匦。受四方告事之书。置理匦使。玄宗改献使。按王维曾历尚书右丞。实纳言官。④

---

① 早稻田大学藏本：《三体诗法》（刊本）既康堂，元禄16年（1703）卷之三，第14页。
② 早稻田大学藏本：《三体诗法》（刊本）既康堂，元禄16年（1703）卷之三，第15页。
③ 早稻田大学藏本：《三体诗法》（刊本）既康堂，元禄16年（1703）卷之三，第16页。
④ 早稻田大学藏本：《三体诗法》（刊本）既康堂，元禄16年（1703）卷之三，第19页。

前<u>虚</u>后<u>实</u>(周弼曰:谓前联情而虚,后联景而实。实则气势雄健,虚则态度谐婉。轻前重后,剂量适均,无窒塞轻俗之患。大中以后多此体。至今宗唐诗者尚之。然终未及前两体浑厚。故以其法居三。善者不拘也。)①选入王维诗2首,如下:

6. 王维《晚春答严少尹诸公见过》

　　松菊荒三径,(陶渊明。三径就荒。松菊犹存)图书共五车。(庄子曰。惠施多方。其书五车)<u>烹葵邀上客,看竹到贫家。雀乳先春草</u>,莺啼过落花。自怜黄发暮,一倍惜年华。 增注 葵菜也。诗黄发台背。庄老人发百而黄。②

7. 王维《过香积寺》　增注 长安京西及潼川府并永康军。青城县。州沛城县。惠州博罗县并有香积寺。佛书。香积如来以众香钵。盛满香饭与化菩萨悉饱众。香寺取此为名。

　　不知香积寺,(香积寺在子午谷正北微西。郭子仪收长安时阵于寺北。寺在丰水之东交水之西也。)数里入云峰。<u>古路无人迹,深山何处钟</u>。泉声咽危石,日色冷青松。薄暮空潭曲,安禅制毒龙。③

前<u>实</u>后<u>虚</u>(周弼曰:谓前联景而实,后联情而虚。前重后轻,多流于弱。唐人此体最少。必得妙句不可易,乃就其格。盖发兴尽,则难于继。后联稍间以实,其庶乎。)④选入王维诗1首,如下:

8. 王维《秋夜独坐》

　　独坐悲双鬓,空堂欲二更。<u>雨中山果落,灯下草虫鸣。白发终难变,黄金不可成</u>。(刘向父治淮南狱。得枕中鸿宝苑秘书。言神仙使鬼扬为金之术献之。言黄金可成。上令典上方铸作不验下吏。)欲知除老病,惟有觉无生。增注 佛经生老病死苦。达摩曰。见性成佛者。明其顿了无生也。⑤

---

① 早稻田大学藏本:《三体诗法》(刊本)既康堂,元禄16年(1703)卷之三,第22页。
② 早稻田大学藏本:《三体诗法》(刊本)既康堂,元禄16年(1703)卷之三,第29页。
③ 早稻田大学藏本:《三体诗法》(刊本)既康堂,元禄16年(1703)卷之三,第34页。
④⑤ 早稻田大学藏本:《三体诗法》(刊本)既康堂,元禄16年(1703)卷之三,第38页。

一意(周弼曰:唯守格律,揣摩声病,诗家之常。若时出度外,纵横放肆,外如不整,中实应节时,又非造次所能也。)①选入王维诗1首,如下:

9. 王维《终南别业》 雍录曰。终南山横亘关中南面。西起秦珑②(按:早稻田大学藏本:《三体诗法》作"珑"字形,现代中国地名为"陇"字形)。东彻蓝田。凡八百里。

中岁颇好道,晚家南山陲。(李肇国史补曰。王维好佛。得宋之问终南别业。山水绝胜。今清京寺是其地。)兴来每独往,胜事空自知。行到水穷处,坐看云起时。偶然值林叟,谈笑滞还期。③

四、结 语

《三体诗》所选上记16首王维诗对五山禅林未留学诗僧以及留学诗僧绝海中津的具体影响另文详述。在《三体诗》约传世500年后,由于《三体诗》的基本失传,孤本,更因考量当时科举试律,屈复(1668—1745)选编《唐诗成法》(弱水草堂刻本,1743)只选五言律诗和七言律诗;亦因同考,1756年顾安仅评选五言律诗《唐律消夏录》,1762年何文焕(1732—1808)增评重刻此书,书中评语多袭屈复《唐诗成法》,可见屈复诗评独到精要。④梁瑜霞于《唐诗成法》中辑出屈复点评王维五言律诗30则,屈复点评王维七言律诗11则。⑤就《唐诗成法》而言,其30则五言律诗中有6则与《三体诗》王维五言律诗的《山居即事》《与崔员外秋直》《送东川李使君》《晚春答严少尹诸公见过》《过香积寺》《终南别业》相同,占总数其20%;其11则七言律诗中有2则与《三体诗》王维七言律诗的《和贾至早朝大明宫》《辋川积雨》相同,占其总数18%;两者的诗题与内容有个别文字的相异。而对于《三体诗》来说,9题的王维五言律诗中有6题被《唐诗成法》所用,占总数其67%;其3题的王维七言律诗中有2题被《唐诗成法》所用,占总数其67%;由此可见,周弼的选诗是周到完美的,不仅对日本五山禅林以及后世影响极大,而且更为本国后世的楷模。《三体诗》尽管在明代基本失传,但在乾隆年间亦有少部存世,故可为屈复所启、所发、所引。周弼的分体说和分类说均基于其"家法""诗法",故有屈复的"成法",唐诗之"法"说,可谓周弼之独创。

总之,我们能从南宋末年周弼《唐三体诗注》一书中辑出王维七言绝句注及其

---

①②③ 早稻田大学藏本:《三体诗法》(刊本)既康堂,元禄16年(1703)卷之三,第45页。

④ 见陈美朱:《屈复〈唐诗成法〉点校本》之序,台湾:成大出版社2022年版。

⑤ 梁瑜霞:《〈唐诗成法〉王维资料辑补》,见高萍、梁瑜霞:《王维研究》第八辑,上海:上海三联书店2022年版。

增注四题、七言律诗注及其增注三题、五言律诗注及其增注九题以补《王维资料汇编》的南宋部分,倍感荣幸。

（作者单位:日本福冈国际大学;日本久留米大学）

论李汝襄《广声调谱》对王维诗的接受

董就雄

一、引 言

李汝襄,字沧崖,直隶省祁州(今河北省保定市安国市)人,为其《广声调谱》写序之诸生薛田玉称他是"安国世族,家学渊源,文章醇雅,能肆力于诗"。①著有《广声调谱》一书,此书为后世知名,其中一个原因是其最早提出律诗创作中"孤平"之说。②

李氏此书为乾隆年间多部补订赵执信《声调谱》的著作之一,蒋寅《乾隆时期诗歌声律学的精密化》对之有较为简要之说明,兹引其说,再作补充:

> 其书卷首有乾隆四十二年(1777)薛田玉序,说昔年汪师韩掌教莲池书院,以赵执信《声调谱》指示学者,李汝襄退而精研,详加推阐,广为是编,然则其书应即成于是年。上卷论近体,下卷论古体。赵谱原有的诗作及注,均以"原选""原注"标明,己说以按语区别。据书前例言所述,其编纂宗旨有几点异于赵谱:一是例作全取唐诗;二是先列近体,后列古体;三是乐府题杂录入各体中,不单列一类;四是近体诗注语全列诗后,古体则分注于各句后,取其清爽豁目;五是详于五言,略于七言,读者可类推;六是古诗平韵上句落字用平,仄韵上句落字用仄及律句,都一一标出。近体分为正式与通融式,严守格式不易一字为正式,第一、三字不拘平仄为通融式,体例似较赵谱为善。③

引文中指出李氏此书之作年、编辑体例,及与赵执信《声调谱》之异。

---

① (清)薛田玉《〈广声调谱〉序》,载(清)李汝襄《广声调谱》(乾隆四十二年易简堂刊本),日本京都大学文学部图书室藏书,卷首,页二上。

② 何文汇《近体诗「孤平」杂说》云:"'孤平'一词,在现存载籍中,最早似乎见于清乾隆年间李汝襄的《广声调谱》……而'孤平'一词,确有可能是李汝襄自铸,至少也是派内师承而来的。"载《中国文化研究学报》新第七期,1998 年,第 1 页。

③ 蒋寅:《乾隆时期诗歌声律学的精密化》,载《复旦学报(社会科学版)》2018 年第 1 期,第 112 页。

这里可补充两点,其一为此书之撰作动机,据李氏此书之《例言》云:

> 唐诗声调,新城独探其微,执以律人,人皆自失。赵饴山得其意而作谱,参选唐宋诗,详加注释,诚诗坛秘本也。但倚模既久,舛讹遂多,古诗尤甚,恐非饴山原本。余向从上湖先生游,敬请重加笔削,补其缺、正其误,因窃取先生之意,广为是编,欲以公世,为初学发轫之一助焉。①

于此表述了两方面之动机:一、李汝襄鉴于赵执信《声调谱》传播既久,转辗之间,错误遂多,尤其是古体诗方面,乃依汪师韩(上湖先生)之补正,广赵氏之书为《广声调谱》。故纠正增补赵书之错漏是第一方面动机。二、为初学入门展示格律规范是第二方面动机,此点在《广声调谱》最后一条例言还有说明:"是集为初学说法,反复引证,务祈详晰,不复于笔墨求工……"则第二方面动机是为初学者展示作诗格律之入门方法。

还有一点可补充的是李氏本人的论诗取向:一为重唐轻宋;一为重视拗体。其《〈广声调谱〉例言》云:

> 诗至有唐,体裁大备,是集专选唐诗,使学者奉为正轨,既可读诗知谱,兼可按谱学诗,汉魏六朝由此溯源可耳。②

又云:

> 归愚云:"诗不学古,谓之野体。"良有以也,识得此意,乃可脱去凡骨。③

可见李氏奉唐诗为正轨,并主张由此上接汉魏;又引沈德潜之语,主张"学古"以"去凡骨"。此种论调,实是继承明代前后七子复古派,以及融入复古派的沈德潜"格调派"观点。李氏专选唐诗,改变赵执信《声调谱》唐宋并选之做法,亦流露出李氏重唐轻宋之取向。对于拗体,李氏颇为重视,云:"书有变体,诗有拗体,皆化板为活之法,必依正粘,便无生趣。"④又云:"各种拗律,皆因古诗变化而出,正粘之外,总名拗体。"⑤认为律诗中之拗体实自古体化出,并认为拗体乃"化板为活之法",能增添律诗"生趣"。故其谱中所选,包涵多种拗体,其对拗体之重视,可以想见。

---

① ② (清)李汝襄:《〈广声调谱〉例言》,卷首,页一上。
③④⑤ (清)李汝襄:《〈广声调谱〉例言》,卷首,页一下。

二、《广声调谱》中王维诗在诗谱上之范式作用

从《广声调谱》中，我们可以看出李汝襄很重视王维诗在诗谱上之范式作用。据笔者统计，李氏书中共列七十四谱，选录王维诗作例子的谱就有十六个，占近百分之二十二。兹列示这十六个谱式之选录情况如下：

李汝襄《广声调谱》中所选王维诗统计表

谱　式	总诗例首数	王维诗所占首数	诗　题
1. 五言律诗・平起入韵正式	1	1	《送赵督都赴代州》①
2. 五言律诗・仄起入韵通融式	1	1	《终南山》②
3. 五言律诗・平起不入韵通融式	1	1	《山居秋暝》③
4. 五言律诗・用拗句式	3	1（居第三例）	《辋川闲居》④
5. 五言律诗・三仄式	1：此式以王昌龄诗作例，例下说明文字再引十首诗之句例，王维占二例。	2	《登小台》《送贺遂员外》⑤
6. 五言律诗・以古行律式	4	1（居第三例）	《终南别业》⑥
7. 七言律诗・用错综句式	2	1（居第一例）	《奉和圣制春望》⑦
8. 五言绝句・仄韵古体式	8	2（居第二及第三例）	《临高台送黎拾遗》《竹里馆》⑧
9. 六言绝句・拗体诗式	6	5（居第二至六例，占一题五首）	《田园乐》（此题原诗有七首，李氏选五首）⑨

---

① （清）李汝襄：《广声调谱》，卷上，页一上。
②③ （清）李汝襄：《广声调谱》，卷上，页二上。
④ （清）李汝襄：《广声调谱》，卷上，页三下。
⑤ （清）李汝襄：《广声调谱》，卷上，页七上。
⑥ （清）李汝襄：《广声调谱》，卷上，页十五下。
⑦ （清）李汝襄：《广声调谱》，卷上，页二十一下。
⑧ （清）李汝襄：《广声调谱》，卷上，页三十下。
⑨ （清）李汝襄：《广声调谱》，卷上，页三十三上至三十三下。

谱　　式	总诗例首数	王维诗所占首数	诗　题
10. 七言绝句·失粘式	2	1(居第一例)	《送元二使安西》①
11. 七言绝句·平韵古体式	4	1(居第二例)	《少年行》②
12. 五言古诗·平韵五古式	16	1(居第十一例)	《崔濮阳兄季重前山兴》(原选)③
13. 五言古诗·仄韵五古式	12	3(居第二、三及六例)	《齐州送祖三》《别弟缙后青龙寺望蓝田山》《清溪(原选)》④
14. 三韵古式	22	2(居第九及十五例)	《送别》《春夜竹亭赠钱少府》⑤
15. 转韵式	8	1(居第六例)	《蓝田山石门精舍》⑥
16. 杂体诗	45	2(居第廿六及廿七例)	《送友人归山歌二首》⑦

自表中可见,在十六式之中,五言律诗之"平起入韵正式""仄起入韵通融式""平起不入韵通融式"三式都以王维诗为唯一诗例,可见其代表性。而诸诗例中,王维诗例居于前的较多,以居前三诗例或以前的位置计算,共有两式居于第一例,分别为七言律诗"用错综句式"及七言绝句"失粘式";共有六式居于第二或三例,分别为五言律诗"用拗句式"、五言律诗"以古行律式"、五言绝句"仄韵古体式"、六言绝句"拗体诗式"、七言绝句"平韵古体式"及五言古诗"仄韵五古式",如此可见王维诗在诸种谱式中富于典范意义。

再从古近体诗之分野看,李氏书中王维诗选作近体诗例较多,占十一式,占近七成比例;古体诗例则只占五式,可见在《广声调谱》中,王维诗用作近体诗谱式的典范意义多于古体诗。

自近体诗中之正体与拗体角度言之,在李氏选有王维诗例的十一式近体诗可见,王维诗作为正体诗谱示例占四式:包括五言律诗"平起入韵正式""仄起入韵通融式""平起不入韵通融式",及七言律诗"用错综句式"。而作为拗体诗例则占七式,包括五言律诗"用拗句式""三仄式"及"以古行律式",五言绝句"仄韵古体式",

---

① (清)李汝襄:《广声调谱》,卷上,页三十五下。

② (清)李汝襄:《广声调谱》,卷上,页三十六下。

③ (清)李汝襄:《广声调谱》,卷下,页十一上。

④ (清)李汝襄:《广声调谱》,卷下,三诗分别见页十四上,页十四上至十四下,页十五上。

⑤ (清)李汝襄:《广声调谱》,卷下,二诗分别见页二十下至二十一上,页二十二下至二十二上。

⑥ (清)李汝襄:《广声调谱》,卷下,页二十四下。

⑦ (清)李汝襄:《广声调谱》,卷下,页四十六上至四十六下。

六言绝句"拗体诗式"，七言绝句"失粘式"及"平韵古体式"。因此可见，在李氏书近体诗谱中，王维诗较多作为拗体的姿态出现，从侧面亦可见王维诗对拗体之运用及格律之探索受到李氏之关注。

三、李汝襄对王维古、近体格律特色之理解

李汝襄《广声调谱》中亦有对王维诗例作分析，从中可见李氏对王维古、近体格律特色之理解。如对王维的七绝，李氏在七言绝句"失粘式"以《送元二使安西》诗为例，评云：

> 渭城朝雨浥轻尘，客舍青青柳色新。劝君更尽一杯酒，西出阳关无故人。
> 七绝贵有唱叹之音，用近体而失粘，则易于落调，非气骨高超者，不能用也。①

此诗第二句"舍"字与第三句"君"字失粘，故称失粘式。李氏"唱叹之音"当指七绝重在有一唱三叹之音，具体而言应指诵读时诗意婉转、情韵悠长。此诗前二句写浥尘朝雨、青青柳色，为送别之景；第三句转入送别之情，第四句感叹分别在即，故人难见。全诗纯从意念带动，流转自然，结句戛然而止，富于气势骨力，令人只深为其情意上之转变所吸引，而不会注意音律上之失粘。若换了别人，在第三句失粘，则格律音声之美因而受阻，定必难以振起。但王维此诗纵不合律而仍能以末二句振起全篇，故李氏称赞王维表现出气骨高超。

李氏亦关注到王维五律中多用古句及拗句的问题。如五言律诗"以古行律式"中引王维《终南别业》诗为例：

> 中岁颇好道，晚家南山陲。兴来每独往，胜事空自知。
> 行到水穷处，坐看云起时。偶然值邻叟，谈笑无还期。②

李氏加圈的位置代表是古句而非律句，首句平仄本应仄仄平平仄，现在是平仄仄仄仄，故李氏圈着后四字，请读者注意这是四仄相连之古句。第二句本是平平仄仄平，现在是仄平平平平，故李氏圈着后四个平声，请读者注意这是四平相连之古句，而与上句刚好相反。"兴来"句的"每独往"是三仄相连之古句，③故李氏加圈；

---

① （清）李汝襄：《广声调谱》，卷上，页三十五下。
② （清）李汝襄：《广声调谱》，卷上，页十五下。
③ 据王力研究，古风之特有结尾主要有：平平平、平仄平、仄平仄、仄仄仄四种。见王力《汉语诗律学》，香港：中华书局（香港）有限公司，1976，第 382 页。有此种结尾的句俱可称为古句。

"胜事"句"空自"二字本应作仄平,现在是平仄,使整句成古句,故李氏加圈。"行到"句本应是仄仄平平仄,现在是仄仄仄平仄之古句,故李氏圈着仄声之"水"字;"坐看"句之"坐"是仄,"云"是平,而这两处原应是前平后仄,现为古句,故李氏圈着此二字。"偶然"句之"值""邻"二字本应是前平后仄,现在是前仄后平,故李氏圈此二字;末句"无还期"是三平尾,属古句,故李氏圈之。在五言律诗"三仄式"中,李氏举王昌龄《胡笳》诗为例,并在说明中引王维诗云:

> 凡起句、联句、结句皆可用,如……王维《登小台》诗:"端居不出户,满目望云山。"皆用于起句者也。王维《送贺遂员外》诗:"猿声不可听,莫待楚山秋。"皆用于结句者也。……凡用三仄句,大要第一字必用平,此其常也。①

指出王维诗多用三仄句,有用于起句,也有用于结句。此外,李氏注意到王维五律中也用拗句,其五言律诗"用拗句式"即引王维《辋川闲居》云:

> 一从归白社,不复到青门。时倚檐前树,㉠看㉡上村。
> 青菰临水映,白鸟向山翻。寂寞于陵子,㉣㉤㉥灌园。②

这里第四句"远""原"二字位置原应作平和仄;但现在拗为仄和平,以"原"之平救"远"之仄;又末句同理,以"方"之平救"桔"之仄。

李氏不单注意到王维五律中多用古句,同时又发现其仄韵五古中多用律句,其五言古诗"仄韵五古"条云:

> 王维《齐州送祖三》诗:
> 相逢方一笑(律句,笑字仄,最要),相送还成泣(律句,上句第五字用仄,虽两句皆律,合之仍是古调)。祖帐已伤离(律句),荒城㉦㉧入。(拗律句,与前"月林散清影,令人发深省"二句同)天寒㉨山净(净字仄,宜着眼),日暮长河急(律句)。解缆㉩㉪遥(古句),望君犹伫立。(律句,仄韵古与平韵不同,多用律句,未为失调也。)③

这里指出"相逢""相送""祖帐""日暮"及"望君"诸句是律句,加上"荒城"句是拗律句,即全诗八句中有六句是律句,比例达七成五。李氏在"相送"二句下指出:

---

① (清)李汝襄:《广声调谱》,卷上,页七上。
② (清)李汝襄:《广声调谱》,卷上,页三下。
③ (清)李汝襄:《广声调谱》,卷下,页十四上。

"相逢""相送"二句虽都是律句,但由于上句末字用仄,故使两句合成仍是古调而非律调。他又在末句下云"仄韵古与平韵不同,多用律句,未为失调也",可知仄韵五古中多用律句并无妨碍。反而,从李氏之分析,我们可知王维是刻意应用律句在仄韵五古中的。在同条中,李氏又引另诗以证王维仄韵五古多用律句:

> 又王维《青溪》诗(原选):
> 言入⑲花⑪,每逐青溪水(原注:律句)。随山将万转(原注:律句,转字仄),趋途无百里(原注:律句)。声喧乱石中,色静深松里。(原注:二句律粘。按二句皆律,仄韵中每用之,不比平韵也)漾漾⑳菱荇(荇字仄),澄澄映葭苇。我心素已闲(古句),清川㴠如此。请留盘石上(原注:律句,上字仄),垂钓将已矣。(古句)①

此诗为赵执信《声调谱》原选,赵氏本已指出"每逐""随山""趋途""声喧""色静""请留"六句是律句,李氏在"色静"句赵氏原注"二句律粘"下加按语,指出"声喧"及"色静"二句皆律句,而且是粘,这在仄韵五古中往往用之,不似平韵五古般受限。其实按李氏在上例王维《齐州送祖三》诗指明"荒城复愁入"(平平仄平仄)是拗律句的逻辑,其实此《青溪》诗中,尚有"澄澄映葭苇"及"清川㴠如此"二句是拗律句,那么合全诗十二句看,有八句是律句或拗律句,比例是六成七,可知王维此仄韵五古之律句比例亦甚高。

李氏除看到王维仄韵五古多用律句外,还看出王维平韵五古之平仄经过精心调配,其在五言古诗"平韵五古"条云:

> 王维《崔濮阳兄季重前山兴》诗(原选):
> 秋色⑲佳兴,况君⑭上闲。(原注:起二句在律诗,则为用古调。按此二句,在律为双换诗眼之拗句,即"木落雁南渡,北风江上寒"等句也)悠悠西⑭下(古句),自识⑪前山。千里横⑳色(古句),数⑭出云间(古句)。嵯峨⑳秦国,合杳⑳荆关。残雨斜⑪照,夕岚飞鸟还。(原注:拗律句。按此二句在律为救法,即"光细弦欲上,影斜轮未安"等句也)故人今尚尔,叹息此颓颜。(原注:末二句入律,盛唐时有之。)(《广声调谱》卷下)②

此诗为赵执信《声调谱》原选,赵氏认为首二句是古调,但李氏不同意,认为这

---

① (清)李汝襄:《广声调谱》,卷下,页十五上。
② (清)李汝襄:《广声调谱》,卷下,页十一上。

是双换诗眼拗律句，即"秋色"句第三字"有"本应平而换仄，下句第三字"池"本应仄而换平，同时"池"字又救本句"况"(仄，本应平)字之拗，实际上可视作律句看待。而此诗末二句赵氏已指出是入律之句，合上李氏指出首二句亦是入律之句，则王维此诗实乃以律联起，以律联结之平韵五古。李氏复指出"悠悠""千里""数峰"诸句是古句，其实还有李氏未指出的"自识""合沓"二句，合共五个古句。另外，李氏也指出"残雨"二句是拗救律句。还有他未指出的"嵯峨"句是拗律句。合而观之，在李氏眼中，王维之平韵五古既以律句或拗律句作首尾联呼应，中间亦加插古句及拗律句。笔者以为，此诗合共七个律句或拗律句，古句占五句，仍以律句占多，律句较多应是王维五古诗之特色之一。无论如何，与上述对仄韵五古中多安排律句之做法一致，我们明显见出王维对五古作刻意声律安排；这与五律多用古句或拗句的情况合观，可知王维是有意在探索古近体诗之理想平仄格律安排，实是追求古近体诗声律美的表现。

当然，李氏认为王维有些作品之格律亦有瑕疵，其在六言绝句"拗体诗式"中举王维《田园乐》为例云：

> 再见封侯万户，立谈赐璧一双。讵胜耦耕南亩，何如高卧东窗。
> ……惟"立谈赐璧一双"，"一"字为落调，断不可学。①

认为"立谈"句之"一"字声调不谐，绝不可学。此论他在六言绝句"正式"下说明文字有论及：

> 凡遇平平仄仄平平之句，其第五字必用平，如"津头日日人行""人"字，"犹闻薄暮钟声""钟"字是也。②

"立谈"句便是属于此种平仄句式，但在第五字王维用了入声"一"，属仄声，被李氏称为"落调"，还劝读者绝不可学此。

四、结 论

综上所论，李氏《广声调谱》中呈现出王维诗在李氏诗谱上的三种范式意义：一、总体范式意义。其书中列有七十四谱，有选王维诗作例者占十六个，比例为百分之二十二。其中五言律诗有三式都以王维诗为唯一诗例。而其他谱式中，王维

① (清)李汝襄：《广声调谱》，卷上，页三十三上。
② (清)李汝襄：《广声调谱》，卷上，页三十二下。

诗例居于前的较多,共有八式是居于第一至第三位置,可知王维诗在诸谱式中具总体典范意义。二、近体诗谱式的典范意义多于古体。李氏选有王维诗之十六式中,近体诗例占近七成比例,古体诗例只占三成;王维诗于近体诗谱式的典范意义要多于古体诗。三、近体诗拗体之范式意义多于正体。在李氏选有王维诗例的十一式近体诗可见,作为拗体诗例占七式,占近六成四;则李氏近体诗谱中,王维诗较多以拗体范式的姿态出现。这是李氏重视拗体,以及认为拗体是"化板为活之法"、能增添律诗"生趣"诗论之反映。

《广声调谱》中亦有李氏对王维诗例之具体分析,认为王维七绝《送元二使安西》有一唱三叹之妙,即使失粘仍然没有音调不谐之弊,是气骨高超的表现。揣其意,其指全诗纯从意念带动,流转自然,结句戛然而止,富于气势骨力,令人为之吸引,而不会注意音律上之失粘,反觉其高超。李氏亦关注到王维五律中多用古句及拗句的问题。指出其五律有以古句行律之法;并多用三仄尾,或用于起句,或用于结句;又指出王维五律有拗救情况。

与五律中多用古句之情况相反,李氏发现王维仄韵五古中多用律句,以《齐州送祖三》为例,全诗八句中有六句是律句,认为"仄韵古与平韵不同,多用律句,未为失调也"。李氏亦拈出王维平韵五古中平仄精心调配之妙,其《崔濮阳兄季重前山兴》,既以律句或拗律句作首尾联呼应,中间同时加插古句及拗律句,其平仄显然经过精心安排。笔者以为,此诗合共七个律句或拗律句,古句占五句,仍以律句占多,可见律句较多是王维五古诗之其中一个特色。

李氏认为王维有些诗格律未谐,如《田园乐》"立谈赐璧一双"句中第五字用了仄声即其例,李氏认为此种"平平仄仄平平"句式第五字必用平,王维却用仄,因而落调,不可学。

李汝襄诗论虽然是融合明代前后七子复古派,以及融入沈德潜"格调派"观点,但其《广声调谱》所展现对王维古近体格律安排之关注,尤其是对拗体之重视,可见这也正是李氏诗论有别于复古派、沈德潜之其中一种特色。同时,我们可见到,王维五律多用古句、三仄尾、拗句;仄韵五古则多有律句;笔者称之为"律体中多用古,古体中多用律"的对称格律观念。这在他的平韵五古中亦可见,因为其总体仍是律句居多。由此可知,王维乃有意探索古近体诗之理想格律安排,这是追求古近体诗声律美的表现。此点李氏虽未指出,但从其《广声调谱》中对王维诗之标示可以察知。

(作者单位:香港珠海学院中国文学系)

跨学科视野下的王维研究
——兼论山水文学研究的新路径

袁晓薇

作为类型的山水文学,一直是中国古代文学研究的热点。新时期以来成果丰厚,不乏达到相当研究深度之力作,如葛晓音《山水田园诗派研究》、王国璎《中国山水诗研究》、陶文鹏等《灵境诗心:中国古代山水诗史》、章尚正《中国山水文学研究》、李亮伟《中国古代山水文学散论》等著作,分别从时代精神、语言形式等角度探讨山水诗发生、发展、演变历程,注重将山水文学与绘画艺术、园林艺术、旅游文化等的结合,均开拓出富有新意的研究空间。不过,时至今日,山水文学的研究仍较多地集中在流派演变、创作心态、思想主旨、审美风格、文化精神等传统研究领域,总体未能取得更大的进展。这提醒我们:传统的研究无法解决山水文学中诸多特殊问题,如:诗中山水与画中山水有什么区别和联系? 静观和游历、俯仰与远近等不同状态对于山水景物的描写有何种影响? 为什么同一山川景物在不同作家笔下呈现出迥异的面貌和意境? 不同的文体对山水的呈现方式有哪些不同? 王维为什么成为古代山水诗的典范代表? ……面对这些问题,若仍采取传统的视角和方法,难以实现理想的解决。跨学科视野下,王维研究将呈现出更多样的发展格局。在古代文学研究的学术传统和当代学术语境的结合之下,新的理论视角和研究方法必将带动王维诗歌文本的阐释与经典化、诗画结合等方面研究的持续深入发展,进而为山水文学研究注入强大动力,焕发出新的活力。本文对值得关注和期待的几个研究方向进行展望,以期引起学界更多的关注,推动王维研究乃至山水文学研究的进一步深化。

一、“实证研究”影响下的文学地理学和“现地”研究

近年来,出于对“实证”精神的推崇,古代文学研究越来越注重对包括物质文化在内的历史场景的还原,文学地理学和“现地”研究都是对这一实证精神的有力回应。

台湾学者简锦松在 2006 年出版的《唐诗现地研究》一书中,具体介绍了"现地研究"的方法:是指"回到作品产生的现地,以科学方法验证相关的古代文献,提供贴近研究诗人作品及其生活的新资讯"的研究方法。简锦松对"现地"进行了具体解释:一、是真实的山川大地:古今千年,地形地貌的变化,诚然不可免,但是,山川大地、日月躔度突然有不变者存。取舍之际,全在研究者审慎掌握、有效运用而已。二、是曾经亲历其地者所记录的世界:传世的诗文、碑志、专书等等,都是写于当时人之手,如果从记录当代的眼光来处理这些文献,便可以得到现地资料的效果。三、是古人生活的客观条件:了解古人生活越多,便越容易接近古人写作的场域,而这些资讯往往具有明显的客观性,可直接作为证物。①

早在上世纪九十年代陈铁民先生在研究王维山水诗创作时曾指出:"弄清楚辋川别业的具体面貌,或许,会使我们对王维在辋川的隐逸生活及诗歌创作产生一些新的认识。"②启发研究者采取新的眼光来认识山水诗。已然具有了"现地研究"的眼光。其后,台湾学者简锦松通过实地考察,撰写了《现地研究之下〈辋川图〉:〈辋川集〉与辋川王维别业传说新论》《王维、裴迪〈辋川集〉诗现地研究》《王维"辋川庄"与"终南别业"现地研究》等系列论文。③

如果说,现地研究近于"知识考古",文学地理学研究则主要基于空间意识和地域文学视角。文学地理学着眼于文学与地理环境之间的互动关系,对地理环境(包括自然环境和人文环境)与文学要素(包括文学家、文学作品、文学读者)之间的各个层面的互动关系进行系统梳理,找出它们之间的内在联系及其特点,并给予合理的解释。④有力地丰富和深化了人们对文学家、文学作品、文学理论和各种文学现象的认识。近年来,文学地理学越来越多地成为山水诗研究的选题,如张晓怡《文学地理学视域中的王孟山水田园诗的异趋》(《名作欣赏》2016 年 9 期)、王铭《王维、孟浩然诗歌地理意象研究》(湖北师范大学 2019 年硕士论文),并且与现地研究、空间研究、地域研究等相融合。

著名学者萧驰《诗与它的山河:中古山水美感的生长》(2018 年)一书采取案头研究与户外考察结合的方法,专门讨论"自然景观"的文学表现、绘画表现与造园表现之间的互涉关联,实际是以诗歌文本作为资料,对中国古人的山水美感进行一种"知识考古"。作者基于 2011 年 5 月份在陕西蓝田县的十二天考察,对王维辋川诗

---

① 简锦松:《唐诗现地研究·自序》,高雄:中山大学出版社 2006 年版。
② 陈铁民:《辋川别业遗址与王维辋川诗》,见《中国典籍与文化》1997 年第 4 期。
③ 简锦松:《现地研究之下〈辋川图〉:〈辋川集〉与辋川王维别业传说新论》,见《台大文史哲学报》第 77 期 2012 年 11 月。简锦松:《王维、裴迪〈辋川集〉诗现地研究》,见《中国文哲研究集刊》第 40 期,2012 年 3 月。简锦松:《王维"辋川庄"与"终南别业"现地研究》,见《中正汉学研究》2012 年第 2 期。
④ 曾大兴:《文学地理学研究》,北京:商务印书馆 2012 年版。

歌和《辋川图》的论述,得出了不同于简锦松的观点。①《诗与它的山河:中古山水美感的生长》通过"现地研究",吸收文学地理学的研究来探索山水书写,为包括王维诗歌在内的传统山水诗研究开辟了一个新的方向。

二、基于"文学图像论"的诗画互动研究

"文学图像论"是我国 21 世纪出现的文学理论的新论域,可谓新世纪之"新学"。②随着人文领域的"图像转向",文学与图像的关系引起了学界的广泛关注。著名学者赵宪章在《"文学图像论"之可能与不可能》中正式将"文学图像论"③作为学术命题提出之后,其价值和意义越来越多地被古代文学研究者认可,逐渐成为古代文学研究的前沿学术领域之一。2020 年,"图像学视域下的文学艺术研究"入选了年度中国十大学术热点,表明文学图像研究已经成为当代中国的重大时代命题。在此背景下,依据图文关系等相关视觉理论进行文学图像的个案研究已经成为古代文学研究的一个重要学术增长点。其中,对诗意图和题画诗的文学意义的研究成果较为充分,数量可观。对于王维研究,更是重要的发展契机。

中国关于"诗画关系"的讨论源远流长,成为一个重要的学术传统,更是王维研究的主要话题。近年来,随着图像学的广泛运用,"画中有诗"在图文互释方面的理论价值逐渐引起关注。"画中有诗"在"语图关系"的视角下获得了新的阐释。李彦锋《中国美术史中的语图关系研究》(2014)对中国美术史中绘画图像和语言之间的关系进行了学理层面的探究。④赵宪章主编的十卷本《中国文学图像关系史》(2020年)更是对中国古代图像理论的全面的发掘与总结,集中展示了目前包括"画中有诗"在内的诗画关系研究的主要成果。⑤但是,相对于"诗中有画"的研究盛况,"画中有诗"的研究总体薄弱得多,可以概括为"三多三少":(1)通论多,专论少;(2)概述多,辨析少;(3)定论多,争议少。古代丰富的诗画论资料为当代的语图研究留下了很大的发展和阐释空间。在"图像转向"的学术格局下,自然成为当代文艺研究的重要理论资源。在此背景之下,"画中有诗"的独立性和丰富性价值就非常值得被重新认识和评估,从而在当代研究和文化实践中发挥出应有的作用。

三、"视觉文化"语境下的"景观书写"与"观看"研究

作为一个跨学科领域,视觉文化研究兴起于 20 世纪 80 年代后期。视觉文化

---

① 萧驰:《诗与它的山河:中古山水美感的生长》,北京:生活·读书·新知三联书店 2018 年,第 257 页。
② 赵宪章:《文学图像论》,北京:商务印书馆 2022 年版。
③ 赵宪章:《"文学图像论"之可能与不可能》,见《山东师范大学学报》2012 年第 5 期。
④ 李彦锋:《中国美术史中的语图关系研究》,北京:人民出版社 2014 年版。
⑤ 赵宪章:《中国文学图像关系史》,南京:江苏凤凰教育出版社 2020 年版。

不仅是研究领域,更是一种研究方法。①视觉文化研究的核心是探讨与"看"的实践相关的种种问题,古代文学中的"景观书写"与"观看"密切相关,对景观书写进行视觉文化研究,切中了视觉文化研究最具前设性的问题:语词与图像的关系,是对文学在当下遇到的诸多问题的积极回应。文学的视觉效果主要来自作家的视觉体验方式。因此,以观看方式进行古代文学研究是题中应有之义。"景观"更应该被认为是一种"看的方式",而不仅仅是"看的结果"。基于文图关系理论,将文学创作视为一种观看行为:作家以文字的形式呈现自己对外界的知觉,就是一个将"图像"转变成"语象"的过程。通过探讨视觉经验与美感呈现之间的互动,深入解析中国古代文学的创作和演进。

景观的研究始于人文地理学,随着近年来人文地理学的"文化转向"和西方人文社会科学对于视觉的社会文化构建的高涨热情,西方人文地理学界将"视觉"作为塑造和重构空间和生产地方想象、认同和社会关系的重要手段。极大地拓展了中国古代文学的学术视野,日益受到国内学者的重视。将中国古代文学置于广阔的文化地理背景之下,以人地关系为切入点,通过把握古代文学地域特色,进而深入认识其发生和发展规律等方面进行研究,如胡蓉《古代邢地自然景观的文学书写——邢襄文学论之一》②(2016),何安平《地方·景观·记忆:唐代襄阳景观群的文学书写》(2019)③等。另外,屈原与荆楚文化,魏晋文学与中原文化,南北朝诗歌的地域色彩等相关成果也大量涌现。

国内古代文学界对景观书写的研究主要从"山水""风景""景观"三个层面展开,不同的表述缘于研究路径的变化,反映出研究观念的更新,尤其体现出视觉文化、视觉理论对古代文学研究的影响不断深化。这方面的研究基于景观书写的视觉性特征,从视觉现象和视觉观看机制(包括视觉经验建构、视觉传播功能、观看的方式等)角度对文学创作的文体特征以及传播接受等进行考察。进而探究对古代社会的视觉文化特征及其对文学的影响,最终对古代文学文本的生成和意义作出新的解释,主要包括以下几方面:

1. 视觉经验与景观书写:早在上世纪八十年代,姜亮夫先生在楚辞研究中就指出了屈赋"重官能感受"的特点,举出其中观视类动词多达 25 种。④可视为这方面最早的探索。然而在较长时间内未能引发更多的学术关注,鲜有以此展开深入全面的研究。随着"文图关系"研究的深入,国内有更多学者涉足这方面的研究。

① 肖伟胜:《文化转向与视觉文化研究》,北京:科学出版社 2021 年版。
② 胡蓉:《古代邢地自然景观的文学书写——邢襄文学论之一》,《邢台学院学报》2016 年第 1 期。
③ 何安平:《地方·景观·记忆:唐代襄阳景观群的文学书写》《新疆大学学报》(哲学·人文社会科学版),2019 年第 5 期。
④ 姜亮夫:《屈子思想简述》,见《楚辞学论文集》,上海古籍出版社 1984 年版。

近年来,许结教授在古代文学文体研究中运用文学图像论,《汉赋"蔚似雕画"说》(2018 年)①等文从语图关系对汉赋"蔚似雕画"的文体风貌进行了全新的解释,有力推动了赋体研究的深化。

2. 视觉传播与文本生成:日本学者浅见洋二的《距离与想象:中国诗学的唐宋转型》以"作品"和"读者"的关系为焦点的接受理论研究视角,对处于"唐宋变革"时期的诗歌创作问题进行了独到的探讨和阐述,在国内产生了较大反响。其中《距离与想象——中国的诗歌与媒体、作为媒体的诗歌》一文②着重从视觉性的角度对于诗歌创作的视觉传播功能进行了探讨。于德山《中国图像叙述传播》(2008 年)③中有专章讨论"象观念"与中国叙述传播。周裕锴《风景即诗与观者入画——关于宋人对待自然、艺术与自我之关系的讨论》(2008 年)④辨析了"江山如画"与"天开图画"二者对待自然与艺术的差异,分析了宋诗中展现出的观者与被观者的视角换位。叶晔《游与居:地理观看与山岳赋书写体制的近世转变》⑤(《复旦学报》2018 年2 期),以"游"与"居"两种不同的观看视角和创作状态,论述中古文学中山岳赋的形成和定类,与其他辞赋类型的互动关系。

3. 景观书写作为视觉地理视角下的社会文化话题:从词源上讲,"景观"表征了自然环境本身以及人类看待生存环境的方式,暗含着某种控制和权力。近几年,伴随着丰富而庞杂的视觉影像和人们对"观看之道"的日益关注,国内有学者开始沿着心理—象征—权力—媒介—记忆—身份认同的维度,将风景作为一种观看方式。如李贵《楼钥〈北行日录〉的文体、空间与记忆》(2016 年)⑥和《南宋行记中的身份、权力与风景——解读周必大〈泛舟游山录〉》(2020 年)⑦两篇论文,展现充满文化、社会、政治乃至经济内涵的"视觉"地理问题,有力地丰富和深化了人们对古代文学作家、作品、理论以及各种文学现象的认识。

以上研究路径,不仅有助于拓展王维研究的视角,对于山水文学研究也颇具启发意义。有望成为王维研究乃至山水文学研究的重要学术增长点,带来令人期待的学术突破。

(作者单位:合肥师范学院文学院)

---

① 许结:《汉赋"蔚似雕画"说》,《济南大学学报(社会科学版)》2018 年第 4 期。

② (日)浅见洋二:《距离与想象:中国诗学的唐宋转型》,上海古籍出版社 2013 年版。

③ 于德山:《中国图像叙述传播》,山东文艺出版社 2008 年版。

④ 周裕锴:《风景即诗与观者入画——关于宋人对待自然、艺术与自我之关系的讨论》,见《文学遗产》2008 年第 1 期。

⑤ 叶晔:《游与居:地理观看与山岳赋书写体制的近世转变》,见《复旦学报》2018 年第 2 期。

⑥ 李贵:《楼钥〈北行日录〉的文体、空间与记忆》,见《文学遗产》2016 年第 4 期。

⑦ 李贵:《南宋行记中的身份、权力与风景——解读周必大〈泛舟游山录〉》,《复旦学报》2020 年第 1 期。

王维研究领域又一扛鼎之作

——评陈铁民先生《王维集校注(修订本)》

谭苦盒

　　王维是唐代著名的作家之一,在诗文画各个方面均有较高成就,其诗"词秀调雅,意新理惬,在泉为珠,着壁成绘"①,艺术独绝,造诣尤深,"唐无李、杜,摩诘便应首推"②,故为历代读者所推崇与钟爱。同时,亦引起后世文人对其作品进行校勘、评点、笺释的兴趣,这方面的代表作有宋刘辰翁《须溪先生校本唐王右丞集》、明顾起经《类笺唐王右丞诗集》、明顾可久《唐王右丞诗集注说》、清赵殿成《王右丞集笺注》。然刘辰翁本有校无注,顾起经、顾可久二本或有诗无文,或"注诗而不及文,诗注亦间有舛漏",惟赵殿成本是首个完整而详慎的王维诗文校注本。虽说四库馆臣曾指出其编次未协及体例不一等不足,但"核其品第,固犹在顾注上也"③,故自乾隆二年(1737)刊行以来,历经200余年,尚屹立在学术著述之林,仍不失其参考价值。

　　不过,随着学术的不断演变与研究的持续深入,赵殿成本的局限性与日俱增,难以适应现代学术研究的发展与需求。特别是进入新时期以来,在新问题、新材料、新方法、新观点思潮影响下,唐代文学研究狂飙突进,在诗文集整理、工具书编纂、史料考订、理论探讨诸多方面,均取得了显著成绩。王维作为盛唐文学代表作家,编撰一部相较于赵殿成本更为完善的王维诗文校注本,自然成为"天下举首戴目"之事。

　　1981年,陈铁民先生即着手编撰《王维集校注》,历时近七年乃脱稿,又经九年编排,才于1997年8月由中华书局列入"中国古典文学基本丛书"以繁体字排印出版,约计97万字。此书以赵殿成本为底本,在充分吸收其有益成果并尽量弥补其

---

① (唐)殷璠:《河岳英灵集》,见《唐人选唐诗十种》,北京:中华书局1958年版,第58页。
② (清)贺裳:《载酒园诗话又编》,见郭绍虞《清诗话续编》,第1册,上海:上海古籍出版社1983年版,第309页。
③ (清)永瑢等:《四库全书总目》,北京:中华书局2003年版,第1282页。

明显疏漏的基础上,着重作了增加校本、补正注语、按年编次、甄辨伪作、辑录诗评等多方面工作,将全书分为十二卷,卷一至卷六为编年诗,卷七为未编年诗,卷八至卷十一为编年文,卷十二为未编年文,收诗 376 首、文 70 篇,另附资料 6 种(《传本误收诗文》《王维事迹资料汇录》《诗评》《画评》《王维年谱》《王维集版本考》),"校勘精审,注释准确,汇聚了校注者多年潜心研究王维诗文的新成果,其使用、参考价值,无疑已胜过赵注本"①,曾获第三届中国社会科学院优秀科研成果奖(三等奖)②。据粗略统计,1998 年至 2018 年期间有关王维研究的期刊论文约 3000 余篇(不含论著 100 余种以及港台期刊论文),比 1949 年至 1997 年期间的期刊论文多出四倍以上,虽逊于李白研究与杜甫研究,然方兴未艾,蔚为大观,可见此书作为基础性著作的出版,对王维研究产生了较为深远的影响。自 1997 年 8 月至 2017 年 6 月,此书已经重新印刷 9 次,累计印数 21000 册,平均年需求量 1000 余册,销量之多、受众之大、影响之广,在集部古籍整理类著作之中尚不多见。

此书出版之后,陈铁民先生便开始了修订工作。但重印时因系用旧纸型,故只得在不影响版面的前提下,对极个别地方进行挖改,至于较重要的问题,则在《重印后记》加以交代。2016 年,有鉴于学术界的新成果与自身的新认知,以及编撰《新译王维诗文集》③的新经验,陈先生又对此书进行了全面而细致的修订,由中华书局改版重排,并于 2018 年 7 月出版,约计 90 万字。与初版相比较,在编排上,新版仍使用繁体字;诗文之卷数及分类如旧,惟各卷所收篇目及其次序有不同程度的调整;所附资料 6 种不变,但具体文字或论述有所改动。在内容上,新版既保持了初版的长处,又修正了初版的短处,还在字词释义、诗文编年、校勘异文、文义串讲、校注援据、考订按语、稽考本事、回应质疑等方面均取得了长足进步。

一是字词释义更加精细。初版注释准确,并在"难词注释上,用力甚巨,发明丰硕",尤其是口语疑难词注释"多著意心裁,新见间出"④。新版后粗转精,对初版所注不够明确处有所补益,并且"为适应年轻读者的需要,又适当增加了一些注释",希望尽量规避"误解诗意的现象"⑤。例如《献始兴公》,初版注谓"始兴公,即张九龄"⑥,以开元二十三年(735)三月九日晋封为始兴县开国子。但学术界有一种似是而非的说法,"谓王维呼九龄为始兴公,是以郡望(或籍贯)加'公'相称,同九龄的封爵没有直接联系,因此不能把王维作《献始兴公》的时间,限定在开元二十三年三

---

① 傅璇琮、罗联添:《唐代文学研究论著集成》,第 5 卷,西安:三秦出版社 2004 年版,第 474 页。

② 中国社会科学院办公厅综合处:《中国社会科学院基本情况统计年报(2000 年)》,内部资料,第 63 页。

③ (唐)王维撰、陈铁民注译:《新译王维诗文集》,台北:台北三民书局 2009 年版。

④ 魏耕原:《王维诗口语疑难词疑义》,见《文史》2001 年第 3 辑,第 273 页。

⑤ (唐)王维撰、陈铁民校注:《王维集校注(修订本)》,北京:中华书局 2018 年版,前言,第 4 页。

⑥ (唐)王维撰、陈铁民校注:《王维集校注》,北京:中华书局 2017 年版,第 113 页。

月九日以后"①,故新版补注谓"'始兴'为爵号之省称,'公'为尊称"②。又如《慕容承携素馔见过》"年算六身知",初版注引《左传》绛县老人七十三岁之典,谓"此句即用其事,意谓自己年纪已经很大了"③。但学术界"或将王维所用'年算六身'的典故坐实,并以之确定王维作此诗时的年龄和生年",故新版补注谓"笔者考察过唐人诗文中使用这一典故的所有例子,皆作年老之义使用,无一例是将七十三岁当作事实来使用的",并提醒学术界"将诗文中所用的典故坐实,并以之考证作家的生平事迹,这种做法是很靠不住的"④,嘉惠后学可云备至。

二是诗文编年更加精准。初版通过细致考证,为大部分诗文(诗302首、文58篇)作了编年,这是区别于赵殿成本的最突出特点。新版则对原有编年予以逐一复核(删去未编年诗2首,列为"传本误收"之作),增加编年诗8首、文1篇,调整编年诗19首、文2篇,移出编年诗1首。例如《送孟六归襄阳》,初版系于开元十七年(729)冬,"时孟浩然在长安应试落第,即将返里,维因作此诗送之"⑤。但据《旧唐书》记载,孟浩然于开元十六年(728)"年四十来游京师,应进士不第,还襄阳"⑥,故新版改系于开元十六年。又如《宫门误不下键判》,初版据《通典》卷一五所载铨选试判之制,认为"此判乃维预文官之选时所撰,非真为断狱而作",系于"天宝七载(748)维始任从五品上的库部郎中之前"⑦。新版则进一步考出六品以下敕授官(又称常参官,如左右补阙、左右拾遗等)不由吏部铨选,换言之,即不试判,"考王维自开元二十三年授右拾遗后,即一直任摆脱守选的六品以下常参官和五品以上官,无需再参加吏部的铨选与试判",故改系于"开元二十三年以前"⑧。其余所调整的编年,均持之有故而言之成理,所得的结论比初版更为科学。

三是校勘异文更加精良。初版在赵殿成本基础上,增校宋蜀刻本、述古堂影钞宋麻沙本、元刊刘须溪校本、明十卷本等旧刊本,"纠谬补缺,探微抉奥,为读者提供了一个最具权威性的校订本"⑨。新版则对个别异文再次做了深入地甄辨与合理地选择。例如《汉江临泛》,初版之诗题据《瀛奎律髓》改为"临眺",注谓"登高远望"⑩。"然细味此诗五、六一联,所写者当为临流泛舟所见之景,而非登高览眺所

① (唐)王维撰,陈铁民校注:《王维集校注(修订本)》,第1486—1487页。

② (唐)王维撰,陈铁民校注:《王维集校注(修订本)》,第117页。

③ (唐)王维撰,陈铁民校注:《王维集校注》,第519页。

④ (唐)王维撰,陈铁民校注:《王维集校注(修订本)》,第566页。

⑤ (唐)王维撰,陈铁民校注:《王维集校注》,第84页。

⑥ (后晋)刘昫等:《旧唐书》,北京:中华书局1975年版,第5050页。

⑦ (唐)王维撰,陈铁民校注:《王维集校注》,第860页。

⑧ (唐)王维撰,陈铁民校注:《王维集校注(修订本)》,第753页。

⑨ 刘跃进:《走向通融:世纪之交的中国古代文学研究》,北京:知识产权出版社2005年版,第75页。

⑩ (唐)王维撰,陈铁民校注:《王维集校注》,第168页。

见。且王维诗诸旧本及《文苑英华》……题均作《汉江临泛》"①，故新版回改为"临泛"②。又如《工部杨尚书夫人赠太原郡夫人京兆王氏墓志铭并序》"夫人一入空门……无复饰乘"，初版注谓"饰，底本原作'余'，此从宋蜀本"③，即将"饰乘"当作一般性带有装饰的车乘。新版则回改为"余"，并引《法华经·方便品》"如来但以一佛乘（谓引导教化众生成佛的唯一途径或教说，即指大乘）故，为众生说法，无有余乘"为证，认为"含双关之义，又指王氏只信奉大乘"④，使得句意愈明晰而深长。

四是文义串讲更加精尽。初版在解释字词与征引例证之后，择要串讲大意，将上下文连成一气，裨益文义阐发，方便读者理解。新版则对串讲不足或欠妥处进行修订，臻于完善。例如《寓言二首》其二"君家御沟上……生死在八议"，初版注谓此君"掌八议之权，可定人生死"⑤，新版改为"诗中所描写的贵人，无论生与死都被列在有八议减刑特权的范围之内"⑥，如此乃见"其权势之盛"。又如《上张令公》"学《易》思求我，言《诗》或起予"，初版注引《易·蒙》"匪我求童蒙，童蒙求我"以及《论语·八佾》"起予者商也，始可与言《诗》矣"相关出典之后，串讲其文义说，两处均是"用其字面之意，谓己思念有人能来'求我（指寻找、任用自己）'；……言盼望有人或许能'起予（指荐举自己）'。二句委婉地表达了请求九龄援引之意"⑦。新版改为"以童蒙自喻，委婉地表达了请求九龄援引之意。……以卜商（孔子弟子）自喻，谓己或许能对九龄有所启发"⑧，即将句内"我"以及"予"明确为张九龄，故与文义更为契合。

五是校注援据更加精切。初版在校勘、笺注、考证时征引史料百数余种，新版不仅对所有引文进行了复核，而且对个别重要史料开展了史源考察与版本检勘，校订讹误，修正脱衍。有些地方虽说只改了一两字，但其所反映的却是严谨而细致的学风。例如《息夫人》，初版注引《本事诗·情感》，内有"坐客无敢继者，王乃归饼师，以终其志"⑨三句，新版则在其后括注"以上三句原无，见《唐诗纪事》卷一六引《本事诗》"⑩。又如《留别山中温古上人兄并示舍弟缙》"舍弟官崇高"，初版注引王缙《东京大敬爱寺大证禅师碑》，谓"（大照）即普寂……开元二十七年（739）卒于京

① 刘学锴：《唐诗选注评鉴》，郑州：中州古籍出版社2013年版，第341页。
② （唐）王维撰，陈铁民校注：《王维集校注（修订本）》，第183页。
③ （唐）王维撰，陈铁民校注：《王维集校注》，第983页。
④ （唐）王维撰，陈铁民校注：《王维集校注（修订本）》，第1086页。
⑤ （唐）王维撰，陈铁民校注：《王维集校注》，第50页。
⑥ （唐）王维撰，陈铁民校注：《王维集校注（修订本）》，第51页。
⑦ （唐）王维撰，陈铁民校注：《王维集校注》，第107页。
⑧ （唐）王维撰，陈铁民校注：《王维集校注（修订本）》，第113页。
⑨ （唐）王维撰，陈铁民校注：《王维集校注》，第21页。
⑩ （唐）王维撰，陈铁民校注：《王维集校注（修订本）》，第17页。

师兴唐寺"①,"京师"乃指长安。《唐会要》卷四八:"太宁坊。神龙元年(705)三月十二日,敕太平公主为天后立为罔极寺。开元二十年(732)六月七日,改为兴唐寺。"②是兴唐寺在长安太宁坊,然洛阳亦有之。盖据李邕《大照禅师塔铭》"怡然坐灭于都兴唐寺"③以及《宋高僧传·普寂》"终于上都兴唐寺"④之载,"都"及"上都"均谓洛阳,则普寂卒地并不在长安,故新版将此兴唐寺所在改为"洛阳"⑤。

六是考订按语更加精审。初版于每篇题注下概述其题旨大意或背景资料,并且酌加按语,对某些疑难复杂问题作进一步说明,深入浅出,简明扼要。而新版则精益求精,从中可以窥测其考辨之思路与心验。例如《使至塞上》"萧关逢候骑",初版注谓"王维赴河西并不经过萧关"⑥,新版未从旧说,据严耕望《唐代交通图考》,认为"王维此次赴河西,当走古丝绸之路东段的北道,又称萧关道,即由长安都亭驿出发西北行,经邠州(今陕西邠县),泾州(今甘肃泾川北),原州(今宁夏固原),会州(今甘肃靖远),渡过黄河至凉州"⑦,将王维的足迹勾勒出来,较之初版,更为丰满。又如《与魏居士书》,初版将之系于"乾元元年(758)春之后或二年",其理据为"此篇下文'偷禄苟活,诚罪人也''德在人下'云云,盖指己尝受安禄山伪职、又被宥罪复官而言"⑧,言简意赅,已具足说服力。新版更对比了《谢除太子中允表》《责躬荐弟表》两篇内证,进一步论证并阐释安史之乱以后王维所具有的强烈"罪人"意识,且分析出其中细微区别,"二表是写给皇帝的,目的是感谢皇帝赦己之罪和'责躬荐弟',本文是写给友人(魏居士)的,主旨是劝其出来做官,所以措词自然不同,但三文所反映的作者陷贼后接受伪职的愧疚心情却是一致的"⑨。以王维注王维,是为得之。

七是稽考本事更加精当。王维生平相与往还者约180余人,"多为中下级官吏、怀才不遇者、隐士、居士、和尚、道士"⑩,故见于史籍者不多,初版旁搜博采,取精用弘,确切考出70余人。新版则据新发现的史料,对人物及本事进行了补益或修正。例如《过乘如禅师萧居士嵩岳兰若》,初版注引《宋高僧传》《代宗朝赠司空大辨正广智三藏和上表制集》,对乘如的事迹作了有限考证,而萧居士"玩诗意,当是

---

① (唐)王维撰,陈铁民校注:《王维集校注》,第117页。
② (宋)王溥:《唐会要》,北京:中华书局1985年版,第846页。
③ (清)董诰:《全唐文》,北京:中华书局1983年版,第2659页。
④ (宋)赞宁:《宋高僧传》,上海:上海古籍出版社2014年版,第181页。
⑤ (唐)王维撰,陈铁民校注:《王维集校注(修订本)》,第121页。
⑥ (唐)王维撰,陈铁民校注:《王维集校注》,第135页。
⑦ (唐)王维撰,陈铁民校注:《王维集校注(修订本)》,第148页。
⑧ (唐)王维撰,陈铁民校注:《王维集校注》,第1100页。
⑨ (唐)王维撰,陈铁民校注:《王维集校注(修订本)》,第1216页。
⑩ 陈贻焮:《评陈铁民著〈王维新论〉》,见《首都师范大学学报》1993年第5期,第96页。

乘如之兄弟"①。新版据缀合复原的《萧和尚灵塔铭》,补充了乘如的氏族、生卒年月以及主要行实,并谓萧居士乃"乘如之兄萧时护"。同时,以灵塔铭"左侧刻有佚名同咏诗'同王右丞寄萧和(下阙)'。据'寄'字,此诗似非王维过访乘如时所作"②。又如《送高道弟耽归临淮作》"圣主诏天下,贤人不得遗;公吏奉纁组,安车去茅茨",初版于前二句无注③,新版则补注以《旧唐书》《唐大诏令集》《册府元龟》所载天宝三载(744)征送高蹈不仕举人以及次年赐物还郡之诏,认为"玩诗意,高耽盖即蒙赐物十段而送还者之一"④。

八是回应质疑更加精详。"圣人千虑,必有一失",初版问世以来,有学者就其考证不周或论述欠妥的地方撰文与之商榷,本属于正常的学术现象,不同观点之间相互交流,取长补短,辨伪存真。新版则对自认为不正确的一些代表性看法作了积极而详尽的集中回应,并主要体现在《王维年谱》之内,这是新版最关键的亮点。例如《新唐书》记载王维"开元初,擢进士,调大乐丞"⑤,《唐五代文学编年史》(开元九年,721)以为"云'调',知王维前此已为官,惟未知任何职"⑥,"盖以初任之官,不当言更调,意其曾历他官故尔"⑦。新版则谓"调,汉时即有'选'义。……唐时以'调'指铨选的用法很普遍"⑧。何况"稽之字书,'调'亦无更换之意。改调降调之名,《明史》始有之,唐以前未之有也"⑨,所以《唐五代文学编年史》说法失之臆断。又如《贺玄元皇帝见真容表》《贺神兵助取石堡城表》均有"臣等限以留司"⑩之语,《唐五代文学编年史》(天宝九载,750)以为"唐代于洛阳置尚书园〔留?〕省及御史台留台,其官员称分司官,时王维当分司东都,故表中屡自称'限于留司'"⑪。新版则谓"'留司'确实可作分司东都解,然也有别的含义,可否仅据'限以留司'一语,即判定王维本年分司东都,值得怀疑"⑫,故据天宝年间王维履迹以证其非。其实,唐代贞观、永徽、垂拱三朝有所谓的法规汇编《留本司行格》,"其曹之常务但留本司者,别为《留司格》一卷,盖编录当时制敕,永为法则,以为故事"⑬,王维"留司"正取义于

① (唐)王维撰,陈铁民校注:《王维集校注》,第 110 页。
② (唐)王维撰,陈铁民校注:《王维集校注(修订本)》,第 122 页。
③ (唐)王维撰,陈铁民校注:《王维集校注》,第 393 页。
④ (唐)王维撰,陈铁民校注:《王维集校注(修订本)》,第 274 页。
⑤ (宋)欧阳修、宋祁:《新唐书》,中华书局 1975 年版,第 5764 页。
⑥ 傅璇琮等:《唐五代文学编年史》,初盛唐卷,沈阳:辽海出版社 1998 年版,第 567 页。
⑦ (清)钱大昕:《潜研堂集》,上海:上海古籍出版社 2009 年版,第 604 页。
⑧ (唐)王维撰,陈铁民校注:《王维集校注(修订本)》,第 1437 页。
⑨ (清)钱大昕:《潜研堂集》,第 604 页。
⑩ (唐)王维撰,陈铁民校注:《王维集校注(修订本)》,第 966、974 页。
⑪ 傅璇琮等:《唐五代文学编年史》,初盛唐卷,第 842 页。
⑫ (唐)王维撰,陈铁民校注:《王维集校注(修订本)》,第 1466 页。
⑬ (宋)王钦若等编纂,周勋初等校订:《册府元龟》,第 7 册,南京:凤凰出版社 2006 年版,第 7067 页。

"留本司",非职官名,故而《唐五代文学编年史》所言失之偏颇。

以上所列举的几点,仅是对新版的粗略一瞥,读者如能通览细读,必将如入宝山,随取而得。当然,新版也存在着个别可商之处,有些是从初版沿袭过来时产生的,有些是在新版修订过程中出现的。

注音方面。例如《桃源行》"山口潜行始隈隩,山开旷望旋平陆","隈隩",初版注谓"指山崖弯曲处"①,新版注谓"指山口中弯弯曲曲"②,注音均作"隈(wēi 威)隩(ào 傲)"。然"隩"一字两读:读 yù 时,谓水岸弯曲处;读 ào 时,谓室内西南隅③。此处当读 yù,乃合字义,并与下句末字"陆"同押屋韵。又如《晦日游大理韦卿城南别业四首》其四"徘徊以踯躅",注谓"踯躅(zhí zhú 指竹)"④,与初版同⑤。但"指"之读音为 zhǐ,并非 zhí,似宜改注"直"。

释地方面。例如《送岐州源长史归》"故驿通槐里,长亭下槿原",初版注谓"寻绎诗意,槿原应是亭名"⑥,新版从之⑦。然考"槿"字,宋蜀本、述古堂影钞宋麻沙本均作"堇",当是。"堇原"犹言"周原",出自《诗·大雅·绵》"周原膴膴,堇茶如饴"。"岐之周围皆山,中有原,故曰周原"⑧,位于今陕西省关中平原西部,北倚岐山,南临渭河,"东西延袤七十余公里,南北宽达二十余公里"⑨,内多葬地。苏颋《扬州大都督长史王公神道碑》:"卜葬于京兆咸阳洪渎原,礼也。周之堇原,汉之槐里。"⑩《唐大诏令集》卷三二《昭靖太子哀册文》:"堇原霜若,松阡雪映。"⑪堇为草类,槿为木类,两者并非一物,"槿原"当系传抄所改。又如《千塔主人》,初版注谓"疑'千塔'为寺名"⑫,新版注谓"疑'千塔'为地名或寺名"⑬。然据《旧唐书》所载,长庆二年(822),宣武兵乱,以韩充为节度使,"发军入汴州界,营于千塔"⑭,其事亦见《资治通鉴》卷二四二,胡三省注"千塔,当在汴州北"⑮,顾祖禹《读史方舆纪要》

---

① (唐)王维撰,陈铁民校注:《王维集校注》,第 17 页。

② (唐)王维撰,陈铁民校注:《王维集校注(修订本)》,第 13 页。

③ 王力:《王力古汉语字典》,北京:中华书局 2000 年版,第 1603 页。

④ (唐)王维撰,陈铁民校注:《王维集校注(修订本)》,第 179 页。

⑤ (唐)王维撰,陈铁民校注:《王维集校注》,第 165 页。

⑥ (唐)王维撰,陈铁民校注:《王维集校注》,第 158 页。

⑦ (唐)王维撰,陈铁民校注:《王维集校注(修订本)》,第 172 页。

⑧ (明)曹学佺:《诗经剖疑》,见《续修四库全书·经部》,第 60 册,上海:上海古籍出版社 1996 年版,第 156 页。

⑨ 史念海:《周原的变迁》,见《河山集(二集)》,北京:生活·读书·新知三联书店 1981 年版,第 214 页。

⑩ (清)董诰:《全唐文》,第 2619 页。

⑪ (宋)宋敏求:《唐大诏令集》,北京:商务印书馆 1959 年版,第 132 页。

⑫ (唐)王维撰,陈铁民校注:《王维集校注》,第 42 页。

⑬ (唐)王维撰,陈铁民校注:《王维集校注(修订本)》,第 203 页。

⑭ (后晋)刘昫等:《旧唐书》,第 499 页。

⑮ (宋)司马光撰,(元)胡三省注:《资治通鉴》,北京:中华书局 1956 年版,第 7820 页。

卷四七从其说①,则为地名,并非寺名。至于"千塔"具体所在,吴熙载《资治通鉴地理今释》卷二将之归于清代"河南开封府祥符县"②之下。

校字方面。例如《登辨觉寺》"莲峰出化城",初版注引《法华经·化城喻品》,内有"譬如五百由旬(天笠里数名)"③一句,"天笠"当为"天竺"之讹,新版失校④。僧肇《注维摩诘经》卷六:"由旬,天竺里数名。上由旬六十里,中由旬五十里,下由旬四十里也。"⑤又如《故西河郡杜太守挽歌三首》其二"卷衣悲画翟",初版注引《礼记·玉藻》郑玄注,内有"刻缯而画之"⑥一句,"缯"为简体字,并未按例排印成繁体字"繒",新版亦然⑦。另外,初版注引《三国志》多次,其类传名均作"志",不作"书",《与胡居士皆病寄此诗兼示学人二首》其二"降吴复归蜀"注引《三国志·蜀志·黄权传》⑧,《送元中丞转运江淮》"去问珠官俗"注引《三国志·吴志·孙权传》⑨,《故任城县尉裴府君墓志铭》"世为冠族"注引《三国志·魏志·曹爽传》⑩,均是其例。新版则校正为"书",不称之为"志",盖"《三国志》,大名也;《魏书》《蜀书》《吴书》,小名也。……自来引者俱曰《魏志》《蜀志》《吴志》,岂因大名而改称与"⑪。但《送丘为落第归江东》"羞为献纳臣"注引《三国志·蜀志·董允传》⑫,尚未改称"蜀书"。

引文方面。例如《上张令公》"方幪画轮车",初版注引《通典》卷六四,内有"绿油纁朱丝青交给"⑬一句,新版改为"绿油幢,纁朱丝青交给"⑭,校补"幢"字及逗号。据《晋书·舆服志》载,画轮车之形制"上起四夹杖,左右开四望,绿油幢,朱丝络,青交路"("路"与"络"通)⑮,故所补之"幢"字为有据,然"纁"字义不通。此处《通典》暗引《晋书·舆服志》,"纁"字、"给"字当分别是"幢"字、"络"字之形讹,"朱丝"下脱"络"字。"朱丝络"谓丝制而成的红色网状形饰物,"青交络"谓交错而成的青色覆盖类饰物。又如《留别山中温古上人兄并示舍弟缙》,新版注引《金石萃编》卷七八

① (清)顾祖禹:《读史方舆纪要》,北京:中华书局1957年版,第1979页。

② (清)吴熙载:《资治通鉴地理今释》,见《续修四库全书·史部》,第342册,第527页。

③ (唐)王维撰,陈铁民校注:《王维集校注》,第176页。

④ (唐)王维撰,陈铁民校注:《王维集校注(修订本)》,第191页。

⑤ (后秦)僧肇:《注维摩诘经》,线装书局2016年版,第199页。

⑥ (唐)王维撰,陈铁民校注:《王维集校注》,第254页。

⑦ (唐)王维撰,陈铁民校注:《王维集校注(修订本)》,第284页。

⑧ (唐)王维撰,陈铁民校注:《王维集校注》,第537页。

⑨ (唐)王维撰,陈铁民校注:《王维集校注》,第548页。

⑩ (唐)王维撰,陈铁民校注:《王维集校注》,第794页。

⑪ (清)周中孚:《郑堂札记》,见《续修四库全书·子部》,第1158册,第28—29页。

⑫ (唐)王维撰,陈铁民校注:《王维集校注(修订本)》,第231页。

⑬ (唐)王维撰,陈铁民校注:《王维集校注》,第103页。

⑭ (唐)王维撰,陈铁民校注:《王维集校注(修订本)》,第109页。

⑮ (唐)房玄龄等:《晋书》,北京:中华书局1974年版,第756页。

"《嵩山会善寺故崇贤大师身塔石记》,沙门温古书,开元二十五年(737)八月十五日建"①。复核《金石萃编》,"崇贤"原作"景贤","十五日"原作"十二日"②,所引均误。另外,石记之末有王昶按语谓"开元廿五年是丁丑岁,非乙亥,碑盖误书廿三为廿五也,自《金石文字记》以来诸家皆未加留意,并承其讹作廿五年,今正之"③,故国家图书馆在为其旧拓本编目时直接将出版项改为开元二十三年,新版失检。

证事方面。例如《吏部达奚侍郎夫人寇氏挽歌二首》,新版注引《唐仆尚丞郎表》,谓达奚珣任吏部侍郎在天宝五至七载(746—748),"据诗题,知寇氏之卒,当在珣为吏部侍郎时,即天宝六载(747)前后,本诗之写作时间同"④,然无确据。而事实上,达奚珣夫妇墓已于2011年8月在洛阳被发现,并出土两人墓志各一方。2015年5月,洛阳市文物考古研究院披露《洛阳唐代达奚珣夫妇墓发掘简报》⑤,寇氏墓志首题《大唐故襄城郡君墓志铭并序》,次题"通议大夫守尚书吏部侍郎达奚珣撰"。据墓志载,寇氏"以天宝六载二月四日终于西京升平里之私第。……即以其载七月廿八日还葬于北邙山先茔之东北",此虽印证新版所考大致可信,但却更为直接。又如《裴仆射济州遗爱碑》"大驾还都,分遣……御史刘日政……等巡按",新版注谓"刘日政,尝官……江东采访使、润州刺史。……'日政'诸书或作'晟''日正',均同人"⑥,持说同于初版⑦。2017年6月,《书法研究》刊发《唐故长安县尉彭城刘府君墓志铭并序》拓片图版。此墓主人"讳颢,字太冲。……烈考润州刺史、江南东道采访使、赠兖州都督讳日正"⑧,似当以此为准。至于"大驾还都",新版注谓"玄宗东封泰山后,于开元十三年'十二月己巳,至东都'(《旧唐书·玄宗纪》)"⑨,晏殊《晏元献公类要》卷一七引《唐纪》载此事为"车驾东封,学士等扈从。……至滑州,御史刘日正奏云"⑩,亦作"日正"。

同时,新版还存在一些技术性失误,主要体现在标点符号与编辑体例方面,多数是初版的遗留问题。

标点符号方面,例如《晓行巴峡》题注"参见《自大散以往深林密竹蹬道盘曲四五十里至黄牛岭黄花川》注〔一〕巴峡:……"⑪,"巴峡"之上脱一句号。又如《上张

① (唐)王维撰、陈铁民校注:《王维集校注(修订本)》,第119页。

② (清)王昶:《金石萃编》,见《续修四库全书·史部》,第888册,第480、481页。

③ (清)王昶:《金石萃编》,第481页。

④ (唐)王维撰、陈铁民校注:《王维集校注(修订本)》,第295页。

⑤ 洛阳市文物考古研究院:《洛阳唐代达奚珣夫妇墓发掘简报》,见《洛阳考古》2015年第1期,第35—43页。

⑥⑨ (唐)王维撰、陈铁民校注:《王维集校注(修订本)》,第839页。

⑦ (唐)王维撰、陈铁民校注:《王维集校注》,第779页。

⑧ (唐)李君房:《刘颢墓志》,见《书法研究》2017年第2期,封四。

⑩ (宋)晏殊:《晏元献公类要》,见《四库全书存目丛书·子部》,第116册,济南:齐鲁书社1995年版,第663页。

⑪ (唐)王维撰、陈铁民校注:《王维集校注(修订本)》,第98页。

令公》"从兹罢角抵,希复幸储胥",注谓"二句谓九龄谏止君王,使其不复为戏乐游幸之事"①,"事"之下脱一句号。又如《晦日游大理韦卿城南别业四首》题注"宋蜀本《全唐诗》俱作大字"②,"宋蜀本"之下脱一顿号。又如《送缙云苗太守》"腰章为长史",注谓"令长史二千石《汉书·百官公卿表》:'郡守……秩二千石'"③,"汉书"之上脱前书名号。

编辑体例方面,一是使用书名号之标准未划一。例如《谒璿上人并序》"不物物也"注引"王先谦集解"④,而在《座上走笔赠薛璩慕容损》"吾固和天倪"注内则作"王先谦《集解》"⑤,而与之类似者还有"赵殿成《笺注》"⑥、"赵殿成《注》"⑦、"赵殿成注"⑧。二是撰写校勘记之格式未划一。例如《过秦皇墓》注谓"秦皇,宋蜀本、《文苑英华》作'始皇',述古堂本作'秦始皇'"⑨,其体例是字头不加引号,其下以逗号隔开。然《济上四贤咏三首》其三注谓"'繁',《河岳英灵集》作'京'"⑩,乃字头加引号。至于《寒食汜上作》注谓"'上'述古堂本作'中'"⑪,则增引号而删逗号。三是规范异体字之处理未划一。例如《酬诸公见过》"仰厕群贤","群"在初版作"羣"⑫,乃异体字,新版校订为正体字"群"⑬。不过,《济州过赵叟家宴》注谓"题下底本有注曰:'原註:公左降济州司仓参军时作'"⑭,《故太子太师徐公挽歌四首》其三"东堂哭大臣"注谓"按挚虞《决疑註》云",则于"註"字未规范。此三方面情况尚多,或以划一为宜。

上文虽然列举了新版的一些不足,但均属于细末之节,是独力完成大型古籍整理类著作时在所难免的,大醇小疵,瑕不掩瑜。正如余嘉锡在《四库提要辨证》自序内评纪昀总纂《四库全书总目提要》时所说的,"一得之愚,或有足为纪氏诤友者。然而纪氏之为《提要》也难,而余之为辨证也易。……譬之射然,纪氏控弦引满,下云中之飞鸟,余则树之鹄而后放矢耳。易地以处,纪氏必优于作《辨证》,而余之不

---

① (唐)王维撰,陈铁民校注:《王维集校注(修订本)》,第112页。
② (唐)王维撰,陈铁民校注:《王维集校注(修订本)》,第175页。
③ (唐)王维撰,陈铁民校注:《王维集校注(修订本)》,第300页。
④ (唐)王维撰,陈铁民校注:《王维集校注(修订本)》,第196页。
⑤ (唐)王维撰,陈铁民校注:《王维集校注(修订本)》,第603页。
⑥ (唐)王维撰,陈铁民校注:《王维集校注(修订本)》,第87页。
⑦ (唐)王维撰,陈铁民校注:《王维集校注(修订本)》,第42页。
⑧ (唐)王维撰,陈铁民校注:《王维集校注(修订本)》,第45页。
⑨ (唐)王维撰,陈铁民校注:《王维集校注(修订本)》,第1页。
⑩ (唐)王维撰,陈铁民校注:《王维集校注(修订本)》,第46页。
⑪ (唐)王维撰,陈铁民校注:《王维集校注(修订本)》,第69页。
⑫ (唐)王维撰,陈铁民校注:《王维集校注》,第472页。
⑬ (唐)王维撰,陈铁民校注:《王维集校注(修订本)》,第513页。
⑭ (唐)王维撰,陈铁民校注:《王维集校注(修订本)》,第56页。

能为《提要》决也"①。而且列举其不足之用意在于,让读者能全面认识、准确把握、科学利用新版之成果及价值,扬其长而避其短,刮其垢而磨其光,如"动以一字之失訾段氏,余不忍效也"②。总而言之,新版是陈铁民先生继初版后贡献给学术界的又一扛鼎之作,"根柢槃深,枝叶峻茂",体大思精,继往开来,代表着新时代王维研究领域的最新成就与最高水准,必将进一步推动并深化学术界对王维及其诗文的认识与研究。

(作者单位:重庆师范大学古籍所)

---

① 余嘉锡:《四库提要辨证》,北京:中华书局 1980 年版,前言页,第 52 页。
② (清)杨岘:《藐叟年谱》,见《北京图书馆藏珍本年谱丛刊》,第 163 册,北京:北京图书馆出版社 1999 年版,第 625 页。

论王维在唐代的画史地位及影响

王　毅　李鸿照

王维(约 701—761 年)字摩诘,祖籍太原祁县,进士擢第,官终尚书右丞,故世称"王右丞"。王维博学多才,精通音律、诗画等,单从绘画方面来讲,王维在画史上就有着极其特殊的身份。说其特殊,一方面是受到以苏轼、赵孟頫、董其昌等为代表的文人极力推崇,如董其昌的"文人之画,自右丞始"①"余谓右丞云峰石迹,迥出天机,笔思纵横,参乎造化,唐以前安得有此画师也"②等评价;另一方面则是在赞誉之外也有不同看法,如米友仁认为:"王维画见之极多,皆刻画,不足学"③,郑燮认为:"若王摩诘、赵子昂辈,不过唐宋间两画师耳。"④可见,不同时期对王维绘画的认识和评价存在着很大的差异。具体到王维生活的唐代,其画史地位虽然不像后世推崇的"南宗之祖"那样显赫,但也在山水画的某些技法等方面很有成就,是当时较有影响的一位画家。

一、王维在唐代的画史地位

朱景玄在《唐朝名画录》中有:"王维字摩诘……故山水、松石,并居妙上品。"⑤文中的"妙上品",朱景玄解释说"以张怀瓘《画品断》,神、妙、能三品,定其等格,上中下又分为三;其格外有不拘常法,又有逸品,以表其优劣也。"⑥可见朱景玄"神、妙、能、逸"的"四品"是从张怀瓘《画品断》中的"神、妙、能""三品"发展而来的。除不拘常法的"逸品"外,三品中每品又分为上、中、下三等,具体对艺术家的风格、特征及成就等方面做了品评。从"三品"中涉及的"妙之企神,非徒步骤,能之仰妙,又

---

① (明)董其昌撰,毛建波校注:《画旨》,杭州:西泠印社 2012 年版,第 40 页。
② (明)董其昌撰,毛建波校注:《画旨》,杭州:西泠印社 2012 年版,第 43 页。
③ (明)董其昌撰,毛建波校注:《画旨》,杭州:西泠印社 2012 年版,第 16 页。
④ (清)郑燮:《潍县署中与舍弟第五书》,见《郑板桥集》,上海:上海古籍出版社 1979 年版,第 22 页。
⑤ (唐)朱景玄撰,温肇桐注:《唐朝名画录》,成都:四川美术出版社 1985 年版,第 2 页。
⑥ (唐)朱景玄撰,温肇桐注:《唐朝名画录》,成都:四川美术出版社 1985 年版,第 1 页。

甚规随"①等相关论述来看,三品之间有着较为清晰的递进关系,等级排序明确。再回到《唐朝名画录》的品评序列,朱景玄在神品中列有九人,其中神品上只有吴道子一人,神品中周昉一人,神品下有李思训、阎立本等七人,而王维则是列在"妙上品"的八人中,如果按九个等级来看,王维在第四个等级中,差吴道子三级,差李思训一级。

朱景玄给予王维绘画这样的评价,主要是因为当时社会对绘画的认知强调创作要以"人物居先,禽兽次之"②,最后才是"山水"的理念,而王维的创作恰恰相反,是以山水为主。虽然王维也画人物,如:《新唐书》中记载"王维过郢州,画浩然像于刺史亭"③,以及在王维自己的《崔兴宗写真》诗中还有"画君年少时,如今君已老"的描述,但在《唐国史补》《历代名画记》等文献中却并没有过多记载他的人物画。尽管《唐朝名画录》说他"尝写诗人襄阳孟浩然《马上吟诗图》见传于世"④,但也仅只是记载其画孟浩然的实例,并未做出详细评述。加之《宣和画谱》记载御藏120多件王维的作品中,人物画虽有70多件,但仍然将他列在山水门类的画家中,并且评价他是"尤精山水",可见王维的人物画在当时并不出彩。这一点也可以从现藏日本大阪美术馆传为王维人物画的《伏生授经图》中得到证实。画中伏生容貌苍老,形体枯瘦,肌肉松弛,所用描法"清润"柔美,与阎立本的铁线描和吴道子的兰叶描完全不同,尤其和代表唐代人物画典范的《簪花仕女图》相比,无论是线条表现,还是画面气息都有着明显的差异。由此可见,王维的人物画在当时影响并不大,对他的评论也主要是针对山水画而言。

然而,王维的山水画与李思训相比,朱景玄认为王维是"妙上品",李思训则在王维之上,居"神品下"。除此之外,朱对李思训的评价还有:"思训格品高奇,山水绝妙,鸟兽草木,皆穷其态……通神之佳手也,国朝山水第一。"⑤从这两点来看,王维不能与吴道子及"国朝山水第一"的李思训等这样的大画家地位相比,所以在朱景玄的心中王维不算是一流的画家。其实,张彦远也有相类似的看法,如《历代名画记》中记载:

> 魏晋以降,名迹在人间者,皆见之矣。其画山水,则群峰之势,若钿饰犀栉,或水不容泛,或人大于山。率皆附以树石,映带其地。列植之状,则若伸臂布指。详古人之意,专在显其所长,而不守于俗变也。国初二阎,擅美匠学,杨、展精意宫观,渐变所附,尚犹状石则务于雕透,如冰澌斧刃;绘树则刷脉镂

---

① ② （唐）朱景玄撰,温肇桐注:《唐朝名画录》,成都:四川美术出版社1985年版,第1页。

③ （北宋）宋祁等人合撰:《新唐书》,北京:中华书局2015年版,第4422页。

④ （唐）朱景玄撰,温肇桐注:《唐朝名画录》,成都:四川美术出版社1985年版,第16页。

⑤ （唐）朱景玄撰,温肇桐注:《唐朝名画录》,成都:四川美术出版社1985年版,第10页。

叶,多栖梧菀柳。功倍愈拙,不胜其色。吴道玄者,天付劲毫,幼抱神奥,往往
于佛寺画壁,纵以怪石崩滩,若可扪酌。又于蜀道写貌山水。由是山水之变,
始于吴,成于二李;树石之状,妙于韦鹛(即韦偃),穷于张通。通能用紫毫秃
锋,以掌模色,中遗巧饰,外若混成。又若王右丞之重深,杨仆射之奇赡,朱审
之浓秀,王宰之巧密,刘商之取象,其余作者非一,皆不过之。近代有侯莫陈
厦,沙门道芬,精致稠沓,皆一时之秀也。①

在这里,张彦远把山水画的来源及演变过程清晰地梳理了一遍,大致阐述了在
唐代之前,虽然有山水画的名称但只能算作是人物画的背景,隋唐以后展子虔等人
画楼阁时开始关注了树石的描写,但是所写多用于园林风景,树石仍然是楼阁画里
的点缀而已。中唐之后,吴道子用劲毫之笔创作壁画,以"怪石崩滩"显示其所长,
又在蜀道写貌山水,至此真正的山水画才开始从楼阁画的背景中独立出来。之后
的李思训、李昭道师法展子虔,韦偃、张璪能穷妙树石之状,而王维、杨仆射等人又
在山水画的技法领域里各有所长。显然,张彦远把吴道子看作是山水画的师祖,二
李为山水画的大宗,韦偃、张璪、王右丞都只是别支。从这个角度来看,山水之变是
"始于吴,成于二李"的。吴道子、李思训等人对山水画有开创之功,王维很难与他
们的画史地位相比,自然不会是一流画家。所以张彦远才将王维与杨仆射、朱审、
王宰、刘商等略逊一筹的画家列在一起。除此之外,张彦远还在《历代名画记》中有
"工画山水,体涉今古。人家所蓄,多是右丞指挥工人布色,原野簇成,远树过于朴
拙,复务细巧,翻更失真"②的评论,从中可以推测出王维的绘画"体涉今古",是受
到吴道子、李思训等人影响的。但是张彦远认为王维的画法有"翻更失真"的不足,
这与宋代米友仁认为"王维画见之最多,皆如刻画,不足学也"的观点相类似,都说
明王维的绘画在技法上还有缺失,达不到一流画家的标准。

由上述可见,在唐人的心目当中,王维擅长绘画,但从他作品的品第及技法等
综合方面来看还达不到一流画家的标准,尤其无法与吴道子、李思训等大画家的画
史地位相比,更不能与他后来"文人画之祖"的地位相提并论。

二、王维在唐代画史地位的成因分析

如果要探究形成王维在唐代画史地位的原因,除文中谈到王维的绘画是以山
水为主,没有适应唐代以人物画为主的时代潮流和唐代绘画"尚法"重视技术的审
美特点以及他个人技法不足的原因之外还存在其他因素。

---

① (唐)张彦远:《历代名画记》卷一,北京:人民美术出版社 2016 年版,第 16 页。
② (唐)张彦远:《历代名画记》卷十,北京:人民美术出版社 2016 年版,第 191 页。

（一）"内圣"和"词客"的文人身份

王维在唐代并不是一位专职画家，他的主要身份是儒家"济世救民"使命下的文人士大夫。儒家思想作为封建王朝正统思想观念下的产物，强调"学而优则仕"，并为文人制定了如何实现自我价值和人生目标的方向，这对古代文人的三观产生了深远的影响，即便是在唐代这样一个开放程度极高的王朝，也依然如此。唐代经贞观和开元之后，国力大增，科举制度也逐渐完善，成为文人心中恰逢盛世、一展抱负的理想时代，王维也不例外。《旧唐书》中有"王维，事母崔以孝闻，与弟缙有俊才，博学多艺齐名，闺门友悌，多士推之"①的记载，由此可见王维是一位"出悌入孝"的良家子弟。这样的家学注定他和传统士人一样首先要有出仕为官，参与治国的人生目标。

王维从十九岁赴长安参加京兆府考试后，先后任太乐丞、右拾遗、监察御史、左补阙、侍御史、库部郎中、给事中等官职。安史之乱后王维被降为太子中允，不久升太子中庶子、中书舍人、给事中、尚书右丞，直至去世。可以看出，王维一生都是以治国安邦的仕途为主。余英时在《士与中国文化》中所说"大体而言，中国的知识分子始终是在'内圣'方面显其特色的"②，王维也不例外，他的一生都在从政的过程中，对内需要具有圣人的才德，对外需要施以王道。在被张九龄提拔为右拾遗的第二年，王维在《献始兴公》中写道："任智诚则短，守仁固其优。侧闻大君子，安问党与雠。所不卖公器，动为苍生谋。"③虽然是夸赞张九龄的人格精神和政治道德，但也表明了希望自己成为其队伍中的一员，并能实现"为苍生谋"的人生理想。因此，王维的主要身份是安邦治国的文人士大夫，至于绘画只不过是他作为知识分子闲暇之余的一个"小技"而已。

其实，相比王维的绘画，唐代人更愿意接受和认可他在诗乐方面的造诣。宝应二年（公元763年）是王维去世的第二年，代宗皇帝命王维的弟弟王缙搜集整理其诗文，王缙将诗文编成《王维集》十卷，后来代宗在《答王缙进王维集表诏》中回复王缙道：

> 卿之伯氏，天下文宗。位历先朝，名高希代。抗行周《雅》，长揖《楚词》。调六气于终篇，正五音于逸韵。泉飞藻思，云散襟情，诗家者流，时论归美。诵于人口，久郁文房，歌以《国风》，宜登乐府。旰朝之后，乙夜将观。石室所藏，殁而不朽，柏梁之会，今也则亡。乃眷棣华，克成编录，声猷益茂，叹息良深。④

---

① （后晋）刘昫等撰：《旧唐书·王维传》，北京：中华书局2015年版，第4412页。

② 余英时：《士与中国文化》，上海：上海人民出版社2003年版，第114页。

③ 张勇：《王维诗全集》，武汉：崇文书局2017年版，第88页。

④ （清）董诰等编：《全唐文》卷四六，北京：中华书局2009年版。

从上文可知,代宗认为王维是"天下文宗"还下令将《王维集》存放在国家的文库中,并以官方的名义传播其诗文。这一举措,足以证明他对王维才华的接受及文学地位的推崇与肯定。皇帝尚且如此,民间对他的文学地位认可就不言而喻了。因此王维在自题诗中写有"宿世谬词客,前身应画师。不能舍习余,偶被时人知"的感叹,虽然王维很自信地认为自己前身是画师,但仍然摆脱不了世人只夸赞他是诗人的身份和"偶被人知"的绘画才能。从这个角度来看,唐代的人们更愿意接受王维在文人士大夫方面的成就,济世救民、文章德义才是大家关注的重点。正因为这样,王维在唐代的画史的地位不会超过一流的专业画师。

(二) 王维"好静"的性格因素

王维的性格也是影响他在唐代画史地位的原因之一。一个人的兴趣可以判断出他的性格,根据他的性格可以判断出他的内心世界。王维的内心世界是清净的,他在《酬张少府》中写到"晚年唯好静,万事不关心。自顾无长策,空知返旧林……"。好静是王维性格的一个真实写照,王维受其母亲影响,早年就笃信佛教,一生将做官和隐居相结合,一边从政,一边潜心佛事。《旧唐书》记他:"维弟兄俱奉佛,居常蔬食,不茹荤血;晚年长斋,不衣文彩",其思想深受禅宗影响,喜好幽静。生活上更是"以玄谈为乐,以禅诵为事"[1]。可以看出王维常与僧人往来,退朝后也是"焚香静坐"进入禅定冥想的境界。这与性格外放表演性极强的吴道子截然不同,《唐朝名画录》记载"吴生画兴善寺中门内圆光时,长安市肆,老幼士庶竞至,观者如堵,其圆光之笔挥扫,势若风旋,人皆谓之神助"[2]。显然王维的生活要低调得多,即便是作画也多是抒发个人的情思。因此,王维虽然在山水画上有所成就,但在绘画的传播上还有一定的局限,所以才在后世被慢慢推崇为"文人画之祖"。

结合以上两点来看,形成王维在唐代画史地位的原因是多方面的,时代的审美;接受者的评判标准;个人绘画技能的优劣等都能影响到他画史地位的变化,当然,这也包括王维的社会身份和"好静"的内在性格。

三、王维绘画在唐代的影响

(一) 王维绘画在唐代的接受

虽然王维在唐代的画史地位无法与吴道子、李思训等大画家相比。但也绝不是一位普通画家,这主要是依据唐代人对王维绘画的接受情况来看的。

首先,唐代人对王维的绘画接受还是比较广泛的,尤其是文人士大夫阶层对王维的绘画比较认可,这可以从以下列举的唐代及离唐代较近的五代时期重要的史

---

① (后晋)刘昫等撰:《旧唐书·王维传》,北京:中华书局 1975 年版,第 5052 页。

② (唐)朱景玄撰,温肇桐注:《唐朝名画录》,成都:四川美术出版社 1985 年版,第 4 页。

料记载中得到证实。

玄宗时，王维特妙山水，幽深之致，近古未有。①

其画山水、松石，踪似吴生，而风致标格特出。今京都千福寺西塔院有掩障一合，画青枫树一图。又尝写诗人襄阳孟浩然马上吟诗图，见传于世。复画《辋川图》，山谷郁郁盘盘，云水飞动，意出尘外，怪生笔端。尝自题诗云："当世谬词客，前身应画师"，其自负也如此。慈恩寺东院与毕庶子、郑广文各画一小壁，时号三绝。故庾右丞宅有壁画山水兼题记，亦当时之妙。故山水、松石，并居妙上品。②

国初二阎，擅美匠学，杨、展精意，宫观渐变所附，尚犹状石则务于雕透，如冰澌斧刃。绘树则刷脉镂叶，多栖桔苑柳。功倍愈拙，不胜其色。吴道玄者，天付劲毫，幼抱神奥。往往于佛寺画壁，纵以怪石崩滩，若可扪酌。又于蜀道写貌山水。由是山水之变，始于吴、成于二李（李将军、李中书）。树石之状，妙于韦鶠，穷于张通（张璪也）。通能用紫毫秃锋，以掌摸色，中遗巧饰，外若混成。又若王右丞之重深、杨仆射之奇赡、朱审之浓秀、王宰之巧密、刘商之取象，其余作者非一皆不过之。③

王维，字摩诘……工画山水，体涉今古。人家所蓄，多是右丞指挥工人布色，原野簇成，远树过于朴拙，复务细巧，翻更失真。清源寺壁上画辋川，笔力雄壮，常自制诗曰："当世谬词客，前身应画师。不能舍余习，偶被时人知。"诚哉是言也。余曾见破墨山水，笔迹劲爽。④

王维画品绝妙，于山水平远尤工。⑤

右丞王维字摩诘，琅琊人，诗通大雅之作，山水之妙，胜于李思训。⑥

维尤长五言诗，书画特臻其妙，笔踪措思，参于造化，而创意经图，即有所缺，如山水平远，云峰石色，绝迹天机，非绘者之所及也。⑦

王右丞笔墨宛丽，气韵高清，巧象写成，亦动真思。李将军理深思远，笔迹甚精，虽巧而华，大亏墨彩。⑧

---

① （唐）封演撰，张耕地注评：《封氏闻见记》，北京：学苑出版社 2001 年版，第 116 页。

② （唐）朱景玄撰，温肇桐注：《唐朝名画录》，成都：四川美术出版社 1985 年版，第 16 页。

③ （唐）张彦远：《历代名画记》卷一，北京：人民美术出版社 2016 年版，第 16 页。

④ （唐）张彦远：《历代名画记》卷十，人民美术出版社 2016 年版，第 191 页。

⑤ （唐）李肇：《唐国史补》，中华书局 1991 年版，第 32 页。

⑥ 尹冬民：《述书赋》笺证，荣宝斋出版社 2019 年版，第 323 页。

⑦ （后晋）刘昫等撰：《旧唐书·王维传》，中华书局 1975 年版，第 5052 页。

⑧ （五代）荆浩撰，王伯敏标点注译，邓以蛰校阅：《笔法记》，人民美术出版社 2016 年版，第 5 页。

如上文所示,唐及五代的重要文献对王维绘画的评价总体上是赞扬的,也说明文人士大夫阶层是接受并认可王维绘画艺术的。尤其是《封氏闻见记》中的"幽深之致,近古未有",以及《旧唐书》中"维尤长五言诗,书画特臻其妙"和《唐国史补》中"王维画品绝妙"等评论。足见王维绘画在当时的影响,同时也说明了他绝非是一般画家。

其次,除文人士大夫阶层外,王维绘画在民间也很有影响。《历代名画记》中记有王维居辋川时画于墙壁上的《辋川图》,后因损坏而未能流传,但在宋初翰林学士陶穀在《清异录》中记录了两则与《辋川图》有关的趣事:

> 自唐末,无赖男子以劄刺相高,或铺《辋川图》一本,或砌白乐天、罗隐二人诗百首……一一标表者,时人号为'针史'。①
>
> 比丘尼梵正庖制精巧,用鲊、臛、脍、脯、醢、酱、瓜蔬黄赤杂色斗成景物,若坐及二十人,则人装一景,合成"辋川图小样"。②

这两则趣闻,上一则是讲无赖男子用针劄将《辋川图》等刺在皮肤上成刺青文身;下一则是讲法号为梵正的比丘尼用菜肴组成"辋川图小样"。

"无赖男子"和"比丘尼梵正"都只是民间的普通人物,却能够拥有后世弥足珍贵的"辋川图样",可知当时王维的绘画影响比较广泛,接受群体上至文人士大夫,下至普通百姓。这也证明王维的绘画在当时是有一定影响力的。

之所以能有这样的影响,还要回归到王维在山水画方面的成就。前文中已经提到,王维擅画人物,但在阎立本、尉迟乙僧、周昉、吴道子等人物画大家云集的唐代,他的人物画似乎并不太受关注。因此,王维在唐代的绘画影响更多的是针对于他的山水画而言,而王维山水画中的特点,也恰恰是他异于其他画家而被接受和认可的地方。

(二)王维山水画的特点

1. 平远式构图

平远式构图的特点是景物横向排列,可以产生由近及远、开阔、空旷的视觉效果,这与高远、深远式构图所表现出来的高山大壑、急流险峰、巍峨耸峙的视觉效果截然不同。平远式构图更容易表现出山水的平淡趣味,不仅能给观者的内心提供一个开阔、舒展的安居之所,而且还能体现山水画家追求无拘无束、自然散淡的精神状态。

---

① (北宋)陶穀:《清异录》卷下,台湾商务印书馆1983年版,第889页。
② (北宋)陶穀:《清异录》卷下,台湾商务印书馆1983年版,第919页。

王维在绘画上多用平远之势构图，与他在山水田园诗中描写的"湖上一回首，山青卷白云"（《欹湖》），"山下孤烟远村，天边独树高原"（《田园乐七首·其五》）以及"大漠孤烟直，长河落日圆"（《使至塞上》）等诗句中平远、开阔的景象相一致，这和展子虔的《游春图》，李思训的《江帆楼阁图》以及李昭道的《明皇幸蜀图》所表现出来的深远、高远景象有所不同。平远式构图符合他远离喧嚣、渴望平淡的精神追求。从现存《辋川图》的众多摹本中就可以看到多为长卷及平远式构图。当然，王维并非只用"平远"这一种方法构图，甚至对平远的处理方式也不一定娴熟，因此在《旧唐书》中刘昫认为王维"创意经图，即有所缺"，是说在构思上虽好，但是对经营构图方面有所缺失。即便如此，王维的平远式山水在六朝以来山水画"是图式化、便捷、虚构、梦幻"①的基础上有了新的实践。因此，唐代著录中就特别强调了他绘画中的这一特点。例如：《唐国史补》中有"王维画品妙绝，于山水平远尤工"；《旧唐书》中有"如山水平远，云峰石色，绝迹天机，非绘者之所及也"的称赞。可见王维在处理山水画的平远式构图方面很有优势。

2. 水墨技法的表现

唐代，水墨画逐渐兴起并进入一个新的时期，虽然与宋元以后相比仍然处于发展的早期阶段，但却对后世影响较大。荆浩在《笔法记》中就有"水晕墨章，兴吾唐代"②的阐述。唐代水墨家众多，如：殷仲容，作画"或用墨色，如兼五彩"，以及韦偃"山以墨斡，水以手擦"③等。王维也是其中之一，而且是用水墨创新山水画技法较早的画家。虽然在《历代名画记》中张彦远把他放置在"树石之状，妙于韦鸥（韦偃），穷于张通（张璪）"两位画家之后。尤其是张璪，荆浩在《笔法记》中认为他："树石气韵俱盛，笔墨积微，真思卓然，不贵五彩，旷古绝今，未之有也"④的评论，特别强调了张璪在水墨画方面的成就。对于立志发展水墨山水画的荆浩来说，唐代只有张璪算是较完美的水墨画家，其余皆不能真正称其意。但是他们三人生活的时间及王维与杜甫、韦偃的关系来看，王维的年龄应该略长于韦偃和张璪，尤其是张璪，在王维死后他还被王维之弟王缙提拔为检校祠部员外郎，虽然不能直接证明他的水墨画受王维影响，但是他与王缙是好友，况且与王维相似都受到过禅宗的影响，因此可以假定张璪的水墨山水画技法与王维有着密切的关系。

王维虽然擅长表现水墨山水画，但他却并不是首创，上文中已经提及唐代善用水墨的画家较多，而且从《唐朝名画录》中记载王维"其画山水、松石，踪似吴生"的评论来看，他的水墨山水画至少是和吴道子有关联的，只是吴道子的这种技法与王

① （日）伊势专一郎著，陈红译，《中国山水画史——自顾恺之至荆浩》，上海书画出版社2020年版，第60页。
② （五代）荆浩撰，王伯敏标点注译，邓以蛰校阅：《笔法记》，人民美术出版社2016年版，第3页。
③ （唐）朱景玄撰，温肇桐注：《唐朝名画录》，四川美术出版社1985年版，第17页。
④ （五代）荆浩撰，王伯敏标点注译，邓以蛰校阅：《笔法记》，人民美术出版社2016年版，第5页。

维的略有不同。关于吴道子的水墨画法《唐朝名画录》中记载：

> 明皇天宝中忽思嘉陵江水，遂假吴生驿驷，令往写貌。及回日，帝问其状。奏曰："臣无粉本，并记在心。"后宣令于大同殿图之，嘉陵江三百余里山水，一日而毕。①

文中可以看出吴道子受命在大同殿内绘制嘉陵江三百余里山水，竟然"一日"完成，由此推测：吴道子的水墨画是以墨线勾勒的方式造型，而且行笔速度极快，"写意性"较强，属于"水墨白画"的范畴。由于"水墨白画在唐代不能算其为一种完整的画法②，所以有很多不足。这一点，可以从荆浩的《笔法记》中"吴道子笔胜于象，骨气自高，树不言图，亦恨无墨"③的评论得到证实。吴道子的这种水墨表现形式以线条勾勒取胜，并无太多的渲染铺陈，只能算是水墨山水画诞生的第一步，还不是真正意义上的水墨山水画。而王维在学习吴道子的基础上，用"原野簇成"的技法，突破了吴体山水画只用线条勾勒的形式，再加上王维山水画中有张彦远所谓的"破墨"之法，便形成了一种新的绘画形式。王维的这种绘画形式可能并没有他之后的水墨画看起来成熟，但至少初步探索出了水墨山水画的雏形。所以荆浩才有"王右丞笔墨宛丽，气韵高清"，虽然李将军"笔迹甚精，虽巧而华"但却是"大亏墨彩"的评论。由此可以得出：王维是用水墨技法创新山水画形式的先驱，他为后来水墨画的形式发展到更高水平奠定了基础。

3. 诗画相融及意境表达

六朝之前，参与绘画创作的主要是职业画家被称为"作家"，并无文人身份的画家。唐代画坛仍然是以职业画家占绝对优势，吴道子就是典型代表。唐玄宗时开始设立翰林图画院，集中了很多高水平的职业画家，形成一种完整的体系，这种体系的绘画带有强烈的官方色彩，强调绘画的功能性，被称为院体绘画。院体绘画专业性较强，对技术的要求很高，例如吴道子画巨幅壁画人物可以从手臂或者脚画起，画直线、圆等形状可以不用工具辅助而轻松完成，其绘画技法娴熟到了"可盖古今，一人而已"的程度，这不是一般画家所能企及的。

与专业画家所不同的是，唐代文人士大夫也参与绘画创作，属于业余画家被称为"戾家"，这对中国画的创作群体及表现形式起到了很大的改变。绘画不只

---

① （唐）朱景玄撰，温肇桐注：《唐朝名画录》，成都：四川美术出版社1985年版，第3页。
② 《中国山水画通鉴——范山模水》中有："由于水墨白画在唐尚不成其为一种完整的画法，因之只有当第二道设色程序完成时，才能成为完整意义上的山水画"，卢辅圣等人编《中国山水画通鉴——范山模水》，上海：上海书画出版社2006年版，第64页。
③ （唐）朱景玄撰，温肇桐注：《唐朝名画录》，成都：四川美术出版社1985年版，第5页。

是专职画家的事,文人也可以参与,而且文人的文学修养能使绘画表现出清新文雅的书卷之气,这是专职画家所不具备的。唐代诗画双兼的文人较多,《唐朝名画录》中记载的文人就有多位,例如:张璪"衣冠文学,时之名流"①,薛稷"文章学术,名贯时流"②等。《历代名画记》中的张谞"工丹青,与王维、李颀等为诗酒丹青之友"③等,类似这样的记载文献中还有不少,王维也只是其中之一。但唯独王维有:"味摩诘之诗,诗中有画,观摩诘之画,画中有诗"④的评价,并成为诗画融通的典范。当然,这其中有着较为复杂的因素。但至少可以从王维的诗歌中窥探其一些原因。

首先,王维的很多诗中强调了色彩元素。如:"绿竹含新粉,红莲落故衣(《山居即事》)""紫梅发初遍,黄鸟歌犹涩(《早春行》)""绿艳闲且静,红衣浅复深(《红牡丹》)""荆溪白石出,天寒红叶稀"等,这些诗中的"白""红""绿""黄""紫"等颜色的描述比较符合一个画家的观察方式,诗中的色彩对比与强调将景物上升到更美的层面,为诗歌营造出了强烈的画面感。从王维的画家身份来看,我们不能排除他会用一个画家的认知来安排景物。

其次,王维的诗给人以绘画的印象。王维的诗歌与绘画之间存在着密切的联系,尤其是他诗中的形象可以直接转换成画中形象。虽然景物描写是诗歌与生俱来的功能,但王维诗歌中的景物刻画细致入微,诸如:"柳色青山映,梨花夕鸟藏"(《春日上方即事》),"山下孤烟远村,天边独树高原"(《田园乐其五》),"云里帝城双凤阙,雨中春树万人家"(《奉和圣制从蓬莱向兴庆阁道中留春雨中春望之作应制》)等,细腻地捕捉到了自然中的景象。尤其是诗中的"春树""人家""天边""青山"等景象恰恰是山水画中最典型的形象,符合中国文人视觉的审美心理,极易产生画面感,特别容易引起欣赏主体的接受和联想。

可见,王维能成为书画结合的典范画家是有其内在原因的。虽然探讨王维的诗画关系是一个较为复杂的命题,也很难用简短的文字做出深入的分析,但王维作为文人士大夫,他以写诗之法作画,又以作画之法写诗,这就比其他文人更容易拉近诗与画的距离。而王维将诗与画相融通的过程,促使绘画关注自然,并将山水画从图式化的构成中解脱出来,在画中一展诗情,正因为如此,诗画相融也成为王维绘画的标签。

另外,王维将诗与画相融的过程促进了山水画意境的形成。意境被认为是画

---

① ② (唐)朱景玄撰,温肇桐注:《唐朝名画录》,成都:四川美术出版社 1985 年版,第 11 页。

③ (唐)张彦远:《历代名画记》卷十,北京:人民美术出版社 2016 年版,第 191 页。

④ 《东坡题跋》中有:"味摩诘之诗,诗中有画;观摩诘之画,画中有诗。诗曰:'蓝溪白石出,玉川红叶稀。山路元无雨,空翠湿人衣。'此摩诘之诗。或曰非也,好事者以补摩诘之遗。"(宋)苏轼,《东坡题跋》,杭州:浙江人民美术出版社 2016 年版,第 166 页。

的灵魂,宗白华在《艺境》中说:

> 以宇宙人生的具体为对象,赏玩它的色相、秩序、节奏借以窥见自我的最
> 心灵的反映,化实景为虚境,创形象为象征,使人类最高的心灵具体化,肉身
> 化,这就是艺术境界,艺术境界主于美。①

通过以上文字可以得出:当山水画的情与景高度完美结合时,就有了山水画的意境。王维的山水画是有意境的,《封氏闻见记》中就有"王维特妙山水,幽深之致,近古未有"的评论。显然这里的"特妙山水,幽深之至"更多的是指王维画中的意境,这与《旧唐书》中评论王维"书画特臻其妙,笔踪措思,参于造化",《述书赋》中王维"山水之妙,胜于李思训"及《唐国史补》中"王维画品绝妙"等表述相似,都重点赞誉了王维山水画中的意境之美是近古未有、"胜于李思训"的。另外张彦远在《历代名画记》中还重点评价了王维画中"重深"的特点,关于"重深",阮璞认为二字是"显系'山重水深'之省略语",又说"此'重深'指造境"②。徐复观也认为"重深""指其取境构图之重深",这都与王维山水画的意境有关。由此看来,王维山水画不仅充满了文人温雅敦厚的气息,而且富于诗意,尤其是能有意识地表现画面纵深及意境,成为当时很有影响的画家。

综合以上来看,王维虽然不是唐代一流的大画家,但他的山水画依然能够被当时的文人士大夫及民间赞赏和认可,这主要是因为他在山水画方面有新的探索,尤其是在平远式构图、水墨的表现和画面的意境表达等综合方面超越了当时的其他画家,成为唐代较为重要的画家之一。

四、结　语

"宿世谬词客,前身应画师。不能舍余习,偶被时人知",王维被奉为"天下文宗"是在他去世后不久,被推为"文人画之祖"却是在他之后的几个时代之后。反观王维所处的唐代,我们可以重塑王维这样一个画史形象:虽然他不是开宗立派的一流画家,也无法与吴道子等专业画家的画史地位相比,甚至在技法上还有所不足,但他的绘画尤其山水画依然具有划时代的意义。他在继承前人的基础上,将水墨技法进行了实践与探索,为水墨山水画的独立奠定了基础、创新了形式;还以一个文人士大夫的身份参与绘画创作,用文人的心境捕捉到了自然中唯美柔和亲切温润的一面,并通过用诗画融通的方式呈现出了一个生机勃勃的山水世界,建构出了

① 宗白华:《艺境》,北京:商务印书馆 2017 年版,第 183 页。
② 阮璞:《画学十讲》,香港:天马出版有限公司 2005 年版,第 83 页。

山水画优雅亲切的新气息。也因此引领着后来山水画向着更为诗意化、更为抒情化的方向发展。虽然王维在唐代因各种原因没能成为当时最一流的画家,但创立山水画的新观念却成为他之后画史地位不断崛起的重要因素。

(作者单位:西安美术学院)

王维山水画风的历史定位与价值探究

王　珊

引　言

明董其昌在其《画禅室随笔》中推崇王维为南宗文人画始祖,关于南北宗之说,多有纷争。但据史载,在山水画还处于萌发阶段的盛唐时期,文人画一脉还未真正确立。王维之所以被后世拔高至文人画之祖的历史地位与其山水诗与山水画成就有密切的关联。王维半生为官,久居长安,中年隐居辋川,他的精神内涵、思想境界以及审美观念都反映出他内心一直暗含精神上的超然与解脱,同时又似乎兼有"终南捷径"的入世追求,身在朝中,心在林泉。

通过查阅相关的史料我们发现:很有可能在王维的绘画面貌中存在两种特征,即其水墨渲淡之法是在青绿着色之法的基础上弱化用色,而代之以水墨(图一)。但是站在整个山水画史的角度上看,这种浸润了玄化思想的水墨实践对后世山水画产生了重要的影响,王维破墨山水画被后人一再解读,不断升华,并推至"文人画之祖"的地位,当时很有可能是其绘画主流面貌的青绿山水画风甚至被逐渐忽略了。

图一　唐　王维(传)　《江干雪霁图》

一、王维与文人画

王维深刻的文人属性与其山水画探索息息相关,若要深入了解,需从更加宏观的角度探究王维在整个山水画发展进程中的定位及后世董其昌对其文人画"始祖"定位的根源。早在北宋，苏轼就已提出"士夫画"的称谓（图二），属于传统中国画形态的分支。明代董其昌"文人画"概念的提出，明确了文人画是由谁画的问题，与"画家画""院体画"等相区分。近代学者陈师曾也深入研究了文人画思想及艺术特点，提出思想、人品、才情、学问四方面要求，将绘画与文学、音乐、书法、篆刻等其他艺术形式融为一体，体现了文人画家画外的综合修养，对后世产生广泛影响。首先，文人画倡导"以书入画"，从书法的书写特征中汲取相关联的运笔优势、点线美感及布局经营，掌握其中的节奏韵律，将书写性转变为中国画艺术的要素。其二，文人士大夫创作群体崇尚品藻，标举"士气"①，不以笔墨技法、程式取胜，更为强调画外功，通过绘画抒写文人胸中"逸气"。第三，文人画注重水墨表现，崇尚中国传统哲学"玄化"思想。力求拙朴归真、至真至纯的艺术境界。

图二　宋　苏轼　《枯木怪石图》

　　董其昌将中国山水画分为南北宗，并将王维推举到文人画"始祖"的地位，确因王维在其绘画实践中融合了个人修养、画外之功。王维早期入仕乐官的身份，即充分说明了他在音乐方面的修养和造诣，同时，突出的诗歌才华为中国诗歌发展做出巨大贡献。这些画外之功都深深滋养了他的绘画创作。从这个角度来说，文人画似乎从王维身上找到了最好的根源。

二、王维与水墨山水画

　　历史上，曾评价王维山水画"体涉今古"，这里所说的"古"，从唐代山水画史发

---

① 王克文：《山水画谈》，上海：上海人民美术出版社 1996 年版，第 136 页。

展轨迹来看,李思训的青绿山水,被尊为"国朝山水第一",可见其"在朝"巨大的影响力(图三),因此,王维师法李思训应该是有据可考的。二者在唐代"雍华特甚"的审美思潮与青绿山水艺术实践上有许多相同之处①。王维生年较李思训晚五十年,早期山水画并未抛弃传统,而是画了不少"细如毫芒"②、富丽精工的青绿作品。我们在元摹本《临王维辋川图》中大致能够还原王维青绿山水画的样貌(图四)。在大的时代背景下,追随发展成熟的主流形态也是绘画初期学习的路径之一。

　　关于"体涉今古"中"今"的内涵,据唐朝朱景玄对王维山水画的评论:"踪似吴生,而风致标格特出",说明王维的水墨山水画的创作面貌正是源于吴道子的"疏体"画法。张彦远曾形容壁画《辋川图》笔法"笔力雄壮",说明吴道子笔法的深刻影响。张彦远认为"山水之变,始于吴,成于二李。"③吴道子被认为是唐代最早引领水墨山水画变革之人。吴道子擅长勾线,其线条被后人称为"莼菜条",足见吴道子在勾线上具有相当高的造诣(图五)。王维画法"踪似吴生",在笔法上与吴一脉相承。荆浩也曾评价:"吴道子画山水有笔而无墨,项容有墨而无笔,吾当采二子之所长,成一家之体。"二者所处时代相距不远,极有可能见过吴的真迹,因此荆浩的论述有重要的参考价值。一方面他肯定吴道子山水画"有笔而无墨"笔性与用线上的

图三　唐　李思训(传)　《江帆楼阁图》局部

① 滕固、陈世强:《唐宋绘画史:滕固〈唐宋绘画史〉自校本及其研究》,南京:东南大学出版社 2015 年版,第 66 页。

② (明)谢肇淛:《五杂俎·卷七·人部三》,沈阳:辽宁教育出版社 2001 年版,第 139 页。

③ 葛路:《中国古代绘画理论发展史》,上海:上海人民美术出版社 1983 年版,第 61 页。

图四　元摹本　《临王维辋川图》(局部)

图五　唐　吴道子　《送子天王图》宋摹本局部

图六　唐　王维(传)　《雪溪图》

突出特点,但同时,荆浩又指出吴道子在墨法上的欠缺。①陈传席强调山水画多是在用笔上求"气",用墨上追求"韵",唯由此气韵才能生动活泼。有笔而无墨,换言之即是有气而无韵致,表现形式太过于单一简略了。②但是,吴道子的山水画也有并非只有用笔而无晕染。郭若虚在其论著《图画见闻志》中曾论吴生设色傅彩简淡,之后唐代画家中有画薄施淡染着色风格的,称其为"吴装"。说明吴道子设色的晕染渲淡之法也是极为成熟的。对于吴道子的渲淡设色之法,其实并不矛盾。我们需本着辩证的态度去理解,由色转向墨的渲淡之法及破墨的面貌在当时是新颖的尝试,吴道子有所亏缺,而王维进一步在师法吴道子的基础上将水墨山水画风又加入了新的创新的元素,即"墨法"的运用,开启"水墨渲淡"之画风(图六),这即是"今"的含义。

但是,如果我们再认真查阅相关史料,我们就会发现,王维在水墨山水画实践的历史贡献,但没有被唐代评论家充分认可,是有其根源的。张彦远就曾指出王维

① 张同标:《北派山水画论研究》,北京:人民出版社 2006 年版,第 36 页。
② 陈传席:《中国绘画美学史》(上),北京:人民美术出版社 2000 年版,第 116 页。

的画法"原野簇成远树,过于朴拙"。这种点簇而成的远树,我们从传为展子虔的作品《游春图》及同时代的韩休墓独屏山水画里面能够看到它的渊源及发展脉络。(图七)(图八)其画法虽然与以用线见长的吴道子有所不同,对于远树的表现大概类似于没骨画法,削弱了用线勾勒,拓展了墨法的表现边域。这是王维墨法的一个新鲜尝试,从拓展的意义上来说毫无疑问是值得肯定的,但是这种"簇成"的画法明显还稚拙粗疏,缺乏成熟的、可以与水墨山水画审美意象相匹配的形式语言。由于一切都还在实践摸索的阶段,因此张彦远评论其画法"过于朴拙"也是可以理解的。加之王维受传统"细入毫芒"的精工画法的影响,在试图变革的同时,无形中带入风格上不协调的"簇成"墨法,从审美的统一性及完整性上及手法的表现上"复务细巧,翻更失真",无法融合。

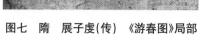

图七　隋　展子虔(传)　《游春图》局部　　　图八　唐　韩休墓　独屏山水壁画

在唐代山水画创变的这一历史进程之中,张彦远显然认为吴道子的贡献更为巨大,具有"大破大立"的画史意义。而对于王维的评论,认为不能和吴道子贡献等量齐观。同时,在张彦远的眼里,二李的绘画地位虽然没有开创之功,却将中国青绿山水画推向极致高峰。显然,王维的"破墨山水画"在地位上与吴道子和李思训有一定差距。但是,在客观分析王维的历史定位时,由于张彦远非常关注唐代逐步发展的水墨画形态,尤其倾向并推崇色彩"玄化"的主张,因此总体上张彦远对王维的评论更加客观和包容,才有"余曾见破墨山水,笔迹劲爽"这样更为客观正面的评价。当然,张彦远关注的是王维对于水墨山水画的探索,当时是很新鲜的。张彦远对唐代水墨山水画的重视,体现了他对绘画新形态的敏锐观察。也与当时绘画思潮中对色彩的、玄化的推崇有关。王维以后,张璪的水墨实践趋于成熟,达到了一种自然的化境。可见从王维到张璪破墨技法,已经有了长足的进步,至此,可以大致归纳出唐代水墨山水画整体的发展脉络。先是吴道子"有笔无墨",再到王维破墨山水画的"笔迹劲爽",最后到张璪破墨山水的"摸色"与"浑成",先有笔法,后又墨法,王维在整个山水画进程中起到了承上启下的推动作用。

综上所述,王维的破墨山水画是在二李为代表的青绿着色山水形态与以疏放劲健为特色的吴道子画风基础上形成的唐代水墨绘画特色。其创造性直接影响了中唐以后张璪等人的水墨实践。他的实践价值在于具有超前的水墨发展意识,这一变革的发展历程不是靠某一个人一己之力完成的,而是在唐代大的时代背景下,共同推动,一直到北宋初期,水墨画的技法才趋于完善。王维在中国山水画史上的定位和价值,随着文人画的发展和需要不断地被挖掘和提升。由此,才有董其昌对王维文人画史成就的推崇。

(作者单位:西安美术学院中国画学院)

近百年王维书画研究综述

高 珂 戴 牧

近代以来,我国学术研究汲取了严谨科学的研究方法,在各领域取得长足进步。中国画研究,既有俞剑华、郑午昌、余绍宋诸先生立足传统考据学、画学的学者,也有像陈师曾、傅抱石这样接受东西洋艺术史观的学者。在近百年激烈变革的大时代,王维书画研究也在不断发展、丰富完善。

一、王维与文人画

中国文人常常通过托古改制和代圣立言的方法来塑造想要达到的目的形象,如康有为的《孔子改制考》,王维在画史的地位便是在不断被人代言的结果。文人画的概念自苏轼在《跋宋汉杰画》提出,苏轼说:"观士人画,如阅天下马,取其意气所到。"这里的"士人画"即为后来的文人画。

王维在画史上的地位,在历代文人不断代圣立言、塑造圣明的一个过程中,直至董其昌,终于把王维在文人画史中的地位推向了最高峰。张彦远在《历代名画记》中说:"余曾见其(王维)破墨山水,笔迹爽劲。"①但王维的书画在他的评价体系里只在妙品上居中的位置,并未被推崇至很高的地位。及至董其昌对南北二宗论有言:"文人画自王右丞始。其后董源、巨然、李成、范宽为嫡子,李龙眠、王晋卿、米南宫及虎儿皆从董、巨来,直至元四大家……"②对于唐代是否有水墨画,以及王维是否进行水墨画创作,不断的进行探讨。1930年代,滕固的《关于院体画和文人之史的考察》一文中,把王维绘画特点总结为"写",而李思训是"画",这只不过是表现物象的手段而已。徐书成《唐人山水画新考》对唐代是否有水墨画进行了质疑。通过上述的分析,徐书成认为:所谓王维的"水墨"山水之说,是宋元人根据当时流传的一些冒牌的王维画而讹传起来的。其实,不仅北宋时王维的真迹极为罕见,即在

---

① 张彦远:《历代名画记》,《钦定四库全书子部历代名画记卷十》,上海古籍出版社1987年版,第812—350页。

② 董其昌:《中国画学全史》,卢辅圣主编,上海书画出版社1992年版,第1016页。

唐代,王维的画迹亦已不多。唐人当年就曾喟叹:"右丞今已殁,遗画世间稀。"(唐张祜:《题王右丞山水障子诗》)张祜是元和、长庆间人,离王维的时代不算远,他的话应该是可信的。晚唐时王维的画作已经是"世间稀",怎么到北宋时反而大量出现呢?这也足以证明米芾的判断是正确的——当年那些"世所谓"王维的山水大都是靠不住的。①

随后,周汉的《对〈唐人山水画新考〉的几点质疑》从画法画论为据,对徐书成的观点进行了反驳,认为唐代就有水墨画并且王维当时进行的就是水墨画创作。②周汉通过"方干的《观项信水墨》《送水墨项处士归天台》佐证唐时已有水墨。持相反意见的谢稚柳在《水墨画》一文中认为王维与吴道子是师承关系,并且认为水墨画及其技法在吴道子之前就已臻于成熟。"水墨画在中唐确立起来了,但是它的肇始,却不是唐代,在南朝梁元帝萧绎所著的'山水松石格',就已谈到用墨来作画","但是萧绎的水墨画法,似乎并没有即时被引起注意。从南朝梁、陈以及隋到唐初期,着色画在发展着。杨契丹与展子虔,阎立德与阎立本,李思训与李昭道,都是当时画坛上旗鼓称雄的着色画健将。在这样的情势下,吴道子起来开了新局面,显然,他对萧绎的笔墨论,起了呼应作用,或者是不谋而合的"③。因此王维并不是水墨画的鼻祖。

上世纪50年代,俞剑华的《历代对于王维的评价》一文,观点如下:一、王维不是水墨画的创始人;二、王维和李思训画法的关系,通过《宣和画谱》中李昇相关文字的记载,推断出王维和李思训画法并无甚区别;三、爬梳历代对于王维的评价,从张彦远、苏轼、米芾,一直到明代王世贞等。第三点尤为重要,俞文将历代有关王维的评价按照时间线做了梳理,认为王维在宋代之前的评价时高时低,优缺分明,题材广泛;到了明代,尤其董其昌,既没有见过真迹,又主观臆断,前后矛盾,不能自圆其说。④

晚清以来国运的积贫积弱,使变法图强成了近代以来的主旋律,连绘画也找出了凋敝的"原因"。康有为在《万木草堂藏画目序言》讲:"惟中国近世以禅入画,自王维作《雪里芭蕉》始,后人误尊之。苏、米抛弃形似,倡为士气。元明大攻界画为匠笔而摈弃之。夫士大夫作画安能专精体物,势必自写逸气以鸣高,故只写山川,或间写花竹,率皆简率荒略,而以气韵自矜。此为别派则可,若专精体物,非匠人毕生专指为之,必不能精。中国既摈画匠,此中国近世画所以衰败也。"⑤然而这个

① 徐书成:《唐人山水画新考》,见《南京艺术学院学报》(美术与设计版)1979年第1期。

② 周汉:《〈对唐人山水画新考〉几点质疑》,见《南京艺术学院学报》(美术与设计版)1979年第1期。

③ 谢稚柳:《水墨画》,上海人民美术出版社1957年版,第6页。

④ 俞剑华:《历代对于王维的评价》,见《美术研究》1959年第12期。

⑤ 康有为:《万木草堂藏画目序言》,见《民国画论精选》西泠印社2013年版,第8页。

"原因"，是否正确，当然有待商榷。

二、中日王维研究

1921 年，陈师曾在北京大学画法研究会主办的《绘学杂志》第二期发表《文人画的价值》，开启了近百年来中国画坛关于王维、关于文人画的讨论与研究，认为王维的援诗入画、趣由笔生、法随意转，"一改书画分流后的习其轨则、因仍不变，画中带有文人之性质、含有文人之趣味"①。这是回击中国画'衰败论'的一纸檄文。此文之前，陈师曾已译日本大村西涯《文人画之复兴》并收录《中国文人画之研究》一书中。接着《中国绘画史》由日本著名美术家中村不折、小鹿青云合著，这部开一代风气的通史性著作于 1937 年由郭虚中译介到中国，其中称王维"创渲淡墨法，其余流不断，传至后世""墨法融液，创水墨之法"。②

学者陈池瑜在《陈师曾的〈中国绘画史〉及其学术价值》中说："陈师曾在绘画史的中古史编写中较多参考中村不折的著作……，至于王维画风兴隆的原因，陈师曾认为虽有天禀使然，另由于中唐以降社会之风尚渐移于高雅冲淡一途，而诗文格调至此也为之一变，所以才有画风有别于开元、天宝的艳冶之形式。"③

与大村西涯同为 20 世纪初研究传统中国文人画的另一位代表人物泷精一，在其著作《文人画概论》中剖析文人画流派的形成、文人画的原理、文人画和南画的异同、文人画的精髓、未来的文人画等史论时，有大量篇幅着意于论述王维的生平、诗歌与书画艺术对文人画的重大影响。④从上述资料来看，与其他学科的发展一样，艺术学理论的研究发展也同样受到了日本学者的影响。

傅抱石的老师金原省吾在 20 世纪 30 年代的《唐宋之绘画》⑤中，也以较多篇幅对王维及同时代吴道子、李思训等书画的笔法等特色作了较客观的比较分析，得出：王维之所以在当时仅列妙品上居中位置但却被今人所重的原因所在是他舍弃了色彩、平远处拙朴、笔力雄壮，而其中破墨的用法更是写意手法的水墨思想的预示；成就王维绘画的文学性倾向、思维性倾向、水墨画倾向是王维对生活的"高致"态度。

在王维形象的考证上，阮璞先生以诗文、画史画论及历史材料相互交叉验证，分别就王维之诗派、画派、禅派有关中国文人绘画史中甚为关键的"悬案"发表了独

---

① 陈师曾：《中国文人画之研究》，上海：中华书局 1922 年版。
② 中村不折、小鹿青云：《中国绘画史》，上海：上海书画出版社 2020 年版，第 62 页。
③ 陈池瑜：《陈师曾〈中国绘画史〉及其学术价值》，《中国美术研究》2017 年第 1 期。
④ （日）泷精一著、吴玲译：《文人画概论》，上海：上海书画出版社 2020 年版。
⑤ （日）金原省吾：《唐宋之绘画》，傅抱石译，朱子仪注，中信出版社 2020 年版，第 77 页。

到的见解,详文可参见阮氏的《中国画史论辩》中《王维之诗派、画派、禅派》。①

庄申的《王维研究》(上)则是从画史的角度探究王维。②该书分为三部分,卷一,通过诗文作据的方式对王维的生平、交游、行旅和道家生活与思想进行研究;卷二,从王维山水绘画源流的分析、王维在山水画史中地位演变、王维的人物画及其源流进行阐述;附录中,王维辋川图的历史、有关王维研究之论著、附录三的王维年表。正如庄申先生所言,由于原稿的遗失,被迫以"支离破碎的样子出版"了。所以留下了诸多遗憾。

钱钟书在 1939 年发表的《中国诗与中国画》中说,"恰巧南宗画的创始者王摩诘同时也是神韵派诗的祖师"③。同时他认为王维在"旧诗传统"的地位,不如在"旧画传统"里那样高的地位。"传统诗里所认为最高的品格并不是传统画里所认为最高品格。诗、画评价的标准一直相反。"④童书业的《王维画法的特点——中国美术史札记之一》中第四章专门叙述了王维画法特点、第五章阐述了王维在绘画史上地位的升降,在唐以降,文人们一次次意识到王摩诘在绘画以及诗书画印禅一体理念的前瞻性及不可替代的地位。⑤

三、王维《山水诀》

同样像《辋川图》一样富有争议的是王维的《山水诀》,是否为王维本人所作?历来意见不一。对于王维《山水诀》的考证这个问题,余绍宋、俞剑华、韦宾等人认为《山水诀》是托名王维的伪作。历史上的王维更多是以文学的形象流传,而后人以诗文考证绘画是文学界涉足美术史领域的常用方式,但很多人在研究中又常常因为书画史论方面的薄弱而有所缺失。"王维在画史中纠缠的问题远要比文学史来得复杂。无可靠画作和绘画著述的传世便是一个使历史问题变得复杂的原因,同时也是一个让王维问题令界内人望难却步的重要因素。前贤的著述,如赵殿成《王右丞集笺注》、余绍宋《书画书录解题》、谢巍《中国画学著作考录》,及陈铁民《王维集校注》之中均对传为王维的《画学秘诀》《山水论》《石刻二则》存有疑问。"⑥"上个世纪 50 年代,俞剑华《历代对于王维的评价》《再谈文人画》《中国山水画的南北宗论》和陈三弟的《王维以来中国画的特质及其演进》等文章,在对王维画史材料的继续梳理中,就一些画史问题作了必要的探讨与澄清。此外,李亮伟在

---

① 阮璞:《中国画史论辩》,陕西人民美术出版社 1993 年版,第 57 页。
② 庄申:《王维研究》上,香港:万有图书公司 1971 年版,第 1 页。
③ 吴晓明:《民国画论精选》,西泠印社 2013 年版,第 240 页。
④ 吴晓明:《民国画论精选》,西泠印社 2013 年版,第 243 页。
⑤ 童书业:《中国美术史札记之一》,《山东大学学报》1962 年第 4 期。
⑥ 杨娜:《王维画史形象研究》,博士论文 2008 年。

他的《涵泳大雅——王维与中国文化》之'第三编工维与中国美术篇'里亦作了类似的工作。"①

宋熙宁之后,不仅有托伪王维的绘画作品,也出现了仿郭熙《林泉高致》而作的《画学秘诀》。对于传王维《山水诀》的考证这个问题,呈现出三种观点。其一《山水诀》系王维所作。持此观点有明代王绂,近代郑午昌,现代袁有根等。其二是《山水诀》是托名王维的伪作。持此观点的有:清代赵殿成、《四库提要》以及近代的余绍宋、俞剑华、韦宾等人。还有,其三有人认为:《山水诀》部分是托名王维的伪作。

认为托名王维伪作的观点如下:

俞剑华编著《中国古代画论类编》云:然观《旧唐书》王维列传云"缙曰:臣兄开元中诗百千余篇,天宝事末,十不存一,比于中外亲故间,相与编缀,都得四百余篇"。可见王维诗文丧失极多。缙编《维集》,不过就所能寻得者加以编缀。如"集中所无,即断为非维作,则所遗失之六百余篇,即俱非维作矣"。②俞剑华的理由是《山水诀》最早出现在明焦竑的《国史经籍志》里,俞氏认为虽然是伪托之作,时间应当是宋以前。

余绍宋《书画书录解题》载:"是编詹氏画苑本二百九十二言,末附断句六十言;唐六如画谱本则有一千零十六言;关中石本又略异。俱言山水布置之法,专尚规矩,疑为南宋画院之流所伪为者,文格甚底。明王孟端《书画传习录》盛赞之,疑为祛承咸所附益者,赵松谷笺注《王右丞集》谓为伪作是也。"③韦宾的《唐朝画论考释》中言:可以认为,石刻系附录文字经改写并题以"王维"之名。所谓"王维"《山水诀》《画学秘诀》之源头即在此。石刻作伪时间,约在《林泉高致》早期文稿完成与《东观余论》写作时间之间。由于伪石刻出现于宋代,其后年代久远,好事者遂以伪而伪,即成今本《画学秘诀》。④

认为部分伪托的论述:

如谢巍《中国画学著作考录》云:"以今传诸本究之,可言真伪并存。现存是篇,究其文辞,并非纯骈体,而为骈俪体,夹有散句,以致有如南宋人之文,……此篇究竟是否属伪托之书以文辞而论,《山水纯全集》所引数句观之,显为四六文,如'路欲断而不断,水欲流而不流。'对偶甚工,殆是王维原文。今传本中亦有不少骈俪句,并不全类南宋人之文。但其中夹杂一些散句,亦有骈句不工仗、协韵者,此为后人添加、窜入者。因此真伪并存。"⑤

---

① 杨娜:《王维画史形象研究》,博士论文 2008 年。

② 俞剑华:《中国古代画论类编》,人民美术出版社 2000 年版,第 595 页。

③ 余绍宋:《书画书录题解》之《伪托·画部》,北京图书馆出版社 2003 年版,第 588 页。

④ 韦宾:《唐朝画论考释》,天津人民美术出版社 2007 年版,第 58 页。

⑤ 谢巍:《中国画学著作考录》,上海书画出版社 1998 年版,第 60 页。

四、王维与《辋川图》

辋川别业最初的主人是武周时期的当红诗人宋之问。王维晚年把辋川别业从宋之问手中购入，又善加修葺营建。王维在《辋川集》序中说："余别业在辋川山谷，其游止有孟城坳、华子冈、文杏馆、斤竹岭、鹿柴、木兰柴、茱萸沜、宫槐陌、临湖亭、南垞、欹湖、柳浪、栾家濑、金屑泉、白石滩、北垞、竹里馆、辛夷坞、漆园、椒园等，与裴迪闲暇，各赋绝句云尔……"①如果说陶渊明的桃花源是中国文人的第一个理想家园，那么王维的辋川则是中国画家的理想居所。

王维不仅写下大量描绘辋川的田园诗，作为画家，同样描绘辋川风光的山水为画。据记载《辋川图》是王维晚年隐居辋川时在清源寺壁上所作的单幅画，后来清源寺圮毁，绘画也随之不复存在。但是辋川图从此成为一个母题，成为了后代画家不断再创作的理想。

王维绘画研究的另一些成果，专著有傅抱石译《王摩诘》（商务印书馆，1933年），日本梅泽和轩著、何乐之译的《王维》（上海人民美术出版社，1959年）等。

但是，当我们很多人在探讨王维《辋川图》的同时，却连王维绘画的凤毛麟角都未见踪迹。早在二十世纪早期，内藤湖南在京都大学所做《中国绘画史讲座》（最初于1931年刊登在《佛教美术》上）中提到张彦远赞扬王维但评价远不如吴道子，同时指出："王维的绘画流传至今（当时）只有两幅：《江山雪霁图卷》（当时由小川睦之辅收藏）以及《伏生授经图》（当时辗转到阿部房次郎收藏）。"②当然这两幅画是不是王维真迹也需要打上问号。孙承泽在《庚子消夏记》中指出《江山雪霁图卷》是后人的临摹；明代的都穆就批评说《伏生授经图》中人物的坐姿不是古人的坐姿、故事发生的时候应该只有竹简，而图画中是书卷。

米泽嘉圃的《论王维(传)长江积雪图》③着重以原罗振玉所藏的《长江积雪图》的画风比较、创作年代、作为摹本的众多可能性的问题、众多"来自漆筒古墩中的王维画作"的传说、王维画作的传承与罗氏本的足迹等角度考据，认为《长江积雪图》以及别的摹本虽然不是王维的原作，但都是作为绘画史的资料和绘画传统的传世遗物的重要存在。另，米泽嘉圃认为：中国台北故宫博物院的绢本着色《江干雪意图卷》，与罗氏本有多处的不同，从摹本的完成度来看也较劣质，应是摹了元或明初的摹本。④

徐邦达在《所谓王维〈江山霁雪图〉原底、后摹本合考》一文从历代著录、再从题

---

① （清）赵殿成：《王右丞集笺注》卷十三，上海古籍出版社1984年版，第241页。
② （日）内藤虎次郎：《内藤湖南全集》，日本：筑摩书房1973年版。
③ 米泽嘉圃：《论王维(传)长江积雪图》，刘晓军译，上海书画出版社2020年版，第128页。
④ 米泽嘉圃：《中国绘画史研究·山水画论》，刘晓军译，上海书画出版社2020年版。

款、印鉴、画法、风格、尺寸各方面,推断出《江山霁雪图》为明摹本。

薛征涛的论文《从辋川胜景到南宗代表》一文就系统地分析了王维《辋川图》的意向发端、辋川意象的精神内涵、辋川意象在历代山水中的具体表现,而在历代具体表现这一章中,薛文从宋、元、明、清不同时期的不同追求加以分析。

五、《辋川图》辋川意象

同样关注到"辋川"现象的韦宾认为:"《辋川集》所营造的清新秀润'辋川'意象,很容易在熙宁江南文化渐趋主流的文化转型期得到普遍的共鸣,因此出现对王维的崇拜,出现对于他的作品的作伪,这同时也是对于王维形象的一次改造。'辋川'意象是宋人在江南文化占据主流地位时,以隐逸思想改造了的江南隐逸文化意象,这种意象对于士大夫山水画意境的形成有重要意义。"①

杨娜女士的《王维〈辋川图〉的释读和启示》一文则从相关唐宋史料为基础、"对《辋川图》真迹的绘制时间、地点、消失时间、作品的图像风格及创作思维试作推测",考证出《辋川图》真迹最初绘制的地点就是王维的辋川别业,在乾元元年施舍成"清源寺",这一论点很具有新意。其次作者认为《辋川图》大概湮没的时间应该是唐末五代。《辋川图》观想思维的源头,"它是依照北宗'观心''看净'的禅法来设计的。"

《辋川图》的临摹本千奇百怪,无法探究哪一版本更加可靠,甚至于摹本的创作年代也众说纷纭。自五代以起就流传着多种不同版本的《辋川图》,至今各大博物馆仍有留存各类《辋川图》仍蔚为大观,明清的摹临或仿制仍不在少数。1617年王原祁以王维的《辋川别业诗》为母题,在参考后世摹本的基础上绘制《辋川图》,历时9个月完成的长约5.5米的山水手卷。根据郭旭颖《王蒙〈仿王维辋川图卷〉相关问题研究》一文整理出历代仿《辋川图》作品多达25件。

附录1 宋、元、明、清诸家《辋川图》相关仿摹一览表节录②

序号	作者	作　品	形制	尺寸(cm)	藏　　地
1	郭忠恕	辋川图卷	绢墨淡	29.0×480.7	美国西雅图美术馆
2	宋无款	辋川图	卷纸墨	43.8×959.4	台北"故宫博物院"藏
3	赵令穰	临王维辋川图	卷绢着色	32.6×472.3	大阪私人收藏
4	李公麟	临王维辋川图	卷绢着色	25.9×548.6	芝加哥美术馆
5	赵孟頫	摹王维辋川览胜图	卷绢着色	41×500	大英博物馆

① 韦宾:《宋元画学研究》,甘肃人民出版社 2009 年版,第 186 页。
② 郭旭颖:《王蒙〈仿王维辋川图卷〉相关问题研究》,《荣宝斋》2018 年第 7 期。

续　表

序号	作者	作　品	形制	尺寸(cm)	藏　　地
6	文徵明	临王维辋川图卷	卷绢着色	30×437	畏垒堂藏
7	董其昌	临郭忠恕山水	水墨	不详	斯德哥尔摩国家博物院
8	沈周	辋川图	绢	不详	拍品
9	王翚	辋川图	水墨	不详	美国翁万戈藏
10	王原祁	辋川图卷	水墨	35.6×545.5	美国大都会博物馆

王维的《辋川图》是在盛唐后带有装饰性审美的环境中发展出来的,却与当时的主流审美格格不入,仅与后世审美吻合。王维以他的天赋、阅历、性格的原因成全了山水画文人画里程上最重要的引领。《辋川图》虽在当时是异类,却成为后世文人画山水画的基石,是最早的中正平和审美的探索者。

结　语

中国绘画史的研究,尤其是文人画研究,王维始终是一个绕不开举足轻重的人物。

近代以来,王维研究发轫于日本。民国时期,首先关注王维绘画相关问题的就是陈师曾。而此时中国绘画理论研究刚刚起步,有关王维的专门性著作凤毛麟角。学者们也开始探讨文人画的问题、中国诗与中国画之间的关系、对王维著作《山水诀》的考证。总体而言,此一时期,虽时局动荡,但学术研究一直未曾停顿。1949年至1978年,这期间由于受到当时文艺理论的影响,总体而言,研究深度不够,且带有强烈的政治色彩。也有比较重要的像童书业在上世纪60年代的《中国美术史札记之一》中专门讨论王维画法和地位问题。真正将王维研究深入化、专业化、系统化是在1978年以后了。这一时期及以后,王维研究选题多元化,新材料、新观点的不断发表,随着研究问题更加深入,研究成果也丰硕起来。

（作者单位:西安美术学院、陕西辋川画院研究室）

中国王维研究会第九届年会暨王维国际学术研讨会简述

　　2021 年 11 月 6 日,由中国王维研究会、西安文理学院、西安市教育局主办,西安文理学院文学院承办的"中国王维研究会第九届年会暨王维国际学术研讨会"在西安召开。因为疫情原因,会议采用线下线上相结合的方式,来自中国大陆、中国香港和日本、韩国等国内外四十多所大学和研究院所的 60 多位专家学者参加了会议。

　　研讨会开幕式由西安文理学院文学院郝延军院长主持。西安文理学院王晓萍副校长致欢迎辞;中国王维研究会副会长毕宝魁教授致开幕词;中国唐代文学学会副会长、西北大学李浩教授致辞,并就近年来唐代文学研究的创获、瓶颈和突破问题,提出了发展的新思路;中国王维研究会副会长、西安文理学院高萍教授宣读理事会决议;中国王维研究会会长、中国社科院文学研究所陈才智研究员致闭幕词。在开幕式中还向今年故去的中国王维研究会会长吴相洲先生默哀致敬。

　　研讨会由南通大学王志清教授、西安文理学院张进教授、香港珠海学院董就雄教授、日本福冈国际大学海村惟一教授、韩国釜庆大学金昌庆教授等九位学者进行了主题报告,着重讨论了王维的家国情怀、盛唐丝路书写、诗歌与道教文化之关系、海内外王维诗接受研究、辋川二十景考辨以及王维研究的新视野等重要问题。

　　本次研讨会共收到学术论文近 50 篇,涉及王维的生年考证,王维相关人事交游考辨,王维诗与儒家文化、道教文化及禅宗思想研究,王维诗与盛唐气象及盛唐丝路研究,王维诗学思维与诗歌艺术研究,王维诗与王维画的接受研究,跨学科视野下的王维研究,辋川二十景与相关地名考辨以及王维在长安、辋川生活研究,王维辋川别业开发研究等多个方面。

　　统观本次会议论文,亮点有三:其一,将王维的地方经历与其诗歌新变作动态研究,揭示了地方经历给王维带来新的视野和感知,从而影响了他的思想观念及其创作。其二,王维诗画的接受研究,从古代到当下,从大陆到域外(如日本、韩国),展现了不同时代不同地域的诗人、选家、画家、鉴赏家及读者,对王维诗画的关注、阐释及其接受倾向,不但肯定了王维诗画的成就与影响,也确立了王维诗画的历史地位。其三,对辋川二十景及相关地名的考辨,既依据文献资料作严谨的考证,又利用地理之便,做扎实细致的田野考察,对下一步进行王维辋川文化的保护和开发有着重要的意义。此外,在寻求跨学科视野下王维研究的新路径方面也取得一定突破。

中国王维研究会于本次研讨会之前召开了理事会,选举了陈才智研究员(中国社会科学院)为新一届中国王维研究会会长;增补了七名理事:沈文凡(吉林大学),张中宇(重庆师范大学),陈才智(中国社会科学院),高玉海(浙江师范大学),曹丽芳(辽宁师范大学),董就雄(香港珠海学院),曾智安(河北师范大学);推举陶文鹏先生(中国社会科学院),杨军先生(苏州科技学院)为学术顾问。

自 1991 年成立,中国王维研究会已历经 30 年。先后在西安、鞍山、北京、南通、广州成功举办了九届全国性、国际性学术研讨会,为海内外王维研究者提供了高水平的学术交流平台。本次研讨会也推进了蓝田辋川文化建设,进一步推动王维研究向更深更广方向发展。

中国王维研究会秘书处

怀念吴相洲先生

毕宝魁

生无期,死有时,俯仰之间,吴相洲辞世已两年多,我时常回忆他。

我和相洲的第一次交往是 1988 年在大连参加辽宁省唐代文学学会年会,当时我的导师孟庆文先生是会长,大师兄朱明伦是秘书长,我担任副秘书长,会务琐事自然都由我承担。吴相洲刚从内蒙古大学研究生毕业不久,风华正茂,大会发言看出其学问不错。会后交往中知其婚姻幸福,他对妻子情深意厚。会议期间的一个晚上有活动,吴相洲迟到一会儿,到会后解释说:他在家和几位朋友给妻子过生日,故迟到了。大家都纷纷祝福,那个岁月,像我这个年龄的人,尚无如此浪漫情怀。相洲在说起给夫人过生日的时候,笑得特别甜蜜,相洲的眼睛本来不大,笑得只有一条缝了。原来笑眯眯一词就是这么产生的,一笑就眯缝眼睛。他当年喜悦幸福的神情至今依旧历历在目。相洲的人生是很幸福的。

相洲在大连,我在沈阳,故很少见面,只是在每年一次的辽宁省唐代文学学会上见一次面,有一些交流。后来他考入北京大学读博士,导师是陈贻焮教授和葛晓音教授。1987 年 7 月,我硕士答辩时请陈贻焮先生来辽宁大学任答辩委员会主席,因此与陈门弟子很有缘分。陈先生对我很关爱并在以后的学术道路上多所奖掖和提携,而我也因此与陈门弟子有许多交往。吴相洲在北大就读期间,我曾想报考陈贻焮先生的博士,他听说后,积极鼓励和支持我,并很快给我寄来四册北京大学博士生考试用的日语教材,情意深厚。后来我虽然没有报考,但相洲的这份深情一直埋藏心底。

其后,和相洲的交往主要在两年一次的唐代文学学会的年会中。在连续几年的唐代文学学会年会上,出席年会的东北学者都是我和吉林大学的沈文凡,黑龙江大学的张安祖,因相洲是东北人,于是他便开玩笑说:"你们仨便是参加唐代文学会议东北学者的'三个代表'。"虽是笑谈,我们三人也都付之一笑,但感觉很亲切。

相洲是位进取心极强的学者,他后来将主攻方向确定在唐诗与音乐的关系方面,即诗歌与歌诗的关系问题,这便直接接触到唐代乐府诗的研究上,进一步拓展便涉及中国乐府诗的产生与发展演变的问题,领域越来越广阔,于是他精心筹备运作成立全国性的学会——"乐府学会"。经过一番运作和努力,终于在 2013 年 8 月 24 日正式成立了"乐府学会",成立大会在首都师范大学隆重召开。我应邀前去助兴,上午是成立大会开幕式,最后程序献贺词和贺诗,我献贺诗曰"祝賀樂府學會成立:彈歌擊壤操牛尾,清廟鹿鳴君好述。前漢參差後漢伍,蘭芝婉麗木蘭道。吳歌西曲昔昔艷,敕勒隴頭夜夜惆。古聖心儀郭茂倩,時賢敬佩吳相洲。恭賀樂府學會成立 二〇一三年畢寶魁詩并書",因用篆书书写,故都是繁体字,并已经装裱好。而"古圣心仪郭茂倩,时贤敬佩吴相洲"两句是我发自内心的话,只是高度肯定吴相洲在乐府学方面的成就,尤其是他不懈努力才创立全国性的乐府学会,这一点便功德无量。

记得有一次,吴相洲特意从北京赶来,有两个目的:一是向我的导师孟庆文先生请教如何养生,二是与我商议如何设立"国学知识评级考级"的问题。当时社会上各种培训机构考级成风,相洲想要提升国学地位,而首都师范大学又是一个好的平台,他与教育部相关部门也有联系,故有此念,后来不知何故没有成功,但相洲的初衷与成立"乐府学会"一样,都具有创新型思维。

相洲对我非常亲厚,我有两次报古籍整理项目,便请他作为推荐专家,他每次都非常爽快答应。我指导的硕士研究生推荐给他,他在可能的情况下也尽力给予关照。我们很交心,无话不可谈,尤其是在学术研究和如何培养学生方面交流甚多。他对我《〈金石录后序〉署年考辨兼论李清照生年》和《孔子生年生日考》两篇论文评价很高,认为颇有说服力,具有很高的学术价值,应该是定论。

后来相洲出任王维学会会长,曾在广州主持一次王维学术会议,我因有事而未能参加。本想来日方长,却不料竟天人永隔,已无来日,悲哉!

相洲很注意养生,但他却未满花甲之岁便溘然长逝,令人悲哀。天意难求啊!孟子云:"莫非命也,顺受其正。"或许是相洲过于勤奋,将上天赋予他的使命提前完成而被召回?人此生能够完成多少工作,能够取得多少成就或许都有定数,提前完成者便提前归天? 吾不知也。然与相洲之交往,今世已已矣! 来世还能交往乎,吾不知也,悲夫。

2023 年 11 月 8 日　癸卯岁立冬日毕宝魁

(作者单位:辽宁大学文学院)

忆昔君在时
——追念吴相洲会长

张　进

认识吴相洲会长是在 2011 年 5 月北京——中国王维研究会成立 20 周年国际学术研讨会上。20 世纪 90 年代初,西安联合大学师范学院(西安文理学院前身)师长泰教授发起了举办"全国首届王维诗歌学术讨论会"和成立全国王维研究会的动议,得到学院领导、蓝田县政府和霍松林先生等著名专家的鼎力支持。1991 年 5 月,"全国首届王维诗歌学术讨论会"在西安成功召开,并成立了中国王维研究会。陈贻焮先生为名誉会长,中国社科院研究员陈铁民先生、上海复旦大学教授陈允吉先生与师长泰先生共同担任会长,师长泰先生为执行会长兼秘书长。光阴荏苒,转瞬二十年过去,三位会长均年逾七旬请辞,作为执行会长的师长泰先生精心择选、推荐首师大吴相洲教授继任新一届会长。他对我说过,相洲是陈贻焮先生的高足,对乐府诗与王维乐府诗的研究卓有建树,首师大有中国诗歌研究中心,以后会对王维研究会的工作大力支持。我佩服先生的知人善谋。这次大会即由首师大文学院与中国诗歌研究中心联合举办,来自中国和新加坡的 80 余名学者参会。会场安排有两处,一在紫玉饭店,一在市政府宽沟招待所。整个会议,大会发言精彩,小组讨论热烈,会余游览宽沟,登山临水,满目青翠,恍若置身王维辋川。一次进餐时,吴会长手持酒杯微笑着过来敬酒问好,我说:"很好很好,一是会议氛围好,二是我大弟弟也在首师大工作,顺便走个亲戚!"他说:"好啊,欢迎常来走亲戚!"又说:"我和您小弟张弘是老朋友,我就叫您大姐吧!"这让我顿时有了一种亲近的感觉。会上与他接触不多,但印象深刻。

这次赴京参会,我还有另一项重要事情,就是去中华书局联系"王维资料汇编"的出版事宜。2009 年王维研究会第五届年会上,我与台湾政治大学侯雅文、香港城市大学董就雄、西安文理学院高萍、杨晓慧及留日博士郭颖等诸位同仁组成"历代王维接受研究"团队(后增补韩国釜庆大学金昌庆、香港中文大学梁树风、安徽师范大学吴振华等),"汇编"是项目成果之一。看到会议签到册上有中华书局马婧的签名,就打听找她。有人告诉我,她是吴会长的博士。散会后,我立即去中华书局。她看了我带的申请材料,让我尽快寄样稿来。从此我们有了近三年的合作。王维资料跨诗画两大艺术领域,既广且杂,搜集、整理、编排、校对,尤为费力。在交定稿后,陆续有新发现的资料需要补入,又有遇到的一些麻烦问题需要解决,马婧沉稳、细致、谦和、大方,颇有乃师之风。

2014年5月,由中国王维研究会主办,南通大学文学院、首都师大文学院共同承办的中国王维研究会第七届年会暨国际学术研讨会在南通召开。我陪同师长泰先生提前由西安飞上海转南通,吴会长也提前抵达。王维研究会副会长、南通大学王志清教授,作为东道主,热情周到,派潘鸣老师陪师先生、吴会长和我,一同游览了号称"江海第一山"的南通狼山风景区。师先生久未出游,兴致颇高,吴会长满面春风,温文尔雅,潘鸣老师热心为我们拍照留影。漫步海山之间,我报告吴会长《王维资料汇编》(全四册)已于今年3月出版,明天文理学院的高萍、梁瑜霞、荣小措她们报到时,要带四大包书来赠与参会专家,听取意见。还说我们已着手做《王维接受史》四卷,并简要说了这部书的大体框架和思路。平日读吴会长的著述,感觉他的研究思路有大处、有细处。大处如提出建构现代意义上的乐府学,提出乐府学研究的基本工作路径和方法为三个层面、五个要素;细处如对王维留存乐府诗的辨析,王诗有没有"登于乐府",这些思考对我很有启发,所以愿意听取他的意见和建议。

2016年10月13日,师长泰先生在北京广安医院肺癌治疗期间,不幸药物反应,猝然离世,令人震惊哀痛!王维研究会副会长兼秘书长高萍教授和文理学院离退休干部处杨处长连夜赶往北京,与吴会长及北师大康震教授等为师先生送别。高萍与我通报情况时说到,吴会长对雾霾特别敏感,一遇雾霾天气,身体就不适。不久又接高萍电话,说吴会长要调往广州大学工作,2017年第八届年会由王维研究会主办,广州大学人文学院承办。

2017年5月初,吴会长的调动手续尚未办妥,命高萍和我先赴广州协助筹备会务工作。报到之日,见到吴会长,我问他选择南下是因雾霾吗? 他说"是",我能理解。去年秋冬,我因工作太累又连日雾霾,咳嗽了两三个月,愈治愈咳。3月初,被一位朋友"绑架"去埃及、迪拜旅游了一趟。那里阳光充足,空气良好,加上泡服几味中药,没几天咳嗽就好了。我相信吴会长换个地方对身体必定有益。大会开幕式上,吴会长缅怀了王维研究会的发起者师长泰先生的卓著功绩,回顾了第七届年会以来所取得的突出成果,对今后王维研究提出了两点期望:一、沿着已有思路向纵深开掘。目前研究关注点过于集中,有些想法深入研究远远不够。二、新的研究思路有待发现。要开启王维研究的新理念、新思路。思路一开,很多传统话题就会出现新的认识。

会议结束的当天下午,吴会长请尚未离会的我和刘方教授,以及他的学生和我的学生,去广州大学城附近的鹅公村美食店吃饭。饭局轻松愉快,有几位先走一步,群聊渐成单聊。吴会长小声对我说,他想辞去会长一职。我一愣,问为啥?他说:"我现在同时任两个学会的会长,太累了。"这我承认,可一想到师先生对他的眷重与寄望,我一时不能接受,说:"你是会长,我是副会长,有句话本不该我说。既然你叫我大姐,我就以大姐说这句话。师老师把重任托付给你,先生尸骨未寒,兄弟就要撂担子,先生地下有知……"我打住了,他不作声,我忽然觉得言重了,赶紧说:"大姐说话耿直,别介意噢。再等等吧,下一届我也该辞,咱先物色人,到时候好推荐。"于是他说了提名人选,两人交换了意见,甚觉欣慰。

2018年6月,西安文理学院文学院鼎力资助四卷本《王维接受史》由中华书局出版,希望有专家的推荐意见。吴会长欣然命笔,称"王维是与李白、杜甫并列的盛唐大诗人。改革开放以来,研究者日渐增多,涌现出一系列具有标志性意义的重要成果。如陈铁民先生的《王维集校注》、张进教授等人所辑的《王维资料汇编》(均由中华书局出版),就属于这种具有标志性意义的成果","《王维接受史》也将是这样一部重要成果","该部书动员境内外十多位学者,历时数年完成,也是王维研究会几年来工作的一项重要成绩。故郑重推荐该书早日出版,以嘉惠学林"。吴会长的郑重推荐,给了我们很大鼓舞,也让我倍感压力。之后我忙于该书的补充、修改及与项目组成员的沟通,与他联系渐少。工作上的事情,由高萍作"二传手"。

4月2日晚,高萍传来吴会长去世的噩耗,震惊万分,不敢置信。立即通过小弟张弘添加了首师大赵敏俐教授的微信,问明情况,不禁悲从中来,泪流满面。听小弟说,相洲到广州大学这几年,又完成一项国家社科基金重大项目——"《乐府诗集》整理与补编",为乐府诗研究、为广州大学做出了重大贡献。我这才知道,他是背着磨盘跑万米呀!想起上次会后他说太累了想请辞,我还激将他,悔哉!痛哉!无以自遣!忍痛将噩耗告知副会长毕宝魁教授,请他代表王维研究会撰写挽联,高萍与王志清教授及潘鸣老师等,分别写唁电、挽联、挽诗。赵敏俐教授很快发来治丧小组名单和广州大学人文学院联系人电话,我拟好几副挽带并汇总唁电、挽联、挽诗一并发过去。因疫情期间外出受限,赶快联系了在京的王维研究会理事康震教授,王志清教授联系了社科院陈才智研究员。高萍的丈夫胡锐教授建议还是高萍亲自去,这令我俩万分感动!高萍迅速办理出行报批手续、订票,又一次连夜赶往京城!她的车开动了,我的思绪也跟着飞驰!从第一次北京宽沟的碰杯,到南通狼山区的留影,再到广州鹅公村的交谈,一幅幅画面浮现眼前……相洲兄弟,你为乐府研究和王维研究,沥尽心血,誉满学林;你用生命的音符,谱写了一曲悲壮动人的乐府诗,江河为之悲咽,天地为之动容! 送君从此去,千古留徽音!

2021 年 5 月 21 日

(作者单位:西安文理学院文学院)

不见去年人,泪湿春衫袖

——追忆吴相洲老师

雷淑叶

吴老师走了,吴老师走了……尽管,这消息于我而言并不十分意外,一朝成真,依然悲难自抑。

所有有吴老师的群,都在哀悼,朋友圈也满是唏嘘。我说不出话来,唯有泪流,只有泪流。此时此刻,对"唯有长江水,无语东流"有了更痛的体悟;才懂得"不见去年人,泪湿春衫袖"是多么的沉重;"砌下落梅如雪乱,拂了一身还满",拂去又来的,除了落梅还有眼泪。

一、记得那年初见

2017 年以前,吴老师于我是"只闻其名,未见其人"的高处。2017 年 5 月,王维年会在广州大学举办,我才知道大名鼎鼎,在论文写作时引用过的作者吴相洲教授已落户广州大学,成为我的同事。

之后的两年与吴老师并无更多接触,自认鄙陋,亦不敢多有打扰。偶然路上相遇,吴老师总是一身干净整洁,总是笑意盈盈。

开始更多接触是一次散会后,同乘一班电梯。我正要再次向吴老师自我介绍,吴老师说:"我记住你名字了,淑叶,你看我这老年痴呆,总脸盲。我送你一本书,最新出的《乐府学》。我放在你信箱里了,你有空拿一下。"

"前世的五百次回眸,换得今生的一次擦肩而过",如果同一个不算狭小的时空里,第一次见面是偶遇;第二次是巧合;那么第三次恐怕不能不说是缘分了。当下午在从图书馆到打印店的路口,第三次与吴老师迎面相遇时,我说:"吴老师,这么有缘,不能不约。一直未尽地主之谊,实在抱歉。"

作为旧识弟子,作为后学晚辈,作为比吴老师早些时日进入广州大学的地主,于情于理,我都不该如此疏于问候请益。吴老师欣然应允,从此后,人间添得一段温情。

二、草原牧歌，赤子真情

吴老师走南闯北，著作等身，但骨子里仍是一个少年。正如左东岭教授在《忆相洲教授二三事》中所言，吴老师是一位豪情仗义有担当，"关键时刻敢于站出来的男子汉爷们"。

吴老师出生于辽宁锦州市，曾就学于内蒙古大草原，身有八分之一的蒙古血统，曾于北大师从陈贻焮和葛晓音先生。身上兼具草原牧歌之激情，与儒者谦逊谨慎之风度，并且难得葆有一颗赤子般的纯真之心。

印象最深的是 2019 年 9 月 12 日的聚餐。时近中秋，约为相聚，定于 9 月 12 日农历八月十四周四晚上六点。关于相聚地点，也曾有过犹豫。我们家附近有一烤全羊小店，现烤现切，佐以原浆啤酒，甚为诱人。但地处僻壤，环境杂乱，并无包间，只有大厅，生怕在此相聚有辱吴老师身份和兴致。谁知吴老师满口说好，并神采飞扬地告知："巧了，那天还是我生日。"吴老师的性情真率由此亦可见一斑。

相聚者五人：吴老师、吴老师北大师弟现供职羊城晚报者桥生兄，我博士同学擅唱昆曲者冬明，及外子陈生。这五人后来在吴老师的带领下，遇合为一个性情相契臭味相投的小团体。团名："8.14 有缘群"，是那天相聚的日子也是吴老师出生的日子。

烤全羊店是家颇有内蒙古风情的小店儿。晚上八点，身着民族服装的小姐姐唱起草原牧歌，当得知我们座中有人适逢生日，且与内蒙古缘深缘浅，便为之唱生日歌，并特意献上哈达。在歌声与乐声中，身披哈达的吴老师随着小姐姐的邀约，离座载歌载舞。歌歌舞毕，拿起话筒，与大家分享他的快乐："今天是我的生日，是难得的公历农历同时重合，与出生时完全相同，在此祝福所有在座嘉宾节日愉快，身体健康，幸福美满，好运发达。"吴老师的放松、儒雅与祝福，赢来阵阵掌声和满堂祝福，也让聚会抵达欢乐的最高潮。

在欢乐的海洋中，大家开怀畅饮，留下在这繁忙俗世中敞开心扉一醉方休的难忘记忆。从此烤羊成为大家的挚爱，以至师母为数不多的广州之行、唯一的多人聚餐也还是在这个不起眼的老地方。谁承想，这竟成了烤羊的最后一聚。

2020 年 9 月，经过了漫长的一个春天，一个夏天，吴老师和师母终于由京返穗。期待一聚的五人，只等吴老师定下日程。孰料，人约黄昏后的吴老师突然告知身体不适，怕影响第二天乘机，只好等待下次再聚。放下电话的吴老师在医院打了一夜的吊针，那一声下次再聚，成了永远无法兑现的空言。昔日欢乐之地，倘若异日再去，斯人已逝，只剩一片记忆中翻飞的哈达和缭绕的笑语欢歌，怎不令人痛彻心扉，泪下如雨。

三、侠肝义气,儒雅热情

与吴老师相交者,无不称道吴老师的儒雅热情,善于为他人着想。

一次闲聊,吴老师得知我在教古代文学之唐诗,抬眼面带微笑地说:"这是我的老本行儿啊,我可以教这门课的。"

我两眼放光:"好啊,太好了,能请您到我的班上给同学们讲两节吗,也好让学生领略一番大师风采。"吴老师慨然应允:"大师谈不上,给学生们上课完全没问题。"如果不是真爱课堂,如果不是真爱学术,如果不是真性情者,这样的邀约几乎无法达成。这就是吴老师,侠义而热情,慷慨而坦诚。

吴老师分别为我所任教的两个班次讲授李白和杜甫专题。吴老师爱李白的潇洒,也爱杜甫的忧伤,相比李杜,如果非要选一个,他说他会选杜甫。因为杜甫有更博大的情怀,更宽阔而深沉的爱。

我的课有一节是下午一点五十。十月的广州依然热情不减,午饭后上课前总有点恹恹不振。我特意比约定时间提前十分钟出门,当我懒懒爬上楼梯,正看到走廊那头一贯儒雅有致的吴老师迎面款款走来。顿时困倦全无,心头袭上一片凉意,暗想:"幸亏没有晚到,不然,真羞煞人也。"

更让人惊赫的是,课前吴老师将资料分别储存在两个 U 盘。最初我还心想吴老师是谨慎过度,结果很快便打脸。第二次上课便遇上了 U 盘打不开的困境,吴老师从容拿出备用 U 盘,完美化解危机。想起自己的粗枝大叶,欠考虑失安排,时有出错,更是脸红心慌。看来成功并不是偶然的,机遇只青睐有准备者,诚不我欺也。

吴老师走上本科生的讲台,让人意外的是竟略略有些紧张,当然很快便潇洒自如。善良的吴老师,始终不忘提携年轻人,上课一开始便称"我与雷老师是同一个备课组的,我们用的是相同的课件",为我脸上贴金。

确实,吴老师在得知我讲授唐诗时便将其课件资料倾囊相授,无半点保留。知悉我的科研困境,更为倾力筹划:"你跟施先生做词学研究,与我乐府研究也很是相合。"随即布置了两篇论文的写作,一篇是"诗词分际问题",一篇是关于《悲哉行》发展与近体诗格律之间的关系问题,并详与探讨。他生前一直关心着论文的进展与发表问题:"我计划是你明年到这个时候能有两篇 C 刊一篇 A 刊,再加一本参编教材,并着手申报项目。"

遗憾的是,直到吴老师去世,论文尚未发表,拟定的修改计划亦未如期完成,国家项目因为前期准备不足,亦未申报,实是抱愧。而吴老师要在广州大学开辟一片学术新天地的理想亦中途折戟,真是壮志未酬,山河泪堕。

四、最是一年春尚好

吴老师的细致谨慎，谦逊认真是浸入血液里的一丝不苟。

2020 年的春天是艰难的，对于从未想过有朝一日要被迫做主播的教师来说亦是巨大考验。得悉要上网课，人在北京的吴老师，早早就开始琢磨用什么软件。也是在吴老师的督促和带动下，我才开始着手考虑和试验上课软件问题。

最初，我和吴老师尝试用课堂派这个相对小众的软件。做了一系列前期准备，熟悉程序、反复试课之后发现，课堂派不能共享视频，学生也不怎么熟练，只好弃之。

之后改用腾讯课堂。吴老师发现腾讯课堂可以自由地共享视频，共享桌面与 ppt 时，像个孩子一样开心："就用腾讯课堂吧，就用腾讯课堂，挺方便的。谢谢你啊淑叶，让你受累了。"令人动容而自愧不如的是，无论试课还是上课，吴老师都如临战场般一丝不苟。一个人躲到地下室，穿着西装衬衫早早坐好，打开摄像头、麦克风，静候学生签到。地下室的信号相对好，暖气却不够，时常上面穿着西装衬衣下面穿着棉裤，冻得瑟瑟。师母说，他总是把最好的一面拿来示人。

吴老师的课从下午六点二十到八点四十五，一上即近三小时。第一次上网课，学生和老师都是新手，对于事事追求完美的吴老师来说，无疑是一个巨大挑战。下课后，面对我累瘫的哭诉，吴老师亦感慨："连续对空喊三节，口干舌燥。当面喊节奏还可以慢些，这对空喊，不能断。原本三个小时的内容，可能一个半小时不到就讲完了。"

深知其苦的我建议吴老师可以设计几个问题，让学生回答。一来可以提高学生上课兴致，二来也可以缓解隔空喊话的压力。下了课，吴老师又非常开心地说，"淑叶啊，这个办法真好，真是谢谢你呀，没有你的帮忙，我都不知道这个网课该如何是好。"

吴老师的细致不仅是对学生、对学术，在生活小事上亦毫不马虎。2019 年冬，离穗返京前，桥生兄为吴老师饯行。我是新手，不大敢在市区穿行，只要吴老师在，基本上都是吴老师亲自驾车。因为担心一位难求，在离约定地点约 500 米的地方就停了车。走过去才发现饭店车位充足，吴老师担心吃完饭我一个人走过去太远，晚上不安全。坚持要自己和桥生兄一起去把车开到饭店停车场。停好车发现还有一更宽敞的车位。吴老师又不厌其烦地将其重新停过。桥生兄不无感慨地拍掌转述吴老师的话："淑叶的是新车，万一被出出进进的车剐蹭了就不好了。"师母对此颇有同感，他就是太追求完美了，真是不明白，最后归为："嗯，可能和他的星座有关，哦对，处女座的。"

网课渐入正轨，北京也进入"最是一年春尚好"的时节。桃李盛开，海棠争艳，吴老师时不时分享小院与北方的春色与我们，认为"梨花一枝春带雨"当是形容女子最美的诗句。感慨："疫情令人自我囚禁的同时，又因祸得福地可以静享一园春色，实在是不幸中的小确幸。"

祸兮，福兮？在静享一园春色时或许那个可恶的敌人已悄悄在体内埋伏布阵，只是彼时的吴老师浑然不觉，家人亦未尝料及。当吴老师在为一个月轻两斤小小得意时，谁曾想过这得意的背后竟是狡猾的敌人在作祟。

五六月的吴老师，意气风发，上树摘杏，下树寄关怀。一篮黄澄澄的自家院里的大黄杏寄予岭南的北方人，以慰我滞留岭南多年未尝得见北方之春的乡愁。

五、悲伤逆流成河

2020 年 9 月吴老师匆匆返穗又回京后，一些学校里的琐碎，多由我来跑腿代办。9 月 10 月……一直到最后，吴老师始终以最好的状态，与我保持语音或者电话联络。

10 月份，吴老师主持的国家重大社科项目《〈乐府诗集〉补编》结项工作迫在眉睫。中间有一点小波折，吴老师气定神闲地斥责工作人员办事不力，事情很快得到解决，给我印象深刻。

11 月底 12 月初，当时澳门有一会议，日程与 11 年前父亲去世时，施先生所举办的词学会议完全吻合。触景生情，难免伤悲，便作了一小诗《冬日将访故地触感伤怀因作》：

> 生死相离逾十载，每临冬月倍伤悲。无边草木凋朱色，不尽江河黯绿眉。
> 苦恨沉疴辞病榻，忍将笑脸唱新词。背人拭泪青衫湿，千里孤鸿失路垂。

并补足之前曾作了一半的词《木兰花·依清真韵作苦楚语非初衷也》：

> 故土难如他日住，被冷杯空谁为续。曾经年少恨归途，已是孤寒余去路。
> 乍雨乍晴浑没数，忽喜忽悲愁日暮。殷勤渐觉鬓云稀，自在还思杨柳絮。

斗胆发给吴老师，吴老师回复："故时才艺，今时情绪。只是过于悲苦。"我也承认："不喜欢这种调调，但是填着填着，就成了这个样子。"

其时，我只顾着自己悲伤，何曾想过屏幕那边吴老师的病体沉重，彼时读这悲伤纤弱之句，岂不倍增其苦？尤其是"背人拭泪""故土难如他日住""已是孤寒余去路"，简直字字扎心。

吴老师虽说每次都强打精神告知："身体在向好。还在调理中。"但眼见得气息日微,精神日低,一直延续到元旦前后,师母也告知每月需花费巨额医疗费用。即便种种迹象都在说明吴老师身体并没有在向好,愚钝如我却依然固执地相信,吴老师在向好,吴老师会康复,就像食指坚定地相信未来。

偶尔吴老师于言语间也会透出生命的无常,当时只道是寻常,回首是悲凉。2021年元月一日,久未露面的吴老师在"8.14有缘群"里说:"最是一年难辞旧,……还有草原牧人激情,无奈造化弄人,弟实在惭愧。"

后来得悉噩耗的桥生兄拈出"造化弄人"四字,已是哽咽难言。回望才了然吴老师早在暗示情况不妙,只是说者有心听者无意,不愿打扰他人的吴老师孤独地承受了病中的万千辛苦。

直到除夕,吴老师不再回复信息,师母为言,"但愿过了今天一切都好起来"。当时心里咯噔一下,但依然坚定地相信好人一生平安。

过了大年初一,到了初二,依然没有吴老师的只言片语。以往吴老师逢年过节是最为开心活泼的,也绝不会不回信息。问师母,才说并未好转。

那是悲伤逆流成河的一天。

六、不见去年人,泪湿春衫袖

一直知道吴老师不太好,一直希望或许会有奇迹出现。

2021年4月2日星期五下午三点多,我从家里去学校准备去打羽毛球。那天我心爱的《复活》刚听完最后一集,那天我一时在众多的音频中不能决定要听哪一个,最后打开了《聊斋志异》。

神神鬼鬼的故事,在断断续续的接收中并不能惊吓我的神经。只轻笑这来自另一性别的一厢情愿。就像《红楼梦》里贾母批判才子佳人小说,女子看见一个男子便一见钟情与其私奔一样,《聊斋志异》所讲亦皆女狐狸精甘愿自荐枕席的故事,全无道理。

车开进官洲隧道,思绪飘到前几天吴老师重大项目结项的一个小材料上。暗自思虑不知问题是否得到解决,科研办没有消息,师母也没有再问,或许我胡乱猜的密码竟打开了吴老师的电脑也未可知……就在这漫无目标的意识之流中,我的胳膊突然炸起一排的小疙瘩,赤红尖锐欲穿肤而出。以往我愿意称之为汗毛根根竖起,起了一层鸡皮疙瘩,这往往是在受了惊吓,或者联想起什么可怕的事情,尤其是有关死亡或灵异的科学无法解释的事情之时。

2020年清明前后,也曾有过。那段时日,总梦到忧伤的父亲和劳作的母亲,还曾与吴老师探讨"世间到底有没有鬼"这个话题。

吴老师说:"宗教都说是有的。从量子力学看,所有物质都可以波的形式存在。"

师母也认为世间确有些科学难以解释的事。女儿从美国回来,隔离 28 天。终于隔离期满,去看望吴老师时,昏迷中的吴老师似乎感应到了至亲的到来,血压异常飙升。师母含着泪问吴老师:"你知道我们来了吗,你是知道的对不对,你要是知道,你就转转眼睛。"昏迷中的吴老师缓缓转动眼珠,让看望他的亲人情难自禁,悲伤不已。

据说灵魂和肉体是分开存在的,死亡只是灵魂走出时间,脱离肉体,以另一种形式存在而已,也即吴老师说的"所有物质都可以波的形式存在"。

我的这一排疙瘩,与以往不同的是,尤为壮观而尖利,非起了而乃乍起,其势突然,其利如箭,颗颗欲破肤而飞,先是左胳膊,随后脊梁后背蹿出一股寒意,瞬间发散到全身四肢,随后右胳膊也乍起同样的小疙瘩。

内心纳罕不得其解,待车走出隧道在拐弯处等红灯时,随手拍下一张照片。那是 2021 年 4 月 2 日下午 04 点 04 分的广州。

晚上 7 点左右,打羽毛球休息时,拿起手机,赫然看到领导和师母发来吴老师的信息。顿时眼泪在心里翻滚成河。当即决定第二天与同事一起到北京送吴老师最后一程。

从大学城回家途中,同行同事在感慨吴老师的意外时,我默然无语。怎知我已是泪流满面,无言是因为无法言说。

晚上,乐府学会的群里最先爆出吴老师是当天下午 4 点钟去世。彼时,方才恍然顿悟:吴老师来看过我了。吴老师是化成了一道波以另一种形式存在着。此时,他应是在微笑,干净纯洁一如院里那一树雪梨花。

七、2021 年 4 月 4 日的北京

有人说,人间每走一个人,天上便多一颗星。

4 月 4 日凌晨,桥生兄赶最后一班飞机抵达八宝山殡仪馆附近。尽管旅途劳顿,依然难以入眠。索性起来在清冷的北京街头行走。我想,桥生兄行走在北京清冷的街头,也是行走在过往的点滴追忆中吧。突闻噩耗,作为羊城旧交,吴老师和桥生兄更深了这段亦兄亦友之情,也难怪桥生兄痛难自禁地叹惋:"惊闻师兄吴相洲教授英年早逝,泪如飞雨,悲不能禁!想去岁冬末羊城把盏话别,共期春花之约,不料竟成永诀!"

是的,2020 年的春花之约,因为疫情,只能在屏幕间绽放。转眼来年春天到,却只剩下冰凉的天人永隔。任谁也无法相信,难以接受。好友冬明以吴老师粉丝自比,哀泣:"吴老师呀,您的段子还没说完呢,我们还没听够呢。"

怎么能说得完怎么能听得够呢,吴老师还有许多的志愿未尽呢。

2021 年 4 月 4 日,正是一年清明时,北京八宝山殡仪馆菊厅,外面聚集了成百

的亲友同事与学生。师母颤抖着哭泣着，紧紧抱着我拍打我的背发出叩天之问："为什么会这样呀——"，这一声苍凉而悲伤的叩问有着敲破上苍直达天庭的力量。

我想，吴老师一定是听到了的。吴老师总是那么体贴入微，为他人着想。2021年4月4日的北京，天是多么蓝，空气是多么澄静，天空掠过阵阵喜鹊的叫声，这久违了的北方春的气息，还有那鹅黄浅绿的渐次柔软，梨花梅花海棠花的次第绽放……莫不如吴老师那发自内心，来自灵魂的干净的笑，足以治愈世间所有的悲伤。

尽管吴老师总说，人心很坏，他却始终保有赤子般的纯真，或许连他自己都不一定知道，他是多么的纯净真诚，一如这2021年4月4日北京的天。

（作者单位：广州大学人文学院）

编　后

　　《王维研究》第九辑为"中国王维研究会第九届年会暨王维国际学术研讨会"的学术论文集,共收录与会国内外专家学者研究论文 29 篇,共 32 万余字,涉及王维的思想情感、交游考辨、诗学倾向、诗歌艺术、辋川文化、诗画接受、域外传播等多个层面,总体呈现出多元化的特征,力图探寻王维研究的新路径、新方法和新视角。

　　2021 年秋末,中国王维研究会第九届年会暨王维国际学术研讨会在西安召开。本届年会由西安文理学院、西安市教育局主办,西安文理学院文学院承办。因为疫情原因,会议采用线下线上相结合的方式。西安文理学院在会议的筹办和召开上做了大量的工作,对王维研究给予高度重视和大力支持,对此表示衷心感谢!

　　本书的出版得到了王维研究会挂靠单位西安文理学院的经费支持,对此深表感谢。同时也得到了西安市社会科学规划基金项目文理专项(22ZL05)的大力支持。上海三联书店责任编辑殷亚平女士为本辑的出版付出了很多心血,西安文理学院文学院学生张晨菡、于梓昕参与了本辑的整理工作。在此,中国王维研究会及《王维研究》编委会,谨向热情帮助、支持王维研究事业的各位领导、专家、学者、同仁表示最诚挚的谢意!

《王维研究》编委会

2023 年 12 月 20 日

图书在版编目(CIP)数据

王维研究. 第九辑 / 高萍，梁瑜霞主编. -- 上海 ：
上海三联书店，2024. 9. -- ISBN 978-7-5426-8696-1

Ⅰ. K825.6-53

中国国家版本馆 CIP 数据核字第 2024AP4950 号

王维研究(第九辑)

主　　编 / 高　萍　梁瑜霞

责任编辑 / 殷亚平
装帧设计 / 徐　徐
监　　制 / 姚　军
责任校对 / 王凌霄

出版发行 / 上海三联书店

　　　　(200041)中国上海市静安区威海路 755 号 30 楼
邮　　箱 / sdxsanlian@sina.com
联系电话 / 编辑部：021-22895517
　　　　　发行部：021-22895559
印　　刷 / 上海惠敦印务科技有限公司

版　　次 / 2024 年 9 月第 1 版
印　　次 / 2024 年 9 月第 1 次印刷
开　　本 / 710mm×1000mm　1/16
字　　数 / 460 千字
印　　张 / 24
书　　号 / ISBN 978-7-5426-8696-1/K·806
定　　价 / 98.00 元

敬启读者,如发现本书有印装质量问题,请与印刷厂联系 021-63779028